IZUMI

Quellen, Studien und Materialien zur Kultur Japans

Herausgegeben von
Klaus Kracht

Band 7

2001
Harrassowitz Verlag · Wiesbaden

Grundriß der Japanologie

Herausgegeben von
Klaus Kracht und Markus Rüttermann

2001
Harrassowitz Verlag · Wiesbaden

Das Signet auf dem Umschlag zeigt das Schriftzeichen „Izumi" (Quelle).

Die Deutsche Bibliothek – CIP-Einheitsaufnahme
Ein Titeldatensatz für diese Publikation ist bei Der Deutschen Bibliothek erhältlich

Die Deutsche Bibliothek - CIP Cataloguing-in-Publication-Data
A catalogue record for this publication is available from Die Deutsche Bibliothek

e-mail: cip@dbf.ddb.de

© Otto Harrassowitz, Wiesbaden 2001
Otto Harrassowitz GmbH & Co. KG Kreuzberger Ring 7c-d,
D-65205 Wiesbaden, produktsicherheit.verlag@harrassowitz.de
Das Werk einschließlich aller seiner Teile ist urheberrechtlich geschützt. Jede
Verwertung außerhalb der engen Grenzen des Urheberrechtsgesetzes ist ohne
Zustimmung des Verlages unzulässig und strafbar. Das gilt insbesondere für
Vervielfältigungen jeder Art, Übersetzungen, Mikroverfilmungen und für die
Einspeicherung in elektronische Systeme.
Gedruckt auf alterungsbeständigem Papier.
Druck und Verarbeitung: BoD, Hamburg

Printed in Germany

ISSN 0937-2008
ISBN 978-3-447-04371-7

Vorwort

Vor einem Jahrzehnt trafen Hochschullehrer des Faches Japanologie und angrenzender Gebiete im Japanischen Kulturinstitut in Köln zusammen, um über Möglichkeiten der Zusammenarbeit nachzudenken. Zu den Überlegungen gehörte auch eine Einführung in Themenfelder und Arbeitsgebiete des Faches, die dem landeskundlichen Unterricht dienen sollte.

Im Studienjahr 1997/1998 bot sich dem Zentrum für Sprache und Kultur Japans der Humboldt-Universität die Gelegenheit, mit Unterstützung der Stiftung Mori-Ôgai-Gedenkfonds eine Ringvorlesung zum Thema "Grundriß der Japanologie" zu veranstalten, die zugleich Grundlage eines propädeutischen Werks werden sollte. In zwei Semestern wurde im historischen Langhans-Bau der Veterinärmedizin in fünfundzwanzig Vorlesungen eine Einführung in das Fach und seine thematische und methodische, theoretische und weltanschauliche Vielfalt gegeben.

Neben den hier wiedergegebenen Beiträgen gehörten zur Ringvorlesung Vorträge zu folgenden Gebieten: Grundfragen des Faches (Peter Pörtner, München), japanisch-europäische Beziehungen (Peter Pantzer, Bonn), Buddhismus-Forschung (Peter Fischer, Berlin), Geographie (Winfried Flüchter, Duisburg), wirtschaftswissenschaftliche Japan-Forschung (Sung-jo Park, Berlin) und Sprachdidaktik (Kay Genenz, Bonn). Ergänzend aufgenommen wurden eine geschichtliche Hinführung zum Studium des Faches (Markus Rüttermann, Berlin) und ein Ausblick in seine mögliche Zukunft (Michael Kinski, Berlin).

Zur Form: Japanologen verwenden in ihren Veröffentlichungen im allgemeinen das von dem amerikanischen Missionar James Curtis Hepburn (1815–1911) entworfene Transkriptionssystem, aber nicht in einheitlicher Form. Für das Chinesische gebrauchen sie die heute in der Sinologie gängigen beiden Transkriptionssysteme Wade-Giles und Pinyin. Manche Autoren ziehen es vor, ältere Namen usw. in der Originalschreibung zu notieren, wie sie vor der Schriftreform der Nachkriegszeit üblich war. Diesen individuellen Vorgaben der Autoren sind die Herausgeber gefolgt.

Die Herausgeber danken den Autoren und Autorinnen für ihre Mitarbeit und die Geduld, mit der sie das Erscheinen dieses Bandes verfolgten. Nicole Keusch, Susanne Schreiber, Karin Schulz, Uchida Meiko und Rosa Wunner danken wir für ihre Hilfe bei der Drucklegung.

Dem Harrassowitz Verlag sei herzlich für die gute Zusammenarbeit und die hilfreiche preisliche Gestaltung gedankt, die ohne Druckkostenzuschuß auskam. Wenn durch die Veröffentlichung dieses Buches die Berliner Ringvorlesung des Jahres 1997/98 dazu beitrüge, den Studierenden des Faches Japanologie und angrenzender Gebiete den Einstieg in eine wissenschaftliche Beschäftigung mit Japan zu erleichtern, dann wäre das für die Autoren und Autorinnen, für den Verlag und für die Herausgeber und ihre Helferinnen der schönste Dank.

Berlin, im Herbst 2000   Klaus Kracht
                                                             Markus Rüttermann

Inhalt

Japanologie: Genese und Struktur	MARKUS RÜTTERMANN	1
Sprachgeschichte und Philologie	ROLAND SCHNEIDER	37
Vormoderne Literatur	EKKEHARD MAY	63
Moderne Literatur	WOLFGANG SCHAMONI	83
Shintô	KLAUS ANTONI	115
Geistesgeschichte der Frühmoderne	KLAUS KRACHT	149
Philosophie und Geistesgeschichte der Moderne	JOHANNES LAUBE	191
Geschichte	HANS A. DETTMER	209
Rechtsgeschichte	CARL STEENSTRUP	233
Technik- und Wirtschaftsgeschichte	ERICH PAUER	263
Wissenschaftsgeschichte	KLAUS MÜLLER	297
Kunst	FRANZISKA EHMCKE	319
Musik	PETER ACKERMANN	341
Theater	STANCA SCHOLZ-CIONCA	373
Volkskunde	NELLY NAUMANN	413
Okinawa und Ainu	JOSEF KREINER	433
Gesellschaft	SEPP LINHART	475
Gender Studies	MICHIKO MAE	507
Politische Kultur	MANFRED POHL	535
Medien und Populärkultur	HILARIA GÖSSMANN	555
Bibliothekarische Voraussetzungen	HARTMUT WALRAVENS	587
Perspektiven der Japanologie	MICHAEL KINSKI	603
Index		629

Japanologie – Genese und Struktur

Markus Rüttermann

1. *Beschreibungen*

Als Europäer im 15. und 16. Jahrhundert nach Übersee aufbrachen, nannten sie diesen Vorgang aus ihrer Sicht ein Zeitalter der "Entdeckungen". Nach der Zeit intensivierter Kontakte, die wir als Imperialismus kennzeichnen, treiben uns ein weiterer weltweiter Schub physischer bzw. medialer Begegnungen, das demographische Wachstum und die zunehmende Teilnahme von Menschen und Schichten, Ethnien und Gruppen an diesem nun erdumfassenden Geschehen dazu, von "Globalisierung" zu sprechen.

Da die Perspektiven der Menschen, die Vorverständnisse, die Gerüchte und Deutungen anderer kultureller Komplexe mit den Wahrnehmungweisen der Betrachter verwachsen sind, kann sich neben einer Reihe von Beschreibungsformen auch die wissenschaftliche nicht vollkommen aus dem gewachsenen Wahrnehmungsverhalten der Betrachter herauslösen. Gleichwohl gibt es Versuche, die das "Sprachspiel" der Aussagen über die Kultur an sich kultivieren und Entstellungen oder Verzerrungen der Beschreibungen durch neue Deutungen des "Anderen" revidieren und zu einer Art "Besserung" und Differenzierung des Blickes führen sollen. Im folgenden geht es darum, lediglich Grundzüge[1] des Prozesses darzustellen, in dem vornehmlich die europäisch-, und hierunter insbesondere die deutschsprachig tätige Gruppe von Japanbetrachtern Bilder für ihre Rezipienten formuliert hat. Und es geht darum, einen Teil der Ergebnisse unserer Fachgeschichte zu paraphrasieren, welche Eberhard Friese, Ulrich Goch, Herbert Worm u.a. vorgelegt haben.[2]

---

1 Der Platz reicht an dieser Stelle nicht, die bedeutenden Gewährsleute in ihrer Gesamtheit namentlich aufzuführen. Doch helfen uns bereits umfangreiche Dokumentationen mehr als einen guten Schritt weiter: KAPITZA 1990 oder CROISSANT 1993. Dort finden sich viele weiterführende Literaturhinweise.

2 Der vorliegende Beitrag kann nur eine Skizze bieten und auf die Arbeiten dieser Autoren verweisen. Sehr hilfreich für den Überblick sind darüber hinaus zwei Hefte der Bandzählung 10 des Jahrbuches *Nihon kenkyû* 1994. Frühere Zusammenfassungen wurden vorgenommen

Ziel ist ein Überblick über den Prozeß, in dem wir die allgemeinen Japan-Betrachtungen von der wissenschaftlichen – der Japanologie – zu unterscheiden gelernt haben.

Die frühesten Reiseberichte über Menschen auf dem japanischen Archipel entwuchsen nicht immer nachgewiesener Weise unmittelbarer Anschauung. Gerüchte, die stille Post der Händler und benachbarter Gruppen, hatte wahrscheinlich in großen Teilen die chinesischen Topographien bzw. Annalen der Han- (206 v. Chr.–8 n. Chr.), der Späteren Han- (23–219), Wei- (220–265), Sui- (589–618) oder Tang-Dynastie (618–906) – *Hanshu* 漢書, *Weizhi* 魏志 im *Sanguozhi* 三国志, *Hou Hanshu* 後漢書, *Suishu* 隋書, *Tangshu* 唐書 – und späterer Dynastien zumindest mitbestimmt,[3] beamtete Historiker und Geographen wie Chen Shou 陳壽 (233–297), Ban Gu 班固 (32–92) oder Fan Ye 范曄 (398–445) etwa – die Kompilatoren des *Sanguozhi* und der beiden erhaltenen Annalenwerke der Han-Dynastien –, hatten Japan selbst nicht betreten. Zu den chinesischen kamen später koreanische Berichte der Gesandten hinzu, die im Lande gereist waren: z.B. das 1420 verfaßte "Itinerarium Japoniae des Nosongdang [1376–1446]" (*Nosongdang Ilbon haengnok* 老松堂日本行錄)[4] oder die "Aufzeichnungen über die Länder östlich des Meeres" (*Haedong chegukki* 海東諸國記)[5] von Sin Sukchu 申叔舟 (1417–75) aus dem Jahre 1471. Rege Kontakte, Migrationen und Studienaufenthalte von Japanern wie, um nur einen zu nennen, Abe no Nakamaro 阿倍仲麻呂 (698–770), der in Changan zum Beamten und Thronberater des Tang-Hofes aufstieg, haben die Japan-Wahrnehmung und -Beschreibung in diesem benachbarten Teil der Welt seit früher Zeit befördert.

Marco Polo (1254–1324) verdankte einen großen Teil seiner China-Kenntnisse den Berichten seiner Händlergenossen, einiger chinesischer oder vorderasiatischer Handelsreisender. Deren Mitteilungen über "Zipangu", die Polo erzählt und Rusticiano di Pisa in einer südfranzösisch-italienischen Mundart 1298 niedergeschrieben hat, öffneten mit die Pforte zur europäischen Japanbeschreibung.[6] Ihr verhalfen kartographische Abbildungen wie z.B. diejenige des Fra Mauro aus Murano bei Venedig im Jahre 1449 zu allgemeiner Berühmtheit. Damit trat nach und nach, zaghaft und doch goldfarben schillernd das Japanbild aus der europäischen Reiseliteratur über den Orient und Asien,

---

    von: HAMMITZSCH 1966; Beiträge in Japan Foundation (Hg.) 1985; KRACHT 1990.

3   TSUNODA (Übers. u. Komment.) 1951.

4   PACK 1973.

5   SIN 1477.

6   POLO 1298.

wie man alle östlich von Griechenland gelegenen Landstriche in Treue zur antiken Tradition zusammenfaßte, hervor.[7]

Die Behauptung, es handle sich beim Poloschen Zipangu um die erstmalige Erwähnung Japans, die in Europa schriftlich verbürgt sei, müssen wir relativieren mit dem Hinweis darauf, daß der arabische Reisegelehrte Al-Idrīsī (1100–1166) bereits in einem Auftragswerk des Normannen-Königs Roger II., im *Kitāb Rudjār* ("Buch [für] Roger") von 1154, in Palermo unter mehreren Karten eine Skizze von der "Terra Wakuwaku" (*arḍ al-wakwak*) beireichte.[8] Sie wurde einerseits der Nachwelt mit dem römischen Druck von 1592 wieder in das Bewußtsein gerückt, verdankt sich sehr wahrscheinlich andererseits einer älteren Topographie ("Buch der [Reise-]Wege und der Länder", *Kitāb al-Masālik wa'l-Mamālik*) des Persers Ibn Khordādhbeh (so sein Name im Arabischen, ca. 820–?), wo "Wakuwaku" neben "Sin" und "Sila" Erwähnung findet. Wir wollen mit Teilen der Literatur dafürhalten, daß es sich hierbei vermutlich um das *Woguo* 倭国 (jap. *Wakoku*)[9] der amtlichen chinesischen Annalen handelt.[10] "Zipangu" hingegen dürfte der chinesischen Lesung *Riben guo* für die seit dem 7. Jahrhundert bis heute international und diplomatisch gültige japanische Selbstbezeichnung *Nippon koku* 日本国 ("Land der aufgehenden Sonne") entstammen, dessen malaiische Lesung nach Verlust des Suffixes "Land", "Djepang", in der portugiesischen Lautwahrnehmung als "Japão" und in der Folge in allen seinen Varianten wie Giappone, Japon oder Japan wiederkehrt.

Nach Begegnungen mit Japanern in Indien, Siam, China, Indonesien und den Philippinen strandeten 1542 oder erst 1543 Portugiesen auf der japanischen Insel Tanegashima. Einer von ihnen oder einer anderen chinesischen Dschunkenbesatzung, die etwas später Japan erreichte, war Fernão Mendes Pinto (1509?–83), dem wir ein posthum erschienenes, nicht ganz ohne Vorbehalte

---

7 Bereits Giovanni dal Piano di Carpini und Guilelmus de Ruysbroek hatten in der Mitte des 13. Jahrhunderts die Mongolei und China mit eigenen Augen gesehen und darüber ziemlich verläßliche Reiseaufzeichnungen hinterlassen. Nach Polo hat schließlich Oderic da Pordenone einen Bericht gegeben.

8 ODA 1974: 60ff.

9 In dem Zeichenlexikon *Shuowen jiezi zhenben* 説文解字真本 wurde dem Schriftzeichen die Bedeutung für *shun*, jap. *jun* (soviel wie "krümmen", "schlängeln", "folgen") zugewiesen (*shunmao*, jap, *jun wo katadoru* 順兒); SBBY, Bd.1, 8. oberer Fasz.: 3a. Zur Literatur, welche das Schriftzeichen als "dwarf" deutet (mithin das 倭 der chinesischen Geschichtswerke in einen Konnex mit 矮 rückt), siehe Verweise bei TSUNODA (Übers. u. Komment.) 1951: 4. Zu diesen und weiteren Interpretationen s. s.v. *Wa* im *Kokushi daijiten* 国史大辞典.

10 ODA 1974. Andere wollen der "Woguo-These" nicht folgen; AKIOKA 1935: 5ff.

zu lesendes Selbstzeugnis des Geschehens verdanken.[11] Groß ist die Zahl der schriftlichen Reisezeugnisse der nun folgenden Portugiesen und Spanier, die in Latein oder in ihren Muttersprachen brieflich[12] bzw. *in extenso* über Sprache, Verhalten, Kultur und Zeitgeschehen ihre Heimat in Kenntnis setzten und dort, wo man diese nicht verstand, in den Vulgärsprachen abgedruckt wurden.

Der Jesuitenmissionar João Rodrigues (1561?–1633), auch Verfasser einiger kaum rezipierter Fragmente über japanisches Brauchtum im Kontext der "Christianisierung" mit dem Namen *Historia da Igreja do Japão*,[13] ging sehr viel weiter. Eindrucksvoll stellt sich noch heute seine Abhandlung über die japanische Sprache, die *Arte da Lingoa de Iapam*[14] von 1604 dar, auch an der Herausgabe des ersten europäisch-japanischen Wörterbuches, des *Vocabulario da Lingoa de Iapam* (1603) war Rodrigues wohl beteiligt; beides blieben bis in die Moderne hinein einflußreiche Werke. Diese und weitere Sprachdidaktiken entstanden zum Zweck einer erfolgreichen Missionstätigkeit, in deren Kontext auch die Jesuiten Francisco de Xavier (1506–52), Luís Fróis (1532–97), Alessandro Valignano (1539–1606) oder der Dominikaner Diego Collado (1589?–1641) Japan und seine Gesellschaft in und kurz nach der Zeit "streitender [Territorial]staaten" (*sengoku* 戦国) beschrieben haben.[15] Zu diesen Quellen traten die einblättrigen "Zeitungen", die über einen Teil der japanischen Gesandtschaften in Spanien und Rom in den achtziger Jahren informieren und insbesondere Fleiß und Bildung bereits als Stereotype in Latein, Italienisch, Deutsch und in anderen Sprachen verteilten oder sogar wie die *Newe Zeyttung auß der Insel Japonien* (Augsburg 1586) Portraits beigaben,[16] während, so scheint es, langjährige Aufenthalte eines Araki Tômasu Ryôshun (?–1649) – er studierte in Rom den christlichen Glauben – kaum öffentlich einen Niederschlag fanden, der sich bis heute überliefert hätte.

Michael Hohreiter (1591–nach 1622) war der erste Mensch aus dem deutschen Sprachgebiet, dessen Aufenthalt in "Jappan" bzw. "Japan" verbürgt ist.[17] Seine Notiz datiert diesen auf das Jahr 1620 als Teil einer Ausfahrt von

---

11 PINTO 1614. Die handschriftliche Fassung datiert 1583.

12 Ich nenne nur zwei frühzeitig edierte kompakte Briefsammlungen (*Cartas* 1598; *Neuer Welt-Bott* 1726–61).

13 COOPER (Übers. u. Komment.) 1973.

14 RODRÍGUEZ 1604.

15 An dieser Stelle sei nur auf die der direkten Nachwelt für lange Zeit kaum bekannte Missionsschilderung *História de Iapam* des Luís Fróis (FROIS 1586) näher hingewiesen.

16 CROISSANT 1993: 255.

17 Siehe hierzu KREINER 1984. Dort finden sich weiterführende Literaturhinweise.

Amsterdam via Indien, Java und Manila. Wir dürfen vermuten, daß der Sohn eines Flößers aus Ulm an der Donau und viele seiner kaum bekannten Nachfolger mündlich Geschichten vortrugen – mehr noch, für "Hohreyter" wird sogar von einem (uns nicht erhaltenen) *Raißbuch* erzählt, das den Versuch der Beschreibung auch Japans vermuten läßt. Eine Reihe kurzer, auch auf uns gekommener Berichte aus Japan folgte – auf deren Grundlage der Geograph Bernhard Varen (1622–50) unter unübersehbarem Einschluß rezeptiver Instrumentalisierung außereuropäischer Kultur für weltanschauliche Zwecke seine *Descriptio regni Japoniae* monographisch zusammenfaßte und 1649 verlegen ließ –,[18] ehe dann der in der Holländischen Faktorei auf Deshima vor Nagasaki als Arzt tätige Engelbert Kaempfer (1651–1716) seine komplexen Aufzeichnungen verfaßte,[19] die – zu einem großen Teil zunächst 1727 in englischer Fassung verbreitet, erst 1777–79 deutsch herausgegeben – das Japanbild in den europäischen wie amerikanischen Bildungseliten bis in das 19. Jahrhundert hinein in hohem Maße geprägt und dominiert haben.

Der *Geschichte* folgte die 1794 aus dem Schwedischen ins Deutsche übertragene Reiseschilderung von Carl Peter Thunberg (1743–1828), dem viele in Japan anzutreffende Pflanzen ihren fachlichen Beinamen verdanken.[20] Auch der Opperhooft oder "Ambassadeur" in der Holländischen Faktorei Isaac Titsingh (1744?/45?–1812) hat mit eigener Feder über Sitten und Handel in Japan berichtet (*Verhandeling over de Japansche Natie,* 1780), veranlaßte darüber hinaus jedoch elaborierte Übersetzungen japanischer Zeremonie-Ratgeber, die wir lediglich unter dem Titel *Cérémonies usitées au Japon, pour les mariages, les funérailles [...]* kennen.[21] Dem Holländer wird die Übertragung zwar auf der Titelseite zugeschrieben, doch wird die intensive Beteiligung japanischer Übersetzer vermutet. Dieses Vorgehen in Nagasaki markiert sozusagen einen Brückenkopf derjenigen Arbeitsweisen, die wir unten als *Japanologie* bezeichnen wollen. Der Versuch, das sinojapanisch abgefaßte "Kompendium Königlicher Generationen in Japan" (*Nihon ôdai ichiran* 日本王代一覧) in eine europäische Sprache zu übertragen,[22] schließt

---

18 VARENIUS 1649.
19 *Geschichte und Beschreibung von Japan;* KAEMPFER 1777–79; BODART-BAILEY (Hg.) 1999.
20 THUNBERG 1794; FRIESE (Hg.) 1991; s. a. STEENSTRUP 1979.
21 TITSINGH 1822.
22 TITSINGH u. KLAPROTH 1834. Dieses Werk wurde von dem Gelehrten Hayashi Gahô 林 鵞峯 (1618–80) bis 1652 als "Exzerpt" des "Durchgängigen Spiegels unseres Reiches" (*Honchô tsugan* 本朝通鑑) zusammengestellt. Letzteres stellte derselbe auf der Grundlage eines Konzeptes – das sein Vater, der Neokonfuzianer Hayashi Razan 林羅山, auf Geheiß

an das Zeremonie-Werk an und durfte mit der Unterstützung des Orientalisten Klaproth rechnen (s.u.). Im Ergebnis gelangte auf diesem Wege eine Frucht japanischer, neokonfuzianischer Gelehrsamkeit nach Europa.[23]

Der Arzt und Universalgelehrte Philipp Franz von Siebold (1796–1866), in Diensten der Holländischen Faktorei, schrieb den zweiten großen Japan-Entwurf,[24] das Werk *Nippon. Archiv zur Beschreibung von Japan u. dessen Neben- u. Schutzländern* (1832). Siebold war bei der Abfassung seiner Berichte auf sprachkundigen Beistand angewiesen (s.u.).

Japaner, die in Gesandtschaften oder als Händler, Walfänger (*Moby Dick* spielt bei Japan) und Schiffahrer, Aussiedler und Schiffbrüchige mehr oder minder freiwillig seit dem 15./16. Jahrhundert in Siam (Thailand), auf Java, auf den Philippinen, an der chinesischen Küste, später seit dem 18. Jahrhundert auf Hawaii oder auf den Kurilen bzw. dem russischen Festland lebten, waren Botschafter der japanischen Sprache und Kultur, die ihren Anteil an unserem Japanbild haben und dieses noch heute mitbestimmen.[25]

Unter dem Namen Tachibana Kôsai 橘耕斎 (1820?–85)[26] wirkte ein Japaner an der Seite des Sinologen Iozif Antonovič Goškevič (1814–75) in St. Petersburg und unterstützte dessen Zusammenstellung des ersten *Japonsko-russkij slovar'* (1857). Tachibana soll unter ungeklärten Umständen mit dem bei Shimoda auf der Halbinsel Izu von einem Seebeben überraschten Efim Vasiljevič Putâtin, der von Goškevič begleitet wurde, von Toda aus Japan verlassen und an der Universität St. Petersburg seit 1870 Japanisch unterrichtet haben, um nach dem Fall der Kriegerregierung in Edo, im Jahre 1874 in sein Heimatland zurückzukehren. Der Jugendliche Nakahama Manjirô 中浜万次郎 (1827–98) wurde von Walfängern aufs Schiff genommen, berichtete der Mannschaft und Siedlern in Hawaii von Japan und diente späteren Exkursionen als

---

    des Edo-Bakufu notiert hatte – jedoch erst 1670 fertig. Mehrere Kurzfassungen und Auszüge des Kompendiums wurden im 17.–19. Jahrhundert gedruckt und vertrieben.

23 Eine der vielen weiteren bedeutenden Schilderungen hat uns der deutsche Arzt Georg Heinrich von Langsdorff (1774–1852) im Rahmen seiner *Bemerkungen auf einer Reise um die Welt* hinterlassen. Dieser Sohn eines hessischen Oberschultheiß – der mit Alexander von Humboldt das Schicksal, beim Göttinger Nestor der Naturforschung Johann Friedrich Blumenbach (1752–1841) studiert zu haben, teilte – folgte der ersten russischen Weltumseglung unter Adam Johann von Krusenstern (1770–1846) und mußte, ohne japanischen Boden betreten zu können, 1804 ein halbes Jahr lang vor Nagasaki auf dem Wasser liegen bleiben; LANGSDORFF 1812.

24 SIEBOLD 1832; dazu: FRIESE 1983.

25 S. allgemein RAMMING 1930.

26 ÔMINAMI 1991: 99ff.

Dolmetscher, der seiner Heimat durchaus etwas "entfremdet" war.[27] Von Klaproth werden wir erfahren, daß auch er dieser Gruppe von Japanern nicht geringe Teile seines Wissens verdankte. Viele Japaner sollten später die Rolle der hier Genannten übernehmen und in vielen kleineren oder größeren Zirkeln in der Sprache des Gastlandes über Sprache und Sitten Japans berichten. Literaten wie Mori Ôgai 森鴎外 (1862–1922) oder Natsume Sôseki 夏目漱石 (1867–1916) haben dies mehr oder minder getan, und mit ihnen viele "Studenten, die [lange Zeit in Übersee] blieben" (ryûgakusei 留学生), sehr viele von ihnen im deutschen Sprachgebiet.[28] Diese Art der kulturellen Wissensvermittlung geschieht in Schulklassen, Seminaren, Nachbarschaften, Sportvereinen und anderen Sphären heutzutage fast überall in der Welt.

Seit dem mittleren 19. Jahrhundert hat die Zahl der Europäer, die über Japan berichten, in kaum mehr meßbarer Zahl zugenommen. Ihre Berichte gelangten über Literaten, Essayisten, Touristen, Austauschschüler, akademische Lehrer, Studenten vieler Fachrichtungen, Geistliche, Journalisten, Manager und Ingenieure, Diplomaten und Politiker, Künstler und über deren mitreisende Freunde und Verwandte an Ohr und Aug' der Europäer.[29]

Heinrich Schliemann (1822–90) zum Beispiel,[30] noch ehe er die Schichten von Troja freigrub und noch bevor die siebziger und achtziger Jahre Japan den kräftigen Schub an Umbrüchen bringen sollten: Der Archäologe *in spe* war 1867 (wie der Diplomat Alexander Freiherr von Hübner im Jahre 1871 oder Erzherzog Franz Ferdinand im Jahre 1893) auf flüchtiger Durchreise. Andere blieben für längere Zeit. Lafcadio Hearn (1850–1904) ist vielleicht der berühmteste Exponent, der in gekonnter Prosa ein illustres Bild vom Japan auf dem Wege in die Moderne hinein vor unserem inneren Auge aufsteigen läßt.[31] Basil H. Chamberlain (1850–1935) hat seine Momentaufnahmen weniger literarisch, vielmehr enzyklopädisch festgehalten.[32] Beide Vertreter des englischsprachigen Europa wurden früh durch Übersetzungen auf dem Kontinent bekannt.

Japankundige wie der Zeichner Emil Orlik (1870–1932) gestalteten die ins Deutsche übersetzten Bücher Hearns ästhetisch und trugen auch durch eigene

---

27 WARINNER 1965.
28 RAUCK 1994; HARTMANN 1997.
29 Zu folgendem siehe einführend etwa: Japanisches Kulturinstitut Köln (Hg.) 1990; KREINER et al. (Hg.) 1984: 59ff. Dort finden sich jeweils weiterführende Literaturhinweise.
30 SCHLIEMANN 1867.
31 Z.B. *Kokoro* und *Izumo*; HEARN 1907 u. 1907b.
32 CHAMBERLAIN 1897.

Zeichnungen im Wortsinne zum Japanbild bei.[33] Fritz Rumpf (1888–1949) schuf ebenso, als Kriegsgefangener 1914 nach Japan verschlagen, Japanbilder.[34] Er übersetzte uns viele japanische Märchen. Aus dem Tagebuch oder solchen Essays wie "Über Besessenheit und verwandte Zustände" des Medizingelehrten und Leibarztes Erwin Bälz (1849–1913) können wir Einblicke in japanisches Leben gewinnen.[35] Der Architekt Bruno Taut (1880–1938) hat uns, wie sein Schicksalsgenosse Kurt Singer (1886–1962)[36], Japan mit eigener Handschrift vertrauter werden lassen. Diese beiden stehen für die Gruppe Deutscher, welche aus ihrer Heimat vertrieben worden waren und in Japan Aufnahme fanden, jener reiste später in die Türkei, dieser, jüdischer Herkunft, nach Australien weiter. Ihren Ansichten lassen sich die Beobachtungen aus der Zeit nach dem Zweiten Weltkrieg – Autobiographien, Länderberichte, Essays, Anekdoten und Bilddokumentationen von Journalisten[37] – wie auch das Werk und der Einfluß der Buchliebhaber und Kunstsammler[38] gewinnbringend an die Seite stellen, um die Vielfalt der Wahrnehmung und der Bewertung mit europäischen Augen "der Moderne" zu studieren. Das Studium dieser Wahrnehmungsweisen wie auch die genannten Beschreibungen *an sich* sind jedoch, wenn wir die Rumpfschen Märchenübertragungen einmal ausnehmen, noch nicht der Japanologie zuzurechnen.

---

33 KUWABARA 1987. Ich verweise zur Einführung auf die Beiträge von Marianne Rumpf, Manfred Speidel, Heinz Vianden u.a. in: Japanisches Kulturinstitut 1990.

34 WALRAVENS (Hg.) 1989.

35 BÄLZ 1930 (eine biographische Darstellung aus Händen des Sohnes).

36 SINGER 1973.

37 Eine grobe Auswahl könnte lauten: Lily ABEGG: *Yamato. Der Sendungsglaube des Japanischen Volkes.* Frankfurt a.M.: Societäts-Verlag 1936; Hans Wilhelm VAHLEFELD: *100 Millionen Außenseiter: die neue Weltmacht Japan.* Düsseldorf: Econ-Verlag 1969; Uwe SCHMITT: *Tokyo Tango. Ein japanisches Abenteuer.* Frankfurt a.M.: Eichborn 1999. Natürlich sind Memoiren, Zeitungsartikel, Reiseführer und die Rezensionsliteratur dieser Gruppe zuzuordnen.

38 Als Kuriositäten lagen chinesische Bücher an deutschen Fürstenhöfen. Der Bestand der Königlichen Bibliothek in Berlin sowie die chinabezogenen Sprachwerke etwa gaben dem jugendlichen Selbststudium Klaproths erste Anstöße. W. von Braumüller in Wien, Léon de Rosny in Lille, Nils Adolf Erik Nordenskiöld in Stockholm etc. konnten ihre japanischen Exotica zumeist nicht lesen, doch wir können uns noch heute an ihnen versuchen, so wie die Bestände an der Universität Frankfurt a.M. als Material für Magister- und Doktorarbeiten oder Forschungs-Projekte dienen.

2. *Gegenstand und kommunikativer Kontext*

Hier nun ist der Ort, uns über den Gegenstand und die Adressaten japanologischen Beschreibens zu vergewissern. Im Übergang vom dritten zum siebenten Jahrhundert christlicher Zeitrechnung stellten sich zwischen Nord-Kyûshû und dem Raum Kantô als Ergebnis mehrerer, in Wellen erfolgender Migrationsströme aus dem südost- und nordostasiatischen Festland soziale Zustände ein, die viele als Zelle der japanischen Gesellschaft auffassen. Diese ethnische "Misch-Zelle" und die anderthalb Jahrtausende ihrer Entfaltung geben dem Fach Japanologie in gewissem Sinne eine biotische Grundlage seiner Arbeit. Auch die sogenannte "Raumkultur"[39] (unter Einschluß von Steinzeitsiedlungen oder Minoritäten im gegenwärtigen japanischen Staat – Ainu – und von anderen politisch-geographisch bedingten Feldern der Forschung) wird als Gegenstand angeboten (man spricht von "Regionalwissenschaft"). Der Gegenstand des Faches ist jedoch nicht zureichend mit geographischen und ethnischen Aspekten beschrieben.[40]

Entscheidender als diese Aspekte nämlich scheinen die Jahrhunderte der Genese und die Gegenwart des *Zeichensatzes* zu sein. Unter dieses "Reich der Zeichen"[41] fallen alle Gegenstände oder Dinge, die von Tieren und Menschen zum Zweck der Kommunikation untereinander oder mit Geiteserscheinungen eingesetzt bzw. als eben solche aufgefaßt werden. D.h., sie wollen nicht nur – wie etwa Gegenstände allgemein, so dies denn mit unseren Sinnen und Techniken möglich ist – wahrgenommen, sondern auch gedeutet werden. Sie sind gleichsam Akte des Bewußtseins oder des Geistes, d.h. Ideen. Die Intensität des Bewußtseins mag schwanken (man spricht vom "Unbewußten"), gleichwohl prägen sich neben den vergleichsweise vereinzelten oder generellen "Zeichen" in der Mimik, in der Gestik oder in den Lauten komplexe Strukturen mit gruppenspezifischen "Standardisierungen" aus, die wir gemeinhin "Sprache" nennen. Das Gruppenspezifische daran nennen wir in fortgeschrittenen

---

39 SLAWIK 1976: 244.

40 Die Objektkonstituierung des Faches ist an sich ein kommunikatives Geschehen, in dem normatives Engagement nicht extrem "eingreifen" sollte; SCHNEIDER in GRIMM u. SCHNEIDER: 1977: 47. Mir geht es an dieser Stelle lediglich darum, die größtenteils bereits artikulierten Möglichkeiten der Eingrenzung zu reflektieren, um nicht den Eindruck zu erwecken, unser Fach sei uferlos. Wir könnten etwa zum Vergleich fragen, wie sich die Forschungen über Siedelplätze der Kelten, Gesänge der Roma, über den Minnesang und einen "deutschen" Roman-Autor in einer umfassenden Erforschung des deutschsprachigen "Kulturraumes" zueinander verhielten.

41 KRACHT 1990: 16 (Anm. 18). In Anlehnung an Roland BARTHES' *L'empire des signes* (1970); dt. *Das Reich der Zeichen*. Frankfurt a.M.: Suhrkamp 1981.

Stadien "Kultur". Gebärdensprachen sind ebenso Teil des kulturellen Zeichensatzes wie Lautsprachen. Und dort, wo Gegenstände wie Muscheln, Pfeiler, Gravuren oder Gußobjekte, Aufträge auf Holz oder Papier, Magnetbänder u.a. hinzutreten, sind diese Medien allesamt als Spiegel der "Sprache" anzusprechen. Orientiert sich die Abbildung am Gegenständlichen, bleibt sie graduell dem "Analogen" verhaftet, wird sie abstrakt und gewinnt, wie beispielsweise oft in der bildlichen Wiedergabe von Mathematik oder Lautsprache, an Digitalisierung oder Standardisierung, dann sprechen wir von Schrift und teilweise auch einer sich von der Lautsprache bisweilen im hohen Grade absondernden Schriftsprache.

Die genannten Sprachen, die sich bis heute im Bewußtsein der Menschen, im Erdreich oder in Archiven überliefern, ergeben in ihrer Gesamtheit jenen Zeichensatz, den wir als Gegenstand der Kulturwissenschaft auffassen. Da dieser tradiert wird, ist der Zeitpunkt seiner "Entstehung" nicht leicht zu bestimmen, bleibt er Veränderungen unterworfen, kann er sich auf Ethnien beschränken, kann sie aber auch – wie die geographischen Räume – überwinden und verlassen. Es bleibt daher umstritten, was schon oder noch zum Zeichensatz einer – in unserem Falle der sogenannten japanischen – Kultur gehört.

Die Schnurkeramik zum Beispiel ist Teil des gegenwärtigen Zeichensatzes insofern, als sie heutzutage in der japanischen Schulbildung vermittelt und teilweise auch identitätsstiftend zur "japanischen Geschichte" gerechnet wird. Sie ist es andererseits in dem Maße nicht, als die Jômon-Menschen *an sich* noch nicht die Gesellschaft mit demjenigen "Zeichensatz" hervorgebracht hatten, den wir an dieser Stelle für unser Fach herausstellen. Die Anteile der Ainu-Sprache bzw. -Kultur am japanischen Zeichensatz sind ebenso in diesem Kontext zu diskutieren, sie verstehen sich nicht von selbst. Die sprach-, ideen- oder mythenvergleichenden Forschungen drohen gewissermaßen an den Rand japanologischer Selbstkonstruktion zu geraten, insofern der Forschungsgegenstand sich aus Zuflüssen (Strukturgaben, Entlehnungen, Traditionen) speist, die wir *an sich* nicht als "japanisch" auffassen. Dort, wo der gesamte japanische Zeichensatz oder die japanische Sprache des fünften bis sechsten Jahrhunderts und ihre Veränderungen bis in die Gegenwart hinein im Mittelpunkt der Diskussion stehen bzw. Ausgangspunkt für Fragestellungen sind, handelt es sich nach allgemeiner Praxis um japanologische Arbeit. Die Literatur koreanischer Minderheiten in japanischer Sprache ist Objekt der Japanologie, auch wenn ein Bestand an innovativen und experimentellen Zeichen hinzukommt; dies ist in der Kunst ohnehin oft der Fall. Große Teile der Übersee-Literatur, die eine starke Verbindung zur Sprache des "Mutterlandes" aufweisen, können noch zur Japanologie gerechnet werden. Ist das Maß an Zeichen, die neu hinzutreten, ist der Verlust an Zeichen im Kommunikationskomplex der Auswanderer-Gruppe z.B. in Hawaii oder Brasilien ziemlich groß, entziehen sich Formationen wie diese zunehmend unserem Arbeitsfeld.

Weniger schwierig erscheint die Gegenstandsbestimmung in bezug auf klimatische und geographische Bedingungen, unter denen sich die japanische Zeichenwelt herangebildet hat. Die Erdbebenforschung z.B. ist dort, wo seismologische Ursachen aufgespürt werden, nicht kulturbezogen. Die Verhaltensweisen, Medienberichte oder Geisteserscheinungen (der Erdbebengott ist ein großer Wels) jedoch, die Einflüsse aus der intensiven Erdbebenerfahrung widerspiegeln, sind nichts anderes als Zeichen.

Bleibt die Zugehörigkeit des Gegenstandes jeweils Objekt wissenschaftlicher In-Frage-Stellung, so gilt dies auch für die Art und Weise der Betrachtung. Wie wir sahen, standen die Reisebeschreibungen im Kontext bestimmter Wahrnehmungsweisen und ihrer Schwerpunkte. Japan war als tributträchtiger Vasallenstaat, als Boden für christliche Mission oder "ungleicher" Handelspartner, Ankerplatz für wirtschaftliche Ressourcen oder Nische ethnischer wie biologischer Besonderheiten gefragt. Das allgemeine Interesse schwankt in der Intensität und in den Schwerpunkten, geleitet von dem Bedürfnis einer größeren Öffentlichkeit oder spezifischer und oft modischer, im Selbstverständnis "interdisziplinärer" oder "aktueller" Wissensbegierde.[42] Abhängig ist das allgemeine Bedürfnis nach Japan-Wahrnehmung u.a. von dem wirtschaftlichen Einfluß Japans.[43] Neben den ökonomischen und technischen werden schließlich weltanschauliche Erwartungen, Sehnsüchte oder *Enttäuschungen* auf Japan bezogen, und hierauf reagieren zudem Interessengruppen, die Japanbilder mitbestimmen wollen: Wirtschaftsverbände, politische Vertretungen, religiöse oder andere Organisationen, Industrielle und andere Privatleute. Von welcher Seite Anregungen auch artikuliert oder mit finanzieller Förderung bekräftigt werden mögen: Interessen stellen zwar Bedingungen für die Japanologie dar, auf die man eingehen kann. Das Fach soll sich jedoch mit seiner Pflicht zur unabhängigen Suche nach möglichst wahren Aussagen nicht zum Sprachrohr dieser Interessen machen; i.d.S. soll es "frei" sein.[44]

Wir machten oben die Feststellung, daß die Japanologie schwerpunktmäßig die *kulturwissenschaftliche* Befassung mit Japan ermöglichen und betreiben soll. Japanisch zu sprechen und in dieser Sprache emotional wie intellektuell "aufzugehen", um ein naheliegendes Beispiel zu nennen, ist ein Ziel, das wir

---

42 SCHNEIDER in GRIMM u. SCHNEIDER: 1977: 48ff.; KRACHT 1980: xvii; ders. 1990: 13.
43 SCHNEIDER in ebd.: 48, Anm. 29; LINHART 1993: 3.
44 Ebenda: 5; SLAWIK 1976: 231.

als "Praxis" oder "Sein" bezeichnen. Diese Zielsetzung, "zu sein", markiert jedoch nicht den wissenschaftlichen Anspruch der Japanologie. Diese will z.B. auf Fragen zur Wort-Etymologie oder Genese grammatischer Strukturen zutreffende und überprüfbare Antworten formulieren, Dinge, die sich vergleichsweise aus einer gesteigerten Reflexion am Sein oder aus dem Nachvollzug ergeben und nicht zwingend mit dem "Sein" identisch sind.[45]

Kulturwissenschaft erfordert, dem dynamischen Vorgang der Kultur, einer "Gegenwart" mit mehr oder minder bewußten und latenten Anknüpfungen an Vergangenes, Rechnung zu tragen. Sie muß sich ihres Zugangs zu den Zeichensätzen der Vergangenheit stets erneut versichern. Über diesen Sachverhalt kann auch der Kunstgriff einer bisweilen übertriebenen Trennung der Moderne vom Vormodernen nicht hinwegtäuschen.[46] Erst unter der Voraussetzung, daß prinzipiell die Zeichen "aller Epochen und Landesteile"[47] zugänglich werden, können wir die "Gesamtheit" kultur- oder geisteswissenschaftlicher Disziplinen, "soweit sie mit Japan sich befassen"[48] als Japanologie bezeichnen. Diese Gesamtheit setzt sich aus etablierten Disziplinen wie Philologie, Literaturwissenschaft, Geschichte, Soziologie, Philosophie u.a. zusammen. Diese Disziplinen differenzieren sich weniger aufgrund ihres Gegenstandes als aufgrund ihrer Heuristik und Hermeneutik, der Methoden Fragen zu stellen, Antworten zu suchen und durch die Deutung der Zeichen aufzufinden, Techniken, die nicht allein im Fach Japanologie erworben werden können.

Es ist als *sozialhistorisches Ergebnis* der Japanbeschreibungen zu sehen und zu konstatieren, daß nach wie vor außerhalb Japans gemeinhin von *Japanologie* und nicht von *Japanistik* gesprochen wird. Letztere bleibt ein wesentlicher Teil des Faches.[49] Allein der "Zeichensatz" beschränkt sich nicht auf eine in sehr engem Sinne ausgelegte Sprache. Als zu groß wird der Graben empfunden, der die japanische von europäischen Sprachen trennt. Die Roman*istik*, die Skandinav*istik* etc. verweisen den Historiker oder die Philosophen auf die "klassischen" Mutterwissenschaften, da sich diese Sprachen in viel größerem Maße als Teil der europäischen Selbstwahrnehmung

---

45 Dies heißt, daß wissenschaftliche Einrichtungen zwar Japanischunterricht, Kalligraphie-Kurse und Tee-Seminare anbieten können, wie sie auch von vielen anderen Institutionen angeboten werden. Um Japanologie handelt es sich hierbei jedoch nicht.
46 SCHNEIDER in GRIMM u. SCHNEIDER: 1977: 49.
47 KRACHT 1990: 12.
48 So eine ältere Definition des Faches; vgl. LEWIN 1968: 172. Slawik prägte hierfür den Namen der "geisteswissenschaftlichen Japanologie". SLAWIK 1976: 235, 238. Diese sondert er von anderen Formen des Faches ab und stellt sie neben diese.
49 WENCK 1987: vf.

begreifen lassen und weil vom Seminarteilnehmer deren Kenntnis erwartet wird, während die "Logien" tendenziell die "Fremdwahrnehmung" eines nichteuropäischen Sprach- und Kulturkomplexes bezeichnen. Sollte es also die Erwartung geben, daß auf Japan bezogene Fragen verläßlich in den genannten Mutterwissenschaften verfolgt werden sollen, bedarf es der Geduld auf die Wandlung des generellen Bewußtseins: der Selbst- und der "Welt"-Wahrnehmung[50] in Europa. Prozesse dieser Art lassen sich nicht erzwingen und nur begrenzt strukturell befördern. In dem Maße, in dem die bisherige Erfahrung Japans als eines Gegensatzes nicht abzuschütteln ist, wohnt ihr auch eine Chance zur In-Frage-Stellung europäischer "Selbst-Verständlichkeiten" inne, und mithin kann von ihr eine Bereicherung des Auffassungsverhaltens ausgehen.[51]

Es ist naheliegend, wenn unter den Japanbeschreibungen auch die "Japaner-Diskurse" (*Nihonjin ron*) einen gewissen Stellenwert einnehmen. Manche der generellen Metaphern wollen charakteristische Wesenszüge einer Kultur greifen und werden bisweilen von der Absicht geleitet, das Verhalten bestimmter Adressaten zu verändern.[52] Sie neigen dazu, sich bei vielen Menschen im Kopfe festzusetzen, sowohl im Zuge der Selbstentwürfe (Identitätsstiftung, Selbstanklagen) wie auch der Fremdentwürfe (Sehnsucht, Fremdlieben = Xenophilie, Feindbilder: Fremdängste = Xenophobien). Über den Wert einer "Kultur der Anlehnung (*amae*)", "Kultur der Scham (*haji*)", der "wrapping culture", der "hierarchischen Gesellschaft (*tate shakai*)", der "kühlen Seele" und einer Reihe weiterer semantischer Totalbeschreibungen darf man streiten, von ihrer Existenz sollte man wissen. Oft wecken die Widersprüche und Gegenentwürfe, die dem kenntnisreichen Leser in den Sinn kommen, Skepsis. Diese rührt aus der Erfahrung, daß konkrete Fragen und detaillierte Studien zumeist genauere Aussagen zulassen als die sprachliche Vagheit, der jene Gesamtgriffe gewissermaßen verpflichtet bleiben.[53]

Wenn wir sagen, daß Japanologie eine Form der *Fremdbeschreibung* und eine Annäherung an alle Formen des *japanischen Zeichensatzes* in einer nicht-japanischen Sprache (z.B. Übersetzung, auch durch Japaner) versucht, meinen wir, daß sie einen relevanten größeren Sinnzusammenhang an die

---

50 KRACHT 1990: 10.

51 KRACHT 1980: xiii.

52 "In Japan arbeitet man viele Stunden in der Woche" = "Deutsche Gewerkschaftler, bleibt bescheiden mit euren Forderungen!"

53 Wer sich hierüber einen Überblick verschaffen möchte, wird gut versorgt: GRIESECKE 1996.

Träger dieser Sprache adressiert und systematisch darlegt, und zwar so, daß sie Erkenntnisse analytisch aus dem Reservoir des *japanischen Zeichensatzes* an sich schöpft. Der Völkerkundler, der auch den sogenannten schriftlosen oder weniger komplexen Lebensgemeinschaften die Tradition von Selbstbeschreibungen nachweisen kann, muß in unserem Falle zur Kenntnis nehmen, daß das Reservoir japanischer Selbtbildnisse groß ist und u.a. auch frühzeitig eine gelehrsame und wissenschaftliche Selbstbeschreibung hervorgebracht hat.[54] Spätestens setzte diese Tradition im 17. Jahrhundert ein, betrieben von Philologen, Religions- oder Literatur- und Geschichtsgelehrten wie Hayashi Razan 林羅山 (1583–1657), Matsunaga Teitoku 松永貞徳 (1571–1653), Arai Hakuseki 新井白石 (1657–1725), Keichû 契沖 (1640–1701) oder Motoori Norinaga 本居宣長 (1730–1801). Diese im heutigen Japan mannigfach vorliegende *wissenschaftliche Selbstbeschreibung* (an der sich "Ausländer" in japanischer Sprache beteiligen) ist als "östliche" Japanologie der "westlichen" gegenübergestellt worden.[55] Sie verdient äußerste Aufmerksamkeit, Rezeption und kritische Prüfung. Dies umso mehr, weil viele Japan-Interessierte die Aussagen ihrer japanischen Gäste für "authentisch" und ausreichend halten.[56]

Wir sprechen von Japanologie als einem Fach der *Fremdbeschreibung*, solange die Adressaten nicht erstrangig als Teil japanischsprachiger Selbstartikulation gelten. Die Fremdheit leitet sich nicht aus dem Grade der Vertrautheit des Japanologen mit seinen Fachgebieten, sondern aus den Graden der (Nicht-)Vertrautheit im Kreise der Adressaten her. Während der Japanologe einerseits mit heutigen Fachvertretern der *wissenschaftlichen Selbstbeschreibung* in ein Gespräch eintritt, steht er andererseits im Ethos der Vermittlung, d.h. er muß an seine Adressaten denken. Und diese bestehen in der Leserschaft europäisch-, heute hauptsächlich englischsprachiger Literatur, mithin in einer wissenschaftlichen oder wissenschaftsorientierten weltweiten Öffentlichkeit.

---

54 KREINER 1976: 294.
55 OUWEHAND 1969: 286.
56 Vgl. etwa PAUER und LINHART, zit. in KRACHT 1990: 45, Anm. 62.

3. *Aufgaben*

Wir wollen nun diejenigen Spuren aufnehmen, die aus der "Familie" der Beschreibungen[57] auf den Pfad hinausführen, den wir als "wissenschaftliche Beschreibungen" absondern. Welcher Art sind die Fragen, die Japanologen an den Zeichensatz der japanischen Kultur gerichtet haben und von denen ausgehend sie – im Gegensatz zu Soziologen oder Historikern, die nicht Japanologie betreiben (Marc Bloch, Max Weber u.a.) – darüber hinaus das Ziel verfolgten, für ihre Clientel Antworten aus der Arbeit am Zeichensatz zu gewinnen?

Ich denke, auch zur Annäherung an die Beantwortung dieser für unser Selbstverständnis als Japanologen so wichtigen Frage sollten wir eine Betrachtung wählen, welche die "Wissenschaft" für sich weniger als Ergebnis normativ-systematischen Schöpfertums auffaßt, sondern in erster Linie als das Ergebnis kommunikativer Zwänge.

Im Kontext der Expeditionen, die Missions-, Forschungs- und Handlungsreisende an japanische Küsten unternommen hatten, war bereits die Erfassung der japanischen Sprache und ihrer schriftlichen Zeugnisse begonnen worden. Dieser Prozeß erfuhr im 18. Jahrhundert eine auffällige Steigerung und folgte dem Programm, die Erkenntnisse in der von Europa beherrschten Welt zu einem neuen Universalwissen zu bündeln.

Heinrich Julius Klaproth (1783–1835)[58] stand in Kontakt sowohl mit dem naturwissenschaftlich-geographisch interessierten Alexander v. Humboldt, mit dem er das Los teilte, zwar bis Sibirien gereist zu sein, indessen Japan nicht betreten zu haben, wie auch mit dem sprachinteressierten Wilhelm v. Humboldt, dem er nicht nur von dem Chinesischen, sondern auch vom Japanischen hatte Mitteilung geben können, da er in Irkutsk auf einen schiffbrüchigen Japaner namens Shinzô traf, der ihm Unterricht in der Heimatsprache gab. Spuren dessen finden sich in dem 1823 erschienenen Werk *Asia polyglotta*. Ein Jahr zuvor hatte Klaproth zusammen mit Jean Pierre Abel Rémusat (1788–1832) in Paris die Société Asiatique gegründet, die seither das *Journal asiatique* herausgibt. Damit stand Japan europaweit im Kontext eines umfassenden "Ostasien-Interesses", in dem China und das Chinesische den höchsten Rang einnahmen. Japanische Abhandlungen wie das "Kompendium der drei Länder in Bildern" (*Sankoku tsûran zusetsu* 三国通覧図説) brachten wertvolle Informationen, zumal sie in einer japanischen Variante der asiatischen Universal- und Bildungssprache des Chinesischen abgefaßt waren. Der Zwang

---

57 I.e. allgemeine "Japan-Kunde"; Kracht 1990: 7ff.

zu mehr Wissen über den asiatischen Großraum führte dazu, daß das Kompendium von Klaproth ins Französische übersetzt wurde.[59]

Auch Johann Joseph Hoffmann (1805–78)[60] war zunächst als Sinologe anzusprechen, wenn er sich auch, wie Klaproth, mit dem Japanischen beschäftigte. Hoffmann stammte, wie Siebold, aus Würzburg, ging jedoch 1830 zunächst nach Antwerpen, später nach Leiden. Eine Begegnung mit Siebold in Antwerpen war der Ausgangspunkt für seine Arbeit am sprachlichen Teil des *Nippon-Archivs* bzw. die Übersetzung der japanischen Bücher, die der gesamten Darstellung dienten. Neben den Aufgaben der Ausbildung jüngerer Studenten an der Reichsuniversität in Leiden fand der Franke Zeit für kunstdokumentarische Übersetzungsbeiträge im Sieboldschen *Nippon-Archiv* (*Buddha-Pantheon von Nippon*, 1851) oder sprachdidaktische Arbeiten (*Japansche Spraakleer*, 1867) mit Bezug auf Japan. Letztere wurde auch ins Deutsche und ins Englische übersetzt.

Ein weiteres Beispiel für die von unmittelbaren persönlichen Beziehungen zu Japanern weitestgehend unabhängige Befassung mit japanischer Schrift und Sprache ist der in Wien wirkende August Pfizmaier (1808–87).[61] Seine frühen Versuche, die Selbstartikulation japanischer Kultur im Zeichensatz der nicht-japanischen Adressaten sichtbar zu machen, gingen über die in chinesischer Syntax geschriebenen (die sogen. sinojapanischen) Texte hinaus und bezogen die in weitestgehend nicht-chinesischer Syntax abgefaßten Texte der Klassik wie der Neuzeit ein. Sie könnten daher – wenn man die unter Titsingh und Klaproth angemerkten "fließenden Übergänge" weniger gewichten will – als Beginn der Japanologie bezeichnet werden. Pfizmaier hat in seinen Übersetzungen zeitgenössischer Literatur wie der 1847 herausgebrachten "Sechs Wandschirme in Gestalten der vergänglichen Welt" (*Ukiyogata rokumai byôbu* 浮世形六枚屏風, 1821) des Ryûtei Tanehiko 柳亭種彦 oder in Übertragungen klassischer Literatur wie des 1875 bei der Kaiserlichen Akademie der Wissenschaften in Wien vorgelegten "Heftes für die Nackenstütze" (*Makura no sôshi* 枕草子) der Sei Shônagon 清小納言 demonstriert, zu welchen Leistungen er unter kritischer Zuhilfenahme der großen jesuitischen Grammatik, die 1825 auch in die "Universalsprache" europäisch-absolutistischer Bildungstradition, in das Französische, von M.C. Landresse und J.P. Abel Rémusat

---

58 WALRAVENS 1994: 230. Sowie WALRAVENS 1999a und 1999b.

59 KLAPROTH 1832.

60 BABINGER 1912.

61 Siehe einführend KREINER (Hg.) 1976: 7ff. Dort finden sich weiterführende Literaturhinweise. Ferner: LADSTÄTTER u. LINHART 1990.

übersetzt worden war (*Eléments de la grammaire japonaise*), fähig war. Ganz abgesehen von seiner Befassung mit der Ainu-Sprache. Für Pfizmaier wie für eine Reihe weiterer Kollegen, die ihm folgen sollten, gilt jedoch, daß man seine Arbeit in der *Zeitschrift der* [1845 gegründeten] *Deutschen Morgenländischen Gesellschaft (ZDMG)* vergleichsweise beiläufig besprochen hat. In diesem seit 1847 (zunächst) in Leipzig erschienenen Periodikum standen – und so blieb dies auch – die Kulturen des vorderen Orients und des indischen Subkontinents im Mittelpunkt, und entsprechend streng fiel auch der Tonfall über die weniger reifen Nachzügler aus. Die vergleichsweise eingängige Rezension über eine von Hoffmann redaktionierte *Japansche Spraakkunst* (von Donker Curtius, 1857) im zwölften Band (1858) wiederholt den ehedem bereits zu vernehmenden Tadel am holländischen Desinteresse für philologische Akribie.

Quellen und Hilfsmittel wurden Pfizmaier über Kontakte zu J. Hoffmann verfügbar, der ihn gerne (postalisch) mit Büchern versorgte. Die österreichisch-ungarische Ostasienexpedition von 1868 übergab der japanischen Regierung Werke des Gelehrten als Geschenk, um im Gegenzuge eine von Pfizmaier erbetene Ausgabe der ältesten japanischen Lied-Kompilation, der "Sammlung unzähliger Blätter? / Generationen?" (*Man'yôshû* 万葉集, 9. Jh.) zu erhalten und mit zurückbringen zu können. Auch auf diesem Wege erhielt der Philologe sein Material. Der Buchhändler Braumüller begegnete auf der Weltausstellung 1873 in Wien Japanern und betrieb in der Folge intensive Anschaffungen, die er Pfizmaier katalogisieren, jedoch nicht, so scheint es, studieren ließ.

Übrigens gab es nicht wenige, welche – wie etwa Léon de Rosny (1837–1914) an der Ecole des Langues Orientales, die seit 1868 Japanischunterricht anbot – als Japanischlehrer tätig waren, ohne je im Mutterland dieser Sprache gewesen zu sein. De Rosny und andere pflegten den Umgang mit Japanern in Paris, etwa mit dem "Aufklärer" Fukuzawa Yukichi 福沢諭吉 (1835–1901), gingen in ihrer Beschäftigung indessen nicht wissenschaftliche Wege, anders als später Noël Péri (1865–1922) an der Ecole française d'Extrême-Orient oder Michel Revon (1867–1947) an der Sorbonne auf dem Lehrstuhl für "Civilisation japonaise" in ihren Nô- und Literatur-Studien.

Wiederum Wien verdankt die Japanologie auch auf dem Gebiet der sprachvergleichenden Forschung Ursprüngliches. Anton Boller (1811–1869), der neben der Grammatik des Rodrigues auch diejenige Diego Collados (*Ars grammaticae Iaponicae lingvae [...]. Dictionarium sive thesauri linguae Iaponicae compendium*) von 1632 heranzog, vermutete die Herkunft der japanischen Sprache in den alten altaischen Sprachen (*Nachweiss, dass das Japanische zum ural-altaischen Stamme gehört*. Wien: Kaiserliche Akad. d. Wiss.

1857).[62] In dieser Tradition entwickelten später auch andere Wiener Forscher ihre Thesen. Ernst V. Zenker (1865–?) wollte 1913 im Ainu "den Ursprung" sehen. Eine institutionelle Japanologie kam weder durch diese Gelehrten noch durch Pfizmaier zustande. Vielmehr reifte die Japanologie nach der Meiji-Restauration 1867/68 "als Fach" in den europäischen Metropolen und – wenn wir den geographischen Schwerpunkt unseres Berichtes hervorheben wollen – zwischen Berlin, Leipzig, Tokyo und Hamburg langsam heran.

An dem 1887 gegründeten Seminar für Orientalische Sprachen (SOS) der Königlichen Friedrich-Wilhelm- und späteren Berliner Universität wirkte Rudolf Lange (1850–1933). Er war vor allem Sprachlehrer, d.h. er war wie de Rosny Didaktiker. Dafür steht sein *Lehrbuch der japanischen Umgangssprache* von 1890. Als Übersetzer und Kommentator der berühmten altjapanischen "Geschichten vom Bambussammler" (*Taketori monogatari* 竹取物語) im Jahre 1879 oder einiger Lieder der aus dem 10. Jahrhundert stammenden ersten "Anthologie japanischer Lieder aus früher und heutiger Zeit" (*Kokin wakashû* 古今和歌集) im Jahre 1884 betrat er jedoch auch den übertragenden, nach Sinn fragenden und sinndeutenden Bereich der Kulturwissenschaft. Seine Arbeiten erschienen u.a. auch in den *Mitteilungen des Seminars für Orientalische Sprachen an der Friedrich Wilhelms-Universität zu Berlin*, die insgesamt 38 Bände aus den Jahren 1898–1935 umfassen und eine intensive Beschäftigung weiterer Gelehrter mit Japan dokumentieren. Japanologen wie der aus St. Petersburg kommende Sergej Grigorjevič Eliséev (Serge Grigorievich Elisseeff, 1889–1975) haben ihre Ausbildung am SOS erhalten und nahmen ihre Kenntnisse mit hinaus, dieser z.B. nach Paris an die Sorbonne und später an das Harvard-Yenching Institute an der Harvard University in Massachusetts.[63]

Die philologische Genauigkeit wurde gleichwohl in augenfälliger Weise die Domäne eines weiteren Schülers des Berliner Seminars: des aus Erfurt stammenden Lehrersohnes Karl Florenz (1865–1939).[64] Dieser hatte zunächst in Leipzig Sanskrit und Chinesisch (bei Georg von der Gabelentz, 1840–93) studiert, begegnete daselbst dem Philosophen Inoue Tetsujirô 井上哲次郎 (1855–1944), um diesem 1885 nach Berlin zu folgen, wo Inoue Sprachunterricht gab. Florenz verließ drei Jahre später die Hauptstadt und war zunächst

---

62 KREINER et al. (Hg.) 1976: 52, 70f.

63 Jürgen BERNDT in Japan Foundation 1985: 253.

64 SATÔ 1995. Auch einführend der Beitrag von Roland SCHNEIDER in Japanisches Kulturinstitut Köln (Hg.) 1990; Symposiums-Beiträge "Karl Florenz und die deutsche Japanologie", in: *NOAG* 137 (1985).

als Lektor, später als Ordentlicher Professor für deutsche Literatur und vergleichende Sprachwissenchaft an der Kaiserlichen Universität Tôkyô tätig. In dieser Eigenschaft entfaltete Florenz sein japanologisches Schaffen. Von besonders nachhaltiger Wirkung sind die Übersetzung größerer Teile der "Aufzeichnungen alter Begebenheiten" (*Kojiki* 古事記) wie der "Japanischen Annalen" (*Nihongi* 日本紀) – *Nihongi oder Japanische Annalen* (1892–97), *Die historischen Quellen der Shintô-Religion* (1909) – und seine *Geschichte der japanischen Litteratur* (1906 vollendet).

Florenz kam – vergleicht man seine Biographie einmal mit derjenigen Pfizmaiers – in den Genuß, in Japan nicht nur die Sprache und ihre Träger unmittelbar kennenzulernen, er hatte auch Gelegenheiten, den Austausch mit japanischen und anderen ausländischen Fachgelehrten zu pflegen. Sein Werk steht mithin im Kontext einer zunehmend zusammenwachsenden Communitas der internationalen Forschung, den ich in wenigen Absätzen behandeln möchte.

Die "Werten angestellten Lehrer aus dem Ausland" (*oyatoi gaikoku kyôshi* 御雇外国教師), welche die Meiji-Bürokratie mit Staatsaufträgen nach Japan rief, bildeten eine Gruppe in dem neuen Umfeld. Diese sollten Wissen aus der Heimat zum Zwecke der Modernisierung des Landes zur Verfügung stellen. Alle von ihnen fanden sich zugleich mehr oder minder auch in der Rolle von Japanberichterstattern wieder. Manche von ihnen taten dies auch mit Hang zum Japanologischen, ähnlich dem Vorgeborenen Titsingh jedoch ist der unabhängige Zugang zur Quellensprache nicht immer geklärt. Beispiele hierfür sind die vom Rechtsberater Otto Rudorff (1845–1922) herausgegebene *Tokugawa-Gesetz-Sammlung* von 1889 oder Beiträge des Historikers Ludwig Rieß (1861–1928). Beide standen – zusammen mit Missionaren, Diplomaten und Industriellen – in Kontakt mit den ernsthaft akademisch ausgerichteten Gesellschaften, in denen auch Florenz aktiv war und veröffentlicht hat. Diese Entwicklung begünstigte eine spezifische auf Japan bezogene Publikationslandschaft neben der etablierten Orientalistik.

Die Asiatic Society of Japan bot das Forum für Japanforscher aus aller Welt. Sie wurde 1872 ins Leben gerufen und bringt seit 1874 in mehreren Serien die *Transactions of the Asiatic Society of Japan* (*TASJ*) heraus. Die frühe englischsprachige Forschung verdankt sich dem sozialen Umfeld dieser Zeitschrift. Die Diplomaten und Historiker Ernest Mason Satow (1843–1929), Rutherford Alcock (1809–97), William George Aston (1841–1911) oder der Rechtsgelehrte John Harington Gubbins (1852–1929), die Übersetzer Frederick Victor Dickins (1838–1915), Algernon Bertram [Freeman-] Mitford (1837–1916) und der obenerwähnte B.H. Chamberlain sind nicht ohne Grund als die Ahnen der englischen Japanologie bezeichnet worden.[65] Das Wort Japanologie soll übrigens mit der Apostrophierung E.M. Satows durch Nordenskiöld als "learned Japanologist" (im *Voyage of the Vega round Asia and Europe*, 1878) erstmalig zu belegen sein![66] Den Genannten folgten die Buddhismusforscher Charles Eliot (1864–1931) und Marius Willem de Visser (1875–1930), der Historiker George Bailey Sansom (1883–1965), der Übersetzer Arthur Waley (1889–1966), der *Man'yôshû*-Übersetzer Jan Lodewijk Pierson (1893–1979) u.v.a. Manche, z.B. G.B. Sansom, nahmen Professuren in den USA wahr.

Aus der 1873 gegründeten Deutschen Gesellschaft für Natur- und Völkerkunde Ostasiens (kurz: Ostasiatische Gesellschaft) (OAG) in Tokyo gingen die seit 1873 bis heute (seit 1954 Gesellschaft für Natur- und Völkerkunde Ostasiens oder OAG Hamburg) erscheinenden Monographien oder Beitragssammlungen unter dem Namen der *Mitt[h]eilungen der [Deutschen] Gesellschaft für Natur- und Völkerkunde Ostasiens* (*MOAG*) hervor, der Missionar Hans Haas (1868–1934) z.B. konnte hier seine *Annalen des japanischen Buddhismus* (1908) veröffentlichen (Bd. 130 ersch. 1998). Die *Nachrichten der [Deutschen] Gesellschaft für Natur- und Völkerkunde Ostasiens* (*NOAG*) erscheinen übrigens seit 1926 und nahmen neben den "Vereins-Nachrichten" auch Vorträge auf, wandelten sich jedoch erst nach einer sechsjährigen Zwangspause im Jahre 1951 (nun OAG Hamburg) mit Heft 71 zum akademischen Periodikum. Japanologische Beiträge finden sich hier in großer Zahl. Aber auch nicht wissenschaftlich integrierte Autoren – sogenannte Außenseiter[67] – haben Felder berührt, die kaum in den genannten Foren behandelt worden wären: Curt Adolf Netto (1847–1909) und Gottfried Wagener (1831–92) etwa mit *Japanischer Humor* (1901) oder der Wiener Ethnologe Friedrich Salomon Krauss (1859–1938) im Verein mit Tamio Satow (i.e. Satô Tamio 佐藤民雄, 1891–1957) mit *Japanisches Geschlechtsleben* (1907).

Wichtige Beiträge für unser Fach leisteten schließlich auch diejenigen Japaner, die im Ergebnis ihrer langjährigen [Studien-]Aufenthalte in Europa oder in den USA englisch- oder deutschsprachig veröffentlicht haben. Als frühe Beispiele können Fukuda Tokuzô 福田徳三 (1874–1930) und sein *Die gesellschaftliche und wirtschaftliche Entwickelung in Japan* (1900) oder Asakawa Kan'ichi 朝河貫一 (1873–1948) und sein *The Documents of Iriki, Illustrative of the Development of the Feudal Institutions of Japan* (1929) gelten.

---

65 BOWNAS 1967: 267.
66 OUWEHAND 1969: 283.
67 LINHART 1993: 24. Vgl. FRIESE 1980a.

Nur wenige Daten genügen, um die Zunahme des Japaninteresses unter Amerikanern und Europäern zu kennzeichnen: Auf den Universitäten von Neapel (1871) und Rom (1876) sowie auf der Handelshochschule in Venedig (1873), in Berkeley (1901), Peking (1928) und Columbia (1929) wurden Japanischkurse eingerichtet. 1891 formierte sich in London die Japan Society, ehe hier 1917 die School of Oriental and African Studies (SOAS) geschaffen wurde (die ihr *Bulletin* herausgab). 1928 wurde – last but not least – das erwähnte Harvard-Yenching Institute gegründet.

Nach einem Vierteljahrhundert im Schoße der skizzierten akademisch-sozialen Umgebung kehrte K. Florenz zurück nach Deutschland. 1914 wurde er auf den ersten deutschen Lehrstuhl für Sprache und Kultur Japans am Kolonialinstitut (seit 1919 an der Universität) in Hamburg berufen. Die Etablierung der deutschsprachigen Japanologie als akademisches Fach war vollzogen. Unter dem weiten Spektrum wissenschaftlicher Arbeit, das Florenz auszeichnet, können alte Sprache, sozial-politische Geschichte, Religion und Literatur als Schwerpunkte benannt werden, Schwerpunkte, die Florenz in Korrespondenz mit sozialen und politischen Entwicklungen des zeitgenössischen Japan bearbeitete, Schwerpunkte auch, welche uns paradigmatisch die Entwicklung des Faches ankündigen. An dieser Stelle wird einmal mehr deutlich, daß die leicht zugänglich erscheinenden Bereiche japanischer Zeichenwelten – etwa das populäre *manga*, die Sprache der Zeitungen oder anderes – dem Japanologen erst dann recht eigentlich zur Aufgabe werden können, wenn er oder sie in den Stand versetzt worden ist, die vergleichsweise schwerer zugänglichen Zeichenwelten und deren Beziehungen zu ersteren zu erschließen. Florenz' Nachfolge in Hamburg übernahm Wilhelm Gundert (1880–1971). Seine *Japanische Religionsgeschichte* (1935) bzw. *Die japanische Literatur* (1929) stehen repräsentativ für sein Oeuvre. An diesem spiegelt sich nicht unbedingt, in der "Verwaltungsarbeit" indessen deutlich die Gefahr ideologischer Vereinnahmung im Rahmen universitätspolitischer Agitation wider. Dies war, wie die Forschung lehrt, kein Einzelfall: In Berlin, Hamburg, Leipzig, Tokyo und andernorts hat der Nationalsozialismus Narben hinterlassen.[68]

Nachdem der Erste Weltkrieg und die Abkühlung der deutsch-japanischen Beziehungen überwunden waren, wurden 1926 ein Japaninstitut in Berlin[69] und im darauffolgenden Jahr das Japanisch-Deutsche Kultur-Institut in Tokyo

---

68 WORM 1988 u.1994; GOCH 1980a; FRIESE 1989 (zum 1934 verschollenen Florenz-Schüler Alexander Chanoch).

69 FRIESE 1980b.

gegründet. Diese brachten mit der seit 1888 bestehenden Deutsch-Japanischen Gesellschaft Berlin[70] eine wissenschaftlich nicht unbedeutende *Zeitschrift für Japanologie*, so der Untertitel, mit dem Namen *Nippon* heraus (1935–44), deren Vorgänger 1930–32 *Yamato* hieß. Die Schriftleitung hatte zeitweise Martin Ramming (1889–1988) inne, der 1945 eine Professur besetzte und bis 1958 an der auf Humboldt getauften Universität blieb.[71] Sein *Japan-Handbuch* von 1941 ist noch heute von Wert. Das Wirken Walter Donats (1898–1970), Leiter am Kulturinstitut in Tokyo (eigentlich Deutschlektor), oder des Leiters des 1934 gegründeten Deutschen Kulturinstitutes in Kyoto Hans Eckardt (1905–69), nach dem Kriege mit musik-historischem Schwerpunkt arbeitender Professor an der Freien Universität in Berlin, stand im Zeichen der parteipolitischen Macht der Zeit.[72]

In Tokyo bildeten die dreißiger Jahre den Ausgangspunkt einer wirkungsreichen Redaktions- und Forschungstätigkeit an der katholischen Sophia Universität, für welche die *Monumenta Nipponica* repräsentativ steht, die nach sechs ersten Bänden zwischen 1938 und 1943 und wieder seit 1951 (Bd. 7) ungebrochen eine Vielfalt an Beiträgen liefert. So renommierte Autoren wie der Jesuit Heinrich Dumoulin (1905–95) und der Pastor der evangelischen Ostasienmission Hermann Bohner (1884–1963) schrieben für dieses Periodikum. Ersterer ist ferner bekannt für seine Monographie zu Kamo no Mabuchi 賀茂馬淵 (1943) und Darstellungen des Zen-Buddhismus, letzterer für umfangreich kommentierte Übersetzungen, u.a. des "Buches von der wahren Gott-Kaiser-Herrschafts-Linie" (*Jinnô shôtôki* 神皇正統記) aus dem 14. und der "Aufzeichnungen über wundersame Dinge im Lande Japan" (*Nippon ryôiki* 日本霊異記) aus dem 9. Jahrhundert (beide 1935).

Oskar Nachods (1858–1933) in zwei Teilen publizierte *Geschichte von Japan* (1906 u. 1929/30), Clemens Scharschmidts (1880–1945, Langes Nachfolger am SOS in Berlin)[73] 1917–18 erschienene Übersetzung des Briefstellers "Die Briefe des Provinzverwesers von Izumo" (*Unshû shôsoku* 雲州消息, 11. Jh.) und André Wedemeyers (1875–1958) Habilitationsschrift *Japanische Frühgeschichte* stehen in der Leipziger Tradition, die sich aus den Quellen der Leipziger Sinologie wie der Japan-Bibliothek des Instituts für Kultur- und Universalgeschichte speiste. Erst 1932 / 33 entstand ein Japanologisches Institut. Hierher wurden aus Japan heimgekehrte Deutsch-Lektoren berufen;

---

70 Annette HACK u.a. in: *Die Deutsch-Japanischen Gesellschaften von 1888 bis 1996*.
71 LEWIN 1997.
72 WORM 1988 u. 1994; HACK 1995; WALRAVENS 1999c.
73 Zu diesem s. GOCH 1980b.

zunächst 1932 Hans Überschaar (1885–1965), der 1935 *Bashô (1644–1694) und sein Tagebuch "Oku no hosomichi"* publizierte. 1937 entkam er – selbst Parteimitglied der NSDAP – den Häschern der Gestapo und floh nach Japan. Seine Nachfolge trat 1941 Horst Hammitzsch (1909–91) an, um jedoch bereits 1942 als Dolmetscher von der Wehrmacht eingezogen zu werden.[74]

Für die Nachkriegszeit der deutschsprachigen Japanologie[75] lassen sich nicht wenige Fachvertreter nennen, deren Leistung und Interesse der heutigen Japanologie Pate steht. Oscar Benl (1914–86) und Günther Wenck (1916–92) waren jeweils renommierte Vertreter und Nachfolger des Faches in Hamburg.[76] Der eine ist für seine umfang- wie einflußreichen Übersetzungsarbeiten und seine herausgeberische Tätigkeit, der andere für diverse sprachwissenschaftliche Studien besonders bekannt. Seit 1954 erscheinen japanbezogene Beiträge dieser und anderer namhafter Wissenschaftler auch in der Zeitschrift *Oriens Extremus*, die von Sinologen und Japanologen an der Universität Hamburg herausgegeben wird.

Der bereits erwähnte H. Hammitzsch veröffentlichte insbesondere auf Gebieten der Literatur- und Geistesgeschichte und leistete auch als Herausgeber seinem Fach große Dienste. Seine 1956 zusammen mit O. Benl herausgegebene *Japanische Geisteswelt* darf – zusammen mit den Bänden der *Sources of Japanese Tradition* (1958, kompiliert v. Tsunoda Ryusaku, Theodore de Bary und Donald Keene) oder der *Sources of Japanese History* (1974, kompiliert von David John Lu) – als beste Orientierung für ein Studium der Struktur japanischer Schriftlichkeit gelten. Hammitzschs Stationen nach Leipzig waren München (bis 1965) und Bochum (1965–76).

In der neuen Universität Bochum prägten dieser und Bruno Lewin (1924–) an dem 1964 eingerichteten Ostasien-Institut der Ruhr-Universität (spätere Abteilung / Fakultät für Ostasienwissenschaften) nachhaltig die deutschsprachige Nachkriegsjapanologie mit, als deren Frucht nicht nur die Publikations- bzw. Herausgebertätigkeit der beiden Gelehrten, sondern auch das *Bochumer Jahrbuch zur Ostasienforschung* (*BJOAF*, seit 1978) genannt werden muß. Bruno Lewin hat das *Wörterbuch der Japanologie* (1968), Horst Hammitzsch

---

74 Hintergründe liefert WORM 1994.

75 S. zu folgendem HAMMITZSCH 1966; LINHART, BERNDT und KRACHT in Japan Foundation 1985; KRACHT 1990; LEWIN 1997.

76 S. "Schriftenverzeichnis Oscar Benl" von Herbert WORM, in: *NOAG* 145/146 (1989), Teil II. Auf Wunsch des Wissenschaftlers erschien kein Nachruf; anders im Falle Günther Wencks: Nachruf v. Roland SCHNEIDER und Schriftenverzeichnis von Herbert WORM in *NOAG* 52 (1992). S.a. Homepage des Japanologischen Seminars unter www.uni-hamburg.de.

das *Japan-Handbuch* (1981) herausgegeben, beides wertvolle Spiegel der japanwissenschaftlichen Tätigkeit, Bücher, an denen, wie an dem noch unvollendeten *Handbuch der Orientalistik*, kein Japanologe vorbeikommt. Bochum verdanken – wie Hamburg und München auch – viele Japanologen ihre Ausbildung.

In München hat Hammitzsch die Aufbauphase nach dem Kriege (seit 1948) am Institut für Ostasienkunde bestimmt. Im Verlaufe dieser Arbeit wurde 1956 ein Lehrstuhl für Japanologie eingerichtet. In der seit 1970 erscheinenden Monographienreihe *Münchner Ostasiatische Studien* sind japanologische Arbeiten in großer Zahl enthalten. An die Isar kam auch die Historikerin Inge-Lore Kluge (1919–1995)[77] – sie konnte hier 1980–85 eine Professur bekleiden. 1993 trat dem Institut ein Japan-Zentrum mit dem Schwerpunkt "modernes Japan" an die Seite.

Aus der Gruppe, die nach dem Kriege neben Ramming an dem Orientinstitut der Humboldt-Universität tätig war, wäre Herbert Zachert (1908–1979), der 1960 nach Bonn wechselte, zu nennen. Er arbeitete (als Florenz-Schüler) mit religionsgeschichtlichem und sprachdidaktischem Schwerpunkt. In Bonn erscheint – getragen von einem Förderverein – seit 1970 die *Bonner Zeitschrift für Japanologie*, 1994 mit Band 13 umgetauft in *Bonner Japanforschungen*, eine Monographienreihe. In der damaligen Hauptstadt der Bundesrepublik wurde übrigens 1959 das SOS eingerichtet, das sich als Nachfolgeinstitut des Berliner SOS versteht.

Es war insbesondere der Literaturwissenschaftler und Übersetzer Jürgen Berndt (1933–93) – in der Nachfolge Gerhard Mehnerts (1914–83), der die ostdeutsche Japanologie über die Grenzen der DDR hinaus bekannt machte, die Humboldt-Japanologie nach der Wiedervereinigung der deutschen Staaten aber nicht mehr miterleben konnte. Das Jahrbuch *Japonica Humboldtiana* (*JH*) darf als Dokumentation dieser neuesten Geschichte gesehen werden. Es erscheint seit 1997 an der Mori-Ôgai-Gedenkstätte, die seit 1995 zusammen mit dem Institut für Japanologie das Zentrum für Sprache und Kultur Japans bildet. An der Freien Universität im Westen wirkte der obengenannte Hans Eckardt von 1954 bis 1968 als Professor. Die Fachrichtung Japanologie des Ostasiatischen Seminars bringt hier seit 1979 u.a. die *Berliner Beiträge zur sozial- und wirtschaftswissenschaftlichen Japan-Forschung* heraus, worin eine der beiden Schwerpunktsetzungen der FU zum Ausdruck kommt. Bemerkenswert ist die *Asahi Shimbun Dahlemer Ausgabe*, die in mehr als 190 Heften seit 1991 Artikel der Tageszeitung in deutscher Übersetzung dokumentiert.

---

77 Nachruf von Bruno LEWIN in *NOAG* 155/156 (1994 [ersch. 1995]).

Otto Karow (1913–92)⁷⁸, der sein Dolmetscher-Diplom noch 1935 am SOS in Berlin erworben hatte, trat – wie auch der Kunsthistoriker Dietrich Seckel (1910–), der 1965–76 der Ostasiatischen Abteilung des Kunsthistorischen Instituts in Heidelberg vorstand – bereits zur Kriegszeit mit Fachbeiträgen hervor, um nach dem Kriege in Bonn und 1960–80 in Frankfurt die Literatur- und Religionsgeschichte mit medizingeschichtlichen Aspekten zu verbinden.

An dem Indisch-Ostasiatischen Seminar in Marburg, aus dem 1975 eine Japanologie-Professur hervorging, legte der Direktor der Universitätsbibliothek Wolf Haenisch (1908–78) die Grundlage philologischen Arbeitens.

An der Universität Wien, an der zwischen 1939 und 1945 ein von dem Magnaten Mitsui Takaharu 三井高陽 finanziell gefördertes anthropologisch orientiertes Institut für Japankunde bestanden hatte, schloß Alexander Slawik (1900–97)⁷⁹ in Form Ainu-spezifischer Studien an die Tradition Pfizmaiers an, um recht eigentlich die Völkerkunde in der deutschsprachigen Japanologie zu verankern. Ab 1965 wurde seine seit 1959 bekleidete Professur im Rahmen eines Institutes für Japanologie definiert, und so entsprach man – die *Beiträge zur Japanologie* (eine seit 1955 erscheinende Schriftenreihe) zeigen dies – dem formulierten Selbstverständnis. Auf verschiedene deutsche Japanologie-Professuren wurden Absolventen dieses Institutes berufen.

Die genannten Japanologien standen im Kontext einer international lebendigen Japan-Wissenschaft, von welcher mit der Nennung folgender – zunehmend "amerikanischer" – Namen immer noch lediglich ein kleiner Ausschnitt gegeben ist: Übersetzer und Literaturwissenschaftler wie Edward Seidensticker (1921–), Donald Keene (1922–), Siegfried Schaarschmidt (1925–98), Religionswissenschaftler und Ideenhistoriker wie Charles Haguenauer (1896–1976), Bernard Frank (1927–96), Frits Vos (1918–) und Olof Lidin (1926–), Historiker wie Edgerton Herbert Norman (1909–57), Edwin Oldfather Reischauer (1910–90), John Whitney Hall (1916–), der Filmanalyst Donald Richie (1924–), die Musikwissenschaftlerin Eta Harich-Schneider (1897–1986) u.v.a. Und natürlich könnten hier auch Autoren des vorliegenden Bandes dazugerechnet werden, deren Geburt ebenso teilweise in die zwanziger Jahre fällt.

Seit den sechziger Jahren wurde besonders in Deutschland einer wachsenden Nachfrage entsprochen. Neben den genannten Orten wurde zeitweilig in Freiburg (1978–87) und wird in Tübingen (seit 1965), Zürich (seit 1968), Köln

---

78 Nachruf von Hans A. DETTMER in *NOAG* 149/150 (1991 [ersch. 1992]).

79 Schriftenverzeichnis von Johannes A. WILHELM und Nachruf von Josef KREINER in *NOAG* 161/162 (1997).

(seit 1978), Erlangen (seit 1981/1990), Göttingen (seit 1983), Heidelberg, Trier (beide seit 1985), Düsseldorf (seit 1987), Duisburg (seit 1987/94), Halle-Wittenberg (seit 1992) und Leipzig (wieder seit 1996) sowie an Museen und anderen wirtschafts-, politik-, kultur- und kunstwissenschaftlichen Einrichtungen wie dem Institut für Asienkunde in Hamburg, dem Japanischen Kulturinstitut in Köln u.a. Japanologie betrieben.[80]

Die Protagonisten der jüngeren Japanologie bleiben an dieser Stelle unerwähnt, da anderswo Raum für ihre Namen bleibt. Die Beitragssammlungen der Japanologen- und Orientalistentage können das Bild vervollständigen, welches sich in der genannten Auswahl an Veröffentlichungsreihen und Periodika abzeichnet. Neben den genannten sind es die *Asiatischen Studien* der Schweizerischen Gesellschaft für Asienkunde in Bern (seit 1947) oder das Jahrbuch des 1988 geschaffenen Deutschen Instituts für Japanstudien in Tokyo (*Japanstudien*, seit 1990) etc.[81] und nicht zuletzt viele von einzelnen Professoren/innen herausgegebene Serien wie die *Studien zur Japanologie, Bunken, Izumi* oder *Iaponia Insula* (jeweils O. Harrassowitz, Wiesbaden), die illustrieren, wie vielseitig man sich wissenschaftlich mit Japan auseinandersetzt. Und natürlich müssen die seit 1983 erscheinenden *Hefte für Ostasiatische Literatur* (*HOL*) noch Erwähnung finden, die nicht nur moderne und vormoderne Literatur Japans und Chinas in Übersetzung vorstellen und diskutieren, sondern darüber hinaus aktuelle Neuerscheinungen und wissenschaftliche Befassungen mit dem nach wie vor vielleicht wichtigsten und am meisten Interesse findenden Schwerpunkt des Faches dokumentieren.

Japanologische Forschungsstätten und ihr Schrifttum in europäischen Sprachen nehmen seit den siebziger und achtziger Jahren sprunghaft zu, was sich, wie in früherer Zeit, in erster Linie mit wirtschaftspolitischen wie sprachdidaktisch geleiteten Interessen erklären läßt.[82] Sollte man außer den genannten einige der wichtigsten Periodika nennen, sind u.a. folgende aufzuführen:

---

80 In Erfurt wird das Studium der japanischen Geschichte am Lehrstuhl für Ostasiatische Geschichte seit 1999 angeboten.

81 Ferner etwa die *Marburger Japan-Reihe* (seit 1989) des dortigen Fördervereins, das Jahrbuch *Japan [...] Politik und Wirtschaft* vom Hamburger Institut für Asienkunde (seit 1977, Jg. 1976/77), die *Zeitschrift der Deutsch-Japanischen Juristenvereinigung* (seit 1996).

82 Wer sich über die weltweit vorhandenen Institute ins Bild setzen möchte, findet in Unesco (Hg.) 1999, BEFU u. KREINER 1995 bzw. Japan Foundation (Hg.) 1985 jeweils einen umfassenden Überblick. Ferner zur Nachkriegs-Japanologie in den USA: HARDACRE (Hg.) 1998.

– *Harvard Journal of Asiatic Studies,* hg. am Harvard-Yenching Institut, seit 1936.
– *The Journal of Asian Studies* (*JAS*), hg. v. der Association for Asian Studies (AAS) in Ann Arbor an der University of Michigan, unter diesem Namen seit 1956/7, zunächst seit 1941 bis 1955/6 als *The Far Eastern Quarterly.*
– *The Journal of Japanese Studies* (*JJS*), hg. v. der Society for Japanese Studies an der University of Washington in Seattle, seit 1975.
– *Japan Forum,* hg. v. der British Association for Japanese Studies (BAJS) in Oxford / London, seit 1989.
– *Bulletin de la Maison franco-japonaise,* 1927–47 und wieder seit 1952 (Jg. 1951).
– *Il Giappone* vom Centro Italo-Giapponese presso l'Istituto Italiano per il Medio ed Estremo Òriente (ISMEO) in Rom, seit 1961.[83]

Darüber hinaus sei auf die Organisationen hingewiesen, die sich noch nicht in der Form von wissenschaftlichen Periodika präsentieren: etwa die seit 1973 bestehende European Association for Japanese Studies (EAJS), die Vereinigung für sozialwissenschaftliche Japanforschung (VSWJF, gegr. 1988) oder die Gesellschaft für Japanforschung (GJF, gegr. 1990).

Die beschriebene wissenschaftliche Communitas nimmt an dem allgemeinen Prozeß der "Annäherungen" und Verzahnungen der Kulturen und ihrer neuen technischen Mittel und Medien teil. Das Befragen des Zeichensatzes der japanischen Kultur aus unterschiedlichen Perspektiven und Erkenntnisinteressen heraus und das kritische Ausdeuten dessen, was diese Kultur uns zu antworten und zu sagen hat, bilden nach wie vor, nach vier Jahrhunderten der Erfahrung, eine sinnstiftende und gewissermaßen aufklärende Form der Beschreibung, eine Kunst, deren Adepten sowohl um das Verstehen wie auch um einen möglichst konkreten und genauen Sprachbrauch in ihrer Arbeit besonders besorgt sind.

---

83 Die folgenden und ähnliche Periodika sowie die mit ihnen in Verbindung stehenden Wissenschaftler verdienen in Zukunft mehr Aufmerksamkeit als sie bisher (in Westeuropa) erhalten: – *Daruma. Revue internationale d'études japonaises* vom Département de Japonais der Université Toulouse, seit 1997; – *Japoniâ,* hg. von dem Institut Vostokovedeniâ Rossijskoj Akademii Nauk in Moskau seit 1973 (Jg. 1972); – *Japonica,* hg.v. Zakład Japonistisyki i Koreanistyki am Instytut Orientalistyczny der Uniwersytet Warszawski, seit 1993; – *Romanian Journal of Japanese Studies* (*RJJS*), hg.v. Department of Japanese, Faculty of Foreign Languages and Literatures und der Romanian Society of Niponology / Societatea Română de Niponologie an der Universität Bukarest seit 1999.

Literaturverzeichnis

AKIOKA, Takejirô 秋岡武次郎
1935 *Ôjin no shoki Nihon chizu sakuseishi* (Kokushi Kenkyûkai [Hg.], Iwanami kôza Nihon rekishi, Bd. 15) 歐人の初期日本地圖作成史 (国史研究会編, 岩波講座日本歴史 15). 岩波書店.

ASTON, W.G.
1899 *A History of Japanese Literature.* New York, London: D. Appleton. [Repr. Rutland, Vt., Tokyo: C.E. Tuttle 1972.]

BABINGER, Franz
1912 "Johann Joseph Hoffmann (1805–1878). Ein Würzburger Orientalist", in: *Archiv des historischen Vereins von Unterfranken und Aschaffenburg* 54: 217–232.

BÄLZ, T.E.
1930 *Das Leben eines deutschen Arztes im erwachenden Japan.* Stuttgart: J. Engelhorns Nachf.

BEFU, Harumi u. KREINER, Josef (Hg.)
²1995 (¹1992) *Othernesses of Japan: Historical and Cultural Influences on Japanese Studies in Ten Countries.* München: iudicium (Monographien aus dem Deutschen Institut fur Japanstudien der Philipp-Franz-von-Siebold-Stiftung, Bd. 1).

BODART-BAILEY, Beatrice M. (Hg.)
1999 *Kaempfer's Japan: Tokugawa culture observed.* By Engelbert Kaempfer. Edited, translated, and annotated. Honolulu Hawaii: University of Hawai'i Press.

BOWNAS, Geoffrey
1967 "From Japanology to Japanese Studies", *KBS Bulletin on Japanese Culture* 85: 1–13, auch in KREINER (Hg.) 1976: 261–279.

Cartas
1549–88 *Cartas que os Padres e Irmãos da Companhia de Iesus escreverão dos Reynos de Iapão & China [...].* Evora.

CHAMBERLAIN, Basil Hall
1897 *Things Japanese. Being Notes on Various Subjects Connected with Japan for the Use of Travellers a. O.* 2. rev. Auflg. London: K. Paul, Trench, Trübner & C.
Deutsch als: *Allerlei Japanisches. Notizen über verschiedene japanische Gegenstände für Reisende und andere* (Übers. von Bernhard Kellermann). Berlin: Bondy 1912.

COOPER, Michael (Übers. und Komment.)
1973 *This Island of Japon.* Tokyo, New York: Kodansha International.

CROISSANT, Doris (Hg.)
1993 *Japan und Europa: 1543–1929. Eine Ausstellung der "43. Berliner Festwochen" im Martin-Gropius-Bau Berlin (12. September–12. Dezember 1993).* Berlin: Argon.

Die Deutsch-Japanischen Gesellschaften von 1888 bis 1996
1996 [Beiträge von Annette Hack u.a.; hg. v. Günther Haasch]. Berlin: Wissenschaftsverlag Volker Spiess / Edition Colloquium.

FRIESE, Eberhard
1980a *Curt Adolf Netto (1847–1909), sein Leben und seine Zeit.* Köln: Japanisches Kulturinstitut.

1980b *Japaninstitut Berlin und Deutsch-Japanische Gesellschaft Berlin. Quellenlage und ausgewählte Aspekte ihrer Politik 1926–1945.* Berlin: Ostasiatisches Seminar der FU.

1983 *Philipp Franz von Siebold als früher Exponent der Ostasienwissenschaften. Ein Beitrag zur Orientalismusdiskussion und zur Geschichte der europäisch-japanischen Begegnung* (Berliner Beiträge zur sozial- und wirtschaftswissenschaftlichen Japan-Forschung, Bd. 15). Bochum: Studienverlag Dr. N. Brockmeyer.

1989 "Der Japanologe Alexander Chanoch. Spuren eines Lebens" [Schriftenverzeichnis v. H.Walravens], in: *BJOAF* 13: 93–104.

FRIESE, Eberhard (Hg.)
1991 [Karl Peter Thunberg] *Reise durch einen Theil von Europa, Afrika und Asien hauptsächlich in Japan in den Jahren 1770 bis 1779.* Heidelberg: Manutius Verlag.

FROIS, Luis
1586 *Historia do Japão.* [Hg. als: *Die Geschichte Japans (1549–1578).* Nach der Handschrift der Ajudabibliothek in Lissabon übersetzt und kommentiert v. G. Schurhammer und E.A. Voretzsch. Leipzig: Asia Major 1926.]

GOCH, Ulrich
1980a "Gesellschaft und Auslandswissenschaft am Beispiel der deutschen Japanologiegeschichte. Teil 1: Von den Anfängen bis 1918", in: *BJOAF* 3: 98–131.

1980b   "Zur Erinnerung an den Japanologen Clemens Scharschmidt (1880–1945)", in: *BJOAF* 3: 312–317.

GRIESECKE, Birgit
1996   "'Japan' beschreiben. Überlegungen zum heuristischen Nutzen modellhafter und metaphorischer Darstellungsstrategien", in: *NOAG* 159/160: 15–40.

GRIMM, Tilemann u. SCHNEIDER, Roland
1977   Gegenwartsbezogene Ostasienwissenschaften", in: *OE* 24: 39–51.

HACK, Annette
1995   "Das Japanisch-Deutsche Kulturinstitut in Tôkyô zur Zeit des Nationalsozialismus. Von Wilhelm Gundert zu Walter Donat", in: *NOAG* 157/158: 77–100.

HAMMITZSCH, Horst
1966   "Die Japanologie in Deutschland", in: *MOAG* 28 (Supplementbd.). Tokyo: OAG: 139–57.

HARDACRE, Helen
1998   *The Postwar Development of Japanese Studies in the United States* (Brill's Japanese studies library, Bd. 8). Boston: Brill.

HARTMANN, Rudolf
1997   *Japanische Studenten an der Berliner Universität, 1870 –1914.* Berlin: Humboldt-Universität zu Berlin.

HEARN, Lafcadio
1907   *Izumo. Blicke in das unbekannte Japan* (Übers. v. B. Franzos; Buchschmuck v. E. Orlik). Frankfurt a.M.: Rütten & Löning.

1907b   *Kokoro. Hints and Echoes of Japanese Inner Life.* Leipzig: Tauchnitz.

[The] Japan Foundation (Hg.)
1985   *Japanese Studies in Europe* (Directory Series, Bd. 7). Tokyo: The Japan Foundation.

Japanisches Kulturinstitut Köln (Hg.)
1990   *Kulturvermittler zwischen Japan und Deutschland. Biographische Skizzen aus vier Jahrhunderten.* Frankfurt a.M.: Campus.

KAEMPFER, Engelbert
1777–79   *Geschichte und Beschreibung von Japan* (hg.v. Christian Wilhelm Dohm). Lemgo: Meyersche Buchhandlung (Nachdr. Stuttgart: Brockhaus 1964).

KAISER, Stefan
1995   *The Western Rediscovery of the Japanese Language.* London: Curzon Press.

KAPITZA, Peter (Hg.)
1990   *Japan in Europa. Texte und Bilddokumente zur europäischen Japankenntnis von Marco Polo bis Wilhelm von Humboldt.* München: iudicium.

KLAPROTH, Julius
1832   *San kokf tsou ran to sets, ou Aperçu général des trois royaumes, traduit de l'original japonais-chinois [de Rin Sifée].* Paris: Oriental Translation Fund.

KRACHT, Klaus
1980   "Über 'Ostasien' sprechen: Sprache des Mangels, Sprache des Da-Seins", in: *BJOAF* 2: vii–xxiv.
1990   *Japanologie an deutschsprachigen Universitäten.* Wiesbaden: O. Harrassowitz.

KREINER, Josef
1976   "Hauptrichtungen in der Erforschung japanischer Kultur – historische Entwicklung und gegenwärtige Probleme", in: ders. (Hg.) 1976: 293–314.
1984   "Deutschland – Japan. Die frühen Jahrhunderte", in: ders. (Hg.) 1984: 1–54.

KREINER, Josef (Hg.)
1976   *Japanforschung in Österreich.* Wien: Institut für Japanologie der Universität Wien.
1984   *Deutschland – Japan. Historische Kontakte.* Bonn: Bouvier Verlag H. Grundmann.

KUWABARA, Setsuko
1987   *Emil Orlik und Japan.* Frankfurt a.M.: Haag und Herchen.

LADSTÄTTER, Otto; LINHART, Sepp (Hg.)
1990   *August Pfizmaier (1808-1887) und seine Bedeutung für die Ostasienwissenschaften.* Wien: Verlag der Österreichischen Akademie der Wissenschaften.

LANGSDORFF, Georg Heinrich v.
1812   *Bemerkungen auf einer Reise um die Welt in den Jahren 1803 bis 1807.* Frankfurt a.M.: 1812. [Nachdruck hg. von Hans Damm. Leipzig: Volk u. Buch 1951]

LEWIN, Bruno
1968   "Japanologie", in: ders. (Hg.): *Kleines Wörterbuch der Japanologie.* Wiesbaden: O. Harrassowitz: 172–174.

| 1997 | "Japanologie in Berlin. Geschichte und Ausblick", in: *JH* 1: 7–27. |

LINHART, Ruth u. Sepp
| 1976 | "Einige Bemerkungen zum Studium der japanischen Kultur und Gesellschaft", in: KREINER et al. (Hg.) 1976: 315–328. |

LINHART, Sepp
| 1993 | *Japanologie heute. Zustände – Umstände* (Beiträge zur Japanologie, Bd. 31). Wien: Institut für Japanologie der Universität Wien. |

Neuer Welt-Bott
| 1726–61 | *Neuer Welt-Bott. Allerhand [...] Reis-Beschreibungen, welche von denen Missionariis der Gesellschafft Jesu [...] seit an. 1642 [...] in Europa angelangt seynd. [...]*. Hg.v. Joseph Stöcklein. Augspurg et al.: Veith. |

Nihon kenkyû 日本研究
| 1994 | *Kokusai Nihon Bunka Kenkyû Sentâ kiyô* 10 (*Sekai no Nihon kenkyû. Rekishi to genjô*). 国際日本文化研究センター紀要 10 (世界の日本研究 – 歴史と現状). |

ODA Takeo 織田武雄
| 1974 | *Chizu no rekishi (sekai hen)*. Kôdansha. 地図の歴史(世界編). 講談社. |

ÔMINAMI Katsuhiko 大南勝彦
| 1991 | *Roshia kara kita kurobune*. Shizuoka shi: Shizuoka Shinbunsha. ロシアから来た黒船. 静岡市: 静岡新聞社. |

OUWEHAND, Cornelius
| 1969 | "Über westöstliche Wege der Japanologie" (Antrittsrede 1969). Veröffentlicht in: KREINER et al. (Hg.) 1976: 281–292. |

PACK, Tchi-ho
| 1973 | *Bericht des Nosongdang über seine Reise nach Japan aus dem Jahre 1420 (Nosongdang-Ilbon-haengnok)*. Wiesbaden: O. Harrassowitz (Veröffentlichungen des Ostasien-Instituts der Ruhr-Universität Bochum, Bd. 8). |

PINTO, Fernão Mendez [= Pinto, Mendes]
| 1614 | *Peregrinaçam de Fernam Mendez Pinto*. Lissabon [dt. hg. v. Philipp Hedwig KÜLB als *Fernand Mendez Pinto's abenteuerliche Reise durch China, die Tartarei, Siam, Pegu und andere Länder des östlichen Asiens*. Jena: H. Costenoble 1868]. |

Polo, Marco
1298   Folgende Ausgabe ist eine verläßliche: *Le livre de Marco Polo: Citoyen de Venise, conseiller privé et commissaire impérial de Khoubilaï-Khaân. Rédigé en français sous sa dictée en 1298 par Rusticien de Pise.* Hg.v. Jean Pierre Guillaume Pauthier. Paris: Firmin Didot 1865 [Nachdr. Genève: Slatkine 1978]; vgl. Übers. v. Hans Eckart Rübesamen. München: Heyne 1963.

Ramming, Martin
1930   *Rußland-Berichte schiffbrüchiger Japaner aus den Jahren 1793 und 1805 und ihre Bedeutung für die Abschließungspolitik der Tokugawa.* Berlin-Lankwitz: Würfel-Verlag.

Rauck, Michael
1994   *Japanese in the German Language and Cultural Area, 1865-1914: a General Survey* (T.M.U. Econom. Soc. Research Ser., Bd. 2). Tokyo: Tokyo Metropolitan University.

Rodríguez, Ioão [= Rodrigues, João]
1604   *Arte da Lingoa de Iapam*, Nangasaqui no Collegio de Iapão da Companhia de Iesv.

Rosny, Léon de
1872   *Introduction au cours de japonais: résumé des principales connaissances nécessaires pour l'étude de la langue japonaise.* [Nachdr. d. Ausg.] 2. éd., Paris, in: Kaiser 1995.

Satô, Masako
1995   *Karl Florenz in Japan. Auf den Spuren einer vergessenen Quelle der modernen japanischen Geistesgeschichte und Poetik* (MOAG, Bd. 124). Hamburg: OAG.

Schliemann, Henry [i.e. Heinrich]
1867   *La Chine et le Japon au temps présent.* Paris: Libr. centrale.

Siebold, Philipp Franz v.
1832   *Nippon. Archiv zur Beschreibung von Japan u. dessen Neben.- u. Schutzländern Jezo mit den südl. Kurilen, Sachalin, Korea u. den Liukiu-Inseln.* Alexander Frhr. und Heinrich von Siebold (Hg.). [Nachdr. d. 2. Aufl. 1897, 2 Bde. Osnabrück: Biblio Verlag 1969.]

Sin Sukchu
1477   *Haedong chegukki.* [Bisher nur leicht verfügbar in der japanischen kommentierten Faksimile-Ausgabe: Shin Sukuchu: *Tôkai shokokuki.* Hg.v. Tanaka Takeo. Iwanami Shoten 1991.]

Singer, Kurt
1973 *Mirror, Sword and Jewel. A Study of Japanese Character.* London: Croom Helm. [Dt.: *Spiegel, Schwert und Edelstein. Strukturen des japanischen Lebens.* Frankfurt a.M.: Suhrkamp 1991.]

Slawik, Alexander
1976 "Auseinandersetzungen mit der traditionellen Japanologie", in: Kreiner et al. (Hg.) 1976: 229–246 (Teil eines erstmalig 1972 veröffentlichten Berichtes).

Steenstrup, Carl
1979 "A Gustavian Swede in Tanuma Okitsugu's Japan: Marginal Notes to Carl Peter Thunberg's Travelogue", in: *The Journal of Intercultural Studies* 6: 20–42.

Thunberg, Karl Peter
1794 *Reise durch einen Theil von Europa, Afrika und Asien, hauptsächlich in Japan, in den Jahren 1770–1779.* Berlin: Haude und Spener. [Unveränderter Nachdr. Friese (Hg.) 1991.]

Titsingh, Isaac
1822 *Cérémonies usitées au Japon, pour les mariages, les funérailles, et les principales fêtes de l'année [...].* 3 Bde. Paris.

Titsingh, Isaac; Klaproth, Julius
1834 *Nipon o daï itsi ran [Nihon ôdai ichiran], ou Annales des Empereurs du Japon = Annales des Empereurs du Japon.* Traduites par Isaac M. Titsingh, revu, complété et corrigé sur l'original japonais-chinois par J. Klaproth. London: Oriental Translation Fund.

Tsunoda, Ryusaku (Übers. u. Komment.)
1951 *Japan in the Chinese Dynastic Histories. Later Han Through Ming Dynasties* (hg.v. L. Carrington Goodrich). South Pasadena: P.D. and Ione Perkins.

Unesco (The Fukuoka Unesco Association) (Hg.)
1999 *Overseas Japanese Studies Institutions.* Fukuoka.

Varen[ius], Bernhard[us]
1649 *Descriptio regni Japoniae.* Amsterdam: Elzevir. [Leicht verfügbare deutschsprachige Ausgabe: *Beschreibung des Japanischen Reiches.* Ins Deutsche übertr. von Ernst-Christian Volkmann. Darmstadt: Wissenschaftliche Buchgesellschaft 1974.]

WALRAVENS, Hartmut (Hg.)
1989 *Du verstehst unsere Herzen gut. Fritz Rumpf (1888–1949) im Spannungsfeld der deutsch-japanischen Kulturbeziehungen.* Weinheim: VCH; zugleich: *NOAG* 139/142 (1986–87).
1994 "Von der notwendigen Unterdrückung der deutschen Universitäten. Der Berliner Unversalgelehrte Julius Klaproth und die Königliche Bibliothek", in: *Jahrbuch Preußischer Kulturbesitz* 31 (1994): 225–249.
1999a *Julius Klaproth (1783–1835). Leben und Werk des Orientalisten.* Wiesbaden: O. Harrassowitz.
1999b *Zur Geschichte der Ostasienwissenschaften in Europa. Abel Rémusat (1788–1832) und das Umfeld Julius Klaproths (1783–1835).* Wiesbaden: O. Harrassowitz.
1999c "Drei Dokumente zur Japanologie"; als Anhang in "Streiflichter auf die deutsche Sinologie 1938–1943", in: *NOAG* 165/166: 189–222, 212–222.

WARINNER, Emily V.
1965 *Voyager to Destiny. The Amazing Adventures of Manjiro, the Man Who Changed Worlds Twice.* Indianapolis, N.Y.: Bobbs-Merrill.

WENCK, Günther
1987 *Pratum Japanisticum: exemplifizierender Entwurf einer "Japanistik".* Wiesbaden: O. Harrassowitz.

WORM, Herbert
1988 "War Karl Florenz ein Verehrer Adolf Hitlers? Eine deutsche Preisverleihung in Tôkyô", in: *NOAG* 144: 29–49.
1994 "Japanologie im Nationalsozialismus. Ein Zwischenbericht", in: Gerhard KREBS u. Bernd MARTIN (Hg.): *Formierung und Fall der Achse Berlin–Tôkyô* (Monographien aus dem Deutschen Institut für Japanstudien der Philipp-Franz-von-Siebold-Stiftung, Bd. 8). München: iudicium: 153–186.

Sprachgeschichte und Philologie *

Roland Schneider

1. *Prolog*

Überblickte ein Vertreter europäischer Philologien, etwa der Romanistik oder der Germanistik, die in den letzten Jahren und Jahrzehnten zahlenmäßig in erstaunlichem Umfang angewachsenen japanologischen Lehrstühle und Professuren in der deutschen Universitätslandschaft, so fiele ihm vielleicht auf, daß unter diesen etwa drei Dutzend Professuren an etwa zwanzig Universitäten keine einzige ausdrücklich der Disziplin "Sprachgeschichte" gewidmet ist.

Man könnte diesen fiktiven Beobachter nun noch weiter irritieren oder verwirren mit der (der Wahrheit entsprechenden) Angabe, daß trotz dieser Situation die Beschäftigung mit japanischer Literatur, darunter auch, wenngleich zahlenmäßig geringer und weiter abnehmend, vormoderner Literatur in etwa vierzig Prozent der bundesdeutschen Seminare zumindest einen Schwerpunkt wissenschaftlicher Arbeit bildet, somit auch philologische Arbeitsweise vermutet werden darf.

Überlassen wir an dieser Stelle den fiktiven Beobachter seinem Grübeln oder Staunen. Er mag sich die Situation damit erklären, daß das Fach den, man verzeihe die Termini, "-logien" (Indologie, Soziologie) zuzurechnen ist, und nicht – wie es z.B. Günther Wenck (1987) für die Teildisziplinen, welche "auf die japanische Sprache, ihre Geschichte und ihre Texte gerichtet sind", vorgeschlagen hat – den "-istiken" (Romanistik, Anglistik usw.), also weder "Japanistik" heißt, noch, wenn man weite, nicht unwesentliche Gebiete des Fachs betrachtet, eine solche im Wenckschen Sinne zu sein oder zu werden bestrebt scheint.

Dieser Blickwinkel eines fiktiven Beobachters wurde hier bewußt als Einstieg gewählt, um die Situation, die quasi als permanentes Komplement meiner Bemerkungen über den derzeitigen Stand, die bisherigen Leistungen und die bestehenden Defizienzen und Desiderate mitzudenken ist, gleich anfangs zu

---

* Der Vortragsstil wurde beibehalten.

benennen. Sie deutet das (im Vergleich zu anderen Fächern durchaus eigentümliche) Umfeld an, in dem sich ein, wie aufzuzeigen ist, trotz des konstatierten institutionellen Mangels durchaus vorhandenes sprachhistorisches und philologisches Arbeiten in der deutschen Japanologie zu vollziehen hat – und auf dessen Hintergrund es auch zu bewerten ist.

Mein Thema lautet "Sprachgeschichte und Philologie" (zu ergänzen ist "in der Japanologie").

In der seit de Saussure etablierten, erst in jüngerer Zeit bezweifelten und, etwa von Coseriu und z.T. interessanterweise sogar in Rückgriff auf einen ostasienwissenschaftlich arbeitenden Philologen, von Gabelentz, zu überwinden angestrebten Einteilung, besser Zweiteilung der Sprachwissenschaft in Diachronie und Synchronie gehört die Sprachgeschichte der Diachronie an. Ihr Gegenstand ist, ganz allgemein ausgedrückt, der Sprachwandel.

Daß Sprachen sich wandeln, ist ein Allgemeinplatz und ein Erfahrungswert, dennoch empfiehlt es sich bei der oft üblichen Ausdrucksweise von Aussagen über die Sprache à la "die Sprache tendiert zu...", "das Japanische reduzierte im Laufe des Mittelalters seine Hilfsverben" usw. sich ins Gedächtnis zu rufen, daß es präziser heißen müßte, daß die Sprecher (und nur sie) die Sprache verändern, da Sprache kein Zweitleben neben dem Gesprochenwerden besitzt. Ich komme darauf nochmals zurück.

Im Bereich des Vokabulars ist Sprachwandel von uns allen etwa beim Auftreten von Neologismen oder beim Verschwinden von kurzlebigen Modevokabular häufig erfahrbar – selbst als Nicht-native speaker des Japanischen hat man die Chance, solche Veränderungen im Vokabular zu bemerken.

Im Bereich der Grammatik oder Syntax, in dem sich Wandel längerfristig vollzieht, ist dies schon schwerer, aber dennoch erfahrbar (etwa am Vordringen von Kurzpotentialisformen bei japanischen 'vokalischen' Verben), einsichtiger aber vielleicht am eigenen, täglich erlebten und gebrauchten Idiom, der deutschen Sprache.

Ich war versucht, meine heutigen Bemerkungen zur Demonstration des hier Gemeinten mit zwei Sätzen aus deutscher Sprachwirklichkeit zu beginnen:

"Ich bin *wegen meinem* Vortrag nach Berlin gekommen" oder "Ich fahre nach Berlin, *weil ich halte* da einen Vortrag".

Wir alle sind zur Zeit Zeuge eines Sprachwandels, der im ersten Beispiel den traditionellen Genitiv nach "wegen" durch den Dativ ersetzt, damit zum generellen Abbau des Genitivs beiträgt, und im zweiten Fall die (Nebensatz-)Verbposition der Hauptsatz-Verbposition anzugleichen bestrebt ist. Das sind zwei Phänomene, gegen die zur Zeit bzw. seit einigen Jahren Hundert- oder Tausendschaften von Deutschlehrern ankämpfen, in einem Kampf, der so aussichtslos sein dürfte wie andere normativ motivierte – ob in Deutschland oder Japan. Die Deutschlehrer oder die Referate korrigierenden Hochschullehrer werden vor diesem Dativ so kapitulieren wie das japanische Kultusministerium, das 1904 per Verordnung erlauben mußte, daß in der Standardschriftsprache (*hyôjun bungo* 標準文語) das Verb "*shinu*" ("sterben") vierstufig, also nach vier- bzw. fünfstufiger Konjugationsweise (*yodan / godan katsuyô* 四段・五段活用) flektiert werden durfte, d.h. dem in der lebendigen Sprache schon Jahrzehnte vorher vollzogenen Wandel Rechnung tragen mußte. Und gehen wir, wie es denn bei Sprachhistorikern so üblich ist, weiter zurück, müssen Sprachlehrer oder Ministerien auf so hoffnungslosem Posten stehen wie jener Schiedsrichter in einem spätheianzeitlichen Gedichtwettstreit, der ein – im übrigen durchaus witziges – Wortspiel, das Provinznamen (Ko*shi*) und Himmelsrichtung (ki*ta*) mit dem schriftsprachlichen Präteritumshilfsverb *shi* (<*ki*) und seiner umgangssprachlichen Variante *ta* (<*taru*) verknüpft, wegen eben jenes *ta* kritisiert, das sich im Laufe der Sprachgeschichte, wie wir aus täglichem Gebrauch wissen, durchgesetzt hat.

Sprachgeschichte beschäftigt sich mit dem Wandel – und auch da ist eine Präzisierung notwendig: "Wandel" beginnt nicht mit der Neuerung, die irgendein Sprecher zu irgendeinem – meist kaum feststellbaren – Zeitpunkt individuell vollzog, sondern mit der interindividuellen Annahme und allgemeinen Übernahme dieser Neuerung.

Übernahmen sind historische Phänomene, keine "innersprachliche", sind sozial motivierte Akte und fordern historische Erklärungen. Konkret bedeutet dies, daß z.B. die Feststellung, daß die im japanischen Mittelalter eingetretene Verschiebung eines *"ti"* zu *"chi"*, also die Palatalisierung, ihre Ursache in der "Verschiebung der Zunge nach vorn" gehabt haben müsse, nichts außer der physiologischen Technik erklärt, vor allem aber noch nichts über die Gründe und die Motivation für die allgemeine Übernahme dieser Artikulation aussagt.

Kehren wir zu unserem Thema zurück. Sprachgeschichte in der Japanologie besitzt eine Doppelfunktion, die im Thema meiner Bemerkungen "Sprachgeschichte und Philologie" schon teilweise anklingt: zum einen ist sie eine selbständige Disziplin, deren Gegenstand das historische Japanische und deren Aufgabe die Untersuchung des sprachlichen Wandels im Japanischen ist, zum andern wird sie für alle jene anderen japanologischen Teildisziplinen zur "Hilfsdisziplin", die sich, unabhängig von ihrer Methodik und ihren Erkenntniszielen mit vormodernem schriftlichem Material, das ja nun einmal in historischer Sprache als graphischer Bestand vorliegt, auseinandersetzen.

Und dies gilt nicht nur für philologische Teildisziplinen im engeren Sinne, wie etwa die Literaturgeschichte, sondern – über den Titel des Vortrags hinausgehend –, schlichtweg für zumindest alle jene Disziplinen, die fundierte Aussagen über das vormoderne Japan zu machen bestrebt sind.

Konkrete Beispiele mögen dies illustrieren: Niemand wird etwa Hans Dettmer bei seinem Werk über die Steuergesetzgebung der Nara-Zeit, das über vormoderne Wirtschaftsgeschichte Auskunft gibt, literaturwissenschaftlich (-philologisch)e Ziele unterstellen wollen, zu seinen Aussagen konnte er aber nur über die Auswertung altjapanischer Quellen, somit über das in der Nara-Zeit gegebene schriftliche und sprachliche Medium kommen. Oder: Susanne Formaneks Studie über das Altern und das Alter in der Nara- und Heian-Zeit sieht sich primär kulturwissenschaftlichem und sozialwissenschaftlichem Erkenntnisinteresse verpflichtet, muß aber, um überhaupt zu Aussagen über den Status der Alten, über die Sicht vom Alter zu gelangen, auf Texte zurückgreifen, Texte interpretieren und verstehen, die in frühaltjapanischer oder spätaltjapanischer Sprache überliefert sind.[1]

Diese zwei Beispiele, die um solche aus anderen Teildisziplinen der Japanologie oder Studien mit anderem Epochenbezug oder Gegenständen, etwa statt Nara- und Heian-Zeit Mittelalter und Edo-Zeit, oder statt Steuergesetzgebung und Altern Religion und Bauernaufstände nahezu beliebig zu erweitern wären, sollten die Relevanz der Sprachgeschichte und ihrer Ergebnisse für andere japanologische Arbeit vorläufig nur pauschal benennen.

Nach diesen Vorüberlegungen und grundsätzlichen Bemerkungen scheint es an der Zeit, mich dem Thema konkreter zuzuwenden.

Ich gliedere meine Bemerkungen zum Gegenstand "Sprachgeschichte und Philologie (in der Japanologie)" im folgenden in zwei in relativ knapper Form gehaltene Abschnitte über "Sprachgeschichte in Japan" und "Anfänge und Bedeutung europäischer Forschung über die japanische Sprache", um dann zum Hauptteil – "Sprachgeschichtliche Forschung in der deutschen Japanologie" – zu kommen und danach mit dem Abschnitt "Sprachgeschichte als Hilfsdisziplin und Grundlage für philologisch-historische Arbeit in der Japanologie" zu schließen.

Die Nennung von Personennamen und Werktiteln beschränke ich auf das unbedingt Notwendige und werde nur dort ausführlicher, wo es sich um für

---

1 Hans Adalbert DETTMER: *Die Steuergesetzgebung der Nara-Zeit* (Studien zur Japanologie, Bd. 1). Wiesbaden: O. Harrassowitz 1959; Susanne FORMANEK: *Denn dem Alter kann keiner entfliehen: Altern und Alter im Japan der Nara- und Heian-Zeit* (Beiträge zur Kultur- und Geistesgeschichte Asiens, Nr. 13, Sitzungsberichte / Österreichische Akademie der Wissenschaften. Philosophisch-Historische Klasse, Bd. 618). Wien: Verlag der Österreichischen Akademie der Wissenschaften 1994.

die tägliche japanologische philologische Arbeit relevante bzw. hilfreiche Werke oder Hilfsmittel handelt.

2. *Sprachwissenschaft in Japan*

Sprachwissenschaft in Japan oder allgemeiner die Auseinandersetzung mit der eigenen Sprache verdankt ihre bis in die Nara-Zeit (8. Jh.) zurückreichenden Anfänge sowie einen Gutteil ihrer vormodernen Entwicklung zwei Impulsen: einmal der Konfrontation mit dem fremden graphischen Medium, der chinesischen Schrift, zum anderen der philologischen Beschäftigung mit den altjapanischen Literaturdenkmälern, besonders mit der ersten monumentalen Gedichtanthologie *Man'yôshû* 万葉集 (kompiliert um die Mitte des 8. Jh.s).

Die Adaption der chinesischen Schrift brachte für die Darstellung der anders gebauten eigenen Sprache nicht nur Probleme, sondern zwang auch bei der Suche nach Problemlösungen zur Reflexion über die eigene Sprache und führte überdies zur Auseinandersetzung der mit den Graphemen eingeführten fremden Lautung.

Dieser erste Impuls ließ neben Anfängen einer morphologischen Betrachtungsweise und einer – später noch durch ein ausländisches graphisches Medium, die indisch-buddhistische Gupta-Schrift, also durch die Sanskrit-Studien geförderten – Lautforschung vor allem eine bereits ab dem 10. Jahrhundert etablierte Lexikographie entstehen.

Der zweite Impuls sollte, ebenfalls schon Mitte des 10. Jahrhunderts, die Richtung der kommentatorischen Sprachforschung begründen, die dann jahrhundertelang die dominante Forschungsrichtung bleiben sollte und noch heute eine wesentliche, wenn nicht gar die tragende Rolle innerhalb der innerjapanischen Sprachwissenschaft und Philologie spielt.

In den folgenden Jahrhunderten bis gegen Ende des ersten Drittels der Tokugawa-Zeit, also Ende des 17. Jahrhunderts, oder z.T. noch länger steht Sprachforschung unter dem Diktat, aber auch unter den weiterführenden Anforderungen der Poesie, genauer der Poetik-Schriften, die trotz ihres normativen, auf die klassischen Vorbilder orientierten Duktus zu Einsichten in Morphologie, Hilfsverb- und Partikelsystem, also zu grammatischer Forschung vordrangen.

Mit dem Auftreten der sog. Nationalen Gelehrtenschule, der Kokugaku 国学, namentlich mit ihren Vertretern Keichû 契沖 (1640–1701) und Motoori Norinaga 本居宣長 (1730–1801), von denen der letztere Sprachforschung allerdings eher als Instrument für Altertums-, Geschichts- und Kommentarwissenschaft betrieb, sieht japanische Forschung heute i.a. das Stadium der vormodernen wissenschaftlichen Beschäftigung mit der japanischen Sprache erreicht, das in seinem weiteren Verlauf, Mitte des 18. bis Mitte des 19. Jahrhunderts, zum einen gekennzeichnet wird durch eine allmähliche Loslösung und Emanzipation von der kommentatorischen Textwissenschaft und zum zweiten durch die Begründung einer eigenständigen japanischen Grammatik- und Syntaxforschung, deren Ansätze auch nach der Übernahme westlicher sprachwissenschaftlicher Methodik in der Meiji-Zeit z.T. noch weiterleben bzw. wieder zum Leben erweckt wurden.

Sprachgeschichtliche Forschung im engeren Sinne setzt, wenn wir das sprachhistorische Element der vormodernen kommentatorischen Sprachwissenschaft vernachlässigen und Keichûs frühe beeindruckende Grundlegung der historischen Lautlehre im *Waji shôranshô* 和字正濫抄 (1693) als wissenschaftliche Ausnahmeleistung sehen, eigentlich erst in unserem Jahrhundert ein, genauer ab Anfang der Shôwa-Zeit, ab der zum einen diachronische Darstellungen der gesamten japanischen Sprachgeschichte erscheinen, zum anderen in historisch-synchronem Ansatz Epochengrammatiken geschrieben werden, die das sprachliche System einer Einzelepoche (Nara-, Heian-Sprache usw.) oder den Sprachstand bestimmter Literatur- und Sprachdenkmäler (z.B. *Heike monogatari* 平家物語 oder *Konjaku monogatarishû* 今昔物語集 usw.) darstellen.

Heute ist jedes Gebiet der Sprachgeschichte, also nach traditioneller Einteilung Phonetik, Grammatik usw. durch zahlreiche – man ist nach Lektüre des *Kokugo nenkan* 国語年鑑 versucht zu sagen "zahllose" – Studien repräsentiert, die nach den Überblickswerken der Vorkriegszeit in immer stärker werdender Spezialisierung Einzelaspekten der sprachlichen Entwicklung des vormodernen Japanischen nachgehen.

An dieser Stelle kann und möchte ich diese Verästelungen japanischer Gelehrsamkeit nicht weiter verfolgen, sondern, diesen Teil abschließend, jene drei, vier Gebiete mit je ein, zwei wichtigen Publikationen benennen, von denen europäische, also auch deutsche sprachgeschichtliche, sprachwissenschaftliche, aber auch allgemein philologische Japanologie in ihrer täglichen Arbeit am meisten von dieser japanischen Forschung profitiert (bzw. profitieren könnte, jedenfalls zu profitieren bestrebt sein sollte).

1. Das erste Gebiet sind zweifellos die Editionen vormoderner Texte, die sich der traditionellen, oft in Personalunion noch enger geschnürten Verbindung zwischen Sprachgeschichte und kommentatorischer Literaturwissenschaft verdanken und fast ein Monopol der innerjapanischen Philologie sind. Angefangen von der voluminösen Sammlung *Gunsho ruijû* 群書類従 und ihren Fortsetzungen, die Hunderte von auch peripheren Texten, wenn auch ohne große textkritische Ambitionen enthält, über die allen

Anforderungen genügenden Ausgaben von Einzelwerken sind es vor allem die großen Sammlungen klassischer oder vormoderner Texte wie *Nihon koten zensho* 日本古典全書 oder *Nihon koten zenshû* 日本古典全集 oder die wohl in der deutschen Japanologie am meisten benutzte Sammlung des Iwanami-Verlags 岩波書店, der 100-bändige *Nihon koten bungaku taikei* 日本古典文学大系 und seine auf die gleiche Bandzahl angelegte, auch Werke außerhalb des traditionellen Kanons berücksichtigende Nachfolgereihe *Shin Nihon koten bungaku taikei* 新日本古典文学大系.
Ohne diese Reihen ist philologisches Arbeiten kaum möglich, andererseits spiegeln sie – um eine der Gefahren zu benennen – durch die sorgsam komfortabel gestaltete Textaufbereitung, die ihren interpretatorischen Charakter vergessen macht, auch die Sicherheit fester Fundamente vor.
Das zweite Gebiet japanischer sprachgeschichtlicher Leistungen, von dem wir profitieren können, ist das der meist im Titel *kokugoshi* ("Geschichte der Landessprache") oder *Nihongo no rekishi* ("Geschichte der japanischen Sprache") führenden sprachhistorischen Gesamtdarstellungen der japanischen Sprachgeschichte, die von einbändigen Abrissen[2] über mehrbändige Darstellungen von Einzelautoren[3] zu den meist von mehreren Autoren verantworteten, umfangreichen Gesamtdarstellungen (Heibonsha 平凡社: *Nihongo no rekishi* 日本語の歴史, 7 Bde., 1963–65; Taishûkan Shoten 大修館書店: *Kôza kokugoshi* 講座国語史, 6 Bde. 1972–82 usw.) führen und in ihrer chronologischen Abfolge Einstieg und Ergänzung für die ebenso wertvollen älteren Epochengrammatiken[4] bilden, die inzwischen von den ab 1987 innerhalb der bei Tôkyôdô Shuppan 東京堂出版 erschienenen Serie *Kokugogaku sôsho* 国語学叢書 herausgegebenen sieben Bänden über den Sprachstand aller Perioden vormoderner Sprachhistorie auf modereren Stand geführt wurden. Auch sie können lohnend durch mehrere ältere oder neuere Epochendarstellungen besonderer

---

2 Kokugo Gakkai 1957, MISAWA 1961, NAGAYAMA 1970, MATSUMURA 1972, DOI 1981 usw.
3 SUGIMOTO 1970–71, SATÔ Kiyoji 1971, IWAI – ein eher archivarisches Zeughaus in 4 Bänden – 1970–74.
4 Z.B. von SAEKI 1961 oder MABUCHI 1968: Nara, von YAMADA 1967a u. 1967b: Nara u. Heian – zwei Darstellungen, die inzwischen fast als Art philologische "Kultbücher" firmieren –, von YUZAWA 1958, 1959, 1962: Muromachi, Edo usw.

Akzentuierung oder spezifischer (materialer) Schwerpunktlegung[5] ergänzt werden.[6]

Ich vertiefe diese Auflistung nicht weiter mit den diachronischen Darstellungen von Einzelgebieten der Sprachgeschichte wie historische Phonetik, Geschichte der Höflichkeitssprache u.ä. und übergehe auch die für eine sprachgeschichtliche Arbeit wichtigen, von japanischer Forschung bereitgestellten Werk-Indizes (*Genji, Heike, Man'yôshû, Tsurezuregusa, Saikaku* usw.), um abschließend nur mehr das Gebiet zu nennen, von dem wir, soweit wir mit vormodernen Texten arbeiten, täglich profitieren, nämlich japanische Lexikographie im Bereich vormodernen Vokabulars.

Sobald Japanologen mit vormodernen Texten arbeiten, stoßen sie an die Grenzen der Lexika von Kenkyûsha, Kimura, Okutsu oder gar Schinzinger oder anderer japanisch-deutscher, japanisch-englischer Lexika und greifen bald zu einsprachigen wie dem berühmten *Kôjien* 広辞苑 von Shinmura Izuru 新村出, das in Papierform inzwischen in der 5. Auflage und in einem um zwei Drittel leichterem Electronic Book vorliegt, oder benutzen eines der zwei Dutzend sog. *kogo jiten* 古語辞典, handliche Wortlexika der vormodernen Sprache, die einander in den Stärken (z.B. Taschenformat, Übersichtlichkeit, umgangssprachliche Erklärung) und auch in den Schwächen (Beschränkung auf den etablierten Kanon der ausgewerteten Werke von *Man'yôshû* über *Genji* und *Heike* zu den Monumenten der Edo-Literatur, Nichteinbeziehung von Randmaterialien, Beschränkung auf den sog. Erstbeleg usw.) gleichen – insgesamt nützliche Erstinformation, bevor man dann schließlich zum 20-bändigen *Nihon kokugo daijiten* 日本国語大辞典 (Verlag Shôgakukan 小学館) findet.

Nun erschöpft sich japanische Lexikographie nicht in den genannten Werken, sondern hat zwei Lexikon-Projekte begonnen, deren Produkte künftig bei Vokabularfragen im vormodernen Bereich unverzichtbar scheinen.

---

5 Etwa durch die auf mittelalterliche Schriftsprache (*bungo* 文語) abstellende Studie von YAMAGUCHI 1976 oder die den Schwerpunkt auf Glossentext(*kunten* 訓点)-Materialien legende Arbeit von TSUKISHIMA 1969. Die in obiger Aufzählung scheinbar gegebene Lücke betr. Kamakura-Zeit füllt noch immer die *Heike*-Grammatik von YAMADA (1967c, [1]1954) und, in anderer Form und Weise, die seit 1980 von dem Seminar für japanische Sprache an der Universität Hiroshima herausgegebene Serie *Kamakura jidaigo kenkyû* 鎌倉時代語研究.

6 Schnellste, aber zuverlässige allgemeine Informationsmöglichkeit über die Sprachgeschichte des Japanischen bieten ferner HAYASHI u. IKEGAMI (Hg.) 1979.

Das eine ist das großangelegte *Nihon kogo daijiten* 日本古語大辞典 des Verlags Kadokawa Shoten 角川書店, das inzwischen auf etwa 4 von 10 Bänden angewachsen ist, und das andere ist ein noch ehrgeizigeres, allerdings auch noch langsamer voranschreitendes Projekt eines *Jidai betsu kokugo jiten* 時代別国語辞典, also ein nach Epochen differenzierendes Lexikon des Verlags Sanseidô 三省堂. Der erste Band (*jôdaihen* 上代編) ausschließlich über das Nara-Vokabular ist 1967 erschienen und versprach in seinem Einbezug vorher nicht ausgewerteter Materialien, in seiner exakten Darstellung altjapanischer Sonderschreibweise und in der klaren Trennung von Fakten und Interpretation eine neue Lexikonqualität. Dies versprach auch der wenige Jahre später erschienene erste Band über das Muromachi-Vokabular (*Muromachi jidai hen* 室町時代編) der *a*-Reihe, den in den folgenden zwei Jahrzehnten zwei, drei weitere folgten, während die anderen noch ebenso ausstehen wie die *jidai betsu kokugo*-Lexika über die anderen Epochen. Dennoch stellen diese Lexika m.E. die vom sprachgeschichtlichen Standpunkt her überzeugendste Leistung moderner japanischer diachronischer Sprachwissenschaft an Lexikographie dar – und wenn man das Glück hat, eine mit einer Anlautsilbe zwischen *a* und *ho* beginnende spätmitteljapanische Vokabel zu suchen, wird man nirgends fündiger als in Dois und Moritas (zum Zeitpunkt dieses Vortrags) noch unvollendeten Muromachi-Bänden.

3. *Anfänge und Bedeutung europäischer Forschung über die japanische Sprache*

Ich komme hier zu einem Abschnitt, der von der Intention dieser ersten Forscher her weniger mit Sprachgeschichte als vielmehr mit Sprachbeschreibung zum Nutzen für damaligen Sprachunterricht und Spracherwerb zu tun hat, für unser Thema aber dennoch von Relevanz ist, da jenseits der ursprünglichen Absichten und des ursprünglichen Einsatzes die damals entstandenen Studien, Hilfsmittel und Sprachmaterialien im Laufe der Zeit zu sprachhistorischem Material, zu Quellen ersten Ranges wurden, die noch heute für uns in mehrfacher, aufzuzeigender Weise bei sprachhistorischer, aber auch philologischer Arbeit unverzichtbar sind.

Die Rede ist von einem Teil der sog. *kirishitan mono* キリシタンもの ("Schriften der Christen"), dem in der Jesuiten-Mission um die Wende des 16. zum 17. Jahrhundert verfaßten Schrifttum, das gewöhnlich in drei Hauptgruppen eingeteilt wird:

1. in doktrinäre Texte auf Japanisch (z.B. *Doctrina Christan* 1592; *Contemptus mundi* 1596 u.a);
2. in weitgehend in japanischer zeitgenössischer Umgangssprache verfaßte und in lateinischen Buchstaben gedruckte "weltlich-literarische Stoffe" wie das 1593 in der Missionsdruckerei von Amakusa gedruckte *Feique no monogatari*, eine umgangssprachliche Kurzversion des kamakurazeitlichen *Heike monogatari* oder das im gleichen Sammelband gedruckte *Isopo monogatari*, eine Übersetzung der lateinischen Fabeln des Äsop in die damalige japanische Umgangssprache;
3. in sprachwissenschaftliche Werke, deren Hauptvertreter die große Grammatik des Japanischen, *Arte da lingoa de Iapam*, japanisch *Dai Nihon bunten* 大日本文典, des portugiesischen Jesuiten Rodriguez, Nagasaki 1604, und das 1603, vielleicht ebenfalls unter der Mitwirkung von Rodriguez kompilierte Japanisch-portugiesische Lexikon, *Vocabulario da lingoa de Iapam*, japanisch: *Nippo jisho* 日葡辞書 bilden. – Der Vollständigkeit halber nenne ich noch die *Arte breve da lingoa de Iapam* des Rodriguez (1620), die lateinisch geschriebene japanische Grammatik des Dominikaners Diego Collado, *Ars grammaticae Iaponicae linguae* (1632), die Wortlexika *Dictionarium Latino-Lusitanicum ac Japonicum* und *Dictionarium sive Thesauri linguae Iaponicae Compendium* und das Zeichenlexikon *Racuyôshû*.

Diese dritte, letzte Gruppe innerhalb der *kirishitan mono* nimmt insofern eine Sonderstellung ein, als sich in ihr Sprachaufnahme und Sprachbeschreibung, Material und Auswertung treffen. Und dies macht auch ihre für uns noch heute gegebene Relevanz aus und rechtfertigt einige Bemerkungen zu dieser ersten europäischen Beschäftigung mit der japanischen Sprache.

Ich übergehe in diesen Bemerkungen allerdings aus Platzgründen die von anderen ausführlich gewürdigte Grammatik des Rodriguez, die, soviel sei immerhin gesagt, trotz ihrer Adaption der lateinischen Grammatiklehre in Analyse und Beschreibung mancher Phänomene fortgeschrittener ist als es japanische Versuche noch zwei Jahrhunderte später waren, und beschränke mich auf wenige Sätze zum *Japanisch-portugiesischen Lexikon* (wobei ich auf einer eigenen, 1968 in den *NOAG* publizierten Skizze aufbaue).

Das Lexikon teilt mit der Grammatik die praktische Zielsetzung, ausländischen Missionaren das Verstehen und den Gebrauch der japanischen Sprache, Voraussetzung für eine erfolgreiche missionarische Tätigkeit, zu ermöglichen und zu erleichtern. Es hatte von den Bedürfnissen seiner Benutzer auszugehen, die sich für ihre zwei unterschiedlichen sprachlichen Aktivitäten, denen des Sprechens (bei Predigt und Unterweisung) und denen des Hörens (bei Beichte,

Gemeindebetreuung) Hilfe erwarteten. Strebte der ausländische Missionar beim Sprechen nach einem "guten, richtigen" Japanisch, hatte er als Hörer mit Dialekt, mit Substandard, mit Antiquiertem und Sondersprachlichem (Krieger- oder Klerikeridiom) und mit der damals auf dem Weg vom Soziolekt zum Sexolekt befindlichen Frauensprache zu rechnen.

Das *Vocabulario* versucht diesen Erfordernissen in einer Weise gerecht zu werden, die man sich als Nicht-native-speaker von gegenwärtiger japanischer Lexikographie wünschte, derzeit aber nur erträumen kann: Es bezeichnet bei vielen seiner etwa 32.000 Vokabeln den sprachschichtlichen Einsatzbereich und den sondersprachlichen wie lokalen Herkunftsbereich.

Vokabular aus dem Bereich des Buddhismus wird mit *Bup.* (= *Buppô*), aus der Poesie mit *P.* (= *Poesia*), Wörter der Schriftsprache bzw. der Bücher werden mit *S.* (= *Scriptura*), Frauensprachliches mit "Palavra de molheres", Kindersprachliches mit "Palavra de meninos", mit einem *C* (= *Cami*) wird die Sprache der Hauptstadt, mit einem *Ximo* der Dialekt von Kyûshû, Ausgangsregion der Mission bezeichnet.

Die Sprachbetrachtung der Kompilatoren war, wie ich 1969 in der Untersuchung ihrer Beurteilung von Synonymen aufzeigen konnte, bei den Intentionen und der praktischen Zielsetzung trotz der geschilderten Akribie normativ, das sog. bessere Japanisch der Hauptstadt Kyoto, das damals auch schon stark konservative Züge zeigte, war ihnen Richtschnur.

Dennoch bleibt festzuhalten: Ein gleichwertiges kontemporäres japanisches Lexikon existiert nicht. Für sprachgeschichtlich arbeitende Japanologen hat es Quellenwert und, vielleicht wichtiger, für das Verständnis und für die Übersetzung weiter, über den engen Zeitraum der Kompilation deutlich hinausreichender Bereiche spätmitteljapanischer Texte – also Texte, die zwischen Mitte des 14. und Anfang des 17. Jahrhunderts liegen – gibt es kein geeigneteres Hilfsmittel, das überdies für alle, die des Portugiesischen nicht mächtig sind, in einer französischen Übersetzung von Leon Pagés (1868) vorliegt, die in Japan mehrfach (z.B. Benseisha 勉誠社 1953, 1958) als Faksimile-Druck unter dem Namen *Nichi Futsu jiten* 日仏辞典 publiziert wurde. (Daß man es dann auch noch für notwendig hielt, eine japanische Übersetzung des Japanisch-Portugiesischen Lexikons herauszubringen, gehört eher zu den Groteska japanischen editorischen Eifers.) Ich begnüge mich mit diesem einen Beispiel früher europäischer Bemühungen um die japanische Sprache, übergehe die zweite Phase europäischer Beschreibung des Japanischen, die holländischen Grammatiken und Wörterbücher, deren Wert ebenfalls nicht hoch genug einzuschätzen ist.

Japanische Rezeption war diesen sprachwissenschaftlichen Studien der frühen Patres und der Holländer zu ihrer Zeit und in den folgenden zwei Jahrhunderten offensichtlich kaum beschieden; ihren Wert entdeckte die japanische Forschung, die später, in der Meiji-Zeit, die hier übergangenen Impulse anderer philologisch arbeitender Europäer wie Chamberlain usw. gern aufnahm, erst in unserem Jahrhundert, die deutsche Japanologie erst ab Ende der 50er Jahre – und auch ab dann noch nicht mit genügender Konsequenz.

4. *Sprachgeschichte in der deutschen Japanologie*

Den eigentlichen Beginn der deutschen Japanologie setzt man gewöhnlich – das freut uns Hamburger natürlich, und ich folge dieser Einschätzung – mit der Errichtung des ersten japanologischen Lehrstuhls in Hamburg, genauer am Kolonialinstitut, einer Art Vorläuferinstitution der Universität Hamburg, im Jahre 1914 und mit der Berufung seines Gründungsordinarius Karl Florenz (1865–1939) an. Der Philologe Florenz, vor seiner Hamburger Zeit fast ein Vierteljahrhundert an der Kaiserlichen Universität Tôkyô tätig, hat mit seinen Studien zur älteren japanischen Literatur, zur Geschichte und Mythologie Japans nicht nur den Weg für viele der in den Jahrzehnten nach ihm konstatierbaren japanologischen Leistungen bereitet, sondern auch japanische Wissenschaft, insbesondere die Literaturhistorie eines Haga Yaichi 芳賀矢一 (1867–1927) und die spätere eines Hisamatsu Sen'ichi 久松潜一 (1894–1976) beeinflußt, aber auch der japanischen Geschichtswissenschaft Impulse gegeben – in welch hohem, von der japanischen Wissenschaftsforschung nicht immer gern eingestandenem Maße, hat die 1995 als Bd. 124 der *MOAG* erschienene Dissertation von Satô Masako: *Karl Florenz in Japan* nachgewiesen.

Überblickt man diese ersten Jahrzehnte deutscher universitärer Japanologie seit Florenz bis zum zweiten Weltkrieg, so scheint die, natürlich etwas überspitzte Formulierung von einer "Philologie ohne Sprachgeschichte" nicht ganz unangebracht.

Florenz selbst hat, wie seine Forschungsarbeiten und großen philologischen Leistungen ebenso wie seine Übersetzungen eindrücklich belegen, das Medium der vormodernen Sprache, besonders das Altjapanische in beneidenswertem Grade beherrscht, hat in mehreren Artikeln, besonders im Disput mit Rudolf Lange oder in der Rezension der Seidelschen *Grammatik der japanischen Umgangssprache*, zu sprachlichen Problemen und Fragen der Schriftstellung genommen, sogar in einer langen *MOAG*-Abhandlung aus dem Jahre 1901 über die "Neue Bewegung zur japanischen Schriftreform" ausführliche "lautphysiologische Exkurse" – so der Zusatztitel – geboten. Und er hat nicht zuletzt mit seinem *Wörterbuch zur altjapanischen Liedersammlung Kokinshû*, Hamburg 1925, eine lexikographische Arbeit von hoher Qualität über ein vormodernes Korpus vorgelegt.

Dennoch lag sein Interesse an Sprachgeschichte eher dort, wo sie als Hilfsdisziplin für kommentatorische Erläuterungen fruchtbar gemacht werden konnte. Die Arbeitsweise von Florenz, der in Bemerkungen mehrfach auf die "scheinbar unüberwindlichen Schwierigkeiten der japanischen Schriftsprache" und auf die "zahlreichen voneinander abweichenden Sprachperioden" hingewiesen hat, ist heute gerade bei seinen philologisch-literaturwissenschaftlichen Studien, etwa über das *Man'yôshû*, rekonstruierbar, obwohl die erste Version seiner *Man'yôshû*-Arbeit im Ersten Weltkrieg verlorenging und die zweite, die er danach in den Hamburger Jahren neu begann und wohl weitgehend vollendete, nach seinem Tod während der schweren Luftangriffe auf Hamburg im Juli 1943 zusammen mit seiner Privatbibliothek verbrannte.

Florenz, der sich selber, wie aus den Erinnerungen seines Sohnes Eduard, der mit einer Dissertation über *Die Langgedichte Yakamochi's aus dem Manyôshû* promoviert wurde, hervorgeht, zu Textkritik "außerstande fühlte", nahm die japanische Forschungstradition ernst, kannte die vormodernen *Man'yôshû*-Studien von Sengaku 仙覚 (1203–?) und Keichû und arbeitete (kritisch) mit den Kommentaren von Kokugaku-Gelehrten, insbesondere mit dem 152-bändigen *Man'yôshû kogi* 万葉集古義 des Kamochi Masazumi 鹿持雅澄 (1791–1858), das ihm neben dem *Man'yôshû ryakuge* 万葉集略解 auch als Textgrundlage gedient haben wird.

Sprachhistorisches wird in seinen Anmerkungen oft deutlich, und bei deren Bewertung muß das weiter oben über sprachgeschichtliche Forschung Ausgeführte mitbedacht werden. Zur Zeit, als Florenz kommentierte, waren außer Yamada Yoshios Studien noch kaum historische Grammatiken erschienen. Und – schwerer wiegend, weil es eine Bemühung von Florenz betrifft, die man auch heute noch rezipiert findet – die Zeit, als Florenz in seinen Studien zu altjapanischen Geschichtswerken und zur Mythologie japanische Götternamen etymologisierte, lag Jahrzehnte vor der revolutionären Studie Hashimoto Shinkichis 橋本進吉 (1882–1945) (von 1917, allgemeiner 1931) über die sog. "altjapanische Sonderschreibweise", in der in Fortführung von Studien der Kokugaku (Motoori Norinaga: *Kojiki den* 古事記伝, vor allem aber Ishizuka Tatsumaro 石塚龍麿,1764–1823: *Kanazukai oku no yamaji* 仮字遣奥山路), die das Problem allerdings eher als Schriftproblem gesehen hatte, erstmals der altjapanische Lautstand und in Folge dann Lautgesetze, Vokalharmonie usw. korrekt erfaßt wurden. Diese Studie scheidet seitdem, soweit sie rezipiert wurde, japanologisches Etymologisieren in eine tentativ-spekulative Epoche vorher und eine von gesicherten Lautständen und Bildegesetzen ausgehende

Zeit nachher. Die Etymologien japanischer Götternamen von Florenz, so schön und einleuchtend sie scheinen, gehören, auch wenn manche zutreffen, der Vor-Hashimoto-Zeit an.

Ohne die Leistungen des Begründers der deutschen universitären Japanologie und seine in Anmerkungen auf Sprachgeschichte bezogenen Aussagen oder die in dem Jahrzehnt nach ihm sporadisch feststellbaren Bemerkungen zu sprachhistorischen Phänomenen zu ignorieren oder übersehen zu wollen, darf dennoch gesagt werden, daß eigentlich sprachgeschichtliche Forschung in der deutschen Japanologie erst in der Nachkriegszeit, ab den 50er Jahren auftritt.

Diese Forschungsrichtung und ihre Etablierung ist aufs engste mit zwei Namen verbunden, mit Günther Wenck und Bruno Lewin.

Das Werk dieser beiden Japanologen umfassend zu würdigen, fehlt mir hier der Raum, ich muß mich mit wenigen Sätzen begnügen und im übrigen auf die jeweiligen Schriftenverzeichnisse und Würdigungen verweisen, wie sie bei Bruno Lewin in der Festschrift zu seinem 65. Geburtstag im *Bochumer Jahrbuch zur Ostasienforschung* 1989 und für Günther Wenck in der Zeitschrift *NOAG* 152 (1992) anläßlich des Nachrufs auf Günther Wenck erschienen sind.

Bruno Lewin gebührt neben seinen Studien zur Herkunft der japanischen Sprache und zu den Verwandtschaftsbeziehungen zunächst einmal das große Verdienst, daß er durch seine berühmte Darstellung *Abriß der japanischen Grammatik auf der Grundlage der klassischen Schriftsprache* (1959) nicht nur Generationen von Japanologie-Studenten (und manchen Kollegen) ein verläßliches Regelwerk für den Einstieg in die klassische Schriftsprache und damit in das historische Japanische an die Hand gab und die Fortgeschritteneren durch seine kommentierte *Japanische Chrestomathie: von der Nara-Zeit bis zur Edo-Zeit* (1965) über didaktisch aufbereitetes Textmaterial zu natürlichen Texten der Vormoderne hinführte und damit – dies ist für die weitere historische Sprachforschung unschätzbar gewesen – auch zum Abbau psychologischer Hürden gegen die angeblich so schwierige *bungo*, die auf einmal irgendwie faßbarer, konkreter wurde, beigetragen hat, womit der eine oder die andere eher zu vormodernen philologischen Themen griff, deren Bearbeitung im Idealfall – so schließt sich der Zirkel – wiederum japanologischer Philologie oder gar japanologischer Sprachhistorie zu Gute kamen.

Bruno Lewin hat in seinem wissenschaftlichen Œuvre über diese Werke hinaus sprachhistorische Arbeit in Deutschland in zahlreichen Artikeln vorangetrieben: Seiner Leitung verdanken wir die erste diachronische Darstellung des japanischen Honorativs, also eine chronologische Darstellung der sog. Höflichkeitssprache, Vokabularstudien zum Wortschatz der frühen Shôwa-

Periode, die im besten Sinne sprachsoziologische Methodik anwendet, ferner eine Darstellung über die unmittelbar historischen Ursprünge und die Entstehung der Gegenwartssprache – übrigens in dem auch von ihm herausgegebenen Sammelband *Sprache und Schrift Japans* innerhalb des *Handbuchs der Orientalistik*, der 1989 den Wissens- und Forschungsstand sprachwissenschaftlich arbeitender deutscher Japanologie zu vermitteln suchte.

Günther Wenck, den manche als den Begründer einer japanologischen Sprachwissenschaft bezeichnen, begann sein sprachhistorisches Arbeiten gewissermaßen mit einem Paukenschlag, mit einer zunächst (als Habilschrift) zweibändigen, dann auf vier Bände vervollständigten *Japanischen Phonetik* (1954–59), in der in akribischer, material- und detailfreudiger, nicht immer leicht zugänglicher Form nicht nur eine Gesamtgeschichte des japanischen Lautwandels gegeben wird, die in Stringenz und Erklärungsadäquanz oft damalige japanische Darstellungen übertrifft, sondern auch auf dem Gebiet der Phonetik der *man'yôgana* 万葉仮名, also der phonetischen Auswertung der altjapanischen Sonderschreibweise, eine Pionierleistung darstellt.

Günther Wenck, dessen zweites mehrbändiges Werk, *Systematische Syntax des Japanischen* (1974), ebenfalls zu den Standardwerken deutscher japanologischer Sprachwissenschaft zählt, hat auf mehreren Gebieten der historischen Sprachwissenschaft des Japanischen – und auf die habe ich mich hier zu konzentrieren – Wegweisendes veröffentlicht, ich begnüge mich mit wenigen Beispielen: In Nähe seines phonetischen Ausgangspunktes liegen Abhandlungen zum Akzent, die Grenze zur historischen Morphologie überschreitet sein Artikel über das *ombin*, auf dem Gebiet der Grammatik liegen Studien zu den Hilfsverben der Ungewissheit u.a. Und die vormoderne Syntax wird von ihm neben seinem erwähnten dreibändigen Werk, indem er als Art diachronischer Strukturalist das Schein-Dilemma von Diachronie und Synchronie praktisch überwindet, in Spezialstudien zum Ausrufesatz, zum Satzgefüge usw. behandelt. In einer späteren Monographie wagt er m.E. zum erstenmal in der außerjapanischen Japanologie eine Rekonstruktion eines verschollenen Urtextes eines Heian-Klassikers durch linguistische Analyse seiner späteren Kopien und Varianten – mit überzeugendem Erfolg.

Die geschilderten 60er und 70er Jahre und das nachfolgende Jahrzehnt bringen dann, oft nicht unbeeinflußt von den Arbeiten der beiden großen Japanologen, die zum Nutzen der Japanologie weiter publizierten, zum einen auch in allgemein literaturwissenschaftlich-philologischen Arbeiten mehr Aufmerksamkeit für sprachhistorische Fragen, die sich in Anmerkungen, gelegentlich auch in eigenen Abschnitten über die Sprache des behandelten Werks niederschlagen und in Einzelfällen einen vormodernen Textkorpus gleichwertig als literarisches und als sprachhistorisches Dokument ansehen und behandeln. Als Beispiele für erstere kann die Dissertation von Ekkehard May über einen edozeitlichen Reiseführer, die bereits die graphematische Ebene des Urtextes einbezieht, als Beispiel für die letztere Art von Studien können die Dissertationen von Schneider (1967, veröffentl. 1968) über die spätmittelalterlichen *kôwaka* 幸若-Rezitationstexte oder von Genenz (1978, veröffentl. 1979) über die ebenfalls spätmittelalterliche *otogizôshi* 御伽草子-Kurzprosa genannt werden. Spezialartikel über Probleme der vormodernen, vorwiegend mitteljapanischen Grammatik und Syntax – wie 1978 bzw. 1979 die Artikel von Genenz über Nebensatzkonnexe auf die Konjunktionspartikel *wo*, die vormoderne Satzverknüpfung oder den Potentialis oder eine Skizze von Schneider über Tempus- und Aspekthilfsverben im Spätmitteljapanischen (1968) – ergänzen das Bild.

Gemeinsam ist diesen und anderen Studien, daß sie sich wie schon Wenck bei der Auswertung von Glossentexten oder auch Lewin bei dem Einbezug koreanischer Japanisch-Lehrbücher von dem Diktat japanischer Kanonbildung freimachen und – von der Hochliteratur her gesehen – sog. Randmaterialien behandeln: Volksliteratur der Muromachi-Zeit, periphere, von Nobunaga und den *buke* 武家 zwar geschätzte, von der Literaturwissenschaft aber bis in die 70er Jahre weitgehend ignorierte Rezitationstexte, danach mittelalterliche Rätsel und Literaturzitate aus der Rodriguez-Grammatik oder dem Japanisch-Portugiesischen Lexikon als Sprachmaterialien.

Hinter dieser i.g.S. auch strategischen Entscheidung stand neben der Suche nach eher umgangssprachlichen Materialien z.T. auch die Einsicht, daß in der, um ein *makurakotoba* 枕詞 ("Kopfkissenwort") des *Man'yôshû*, nämlich "*amazakaru hina*" 天離鄙 zu bemühen, gemessen an dem fehlenden Quellenmaterial "himmelweit entfernten Provinz" Deutschland sprachwissenschaftliche Anstrengungen nicht die gleichen Wege gehen können wie in Japan, wo von vormodernen Textkorpora, literarischen Werken, ohne weiteres ein, zwei Dutzend Textvarianten (*ihon* 異本) greifbar sind.

Die Studien über vormoderne Grammatik und Syntax fanden dann einen Höhepunkt in der leider noch immer unveröffentlichten, durch umfangreichen Materialbezug und statistische Angaben abgesicherten Habilitationsschrift von Kay Genenz über *Die kausalen Satzverknüpfungsmittel im älteren Japanischen*, Hamburg 1988, während die didaktischen Bemühungen um die Vermittlung der klassischen (Schrift-)Sprache durch eine anhand des *Hyakunin isshu* 百人一首 erfolgende Einführung in das klassische Japanisch von Jens Rickmeyer (1985) weitergeführt wurden.

Seit den 80er Jahren wurde durch die von Ekkehard May und seinem Schülerkreis unternommenen Ausgaben von edozeitlichen Holzdrucktexten endlich auch das Gebiet, in dem sich sprachhistorisches Wissen und philologische Arbeit aufs engste verbindet und das bis dahin fehlte, in die deutsche Japanologie eingebracht, nämlich echte textkritische Editionen vormoderner Texte, ein Gebiet, das dann 1995 durch ein Hamburger Editionsprojekt über eine muromachizeitliche Bilderrolle eines Berufe-Gedichtwettstreits (*shokunin utaawase* 職人歌合) auf mittelalterliche Texte ausgedehnt wurde.

Diesen Überblick abschließend sei dann nochmals der vorhin erwähnte, von Bruno Lewin herausgegebene Grundlagenband *Sprache und Schrift Japans* im *Handbuch der Orientalistik* genannt, da wir dort auch einen Gesamtabriß über die japanische Schriftgeschichte von Müller-Yokota und erstmals in deutscher Sprache einen längeren Abriß der gesamten japanischen Sprachgeschichte, wenn auch in knapper Form und ohne Anmerkungen finden.

Eine (verkürzte) Bestandsaufnahme ergibt folgendes:

1. Sprachgeschichtlich arbeitende Japanologie setzt trotz großer philologischer Leistungen in den Gründerjahren der Japanologie erst um Jahrzehnte zeitversetzt in der Nachkriegsperiode ein.
2. Die Einzelgebiete sind unterschiedlich gut elaboriert: Während die historische Lautlehre durch die Wenck'sche Phonetik hervorragend und umfangreich genug repräsentiert wird, sind andere Gebiete, so eine Gesamtdarstellung der japanischen Sprachgeschichte nur durch eine 60-seitige Abhandlung, die Geschichte des japanischen Soziativs durch einen Sammelband mit im Niveau unterschiedlichen Beiträgen, die historische Grammatik nur in Artikelabhandlungen zu Einzelaspekten mit deutlicher Schwerpunktlegung auf das Mitteljapanische und inhaltlicher Konzentrierung auf die sprachlichen Mittel (Hilfsverben, Partikeln) und die historische Syntax, soweit in publizierter Form greifbar, meist entweder innerhalb der allgemeinen Syntax oder wiederum in Artikelabhandlungen zu Satztypen und zur Satzverknüpfung vertreten.

Das bedeutet: Sprachhistorische Auskunftsmittel stehen zur Verfügung, eine etwas abrißartige, der durchgehenden Systematik verpflichtete Sprachgeschichte und die erwähnten Spezialwerke über Einzelaspekte.
3. Seit den 80er Jahren hat die deutsche Japanologie durch erste eigene textkritische Editionen angefangen, einen Kernbereich philologischer Textwissenschaft nachzuholen, dessen Fehlen sie jahrzehntelang zum einen von klassischen europäischen Philologien abgrenzte, zum anderen in Abhängigkeit von der editorischen Arbeit der japanischen Philologen brachte, denen mangels eigener Arbeit ein in Wissenschaften sonst kaum üblicher Vertrauenskredit eingeräumt wurde oder werden mußte.

Eine Bestandsaufnahme evoziert zugleich einen Blick auf die Defizienzen und, positiver, auf die Desiderate:

Bei diesem Überblick kann nicht außer acht gelassen werden, daß japanische sprachgeschichtliche Forschung existiert, daß sie in einem Umfang existiert, der hundertfach über der deutschen liegt und daß es natürlich sinnvoll und notwendig ist, ihre Ergebnisse zu rezipieren, zu nutzen und eine in objektiven Umständen (Forscherzahl, Materialzugriff usw.) bedingte Arbeitsteilung auch in der Forschungs- und Projektplanung zu berücksichtigen.

Das Fehlen von eigenerstellten historischen Lexika zählt für mich so nicht zu den Defizienzen, das Fehlen von Epochengrammatiken, die unseren Studierenden oder den unter anderen Gesichtspunkten mit vormodernen Texten arbeitenden Kollegen den Zugang erleichtern, dagegen schon, auch weil sie zumindest über den Notbehelf einer Übersetzung japanischer Standardwerke mit einem eigenständigen, den eigenen Standpunkt einbringenden Anmerkungs- und Kommentarteil aus eigener Kraft in Gemeinschaftsarbeit – noch – schaffbar wären; übrigens ein schönes, lohnendes und dankenswertes Projekt für die Übersetzungsaktivitäten der Mori-Ôgai-Gedenkstätte.

Schließlich auf die Forschung, die engere Sprachgeschichte bezogen, der im Vergleich zur Synchronie oft ein Theoriedefizit bescheinigt wird: Wir sollten etwas mehr an der Diskussion teilnehmen, die sich z.Zt. anschickt, das rigide Zweiermodell von Diachronie und Synchronie zu überwinden, das eher der Sprachbetrachtung als der Sprachwirklichkeit entspricht. Es ist etwas seltsam, wenn die allgemeine Sprachwissenschaft nun ohne uns einen der unseren, d.h. von Gabelentz wiederentdeckt, dessen Betrachtungsobjekte, chinesische und japanische Sprache, wir besser zu kennen glauben und wohl auch besser kennen als andere Disziplinen.

Und wir müssen den Mut zu größeren Fragen haben, den japanische Sprachgeschichte oft vermissen läßt, westliche Linguisten wie Roy Andrew Miller (auf anderem Feld und von anderem Blickwinkel her) jedoch durchaus wagten.

Während romanische Sprachwissenschaft den Abbau des lateinischen Futurs mit dem neuen christlichen Zeitbegriff erklären konnte, tappen wir etwa bezüglich der kulturellen und sozialen Gründe der Reduzierung der japanischen Tempus- und Aspekthilfsverben (*ki, keri, tsu, nu, tari, ri*) auf ein einziges, nämlich *ta*, noch ziemlich im dunkeln.

5. Sprachgeschichte als Grundlage philologisch-historischer und manch' anderer Arbeit in japanologischer Forschung und Lehre

Ich komme zum letzten, kurzen Abschnitt meiner Bemerkungen, der den Vortragstitel aufnimmt: Sprachgeschichte und Philologie.

Daß man für Aussagen über das vormoderne Japan vormodernes Japanisch beherrschen und Ergebnisse der Sprachgeschichte dafür zumindest rezipieren können und ihre Hilfsmittel benutzen sollte, wiederholt zwar die anfangs schon gebrachte Selbstverständlichkeit, scheint aber z.T. als Forderung doch nicht ganz überflüssig, wenn man in nicht-philologischen Werken bei Aussagen über die Vormoderne jene Zitate findet, die nicht mit "siehe", sondern mit "zitiert nach" oder "vergleiche" beginnen und die sich bei Überprüfung auf eine von einem japanischen Wissenschaftler in moderner Sprache abgefaßte Übertragung oder Paraphrasierung einer vormodernen Quelle beziehen. Dies scheint mir – bei allem Respekt vor japanischer Gelehrsamkeit – zu viel Kredit zu geben.

Andererseits gibt es gewichtige Beispiele, wie Ergebnisse der Sprachgeschichte andere Wissenschaften, auch nicht primär philologische, beeinflussen und verändern könnten. Eines der berühmtesten und folgenschwersten, das Wenck in der Einleitung zu seiner Phonetik bringt, sei angeführt: Durch die obenerwähnte Entdeckung der hinter der altjapanischen Sonderschreibweise stehenden Lautunterschiede durch Hashimoto Shinkichi wurde nicht nur manche Etymologie von Götternamen obsolet, sondern die traditionelle These, daß der Begriff *kami* (Gottheit) von *kami* (oben) abgeleitet sei bzw. mit diesem identisch sei, stürzte in sich zusammen und mit ihr alle darauf aufgebauten religions- und kulturgeschichtlichen Gebäude. Andererseits macht auf gleichem Gebiet die Gemeinschaftsarbeit von Roy Andrew Miller und Nelly Naumann über *Altaische schamanistische Termini im Japanischen* (Hamburg 1994) mit ihren neuen Ergebnissen für die Schamanismusforschung positiv deutlich, wie fruchtbar Kooperation zwischen Sprachgeschichte und Religionswissenschaft sein kann.

Natürlich geht es nicht immer um ganze ideologische oder philosophische Gebäude, die aufgrund von falsch interpretierten Lauten zusammenbrechen, in der Regel geht es um kleinere Dinge, Grammatik oder Wörter.

Wenn man mit den Lexika von Schinzinger und Okutsu an das *Tsurezuregusa* geht, hat man keine Chance, jenen berühmten Absatz über das, was Mut sei, richtig zu interpretieren oder korrekt zu übersetzen, steht doch dort die heute für "Krieger" verwendete Vokabel *tsuwamono* 兵もの für Waffen.

Wenn man im Vertrauen auf die in der Schulgrammatik vermittelten *bungo*-Kenntnisse, die besagen, daß das Hilfsverb *-keri* nach Verben das Präteritum anzeigt, in spätmitteljapanischen Texten einem Satz begegnet, in dem einer nach der Namensnennung seines Gegners, der leibhaftig vor ihm steht, mit den Worten reagiert: "Ach dann *wart* Ihr also, Höfling, ein Nachkomme des Kanmu" (statt: Dann *seid* Ihr also usw.) zweifelt er am Geisteszustand des mittelalterlichen Sprechers – statt an der Schulgrammatik.

Wenn in der mittelalterlichen *setsuwa* 説話-Geschichtensammlung *Shasekishû* 砂石集 des Ichien Mujû 一円無住 (1226–1312) ein gewitzter und bauernschlauer Predigermönch voller Gier nach Spenden den Fischern vom Biwa-See einzureden sucht, ihr Fischefangen sei trotz Tötungsverbot keine Sünde, sondern im Gegenteil ein segensvolles religiöses Verdienst (*kudoku* 功徳), und seine Behauptung mit *"kudoku narubeshi!"* schließt, geht eine Übersetzung, die das Hilfsverb *-beshi* mit einem faden, sich leider für alle Vermutungshilfsverben einbürgernden "wohl" wiedergibt, in bedenklichem, weil textverfälschendem Grad in die Irre, da sie die frühmitteljapanische Funktion von *-beshi* als Hilfsverb der überzeugten Aussage, nicht der subjektiven Vermutung, die keinen Fischer zum Spenden animiert hätte (!), nicht berücksichtigt.

Wenn auf etwas höherer Stufe jemand die Lyrik Shimazaki Tôsons 島崎藤村 (1872–1943), eines der berühmtesten Autoren der Meiji-Zeit an der Schwelle zu unserem Jahrhundert, der für seine Hochschätzung des *Man'yôshû* der Nara-Zeit bekannt war, analysiert, übersetzt und interpretiert, aber Fügungen wie *"kawase wo hayami"* u.ä. grundsätzlich als 'Objekt + transitives Verb' auffaßt, d.h. nicht erkennt, daß hier die bewußt gewählte altjapanische narazeitliche Konstruktion "Substantiv + Adj.-Stamm + Sf *-mi*" als kausaler Konnex – also "weil die Stromschnellen so schnell" – vorliegt, somit eine bewußte Adaption altjapanischer Grammatik durch den meijizeitlichen Dichter, so muß die Interpretation in die Irre laufen, verkennt letztlich die Autorenintention – und die literaturwissenschaftliche Aussage wird zweifelhaft.

Was lehren solche Beispiele, die im übrigen nicht erfunden sind?

Zum einen, beim ersten und letzten Beispiel vielleicht, daß es sich lohnt, Ergebnisse der Sprachgeschichte zur Kenntnis zu nehmen, und bei den anderen, eher einer unteren Ebene angehörig, sind vielleicht auch Fragen an das Curriculum und die Ausbildung zu richten. Ich stelle diese in den Beispielen schon implizierten Fragen nicht expressis verbis, sondern möchte eher mit einigen, vielleicht provokanten Thesen (mit Appellcharakter) schließen:

1. Die unbefangene Anwendung von Standard-*bungo*-Kenntnissen auf Textmaterial unterschiedlicher Sprachepochen zeigt, daß noch immer die falschen Gleichungen *bungo* = historisches Japanisch (*kogo* 古語) oder andererseits *kôgo* 口語 (Umgangssprache) = modernes Japanisch nicht ausgemerzt sind. So als ob es trotz der sprachgeschichtlichen Arbeiten über *kyôgen* 狂言, *kirishitan mono, kouta* 小歌, um im Mittelalter zu bleiben, nicht umgangssprachliches Material im Vormodernen gäbe.
2. Die *bungo*-Einführungen sind in den Curricula vieler Japanologien m.E. zu spät, z.T. erst im 6. Semester angesetzt – mit dem Ergebnis, daß bis zum Examen kaum Texterfahrung im vormodernen Bereich gesammelt

werden kann. Eine der Konsequenzen – das läßt sich übrigens regional ziemlich genau nachweisen – ist dann, daß keine Magisterarbeiten aus dem vormodernen Bereich gewählt werden. Auch ich würde mich hüten, ein Gebiet zu wählen, dessen Medium ich nur durch einen Schnupperkurs kenne.
3. Der Glaube an die *bungo*-Schulgrammatik und ihre Reichweite ist noch zu fest verankert und muß bereits in der Ausbildung vom Lehrpersonal erschüttert, zumindest relativiert werden, wofür ja genügend Ungereimtheiten dieser Grammatik heranziehbar wären. Irgendwie sollte den Lernenden deutlich gemacht werden, daß man Standard-*bungo* lernt, um sie – etwa durch Epochengrammatiken, die auf sie Bezug nehmen (müssen) – überwinden zu können.
4. Vormoderne Textlektüren ohne eine (möglichst komparativ oder kontrastiv zum *bungo*-Bestand *und* zum modernen Japanischen gebotene) Einführung in die jeweilige Epochengrammatik und ohne Heranziehung der Varianten (*ihon*) sollten der Vergangenheit angehören.

Vormoderne Texte scheinen zunächst wehrlos, ja ausgeliefert auch noch den plumpsten Instrumenten einer epochenignorierenden Nutzung von Standard-*bungo* oder von modernsprachlichen Lexika, doch wissen sie sich subtil zu rächen: Verschließt der Bearbeiter seine philologischen Sinne, verschließen sie ihm den Zugang zu ihrem Sinn.

Und ohne den Sinn, die Intentionen von Texten zu verstehen, hinter denen Verfasser(innen), lebendige Menschen, Zeitgenossen einer vergangenen Epoche stehen, hat die Japanologie keine oder eine nur sehr geringe, dann nur dem Filter zeitgenössischer japanischer Interpretation "verdankte" Chance, fundierte Aussagen über eine die japanische Gegenwart noch immer in vielerlei Weise beeinflussende, z.T. gar bestimmende Vormoderne zu machen.

Literaturverzeichnis

Doi Tadao 土井忠生 (Hg.)
- 1981 *Nihongo no rekishi.* Rev. Aufl. Shibundô.『日本語の歴史』至文堂.

Florenz, Eduard Emmerich
- 1933 *Die Langgedichte Yakamochi's aus dem Manyôshû* (Veröffentlichungen des Seminars für Sprache und Kultur Japans an der Hamburgischen Universität, Bd. 4). Leipzig: Verlag der Asia Major.

Florenz, Karl
- 1901 *Japanische Mythologie: Nihongi, "Zeitalter der Götter." Nebst Ergänzungen aus andern alten Quellenwerken* (Mittheilungen der Deutschen Gesellschaft für Natur- und Völkerkunde Ostasiens; Suppl.). Tokyo: Hobunsha.
- 1925 *Wörterbuch zur altjapanischen Liedersammlung Kokinshû* (Abhandlungen aus dem Gebiet der Auslandskunde; Reihe B. Völkerkunde, Kulturgeschichte und Sprachen; Bd. 10). Hamburg: Kommissionsverlag L. Friederichsen.

Genenz, Kay J.
- 1978 "Zur Syntax und Semantik der Satzverbindung mit *ni* im frühen Mitteljapanischen", in: *OE* 25.1: 73–93.
- 1979 "Notizen zum Ausdruck des Potentials im vormodernen Japanischen", in: *OE* 26.1/2: 291–299.
- 1979 *Otogizôshi. Probleme der mittelalterlichen japanischen Kurzprosa unter besonderer Berücksichtigung ihrer sprachlichen Merkmale und ihrer Bedeutung für die japanische Sprachgeschichte* (MOAG, Bd. 80). Hamburg: OAG.
- 1988 *Die kausalen Satzverknüpfungsmittel im älteren Japanischen.* Hamburg (unveröffentl. Habilitationsschrift).

Hashimoto Shinkichi 橋本進吉
- 1917 "Kokugo kanazukai kenkyûshi jô no ichi hakken", in: *Teikoku bungaku* 2.5.「国語仮名遣い研究史上の一発見」『帝国文学』. [Nachgedruckt 1929 in *Nihon koten zenshû* 日本古典全集.]
- 1931 "Jôdai no bunken ni sonsuru tokushu no kanazukai to tôji no gohô", in: *Kokugo to kokubungaku* 8.9.「上代の文献に存する特殊の仮名遣いと当時の語法」『帝国文学』.

Hayashi Ôki 林巨樹 u. Ikegami Akihiko 池上秋彦 (Hg.)
- 1979 *Kokugoshi jiten*. Tôkyôdô Shuppan.『国語史辞典』東京堂出版.

Iwai Yoshio 岩井良雄
- 1970–74 *Nihon gohô shi*. 4 Bde. Kasama Shoin.『日本語法史』笠間書院.

Kokugo Gakkai 國語學會 (Hg.)
- 1957 *Kokugo no rekishi*. Rev. Aufl. Tôkô Shoin.『國語の歴史』刀江書院.

Lewin, Bruno
- 1959 *Abriß der japanischen Grammatik auf der Grundlage der klassischen Schriftsprache*. Wiesbaden: O. Harrassowitz.
- 1990 [wie oben, 3., verb. Aufl.]
- 1965 *Japanische Chrestomathie: von der Nara-Zeit bis zur Edo-Zeit*. 2 Bde. Wiesbaden: O. Harrassowitz.

Lewin, Bruno (Hg.)
- 1989 *Sprache und Schrift Japans* (Handbuch der Orientalistik, 5. Abt. Japan, 1. Bd.: Allgemeines, Sprache und Schrift; 2. Abschnitt). Leiden: E.J. Brill.

Mabuchi Kazuo 馬淵和夫
- 1968 *Jôdai no kotoba*. Shibundô.『上代のことば』至文堂.

Matsumura Akira 松村明 (Hg.)
- 1972 *Kokugoshi gaisetsu*. 2.Aufl. Shûei Shuppan.『国語史概説』秀英出版.

May, Ekkehard
- 1973 *Das Tôkaidô meishoki von Asai Ryôi: Ein Beitrag zu einem neuen Literaturgenre der frühen Edo-Zeit* (Veröffentlichungen des Ostasien-Instituts der Ruhr-Universität Bochum, Bd. 9). Wiesbaden: O. Harrassowitz.

Miller, Roy Andrew u. Naumann Nelly
- 1994 *Altaische schamanistische Termini im Japanischen* (MOAG, Bd. 121). Hamburg: OAG.

Misawa Mitsuhiro 三澤光博
- 1961 *(Zôho) Kokugoshi gaisetsu*. Erw. Aufl. Sanwa Shobô.『(増補) 國語史概説』三和書房.

Nagayama Isamu 永山勇
- 1970 *Kokugoshi gaisetsu*. Kazama Shobô.『国語史概説』風間書房.

RICKMEYER, Jens
  1985　　　*Einführung in das klassische Japanisch anhand der Gedichtanthologie Hyakunin isshu.* Hamburg: Helmut Buske.

SAEKI Umetomo 佐伯梅友
  ^{5}1961　　　*Nara jidai no kokugo.* Sanseidô.『奈良時代の国語』三省堂.

SATÔ Kiyoji 佐藤喜代治
  ^{2}1971　　　*Kokugoshi.* 2 Bde. Ôfûsha.『国語史』桜楓社.

SATÔ, Masako
  1995　　　*Karl Florenz in Japan. Auf den Spuren einer vergessenen Quelle der modernen japanischen Geistesgeschichte und Poetik* (MOAG, Bd. 124). Hamburg: OAG.

SCHNEIDER, Roland
  1968　　　*Kôwaka-mai. Sprache und Stil einer mittelalterlichen japanischen Rezitationskunst* (MOAG, Bd. 51). Hamburg: OAG.
  1968　　　"Zu den Hilfsverben des Tempus und Aspekts im Spätmitteljapanischen", in: *NOAG* 104: 21–55.
  1969　　　"Synonymbeurteilung im 'Vocabulario da Lingoa de Iapam' von 1603", in: *NOAG* 105: 5–29.

SEIDEL, A[ugust]
  ^{2}1901　　　*Grammatik der japanischen Umgangssprache. Mit Übungsstücken und Wörterverzeichnissen* (Die Kunst der Polyglottie. Bd. 22: Bibliothek der Sprachenkunde. Die japanische Sprache). Wien: A. Hartleben's Verlag. Erstmalig als: *Praktische Grammatik der japanischen Sprache für den Selbstunterricht.* Wien: A. Hartleben 1890.

SUGIMOTO Tsutomu 杉本つとむ
  1970–71　　　*Nihongo rekishi bunten shiron.* 3 Bde. Waseda Daigaku Shuppanbu.『日本語歴史文典試論』早稲田大学出版部.

TSUKISHIMA Hiroshi 築島裕
  1969　　　*Heian jidai go shinron.* Tôkyô Daigaku Shuppankai.『平安時代語新論』東京大学出版会.

WENCK, Günther
  1954　　　*Die Lautlehre des modernen Japanischen* (Japanische Phonetik, Bd. 1). Wiesbaden: O. Harrassowitz.
  1954　　　*Die Phonetik der Manyogana* (Japanische Phonetik, Bd. 2). Wiesbaden: O. Harrassowitz.
  1957　　　*Die Phonetik des Sinojapanischen* (Japanische Phonetik, Bd. 3). Wiesbaden: O. Harrassowitz.

1959 *Erscheinungen und Probleme des japanischen Lautwandels* (Japanische Phonetik, Bd. 4). Wiesbaden: O. Harrassowitz.
1974 *Systematische Syntax des Japanischen.* 3 Bde. Wiesbaden: Franz Steiner.
1987 *Pratum Japanisticum. Exemplifizierender Entwurf einer "Japanistik"*. Wiesbaden: O. Harrassowitz 1987.

YAMADA Yoshio 山田孝雄
^{3}1967a *Narachô bumpôshi.* Hôbunkan.『奈良朝文法史』宝文館.
^{4}1967b *Heianchô bumpôshi.* Hôbunkan.『平安朝文法史』宝文館.
1967c *Heike monogatari no gohô.* 2 Bde. Neudr. Hôbunkan (erstmalig 1954).『平家物語の語法』宝文館.

YAMAGUCHI Akiho 山口明穂
1976 *Chûsei kokugo ni okeru bungo no kenkyû.* Meiji Shoin.『中世国語における文語の研究』明治書院.

YUZAWA Kôkichirô 湯澤幸吉郎
1958 *Muromachi jidai gengo no kenkyû: shômono no gohô.* Kazama Shobô.『室町時代言語の研究：抄物の語法』風間書房.
^{5}1959, ^{1}1954 *Edo kotoba no kenkyû.* Rev. Aufl. Meiji Shoin.『江戸言葉の研究』明治書院.
1962 *Tokugawa jidai gengo no kenkyû.* Kazama Shobô.『徳川時代言語の研究』風間書房.

Vormoderne Literatur

Ekkehard May

1. *Einführung*

Wenn ich im raschen Ablauf des akademischen Jahres wieder einmal für das folgende Semester planen muß, trete ich vor mein Bücherregal und schaue zunächst auf drei prächtig ausgestattete Buchreihen mit rotem und grünem Einband sowie goldenem Rückentitelaufdruck. Die erste Reihe, *Nihon koten bungaku taikei* 日本古典文学大系 (Abk. NKBT), "Kompendium der klassischen japanischen Literatur", stammt vom altrenommierten, geisteswissenschaftlich orientierten Verlag Iwanami Shoten 岩波書店 in Tokyo (1913 gegründet), umfaßt 100 Bände (+2 Indexbände) und erschien zwischen 1957 und 1968. Ich konnte ihre Komplettierung noch als Student in Hamburg miterleben, dann vor allem bei meiner Arbeit an der ostasiatischen Abteilung der Staatsbibliothek, damals noch in Marburg beheimatet. Für Wissenschaftler meiner Generation war und ist diese Reihe *das* Standard-Werk schlechthin, mit einer überragenden Autorität ausgestattet.

Die zweite Reihe *Nihon koten bungaku zenshû* 日本古典文学全集 (Abk. NKBZ), "Gesammelte klassische japanische Literatur", erschien 1971–76. Ich erlebte ihr Entstehen während meiner Assistenzjahre in Bochum und war sofort angezogen von einer ganz neuen Textgestaltung, die diese "alten Schriften" sofort wesentlich leichter zugänglich erscheinen ließ. Diese zweite Reihe wurde vom Verlag Shôgakukan herausgegeben, der prinzipiell populärer, "volksaufklärerischer" ausgerichtet ist, was sich auch daran zeigt, daß diese Reihe zu fast allen "klassischen" Texten neben dem Kommentar in der Kopfleiste noch eine Übersetzung ins moderne Japanisch brachte. Im Augenblick komplettiert sich gerade die dritte große Reihe *Shin Nihon koten bungaku taikei* (Abk. SNKBT), "Neues Kompendium der klassischen japanischen Literatur", wieder aus dem Hause Iwanami Shoten. Sie erscheint seit 1989 und wird, wie die Vorgängerreihe desselben Verlages 100 Bände umfassen (Komplettierung im Jahre 2000). Diese neue Reihe ist als Ergänzung der ersten Reihe aus den 50er und 60er Jahren angelegt, wobei die nicht wenigen wiederaufgenommenen Titel – unabdingbare Standardtitel – mit den inzwischen erarbeiteten, neuesten Forschungsergebnissen angereichert werden sollten.

Hier sind also insgesamt 251 Bände, eng und klein bedruckt, die Originaltexte üppig kommentiert, paraphrasiert und z.T. sogar in die moderne japanische Sprache übersetzt. Das ist der Kanon der vormodernen japanischen Literatur. Und ich stehe davor, habe die Qual der Wahl und überlege: Was war im zyklischen Ablauf der verschiedenen zu behandelnden Epochen noch nie dran und was müßte unbedingt wiederholt oder anders betrachtet werden, auch wenn es schon einmal behandelt wurde?

Diese 251 Bände, das sind bei jeweils ca. 500 Seiten insgesamt knapp 130.000 Seiten. Natürlich gibt es hierbei viele Doppelungen und Überschneidungen, und natürlich ist der Gesamtkomplex der vormodernen Literatur größer als hier angeboten. Es gibt Dutzende weiterer Reihen, spezialisierte zumal, auch kommentiert, jedoch nicht von der gleichen Autorität und einem ähnlichen Renommee von Verlagen und Autoren. Zwar dürften viele westliche Nationalliteraturen – so die englische, französische oder deutsche – in ihrem "vormodernen" Repertoire umfangreicher sein, ich zweifle aber, ob es anderweitig einen derart *genau definierten und umfangreichen Standard-Kanon* "klassischer Literatur" gibt. Die Tatsache, daß hier *alles kommentiert*, im Falle der populären Reihen *Nihon koten bungaku zenshû* vom Verlag Shôgakukan sogar ins moderne Japanisch übersetzt ist, zeigt m.E. eine ganz wichtige Besonderheit der vormodernen japanischen Literatur auf.

Was grenzt nun den Bereich "vormoderne japanische Literatur" ab? In den gerade vorgestellten Reihen steht der Terminus *koten bungaku* 古典文学, d.h. wörtlich etwa "Literatur der alten Schriften", also das, was wir mit "klassischer Literatur" übersetzen würden. Obgleich, wie bei uns, der Begriff "Klassik" im engeren Sinne zunächst "das Vorbildhafte", das "als Muster Gültige" aus der Vergangenheit bezeichnet (man denke an die "Weimarer Klassik" oder die "Wiener Klassik"), wird der Begriff hier dann allgemein auf die Schriften der Vergangenheit ausgeweitet (vergleichbar mit "klassisch" in unserem heutigen sehr weitgespannten Begriff "klassische Musik"!). So beinhaltet *koten bungaku* in Japan alle Literatur im weitesten Sinne des Wortes vom Beginn der schriftlichen Aufzeichnungen im 6./7. Jahrhundert n. Chr. bis zum Anbruch der Moderne mit dem Beginn der Meiji-Zeit im 2. Drittel des 19. Jahrhunderts.

Das magische Jahr Meiji 1, d.h. 1868, als Start für eine "moderne Literatur", *kindai bungaku* 近代文学, anzusetzen, ist ohne Frage willkürlich und problematisch, ergeben sich doch natürlicherweise zahlreiche Überschneidungen, Überlappungen. Auch wenn realiter bis ca. 1890 noch traditionelle Literatur in traditionellem Sprachstil und im herkömmlichen Medium des im Holzblockdruckverfahren hergestellten Buches (= Heftes) publiziert wird und gleichzeitig neue Literatur im modernen Metalletterndruck erscheint, so ändert dies nichts an der für uns verbindlichen Tatsache, daß das Jahr 1868 in Japan und für die japanische Literaturwissenschaft die gültige Grenze darstellt.

So finden wir Werke wie beispielsweise *Agura nabe* 安愚楽鍋, "Beim Schmortopf sitzend", von Kanagaki Robun 仮名垣魯文 (1829–94), 1871/72 (= Meiji 4/5) erschienen, eine humorvolle Schilderung "moderner" Sitten (besonders auch der Eßsitten!), obgleich sprachlich-stilistisch und in der äußerlichen Präsentation völlig im traditionellen Gewand gehalten, in einer Buchreihe "moderner Literatur", *Nihon kindai bungaku taikei* (Abk. NKiBT, Verlag Kadokawa Shoten 角川書店, Bd. 1 1970).[1]

Als man sich im Westen mit der japanischen Literatur zu beschäftigen begann, gab es noch kein Gefühl – und keine Notwendigkeit – für eine Unterscheidung in moderne und vormoderne Literatur. Wenn sich der Österreicher August Pfizmaier (1808–1887) in seinen ersten Arbeiten und Übersetzungen u.a. mit der Literatur der späten Edo-Zeit, d.h. der Literatur etwa vom Ende des 18. Jahrhunderts bis zur Mitte des 19. Jahrhunderts beschäftigte, so war das für ihn noch neueste, ja beinahe zeitgenössische Literatur.[2] Als 1847 seine erste Übersetzung von Ryûtei Tanehikos 柳亭種彦 (1783–1842) kurzer Erzählung *Ukiyogata rokumai byôbu* 浮世形六枚屏風 ("Sechs Wandschirme mit Gestalten der vergänglichen Welt"), erschien – die erste deutsche Übersetzung eines Textstückes japanischer Literatur überhaupt –, da lebte z.B. Takizawa Bakin 滝沢馬琴 (1767–1848), der große Romancier der späten Edo-Zeit noch!

Die Beschäftigung mit der Literatur hat einen altehrwürdigen Platz in der westlichen Japanologie. Wie in allen Disziplinen, die "ferne Kulturen", außereuropäische – orientalische oder asiatische – zum Gegenstand haben, hatte mit der Etablierung dieser Wissenschaftszweige als sog. "...istiken" oder "...logien" bei schriftbesitzenden Hochkulturen die Literatur zusammen mit der Historie und ihren Texten sowie den Religionen und deren Schriften einen ganz besonders hohen Stellenwert. Bei den frühesten Quellen, wo Mythologie, Geschichte und Literatur noch vielfach eine Einheit bilden, wird dies besonders deutlich. So steht auch in der Japanologie – wissenschaftlich

---

1 Diese Reihe in 60 Bänden, die 1970–75 erschien, war übrigens die erste, die "moderne" Literatur in einer durchgehend kommentierten Ausgabe publizierte, hiermit zum Ausdruck bringend, daß die Werke aus der Zeit zwischen 1868 und 1945 nun schon gewissermaßen die "Klassik der Moderne" darstellten.

2 Vgl. O. LADSTÄTTER u. S. LINHART (Hg.): *August Pfizmaier (1808–1887) und seine Bedeutung für die Ostasienwissenschaften*. Wien: 1990, und hier speziell die Artikel von R. A. MILLER, N. NAUMANN, B. LEWIN und E. MAY über die japanologischen Arbeiten Pfizmaiers: 183–275.

gesehen – die Rezeption dieser Texte ganz am Beginn, mag man an die Übersetzung des *Kojiki* 古事記 ("Aufzeichnungen alter Dinge", 712) durch Basil H. Chamberlain von 1883 oder von Teilen des *Nihongi* 日本紀 (auch *Nihon shoki* 日本書紀; "Japanische Annalen", 720) in den Jahren von 1892 bis 1897 durch Karl Florenz denken. Auch die Literatur im eigentlichen Sinne, die "schöne Literatur", war schon ganz am Anfang Gegenstand japanologischer Bemühungen. Für den deutschen Sprachraum seien die Übersetzungen des erwähnten A. Pfizmaier zwischen 1847 und 1879 erwähnt sowie die phänomenal qualitätsvolle *Geschichte der japanischen Litteratur* von Karl Florenz aus dem Jahre 1906, die noch heute ihren Wert hat und wunderbar lesbar ist. Für den englischen Sprachraum markieren Basil H. Chamberlain mit *The Classical Poetry of The Japanese* von 1880 sowie William G. Aston mit seinem Werk *A History of Japanese Literature* von 1899 den Anfang. Von Michel Revon stammt für den französischen Sprachraum mit der *Anthologie de la Littérature Japonaise* von 1910 die erste Übersetzungsanthologie im Westen.

Diese frühe Literaturrezeption hat sicherlich ihre Gründe. Literatur und ihr Studium ist ja nicht irgendeine schöngeistige Nebenbeschäftigung, ein Luxus, den man sich u.a. "auch" leisten kann, Literatur ist die Kunstäußerung – oder kulturelle Äußerung, um es weniger einschränkend zu sagen –, die als einzige schlechthin alle Bereiche des menschlichen Lebens umfaßt, beschreibt, dokumentiert und einbezieht.

Weder die bildende Kunst, Malerei und Skulptur, noch die Musik haben von allen Kunstäußerungen den gleichen Totalitätsanspruch, die gleichen Möglichkeiten einer Totalitätserfassung. Bilder z.B. können zwar eine genaue und anschauliche Vorstellung von Menschen und Menschenwelt geben, das Denken und Fühlen und der Zusammenhang des Ganzen bleibt ausschließlich der Literatur und der Darstellung durch das geschriebene Wort vorbehalten.

Wenn der räumliche Abstand zu einer fernen Kultur durch einen weiten zeitlichen Abstand vergrößert wird, stellt sich die vermittelnde Funktion der Literatur noch bedeutsamer dar. Historische Quellen wie Chroniken, Genealogien, Urkunden, Briefe, ja selbst tägliche Aufzeichnungen, wie Tagebücher, können in Einzelheiten dankbar genau sein, sie sind aber immer nur Mosaiksteine eines *zusammenzusetzenden* Bildes, haben nie den Anspruch oder die Möglichkeit einer Gesamtschau. Die Literatur, speziell die erzählende, epische Literatur, mag zwar in Einzelheiten ungenau sein, sie vereinfacht, abstrahiert, stellt aber – man möchte sagen gerade dadurch – eine komplette Welt, zumindest in einem gesellschaftlichen oder zeitlichen Segment dar und vor.

So tut man gut, sich bei der Erkundung einer fremden und auch zeitlich weit entfernten Welt der Literatur zu bedienen. Sie kann das Fenster zu dieser Welt sein. Ich möchte diejenigen, die sich dem Phänomen Japan nähern wollen, durchaus ermutigen und dazu anregen, das Wagnis eines Ganges durch die klassische Literatur aufzunehmen. Die Beschäftigung mit der Literatur – und den Texten überhaupt – hat zu allen Zeiten das Verständnis dafür, was uns als Menschen ausmacht, gerade im Vergleich mit oder im Kontrast zu anderen Kulturen, geweckt und die Bedingungen des menschlichen Lebens mit ihren Universalien deutlich gemacht.

Innerhalb von Fächern der sogenannten "Humanwissenschaften" (*jinbun kagaku* 人文科学), auch "Kulturwissenschaften" (*bunka kagaku* 文化科学), wäre eine derartige "Rechtfertigung" der Beschäftigung mit der Literatur eigentlich äußerst überflüssig, da aber ein Fach wie die Japanologie, die in diesem Grundriß in all ihren Ausrichtungen beleuchtet wird, sich leider über den Bereich dieser Humanwissenschaften im engeren Sinne der Kulturwissenschaften hinausentwickelt hat – oder meinte, sich hinausentwickeln zu müssen – ist eine solche grundsätzliche Rückbesinnung unumgänglich.

2. *Formen und Genres*

Wenn wie uns fragen, welche Formen und Genres die vormoderne japanische Literatur aufzuweisen hat, so sollten wir zu Beginn überlegen, welchen Beitrag im *weltliterarischen* Maßstab die klassische Literatur Japans zu liefern imstande war. Da es keinen Nobel-Preis für klassische Literatur gibt (inwieweit die beiden Nobel-Preise für die moderne Literatur an Kawabata Yasunari 1968 und Ôe Kenzaburô 1996 "Treffer" waren, die wirklich Qualität anzeigten, sei dahingestellt), sollten wir erst einmal von Rezeptions-Dichte, Echo und Nachwirkung ausgehen. In dieser Beziehung läßt das Kurz- oder Kürzestgedicht *haiku* 俳句 mit nur 17 Silben alle anderen Genres "um Längen" hinter sich. Das *haiku* als Form ist Weltliteratur, es hat in den Versen seiner Großmeister, an erster Stelle Matsuo Bashô (1644–1694), einen hohen Bekanntheitsgrad und ist durch vieltausendfache Nachdicht-Versuche (in zweierlei Beziehung) im Westen produktiv rezipiert worden.[3]

Wenn wir auch vielleicht nicht unbedingt der Einschätzung des wichtigsten *haiku*-Interpreten und Übersetzers, Reginald H. Blyth, folgen, der meinte,

---

3 D.h. zum ersten in den Übertragungen, Übersetzungen und Nachdichtungen von Originalversen und zum zweiten in der Anregung zum eigenen Verfassen von *haiku*-ähnlichen Gebilden in verschiedenen westlichen Sprachen.

daß die japanische Literatur mit dem *haiku* "steht und fällt",[4] so muß doch diese Kurzversdichtung hier an erster Stelle genannt werden.

Der große, oder sagen wir besser lange, höfische Roman *Genji monogatari* 源氏物語 ("Die Erzählung vom Prinzen Genji"), um die Wende vom 10. zum 11. Jahrhundert entstanden, ist vermutlich öfter beschrieben und besprochen worden als in seinen westlichen Übersetzungen wirklich gelesen und ästimiert worden. Größerer Beliebtheit erfreuen sich wahrscheinlich die beiden Hauptwerke betrachtender, essayistischer Prosa (*zuihitsu* 随筆), das *Makura no sôshi* 枕草子 ("Kopfkissenheft") der Hofdame Sei Shônagon vom Anfang des 10. Jahrhunderts und das ebenfalls mehrfach übersetzte *Tsurezuregusa* des Priesters Yoshida no Kenkô, entstanden zwischen 1310 und 1331 (im Deutschen unter dem etwas irreführenden Titel "Betrachtungen aus der Stille" bekannt geworden). So wie beim klassischen Roman *Genji monogatari*, der in Episoden wunderschön, atmosphärisch dicht und kunstvoll ist, im Gesamt aber eher flach und in vielen ähnlichen Konstellationen ermüdend wirkt, finden die kurzen, treffenden Einzelszenen mit der Pointierung allgemein menschlicher Fragen das besondere Interesse der westlichen Leser.

Wie lassen sich kurz die Formen und Genres der vormodernen japanischen Literatur charakterisieren, und welche Arbeitsfelder ergeben sich daraus?

Zunächst gab es vom Beginn der japanischen Literatur bis weit ins 19. Jahrhundert hinein eine grundsätzliche Zweiteilung in Texte, die in chinesischer, und solche, die in japanischer Sprache abgefaßt waren. Da heutzutage die sinologische Bildung – wie bei uns die altsprachliche mit Griechisch und Latein – stark abgenommen hat und weiter im Schwinden ist, zeigt die Beschäftigung und spiegeln die Textreihen (wie die eingangs vorgestellten) keinesfalls das wahre quantitative Verhältnis zwischen beiden Ausdrucksformen. Zu allen Zeiten wurde in Japan Vers- und Prosadichtung in mehr oder weniger japonisiertem Chinesisch (*kanbun*) geschrieben. Besonders die Literatur im Umkreis der Höfe und des Adels, bevorzugt auch im Bereich der Klöster und des buddhistischen Klerus, war chinesisch geschriebene Literatur, vom allem wegen ihrer konzisen und präzisen Diktion sehr beliebt und weit verbreitet. Chinesisch schreiben zu können war ein Privileg und ein Ausweis von Bildung, auch wenn diese Texte übrigens fast nie "chinesisch" gelesen wurden, sondern in japonisierter Lesung mit Umstellung in die Wortfolge der japanischen Syntax.

---

4 "Japanese literature stands or falls by haiku, in my opinion, but its unique characteristic makes it a difficult matter to assess its position in world literature", *Haiku*. Bd.4. Paperback edition. Tôkyô [4]1992 ([1]1952): 980.

Die eigentliche japanische, d.h. in *japanischer* Sprache geschriebene Literatur (mit einem nach Epoche und Genre erheblich variierenden Einschlag des Chinesischen), kann man in der folgenden, sehr stark vereinfachenden Übersicht (Abb. 1) darstellen. Die Genrebezeichnungen, die sich, die Literaturgeschichte hindurch, ständig verändern und grundsätzliche, gar nicht existente Unterschiede suggerieren, sind hierbei der besseren Übersicht und der Darstellung wirklicher Divergenzen wegen, einmal nicht aufgeführt.

Es läßt sich keine eindeutige Aufgliederung allein nach Formunterschieden unternehmen (wie ich es versucht habe), es spielen z.T. auch inhaltliche Aspekte hinein. Da es nicht Sinn dieser Vorstellung vormoderner Literatur sein kann, eine kurzgefaßte Literatur*geschichte* zu geben, sollte hier lediglich das *Forminventar* aufgezeigt werden.

Auffällig ist der sehr große quantitative Anteil der Versliteratur. Geht man die zuerst vorgestellte Kommentareihe *Nihon koten bungaku taikei* durch, so ergibt sich, daß 20 Bände der 100bändigen Reihe gänzlich – oder fast ausschließlich – der Versliteratur gewidmet sind (Bde.3–8, 29, 39, 44–45, 57–58, 69, 73–74, 80, 89, 92–93). In der Nachfolgereihe wird der Anteil noch größer als 20% sein, da sieben Bände am Anfang der Reihe allein schon von den ersten acht offiziellen Reichsanthologien eingenommen werden (*Hachidai shû* 八代集, vom Anfang des 10. bis zum Anfang des 13. Jahrhunderts), die sich so erstmals in einer Reihe komplett kommentiert finden (Bde.5–11).

Bei der Prosaliteratur kann man auf dem großen Sektor der erzählenden Prosa besonders klar die bedeutsamen Abschnitte der Literaturgeschichte im Zuschnitt von Träger- und Leserschaft deutlich machen: Vom Beginn bis etwa zum 12. Jahrhundert ist es der Hof und der Hofadel, von da an bis zum Beginn des 17. Jahrhunderts der Klerus (*sô* 僧) und der Schwertadel (*buke* 武家, *bushi* 武士) und fortan bis zum Ende der Edo-Zeit (1868) das "Bürgertum" (*chônin* 町人).

Die *Formen* der erzählenden Literatur, die im Laufe der Literaturgeschichte auf Grund inhaltlicher Kriterien verschieden benannt werden (vor allem für die Literatur seit dem späten Mittelalter: *otogizôshi, kanazôshi, ukiyozôshi, yomihon, ninjôbon* usw.), sind vom formalen, erzählerischen Zuschnitt nicht speziell ausgezeichnet – von der Abgrenzung von Langerzählungen versus

Abb.1: Japanisch geschriebene Literatur

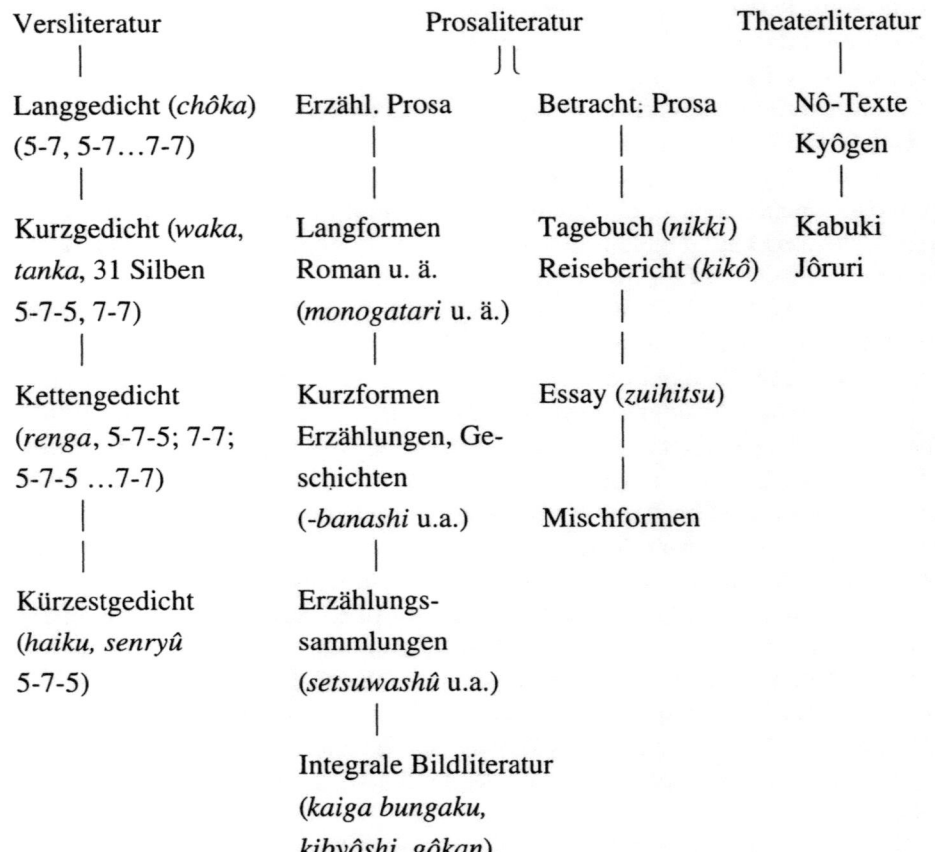

Kurzerzählungen, was natürlich auch gewisse strukturelle Divergenzen mit sich bringt – einmal abgesehen.

Allein die Hefte der integralen Bildliteratur (*kaiga bungaku* 絵画文学) von der Mitte des 18. Jh. bis zum Ende der Meiji-Zeit im späten 19. Jahrhundert bringen – auch weltliterarisch gesehen – ein neues kreatives Element. Hier ist Text und Bild – auf jeder Seite! – in der Darstellung des Holzblockdruckes untrennbar miteinander verzahnt, wobei sich erzählende Elemente aus Text und Bild im wahrsten Sinne des Wortes "ergänzen": Die Bilder allein ohne Text sind sinnlos, der Text, der in die Bilder hineingeschrieben ist, wie in den modernen Comics, wäre ohne Bilder völlig alleingelassen und des wahren Kontextes beraubt. Wie gesagt, das alles ist ein Phänomen der literarischen *Vormoderne*! (Vgl. Abb. 2)

Abb.2: Ein Klassiker-Comic aus der Edo-Zeit[5]

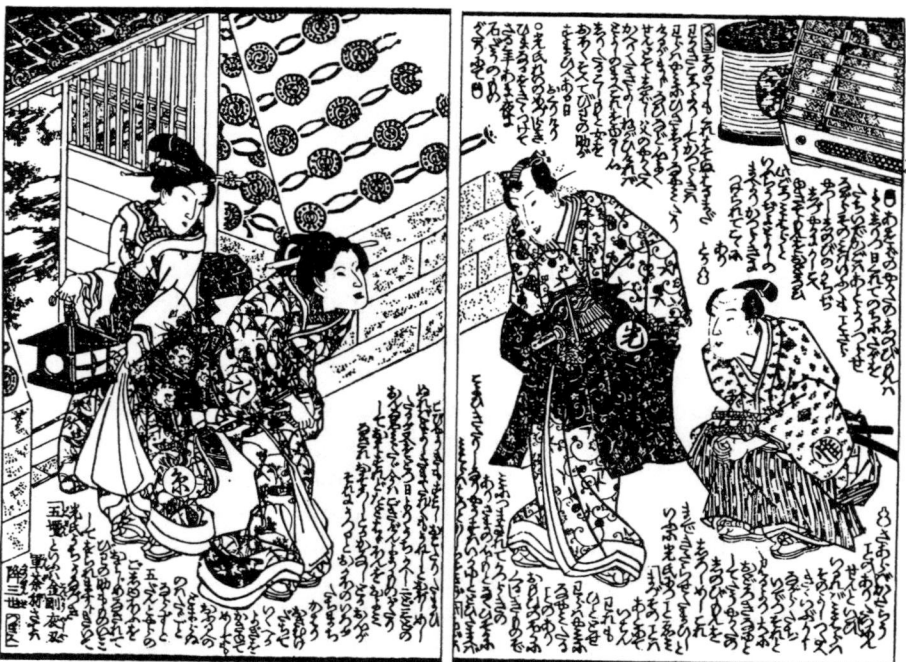

---

5 *Nise Murasaki Inaka Genji* (1829–42) von Ryûtei Tanehiko. Doppelseite aus Buch 15 (*ge*, 3). Vgl. moderne Textumsetzung in SNKBT, Bd.88: 522. Original-Blockdruckbuch im Besitz des Japanologischen Instituts der Universität Frankfurt a.M.

Daß dies japanischerseits in seiner ganzen Tragweite auch noch nicht ansatzweise erkannt und thematisiert wurde, liegt zum einen an der – ideologisch verbauten – Sichtweise und Einschätzung dieser Literatur als populär und für eine ernsthafte wissenschaftliche Betrachtung nicht wertvoll oder relevant genug, andererseits führt uns diese Erscheinung zu den möglichen Unterschieden in der Vorgehensweise und Methodik der japanischen wie der westlichen Forschung auf dem Gebiet der vormodernen Literatur.[6]

Kokubungaku, wörtlich "Landesliteratur", heißt die japanische Literaturwissenschaft. Im *Kôjien* 広辞苑, dem verbreitetsten Standard-Lexikon, finden wir als Definition bezeichnenderweise diesen Satz: "Die Literaturwissenschaft unseres Landes bzw. die Wissenschaft, die diese untersucht" (*Waga kuni no bungaku. Mata wa sore wo kenkyû suru gakumon*). D.h. Untersuchsgegenstand und Forschungsausrichtung sind hier identisch gesetzt! Da es eine *bungaku gaku* ("Wissenschaft von der Literatur") augenscheinlich auch aus euphonischen Gründen offenbar nicht geben darf (?), hatte Okazaki Yoshie 岡崎義恵 (geb. 1892) schon vor dem 2. Weltkrieg den neuen Begriff *bungeigaku* 文芸学 als Äquivalent für den deutschen Terminus "Literaturwissenschaft" mit dem dazugehörigen Methodenverständnis einzuführen und zu propagieren versucht. Dieser Terminus hat sich jedoch, nach anfänglicher Akzeptanz, nicht lange gehalten.

Der Ursprung der systematischen, gelehrten Beschäftigung mit der Literatur geht in Japan auf die *kokugaku* 国学, wörtlich "Landeslehre", zurück – man beachte die Ähnlichkeit der Begriffe. Hier ging es im Sinne einer Art von Altertumswissenschaft darum, die historisch-literarischen Denkmäler der *rein japanischen Tradition* aus der Zeit *vor* der so empfundenen "Überfremdung" durch chinesisch-konfuzianisches und buddhistisches Gedankengut philologisch zu dokumentieren, zu sichern, zu kommentieren, aber auch zu interpretieren. Was anfangs als ideologisch-nationale Aufgabe intendiert war, entwickelte sich in der Folge zu einem literarisch-philologischen Vorgehen, zum Studium vorwiegend der ältesten japanischen Gedichtanthologie *Man'yôshû* 萬葉集 (kompiliert im 8. Jahrhundert) und der ältesten mythologisch-historischen Quellen *Kojiki* und *Nihon shoki*.

Die Arbeiten der vier Größen der *kokugaku*, Kada no Azumamaro 荷田春満 (1669–1736), Kamo no Mabuchi 賀茂真淵 (1697–1769), Motoori Norinaga 本居宣長 (1730–1801) und Hirata Atsutane 平田篤胤 (1776–1843) wuchsen

---

6 Immerhin ist aber das seinerzeit beliebteste *gôkan*, das obenerwähnte *Nise Murasaki Inaka Genji*, im Jahre 1995 als Bd.88./89 der neuen Textreihe SNKBT publiziert worden. Auf insgesamt fast 1.530 Seiten (!) erstreckt sich dabei der ausführliche Kommentar von Suzuki Jûzô auch auf sämtliche Abbildungen.

sich so in ihrer Konsequenz zu einer sorgfältig dokumentierenden, philologisch arbeitenden Wissenschaft aus. Schon vorher hatte es eine reiche Kommentarliteratur gegeben. Zu allen Texten der eigentlichen Klassik des 9. bis 11. Jahrhunderts gab es schon im Mittelalter Kommentare, und seit dem Aufschwung des Druck- und Verlagswesens im 17. Jahrhundert nahmen die Kommentare stark zu. Ein universeller Gelehrter wie Kitamura Kigin 北村季吟 (1624–1705) beispielsweise – als *haikai*-Meister bekanntlich der Lehrer von Bashô – hatte für fast alle wichtigen Standard-Klassiker Kommentare verfaßt und veröffentlicht, so zum *Ise monogatari*, zum *Makura no sôshi*, zu Teilen des *Genji monogatari* und zum *Tsurezuregusa*.

Abb.3: Ein Edo-zeitlicher Klassikerkommentar mit Kopfleiste[7]

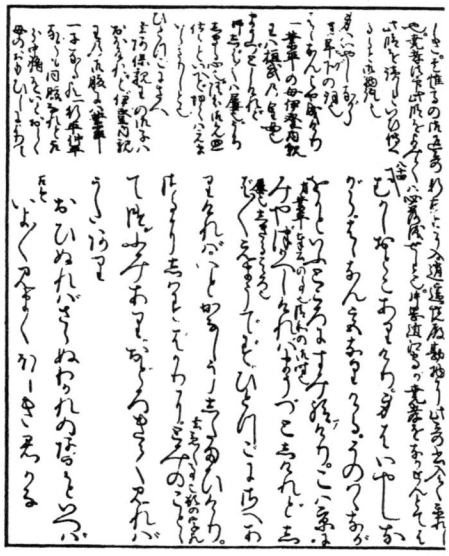

Stark vereinfacht kann man die frühe Wissenschaft von den literarischen Klassikern, den alten Texten, als dokumentierende und kommentierende Textwissenschaft bezeichnen, ein Charakteristikum, das sich bis in die heutige Zeit hinein tradiert findet. (Es wird dies als *bunkengaku* 文献学 bezeichnet, wörtlich "Wissenschaft von den schriftlichen Quellen", ein Terminus, der in

---

7 Aus Kitamura Kigins Kommentar zum *Ise monogatari*, dem *Ise monogatari Shûsui shô* (gedr. 1680), Abschn. 84. Vgl. moderne Textumsetzung in NKBZ, Bd.8: 206f. Original-Blockdruckbuch im Besitz des Japanologischen Instituts der Universität Frankfurt a.M.

Japan als Äquivalent zum westlichen Begriff "Philologie" verstanden wird.) Selbst die Form der Textauslegung mit der kleingeschriebenen Kommentarleiste am oberen Rand des Textes, dem sogenannten "Kopfkommentar" (*tôchû* 頭注), hat sich schon früh herausgebildet, eine Aufteilung, die sich bis heute völlig unverändert erhalten hat (vgl. o. Abb. 3).

Die Wissenschaft von den Klassikern (*kotengaku* 古典学) hat sich aber nach dem Einbruch der westlich geprägten Moderne am Ende des 20. Jahrhunderts in einem Punkte entscheidend weiterentwickelt, nämlich in der Herausbildung einer Literaturgeschichtsschreibung. Unter dem Einfluß der westlichen Literaturwissenschaft sollte eine Aufarbeitung der gesamten japanischen Literaturentwicklung einsetzen. Eine Literaturgeschichtsschreibung im eigentlichen Sinne hatte es in den Zeiten der lediglich dokumentierenden und kommentierenden Literaturbeschäftigung noch nicht gegeben.

Die erste nationale Literaturgeschichte erschien 1890: *Nihon bungaku shi* ("Geschichte der japanischen Literatur"), verfaßt von zwei Autoren, Takatsu Kuwasaburô 高津鍬三郎 (1864–1921) und Mikami Sanji 三上参次 (1865–1939), wobei letzterer interessanterweise Historiker war. Die erste Literaturgeschichte eines Einzelautors wurde ein moderner Klassiker: *Kokubungaku jikkô* 国文学十講, "Zehn Vorlesungen zur nationalen Literatur", von Haga Ya'ichi 芳賀矢一 (1867–1927), Professor an der späteren Tôkyô Daigaku, erschien 1903. Große und wichtige Literaturgeschichten, die über einen Fakten aufzählenden "Abriß" hinausgingen (und von solcherart "Zusammenfassungen" gibt es unzählige), wurden danach immer seltener, die Tendenz ging eindeutig zu umfangreichen Kompilationen mit vielen Einzelautoren ohne stringente, zu Grunde liegende Konzeption. Dies gilt auch für das lange Jahre als Standard-Literaturgeschichte geltende Werk *Nihon bungaku shi*, heraugegeben von Hisamatsu Sen'ichi 久松潜一 (Shibundô 1955–60, rev. und erw. Ausgabe 1971 in 7 Bänden + Supplementbd., die klassische Literatur umfaßt hierbei die Bde.1–5 mit zusammen ca. 3.300 Seiten), sowie die in Abständen erscheinenden *Iwanami kôza* 岩波講座 (wörtlich "Vorlesungen") des Verlages Iwanami Shoten, in denen das Gesamtbild der japanischen Literatur in einer Großzahl von Einzelabhandlungen hochspezialisierter Autoren *zusammengesetzt* wird.[8]

Dies zeigt gleichzeitig einen besonderen Trend in der japanischen Literaturwissenschaft auf, der sich am stärksten bei der Beschäftigung mit der klassischen Literatur zeigt: Ein japanischer Gelehrter arbeitet sein ganzes Wissen-

---

8   Zur Problematik der japanischen Literaturgeschichtsschreibung vgl. auch meine Rezension zu KATO Shuichi: *A History of Japanese Literature. The First Thousand Years.* London et al. 1979. In: *JJS* 9.2. (1983): 340–352.

schaftlerleben eng spezialisiert auf einem fest umrissenen Themenfeld, meistens auch zeitlich stark eingegrenzt.[9] Ein Epochen übergreifendes oder gar Genres überschreitendes Arbeiten ist unüblich und höchst selten, es würde zumindest als "Wildern in fremden Revieren" angesehen. Ein so arbeitender Wissenschaftler setzte sich aber vor allem dem Verdacht der Anmaßung, wenn nicht gar der Unseriosität, des Dilletantismus aus.

Lediglich der vom strengen Wissenschaftsbetrieb entfernte, die kulturelle, literarische Bühne distanziert betrachtende Kritiker (*hyôronka* 評論家) genießt hier mehr Freiheit, eine Art von Narrenfreiheit. So kommt es, daß Katô Shûichi 加藤周一 (geb. 1919), ein anerkannter Intellektueller, Mediziner, Romancier und Kritiker, aber ein Außenseiter für die *kokubungaku*, sich traute, *als einzelner* eine Literaturgeschichte zu schreiben, die von den Anfängen bis zur Gegenwart reicht: *Nihon bungakushi josetsu* 日本文学史序説 (1973–1980), "Prolegomena zur japanischen Literaturgeschichte". Die bescheidene, programmatische Titelformulierung des *josetsu*, der "Vorbemerkungen", blieb leider sowohl in der englischen (3 Bde. 1979–83) wie der deutschen Übersetzung (1 Bd. 1990) – selbst als Nuancierung in einem Untertitel – unberücksichtigt. Das Werk selber, unverkennbar geprägt vom geistigen, "linken" Klima der frühen 70er Jahre, stellt sich – merkwürdig genug – teilweise nationalistisch angehaucht dar, mit der ermüdend häufigen Betonung einer eigenständigen, "autochthonen japanischen Weltanschauung" (*dochaku sekaikan* 土着世界観) im Gegensatz zum eingeströmten, fremden Geistesgut im Laufe der Geschichte. Katôs Darstellung bringt aber aufs Ganze durch die erstmals stärkere Berücksichtigung auch der chinesisch geschriebenen Literatur, nicht zuletzt der buddhistischen Literatur, vieles quantitativ ins Lot der Betrachtung.

Eine weitere individuelle Anstrengung für eine nationale Literaturgeschichte finden wir im Werk von Konishi Jin'ichi 小西甚一 (geb. 1915), *A History of Japanese Literature* (auf 5 Bände angelegt, bisher Bde.1–3, 1984–91, bis zur Mitte des 16. Jahrhunderts reichend). Auch Konishi, der die Methode des "New Criticism" (*bunseki hihyô* 分析批評) vertritt, eine streng formalästhetische Arbeitsweise, gilt interessanterweise nicht als eigentlicher *kokubungaku*-Forscher, sondern als Komparatist und ist "nebenbei" noch *haiku*-Dichter. Bemerkenswert ist hier, daß diese Literaturgeschichte – übrigens unter einem Ballast von viel zu vielen Einzelheiten leidend schwer lesbar – parallel zu

---

9   Vgl. hierzu Klaus KRACHT: *Japanologie an deutschsprachigen Universitäten*. Wiesbaden: O. Harrassowitz 1990: 45f.

ihrer Entstehung ins Englische übersetzt wird. Das Original trägt den Titel *Nihon bungeishi* 日本文芸史 (5 Bde., Kôdansha 講談社 1986–92).

Der umgekehrte Weg wurde bei der großen Literaturgeschichte des Amerikaners Donald Keene beschritten. Keene, der mit einer Geschichte der Edo-Literatur gestartet war (*World Within Walls,* 1976), setzte sein Werk mit zwei Bänden über die moderne Literatur bis in die 70er Jahre fort (*Dawn to the West,* 1984) und schloß es dann 1993 mit dem Beginn ab (*Seeds in the Heart,* von den Anfängen bis ins späte 16. Jahrhundert), ein monumentaler Band mit fast 1300 Seiten über den größten Abschnitt der japanischen Literaturgeschichte. Insgesamt liegt so ein Opus von fast 4.000 Seiten vor, davon allein die vormoderne Literatur fast 1.900 Seiten umfassend, durchgehend sehr gut zu lesen, locker und mit dem typischen angelsächsischen Humor gewürzt, trotz der Länge fesselnd, da von ermüdenden Einzelheiten stets abstrahierend.

In der weisen Erkenntnis, daß eine derartig umfassende, fundierte, ausgewogene und gut zu lesende Geschichte der japanischen Literatur so schnell von keinem japanischen Einzelautor geschrieben werden könnte, wurde das Werk schon im Entstehungsprozeß ins Japanische übersetzt und ist so auch im Japanischen ein Standardwerk geworden.

3. *Literaturwissenschaft in der Japanologie und ihre Aufgaben*

Dies führt uns gleich zu der Frage, was westliche Japanologie zur Erforschung und Bearbeitung vormoderner japanischer Literatur beitragen kann, auf welchen Gebieten gearbeitet wird und gearbeitet werden sollte, wo am sinnvollsten Anstrengungen zu bündeln sind und was die Voraussetzungen und Anforderungen sein sollten.

An erster Stelle wäre eine Arbeitsteilung vorzuschlagen, ein kontrastierend-ergänzendes Arbeiten, indem Forschungsfelder, die in Japan *nicht* im Fokus des Interesses stehen, besetzt werden. Da ist zunächst das *komparatistische* Element. Die *kokubungaku* ist eine ziemlich verschlossene, abgeschlossene Wissenschaft, von deren Mitgliedern nur relativ wenige fremde Sprachen beherrschen und mit ausländischen Wissenschaftlern zu kommunizieren verstehen. Mit "Komparatistik" ist hier nicht nur die beliebte "Einflußforschung" gemeint, in Japan fast immer so subsumiert und bei der Arbeit auf dem Gebiet der modernen Literatur auf Einflüsse von Einzelautoren durch fremde Autoren und Werke reduziert, sondern die Gegenüberstellung von Formen,

Genres, Themenkonstellationen generell, die vielleicht nur dem westlichen Forscher auffällig sind, der sich in den Literaturen mehrerer Sprachen zumindest teilweise auskennt.

Das zweite Aufgabengebiet wäre das *epochen-* oder *genreübergreifende* Arbeiten. Wie erwähnt arbeitet der japanische Literaturwissenschaftler stets in einem äußerst engen Rahmen der Spezialisierung, was den Blick für Erkenntnisse versperrt, die sich aus einer Grenzen überschreitenden Sichtweise ergeben könnten. So verbietet es sich beispielsweise in Japan fast von selber, über erzählende Prosa aus verschiedenen Zeitaltern (und deshalb mit verschiedenen Termini bezeichnet) zu arbeiten, etwa unter dem Oberbegriff der Erzählstrukturen und der besonderen Präferenzen hierbei. Hier sind mutige und – und von der japanischen Literaturwissenschaft her gesehen – "ketzerische" Ansätze mit Sicherheit sehr fruchtbar. Tranchen, Längsschnitte können wesentliche Einsichten und Ergebnisse bringen.

Das dritte und vielleicht wichtigste (?) Aufgabengebiet ist aber – es klingt nicht besonders originell – die Übersetzung und die kommentierende (und interpretierende) Bearbeitung.

Eine Übersetzung mag auf den ersten Blick vielleicht keine so bedeutende eigenständige Leistung darstellen und daher von der japanischen Literaturwissenschaft auch nur als Arbeit zweiten Grades angesehen werden – sieht man von den "großen" Übertragungen der "großen" literarischen Denkmäler einmal ab. Sie bringt aber den Übersetzer in den denkbar engsten Kontakt mit dem Werk und dem Autor. Der Übersetzer ist, sofern er die fremde Sprache wirklich beherrscht (und das müßte man fordern dürfen), der ideale Leser, der genauste und sorgfältigste Leser, auch wenn er nicht den gleichen Erwartungshorizont hat wie ein japanischer Leser oder gar ein Rezipient zur Zeit der Enstehung des jeweiligen Werkes. *Jede Übersetzung ist eine Interpretation*, und das gilt im hervorragenden Maße für Übersetzungen aus dem klassischen Japanisch. Je älter die Texte sind, desto ergänzungs- und auslegungsbedürftiger sind sie – und das betrifft nicht nur das ewige Ratespiel, wer das Subjekt ist, wer etwas getan hat, geradezu in kriminalistischer Manier mit der Kernfrage: "Who done it?" In der klassischen Sprache ist das Subjekt ja noch seltener ausgedrückt als im modernen Japanisch. Ein japanischer Kommentator, der nicht gleichzeitig zu seiner Kommentierung ins moderne Japanisch übersetzen muß (was es ja durchaus gibt), kann vieles offen lassen, kann sich um Auslegungen, Festlegungen drücken, so tun, als wäre diese oder jene Stelle völlig klar. Der Übersetzer, im Gegensatz dazu, *muß Stellung beziehen*, muß vieles explizit machen, was nur mitgedacht war, implizit gewesen ist.

Der westliche Übersetzer verfügt heute bei einer großen Anzahl von Texten, die über die Standard-Texte schon erheblich hinausgehen, über so gute Kommentare, daß die Wahrscheinlichkeit einer guten bis sehr guten Textannäherung bei gründlichen Sprachkenntnissen und einem ausgeprägten literarischen Einfühlungsvermögen in jedem Fall zu erreichen ist. Dies liegt dann aber zu großen Teilen auch am Vorhandensein von exzellenten lexikalischen Hilfsmitteln, vom guten einsprachigen Lexikon wie dem oben bereits genannten Standard-Lexikon *Kôjien* bis zum überragenden *Nihon kokugo daijiten* 日本国語大辞典 in 20 Bänden (Shôgakukan 小学館, ¹1973–76). Der eingangs erwähnte A. Pfizmaier hätte von solchen Bedingungen nur träumen können, mußte er sich sogar noch sein Lexikon erst einmal selbst erarbeiten!

So möchte ich alle diejenigen ermutigen, die sich ernsthaft mit der vormodernen japanischen Literatur beschäftigen wollen, sich auf das Abenteuer der Übersetzung von fremden *und* zeitlich fernen Texten einzulassen. Es ist – im Gegensatz zum Image der Übersetzung – ein äußerst *kreative* Aufgabe: *Der Übersetzer konstruiert Texte neu,* die auch in der Ausgangssprache als Ganzes *so* noch nicht da waren!

Schaut man sich die größeren monographischen Arbeiten der westlichen Japanologie über vormoderne Literatur an, so kann man erkennen, daß die kommentierten Übersetzungen bei weitem das Gros bilden. Daneben sind es die Arbeiten über *einen* Autor, *eine* Werkgruppe (auch oft mit Übersetzungen oder Teilübertragungen), *ein* Genre, die bei weitem überwiegen. Dagegen sind genreüberschreitende oder epochenübergreifende Arbeiten bzw. Studien, die zeitliche Längsschnitte unter besonderen Aspekten vornehmen, äußerst rar.

Zum Schluß möchte ich noch auf eine spezielle Art von Textbearbeitung eingehen, die mir besonders am Herzen liegt, weil ich sie für die deutsche Japanologie an unserem Frankfurter Institut mit begründen helfen konnte, die Textedition.

Ich hatte zuvor betont, wie sinnvoll es sei, die westlichen Arbeiten auf dem Gebiet der vormodernen Literatur ergänzend-kontrastiv zu den japanischen Arbeiten anzulegen. So könnte jetzt eingewandt werden, daß man gerade die Arbeit der Edition, der Textherausgabe und der Textkritik der japanischen Wissenschaft überlassen sollte, in dem Land, wo alle Texte stets greifbar sind, wo man die größte Kompetenz und Erfahrung hat. Das stimmt sicher zum größten Teil. Es wird auch bestimmt dabei bleiben, daß wir uns zu 99,9% auf die zumeist sorgfältigen und zuverlässigen Ausgaben japanischer Fachleute stützen werden und stützen müssen. Es ist jedoch m. E. unbedingt notwendig, *paradigmatisch* einige ausgewählte Texte nach unseren Vorstellungen für Texteditionen zu erarbeiten. Es geht wirklich nicht an, einen Teil der philologischen Aufschließungsarbeit – *ab ovo* – ausschließlich den ausländischen Kollegen zu überlassen. Auch die westlichen Japanologen, die mit alten Texten arbeiten, müssen wissen, "wie es geht". Daß es wesentlich einfacher geht, als man es noch vor einigen Jahrzehnten glaubte, daß es keine abgeschottete Geheimwissenschaft ist, ein Territorium nur für eingeweihte Japaner, haben die Ergebnisse unserer Arbeit in Frankfurt gezeigt. Es ergab sich dabei, daß nicht nur im Rahmen von Dissertationen, sondern auch gerade von Magisterarbeiten in vertretbaren Zeitspannen gute Editionsergebnisse zu erzielen sind. Bisher sind neun Magisterarbeiten mit Editionen fertiggestellt worden und drei Dissertationen, wobei eine davon die Studien aus der Magisterarbeit weiterführte.

Die Editionsstudien sind aber nur die Spitze eines Eisberges. Sie zeigen, daß die Texte der japanischen Vormoderne zunehmend auch in der Originalform der Texte *gelesen* werden – und das nicht nur in Frankfurt.[10] Bis vor einigen Jahrzehnten war es in der westlichen Japanologie üblich, ja ungefragt selbstverständlich, daß japanische Texte im Studium und selbst in der Forschung ausnahmslos in der Form moderner Drucktexte gelesen wurden. Dies lag daran, daß fast der gesamte Korpus der Klassiker in seinen wichtigsten und weitverbreitetsten Fassungen in Drucken des 17. bis 19. Jahrhunderts vorliegt. Und diese Drucke reproduzieren handschriftliche, d.h. kursive und deshalb nicht leicht lesbare Texte im faksimileartigen Holzblockdrucktext (木版印刷 *mokuhan insatsu*). Die Barriere dieser Texte – mit vielen handschriftlichen Varianten, Verschreibungen und vor allem altertümlichen *kana*-Formen (vgl. Abb.2 u. 3) – war es, die bislang den Zugang zu den Originalen verhinderte und erschwerte.

Die Arbeit mit der vormodernen Literatur kann daher nicht nur ein Abenteuer sein, bei dem man einen Gang in eine fremde und ferne Kultur antritt, sondern sogar noch in eine besondere fremde Schrift eindringt, die selbst modernen Japanern heute zunehmend fremd ist. Die westliche Japanologie hat auf diesem Gebiet neue Herausforderungen vor sich, sie sollte sich mutig von der japanischen Forschung emanzipieren.

---

10 Die Hamburger Japanologie hat eine Studie mit einem umfangreichen Editionsteil herausgebracht; Roland SCHNEIDER, Christine MITOMI und Klaus VOLLMER (Hg.): *Gedichtwettstreite und Berufe. Eine japanische Bildrolle aus der Sieboldiana-Sammlung der Ruhr-Universität Bochum (Shîborutobon Shokunin utaawase)* (Veröffentlichungen des Ostasien-Instituts der Ruhr-Universität Bochum, Bd. 33, Acta Sieboldiana Teil V). Edition, Übersetzung und Kommentar. Wiesbaden: O. Harrassowitz 1995. Auch die Wiener Japanologie bedient sich übrigens zunehmend original-schriftlicher Quellen.

Literaturverzeichnis

1. *Literaturgeschichten*

ASTON, W.G.
1899 *A History of Japanese Literature.* New York, London: D. Appleton. Repr. Rutland, Vt., Tokyo: C.E. Tuttle 1972.

FLORENZ, Karl
1906 *Geschichte der japanischen Litteratur* (Die Litteraturen des Ostens in Einzeldarstellungen, Bd. 10). Leipzig: C.F. Amelangs Verlag.

GUNDERT, Wilhelm
1929 *Die japanische Literatur.* Wildpark-Potsdam: Akademische Verlagsgesellschaft Athenaion.

KATO, Shuichi
1990 *Geschichte der japanischen Literatur: die Entwicklung der poetischen, epischen, dramatischen und essayistisch-philosophischen Literatur Japans von den Anfangen bis zur Gegenwart.* Übersetzt von Horst Arnold-Kanamori u.a. Bern, München, Wien: Scherz.

KEENE, Donald
1953 *Japanese Literature. An Introduction for Western Readers.* London: John Murray.
1993 *Seeds in the Heart: Japanese Literature from Earliest Times to the Late Sixteenth Century.* New York: Henry Holt & Co.
1976 *World within Walls: Japanese Literature of the Pre-Modern Era, 1600-1867.* New York: Holt, Rinehart and Winston.

KONISHI, Jin'ichi
1984–91 *A history of Japanese Literature.* 3 Bde. Übers. v. Aileen Gatten and Nicholas Teele; hg. v. Earl Miner. Princeton, N.J.: Princeton University Press.

2. *Lexika, Nachschlagewerke*

HAMMITZSCH, Horst (Hg.)
1981 *Japan-Handbuch.* In Zusammenarbeit mit Lydia Brüll, unter Mitwirkung von Ulrich Goch. Wiesbaden: F. Steiner. Darin: "Literatur bis zum Jahre 1867", Sp. 873–93 (E. May).

MINER, Earl; ODAGIRI, Hiroko; MORRELL, Robert E.
1985   *The Princeton Companion to Classical Japanese Literature.*
            Princeton, N.J.: Princeton University Press.
HISAMATSU Sen'ichi
1976   *Biographical dictionary of Japanese literature.* Tokyo:
            Kodansha International; New York: International Society
            for Educational Information, distributed by Harper & Row.

3. Synopsen

RIMER, J. Thomas
1988   *A Reader's Guide to Japanese Literature.* Tokyo: Kodansha
            International.
LEWIN, Bruno
1965   *Japanische Chrestomathie. Von der Nara-Zeit bis zur Edo-Zeit.* 2 Bde. Wiesbaden: O. Harrassowitz.

4. Bibliographien

Japan P.E.N. Club.
1961   *Japanese literature in European languages. A Bibliography.*
            [Tokyo:] Japan P.E.N. Club.
Japan P.E.N. Club.
1990   *Japanese Literature in European Languages. A Bibliography 1945–1990.* [Tokyo:] Japan P.E.N. Club.

5. Anthologien

MAY, Ekkehard; SCHÖNBEIN, Martina (Hg.)
1990   *Blütenmond. Japanisches Lesebuch 1650-1900.* München:
            Piper.
NAUMANN, Nelly u. Wolfram
1973   *Die Zauberschale: Erzählungen vom Leben japanischer
            Damen, Mönche, Herren und Knechte.* München: C. Hanser
            (auch: München: Deutscher Taschenbuch Verlag 1990).
SATO, Hiroaki; WATSON, Burton
1981   *From the Country of Eight Islands. An Anthology of
            Japanese Poetry.* Garden City, New York: Anchor Books.

Moderne Literatur

Wolfgang Schamoni

1. *Probleme der Definition*

Diese Darstellung ist Teil eines "Grundrisses der Japanologie". Ein "Grundriß" umreißt die Grundmauern eines Hauses. Die einzelnen Darstellungen dieser Reihe wären demnach die Beschreibungen der Grundmauern einzelner Zimmer (wenn man sich die Japanologie bungalowartig einstöckig vorstellt). Das klingt mir jedoch etwas zu solide und handfest. Ich ziehe das Bild des Meeres vor. Die einzelnen Darstellungen wären dann so etwas wie Prospekte von Schiffahrten, auf denen kleine Stückchen des Meeres der Realität – hier: der gesellschaftlichen und kulturellen Realität Japans in Geschichte und Gegenwart – erkundet werden. Oder wenn die Leser[1] es etwas fester haben wollen: Die Realität ist ein sumpfiges Gelände, in das einzelne kleine, notdürftig befestigte Wege führen, von welchen Teile des Sumpfes überblickt werden können. Diese Wege sind Konstruktionen, und zwar sehr vergängliche Konstruktionen, die vielleicht bald wieder verschwinden, wenn sich andere Wege als nützlicher erweisen. In diesem Sinne sind wissenschaftliche Arbeitsfelder (sowohl die Gegenstände selbst als auch die Methoden) historische Konstrukte; sie sind allerdings auch nicht völlig frei erfunden, sondern stützen sich – von den gegenwärtigen Interessen der Konstrukteure geleitet – jeweils auf bestimmte, tatsächlich vorhandene Aspekte der Realität.

Was für ein Feld ist nun das mir zugeteilte Gebiet "Moderne Literatur" oder genauer "Moderne *japanische* Literatur"? Was heißt "modern"? Was heißt "japanisch"? Was heißt "Literatur"? Gehören Natsume Sôsekis 夏目漱石 (1867–1916) chinesische Gedichte oder Okakura Kakuzôs 岡倉覚三 (1892–1913) *The Book of Tea* (1906) dazu? Gehören in japanischer Sprache

---

[1] Ich bitte vor allem die Leserinnen mir zu verzeihen, daß ich im folgenden betreffs des grammatischen Geschlechts durchweg dem traditionellen Sprachgebrauch folge. Ich bin nach wie vor der Meinung, daß die Benachteiligung von Frauen in unserer Gesellschaft (einschließlich der Universität) in der Realität, nicht auf dem Feld der Grammatik bekämpft werden muß.

geschriebene Erzählungen des Koreaners Yi Hoe-song 李恢成 (jap. Ri Kaisei, geb. 1935) oder in deutscher Sprache geschriebene Texte der Japanerin Tawada Yôko 多和田葉子 (geb. 1960) dazu? Gehören politische Abhandlungen oder kaiserliche Edikte oder Kinderbücher oder Krimis oder Comics dazu? Gehört ins Japanische übersetzte ausländische Literatur dazu? Ich will mit der Erörterung der drei für uns hier zentralen Begriffe beginnen, nämlich "Literatur", "modern" und "japanisch".

Das deutsche Wort "Literatur" bzw. sein lateinischer Vorgänger "litterae" bezeichnete lange lediglich alles gelehrte Geschriebene, d.h. Texte, die wir heute den Gebieten Philosophie, Geschichtsschreibung, Literaturforschung oder Theologie zuordnen, aber z.B. auch Gedichte in lateinischer Sprache. Im 18. Jahrhundert begann eine Verschiebung und Verengung des Begriffs in Richtung auf "Texte mit einem besonderen ästhetischen Wert bzw. Anspruch". Diese Bedeutung setzte sich im 19. Jahrhundert langsam durch. Die neue Bedeutung wurde im deutschsprachigen Gebiet (unter dem Einfluß romantischer Literaturvorstellungen) oft auch mit dem Wort "Dichtung" verbunden. Noch im *Oxford English Dictionary* (1933–96) wird die neue Bedeutung nur nebenbei in einem langen Artikel genannt. Wir selbst gebrauchen die alte Bedeutung immer noch, wenn wir z.B. an das Ende einer wissenschaftlichen Arbeit ein "Literaturverzeichnis" setzen. Die Verschiebung des Begriffes ist Teil der Entstehung der modernen Ausdifferenzierung des kulturellen Feldes in Wissenschaft und Kunst sowie der Entstehung der einzelnen Wissenschaften und Künste.

Interessanterweise hat das japanische – ursprünglich chinesische – Wort *bungaku* 文学, welches wir heute ganz selbstverständlich mit "Literatur" übersetzen, eine ähnliche Entwicklung durchgemacht. Bis zum Beginn der Meiji-Zeit (1868–1912) bezeichnete das Wort *bungaku* Gelehrsamkeit, vor allem das Studium der chinesischen Klassiker, und zwar auch die Amtsbezeichnung des konfuzianischen Gelehrten, der in einem der feudalen Fürstentümer (*han*) für den Unterricht dieser Klassiker angestellt war. Umgekehrt wurden alle Texte, die wir heute in einer Literaturgeschichte der Edo-Zeit behandelt finden, *nicht* als *bungaku* bezeichnet – mit der einen Ausnahme: chinesische Lyrik und Prosa, die dafür heute gewöhnlich mit stiefmütterlicher Behandlung bestraft werden.

Nachdem Anfang der Meiji-Zeit die feudale Organisation des kulturellen Feldes zusammenbrach und westliche Wissenschaften umfassend in Japan rezipiert zu werden begannen, kam es auch hier zu einer Verschiebung der Bedeutung von *bungaku*. Zumindest in einem kleinen Kreis von jungen Schriftstellern ist der neue Begriff Anfang der neunziger Jahre des 19. Jahrhunderts etabliert.[2] Dieser neue Begriff reduziert Literatur auf den Bereich der Texte eines vorrangig ästhetischen Gebrauchs von Sprache und verbindet diesen Bereich mit den inneren Erfahrungen und der Vorstellungskraft des Individuums. Dabei wird der Literatur ein besonderer, ja ein höherer Zugang zur Realität (als dem Alltagsverstand oder der "Wissenschaft") zugeschrieben. Die Literatur wird – im Extremfall – zum einzigen Ort ungeteilter Menschlichkeit erklärt.

Ein zweites Charakteristikum dieser neuen Literaturauffassung ist, daß sie die Literatur einerseits als Teil eines größeren Feldes namens "Kunst" (*geijutsu* 芸術) definiert, sie andererseits auf einer systematisch tieferen Ebene in einzelne Großgattungen unterteilt. Besonders wirkungsvoll war hier die im 17. / 18. Jahrhundert in Europa erfundene Dreiheit von "Lyrik, Epik, Drama", welche von Goethe zu "Naturformen der Poesie" d.h. zu ewig gültigen anthropologischen Konstanten erklärt wurden.

Das dritte Charakteristikum ist, daß Literatur von den anderen Künsten (Musik, Bildende Kunst) getrennt wird und streng als *die* Kunst definiert wird, die die Sprache als Medium hat. Auch in der Realität wird die Mischung der Medien zunehmend vermieden. Das äußert sich z.B. in dem Rückgang und schließlichen Verschwinden der Illustrationen aus der "ernsthaften Literatur" oder in der Trennung der ("anspruchsvollen") Lyrik vom musikalischen Vortrag.

Das vierte Charakteristikum ist, daß Literatur wie auch die anderen Künste von allen besonderen gesellschaftlichen Verkehrsformen losgelöst, sozusagen sozial entwurzelt wird. Die vielen, völlig verschiedenartigen, gesellschaftlich spezifisch verorteten Traditionen der ästhetischen Textproduktion werden nun homogenisiert und unter dem einen Begriff "Literatur" zusammengefaßt. Diese Homogenisierung erfolgt im Rahmen des neu gegründeten Nationalstaates. Das Medium dieser Literatur ist die einheitliche "Nationalsprache" (*kokugo* 国語), die Literatur selbst wird als "Nationalliteratur" (*kokubungaku* 国文学) bezeichnet. Das akademische Fach, das sich dem Studium dieser Literatur widmet, heißt in Japan bis heute ebenfalls "Kokubungaku"[3] und trägt (wie die deutsche "Germanistik") somit im Namen das Erbe des 19. Jahrhunderts mit sich.

---

2   Dies wird markiert durch die Gründung der Zeitschrift *Bungakukai* 文学界 im Jahre 1893 durch Kitamura Tôkoku, Hoshino Tenchi und andere. Zur Gründung dieser Zeitschrift vgl. BROWNSTEIN 1980: 319–336.

3   Inzwischen gibt es an einigen Universitäten allerdings auch die Bezeichnung *Nihon bungaku* 日本文学 ("Japanische Literatur").

Diese Vorstellung von Literatur[4] ist natürlich nicht identisch mit der Realität, bestimmt aber das Bewußtsein und die Literaturproduktion der fortgeschrittensten Gruppe. Andererseits richtet sich auch nach 1890 die große Mehrheit der ästhetische Verfahren einsetzenden Texte in wichtigen Punkten *nicht* nach dieser Vorstellung – sie wurden deshalb *später* als "Trivialliteratur" oder "Populäre Literatur" (*tsûzoku bungaku* 通俗文学) aus der sogenannten "Reinen Literatur" (*jun bungaku* 純文学) ausgeschlossen oder als historische Quellen oder Gebrauchstexte den Historikern oder den Volkskundlern überantwortet und kommen in den Literaturgeschichten zunächst nicht mehr vor.

Dieser neue Begriff von "Literatur", für den man gleichwohl weiterhin den alten Terminus *bungaku* gebrauchte,[5] ist eng verbunden mit dem Begriff "modern" bzw. "Moderne" (*kindai* 近代). Das deutsche Wort "modern" geht auf das mittellateinische, seit dem 5. Jahrhundert belegte Wort *modernus* zurück. Ähnlich geht *kindai* in Japan bis ins 8. Jahrhundert zurück (in China ist das Wort noch wesentlich älter). Beide Wörter bezeichneten ursprünglich einfach eine der Gegenwart nahe Zeit bzw. die Gegenwart.

Das Adjektiv "modern" – und vor allem das davon abgeleitete Nomen "die Moderne" – wurde bei uns in neuerer Zeit zunächst ausschließlich für die neuen künstlerischen Strömungen ab dem späten 19. Jahrhundert gebraucht, etwa beginnend mit dem Impressionismus und Cézanne, Van Gogh, Gauguin, verschärft dann mit Kubismus, Futurismus, Expressionismus etc., parallel dazu aber auch für die mit Baudelaire, Rimbaud und Mallarmé beginnenden avantgardistischen Strömungen in der Literatur. Im Deutschen wurde das Nomen "die Moderne" zum ersten Mal 1886 gebraucht, damals mit Bezug auf den literarischen Naturalismus.

Aber erst der Brockhaus von 1991 nennt neben dieser "Moderne", die er "Mikroperiode" nennt, noch eine zweite Bedeutung von "Moderne", nämlich die mit dem geistigen und politischen Umbruch in der zweiten Hälfte des 18. Jahrhunderts beginnende Periode. Der Beginn wird in Aufklärung und Französischer Revolution gesehen und diese Periode als eine Zeit definiert, die "auf allen Gebieten ihre Orientierung nicht mehr im tradierten Erfahrungsraum, in der "Normsuggestion der Vergangenheit" (J. Habermas) sucht, sondern

---

4 Ein Versuch, die Literaturauffassungen der späten Edo-Zeit und der frühen Meiji-Zeit zu kontrastieren und damit zu verstehen, ist SCHAMONI 1992.

5 Neben *bungaku* wird gelegentlich auch der Terminus *bungei* 文芸 gebraucht. Das Wort bedeutete zu Beginn der Meiji-Zeit "Gelehrsamkeit *und* Künste", ab den neunziger Jahren des 19. Jahrhunderts wird es eher im Sinne von "literarische Kunst = Literatur" gebraucht. Im allgemeinen Sprachgebrauch ist jedoch *bungaku* siegreich geblieben.

ihre Normativität aus sich selbst schöpft."⁶ Am frühesten und nachdrücklichsten komme das in der Ästhetik, in der Überwindung der normativen Poetik bzw. Nachahmungspoetik durch die Idee der Originalität und der Autonomie der Kunst zum Ausdruck. Dieser letztere Begriff der "Moderne" wird im Brockhaus als "Makroperiode" bezeichnet – vielleicht kann man auch von einem eher "gesellschaftlichen Begriff der Moderne" (gegenüber dem vorher angeführten eher "künstlerischen Begriff der Moderne") sprechen. Wie sehr dieser zweite Begriff der Moderne in den letzten Jahren in den Mittelpunkt der öffentlichen Diskussion gerückt ist, erkennt man daran, daß der Brockhaus von 1998 der "Moderne" als einem "Schlüsselbegriff" einen dreiseitigen Essay widmet. Natürlich wurden die Phänomene, die unter diesem gesellschaftlichen Begriff der Moderne erörtert werden, schon seit längerem unter dem Begriff "bürgerliche Gesellschaft" oder "Kapitalismus" bzw. – seit den 50er Jahren – "Modernisierung" / "modernization" abgehandelt. Dieser Gebrauch des Wortes "Moderne", der in den letzten Jahren so selbstverständlich geworden ist, ist aber noch recht neu, was vielleicht darauf hinweist, daß wir an einer kritischen Wendemarke stehen.

Interessanterweise stellt sich die Lage in Japan *umgekehrt* dar. Dort wurde die avantgardistische Literatur kaum je mit dem Wort *kindai* charakterisiert. Man sprach von *shinkô bungaku* 新興文学 ("neu aufgekommene Literatur") oder *zen'ei bungaku* 前衛文学 ("Literatur der Avantgarde") oder auch von *modanizumu* モダニズム (engl. "modernism"). Das Wort *kindai* wird andererseits spätestens seit den dreißiger Jahren als Bezeichnung für die europäische Periode ab Aufklärung und Französischer Revolution gebraucht (manchmal wird auch noch weiter bis zur Renaissance zurückgegangen) und weist *inhaltlich* auf den Vorrang der Naturwissenschaften vor der Religion, Vorrang von Leistung vor ererbtem Status, Vorrang des Fortschritts vor der Erhaltung der bestehenden Ordnung hin, d.h. kennzeichnet ausschließlich das, was der Brockhaus "Makroperiode" nennt. Diese Periode wird dann für Japan als mit der "Meiji-Restauration" 1868 beginnend definiert. Dieser Gebrauch des Wortes ging kurz nach 1945 in den allgemeinen Sprachgebrauch über, ja, war – in linken und liberalen Kreisen – zeitweise sogar so etwas wie ein Kampfbegriff.⁷

Kindai bungaku wird dann *formal* als Literatur ab 1868 definiert (als Endpunkt wird heute meist das Kriegsende 1945 genannt,⁸ oft wird die *kindai*

---

6 *Brockhaus Enzyklopädie*. Bd. 14 (1991): 709.

7 Meist wurde das Wort adjektivisch gebraucht (*kindaiteki*). Der (negative) Gegenbegriff war "feudalistisch" (*hôkenteki* 封建的) bzw. "vormodern" (*zenkindaiteki* 前近代的).

8 In diesem Fall wird die Literatur der Nachkriegszeit als *gendai bungaku* 現代文学 bezeichnet.

bungaku auch als bis in die Gegenwart andauernd gesehen). Vor allem aber wird *kindai bungaku* (seit den dreißiger Jahren) *inhaltlich-qualifizierend* mit dem Erwachen des "modernen Ich" (*kindaiteki jiga* 近代的自我) in Verbindung gebracht und dieses konkret an Texten wie "Treibende Wolken" (*Ukigumo* 浮雲, 1887/9) von Futabatei Shimei 二葉亭四迷, "Die Tänzerin" (*Maihime* 舞姫, 1890) von Mori Ôgai 森鴎外 oder den Essays von Kitamura Tôkoku 北村透谷(zwischen 1890 und 1893 erschienen) festgemacht. Als wichtigster Schritt im Bereich der Literaturtheorie wird Tsubouchi Shôyôs 坪内逍遥 "Das Wesen der Erzählung" (*Shôsetsu shinzui* 小説神髄, 1885/86) genannt.[9] Eine weniger an geistesgeschichtlichen und stärker an eigentlich literarischen Gegebenheiten orientierte Definition würde zweifellos auch die Jahre um 1890 als entscheidende Aufbruchphase sehen. Zu charakterisieren wäre diese etwa als Etablierung der bürgerlichen "Institution Literatur" (so wie sie Peter und Christa Bürger für das deutsche 18. Jahrhundert definiert haben[10]) d.h. inhaltlich gekennzeichnet durch das Aufkommen der Idee einer "autonomen Literatur", die sprachliche und organisatorische Homogenisierung, die beginnende Spaltung in "Reine Literatur" und "Unterhaltungsliteratur", die Schaffung eines Systems von spezialisierten Zeitschriften, die Entstehung einer professionellen Literaturkritik (ab 1887) und einer akademischen Literaturgeschichtsschreibung (ab 1890). Tatsächlich geht diesem um 1890 vollzogenen Aufbruch eine Vorbereitungsphase voraus, die kurz nach 1868 beginnt, so daß eine weniger normative Definition der "modernen Literatur" durchaus mit einer Periodisierung arbeiten könnte, die das politisch definierte Jahr 1868 als Ausgangspunkt nimmt. Wichtig ist allerdings, daß 1868 nicht als absolute Grenzscheide verstanden wird. Es gibt Tendenzen – wenn auch diffus und unzusammenhängend – die schon *vor* 1868 auf eine "moderne" literarische

---

9 Nach der gängigen, den komplizierten historischen Prozeß sehr vereinfachenden Auffassung hat Tsubouchi Shôyô mit seiner erzähltheoretischen Schrift *Shôsetsu shinzui* durch die Forderung nach Autonomie der Literatur und Formulierung der Regeln des "realistischen" Erzählens die Wende zur *kindai bungaku* eingeleitet; Futabatei Shimei hat mit *Ukigumo* diese Theorie in die Praxis umgesetzt; Mori Ôgai hat zum ersten Mal persönlichste Erfahrung in einem erzählenden Text (der halb-autobiographischen Novelle *Maihime*) verarbeitet; der früh (durch Selbstmord) verstorbene Kitamura Tôkoku schließlich, welcher Anfang der neunziger Jahre in schneller Folge eine Reihe ungewöhnlich kritischer und leidenschaftlicher Prosastücke veröffentlichte, gilt als Prototyp des Schriftstellers, der die absolute Autorität der "Innerlichkeit" des Individuums gegen die trivialen Anforderungen der Gesellschaft verteidigte.

10 Vgl. BÜRGER 1977. Eine umfassende Studie der deutschen Entwicklung vom Standpunkt der Systemtheorie aus hat neuerdings SCHMIDT 1989 vorgelegt.

Situation (etwa was die Kommerzialisierung der Buchproduktion betrifft[11]) hinweisen.

Die Orientierung an einer inhaltlich-qualifizierenden d.h. letztlich normativen Definition führte zum Ausschluß riesiger Mengen von Literatur, nämlich: aller Texte, die im Verdacht der Nicht-Autonomie stehen: einerseits der sogenannten Trivial- oder Unterhaltungsliteratur, andererseits der sogenannten "Gebrauchstexte" wie Biographien, Reisedarstellungen, Tagebücher, politische Manifeste, populäre Lieder etc. Solche Texte werden allerdings unlogischerweise doch in den Literaturgeschichten behandelt, wenn sie von Autoren geschrieben wurden, die sich durch ihren Beitrag zu den drei angeblich zentralen Gattungen "qualifiziert" haben. Aus der modernen Literaturgeschichte ausgeschlossen wurden auch alle Texte, die man irgendwie mit der vormodernen Gesellschaft verband, z.B. alle Volkserzählungen und Volkslieder, obgleich diese zum größten Teil ja erst in der Gesellschaft des modernen Japan aufgezeichnet wurden d.h. in bestimmten Teilen dieser Gesellschaft *lebten*. Ausgeschlossen wurden auch städtische mündliche Literaturformen, selbst wenn diese erst in der Moderne entstanden bzw. in der Moderne ihren Höhepunkt erreichten.

Das dritte problematische Wort ist "japanisch" bzw. "Japan". Auch wenn diese beiden Wörter uns so leicht von der Zunge gehen: Auch hier sind Fußangeln versteckt, und auch hier werden unter der Hand eine Reihe Einschränkungen eingeführt. In einer unheiligen Verbindung von edozeitlicher Kokugaku ("Nationale Schule") und Anfang Meiji eingeführter deutscher Nationalphilologie wurde "japanisch" lange als "japanischsprachig" definiert. So wie die Kokugaku das eigentümlich "Japanische" von der "Beschmutzung" durch chinesische und indische Elemente zu reinigen versuchte, so hat ja auch die deutsche Germanistik, die in ihren Ursprüngen eng mit der deutschen Nationalbewegung zusammenhing – deutsche Literatur als Ausdruck deutschen Wesens gesehen. Deshalb wurden z.B. innerhalb des deutschen Sprachraumes produzierte literarische Texte in überregionalen Sprachen wie Lateinisch oder Hebräisch aus der deutschen Literatur ausgeschlossen. Ähnlich wurden in Japan Texte in klassischem Chinesisch, obgleich diese in vormoderner Zeit einen erheblichen Teil der gesamten literarischen Produktion ausmachen, ausgeschlossen oder doch an den Rand gedrängt. Ebenso wurden Texte der Ainu ignoriert, Texte aus Ryûkyû (Okinawa) wurden vergessen.

Sicherlich ist die in Japan nach 1868 produzierte Literatur (wenn wir Japan in den Grenzen von *nach* 1945 bzw. *vor* 1895 betrachten) durch die Konzen-

---

11 Vgl. etwa MAY 1983.

tration auf die japanische Sprache und hier wiederum durch die stufenweise Abschaffung aller historischen Sondersprachformen gekennzeichnet. Tatsache ist aber auch, daß dies ein langwieriger Prozeß war und daß zumindest in den ersten zwei Jahrzehnten der Meiji-Zeit in Chinesisch geschriebene Texte noch einen großen und prominenten Platz einnehmen, daß es immer wieder einzelne Autoren gegeben hat, die in Fremdsprachen schrieben und veröffentlichten, und daß z.B. die mündlichen Texte der Ainu-Minderheit in Hokkaidô erst im zwanzigsten Jahrhundert aufgezeichnet wurden.

Ich hoffe, die Leser mit diesen Vorbemerkungen genügend verwirrt zu haben, so daß sie von mir nun nicht mehr einen stabilen Grundriß "meines Zimmers" innerhalb der "Japanologie" erwarten. Nur wenn wir alle oben angesprochenen Fragen ignorieren, können wir einen sauberen Grundriß zeichnen. Es ist gleichwohl notwendig, den Raum ungefähr zu umschreiben, auf den sich die eigene Arbeit bezieht. Der Romanist Fritz Nies hat einmal von der "ausgeklammerten Hauptsache" gesprochen.[12] Er meinte damit die Aussparung der Frage nach dem literaturwissenschaftlichen Gegenstand und seinen Grenzen. Tatsächlich findet man in den meisten literarischen Lexika keinen Artikel "Literatur". Die Lexikon-Herausgeber gehen davon aus, daß das ja klar sei, und alle denken sich heimlich etwas anderes.

Ich denke, das Praktikabelste ist, von einer möglichst weiten Definition "moderner japanischer Literatur" auszugehen, um all die Probleme der Ränder und der Übergänge im Auge zu behalten. Vielleicht könnte man sagen: Gegenstand dessen, der sich mit "moderner japanischer Literatur" beschäftigt, sollten alle Texte – ob mündlich oder schriftlich – sein, die – mehr oder weniger dicht – ästhetische Verfahren einsetzen und nach 1868 im Bereich des Landes namens Japan geschaffen wurden. Ob diese Texte eine fremdsprachige Vorlage haben, d.h. "Übersetzungen" sind oder nicht, ist dabei sekundär. Hierbei sollten auch die Texte, die außerhalb dieser Region von Japanern in Japanisch oder in fremden Sprache geschaffen wurden, im Auge behalten werden.

2. Zwei Literaturen?

Im Frühjahr und Sommer jeden Jahres (d.h. zweimal pro Jahr!) werden in Japan zwei wichtige Literaturpreise für junge Autoren vergeben: Der Akutagawa-Preis für "Reine Literatur" (*jun bungaku*) und der Naoki-Preis

---

12 NIES 1974: 265–283.

für "Populäre Literatur" (*taishû bungaku* 大衆文学). Die beiden Preise werden seit 1935 vergeben und sind benannt nach den beiden früh verstorbenen Autoren Akutagawa Ryûnosuke 芥川龍之介 (1892–1927) und Naoki Sanjûgo 直木三十五 (1891–1934). Beide Preise werden in der Regel für Erzählprosa (*shôsetsu* 小説) verliehen.

Das Überraschende ist: Die beiden Preise werden unter der Ägide *einer* Organisation zur *selben* Zeit im Rahmen *einer* Zeremonie übergeben, d.h."populäre" und "ernsthafte" Literatur werden – zumindest in dieser Feier – nicht wie bei uns hierarchisch *übereinander*, sondern wie zwei Literaturgattungen *nebeneinander* gestellt. Hiermit wurde 1935 eine Dichotomie festgeschrieben, die sich bereits um 1890 abzuzeichnen begann und die sich in den zwanziger und frühen dreißiger Jahren deutlich herausbildete. Auf der Seite der populären Literatur, damals *taishû bungei* 大衆文芸 ("Massen-Literatur" bzw. "Literatur für die Massen") genannt, standen vor allem historisierende Romane (später kamen Kriminalgeschichten und andere Genres hinzu), die den einzelnen Menschen (oft den heroischen einzelnen) in der Regel im Einklang mit den großen Kräften der Geschichte und Nation darstellen – selbst dort, wo ein Einzelgänger dargestellt wurde. Auf der Seite der "Reinen Literatur" standen Texte, die auf vielfältige Weise, aber immer auf ästhetische Art und durch die persönliche Erfahrung des Schreibenden vermittelt, in einem schwierigen Spannungsverhältnis zu ihrer Zeit stehen und den einzelnen im Konflikt mit der ihn umgebenden Gesellschaft (entfremdet, kritisch oder gleichgültig) zeigen: das eine eine Literatur, die sich an den Marktinteressen (am Erfolg beim Leser) orientierte, das andere eine Literatur, die – obgleich ebenfalls für den Markt produziert – die Verachtung des Marktes zur Schau trägt.

Ôe Kenzaburô 大江健三郎 (geb. 1935) hat 1986 in einem Vortrag die Position der *jun bungaku* (in der englischen Übersetzung: "serious literature"[13]) so formuliert: "Literatur, die sich tatsächlich passiv abgeschnitten hat von der Produktion der Massenmedien, mit anderen Worten, Literatur, die nicht 'populär' oder 'weltzugewandt' ist."[14] Den Beginn dieser Literatur sieht Ôe bei Tsubouchi Shôyô und Kitamura Tôkoku, d.h. grob gesagt um 1890, das Ende dieser Literatur sieht er etwa im Jahre 1970, als Mishima Yukio 三島由紀夫 (1925–1970) sich in dramatisch-grotesker Form das Leben nahm, nachdem er vergeblich Soldaten der japanischen Streitkräfte zur Rebellion aufgerufen hatte. Ôe, der nach unseren Maßstäben eindeutig links steht, sieht hier

---

13 Ôe selbst schlägt in seinem Vortrag die englische Übersetzung *sincere literature* vor.
14 Hier übersetzt nach der englischen Version in ÔE 1995: 65–66. Es handelte sich um einen Vortrag an der Duke University; es konnte nicht geklärt werden, ob ein japanisches Original veröffentlicht wurde.

in Mishima, der politisch weit rechts stand, trotzdem einen Gefährten, indem er nämlich den "gemeinsamen Wunsch, daß moralische Werte Vorrang erhalten vor materiellen"[15], repräsentierte. *Danach* sieht Ôe die "Reine Literatur" im Verfall. In seiner Nobelpreis-Rede von 1994 kündigt er in einem verzweifelt-trotzigen Tonfall seinen Widerstand gegen diese Entwicklung an: "Ich habe unverändert den Wunsch, als letzter der denkwürdigen Ausdruckshaltung dieser Autoren zu folgen"[16] – womit er an dieser Stelle die gesellschaftlich engagierten Autoren der frühen Nachkriegszeit meint, im weiteren Sinne aber die ganze Tradition ab etwa 1890.

Gibt es also zwei japanische Literaturen? Eine elitäre, ästhetisch und weltanschaulich anspruchsvolle Literatur und eine populäre, anspruchslose und angepaßte (triviale) Literatur? Tatsächlich gibt es heute nicht mehr diese saubere Dichotomie. Murakami Haruki 村上春樹 (geb. 1949) oder Yoshimoto Banana 吉本ばなな (geb. 1960), die beide der Tradition der "populären Literatur" fern stehen, erreichen riesige Auflagen und werden von einem Publikum gelesen, das seinerseits zu einem großen Teil der Tradition der "Reinen Literatur" (so wie sie von Ôe Kenzaburô verstanden wird) sicherlich fernsteht. Es hat zudem immer Übergänge gegeben und auch Autoren, die zwischen den beiden Feldern hin- und herwechselten. Neben den beiden, durch die zwei genannten Literaturpreise markierten "Literaturen" gab es außerdem – betrachtet man nur den Bereich der erzählenden Texte – auch 1935 noch die mündlichen (teilweise durch Schallplatten verbreiteten) professionellen Erzählformen *naniwabushi* 浪花節 und *kôdan* 講談 in den Städten sowie – in Resten – das mündliche Erzählen in den Dörfern. Daneben gab es die aufstrebende Comic-Literatur, welche Bild und Text verband, sowie den Film, der neue Erzählformen zwischen Drama und Roman entwickelte. Heute ist das übermächtige Fernsehen hinzugetreten, und die Situation ist noch komplizierter geworden. Es gibt also nicht zwei Literaturen, sondern ein in ständigem Wandel befindliches kompliziertes System von miteinander verbundenen, gelegentlich relativ "eigensinnigen" literarischen Teilfeldern (Sub-Systemen). Eine Selbstbeschränkung der "Literaturwissenschaft" auf die im europäischen 18. Jahrhundert etablierte Trias "Epik, Lyrik und Drama" und hier wieder auf die Ebene der "reinen Literatur" reduziert die vielfach verflochtene, vielgestaltige und vielschichtige Entwicklung auf eine "flache", den Bedürfnissen der in ihren Bibliotheken sitzenden Forscher zweifellos entgegenkommende, aber der Realität sehr ferne Konstruktion. Selbst wenn man der "reinen Lite-

---

15 Ebenda: 48 (aus einem Vortrag des Jahres 1990 in San Francisco).
16 ÔE 1995: 9 (*Aimai na Nihon no watashi*).

ratur" einen ästhetischen Vorrang einräumt, so ist ihr Funktionieren doch nicht zu verstehen, wenn man nicht das ganze Feld betrachtet. Wer Inseln beschreiben will, muß das Meer ringsum kennen.

3. *Das Studium der modernen japanischen Literatur in Japan*

Wie wurde dieses so unsicher abgegrenzte Feld bisher erforscht? Das erste, was uns auffällt, ist, daß wir es mit einem gespaltenen, und zwar in mindestens zwei sehr ungleiche Teile gespaltenen Diskurs zu tun haben. Die riesige Mehrzahl der dieses Arbeitsgebiet betreffenden Veröffentlichungen (wohl weit über 95%) erscheint in Japan in japanischer Sprache. Die im Ausland veröffentlichten Studien werden in Japan nur dann wahrgenommen, wenn sie ins Japanische übersetzt worden sind – was sehr selten vorkommt. Die in Japan veröffentlichte jährliche Bibliographie zur japanischen Literaturforschung (*Kokubungaku nenkan* 国文学年鑑) vermerkt erst seit 1991, daß grundsätzlich nur im Inland veröffentlichte Arbeiten aufgenommen werden, was als Fortschritt gewertet werden muß: Vorher war man sich gar nicht bewußt, daß es auch im Ausland Forschung zur japanischen Literatur gibt, seit 1991 ignoriert man sie wenigstens bewußt.

Die erste japanische Literaturgeschichte erschien 1890, behandelte jedoch nur die Literatur bis zum Ende der Edo-Zeit.[17] Die neue Literatur war ja gerade erst im Entstehen, und die Autoren der späten Edo-Zeit waren für die Menschen jener Zeit noch fast Zeitgenossen. Umso erstaunlicher ist, daß bereits 1893 zwei längere Aufsätze mit dem Titel "Literaturgeschichte der Meiji-Zeit" (von Yamaji Aizan 山路愛山 und Kitamura Tôkoku) erschienen. Beides waren allerdings eher Erörterungen über Grundtendenzen der neuesten Literatur- und Geistesgeschichte (mit dem Schwergewicht auf letzterer) und hatten engen Zusammenhang mit der aktuellen literarischen Diskussion. Dies ist überhaupt ein Charakteristikum vieler Erörterungen der modernen Literaturgeschichte in der Folgezeit: Die Grenze zwischen aktueller Literaturkritik und literaturhistorischer Forschung ist undeutlich oder gar nicht vorhanden.

---

17 *Nihon bungaku shi* 日本文学史 von MIKAMI und TAKATSU 1890. Ein Reprint dieser Literaturschichte liegt als Band 1 und 2 der Serie *Meiji Taishô bungaku shi shûsei* 明治大正文学史集成 vor. Zu den Anfängen der japanischen Literaturgeschichtsschreibung vgl. BROWNSTEIN 1987.

1906 (d.h. noch innerhalb der Meiji-Zeit) erschien dann die erste "echte" Literaturgeschichte der Meiji-Zeit: Iwaki Juntarôs 岩城準太郎 *Meiji bungaku shi* 明治文学史.[18] Hier finden wir zum ersten Mal den Versuch, die Literatur (im engeren Sinne) der Meiji-Zeit zu periodisieren, die einzelnen Genres in ihrer Entwicklung zu skizzieren und die wichtigsten Autoren und Werke zu nennen und zu charakterisieren. Dieser erste Versuch hat heute allerdings nur noch historisches Interesse.

Eine neue Qualität erreichte die auf die Moderne gerichtete Literaturforschung mit der Gründung der "Gesellschaft zum Studium der Meiji-Kultur" (Meiji Bunka Kenkyûkai 明治文化研究会) im Jahre 1924 durch eine Gruppe um den liberalen Journalisten Yoshino Sakuzô 吉野作造 (1878–1933). Inzwischen war die Meiji-Zeit bereits seit zwölf Jahren vergangen, sie war Geschichte und konnte mit ihren Errungenschaften und Problemen von außen gesehen werden. Hinzu kam, daß während des Erdbebens von 1923 sehr viele Materialien verbrannt waren und die historisch Interessierten die Notwendigkeit erkannten, das kulturelle Erbe der Meiji-Zeit, vor allem der dramatischen Reformperiode während der ersten zwei Jahrzehnte, für die Nachwelt zu retten und zugänglich zu machen. Dies geschah in der 1927–30 veröffentlichten 24-bändigen "Textsammlung zur Kultur der Meiji-Zeit" (*Meiji bunka zenshû* 明治文化全集).[19] Diese Sammlung, die sehr breit nahezu alle Bereiche von Politik und Religion bis Kunst und Literatur umfaßte, ermöglichte zum ersten Mal ein ernsthaftes Studium der geistigen Produktion jener Zeit. Die Forschungsarbeit der Mitglieder beschränkte sich dabei zunächst auf Klärung der bibliographischen und biographischen Fragen. Etwas später, 1932, bildete sich an der Reichsuniversität Tôkyô eine Gruppe "Gesellschaft für Meiji-Literatur" (Meiji Bungakukai 明治文学会), in der sich junge Studenten der Universität wie Shioda Ryôhei 塩田良平 (1899–1971), Yoshida Seiichi 吉田精一 (1908–84), aber auch Außenstehende wie Yanagida Izumi 柳田泉 (1894–1969), der bereits an der Meiji Bunka Kenkyûkai beteiligt gewesen war, zusammenfanden.

Noch im selben Jahr spaltete sich die Gruppe aus politischen Gründen (es war ja die Zeit des beginnenden 15jährigen Krieges, der Unterdrückung der Linken und der reihenweisen "Konversion" von Sozialisten), und es bildete sich eine zweite Gruppe "Gesprächsrunde zur Meiji-Literatur" (Meiji Bungaku

---

18 Auch diese Literaturgeschichte liegt in der Serie *Meiji Taishô bungaku shi shûsei* (Bd. 5) als Reprint vor.

19 Nach dem Krieg erschien 1955–57 ein in seiner Zusammensetzung wesentlich veränderter Nachdruck in 16 Bänden. Die Texte beider Versionen wurden addiert in einem zweiten Nachdruck, der 1967–74 in 32 Bänden erschien.

Danwakai 明治文学談話会). Diese zweite Gruppe war liberal und offen für Studierende aus allen Universitäten und entfaltete eine vielfältige Aktivität. Ab 1934 gab sie die Zeitschrift "Studien zur Meiji-Literatur" (*Meiji bungaku kenkyû* 明治文学研究) heraus und veranstaltete z.B. Treffen mit den noch lebenden Autoren der Meiji-Literatur. Zu dieser Gruppe gehörte auch Shinoda Tarô 篠田太郎 (1901–1986), der 1932 die erste vom marxistischen Standpunkt aus geschriebene Geschichte der modernen japanischen Literatur[20] veröffentlichte. Andererseits gehörte zu der Gruppe auch Yanagida Izumi, der – von einer liberalen Grundüberzeugung getragen – in unermüdlicher Kleinarbeit die Texte und Autoren der frühen Meiji-Zeit erschloß. Yanagida Izumi lehrte nach dem Krieg an der Waseda-Universität und begründete die dortige, bis heute fortwirkende, stark philologisch-textorientierte Tradition der Literaturforschung.

Auf die Unterdrückung der Linken folgte bald auch die Unterdrückung der Liberalen. In dieser Situation bildete sich in den dreißiger Jahren auf der Seite der "fortschrittlichen Intelligenz" eine Tendenz aus, statt wie bisher schroff "bürgerliche Wissenschaft" und "proletarische Wissenschaft" einander entgegenzustellen, die bürgerliche Gesellschaft (*shimin shakai* 市民社会) bzw. die Moderne (*kindai*) als etwas Positives zu betrachten, sie in ihrem Gegensatz zum Feudalismus zu sehen und zu fragen: Was trieb die bürgerliche Gesellschaft voran (in Europa und Japan), und was behinderte sie (in Japan)? Diesem Grundgedanken folgend hat der aus der "Gesellschaft für Meiji-Literatur" hervorgegangene Kataoka Yoshikazu 片岡良一 (1897–1957) die moderne japanische Literaturgeschichte schon ab Anfang der dreißiger Jahre als Geschichte der Herausbildung des "Modernen Ich" und der dieses behindernden Verhältnisse gefaßt.[21] Diese Formel sollte noch die ersten zwanzig Jahre der Nachkriegszeit prägen. Heute wird diese Auffassung gerne abschätzig als *jiga shikan* 自我史観 (ein schwer übersetzbarer Terminus – etwa: "auf die Herausbildung des Modernen Ich fixierte Geschichtsauffassung") belächelt oder als *kindaishugi* 近代主義 ("Modernismus" – gemeint ist eine an dem Modell des Westens orientierte Auffassung der Moderne) kritisiert. Sie war aber ein wichtiges Werkzeug, um das Studium der modernen Literatur aus dem Bereich des toten Positivismus herauszuführen und mit den Fragen der Zeit, ja mit den persönlichen Erfahrungen der Forscher selbst zu vermitteln. Kataoka, der aus politischen Gründen seinen Dienst als Lehrer quittieren

---

20 SHINODA 1932 ("Moderne japanische Literaturgeschichte vom Standpunkt des Historischen Materialismus aus gesehen").
21 Sein wichtigstes Werk vor 1945 war "Perspektiven der Modernen japanischen Literatur". Ein entscheidender Teil dieses Buches war bereits 1931 erschienen.

mußte, wurde anschließend an die private Hôsei-Universität berufen, wo er zusammen mit Kondô Tadayoshi 近藤忠義, einem Spezialisten für Edo-Literatur, das geistige Zentrum dessen bildete, was man die "Historisch-soziologische Schule" (Rekishi shakaigaku ha 歴史社会学派) innerhalb der japanischen Literaturwissenschaft nennt (vielleicht könnte man besser "sozialhistorische Schule" sagen).

Daneben gab es natürlich weiterhin die positivistische Literaturforschung, welche (ebenfalls weit über 1945 hinaus) sich der Klärung von biographischen Details, der Darstellung von direkten Zusammenhängen (etwa auch der Rezeption ausländischer Literatur), der Kommentierung und Interpretation der Texte widmete und sich vor großen Geschichtskonzepten hütete. Diese Art der Forschung findet ihre Krönung in der möglichst detaillierten Darstellung von Leben und Werk eines Schriftstellers oder einer literarischen Strömung – etwa in Yoshida Seiichis zweibändiger Monographie "Studien zum Naturalismus" – *Shizenshugi no kenkyû* 自然主義の研究 (1955/58).

Nach dem Krieg setzten sich diese beiden Strömungen (die positivistische wie die sozialhistorische Schule) fort, wobei die sozialhistorische Schule zunächst in der intellektuellen Öffentlichkeit wohl dominierte. Hierbei spielte die Erfahrung des Krieges – die Kollaboration vieler "positivistischer" Forscher mit dem Ultranationalismus, aber auch die Konversion (*tenkô* 転向) vieler Linker – eine wichtige Rolle.

Ein auffälliges Element in der Entwicklung nach dem Krieg war die vermehrte Teilnahme von Autoren und Literaturkritikern, die außerhalb der akademischen *Kokubungaku* standen – wie Ara Masahito 荒正人 (1913–79), Hirano Ken 平野謙 (1907–78), Itô Sei 伊藤整 (1905–69), aber auch von Gelehrten ganz anderer Fachgebiete wie dem Politikwissenschaftler Maruyama Masao 丸山真男 (1914–96) oder dem Sinologen Takeuchi Yoshimi 竹内好 (1910–77) – an den Diskussionen über die Geschichte und Gegenwart der modernen japanischen Literatur. Für diese Autoren war "moderne Literatur" nun nicht mehr identisch mit "Literatur der Meiji-Zeit", sondern umfaßte auch die darauffolgenden drei Jahrzehnte. Vor allem wurden die Verdienste und Schwächen der Proletarischen Literaturbewegung in der Vorkriegszeit erörtert – in engem Bezug auf die politischen Diskussionen der Linken nach dem Krieg. Eine der wichtigsten Zeitschriften, in denen diese Diskussionen stattfanden, hieß nicht zufällig *Kindai bungaku* 近代文学 (1946–64).[22] Literaturhistorische Fragen waren zu jener Zeit brennende Fragen der Gegenwart, und die Veröffentlichungen dieser Autoren haben oft nicht die Form, die wir von "wissen-

---

22 Hierzu vgl. KOSCHMAN 1996 (vor allem Kap. 2: "Literature and the Bourgeois Subject").

schaftlichen Arbeiten" erwarten. Das für Japan typische Fehlen einer genauen Grenze zwischen Literaturwissenschaft und Literaturkritik, welches – wie erwähnt – seine Wurzeln schon in der Meiji-Zeit hatte und das uns oft genug zur Verzweifelung treibt (welches man aber auch in der angedeuteten Weise positiv sehen kann), setzte sich jetzt – durch die Entfaltung des Journalismus und die heftigen politischen Diskussionen noch verstärkt – fort.[23]

Eine wichtige Anregung (die von der akademischen Literaturforschung kaum aufgegriffen wurde) kam ebenfalls aus dem außerakademischen Bereich: 1946 gründete eine Gruppe jüngerer Intellektueller (Soziologen, Philosophen, Politologen etc.) eine Zeitschrift mit dem seltsamen Titel "Die Wissenschaft vom Denken" (Shisô no kagaku 思想の科学). Die Gruppe widmete sich dem Studium dessen, was heute Mentalitätsgeschichte genannt wird, und wählte die Produkte der Massenkultur (populäre Romane, Schlager, Film und Comics etc.) als ihr zentrales Forschungsmaterial. Ziel war (auch dies eine Reaktion auf die Kriegserfahrung und die Schwäche der orthodoxen Linken), die in der populären japanischen Kultur wirksamen – von den Intellektuellen bisher weitgehend ignorierten –Verhaltensweisen und Werte der "normalen Menschen" zu verstehen.[24] 1962 bildete sich um den Literaturkritiker Ozaki Hotsuki 尾崎秀樹 (geb. 1928) eine "Gesellschaft zum Studium der populären Literatur" (Taishû Bungaku Kenkyûkai 大衆文学研究会), die sich vor allem dem Studium des populären Romans widmete. Beiden Gruppen ging es darum, durch Studium der bis dahin ignorierten populären Kultur Japans, die Isolierung der einseitig am Westen orientierten "fortschrittlichen Intelligenz" von innen her zu überwinden.

Der Hauptstrom der akademischen *kokubungaku* konzentrierte sich jedoch weiterhin auf Autorenstudien (*sakkaron* 作家論) und Werkinterpretationen (*sakuhinron* 作品論) im Rahmen des verfestigten Kanons, ergänzt durch ein bienenfleißiges Sammeln, Nachdrucken, Edieren und Kommentieren[25] von Texten der bekannten Autoren. Hierbei entstanden beeindruckende, von großem literarischen Gespür und differenzierter Einschätzung des historischen Kontextes zeugende Interpretationen der Texte, etwa in Takemori Ten'yûs 竹盛天雄 (geb. 1928) "Ôgai – die Gestalt seines Werkes" (*Ôgai sono mon'yô* 鴎外その文様, 1984) oder Hiraoka Toshios 平岡敏夫 (geb. 1930) in fünf

---

23 Einen kritischen Blick auf diesen Aspekt der Literaturforschung in Japan wirft HIJIYA-KIRSCHNEREIT 1990 (vor allem das Kapitel "Der japanische Diskurs über Literatur").
24 Die führende Gestalt dieser Gruppe war Tsurumi Shunsuke 鶴見俊輔 (geb. 1922).
25 Hier sei etwa auf die außerordentlich hilfreiche, ausführlich annotierte Textsammlung *Nihon kindai bungaku taikei* 1970–73 hingewiesen, welche Texte der Meiji- und Taishô-Zeit erschließt.

Bänden vorgelegten "Studien zu Kitamura Tôkoku" (*Kitamura Tôkoku kenkyû* 北村透谷研究, 1967–95). Der Kanon selbst wurde aber nur geringfügig korrigiert. Für eine Korrektur des Kanons kämpfen seit den siebziger Jahren Nishida Masaru 西田勝 (geb. 1928) und seine Schüler an der Hôsei-Universität. Hieraus ging die seit 1987 erscheinende Zeitschrift *Shakai bungaku* 社会文学 ("Gesellschaftliche Literatur") hervor. Diese Gruppe hat große Verdienste um die Freilegung verschütteter kritischer Traditionen auch außerhalb des traditionell zum "mainstream" gerechneten orthodoxen Marxismus. Einen mutigen Einspruch gegen die akademische Routine unternahm auch der Kulturkritiker Katô Shûichi 加藤周一 (geb. 1919), welcher bereits an den literarischen Diskussionen der frühen Nachkriegszeit teilgenommen hatte, mit seiner Literaturgeschichte "Prolegomena zu einer japanischen Literaturgeschichte" (*Nihon bungakushi josetsu* 日本文学史序説, 1975–80).[26] Hier wird der Kanon in Richtung Geistesgeschichte durchbrochen, allerdings gelegentlich recht subjektiv und ohne explizite methodische Begründung.

Aber auch Japan wurde vom sogenannten "scientific turn" eingeholt.[27] Die Germanistik und ganz allgemein das Literaturstudium in der BRD wurde bekanntlich ab Mitte der sechziger Jahre durch die Konfrontation mit neuen Methoden (die teilweise gar nicht so neu waren) erschüttert. Es ging darum, die Literaturforschung aus dem Bereich der einfühlenden Interpretation bzw. des noch älteren philologischen Positivismus herauszuführen und in Richtung auf theoriegestützte intersubjektiv vermittelbare und nachprüfbare "Wissenschaft" zu bewegen. Diese Wende beinhaltete die Rezeption des Strukturalismus, die Entdeckung des russischen Formalismus, die Entwicklung der Semiotik, aber auch die Fortentwicklung des Marxismus. Charakteristisch war, daß man Literatur nun nicht mehr als die Summe vorbildlicher Werke, in die man sich interpretierend versenkte, verstand, sondern als Sonderfall sprachlicher Kommunikation bzw. als gesellschaftliches Phänomen, d.h. daß man das Literaturstudium einerseits mit der Linguistik, andererseits mit der Sozialgeschichte verband. Dabei wurde der traditionelle Literaturbegriff in Frage gestellt, wurden der "Leser" und die "Trivialliteratur" als Probleme entdeckt und wurde die gesellschaftliche Verfaßtheit von Literatur zum selbstverständlichen Thema.

Die neue Entwicklung, die ihr Zentrum ja keineswegs in Westdeutschland, sondern in Frankreich und den USA (teilweise auch in der Tschechoslowakei

---

26 Von dieser Literaturgeschichte liegt inzwischen eine englische und eine deutsche Übersetzung vor, letztere leider durch viele Übersetzungsfehler entstellt.

27 Vgl. hierzu etwa BAASNER 1996 (vor allem Kap. V).

und in der Sowjetunion) hatte, erreichte – wie gesagt – auch Japan, wurde dort allerdings zunächst eher in den "europäischen" Fächern wie "Französische Literatur", "Deutsche Literatur" etc. rezipiert. Der erste, der sich innerhalb des Faches "Kokubungaku" hiermit auseinandersetzte, war wohl Maeda Ai 前田愛 (1932–87). Schon 1973 konnte er seine Arbeiten zum "Leser" in der modernen japanischen Literatur in dem Band *Kindai dokusha no seiritsu* 近代読者の成立 ("Das Auftreten des modernen Lesers", 1973) zusammenfassen. In der Folgezeit griff er Anregungen der Semiotik auf und wirkte mit Büchern wie *Toshi kûkan no naka no bungaku* 都市空間のなかの文学 ("Die Literatur im städtischen Raum", 1982) überaus anregend auf das Fach "Kokubungaku" ein. Die neuen Ideen wurden allerdings (ähnlich wie bei uns) teilweise auch nur als terminologische Moden rezipiert. 1990 hat der Schriftsteller Tsutsui Yasutaka 筒井康隆 (geb.1935) sogar einen satirischen Roman[28] geschrieben, dessen einzelne Kapitel jeweils einer der neuen methodischen Tendenzen bzw. Moden gewidmet sind: von New Criticism und russischem Formalismus bis Rezeptionstheorie, Semiotik, Strukturalismus und Poststrukturalismus. Bezeichnenderweise lehrt der Held des Romans, ein fiktiver Professor, nicht japanische, sondern englische Literatur.

Immerhin sehen heute literaturhistorische Gesamtdarstellungen doch sehr anders aus als noch vor zwanzig Jahren. Ich möchte nur auf die von Yamada Yûsaku 山田有策 (geb. 1943), Suzuki Sadami 鈴木貞美 (geb. 1947) und anderen herausgegebene fünfbändige Literaturgeschichte *Nihon bungeishi* 日本文芸史 (Kawade Shobô Shinsha 1986–90) hinweisen (von den geplanten drei die Moderne behandelnden Bänden ist nur der erste erschienen). Hier wird die Literaturgeschichte nicht mehr als Summe der großen Autoren und ihrer Werke, die dann notdürftig mit einem (etwa aus der Geistesgeschichte entliehenen) roten Faden miteinander verbunden werden, gesehen, sondern – wie der Untertitel *Hyôgen no nagare* 表現の流れ sagt – als geschichtlicher "Fluß der Ausdrucksformen". Hierbei wird der Literaturbegriff (und damit zusammenhängend: der Kanon) selbst zum Problem. Das neueste Werk Suzuki Sadamis ist folgerichtig eine breit angelegte Studie zum Literaturbegriff im modernen Japan, die auch den geschichtlichen Kontext und die politischen Implikationen anspricht.[29] Endlich wird hier also die "ausgesparte Hauptsache" systematisch angegangen. Diese Bemühungen verbinden sich immer wieder mit der Kritik am oben erwähnten *jiga shikan* bzw. *kindaishugi* der bisherigen Literaturforschung und ihrem Kanon.

---

28 TSUTSUI 1990.
29 SUZUKI 1998.

Ähnlich neuartig ist der "Lehrgang Literatur der Shôwa-Zeit" (*Kôza Shôwa bungaku shi* 講座昭和文学史. 5 Bde. Yûseidô 1988–89). Der Untertitel des ersten Bandes *Toshi to kigô* 都市と記号 ("Stadt und Zeichen") zitiert von Maeda Ai in die Diskussion gebrachte neue Begriffe. Der letzte Band (über die Situation der Literatur heute) enthält Aufsätze etwa über "Die japanische Literatur innerhalb Asiens", "Geschlechterdifferenz und Literatur" oder "Die Literatur als Subkultur" – alles Themen, die bisher nicht vorkamen. Auch der neue "Lehrgang Japanische Literaturgeschichte des Verlages Iwanami" (*Iwanami kôza Nihon bungakushi* 岩波講座日本文学史. 18 Bde. Iwanami Shoten 1995–97) beachtet durchweg viel stärker als bisher das "literarische Leben", widmet der Literatur in chinesischer Sprache viele Kapitel (Einzelaufsätze) und gesteht der Literatur der Ainu und Ryûkyûs wie auch der mündlichen Literatur in japanischer Sprache zumindest drei Sonderbände am Ende zu. Diese neue Entwicklung ist sicherlich gleichzeitig im Kontext der hereinkommenden neuen Theorien und der gesellschaftlich-kulturellen Veränderungen ab den siebziger Jahren zu sehen.

Gleichwohl erscheint die nachgerade an Personenkult erinnernde Autor-Fixierung der Literaturforschung (und des literarhistorischen Journalismus) ungebrochen: Die Jahresbibliographie japanischer Literaturforschung *Kokubungaku nenkan* nennt z.B. für das eine Jahr 1996 insgesamt 189 Zeitschriftenveröffentlichungen zu dem Erzähler Natsume Sôseki und gar 262 zu dem Lyriker Miyazawa Kenji 宮沢賢治 (1869–1933) – zuzüglich 53 Bücher zu diesem einen Autor! Gleichzeitig wird *keine einzige* Veröffentlichung zu Matsumoto Seichô 松本清張 (1909–92), dem Klassiker der Kriminalerzählung, oder zu Yoshikawa Eiji 吉川英治 (1892–1962) verzeichnet, dem vielleicht bekanntesten Autor des populären historischen Romans, der mit seinem Werk *Miyamoto Musashi* 宮本武蔵[30] auch bei uns einen gewissen Erfolg verbuchen konnte. Hier funktioniert die oben erwähnte Dichotomie von "ernsthafter" und "populärer" (nicht der Behandlung werter) Literatur und der Kanon der *jun bungaku* also noch.

4. *Das Studium der modernen japanischen Literatur im Westen*

Das Problem ist: *Den* Westen gibt es gar nicht. Was in Deutschland in Deutsch produziert wird, wird offenbar in Frankreich kaum gelesen, und in

---

30 Das Original erschien 1935–39. Die deutsche Übersetzung wurde unter dem Titel *Musashi* (übersetzt nach einer englischen Vorlage) 1984 veröffentlicht.

Deutschland wiederum wird selten wahrgenommen, was in Polen oder in Rußland produziert wird. Und all dies zusammen wird in den USA, zweifellos dem wichtigsten Wissenschaftsland im Bereich "Japanstudien" außerhalb Japans, nicht rezipiert.[31] Es gibt natürlich überall Ausnahmen, d.h. es gibt amerikanische Japanologen, die Deutsch lesen, und deutsche Japanologen, die Russisch lesen; diese fallen aber insgesamt kaum ins Gewicht. Umgekehrt wird wohl in allen westlichen Ländern in Englisch Geschriebenes rezipiert.

Alle im Ausland mit japanischer Literatur Befaßten nehmen in der Regel aufmerksam wahr, was in Japan publiziert wird. Diese Fixierung auf Japan (bei gleichzeitiger Isolierung von den anderen westlichen Sprachen wie auch vom Kontext der eigenen Literatur und der kulturellen Diskussion im eigenen Land) ist ein Grundproblem der westlichen japanologischen Literaturforschung, vor allem im deutschsprachigen Gebiet. Diese Parzellierung führt dazu, daß es nur schwer zu einer "kritischen Masse" unter den Forschern kommt, die eine ernsthafte fachliche Diskussion ermöglichte.

Trotzdem: Was gibt es? Vor 1945 erschienen kaum irgendwelche größeren Arbeiten zur modernen japanischen Literatur in deutscher Sprache – auch nicht in englischer Sprache. Die wenigen literaturwissenschaftlichen Doktorarbeiten dieser Zeit betrafen ausnahmslos die vormoderne Literatur, und hier wiederum die älteste Literatur.[32] Was die moderne Literatur betrifft, so erschienen fast nur Übersetzungen, die zudem nicht sehr zahlreich und gelegentlich von zweifelhafter Qualität waren. Nach 1945 begann die Beschäftigung mit Japan insgesamt und mit moderner japanischer Literatur speziell zunächst nur schleppend, was auch damit zusammenhing, daß es nicht möglich war, nach Japan zu reisen. Neuere japanische Bücher waren kaum erreichbar. Deshalb sollten wir nicht allzu leichtfertig über die gelegentlich äußerlich schmalen Dissertationen urteilen, die damals unter schwierigsten Bedingungen geschrieben wurden. Erst in den sechziger Jahren gingen Japanologie-Studenten aus der BRD und Österreich nach Japan (die DDR zog später nach). Man studierte damals gewöhnlich gleichzeitig Japanologie und Sinologie, was den Studierenden einen breiten kulturellen Horizont eröffnete, aber Abstraktion und theoretisch-methodische Überlegungen eher verhinderte. Erst

---

31 Inzwischen gibt es auch in Süd-Korea, der VR China und in Taiwan eine lebhafte Japan-Forschung, welche in der Regel im Westen nicht wahrgenommen wird.

32 Eine gewisse Ausnahme bildet hier erstaunlicherweise der älteste deutsche Japanologe Karl Florenz, der in seiner *Geschichte der japanischen Litteratur* der Literatur nach 1868 immerhin 27 Seiten widmete und bereits vorher einen umfangreichen Aufsatz über neue Tendenzen in der japanischen Lyrik veröffentlichte; vgl. FLORENZ 1903–06 und FLORENZ 1889/92: 314–341.

in den siebziger Jahren erschienen Arbeiten eines neuen Typs: etwa Katharina Mays Arbeit über Yosano Akikos 与謝野晶子 Tanka (1975)[33] und Irmela Hijiya-Kirschnereits Arbeit über Mishima Yukios 三島由紀夫 Roman *Kyôko no ie* (1976)[34]. Die betreffenden Verfasserinnen hatten a) in Japan studiert und waren b) in der Germanistik mit neuen Methoden der Textanalyse vertraut gemacht worden. Andererseits wurde durch die im Gefolge der Studentenbewegung etwa gleichzeitig einsetzende Hinwendung der Studierenden zu sozialwissenschaftlichen Themen die Beschäftigung mit japanischer Literatur insgesamt zunehmend in den Hintergrund gedrängt. Die Gesamtzahl der nach 1945 entstandenen deutschsprachigen Dissertationen im Bereich moderne Literatur liegt – je nach dem, was man dazu zählt – zwischen dreißig und vierzig.

Insgesamt gesehen also ein sehr kleines Feld, das sich neben den englischsprachigen Veröffentlichungen doch etwas ärmlich ausmacht. Vor allem die USA haben den Vorteil der größeren geographischen Nähe zu Japan, der frühen Möglichkeit des Japan-Aufenthaltes (auch im Zusammenhang mit der Besatzung 1945–51) und – damit verbunden – der größeren Zahl von Forschern. So verwundert es nicht, daß die westliche Forschung zu vielleicht 70% englischsprachig ist.

Lange standen sowohl im deutschsprachigen als auch im englischsprachigen Bereich eher deskriptive Monographien zu einzelnen Werken oder Autoren im Mittelpunkt (oft verbunden mit einem Übersetzungsteil): Eine klassische Arbeit dieses Typs ist Edward Seidenstickers Arbeit über Nagai Kafû 永井荷風[35] (1965). Auch Donald Keenes beeindruckende 2.000 Seiten umfassende Geschichte der modernen japanischen Literatur[36] fußt letztlich auf diesem Prinzip: Literaturgeschichte als Summe einzelner Autoren (der "reinen Literatur"[37]) und ihrer Werke, zusammengehalten durch die Biographien der Schriftsteller oder bestenfalls durch gewisse "Strömungen". Von der Autormonographie ausgehend den Blick auf größere kulturgeschichtliche Fragestellungen zu richten versuchte z.B. Richard Bowring in seinem Buch über Mori Ôgai (1979).[38]

---

33 MAY 1975.
34 HIJIYA-KIRSCHNEREIT 1976.
35 SEIDENSTICKER 1965.
36 KEENE 1984.
37 Von den insgesamt 2.000 Seiten sind genau drei Seiten der populären Literatur gewidmet (Bd. 2: 550–552).
38 BOWRING 1979. Einen ähnlichen Weg schlägt auch SCHAMONI 1983 ein.

Arbeiten, die sich ganz von der Autor-Monographie lösen, sind dagegen selten. Hijiya-Kirschnereits *Selbstentblößungsrituale* (Wiesbaden 1981) über die Entwicklungslinie des *shishôsetsu* ("Ich-Roman"), ein Buch welches auch ins Englische und Japanische übersetzt wurde, ist ein Beispiel hierfür. Vor allem in den USA sind in den letzten Jahren eine ganze Reihe Arbeiten hinzugekommen, die trotz ihrer manchmal postmodernen Rhetorik voller interessanter Beobachtungen und Gedanken sind. Soweit ich sehe, bewegen sich aber alle diese Bücher im Rahmen der "reinen Literatur", d.h. im gewohnten Kanon von Werken. Besonders hervorzuheben ist deshalb eine französische Arbeit, Cécile Sakais Geschichte der modernen japanischen populären Literatur (1987), die diesen riesigen blinden Fleck zum ersten Mal im Westen ansatzweise überschaubar macht.[39]

Einen weiten Bogen machen westliche Forscher traditionell auch um das ausgedehnte Gebiet der marxistisch bzw. im weiteren Sinne sozialistisch inspirierten Literatur bzw. literaturtheoretischen Diskussion. Ohne dieses große historische Experiment (welches Teil einer übernationalen Bewegung war) aufzuarbeiten, sind eigentlich weder die moderne japanische Literatur noch die Diskussionen über Literatur (einschließlich wichtiger Teile der literaturhistorischen Sekundärliteratur) zu verstehen. Auf einem hohen Niveau und mit großer Detailkenntnis wird ein Ausschnitt aus diesem Themenbereich neuerdings in Miriam Silverbergs Buch über Nakano Shigeharu 中野重治 (1902–79)[40] behandelt. An die literarischen Diskussionen der frühen Nachkriegszeit hat sich bezeichnenderweise bisher nur ein Historiker, Victor Koschmann, gewagt.[41]

Leider gibt es nur sehr wenige Arbeiten zur vergleichenden Literaturforschung, obgleich hier westliche Japanologen mit ihrer (möglicherweise) größeren Sprachkompetenz in europäischen Sprachen eigentlich gewisse "Heimvorteile" hätten und etwas eigenes beitragen könnten. Über die konventionelle – sicherlich notwendige und verdienstvolle – Einflußforschung[42] hinaus geht bisher nur eine tschechische Arbeit, welche in drei Bänden 1965–70 in Prag erschien: *Contributions to the Study of the Rise and Development of Modern*

---

39 SAKAI 1987. Inzwischen gibt es auch in der deutschsprachigen Japanologie Bemühungen um diesen Bereich. So hat sich um Hilaria Gössmann (Trier) ein "Arbeitskreis Japanische Populärkultur" gebildet. Auch an der FU Berlin sind Arbeiten etwa zum japanischen Comic entstanden.

40 SILVERBERG 1990.

41 Vgl. Anm. 22.

42 Z.B. FISCHER 1969; KOYAMA-RICHARD 1990; hier ist auch an die frühe Arbeit Bruno Lewins zu erinnern: LEWIN 1955.

Literatures in Asia.[43] Diese Arbeit, an der Japanologen, Sinologen, Indologen und andere Asien-Spezialisten zusammengearbeitet haben, blickt über den Tellerrand der Nationalphilologien hinaus und eröffnet völlig neue Perspektiven, auch wenn sie, was Japan betrifft, in ihrer Materialbasis und der konkreten Ausführung problematisch ist. Leider hat sie bisher keine Nachfolger gefunden. Ein Problem ist hier sicherlich auch das Desinteresse auf der "Nehmer-Seite", der deutschen "Allgemeinen und vergleichenden Literaturwissenschaft". Noch immer kann man z.B. über "Naturalismus" reden, ohne Japan überhaupt zu erwähnen, obgleich Japan eine der wichtigsten "Provinzen" dieser internationalen literarischen Bewegung war. Erfreulich ist in dieser Situation, wenn z.B. der Komparatist Ralph-Rainer Wuthenow regelmäßig Übersetzungen japanischer Literatur rezensiert und in seinem Buch *Europäische Tagebücher* (Darmstadt 1990) dem "Japanischen Tagebuch" einen eigenen Exkurs widmet, auch wenn die Moderne nur kurz gestreift wird.

Sehr selten sind auch Studien über die materiellen und institutionellen Bedingungen der Literatur: Hier wären Irena Powells Studie *Writers and Society in Modern Japan* (1983) über das Phänomen namens *bundan* 文壇 (etwa als "literarische Szene" zu übersetzen) oder Jay Rubins Studie *Injurious to Public Morals* (1984) über Schriftsteller und Zensur in der Meiji-Zeit zu nennen.

Es bleibt das Problem der Vermittlung: Wie kann man Ergebnisse westlicher Forschung zur modernen japanischen Literatur einerseits in die japanische "Kokubungaku" einbringen, anderseits für die hiesige allgemeine Literaturforschung und die allgemeine intellektuelle Diskussion, wie auch für das allgemeine, literaturinteressierte Publikum zugänglich machen? Auf der einen Seite (Richtung Japan) haben wir das Handicap der Sprachbarriere (im Falle der deutschen Sprache besonders stark); auf der anderen Seite (Richtung des eigenen gesellschaftlich-kulturellen Kontextes) haben wir das Problem der Sprachlosigkeit, welche aus mangelnder Abstraktion, aber auch aus dem Fehlen einer gemeinsamen, beiden Seiten zugänglichen Materialbasis folgt.

Hier kommt das Übersetzen ins Spiel: Ich habe oben im Zusammenhang mit der deutschen Beschäftigung mit moderner japanischer Literatur gesagt, daß es vor 1945 eigentlich "nur Übersetzungen" gab. Ich möchte dies nicht als eine negative Äußerung zum Übersetzen an sich verstanden wissen. Übersetzen und literaturhistorische Forschung sind zwei sehr verschiedene Dinge, sie haben aber einen inneren Zusammenhang. Jeder, der übersetzt hat, weiß, daß das Übersetzen eine extrem genaue Art des Lesens ist. Und ohne genaues

---

43 KRÁL (Hg.) 1965–70.

Lesen ist alle "Forschung" wertlos. Da Forschung die Phänomene zergliedert, Übersetzen hingegen den fremden Text (nach der Zergliederung) in der eigenen Sprache wieder zusammensetzt (falls es glückt: zu einer neuen Einheit), sind für beide Tätigkeiten sehr verschiedene Anlagen nötig. Selten finden sich beide Begabungen in einer Person, was schade ist, da die Universitäten noch am ehesten den Freiraum bieten, den ein Übersetzer braucht. Vom literarischen Übersetzen allein kann bekanntlich niemand leben.

Bis vor kurzem waren es eigentlich nur drei Übersetzer, die zusammen für einen bedeutenden Teil der Übersetzungen ins Deutsche verantwortlich zeichneten: Oscar Benl, Jürgen Berndt und Siegfried Schaarschmidt. Nachdem Benl, der den Bereich Japanische Literatur an der Universität Hamburg vertrat, bereits 1986 starb, erhielten Jürgen Berndt und Siegfried Schaarschmidt 1993 gemeinsam den vom Verlag Kôdansha gestifteten Noma-Übersetzerpreis für Übersetzungen aus dem Japanischen (der Preis war in jenem Jahr zum ersten Mal für Übersetzungen ins Deutsche ausgeschrieben). Jürgen Berndt, der die Japanologie an der Humboldt-Universität durch all die Jahre hindurch – und sicherlich auch unter einigen Schwierigkeiten – aufgebaut hatte, starb leider noch im selben Jahr, kurz bevor ihm der Preis dann tatsächlich übergeben werden konnte. 1998 verstarb auch Siegfried Schaarschmidt. Inzwischen ist eine ganze Reihe jüngerer Übersetzer nachgewachsen, die teilweise bereits ein umfangreiches Werk aufweisen können: Ich erwähne nur Otto Putz und Jürgen Stalph. Sorgfältig registriert finden sich alle deutschsprachigen Übersetzungen bis 1995 in der Bibliographie *Moderne japanische Literatur in deutscher Übersetzung*.[44] Die in München erscheinende Zeitschrift *Hefte für Ostasiatische Literatur* widmet sich ausschließlich der Veröffentlichung von Übersetzungen aus den drei großen Ostasiatischen Sprachen, wobei der Schwerpunkt eindeutig auf der modernen Literatur liegt.[45] Der Insel Verlag in Frankfurt a.M. und die edition q in Berlin bemühen sich mit von Irmela Hijiya-Kirschnereit bzw. Eduard Klopfenstein betreuten Reihen um eine nachhaltige Vermittlung japanischer Literatur – obgleich japanische Literatur für die Verlage momentan noch ein Verlustgeschäft zu sein scheint. Hier hat es in den letzten zwei Jahrzehnten also eine durchaus positive Entwicklung gegeben. Allerdings ist die Wirkung dieser Bemühungen in der allgemeinen Öffentlichkeit immer noch gering.

---

44 STALPH, OGASA, PULS 1995. Diese Bibliographie verzeichnet allerdings keine Lyrik und verfährt bei nicht-narrativer Prosa etwas willkürlich.

45 Dort erscheint auch eine jährliche Bibliographie aller deutschsprachigen Veröffentlichungen zur japanischen Literatur (bis 1998 von W. Schamoni, danach von Asa-Bettina Wuthenow betreut).

5. *Perspektiven*

Wer sich heute hier mit der modernen japanischen Literatur beschäftigt, lebt gefährlich. Er (oder sie) muß den Anforderungen von mindestens drei recht unterschiedlichen Fächern Genüge tun: Um von den japanischen Kollegen vom Fach "Kokubungaku" ernst genommen zu werden, muß er ein ausgedehntes Detailwissen über ein klar umrissenes Gebiet – möglichst einen Autor – aufhäufen; um in dem deutschen Fach Japanologie (das Fach gibt es in Japan nicht) eine sinnvolle Funktion auszufüllen, muß er sich "kulturwissenschaftlich" öffnen und Brücken zur politischen Geschichte, Religionsgeschichte, Kunstgeschichte oder Soziologie bauen – zumal ja die Grenzen des Fachgebietes "Literatur" selbst zweifelhaft sind; um vor sich selbst zu bestehen, muß er sich mit den theoretischen und methodischen Anstrengungen der "Allgemeinen und vergleichenden Literaturwissenschaft" – ein Fach, das es an vielen Universitäten nicht gibt – auseinandersetzen, denn es gibt keine eigene "japanologische" Methode der Literaturwissenschaft. Gleichzeitig muß er (und möchte das auch) "aufklärend" in die deutschsprachige Öffentlichkeit hineinwirken und steht in der dauernden Gefahr, von der sich jährlich, monatlich und täglich weiter auftürmenden japanischen Sekundärliteratur erschlagen zu werden.

Was kann er (oder sie) trotzdem tun? Das wichtigste ist vielleicht, nicht der völligen Fremdbestimmung zu verfallen. Die oben gegebene Skizze der japanischen Forschungsentwicklung hat gezeigt, daß die verschiedenen Ansätze mit bestimmten historischen Situationen und den sich darin ausbildenden persönlichen Interessen zusammenhängen. Literaturforschung ist keine "science". Das heißt, daß wir Forschungsliteratur der Vergangenheit immer auch als Teil von durchaus "politisch" motivierten gesellschaftlichen Anstrengungen lesen müssen und auch nicht vergessen dürfen, daß unsere eigenen Bemühungen – trotz allen "wissenschaftlichen" Anspruchs – von vergleichbaren Motiven beeinflußt werden und Teil einer Geschichte sind, die wir mit anderen teilen. Es geht nicht darum, objektive "Forschungslücken" zuzubetonieren, sondern Reisen in ein unbekanntes Land (oder: Meer) zu unternehmen.

Auf der Ebene der Gegenstände ist es sicherlich legitim, ja sogar notwendig, sich intensiv einzelnen Autoren und Werken zuzuwenden. Soll die Bemühung um japanische Literatur aber nicht nur im ästhetischen und menschlichen Gewinn einzelner Leser ihr Ziel finden, so muß vom Einzelnen zum Allgemeinen vorangeschritten werden, muß um Abstraktion gerungen werden. Diachrone und synchrone Strukturen müssen offengelegt und die einzelnen Texte darin eingeordnet werden. Diese Strukturen werden oft über den engen Rahmen des Landes Japan hinausgreifen. Gerade wer sich aus der geographischen und kulturellen Ferne mit japanischer Literatur beschäftigt, muß das Allgemeine suchen, auch um das Einzelne zu verstehen. Besonders vielversprechend erscheinen mir hier Arbeiten zum literarischen Leben, etwa zu einzelnen Zeitschriften, oder zu einzelnen Textsorten (Genres) und ihrer Funktion innerhalb der "Institution Literatur". Denn das Genresystem ist die Syntax der Literatur.[46]

Wichtig ist es dabei, den Blick nicht auf Japan fixiert zu halten. Wer sich wissenschaftlich mit der japanischen Literatur beschäftigt, arbeitet letztlich an der Vervollständigung des Bildes einer Weltliteraturgeschichte. Gute, in die Tiefe gehende Kenntnis westlicher Literaturen, vor allem aber der Literatur des eigenen Sprachraums, ist unabdingbar. Nicht nur, weil westliche Literatur in Form von Übersetzungen *Teil* des modernen literarischen Lebens in Japan ist und intensiv innerhalb der japanischen Literatur rezipiert wurde: Wichtiger noch ist, daß wir durch die Beschäftigung mit der eigenen Literatur kritische Maßstäbe und Problembewußtsein gewinnen. Zu beachten ist jedoch: Auch wenn sich die moderne japanische Literatur (vor allem die "klassische Moderne") dem flüchtigen Blick als ständige Auseinandersetzung mit westlicher Literatur darstellt,[47] ist doch das Verhältnis zur (japanischen) vormodernen Literatur mindestens genauso wichtig. Auch die Bezüge zur klassischen und modernen Literatur Chinas und zur buddhistischen Tradition dürfen nicht übersehen werden. Wer 1868 als absolute Wasserscheide und die Grenzen Japans als Grenzen seines Gegenstandes versteht, verbaut sich ein wirklich historisches Verständnis der japanischen Moderne.

Wichtig wäre es schließlich, sich nicht von dem immer noch mächtigen Kanon der "reinen Literatur" fesseln zu lassen. Für den, der nicht den fünfhundertsten Aufsatz über Mori Ôgais *Maihime* oder Natsume Sôsekis *Kokoro* schreiben will, gibt es unendlich viel zu entdecken. Die Landkarte der Literatur ist übersät mit riesigen weißen Flecken, oder besser: die relativ "bekannten" Stellen bilden nur Inseln in einem weißen Meer. Die gesamte populäre Literatur (und die Genres der Übergangsmedien wie Comic und Film und populäres Lied) wie auch all die das Dogma der Autonomie nicht beachtenden Textsorten wie Biographie, Reportage, Tagebuch oder Manifest bieten lohnende Felder für selbständige Arbeit auch hier in Europa. Die vierzig oder fünfzig Jahre in der Mitte des 19. Jahrhunderts – ein von Historikern besonders intensiv beackertes Feld – bilden ein von den Literaturhistorikern weitgehend igno-

---

46 Vgl. JAUSS 1970: 197.
47 Donald Keene hat diesem Irrtum Vorschub geleistet, als er seine moderne japanische Literaturgeschichte *Dawn to the West* betitelte.

riertes schwarzes Loch. Die Erschließung (durch Faksimile-Neudrucke) von bisher kaum zugänglichen Zeitschriften in Bereichen wie Frauenliteratur oder Sozialistische Literatur[48] (neben den Zeitschriften der "mainstream-Literatur") hat in den letzten zwanzig Jahren den Zugang zu ganz neuen Abschnitten des Meeres der Literatur eröffnet.

Um nicht in der Flut des sich ständig vermehrenden Materials unterzugehen, ist es allerdings heute mehr noch als früher wichtig, sich seiner Ziele und Motive bewußt zu sein und die eigene Arbeit in größere, über Japan hinausgehende Zusammenhänge einzubringen, welche auch umgekehrt ein wichtiges Element bei der Bestimmung der Ziele sind. Basis aller literaturbezogenen Arbeit bleibt jedoch nach wie vor das genaue Lesen der Texte.

---

[48] Gerade in diesen beiden Bereichen hat der Verlag Fuji Shuppan eine erstaunliche Zahl von Zeitschriften-Reprints vorgelegt.

Literaturverzeichnis

BAASNER, Rainer
1996 *Methoden und Modelle der Literaturwissenschaft. Eine Einführung.* Berlin: Erich Schmidt.

BOWRING, Richard
1979 *Mori Ôgai and the Modernization of Japanese Culture* (University of Cambridge Oriental Publications, Bd. 28). Cambridge, New York: Cambridge University Press.

BROWNSTEIN, Michael C.
1980 "Jogaku zasshi and the Founding of the Bungakukai", in: *MN* 35.3: 319–36.
1987 "From Kokugaku to Kokubungaku: Canon Formation in the Meiji Period", in: *HJAS* 47: 435–460.

BÜRGER, Christa
1977 *Der Ursprung der bürgerlichen Institution Kunst. Literatursoziologische Untersuchungen zum klassischen Goethe.* Frankfurt a.M.: Suhrkamp Verlag.

FISCHER, Claus M.
1969 *Lev N. Tolstoj in Japan (Meiji- und Taishô-Zeit)* (Veröffentlichungen des Ostasien-Instituts der Ruhr-Universität Bochum). Wiesbaden: O. Harrassowitz.

FLORENZ, Karl
1889–92 "Zur japanischen Literatur der Gegenwart", in: *MOAG* 5: 314–341.
1903–06 *Geschichte der japanischen Litteratur* (Die Litteraturen des Ostens in Einzeldarstellungen, bearbeitet von G. Alexici, Bd. 10). Leipzig: C.F. Amelangs Verlag (^{2}1909).

HIJIYA-KIRSCHNEREIT, Irmela
1976 *Mishima Yukios Roman 'Kyôko no ie'. Versuch einer intratextuellen Analyse* (Veröffentlichungen des Ostasien-Instituts der Ruhr-Universität Bochum, Bd. 17). Wiesbaden: O. Harrassowitz.
1981 *Selbstentblößungsrituale: Zur Theorie und Geschichte der autobiographischen Gattung "Shishôsetsu" in der modernen japanischen Literatur.* Wiesbaden: F. Steiner.
1990 *Was heißt: Japanische Literatur verstehen? Zur modernen japanischen Literatur und Literaturkritik* (Edition Suhrkamp, Bd. 608). Frankfurt a.M.: Suhrkamp.

HIRAOKA Toshio 平岡敏夫
1967–95 *Kitamura Tôkoku kenkyû.* 5 Bde. Yûseidô.『北村透谷研究』有精堂.

IWAKI Juntarô 岩城準太郎
1906 *Meiji bungaku shi.* Ikueisha.『明治文学史』育英舎. (Reprint 1982 in: *Meiji Taishô bungakushi shûsei,* Bd. 5. Nihon Tosho Sentâ; 明治大正文学史 5. 日本図書センター).

Iwanami kôza Nihon bungakushi 岩波講座日本文学史
1995–97 18 Bde. Iwanami Shoten 岩波書店.

JAUSS, Robert
1970 *Literaturgeschichte als Provokation.* Frankfurt a.M.: Suhrkamp.

KATAOKA Yoshikazu 片岡良一
1941 *Kindai Nihon bungaku no tenbô.* Chûô Kôron Sha.『近代日本文学の展望』中央公論社. (Reprint 1979 in: *Kataoka Yoshikazu chosaku shû,* Bd. 3. Chûô Kôron Sha.『片岡良一著作集』3. 中央公論社.)

KATÔ, Shûichi 加藤周一
1975/80 *Nihon bungaku josetsu,* 2 Bde. Chikuma Shobô.『日本文学序説』筑摩書房.
1990 *Geschichte der japanischen Literatur: Die Entwicklung der poetischen, epischen, dramatischen und essayistisch-philosophischen Literatur Japans von den Anfängen bis zur Gegenwart.* Übers. Horst Arnold-Kanamori et al. München: Scherz.

KEENE, Donald
1984 *Dawn to the West: Japanese Literature of the Modern Era.* 2 Bde. New York: Holt, Rinehart, and Winston.

Kokubungaku Kenkyû Shiryôkan (Hg.)
1977– *Kokubungaku nenkan.* Shibundô.『国文学研究資料館』至文堂.

KOSCHMANN, Victor J.
1996 *Revolution and Subjectivity in Postwar Japan.* Chicago, London: University of Chicago Press.

KOYAMA-RICHARD, Brigitte
1990 *Tolstoï et le Japon. La Découverte de Tolstoï a l'ère Meiji* (Bibliotheque japonaise). Paris: Publications Orientalistes de France.

Kôza Shôwa bungaku shi 講座昭和文学史
    1988–89   Yûseidô Henshûbu (Hg.). 5 Bde. Yûseidô. 有精堂編集部. 有精堂.

KRÁL, O. et al. (Hg.)
    1965–70   *Contributions to the Study of the Rise and Development of Modern Literatures in Asia* (Dissertationes orientales, Bd. 4, 15 u. 28). Prag: Oriental Institute in the Publishing House of the Czechoslovak Academy of Sciences.

LEWIN, Bruno
    1955   *Futabatei Shimei in seinen Beziehungen zur russischen Literatur* (Mitteilungen der Gesellschaft für Natur- und Völkerkunde Ostasiens, Bd. 38). Hamburg: OAG.

MAY, Ekkehard
    1983   *Die Kommerzialisierung der japanischen Literatur in der späten Edo-Zeit (1750–1868): Rahmenbedingungen und Entwicklungstendenzen der erzählenden Prosa im Zeitalter ihrer ersten Vermarktung.* Wiesbaden: O. Harrassowitz.

MAY, Katharina
    1975   *Die Erneuerung der Tanka-Poesie in der Meiji-Zeit (1868–1912) und die Lyrik Yosano Akikos. Eine Untersuchung zur Geschichte und zur Form japanischer Dichtung.* Wiesbaden: O. Harrassowitz.

Meiji bunka zenshû 明治文化全集
    1927–30   Yoshino Sakuzô (Hg.). 24 Bde. Nihon Hyôron Sha. 吉野作造. 日本評論社.
    1955–57   [veränderter Nachdruck] 16 Bde. Nihon Hyôron Sha. 日本評論社.
    1967–74   [Nachdruck beider Werke] 32 Bde. Nihon Hyôron Sha. 日本評論社.

MIKAMI Sanji 三上参次; TAKATSU Kuwasaburô 高津鍬三郎
    1890   *Nihon bungaku shi* 『日本文学史』. (Reprint 1982: Meiji Taishô bungakushi shûsei. Bde. 1–2. Nihon Tosho Sentâ. 明治大正文学史集成. 日本図書センター.)

NIES, Fritz
    1974   "Die ausgeklammerte Hauptsache. Vorüberlegungen zu einer pragmatischen Systematik des literaturwissenschaftlichen Gegenstandsbereiches", in: *Germanisch-Romanische Monatszeitschrift* 24: 265–83.

Nihon kindai bungaku taikei 日本近代文学体系
    1970–73   60 Bde. Kadokawa Shoten. 角川書店.

ÔE, Kenzaburô 大江健三郎
- 1995a *Aimai na Nihon no watashi.* Iwanami Shoten.『曖昧な日本の私』岩波書店.
- 1995b *Japan. The Ambiguous, and Myself.* Tokyo et al.: Kodansha International.

OGASA, Gisela; PULS, Dörte; STALPH, Jürgen (Hg.)
- 1995 *Moderne japanische Literatur in deutscher Übersetzung. Eine Bibliographie der Jahre 1868–1994* (Bibliographische Arbeiten aus dem Deutschen Institut für Japanstudien der Philipp-Franz-von-Siebold-Stiftung, Bd. 3). München: iudicium Verlag.

POWELL, Irena
- 1983 *Writers and Society in Modern Japan* (St. Antony's / Macmillan series). London: Macmillan.

RUBIN, Jay
- 1984 *Injurious to Public Morals: Writers and the Meiji State.* Seattle: University of Washington Press.

SAKAI, Cécile
- 1987 *Histoire de la littérature populaire japonaise. Faits et perspectives (1900–1980)* (Lettres asiatiques, Japon). Paris: L'Harmattan.

SCHAMONI, Wolfgang
- 1983 *Kitamura Tôkoku. Die frühen Jahre: Von der "Politik" zur "Literatur"* (Münchener Ostasiatische Studien, Bd. 31). Wiesbaden: F. Steiner.
- 1992 *Literature and Modernization in Japan. The Changing Geography of Literary Genres 1850–1890.* Oxford: St Antony's College.

SCHMIDT, Siegfried J.
- 1989 *Die Selbstorganisation des Sozialsystems Literatur im 18. Jahrhundert.* Frankfurt a.M.: Suhrkamp.

SEIDENSTICKER, Edward
- 1965 *Kafû the Scribbler. The Life and Writings of Nagai Kafû, 1879–1959* (UNESCO collection of representative works, Japanese literature series). Stanford California: Stanford University Press.

SHINODA Tarô 篠田太郎
- 1932 *Shiteki yuibutsuron yori mitaru kindai Nihon bungakushi.* Shun'yôdô.『史的唯物論より見たる近代日本文学史』春陽堂.

SILVERBERG, Miriam
   1990   *Changing Song. The Marxist Manifestoes of Nakano Shigeharu.* Princeton, N.J.: Princeton University Press.

SUZUKI Sadami 鈴木貞美
   1998   *Nihon no 'bungaku' gainen.* Sakuhinsha.『日本の「文学」概念』作品社.

SUZUKI Sadami 鈴木貞美 et al.
   1986–90   *Nihon bungeishi: Hyôgen no nagare.* 5 Bde. Kawade Shobô Shinsha.『日本文芸史 表現の流れ』河出書房新社.

TAKEMORI Tenyû 竹盛天雄
   1984   *Ôgai sono mon'yô.* Ozawa Shoten.『鴎外その紋様』小沢書店.

TSUBOUCHI Shôyô 坪内逍遥
   1885–86   *Shôsetsu shinzui.*『小説神髄』.

TSUTSUI Yasutaka 筒井康隆
   1990   *Bungakubu Tadano kyôju.* Iwanami Shoten.『文学部唯野教授』岩波書店.

WUTHENOW, Ralph-Rainer
   1990   *Europäische Tagebücher: Eigenart, Formen, Entwicklung.* Darmstadt: Wissenschaftliche Buchgesellschaft.

YOSHIKAWA Eiji 吉川英治
   1935–39   *Miyamoto Musashi.* Dainihon Yûbenkai Kôdansha.『宮本武蔵』大日本雄弁会講談社. (Deutsch: *Musashi.* Übers. Werner Peterich. München: Droemer Knaur 1984).

Shintô

Klaus Antoni

1. *Einleitung*

Das Thema "Shintô" 神道 gehört zu den *essentials* der japanischen Kulturgeschichte. Innerhalb und außerhalb Japans wird Shintô dabei nicht nur als die japanische Nationalreligion angesehen, sondern häufig auch als eine Metapher für die vermeintliche Unwandelbarkeit der japanischen Kultur, oder gar des japanischen "Nationalwesens" (*kokutai* 国体) selbst. Um ein populäres Beispiel dieser weit verbreiteten Sichtweise zu geben, sei etwa Joseph M. Kitagawa zitiert, der im *Japan-Handbuch* schreibt (Übersetzung Th. M. Ludwig):

> Shintô ist im eigentlichen Sinne die dem japanischen Volk zugrundeliegende Wertorientierung, denn er ist das Zusammenwirken der divergierenden und doch einzigartigen japanischen Sensitivitäten, der religiösen Überzeugungen und der kulturellen Haltung, die seit der frühesten Zeit bis auf heute ganz und gar das Erleben des japanischen Volkes geprägt haben.[1]

Doch zeigt sich an Definitionen wie dieser das große Dilemma einer Betrachtungsweise, die den historischen Aspekt ausschließen zu können meint und unreflektiert einen ahistorisch gültigen Shintô postuliert. Dabei ist gerade dieses religiöse System geschichtlich gewachsen und vereint heterogenste Elemente im Laufe seiner langen Entwicklung, bis hin zur Ideologie des religiös fundierten japanischen Nationalismus der Moderne (*kokutai shintô* 国体神道).

Eine allgemeingültige japanische "Nationalreligion", wie von Kitagawa und anderen postuliert, läßt sich dabei nur als als Wunschbild und neuzeitliche Konstruktion verifizieren. Ein Autor bemerkt in diesem Zusammenhang einschränkend,[2] man dürfe "das Wort 'Shintô'" nur als Bezeichnung der Religion im engeren Sinne verwenden. "Der Begriff 'Shintôismus' hingegen" so führt er weiter aus, "wird nur dann verwendet, wenn es sich um die durch Ideologi-

---

1 HAMMITZSCH et al. (Hg.) 1981: 1633.
2 MIYASAKA 1994: 236, Anm. 214.

sierung bzw. die Politisierung entstandene shintôistisch orientierte Sozial- oder Staatsgedanken handelt". Eine solche Differenzierung, die einen politisch unbelasteten Shintô im Sinne einer religiös lauteren Volksreligion abgrenzt von seinem negativen, ideologisch kontaminierten Pendant, dem neuzeitlichen Shintô*ismus*, verkennt m. E. jedoch die (geistes-) geschichtlichen Tatsachen. Der politische Aspekt ist von Anfang an konstituierend für das System "Shintô" gewesen und läßt sich nicht trennen von einer idealisierten japanischen Religion, beide sind zwei Seiten ein und derselben Medaille.

Gerade scheinbar wertfreie Behauptungen wie die von Miyasaka im Rahmen eines Werkes mit wissenschaftlichem Anspruch vorgetragenen, zeigen, wie absolut notwendig eine historisch-kritische Untersuchung des Themas in heutiger Zeit ist.

Wie kaum ein anderes Thema bedeutet die Auseinandersetzung mit "dem" Shintô somit eine Befragung der japanischen Kultur und ihres Selbstverständnisses. Nationalreligion oder Konstrukt der Moderne? Archaischer Ahnenkult oder alljapanische Folklore? Esoterische Lehrreligion oder synkretistisches Ritualwesen? Schließlich: Ethnozentristischer Nationalismus oder friedliche Naturverehrung? Kein Klischee in bezug auf die japanische Kultur fände sich nicht gerade auch in der Debatte um "den" Shintô wieder. In der ideologischen Entwicklung der Moderne kam dem Shintô die Funktion eines nativistischen Synonyms für die "unverfälschte", "homogene", "einzigartige" und schließlich "eigentliche" japanische Kultur zu, die, von allem Fremden gereinigt, den Blick auf das wahre Japan ermögliche. Insoweit ist die Postulierung einer japanischen Nationalreligion, die implizit befreit sei von allem Fremden, bereits selbst ein Produkt dieses modernen japanischen Autostereotyps, der als vermeintlich authentische kulturelle Selbstaussage das Bild Japans – auch im Ausland – bis auf den heutigen Tag prägen kann.

Insgesamt zeigt sich, daß eine Bewertung des durch den Shintô erhobenen Anspruchs, Japans gleichsam natürliche "Nationalreligion" darzustellen, ohne eine genaue Prüfung der historischen Entwicklung nicht möglich ist.

Da in diesem Zusammenhang bestimmten methodischen und terminologischen Fragen, insbesondere denen nach dem Verständnis von "Kultur" und "Religion", eine grundlegende Bedeutung zukommt, ist zunächst ein theoretischer Exkurs geboten.

2. Terminologische Klärung

2.1 *Kultur*

Der Begriff "Kultur" wird in diesem Zusammenhang in einem eher "kulturanthropologischen" Sinne verstanden, d.h. nicht in seiner umgangssprachlichen Bedeutung, die auf die künstlerischen Bereiche der sog. Hochkultur, also Literatur, Theater, Kunst im weitesten Sinne beschränkt ist. Kultur in unserem Kontext meint die Gesamtheit menschlichen Wirkens als kontrastive Kategorie zu der der "Natur". Wolfgang Frühwald (1991: 40f.) spricht in diesem Zusammenhang von einer "kulturellen Form der Welt", wobei "Kultur" verstanden wird als "Innbegriff aller menschlichen Arbeit und Lebensformen". In den Kulturwissenschaften existiert zwar keine als verbindlich angesehene Definition des Kulturbegriffes, doch scheint Konsens in zumindest zwei Prämissen zu bestehen: 1.) Kultur ist wandelbar, *nicht* genetisch festgelegt, und 2.) Kultur muß erlernt werden, d.h. wird *tradiert*. Die Bedeutung dieser beiden Minimalkategorien läßt sich kaum überschätzen. Sie zeigt, daß die menschliche Kultur innerhalb eines jeweiligen Rahmens von den einzelnen Individuen erlernt wird; sie ist nicht abhängig von biologischen Voraussetzungen – etwa im Sinne einer biologistischen Mentalitätslehre –, sondern lediglich von der Tradition, d.h. "Überlieferung". Der Kulturanthropologe Thomas Bargatzky (1985: 39) faßt diese Grunderkenntnis in die folgende, ihrer Klarheit wegen ansprechende Definition: "Ohne Menschen gibt es keine Kultur, aber bedeutungsvoller ist der Umkehrschluß: ohne Kultur kein Mensch. Kultur muß erlernt werden und tradiert werden". Das Verstehen einer Kultur ist damit gleichbedeutend mit dem Verstehen der Traditionslinien, der Übertragungswege der Kultur also, bis hin zum heutigen Zustand. Der kulturwissenschaftliche Erkenntnisansatz ist somit prinzipiell diachron fundiert und bemüht sich um das Verstehen des Einzelfalles als Teil eines umfassenden, übergreifenden und vernetzten kulturellen Systems. Die moderne Kulturanthropologie, insbesondere in der Nachfolge der Kulturhermeneutik (Dilthey) und Anthropologie der symbolischen Formen (Cassirer), bemüht sich um die Dechiffrierung kultureller Systeme (Systemgedanke) und damit um das interkulturelle "Verstehen" der betrachteten Kultur. Im Falle der Analyse japanischer Religionen wird der implizite "Blick von außen" – im Sinne einer "Hermeneutik der Fremde"[3] oder "Hermeneutik der Distanz"[4] – immer auch

---

3 Vgl. KRUSCHE 1990; KRUSCHE u. WIERLACHER 1985.
4 BARGATZKY 1997: xv.

die japanische Binnenbetrachtung selbst als analytische Bedingung aufzugreifen haben. Axiomatische Aussagen der japanischen Selbstanalyse und -reflexion, wie z.B. der Tradition der "Nationalen Schule" (Kokugaku 国学), enthüllen ihren wahren Gehalt oft erst in der kulturhistorischen und -vergleichenden Analyse.

Da Kultur tradiert wird, muß unsere besondere Aufmerksamkeit somit den Traditionen, d.h. den Überlieferungswegen, gelten. Doch ist es mit einer bloßen Betrachtung der "Tradition" nicht getan, da, wie jede Kulturbetrachtung zeigt, die Überlieferungen selbst einem steten Wandel unterzogen sind. Die Konzeption einer statischen "Tradition", welche unvermittelt mit etwas Neuem, meist der "Moderne", konfrontiert würde, kann ungeachtet ihrer Beliebtheit nur als naiv bezeichnet werden.[5] Doch läßt sich diese Betrachtung, die letztlich auf das Problem der Invented Traditions nach Eric Hobsbawm (1983) und des von Dietmar Rothermund postulierten "Traditionalimus" (vgl. Rothermund 1989) zielt, hier nicht weiter vertiefen. Wenden wir uns dagegen kurz dem definitorischen Problem der Religion zu.

2.2 *Religion*

Existieren bereits in Hinblick auf den Begriff "Kultur" mannigfache Definitionen, so wird deren Zahl im Bereich der Religion unüberschaubar. In bezug auf die Bedingungen der Erkenntnis von Religion formuliert der Religionsethnologe Josef Franz Thiel (1984: 14) das grundlegende Dilemma aller analytischen Betrachtungsweise: "Fehlt dem Wissenschaftler weitgehend der Zugang zum zentralen Akt des Gläubigen, so fehlt dem Gläubigen meist die Distanz, um sein Objekt vorurteilsfrei zu analysieren".

Die kulturwissenschaftliche Betrachtung der Religion fragt nicht nach dem Wahrheitsgehalt des jeweiligen religiösen Systems. Hier liegt der fundamentale Unterschied zur Theologie, die von der Anerkennung der Wahrheit und Wirklichkeit ihrer Religion aus die Welt betrachtet. Wir stellen die Existenz von Religion im Sinne einer Tatsachenerkenntnis fest und untersuchen die je nach religiösem System tradierten religiösen Inhalte und Dogmen, Riten und ethischen Normen, ihre Funktion und Wirkung in der Gesellschaft zu einem jeweiligen historischen Zeitpunkt mit den Mitteln der hermeneutischen Analyse. Als kulturelles System ist Religion *per definitionem* tradiert, d.h. jede Religion unterläuft eine Entwicklung in Raum und Zeit – bis hin zum heutigen

---

5   Vgl. u.a. ANTONI 1992.

Zustand. Auch hier ist, wie wiederum Thiel (1984: 10) verdeutlicht, der Entwicklungsgedanke maßgeblich: "Wer sich mit Religion wissenschaftlich befaßt, wird einer diachronischen Analyse auf die Dauer kaum entraten können."

Im vorliegenden Falle – dem der Religionsgeschichte Japans und insbesondere des Shintô – ergibt sich noch ein weiteres, die Analyse erschwerendes Problemfeld. Es entsteht aufgrund der Tatsache, daß die zur Betrachtung anstehende Kultur und Religion nicht die des Betrachters selbst darstellt, es handelt sich vielmehr um eine für ihn "fremde" Religion. Dem Betrachter fehlt die selbstverständliche, unbewußt bleibende Einbettung in den anderen kulturellen Horizont. Fragen der Terminologie stellen hier nur ein erstes und besonders augenscheinliches Problem dar, und es stellt sich die Frage der Übersetzung in nicht nur sprachlicher, sondern mehr noch in semantischer Hinsicht: Ist unser Begriff "Gott" mit dem japanischen *kami* zu vergleichen, oder bedeuten beide etwas ganz anderes? Um eine zusätzliche Problemebene erweitert: Ist der ursprüngliche Gehalt des chinesischen Zeichens *shen* 神 identisch mit der in Japan mit dem Begriff *kami* verbundenen Vorstellung? Josef Haekel (1971: 73) bemerkt zu der hier angesprochenen Problematik, es bestehe bei der Betrachtung fremder Religionen, "die oft unbewußte Tendenz, bei der Darstellung und Beurteilung des Glaubenslebens außereuropäischer Völker sich von der Vertrautheit europäisch-abendländischer Auffassungen leiten zu lassen. Dies kann aber leicht zu falschen Interpretationen einer fremden Religion führen und von ihr ein verzerrtes Bild geben". Dem ist nichts hinzuzufügen.

Wir müssen uns also bei der Betrachtung der japanischen, i.S.v. kulturell "fremden" Religionen zunächst auch des eigenen Standortes bewußt werden, um daraus die Bedingungen der eigenen Urteilsbildung ableiten zu können.[6]

Eine Begegnung mit den Religionen Japans kann auf mannigfaltige Art und Weise erfolgen, stets jedoch stellt sie für den Außenstehenden den Kontakt mit einer anderen als der kulturell selbst erworbenen Religion dar. Die subtilen Chiffren, Symbole und Strukturprinzipien der anderen Religion werden oftmals als "geheimnisvoll" oder exotisch, zumindest aber als "fremd" empfunden. Es ist die Aufgabe der Kulturwissenschaften, hier den Zugang zu ebnen und damit die Voraussetzungen für ein interkulturelles Verstehen zu schaffen.[7]

---

6   Hilfreich für einen Überblick über wissenschaftliche Betrachtungen ist SCHWADE 1986.
7   Die Unterscheidung zwischen der "eigenen" und der "anderen" Kultur spielt in den Kulturwissenschaften, insbesondere in der Kulturanthropologie, eine wesentliche Rolle in Methodik und Selbstverständnis (vgl. BARGATZKY 1997).

2.3 Résumé

Fassen wir das bisher Gesagte in einigen Punkten zusammen, läßt sich folgendes feststellen:

(1) Wir befassen uns von außen her gesehen mit dem Raum "Japan";
(2) dabei gilt nicht den natürlichen Gegebenheiten, sondern der – *per se* tradierten – "Kultur" unsere Aufmerksamkeit;
(3) im Rahmen der japanischen Kultur widmen wir uns der "Religion", und es ist in diesem Kontext insbesondere der "Shintô", der unsere Aufmerksamkeit beansprucht.

Wenden wir uns auf dieser Grundlage nun den konkreten Fragen zu, so erhebt sich zunächst das Problem, ob bestimmte Kriterien und Merkmale zu verzeichnen sind, die das System der japanischen Religionen insgesamt, mit dem Shintô als einem Teilbereich, kennzeichnen können.

3. Religion und Werte: "Synkretismus" statt Konfession

Als charakterisierendes Merkmal der japanischen Geistes- und Religionsgeschichte wird meist eine ausgeprägte Toleranz, welche das Verhältnis der Religionen untereinander traditionell auszeichne, genannt. Und tatsächlich hat es nur selten in der Geschichte Phasen offener religiöser Unduldsamkeit geben, etwa im Mittelalter von Seiten bestimmter buddhistischer Sekten (Nichiren 日蓮), oder in der Moderne mit der gewaltsamen "Trennung von Göttern und Buddhas" (*shinbutsu bunri*) 神仏分離 und dem dogmatischen Staatsshintô seit der Meiji-Zeit. Ansonsten haben insbesondere drei geistig-religiöse Systeme, deren jedes für sich durch bemerkenswerte Heterogenität und Vielfalt gekennzeichnet ist, neben- und vor allem miteinander existiert, so daß konfessioneller Fanatismus in Japan weitgehend unbekannt blieb. Vielmehr stellte stets die Idee des Synkretismus, mit ihren verschiedenen Akkulturationsformen das grundlegende religiöse Muster Japans dar.

Durch oftmals gewagt anmutende Konstruktionen und Spekulationen wurden dabei etwa die einheimischen Gottheiten des Shintô mit höheren Wesen des Buddhismus identifiziert und, auf einer elaborierten geistigen Ebene, als im Grunde identisch miteinander erachtet.[8] Auch das gegenwärtige Japan ist nach wie vor stark von dieser synkretistischen Grundhaltung geprägt. Dies

---

8 Zum religiösen "Synkretismus" des japanischen Mittelalters vgl. einführend KUBOTA 1989; MATSUNAGA 1969; NAUMANN 1994.

zeigt sich insbesondere im Bereich der unsystematisierten Volksreligionen mit ihren unübersehbaren lokalen, regionalen und landesweiten Festen im Jahresablauf, oder auch in bestimmten religiösen Vorstellungen um einzelne Heilige und Dämonen, die Erben des jahrhundertealten Synkretismus darstellen. Auch die vielen neuen und neuesten Religionen bedienen sich letztlich aus dem Fundus traditioneller Spiritualität und kreieren so stets aufs Neue oftmals bizarr anmutende religiöse Systeme, in denen etwa Buddha und die Sonnengöttin Amaterasu 天照 ebenso ihren Platz einnehmen können wie Konfuzius oder sogar Jesus. Nicht Naivität oder religiöse Indifferenz ist die Grundlage solchen Denkens, sondern schlicht die synkretistische Grundüberzeugung, daß auf einer höheren Ebene alles miteinander in wechselseitiger Beziehung stehe und untereinander oftmals austauschbar sei. So erscheint der Synkretismus heute lebendiger denn je.

Das Christentum dagegen hat sich in der japanischen Gesellschaft und Kultur nicht als einer der bestimmenden Faktoren durchsetzen können. Im Nachkriegsjapan konnten sich die christlichen Gemeinden zwar frei entfalten, spielen aber heute gesellschaftlich eine geringe Rolle, obgleich sich die japanischen Christen gerade in hochpolitischen Fragen, etwa der nach der Kriegsverantwortung des Tennô 天皇 ("Himmlischer Herrscher"), immer wieder deutlich zu Wort melden. Somit kommt nach wie vor den drei traditionellen Systemen – Buddhismus, Konfuzianismus und Shintô – eine Schlüsselrolle beim Verstehen der geistigen Grundlagen Japans zu, da sie in nahezu allen religiösen und ethischen Vorstellungswelten jeweils mehr oder weniger produktiv sind. Das generelle gegenseitige Verhältnis dieser drei großen Systeme der japanischen Geistes- und Religionsgeschichte läßt sich m. E. in Form eines Diagramms darstellen, aus dem ersichtlich wird, daß jedem der drei "Teilbereiche" bestimmte Funktionen innerhalb des gesamten Wertesystems der japanischen Kultur zukommen.

Der *Shintô* verbindet dabei die Bereiche der Religion und des Staates, insbesondere in der Institution des Tennô, der *Buddhismus* schlägt die Brücke von der Religion zur Ethik, indem Glaubens- (Nenbutsu 念仏-)Buddhismus und Zen 禅, also Anrufung des Amida-Buddha im Gebet (Erlösungserwartung) und Meditation (Selbstbemühung durch kontemplative Übung), die beiden Pole markieren, der *Konfuzianismus* endlich schließt den Kreis durch die Verbindung der Bereiche Ethik und Staat.

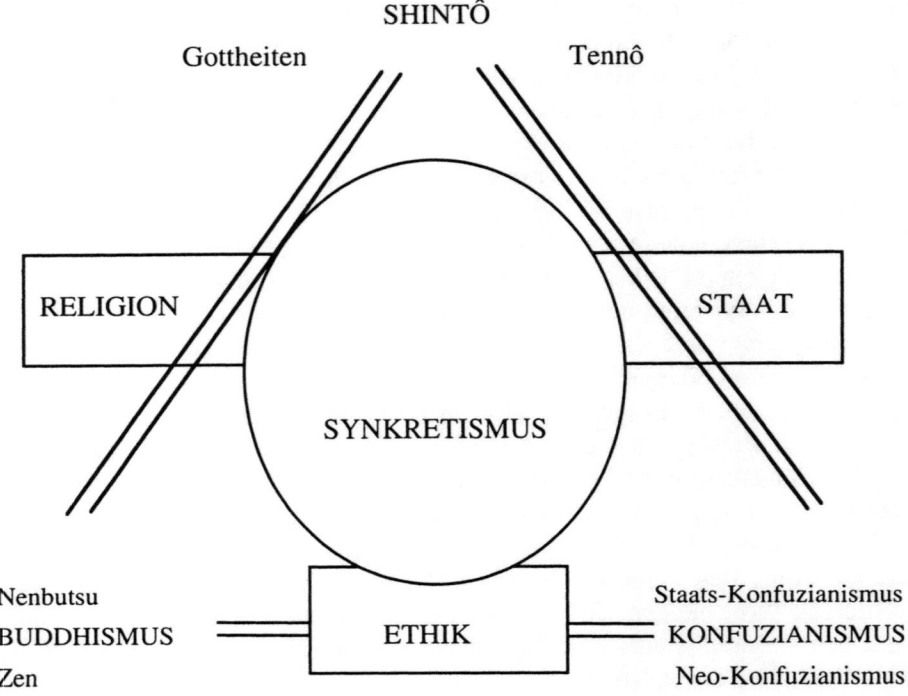

3.1 *Buddhismus*

Insbesondere für den japanischen Buddhismus gilt dabei, daß er über keine einheitliche Lehre verfügt. Als differenzierte, vielschichtige Weltreligion hat der Buddhismus bereits im sechsten Jahrhundert Japan, von Korea aus, erreicht. Der Herrscher des koreanischen Königreiches Paekche überreichte dem Herrscher des japanischen Yamato-Staates bekanntlich eine Buddha-Statue als Geschenk und verwies dabei auf das hohe Ansehen der buddhistischen Lehre in der ganzen damals bekannten Welt. So verkörperte die fremde Lehre also das Ansehen und auch die Macht der "Fremde", der außerhalb des eigenen Horizonts liegenden Welt. Doch wurde im Laufe der weiteren Entwicklung die Herausbildung synkretistischer Systeme zu einem der Kennzeichen spezifisch japanischer buddhistischer Theologie. Der Tendai 天台-Synkretismus etwa sah Shintô-Gottheiten als Erscheinungsformen bestimmter Buddhas/Bodhisattvas an, die als *gongen* 権現 ("Zeitweilige Erscheinung") benannt wurden. Die Buddha-Wesen haben in Japan demnach ihre Spur als Shintô-Gottheiten hinterlassen (jap. *honji suijaku* 本地垂迹). Der Synkretismus des Shingon 真言-Buddhismus, begründet von Kûkai 空海 (Kôbô Daishi 弘法大師, 744–835), dessen Lehre die beiden Tugendkräfte des Buddha Vairocana (jap. Dainichi 大日) in den Mittelpunkt stellte, sah dagegen in der Sonnengöttin Amaterasu eine Erscheinungsform dieses Buddha. Bereits der Mönch Gyôki 行基 (668–749) erwirkte erstmals ein Orakel, in dem sich Amaterasu als Erscheinung des Vairocana-Buddha offenbarte.[9]

Diese Grundkonstruktion des buddhistisch-shintôistischen Synkretismus blieb im wesentlichen bis zum Jahr 1868 erhalten; in jenem Jahr wurden die beiden Bereiche ohne Vorwarnung und mit traumatischen Folgen durch den gerade begründeten Meiji-Staat gewaltsam voneinander getrennt und künstlich verselbständigt (*shinbutsu bunri*). Dies war die Geburtsstunde des "reinen" Shintô, wie wir ihn bis heute kennen und meist für historisch legitimiert halten. Im Volksglauben dagegen hat sich die alte synkretistische Verbindung von *kami* und Bodhisattvas, bzw. Buddhas, bis heute erhalten.

In philosophischer und theologischer Hinsicht hat sich der Buddhismus nach dem Zweiten Weltkrieg nur schwer von der Repression seit der Meiji-Zeit wie auch der noch weiter zurückliegenden staatlichen Nutzbarmachung während der Tokugawa-Periode erholt. Vor allem in den Neuen Religionen, etwa der Sôka Gakkai 創価学会, wird buddhistisches Denken aktualisiert und oftmals politisch umgesetzt. Diese Gruppen bemühen sich auch intensiv um eine weltweite Mission. Den buddhistischen Heiligtümern, die, im Gegensatz zu den Schreinen des Shintô, stets als 'Tempel" (*tera*, bzw. *-ji* 寺) bezeichnet werden, kommt mittlerweile eine eher formalisierte Funktion zu, da sie vor allem zur Durchführung von Beisetzungsfeierlichkeiten in Anspruch genommen werden (während die Eheschließung heutzutage meist nach modernem Shintô-Ritus vollzogen wird[10]).

---

9 Vgl. KUBOTA 1989; MATSUNAGA 1969; MURAYAMA 1972; NAUMANN 1994: Kap. A; WADA 1985.

10 Eine eingehende Diskussion dieser Problematik liefert ÔBAYASHI Taryô (1997) in seinem Aufsatz: "Der Ursprung der shintôistischen Hochzeit", in dem der Autor den historisch rezenten Charakter dieser Zeremonien nachweist.

3.2 *Konfuzianismus*

Auch die Geschichte des Konfuzianismus in Japan[11] gestaltet sich nicht als homogene Überlieferung, sondern läßt sich in verschiedene Bereiche und Epochen unterteilen, von denen zwei als grundlegend zu bezeichnen sind: (1.) Der "Staatskonfuzianismus" im Altertum, und (2.) der "Neo-Konfuzianismus" in Mittelalter und Neuzeit. Doch auch hier gilt, wie im Falle von Buddhismus und Shintô, daß es häufig die synkretistischen Mischformen waren, welche das geistige und ethische Leben Japans bestimmt haben, kaum jemals aber die jeweilige "reine" Lehre.

Vor allem in der Edo-Zeit war der Konfuzianismus eine enge Verbindung mit dem Shintô eingegangen und der shintô-konfuzianische Synkretismus, bzw. konfuzianische Shintô (Juka-Shintô 儒家神道), löste auf der Ebene der theoretisch-theologischen Erörterung seit der frühen Edo-Zeit die synkretistische Gedankenwelt des *shinbutsu shûgô* 神仏習合, d.h. des shintô-buddhistischen Synkretismus, weitgehend ab.

Doch auch nach 1868 blieb diese Symbiose auf äußerst subtile Art und Weise bestehen, indem die ursprünglich konfuzianische Basis und Herkunft der nun vom Shintô postulierten Sittenlehre (i. S. des japanischen "Familismus") vollkommen in den Hintergrund rückte und schließlich allgemein in Vergessenheit geriet. Seitdem herrscht in Japan weithin die Überzeugung vor, daß die so häufig beschworenen sittlichen Grundwerte der Nation (*Nihon dôtoku* 日本道徳) originär japanischem Denken entstammten und mit dem ursprünglich chinesischen, d.h. fremden, Konfuzianismus praktisch nichts gemein hätten. Dieser Umstand erschwert etwa auch die aktuelle Debatte um sog. "asiatische Werte" in Japan außerordentlich, da sich kaum jemand über den "asiatischen", d.h. ursprünglich konfuzianischen Hintergrund der eigenen, japanischen – oftmals mit "dem" Shintô identifizierten – Werteordnung im klaren ist.[12]

---

11 Als einführende Literatur in den japanischen Konfuzianismus, mit dem Schwerpunkt auf der neuzeitlichen Entwicklung seit der Edo-Zeit, vgl. BOOT 1992; INOUE 1897, 1918, 1945; KRACHT 1986; MINAMOTO 1992; NOSCO 1984; OOMS 1985; SMITH 1973.

12 Vgl. u.a. ANTONI 1996: 134ff.

3.3 *Shintô*

Wenden wir uns nach dieser Bestandsaufnahme, die angesichts des vorgegebenen Rahmens nur äußerst knapp und kursorisch ausfallen konnte, nun dem Problem im engeren Sinne zu.[13] Ungeachtet allen historisch bedingten Wandels und aller inneren Heterogenität, die für das religiöse System "Shintô" ebenso gelten wie für die Systeme "Buddhismus" und "Konfuzianismus", lassen sich doch auch einige konstante Merkmale feststellen, die dem Shintô insgesamt zu eigen sind.

Hier sei zuallererst auf den Umstand verwiesen, daß im Shintô eine unübersehbare Anzahl von Gottheiten verehrt wird (Polytheismus), wobei den gemeinschaftlichen Festen (*matsuri* 祭り) im Kult die zentrale Bedeutung zukommt. Es scheint mir von grundlegender Bedeutung zu sein, daß wir im Hinblick auf die *kami* des Shintô tatsächlich von "Gottheiten" sprechen, nicht etwa von Geistern, Dämonen oder ähnlichem. In religionsethnologisch-vergleichender Hinsicht steht der numinose, theistische Charakter des *kami*-Konzeptes außer Zweifel; doch sei an die anfangs formulierte Warnung erinnert, daß dies nicht automatisch ein Gottesverständnis im abendländischen Sinne bedeutet. Als Kultstätte des Shintô dient der "Schrein" (*jinja* 神社 bzw. *yashiro* 社), das oftmals in konkret-physischer Hinsicht aufgefaßte "Haus" der Gottheit. Den Eingang eines jeden Schreins markiert ein – meist aus Holz erbautes – Tor (*torii* 鳥居), das, zusammen mit den heiligen Strohseilen (*shimenawa* 注連縄 bzw. 七五三縄 od. ノ縄) den sakralen von dem umliegenden profanen Raum trennt.

Den eigentlichen Kern der ethischen Vorstellungen des Shintô finden wir im Gedanken der Reinheit, der alle Lebensbereiche durchzieht. Krankheit und Tod gelten als grundsätzlich unrein und unterliegen daher auch weitreichenden Meidungsvorschriften. Der Tod konnte daher auch kaum je Gegenstand der shintôistischen Theologie werden und wird durch den Buddhismus thematisiert.

Traditionell steht die Institution des Tennô im Mittelpunkt shintôistischer Spekulation; seit der Edo-Zeit wurde daraus die Idee des *kokutai* als Ausdruck einer spezifisch japanischen, religiös und kulturell begründeten Nationalidee entwickelt. Hier zeigt sich in besonders überzeugender Weise, daß das komplexe System "Shintô" eine klar erkennbare historische Entwicklung durchlaufen hat, die wir im folgenden ein wenig genauer betrachten wollen. Ich

---

13 An neueren Veröffentlichungen zum Thema Shintô sind u.a. zu nennen: HOLTOM 1995 (repr.); INOUE (Hg.) 1994; LOKOWANDT 1978; NAUMANN 1988 u. 1994; PICKEN 1994; vgl. auch ANTONI 1998.

beschränke mich hier auf wichtigste Grundlinien der vormodernen und archaischen Entwicklung, da deren Kenntnis unverzichtbar für das Verstehen der Moderne ist.

3.3.1 *Geschichtliche Entwicklung*

Beginnen wir unsere kurze Reise durch die Geschichte des Shintô mit einer weiteren Definition. Hier ist jedoch keine Rede mehr von einem homogenen, religiösen Ethnozentrismus, vielmehr heißt es: "Shintô ... im weiteren Sinne die Urreligion Japans, im engeren Sinn ein aus Urreligion und chinesischen Elementen zu politischen Zwecken ausgebautes System"; so definiert der japanische Gelehrte Ôbayashi Taryô 大林太良 (1982: 135) die angebliche Nationalreligion Japans.

Wollen wir diese Definition zur Grundlage unserer Überlegungen machen, so werden implizit zwei Fragen aufgeworfen: (1.) Was haben wir unter einer japanischen "Urreligion" zu verstehen? Und (2.) was meint der Gelehrte mit den "politischen Zwecken"?

Gehen wir zunächst soweit zurück, wie es die Quellen erlauben. Hier nehmen die ältesten schriftlich überlieferten Werke Japans eine Schlüsselstellung ein. Es handelt sich um das *Kojiki* 古事記, die "Aufzeichnungen alter Geschehnisse", aus dem Jahre 712 n. Chr.[14] und das *Nihongi* 日本紀, die "Annalen Japans", aus dem Jahre 720[15]. Diese Werke, ihrem Charakter nach als Geschichtswerke konzipiert, geben Auskunft über die offizielle Geschichtsauffassung ihrer Zeit, indem sie die Geschichte des Landes von den mythischen Uranfängen bis zur Zeit der Niederschrift beschreiben. Zugleich gelten sie, insbesondere das *Kojiki*, in traditionellen Shintô-Kreisen der Neuzeit gewissermaßen als "heilige Bücher" des Shintô. Wie ist dieser Umstand zu erklären?

---

14 Die Nachrichten zur Entstehung dieses Werkes verdanken wir der Vorrede seines Verfassers bzw. Kompilators Ô no Yasumaro vom 10. September des Jahres 712. Dieser beklagt darin, daß die alten Überlieferungen in Vergessenheit zu geraten drohten; deshalb habe Kaiser Temmu – er starb im Jahre 686 – den Befehl zur Abfassung einer Landesgeschichte zur Wahrung eben dieser Überlieferung erlassen. Nach dem mündlichen Vortrag eines (einer?) gewissen Hieda no Are legte Ô no Yasumaro alles nieder, beginnend mit dem Anfang von Himmel und Erde, bis hin zur Regierungszeit der Kaiserin Suiko (592–628). Durch Grabfunde ist die Historizität des Kompilators einwandfrei erwiesen (vgl. den Bericht "Ô no Yasumaro", in: *MN* XXXIV.2 (1979): 257).

15 Textausgaben: *Kojiki* (NKBT, Bd.1); *Nihongi* (NKBT, Bde. 67 u. 68). Eine neue, kommentierte Übersetzung der mythologischen Abschnitte beider Werke liefert NAUMANN 1996.

3.3.1.1 *Die "Urreligion Japans"*

An der Tatsache, daß es vorbuddhistische Religionsformen in Japan gegeben hat, ist natürlich nicht zu zweifeln, nur sollte nicht übersehen werden, daß die Quellenlage es nicht erlaubt, hier ein eindeutiges und vor allem einheitliches Bild zu zeichnen. Vielmehr müssen die Informationen dazu mühsam aus den überlieferten Berichten erschlossen und interpretiert werden. Eine grundlegende Untersuchungen zu dieser Problematik hat Nelly Naumann mit ihren Untersuchungen zur einheimischen Religion Japans vorgelegt.[16]

Neben den Schlüssen, die aus den Ergebnissen archäologischer Forschung gezogen werden können – z.B. läßt sich von der Art der Bestattung auf ganz bestimmte Jenseitsvorstellungen schließen –, sind es vor allem die Mythen der alten Quellen *Kojiki* und *Nihongi*, die hier den Ansatz zum Verstehen liefern. Es sind eben jene Mythen, die, von den Staatsmännern des 7. und 8. Jahrhunderts zum Zweck der Legitimation der Kaiserherrschaft in ein geordnetes System gebracht, in ihren einzelnen Elementen wertvolle Erkenntnisse über die frühesten japanischen Glaubensvorstellungen, die "Urreligion(en) Japans" also, ermöglichen.

Wie die historische Analyse zeigt, wurde die Mythologie des *Kojiki* erst in späteren Zeiten von Shintô-Theologen und Ideologen in den Rang einer sakralen Überlieferung Japans erhoben. Eine einheitliche "Urreligion", wie durch die edozeitliche Kokugaku postuliert, läßt sich aus den alten Schriften nicht erkennen. "Der" Shintô zeigt sich am Morgen seiner bekannten Geschichte in einem schillernden, vielgestaltigen Gewand; hier ist noch kein Gedanke an den einheitlichen Zwirn einer homogenen Urreligion Japans zu erkennen. So zeigen die Quellenschriften, bei genauer Analyse, auch die vielfältige Herkunft und den heterogenen Charakter der erst durch die Kompilatoren der amtlichen Schriften des 8. Jahrhunderts in eine einzige, durchgehende Überlieferung gegossenen mythischen Überlieferung.[17]

Bemerkenswert ist in diesem Zusammenhang, daß in der zweiten der genannten alten Quellen, dem *Nihongi*, der mythische Stoff wesentlich differenzierter dargestellt wird als im *Kojiki*. Stellt sich das Ganze im *Kojiki* als eine einzige, fortlaufende und zielgerichtete Handlung dar, so bringt das *Nihongi* meist gleich mehrere, voneinander abweichende Varianten zu einer bestimmten Handlungsepisode. Die vielen Varianten des *Nihongi* beweisen, daß man sehr wohl verschiedene Überlieferungszweige kannte, die untereinander große

---

16 Vgl. u.a. NAUMANN 1970, 1988, 1996.

17 Vgl. NAUMANN 1996.

Abweichungen aufweisen konnten. Die in der Neuzeit durch die Kokugaku erhobene und in der Meiji-Zeit realisierte Shintô-Doktrin von der "einen, homogenen Überlieferung", die sich primär auf das *Kojiki* beruft, stellt also von Anfang an eine Illusion, etwas künstlich zum Zweck der politischen Legitimation Geschaffenes dar (s.u. Abschn. 4.2).

Die moderne japanische Ideologie von der jedem Vergleich enthobenen "Einzigartigkeit" des Nationalwesens (*kokutai*) schließlich beruht(e) einzig und allein auf den legitimatorischen Aussagen der in den Quellen des achten Jahrhunderts überlieferten Mythologie. Eine objektive wissenschaftliche Erforschung der Mythen, insbesondere im ethnologisch-vergleichenden Sinne, mußte, wie es eine Reihe von Fällen zeigt, zwangsläufig mit diesem von der Meiji-Zeit bis 1945 als sakrosankt betrachteten Staatsverständnis kollidieren; jeder Nachweis von Verbindungslinien der einheimischen Mythologie zu Überlieferungen des kontinentalen Festlandes oder der südlichen Inselwelt etwa rüttelte am Glaubenssatz des sich selbst genügenden "Götterlandes".

So kann die aufklärerische Wirkung der mit der Nachkriegszeit einsetzenden freien wissenschaftlichen Mythosforschung kaum überschätzt werden. Ohne deren kritische, kulturhistorische Analysen[18] würden die dogmatischen Lehrsätze des modernen Staatsshintô möglicherweise noch heute ungeprüft gelten. Diese Forschungen ermöglichten die Erkenntnis einer außerordentlich komplexen und historisch tief gestaffelten Genese der japanischen Kultur, deren Ursprünge aus ihrer in der Moderne nach 1868 künstlich konstruierten Isolation befreit und in den Gesamtzusammenhang nicht nur der ostasiatischen, sondern der allgemeinen Menschheitsgeschichte gestellt wurden. Die ideologisch begründete, in den traditionalistischen Konstruktionen der Vormoderne wurzelnde Idee von der "Homogenität" Japans läßt sich damit nicht mehr aufrechterhalten. Japan ist zwar geographisch eine Insel (*shimaguni* 島国), nicht jedoch kulturell!

3.3.1.2 *Die Legitimation des Kaiserhauses*

Den Anfangskapiteln der beiden Werke *Kojiki* und *Nihongi* kommt in der Frage der von Ôbayashi angeführten "politischen Zwecke"[19] eine herausragende Bedeutung zu, enthalten sie doch die bereits erwähnte mythische Überlieferung des Landes und damit die religiös verbindlichen Grundlagen des

---

18 U.a. MATSUMURA 1954–58; NAUMANN 1971, 1988, 1996; ÔBAYASHI 1973, 1988.
19 ÔBAYASHI 1982: 135.

offiziellen Shintô. Hier finden sich die Berichte von der Entstehung der Welt, der Götter und ihrer Taten, vom Ursprung des Kaiserhauses und der Festigung seiner Macht.

Damit hat sich bereits ein charakteristisches Wesensmerkmal der japanischen Mythologie gezeigt: Sie dient vornehmlich dem Ziel, die Macht des Kaiserhauses zu legitimieren und damit in der Tat ausgesprochen "politischen Zwecken".

Im Zentrum der konfuzianischen Staatslehre Chinas hatte stets der ideale Staat gestanden, geführt von einem ebenso idealen Herrscher, dem "Sohn des Himmels". Nur ein wahrhaft tugendhafter Herrscher aber konnte – so die Grundüberzeugung der Konfuzianer – das Wohlergehen des Staates sichern, da Herrscher und Staat in mystischer Hinsicht tief miteinander verbunden waren. Verlor ein Kaiser seine individuelle Tugend, wandte er sich vom rechten Wege ab, dann hatte das Volk nicht nur ein Recht, sondern praktisch die moralische Pflicht zum Sturz dieses für das Gemeinwesen nun unvermittelt gefährlich gewordenen Herrschers. Jene Gedanken waren in aller Klarheit von dem konfuzianischen Philosophen Meng-tzu 孟子 (Menzius, jap. Môshi) vertreten worden.[20] Und sie gelangten im Altertum, im Gefolge der Durchdringung Japans mit chinesischem Gedankengut, auch nach Japan.

Bezeichnenderweise war es eben jener Punkt, die potentielle Absetzbarkeit des Kaisers, in welchem man in Japan dem chinesischen Vorbild nicht zu folgen bereit war. Die japanischen Herrscher, inzwischen Tennô genannt, fühlten sich den chinesischen Kaisern durchaus ebenbürtig[21], und planmäßig ersann man am Kaiserhof eine eigene Form der Legitimation kaiserlicher Macht, die sich bewußt von der des Konfuzianismus abgrenzte.

Man fand diese Legitimation in den überlieferten Mythen der herrschenden Familie, die vom himmlischen Ursprung des Kaiserhauses berichteten und die lebenden Kaiser als direkte Nachfahren der Sonnengöttin bezeichneten. Ihrem Enkel und dessen Nachkommen, dem ersten menschlichen Kaiser, hatte die Sonnengöttin demnach den göttlichen Auftrag (*shinchoku* 神勅) gegeben, das Land Japan zu beherrschen, und zwar für alle Zeiten und in einer einzigen Dynastie.[22]

---

20 Zu den Unterschieden zwischen dem japanischen und dem chinesischen Herrscherideal vgl. u.a. KEMPER 1967.

21 Diese Intention zeigt sich bereits anhand des berühmten Schreibens, das die japanische Herrscherin Suikô Tennô an den chinesischen Kaiser mit der Anrede richtete: "Der Kaiser des Ostens richtet sich respektvoll an den Kaiser des Westens..." (*Nihongi*, Suikô Tennô, 16/ 9 = NKBT 67: 192); vgl. NELL 1998: 50.

22 Der göttliche Regierungsauftrag ist überliefert im *Nihongi* (NKBT 67: 147), *Kojiki* NKBT

Niemals dürfe ein Dynastiewechsel, wie in China, vonstatten gehen, und niemals dürfe auf diesen Herrschaftsanspruch verzichtet werden. Je mehr der Staat selbst formal sinisiert wurde, desto deutlicher entwarf man am Hof das Bild des spezifisch japanischen Herrschers im Sinne eines göttlichen Nachfahren von selbst göttlichem Wesen, von dem bzw. dessen göttlichen Ahnen, alles abstamme und seinen Sinn erhalte. Diese Vergöttlichung des Kaisers, und in letzter Konsequenz des gesamten Landes (*shinkoku* 神国, d.i."Götterland"), ist die Essenz dessen, was mit dem Wort *shintô* 神道 dem "Weg der Götter" Japans, bezeichnet wird. "Die Bedeutung des Wortes *shintô* kann [...] konkret erfaßt werden", so stellt Nelly Naumann bereits 1970 fest,[23] "in der Idealvorstellung des japanischen Gott-Kaisertums, welche die Göttlichkeit der regierenden Kaiser und ihren von der Sonnengöttin verliehenen Herrschaftsauftrag umfaßt".

Erst im japanischen Mittelalter entwickelte sich eine eigenständige Theologie des Shintô. Die Kaiser hatten die direkte herrschaftliche Gewalt zwar an den Schwertadel und das *bakufu* 幕府 verloren, das nominell im Namen des Kaiserhauses regierte und seine Herrschaft weitgehend bis ins Jahr 1868 bewahren sollte, doch entwickelte sich in den Kreisen der Shintô-Theologie nun eine immer ausgeprägtere Vorstellung von Japan als einem unter dem besonderen Schutz der Götter stehenden Lande, dem *shinkoku* Japan. Radikale Vertreter dieser Sichtweise schließlich folgerten aus den überlieferten Mythen nicht mehr eine nur göttliche Abstammung des Kaiserhauses, sondern vielmehr nun auch der gesamten japanischen Nation.[24] Japan war ihnen ein in seinem Wesen von allen anderen Nationen der Erde zu unterscheidendes Land, das über einen einzigartigen, indigenen Geist, *Yamato damashii* 大和魂, den "Geist Yamatos", verfüge.

Auf dieser Grundlage wandte sich spätestens seit dem 18. Jahrhundert die Shintô-Theologie erneut der Politik zu. Diesen Fragen werden wir uns im folgenden zu widmen haben.

1: 126/127) und im *Kogoshûi* (Ausgabe Gunsho ruijû 25: 5; FLORENZ 1919: 246). Ein wesentliches Detail der Überlieferung wird in den Kommentaren jedoch nicht beachtet: Nur eine einzige Version, die lediglich in einer Variante des *Nihongi* erscheint, berichtet von einem Auftrag zur ewigen Regierung der kaiserlichen Linie; alle anderen kennen nur den direkten Auftrag Amaterasus an ihren Enkel Ninigi. Vgl. ANTONI 1998: 77, Anm. 48.

23 Vgl. NAUMANN 1970: 13.

24 Vgl. ANTONI 1991: 60–75 zum Menschenbild der japanischen Mythologie.

4. Shintô in Neuzeit und Moderne

4.1 Konfuzianischer Shintô

Am Ausgangspunkt dieser Entwicklung steht der shintô-konfuzianische Synkretismus bzw. konfuzianische Shintô (*juka shintô* 儒家神道)[25], der auf der Ebene theoretisch-theologischer Erörterungen den buddhistischen Shintô des Mittelalters im Verlauf der Edo-Zeit weitgehend ablöste.[26] Die Konzeption einer Einheit von Shintô und Konfuzianismus (*shinju itchi* 神儒一致)[27] machte den (Neo-) Konfuzianismus zum geistigen Kern und nahm dem Buddhismus gegenüber eine eindeutig ablehnende Haltung ein (*haibutsu* 廃仏).

Zu den diesen neuartigen, konfuzianisch orientierten Shintô vertretenden Philosophen gehörten die einflußreichsten Konfuzianer ihrer Zeit, wie Fujiwara Seika 藤原惺窩 (1561–1619) und Hayashi Razan 林羅山 (1583–1657). Und auch die seit dem Mittelalter bestehenden shintôistischen Lehrsysteme des Watarai 度会-[28] (Ise 伊勢-) und vor allem des Yoshida-Shintô 吉田神道 wurden in der Edo-Zeit konfuzianisch umgedeutet und damit im Sinne der neuen Machtverhältnisse fortentwickelt. Das Haus Yoshida prägte die Entwicklung des Shintô der frühen Edo-Zeit in engster Anlehnung an die neuen sozialen und politischen Strukturen, und folgerichtig durchlief die Lehre des Yoshida-Shintô in diesem Zusammenhang auch eine tiefgreifende Entwicklung, an deren Ende ein neuzeitlicher, neokonfuzianisch geprägter Shintô stand, der mit den mittelalterlichen Lehren des Gründers Yoshida Kanetomo 吉田兼倶 (1435–1511) kaum noch Übereinstimmungen aufwies.

Seine herausragende Bedeutung für den Shintô der Edo-Zeit erhielt das Haus Yoshida überdies aufgrund seiner einzigartigen Machtposition im System der Shintô-Schreine jener Zeit, sowie der schnell gewonnenen Nähe zum Machtzentrum der Tokugawa.[29]

---

25 Vgl. SUGIYAMA u. SAKAMOTO 1994; ABE 1972; BOOT 1992; INOUE 1994; KISHIMOTO 1972 (1993): 47–69; KRACHT 1986. Quellensammlungen: TAIRA u. ABE (Hg.) 1972: 9–262; Kojiruien (1977), *Jingi bu* II/44, Shintô 2: 1359–1455.

26 Dessen ungeachtet blieben auf der Ebene des Kultes und der lokalen Schreine die shintô-buddhistischen "Schrein-Tempel-Komplexe" (*jingûji* 神宮寺) bis zu deren gewaltsamer Trennung (*shinbutsu bunri*) im Verlauf der Meiji-Restauration weiterhin bestehen. Zu den *jingûji* der Edo-Zeit vgl. u.a. SECKEL 1985: 29f., 74–77.

27 Vgl. KISHIMOTO 1972 (1993): 49–58; SUGIYAMA u. SAKAMOTO 1994: 16.

28 Zur Einführung in den mittelalterlichen Watarai-Shintô vgl. u.a. TEEUWEN 1996; NAUMANN 1994: 29–56; PICKEN 1994: 306–310; KISHIMOTO 1972 (1993): 31–37; vgl. TEEUWEN 1993.

29 Vgl. ANTONI 1998, Kap. II. 2. 2. 1. 2. 2.

4.2 *Die "Nationale Schule" (Kokugaku)*

Der konfuzianische Shintô, der zusammen mit dem neuzeitlichen Konfuzianismus selbst seinen Aufschwung erlebt hatte, entwickelte sich einerseits zur Hauptströmung des Shintô der Edo-Zeit.[30] Zum anderen aber formulierte sich allmählich auch eine neue Interpretation des Shintô im Kontext der "Nationalen Schule" seit der Mitte der Edo-Zeit.

Die Kokugaku entstand als Gegenbewegung zu der immer weiter fortschreitenden Sinisierung Japans. Repräsentiert in ihren Hauptvertretern Kada no Azumamaro 荷田春満 (1668–1736)[31], Kamo no Mabuchi 賀茂真淵 (1697–1769)[32], Motoori Norinaga 本居宣長 (1730–1801)[33] und schließlich Hirata Atsutane 平田篤胤 (1776–1843)[34], entwickelte sich diese Schule im Verlauf der Edo-Zeit aus einer zunächst rein philologisch-literarischen Schulrichtung hin zu einer bewußt politisch-agitatorisch argumentierenden Ideenwelt.

Die Kokugaku wählte in der Hauptsache die einheimischen, klassischen Literaturen Japans zu ihrem Forschungsobjekt. Die Erforschung der Literatur des japanischen Altertums bei Motoori Norinaga, dem Schüler von Kamo no Mabuchi, insbesondere das *Kojiki* betreffend, hatte zur Folge, daß die bisherigen synkretistischen Interpretationen des Shintô beiseite geschoben wurden. Es entstand auf diese Weise eine nativistische Lehre, d.h. ein philosophisch-politischer Shintô, der mit dem shintô-konfuzianistischen Synkretismus um die Vorherrschaft streiten sollte.

Auf der Basis ihrer philologischen und theologischen Studien bemühte sich die Kokugaku seit dem ausgehenden 18. Jahrhundert schließlich um eine politische Umsetzung ihrer Postulate, indem eine Renaissance des japani-

---

30 Vgl. SUGIYAMA u. SAKAMOTO 1994: 17.

31 Zur Kokugaku allgemein vgl. u.a. HAROOTUNIAN 1988; NOSCO 1990; zu Kada no Azumamaro vgl. DUMOULIN (Übers.) 1940; NAKAMURA 1984.

32 Zu Leben und Werk des Kamo Mabuchi vgl. die Arbeiten von Heinrich DUMOULIN 1939b, 1941 a und b, 1943 a und b, 1953, 1955, 1956 a und b.

33 Zu Motoori Norinaga vgl. u.a.: BROWNLEE 1988; ALLESSANDRO 1964; DUMOULIN 1939 a; HINO 1983; MATSUMOTO 1970; MOTOORI Norinaga: *Kojikiden* (Motoori Norinaga zenshû), Tôkyô 1919–27; NISHIMURA 1987 und 1991; SATÔ-DIESNER 1977; STOLTE 1939.

34 Zu Leben, Werk und politischer Bedeutung des Hirata Atsutane vgl. u.a. MIKI 1990; TAHARA 1990 (1963); WATANABE 1978; KEENE 1953 und 1978; SCHIFFER 1939; HAMMITZSCH 1936; DEVINE 1981; ODRONIC 1967. Eine umfassende Untersuchung liefert MCNALLY 1998.

schen Kaisertums, den shintôistischen Glaubenssätzen zur genealogischen Herkunft des Kaiserhauses entsprechend, immer mehr in den Vordergrund der Überlegungen rückte.

Für die Kokugaku galt als theoretisches Axiom die Überzeugung von der historischen Wahrheit und Wirklichkeit der alten Geschichtsüberlieferungen, insbesondere der das "Götterzeitalter" betreffenden Kapitel in den ältesten japanischen Reichsannalen. Die Überlieferungen wurden im Wortsinne als "Tatsachen" (*jijitsu* 事実) verstanden; ihre Angaben über die Entstehung der Welt, die Götter des Himmels und der Erde, die Einsetzung des Kaisertums, die Herkunft der mächtigen Adelsgeschlechter – all diese mythischen Begebenheiten wurden den Denkern der "Nationalen Schule" zu Beschreibungen einer auch im historischen Sinne zu verstehenden Wirklichkeit. Wenn etwa ein in diesem Zusammenhang außerordentlich einflußreicher Theoretiker und Ideologe der späten Kokugaku wie Hirata Atsutane Japan als das "Land der Götter" bezeichnete, so folgte er damit einer – es mag dahingestellt bleiben, ob eher berechnenden oder aber naiven – wortwörtlichen Auffassung der überlieferten Schriften im Sinne eines "shintôistischen Fundamentalismus". Bei Atsutane führte diese Sicht zu fanatischem Nationalismus und zur Überzeugung von der wesensmäßigen Auserwähltheit Japans vor allen anderen Ländern. Ihm sind die "Götter der Uranfang alles Menschlichen, und so wie die Gottheiten die Welt geboren, so haben sie auch zur gleichen Zeit die Menschen mit geboren."[35] Für Atsutane ist der Weg der "aufrichtigen Menschen in Wirklichkeit der Weg der Götter."[36] "Wir alle", so schreibt er an anderer Stelle zur sakralen Natur Japans, "sind zweifellos Nachkommen der Gottheiten."[37] Somit wurde auch das Volk in den Rang von göttlichen Nachkommen erhoben und sah sich aufgenommen in die Abstammungslinie des Tennô selbst, eines *arahitogami* 現(od. 荒)人神, d.h. einer "als Mensch gegenwärtig sichtbaren Gottheit".

4.3 *Das Konzept des Nationalwesens (kokutai)*

Die Gedankenwelt der Kokugaku ging gegen Ende der Edo-Zeit eine erstaunliche Verbindung mit konfuzianischem Denken ein, so daß wir nun wieder

---

35 HAMMITZSCH 1936: 20.

36 Ebenda: 22.

37 HIRATA Atsutane: *Kodô taii* 古道大意, Ausgabe: *Shinchû Kôgaku sôsho* 新註皇學叢書, Bd. 10: 1; HAMMITZSCH 1936: 20ff.; vgl. ANTONI 1991: 66.

den überlieferten Strukturen des japanischen Synkretismus begegnen. Im Zentrum jener nationalreligiösen Spekulation der *bakumatsu* 幕末-Periode stand die Idee des "Nationalwesens" (*kokutai*).[38] Damit wurden zunächst all jene "Nationaleigenschaften" bezeichnet, welche ein jedes Land aufzuweisen habe. Japans "Nationalwesen" nun basiere auf der einzigartigen Tatsache, ein "Land der Götter" zu sein, begründet durch die Sonnengöttin Amaterasu, regiert von deren direkten Nachkommen, den menschlichen Kaisern. Der göttliche Tennô wurde damit zur Verkörperung der japanischen Identität.[39]

Die historische Analyse zeigt, daß zumindest in Kreisen des kaiserlichen Hofes in Kyoto der *kokutai*-Begriff als Synonym für Japan selbst in jener Zeit bereits gebräuchlich gewesen ist[40], und es sei auch daran erinnert, daß bereits Hirata Atsutane im *kokutai* den "wahren Shintô" (*makoto no shintô* まことの神道) verkörpert sah[41]. Die Übertragung dieses Konzeptes auf weitere Kreise des Volkes dagegen erfolgte – in Form einer nationalreligiösen Staatsideologie – jedoch erst nach der Meiji-Restauration. Deutlich können drei Phasen des *kokutai*-Denkens unterschieden werden: (1.) Die formative Phase (ca. 1825–90), (2.) die klassische Phase (1890–1937) und (3.) die Phase der Hybris (1937–45).

Der Beginn der formativen Phase ist mit dem frühen 19. Jahrhundert anzusetzen, dokumentiert im Werk *Shinron* 新論 des Aizawa Seishisai 会沢正志斎 (1781–1863) aus dem Jahre 1825[42]. Das Ende dieser Periode ist mit dem Jahr 1890 gekommen, dem Jahr der Proklamation des für die weitere Ent-

---

38 Vgl. u.a. ANTONI 1987, 1991, 1998.

39 Vgl. STANZEL 1982: 53–55; zur japanischen Identitätsdebatte vgl. auch NAUMANN 1987.

40 Laut MEYER (1998) stellt Kômei Tennô im Dezember des Jahres 1853 gegenüber dem *bakufu* ausdrücklich fest, daß die Frage der Schriftwechsel mit dem amerikanischen Präsidenten im Zusammenhang mit der Landesöffnung "eine außerordentliche Begebenheit für das Land der Götter darstelle und daß er nicht wünsche, daß durch den Aufruhr der Gemüter Chaos im Lande entstehe und das *kokutai* entehrt würde" (MEYER 1998: 127). In der bisherigen Forschung war man davon ausgegangen, daß der *kokutai*-Begriff zu jener Zeit noch gänzlich den Spekulationen der Nationalphilosophen vorbehalten gewesen war – hier hat die Forschung nun umzudenken (vgl. auch MEYER 1998: 126–129).

41 "Auch beim Kami-Weg gibt es mehrere Arten. Die erste ist der wahre Kami-Weg. Wie vorhin gesagt, nennt man das Wissen um das erlauchte *kokutai* des Kami-Landes als solchem, das Erforschen der Taten der Kami und das Üben des Weges des rechtschaffenen Menschen den wahren Kami-Weg. ... Der Kami-Weg aber, den man gewöhnlich mit dem Ju- und Buddha-Weg zusammen nennt, ist etwas sehr Gemeines: meist macht man die Kami zu etwas Verkäuflichem, nach Gold und Silber ist man gierig, und von Dingen wie dem erlauchten *kokutai* weiss man nicht einmal im Traum." (HIRATA Atsutane: *Taidô wakumon*, III = SCHIFFER 1939: 227.)

42 Zum Werk *Shinron* vgl. u.a. STANZEL 1982.

wicklung entscheidenden "Kaiserlichen Erziehungserlasses" (*Kyôiku chokugo* 教育勅語)⁴³, mit dem die zweite, die klassische Phase ihren Anfang findet.

Wie bereits ein Blick auf die betreffenden Jahreszahlen zeigt, fällt diese Phase in das Zeitalter der größten Umwälzungen der japanischen Geschichte, des Unterganges des Tokugawa-Staates, der Öffnung des Landes nach außen, der Errichtung des modernen Kaiserreiches Japan mit dem Tennô als sakrosanktem, über der Verfassung stehenden Staatsoberhaupt als einer Inkarnation des Staates selbst.

An dieser Entwicklung hatten die Denker der sogenannten Mito-Schule (Mito gaku 水戸学) bekanntlich einen maßgeblichen geistigen und politischen Anteil. Sie erweiterten die Götterland-Lehre des Shintô in der Interpretation der Nationalen Schule ihrerseits um den Kanon der zu jener Zeit in Japan dominierenden ethischen Maximen des Konfuzianismus. Hier liegt der eigentliche Unterschied zu der puristischen Nationalen Schule begründet, die alles Chinesische strikt ablehnte.⁴⁴

Im Verein mit der shintôistischen Götterland-Ideologie der Nationalen Schule mündete dies in eine familistische Konzeption des *kokutai*, in die Definition der japanischen Nation als einer realen Abstammungsgemeinschaft, einer Familie von gemeinsamer göttlicher Herkunft, mit dem Kaiser als natürlichem Oberhaupt.⁴⁵

4.4 *Religion und Ideologie der Meiji-Zeit*

Der geistige Kern des modernen japanischen Nationalgedankens ist somit nicht zuletzt in dem ideologisch-religiösen Postulat eines homogenen japanischen Familienstaates gegeben. Diese Idee fand ihre Formulierung seit der Meiji-Zeit im Konzept des "Familismus" (*kazoku shugi* 家族主義), d.h. in der Vorstellung von Japan als einem Nationalstaat, dessen Bewohner in Form einer einzigen großen Familie miteinander verbunden seien. An der Spitze

---

43 Vgl. ÔKUBO 1969: 425.

44 Vgl. ANTONI 1998: 170. Zur Einführung in das Denken der Mito-Schule vgl. u.a. IMAI 1972; KOSCHMANN 1987; KRACHT 1975; WEBB 1958.

45 Bereits im *Nihongi* (Yûryaku 23/8/7) erscheint ein Vergleich des Verhältnisses von Fürst/Vasall und Vater/Kind; die faktische Gleichsetzung beider Beziehungen erfolgte jedoch erst im 19. Jh. im Rahmen der *kokutai*-Ideologie; vgl. LOKOWANDT 1978: 60ff.; TSURUMI 1970: 103–109; FRIDELL 1970: 828–833; BELLAH 1985: 104; VAN STRAELEN 1952: 83.

dieser Nationalfamilie war, in der Funktion des Vaters, der Tennô angesiedelt.[46] Bemerkenswert erscheint, daß die radikalste Version des Familismus diese intime Beziehung zwischen Tennô und Staatsvolk nicht als die einer Familie im übertragenen Sinne verstand, sondern vielmehr als eine tatsächliche, ethnisch-genetisch definierte Großfamilie, deren Glieder durch ihre gemeinsame Herkunft von den göttlichen Ahnen verwandtschaftlich miteinander verbunden waren.

Besonders die Kommentare zum Erziehungserlaß von 1890 (s.o.) bis hin zu ihrem nationalistischen Höhepunkt im Jahre 1937, dem *Kokutai no hongi* 国体の本義[47], verbreiteten das Bild einer im Shintô manifestierten japanischen Kultur, ausgezeichnet durch die Geschichte, in deren Zentrum Person und Institution des Tennô angesiedelt waren, untrennbar mit dem – homogenen – Volk verbunden durch eine quasi genetisch vererbte Nationalethik (*kokumin dôtoku* 国民道徳), wie wir sie etwa bei einem Denker wie Inoue Tetsujirô 井上哲次郎 (1855–1944) kennenlernen[48].

Einsichten in die historische Wirklichkeit, die im Kontrast zu der Ideologie des *Kokutai shintô*[49] standen, blieben in diesem Kontext weitgehend ungehört. Daß Japan im Laufe der geschichtlichen Entwicklung stets ein Land gewesen war, das vor allem durch eines gekennzeichnet war: Vielschichtigkeit und Zerrissenheit in kultureller, sozialer, territorialer und besonders auch religiöser Hinsicht, wurde ideologisch in der Meiji-Zeit so erfolgreich verdrängt, daß die neue Sicht eines ethnisch und kulturell einheitlichen Landes zum absoluten Dogma des *Kokutai shintô* aufsteigen konnte.

Gerade weil das Land stets in partikulare Gruppen zerfallen war, mußte die Utopie einer Homogenität aus der Sicht des neuen, meijizeitlichen Zentralstaates so verheißungsvoll erscheinen. Der Shintô nahm in diesem Kontext eine Schlüsselrolle ein, da die Wahrnehmung dieser nun als einzig authentische japanische Religion proklamierten, ursprünglich jedoch heterogenen und

---

46 Zur Einführung in Religion und Ideologie der Meiji-Zeit vgl. auch die Studien von GLUCK 1985 und HAROOTUNIAN 1995.

47 *Kokutai no hongi* 1937; vgl. GAUNTLETT u. HALL 1949. Teilübersetzungen in: TSUNODA et al. 1964, II: 278–288; WITTIG 1976: 127–130, Dok. Nr. 33. Vgl. ANTONI 1998: 219; MILLER 1982: 92.

48 Um die Jahrhundertwende existierte in Japan eine eigene Gattung national-ethischer Traktate zu den Grundlagen der japanischen Ethik, deren einflußreichster von dem berühmten Philosophen und nationalistischen Theoretiker Inoue Tesujirô stammt. Vgl. ANTONI 1990, 1998; NAWROCKI 1998.

49 Zum Begriff *Kokutai shintô* bei Inoue Tetsujirô vgl. NAWROCKI 1998: 152–158, 162f., 220f.; ANTONI 1998: 229, 274–277, 309, 330. Auch Gerhard ROSENKRANZ (1944: 100) verwendet diesen Begriff (vgl. ANTONI 1998: 309).

komplexen religiösen Welt immer mehr mit der japanischen Kultur selbst identifiziert wurde. Folgerichtig mündete dies im Konzept eines die japanische Kultur selbst verkörpernden Shintô, wie er seit der späten Meiji-Zeit das Land bis zum Zusammenbruch des Jahres 1945 prägte.

Ungeachtet des offiziellen Verzichts auf göttlichen Status durch den Shôwa-tennô am 1. Januar 1946 bezieht das japanische Kaisertum nach wie vor seine gesamte geistige und geistliche Autorität aus der religiös-politischen Ideenwelt des Shintô. Umfragen erweisen regelmäßig den großen Zuspruch, den die Institution des Tennô in der japanischen Bevölkerung nach wie vor erfährt.[50] Kaum jemand der Befragten wird dabei jedoch bewußt an "Religion" denken, da der Tennô für die meisten japanischen Staatsbürger genau das ist, was ihm auch die gültige japanische Verfassung zuschreibt: ein "Symbol" Japans. Solange der Kaiser in der geheimnisvollen Zurückgezogenheit seines Palastes wie auf einer Insel inmitten Tokyos residiert und dort seine täglichen Riten vollzieht, kann Japan sich, dieser Vorstellung entsprechend, seiner inneren Einheit sicher sein.

5. Résumé

Im Rahmen der vorangegangenen Ausführungen konnte auf die Details der historischen Entwicklung nicht näher eingegangen werden. Hier sei u.a. auf meine entsprechende, die neuzeitliche und moderne Entwicklung zusammenfassende Darstellung verwiesen.[51]

Zu hoffen bleibt jedoch, daß unsere knappe Einführung in die Problematik des Shintô zumindest einen Eindruck hat vermitteln können, daß ein ahistorisch-statischer Ansatz keinen Beitrag zum Verstehen und Erklären dieser Frage leisten kann. Es zeigt sich somit, daß Shintô, wie auch Buddhismus, Konfuzianismus oder andere komplexe Systeme, weder klar definierte noch unveränderlich gegebene Entitäten darstellen. Dennoch können zweifellos durchgehende, eine Kontinuität des Systems "Shintô" dokumentierende Charakteristika festgestellt werden. Im Mittelpunkt dieser Kontinuitäten steht dessen legitimatorische Funktion für die herrschaftliche Position des Kaiserhauses seit den Tagen von *Kojiki* und *Nihongi*. Dieser alles andere überstrahlende "politische Zweck" stellt den eigentlichen Kern all dessen dar, was wir mit dem Begriff *shintô* bezeichnen, er läßt sich von den Konstruktionen einer

---

50 Vgl. ANTONI 1991: 24.
51 ANTONI 1998.

vereinheitlichten Mythologie des Altertums, über die Ideenwelt der mittelalterlichen *shinkoku*-Ideenwelt, über die nativistischen Gedankenspiele der Kokugaku bis hin zum modernen Konzept des *kokutai* nahtlos durch die Geschichte des Shintô hindurch verfolgen. Von zentraler Bedeutung ist in diesem Kontext die Erkenntnis, daß die geistigen Strukturen der japanischen Moderne ihre eigene, differenzierte Entwicklung aufweisen die weit in die Vormoderne hineinreichen und nur aus dieser heraus verstehbar sind.

Somit beruht die japanische Moderne im wesentlichen bereits auf den Entwicklungen der Vormoderne – entworfen in den theologischen und philosophischen Kreisen von Buddhismus, Konfuzianismus und Shintô – die seit der Meiji-Zeit lediglich ihre Umsetzung in die Praxis erfuhren, gemeinsam mit den importierten Konzepten der westlichen Moderne. Der Welt des Shintô kam in diesem Zusammenhang eine entscheidende Bedeutung für die Identitätsbildung des modernen Japans zu.

Als Kulturwissenschaftler sind wir aufgerufen, uns der mühsamen Arbeit unterziehen, diese Traditionslinien freizulegen. Um die Konstrukte der Moderne überhaupt erkennen zu können, müssen wir uns den authentischen Quellen der Vormoderne zuwenden, der Sprache und literarisch-dokumentarischen Überlieferung des alten und klassischen Japans. Zwar ist ein derartiges philologisch-hermeneutisch arbeitendes Verfahren insgesamt wesentlich komplizierter durchzuführen als der große ahistorische Entwurf im Sinne der eingangs zitierten Shintô-Definition von Kitagawa, doch kann sich die Wissenschaft dieser Herausforderung nicht entziehen. Vor allem der Japanologie fällt dabei eine außerordentlich wichtige Aufgabe zu. Als Wissenschaft von Japan soll sie vorurteilsfreie Grundlagenforschung betreiben. So liefert die hermeneutische Analyse der Vormoderne die sicherste Basis für das Verstehen der Gegenwart. Eine Japanologie jedoch, die sich der Untersuchung historischer Prozesse und ihrer philologischen Quellen verschlösse, kann diese Aufgabe nicht bewältigen.

Literaturverzeichnis

ABE Akio 阿部秋生
1972 "Juka shintô to Kokugaku", in: TAIRA u. ABE (Hg.) 1972: 497–506. 「儒家神道と国学」.

ALLESSANDRO, Casero
1964 *Das Naga no Hire des Ichikawa Kakumei Tazumaro. Eine kritische Auseinandersetzung mit der Wissenschaftsauffassung des Motoori Norinaga.* Universität München (MA).

ANTONI, Klaus
1987 "Kokutai – Das 'Nationalwesen' als japanische Utopie", in: *Saeculum – Jahrbuch für Universalgeschichte* 38.2/3: 266–311.
1990 "Inoue Tetsujirô und die Entwicklung der Staatsideologie in der zweiten Hälfte der Meiji-Zeit", in: *OE* 33: 99–116.
1991 *Der Himmlische Herrscher und sein Staat – Essays zur Stellung des Tennô im modernen Japan.* München: iudicium.
1992 "Tradition und 'Traditionalismus' im modernen Japan – Ein kulturanthropologischer Versuch", in: *JS* 3. München: iudicium: 105-128.
1997 (Hg.): *Rituale und ihre Urheber – 'Invented Traditions' in der japanischen Religionsgeschichte* (Ostasien – Pazifik. Trierer Studien zu Politik, Wirtschaft, Gesellschaft, Kultur, Bd. 5). Hamburg: LIT.
1998 *Shintô und die Konzeption des japanischen Nationalwesens (kokutai). Der religiöse Traditionalismus in Neuzeit und Moderne Japans* (Handbuch der Orientalistik, Bd. 5.8). Leiden: Brill.

BARGATZKY, Thomas
1985 *Einführung in die Ethnologie: Eine Kultur- und Sozialanthropologie.* Hamburg: Buske.
1997 *Ethnologie. Eine Einführung in die Wissenschaft von den urproduktiven Gesellschaften.* Hamburg: Buske.

BELLAH, Robert Neelly
1985 (^{1}1957) *Tokugawa Religion: The Cultural Roots of Modern Japan.* New York: Free Press et al.

BOOT, Willem Jan
1992 *The Adoption and Adaptation of Neo-Confucianism in Ja-*

BROWNLEE, John
    pan: The Role of Fujiwara Seika and Hayashi Razan. Second version. Rijksuniversiteit Leiden (Diss.).

BROWNLEE, John
    1988   "The Jeweled Comb-Box. Motoori Norinaga's 'Tamakushige'", in: *MN* 43.1: 35–61.

DEVINE, Richard
    1981   "Hirata Atsutane and Christian Sources", in: *MN* 36.1: 37–54.

DUMOULIN, Heinrich
    1939 a   "Motoori Norinaga", in: *Nippon* 5: 193–197.
    1939 b   "Kamo Mabuchi: 'Kokuikô'. Gedanken über den 'Sinn des Landes'", in: *MN* 2.1: 165–192.
    1940   "Sô gakkô kei. Kada Azumamaro's Gesuch um die Errichtung einer Kokugaku-Schule", in: *MN* 3.2: 590–609.
    1941 a   "Zwei Texte zum Kadô des Kamo Mabuchi. 'Uta no kokoro no uchi' – 'Niimanabi' [Teil I]", in: *MN* 4.1: 192–206.
    1941 b   "Zwei Texte zum Kadô des Kamo Mabuchi. 'Uta no kokoro no uchi' – 'Niimanabi' [Teil II]", in: *MN* 4.2: 566–584.
    1943 a   "Die Erneuerung des Liederweges durch Kamo Mabuchi", in: *MN* 6: 110–145.
    1943 b   *Kamo Mabuchi, (1697–1769). Ein Beitrag zur japanischen Religions- und Geistesgeschichte* (MN Monographs). Tokyo: Sophia University.
    1953   "Kamo Mabuchi und das 'Manyôshû'", in: *MN* 9.1: 34–61.
    1955   "Zwei Texte Kamo Mabuchis zur Wortkunde", in: *MN* 11.3: 268–283.
    1956 a   "Kamo Mabuchis Erklärung des Norito zum Toshi goi no matsuri [Teil I]", in: *MN* 12.1–2: 121–156.
    1956 b   "Kamo Mabuchis Erklärung des Norito zum Toshigoi no matsuri [Teil II]", in: *MN* 12.3–4: 269–298.

FLORENZ, Karl
    1919   *Die historischen Quellen der Shinto-Religion.* Aus dem Altjapanischen und Chinesischen übersetzt und erklärt von Dr. Karl Florenz. Göttingen: Vandenhoeck & Ruprecht.

FRIDELL, W.M.
    1970   "Government Ethics Textbooks in Late Meiji Japan", in: *JJS* 29.4: 828–833.

GAUNTLETT, J.O.; HALL, R.K.
    1949   *Kokutai no hongi. Cardinal Principles of the National Entity of Japan.* Cambridge: Harvard University Press.

GLUCK, Carol
   1985   *Japan's Modern Myths. Ideology in the Late Meiji Period.* Princeton: Princeton University Press.
HAEKEL, Josef
   1971   "Religion", in: *Lehrbuch der Völkerkunde.* 4. Aufl. Hg. Hermann Trimborn. Stuttgart: Ferdinand Enke Verlag.
HAMMITZSCH, Horst
   1936   *Hirata Atsutane. Ein geistiger Kämpfer Japans* (MOAG, Bd. 28 E). Tokyo: OAG.
HAMMITZSCH, Horst et al. (Hg.)
   1981   *Japan-Handbuch.* Wiesbaden: Franz Steiner.
HAROOTUNIAN, Harry D.
   1988   *Things Seen and Unseen. Discourse and Ideology in Tokugawa Nativism.* Chicago: University of Chicago Press.
   1995   "Late Tokugawa Culture and Thought", in: Marius B. JANSEN (Hg.): *The Emergence of Meiji Japan.* Cambridge: Cambridge University Press: 53–143.
HINO Tatsuo 日野龍夫 (Hg.)
   1983   *Motoori Norinaga shû* (Shinchô Nihon koten shûsei, Bd. 60). Shinchôsha. 『本居宣長集』(新潮日本古典集成) 新潮社.
HIRATA Atsutane 平田篤胤
   1927–29   *Kodôtaii.* Ausgabe: MOZUME Takami (Hg.), *Shinchû Kôgaku sôsho.* Bd. 10. Kôbunko Kankôkai. 物集高見『古道大意』(新註皇學叢書) 広文庫刊行会.
HOBSBAWM, Eric; RANGER, Terence (Hg.)
   1983   *The Invention of Tradition.* Cambridge: Cambridge University Press.
HOLTOM, Daniel Clarence
   1995   *The National Faith of Japan. A Study in Modern Shintô* (repr. v. 1938). London: Kegan Paul.
IMAI Usaburô 今井宇三郎 et al. (Hg.)
   1972   *Mitogaku* (NST, Bd. 53). Iwanami Shoten. 『水戸学』(日本思想大系, 53) 岩波書店.
INOUE Nobutaka 井上順孝 (Hg.)
   1994   *Shintôjiten* (Kokugakuin Daigaku Nihon Bunka Kenkyûjo). Kôbundô. 『神道事典』(國學院大學日本文化研究所) 弘文堂.
INOUE Tetsujirô 井上哲次郎
   1897   *Nihon Yômeigakuha no tetsugaku.* Fuzanbô. 『日本陽明学派之哲学』冨山房.

1918	*Teisei zôho Nihon Kogakuha no tetsugaku*. Fuzanbô.『訂正増補日本国学派之哲学』冨山房.
1945	*Teisei zôho Nihon Shushigakuha no tetsugaku*. Fuzanbô.『訂正増補日本朱子学派之哲学』冨山房.

KEENE, Donald
1953	"Hirata Atsutane and Western Learning", in: *T'oung Pao* 42: 353–380.
1978	*Some Japanese Portraits*. Tokyo: Kodansha.

KEMPER, Ulrich
1967	*Arai Hakuseki und seine Geschichtsauffassung, ein Beitrag zur Historiographie Japans in der Tokugawa-Zeit*. Wiesbaden: O. Harrassowitz.

KISHIMOTO Yoshio 岸本芳雄
1972	*Shintô nyûmon. Shintô to sono ayumi*. Kenpakusha (auch 1993).『神道入門: 神道とそのあゆみ』建帛社.

Kogoshûi 古語拾遺
	= Gunsho ruijû. Bd. 25. 群書類従. 続 群書類従完成會.

Kojiki 古事記
	= NKBT. Bd. 1. 日本古典文学大系. 岩波書店.

Kojiruien 古事類苑
1977	*Jingûshichô zôhan Kojiruien*. 51 Bde. Nachdruck Yoshikawa Kôbunkan.『神宮司庁増版古事類苑』吉川弘文館.

Kokutai no hongi 国体の本義
1937	Hg. und Erscheinungsort Monbushô 文部省.

KOSCHMANN, J. Victor
1987	*The Mito Ideology: Discourse, Reform and Insurrection in Late Tokugawa Japan, 1790–1864*. Berkeley: University of California Press.

KRACHT, Klaus
1975	*Das Kôdôkanki-jutsugi des Fujita Tôko (1806–1855). Ein Beitrag zum politischen Denken der Späten Mito-Schule*. Wiesbaden: O. Harrassowitz.
1986	*Studien zur Geschichte des Denkens im Japan des 17. bis 19. Jahrhunderts. Chu-Hsi-konfuzianische Geist-Diskurse* (Veröffentlichungen des Ostasien-Instituts der Ruhr-Universität Bochum, Bd. 31). Wiesbaden: O. Harrassowitz.

KRUSCHE, D.
- 1990 *Hermeneutik der Fremde.* München: iudicium.

KRUSCHE, D.; WIERLACHER, Alois (Hg.)
- 1985 *Literatur und Fremde: zur Hermeneutik kulturräumlicher Distanz.* München: iudicium.

KUBOTA Osamu 久保田収
- 1989 *Chûsei shintô no kenkyû.* Kyoto: Shintôshi Gakkai / Rinsen Shoten.『中世神道の研究』神道史学会 / 臨川書店.

LOKOWANDT, Ernst
- 1978 *Die rechtliche Entwicklung des Staats-Shintô in der ersten Hälfte der Meiji-Zeit, 1868–1890* (Studies in Oriental Religions, Bd. 3). Wiesbaden: O. Harrassowitz.

MATSUMOTO, Shigeru
- 1970 *Motoori Norinaga.* Cambridge: Harvard University Press.

MATSUMURA Takeo 松村武雄
- 1954–58 *Nihon shinwa no kenkyû.* 4 Bde. Baifûkan.『日本神話の研究』培風館.

MATSUNAGA, Alicia
- 1969 *The Buddhist Philosophy of Assimilation: The Historical Development of the Honji Suijaku Theory.* Tokyo: Sophia University Press.

MCNALLY, Mark Thomas
- 1998 *Phantom History: Hirata Atsutane and Tokugawa Nativism.* Los Angeles: UMI (Ph.D. University of California).

MEYER, Eva-Maria
- 1998 *Japans Kaiserhof in der Edo-Zeit. Unter besonderer Berücksichtigung der Jahre 1846 bis 1867.* (Ostasien – Pazifik. Trierer Studien zu Politik, Wirtschaft, Gesellschaft, Kultur, Bd. 12). Hamburg: LIT.

MIKI Shôtarô 三木正太郎
- 1990 *Hirata Atsutane no kenkyû.* Kyoto: Rinsen Shoten.『平田篤胤の研究』臨川書店.

MILLER, Roy Andrew
- 1982 *Japan's Modern Myth. The Language and Beyond.* New York: Weatherhill.

MINAMOTO Ryôen 源了圓
- 1992 (^{1}1973) *Tokugawa shisô shoshi* (Chûkô shinsho, Bd. 312). Chûô Kôronsha.『徳川思想小史』(中公新書 312) 中央公論社.

MIYASAKA, Masahide
- 1994 *Shintô und Christentum. Wirtschaftsethik als Quelle der*

Industriestaatlichkeit. Paderborn: Bonifatius.

Motoori Norinaga 本居宣長
1919–27　　*Kojikiden (Motoori Norinaga zenshû*, Bd. 1). Yoshikawa Kôbunkan.『古事記伝』(本居宣長全集 1) 吉川弘文官.

Murayama Shûichi 村山修一
1972　　*Honji suijaku*. Yoshikawa Kôbunkan.『本地垂迹』吉川弘文館.

Nakamura, Hirotoshi 中村啓信
1984　　"The Kojiki with Revisions Added by Kada no Azumamaro", in: *Nihon bunka kenkyûjo kiyô* 54: 128–242.『日本文化研究所紀要』.

Naumann, Nelly
1970　　"Einige Bemerkungen zum sogenannten Ur-Shintô", in: *NOAG* 107/108: 5–13.

1971　　*Das Umwandeln des Himmelspfeilers. Ein japanischer Mythos und seine kulturhistorische Einordnung* (AFS-Monograph, No.5). Tokyo.

1985　　"Shintô und Volksreligion – Japanische Religiosität im historischen Kontext", in: *Zeitschrift für Missions- und Religionswissenschaft* 69: 223–242.

1987　　"Identitätsfindung – das geistige Problem des modernen Japan", in: *Japans Weg in die Moderne. Ein Sonderweg nach deutschem Vorbild?* Hg. von Bernd Martin. Frankfurt, New York: Campus: 173–192.

1988　　*Die einheimische Religion Japans*. Teil 1: *Bis zum Ende der Heian-Zeit* (Handbuch der Orientalistik, Bd. 5. 4. 1. 1) Leiden: Brill.

1994　　*Die einheimische Religion Japans*. Teil 2. *Synkretistische Lehren und religiöse Entwicklungen von der Kamakura- bis zum Beginn der Edo-Zeit* (Handbuch der Orientalistik, Bd. 5. 4. 1. 2). Leiden: Brill.

1996　　*Die Mythen des alten Japan*. Übers. und erläutert von Nelly Naumann. München: Beck.

Nawrocki, Johann
1998　　*Inoue Tetsujirô (1855–1944) und die Ideologie des Götterlandes. Eine vergleichende Studie zur politischen Theologie des modernen Japan* (Ostasien Pazifik. Trierer Studien zu Politik, Wirtschaft, Gesellschaft, Kultur, Bd. 10). Hamburg: LIT.

NELL, Stephanie
  1998   *Die Rezeption des Buddhismus im Spiegel des Nihonshoki. Eine kritische Analyse ausgewählter Textpassagen von Kimmei Tennô bis Suiko Tennô.* Universität Trier (MA).

Nihongi 日本紀
              = NKBT. Bd. 67. Iwanami Shoten. 日本古典文学大系. 岩波書店.

NISHIMURA, Sey
  1987   "First Steps into the Mountains. Motoori Norinaga's 'Uiyamabumi'", in: *MN* 42.4: 449–493.
  1991   "The Way of the Gods. Motoori Norinaga's 'Naobi no Mitama'", in: *MN* 46.1: 21–41.

NOSCO, Peter
  1984   "Masuho Zankô (1655–1742): A Shinto Popularizer between Nativism and National Learning", in: ders. (Hg.) *Confucianism and Tokugawa Culture.* Princeton: Princeton University Press: 166–187.
  1990   *Remembering Paradise: Nativism and Nostalgia in Eighteenth-Century Japan* (Harvard-Yenching Institute Monograph Series, Bd. 31). Cambridge: Harvard University Press.

ÔBAYASHI, Taryô 大林太良
  1973   *Nihon shinwa no kigen.* Kadokawa.『日本神話の起源』角川書店.
  1982   *Ise und Izumo. Die Schreine des Schintoismus* (Die Welt der Religionen, Bd. 6). Freiburg et al.: Herder.
  1988   *Shinwa no keifu. Nihon shinwa no genryu o saguru.* Seidosha.『神話の系譜 日本神話の源流を探る』青土社.
  1997   "Der Ursprung der shintôistischen Hochzeit", in: ANTONI 1997a: 39–48.

ODRONIC, Walter J.
  1967   *Kodoo Taii (An Outline of the Ancient Way). An Annotated Translation with an Introduction to the Shinto Revival Movement and a Sketch.* UMI: University of Pennsylvania (Diss.).

ÔKUBO Toshiaki 大久保利謙 et al.
  1969   *Kindaishi shiryô.* Yoshikawa Kôbunkan (auch 1965).『近代史史料』吉川弘文館.

OOMS, Herman
  1985   *Tokugawa Ideology. Early Constructs, 1570–1680.* New Jersey: Princeton University Press.

Picken, Stuart D.B.
1994 *Essentials of Shinto: Analytical Guide to Principal Teachings.* Westport, Conn. et al.: Greenwood.

Rosenkranz, Gerhard
1944 *Der Weg der Götter (Shintô). Gehalt und Gestalt der japanischen Nationalreligion.* München: Arbeitsgemeinschaft für Zeitgeschichte.

Rothermund, Dietmar
1989 "Der Traditionalismus als Forschungsgegenstand für Historiker und Orientalisten", in: *Saeculum – Jahrbuch für Universalgeschichte* 40.2: 142–148.

Satô-Diesner, Sigmara
1977 *Motoori Norinaga: Das Hihon tamakushige. Ein Beitrag zum politischen Denken der 'Kokugaku'.* Universität Bonn (Diss.).

Schiffer, Wilhelm
1939 "Hirata Atsutane: *Taidô Wakumon.* Es fragte einer nach dem Grossen Weg...", in: *MN* 2: 212–236.

Schwade, Arcadio
1986 *Shintô-Bibliography in Western Languages. Bibliography on Shintô and Religious Sects, Intellectual Schools and Movements influenced by Shintôism.* Leiden: E.J. Brill.

Seckel, Dietrich
1985 *Buddhistische Tempelnamen in Japan* (Münchener Ostasiatische Studien, Bd. 37). Stuttgart: Franz Steiner.

Smith, Warren
1973 *Confucianism in Modern Japan. A Study of Conservatism in Japanese Intellectual History.* Tokyo: Hokuseido Press.

Stanzel, Volker
1982 *Japan – Haupt der Erde. Die 'Neuen Erörterungen' des Philosophen und Theoretikers der Politik Seishisai Aizawa aus dem Jahre 1825.* Würzburg: Königshausen u. Neumann.

Stolte, Hans (Übers.)
1939 "Motoori Norinaga: 'Naobi no Mitama'. Geist der Erneuerung", in: *MN* 2.1: 193–211.

Sugiyama Rinkei 椙山林継 u. Sakamoto Koremaru 坂本是丸
1994 "Kinsei no shintô", in: Inoue 1994: 13–18.「近世の神道」.

Tahara Tsuguo 田原嗣郎
1990 ([1]1963) *Hirata Atsutane* (Jinbutsu sôsho). Yoshikawa Kôbunkan. 『平田篤胤』(人物叢書) 吉川弘文館.

TAIRA Shigemichi 平重道 u. ABE Akio 阿部秋生 (Hg.)
1972 *Kinsei shintô ron Zenki Kokugaku* (NST, Bd. 39). Iwanami Shoten.『近世神道論前期国学』(日本思想大系 39) 岩波書店.

TEEUWEN, Mark
1993 "Attaining Union with the Gods: The Secret Books of Watarai Shintô", in: *MN* 48.2: 225–245.
1996 *Watarai Shintô. An Intellectual History of the Outer Shrine of Ise* (CNWS Publications, Bd. 52). Leiden: Research School CNWS; School of Asian, African & Amerindian Studies.

THIEL, Josef Franz
1984 *Religionsethnologie. Grundbegriffe der Religionen schriftloser Völker* (Collectanea Instituti Anthropos, Bd. 33). Berlin: Dietrich Reimer.

TSUNODA, Ryusaku et al. (Hg.)
1964 *Sources of Japanese Tradition.* 2 Bde. New York: Columbia University Press.

TSURUMI, Kazuko
1970 *Social Change and the Individual: Japan before and after Defeat in World War II.* Princeton: Princeton University Press.

VAN STRAELEN, Henry
1952 *Yoshida Shôin, Forerunner of the Meiji-Restoration.* Leiden: Brill.

WADA Shûjô 和多秀乗
1985 "Ryôbu shintô", in: *Heibonsha daihyakka jiten.* Bd. 15: 709–710.「両部神道」『平凡社大百科事典』

WATANABE Kizô 渡邉金造
1978 *Hirata Atsutane kenkyû.* Hô Shuppan.『平田篤胤研究』鳳出版.

WEBB, Herschel F.
1958 *The Thought and Work of the Early Mito School.* UMI: Columbia University (Diss.).

WITTIG, Horst E.
1976 *Pädagogik und Bildungspolitik Japans, Quellentexte und Dokumente von der Tokugawa-Zeit bis zur Gegenwart.* München: Reinhardt.

Geistesgeschichte der Frühmoderne

Klaus Kracht

1. *Vorbemerkungen*

1.1 *Geistesgeschichte*

"Geistesgeschichte" ist ein weites Feld der historischen Forschung. Im Japanischen wird zusammen mit der wörtlichen Übersetzung des deutschen Wortes als 精神史 (*seishin shi*) heute überwiegend das vor allem im Verlaufe der Nachkriegszeit unter englisch-amerikanischem Einfluß geläufig gewordene Wort 思想史 (*shisô shi*), wörtlich "Geschichte des Denkens" (*history of thought*), verwendet. An 精神史 bzw. 思想史 haben Disziplinen Anteil, die ihren Gegenstand, Religion, Philosophie, Gesellschaft, Politik, Wirtschaft, Naturwissenschaften usw., unter dem Gesichtspunkt der Entwicklung des Denkens als "religiöses Denken" 宗教思想 (*shûkyô shisô*), "philosophisches Denken" 哲学思想 (*tetsugaku shisô*), "soziales Denken" 社会思想 (*shakai shisô*), "politisches Denken" 政治思想 (*seiji shisô*), "wirtschaftliches Denken" 経済思想 (*keizai shisô*) "wissenschaftliches Denken" 科学思想 (*kagaku shisô*) usw. untersuchen. Die Disziplin "Geistesgeschichte" versucht, die Perspektiven der einzelnen Disziplinen zusammenzuführen, das Ganze der geistesgeschichtlichen Tatsachen zu sehen und Gemeinsamkeiten und Einflüsse festzustellen.

1.2 *Die Epoche*

Indem wir von "Neuzeit" sprechen, folgen wir dem Historiker Flavio Biondo, der das Jahr 1410, tausend Jahre nach dem Untergang von Rom, als den Wendepunkt in der Geschichte verstand, den Beginn einer im wörtlichen Sinne neuen Zeit, eines sich von vorangegangenen Epochen der Weltgeschichte substantiell unterscheidenden, nie dagewesenen Zeitalters. Wir verwenden einen Begriff, dem im Rahmen der Selbstinterpretation der westlichen Gesellschaften eine zentrale Stellung zukam und immer noch zukommt, etwa wenn davon die Rede ist, daß wir uns am Beginn eines "postmodernen" Zeitalters befänden. Andere stellen fest, daß das "Projekt der Moderne" noch zu vollenden sei. Seit dem 15. Jahrhundert gebrauchen die humanistischen, protestantischen und aufgeklärten Intellektuellen den Begriff Neuzeit. Wenn wir dem Philosophen Eric Voegelin folgen, steht dahinter der Wunsch dieser Intellektuellen, "ihrem Bewußtsein als Repräsentanten einer neuen Wahrheit Ausdruck zu verleihen"[1].

Die japanischen Gelehrten der vergangenen Jahrhunderte haben andere Ausdrücke verwendet. Es handelt sich vor allem um 近世 (kinsei) und 近代 (kindai) – in vormoderner Zeit Synonyma –, in denen anstelle des geschichtstheoretisch suggestiven Attributs "neu" das Wort "nahe", "naheliegend" steht. Ihre Verwendung geht auf die konfuzianische Geschichtsschreibung im 17. Jahrhundert zurück, welcher die Annahme eines unilinearen, im dialektischen Dreischritt – "Alterum", "Mittelalter", "Neuzeit" – verlaufenden Heils- und Fortschrittsprozesses der Geschichte trotz ähnlicher Konstrukte im Grunde fremd ist.

Der heute in Wissenschaft und Unterricht gängige Sprachgebrauch spricht von 近世 im Sinne einer *ersten Neuzeit* unter Einschluß geschichtstheoretischer Implikationen westlicher Herkunft. Gemeint ist die Zeit von der Mitte oder vom letzten Drittel des 16. Jahrhunderts bis zur Mitte (Ankunft Perrys) bzw. zum Ende des zweiten Drittels (Meiji-Restauration) des 19. Jahrhunderts. Des weiteren ist die Rede von 近代, einer, wie wir sagen können, *zweiten Moderne* als deren Beginn die Mitte oder das letzte Drittel des 19. Jahrhunderts gilt. Ihr Ende bezeichnet der Abschluß des Zweiten Weltkrieges. Von der sich anschließenden *dritten Moderne* ist unter japanischen Kulturwissenschaftlern als der "Gegenwart" 現代 (gendai) die Rede, wobei diese Stufe oft auch bereits als der Beginn eines "postmodernen" Zeitalters verstanden wird.

Ich werde hier solchen quasi-terminologischen Vorgaben folgen, wenngleich dagegen nicht geringe Bedenken bestehen, Vorbehalte, die sich von den Einwänden gegen die Verwendung der anderen wichtigen Epochenbegriffe "Antike" 古代 (kodai) und "Mittelalter" 中世 (chûsei) auf die japanische Geschichte nicht unterscheiden. Periodisierung ist auch die Antwort auf die Frage, wo der Betrachter und seine Gesellschaft gerade zu stehen glauben oder stehen wollen, ein mit weltanschaulichen und politischen Hintergründen verbundenes Kapitel der Humanwissenschaft.

Im Jahr 1890 schrieb der britische Japanologe Basil Hall Chamberlain (1850–1935): "Wer die große Umwälzung Japans miterlebt hat, fühlt sich

---

1 *Die Neue Wissenschaft der Politik. Eine Einführung.* Ins Deutsche übertragen von Ilse GATTENHOF. München 1959: 187.

auf unnatürliche Weise vorzeitig gealtert; denn er lebt nun in der Neuzeit, die Luft ist voll von Gesprächen über *bicycles* und *bacilli* und 'Influenz-Sphären', und doch kann er sich noch deutlich an das Mittelalter erinnern. [...] Die Japaner sind stolz darauf, in dreißig oder vierzig Jahren das vollbracht zu haben, wozu Europa fünfzehn bis zwanzig Jahrhunderte benötigte."[2] Diese Vorstellung eines epochalen Bruchs beherrschte damals die Geister.

Heute wird gesehen, daß sich in der "Tokugawa-Zeit" 徳川時代 (*Tokugawa jidai* "Zeitalter des [Hauses] Tokugawa", 1600/1603 bis 1867/68) Elemente und Strukturen fanden, die wir den frühmodernen Phänomenen der europäischen und amerikanischen Geschichte an die Seite stellen können, in der *Wirtschaft* die Anfänge einer bürgerlich-kapitalistischen Wirtschaftsweise und Arbeitsethik, in *Technik und Wissenschaft* die Aneignung des verfügbaren westlichen Wissens, in der *Gesellschaft* ein Prozeß der starken sozialen Differenzierung, insbesondere die Entfaltung eines von Handel und Handwerk lebenden städtischen Bürgertums und einer Schicht von Wissenschaftlern und Intellektuellen. In *Politik* und *Recht* konstatieren wir die Überwindung der regionalen Kleinstaaten und das Aufkommen eines zentralen, zweckrational organisierten Verwaltungsstaats, im *Kommunikationswesen* die Verbindung der Landesteile durch Straßenbau und Schiffahrtslinien. Im *Bildungswesen* entstehen Schulen und Universitäten, die einen hohen Grad der Literarisierung bewirken. Es bildet sich ein kommerzialisierter Literaturbetrieb aus. So finden wir zu Beginn des 19. Jahrhunderts in der Hauptstadt Edo 江戸 über sechshundert Leihbibliotheken, während für die preußische Metropole im selben Zeitraum dreißig Leihbüchereien verzeichnet sind.[3]

Auf dem Gebiet der Geistesgeschichte entdecken wir eine vorherrschende Tendenz zur *Säkularisierung* religiöser Inhalte. *Zweckrationales Denken* bestimmt zusehends die menschlichen Beziehungen. Gleichzeitig entstehen *religiöse Massenbewegungen*, die auf die Veränderungen reagieren. Wir finden das *kritische Infragestellen* überkommener Konzepte der Weltinterpretation, etwa der chinesischen Yin-Yang-Kosmologie. *Nationale Symbole*, wie das Tenno-Haus, gewinnen verbindende Kraft für weite Bevölkerungsschichten.[4]

---

2   CHAMBERLAIN 1990: 15. Erstausgabe 1890 im Neudruck: 1985: 1.
3   MAY 1983: 53.
4   Auf diese geistesgeschichtlichen Prozesse hat besonders eindringlich der Indologe und Religionswissenschaftler NAKAMURA Hajime 中村元 (geb. 1912) hingewiesen, einer der großen Komparatisten auf dem Gebiet der Geschichte des japanischen Denkens. Siehe NAKAMURA 1969: 1–42; ders. 1964; 1976; 1982.

2. Strömungen

2.1 *Christentum*

Die Christianisierung Japans beginnt mit der Missionstätigkeit der portugiesischen Jesuiten im Jahr 1549. Am Anfang des 17. Jahrhunderts werden eine halbe Million Christen gezählt. Als neun Jahrzehnte nach den vielversprechenden Anfängen und nachfolgenden Christenverfolgungen die Zentralregierung im Jahr 1639 die "Abschließung des Landes" 鎖国 (*sakoku*) verkündet, ist das christliche Zwischenspiel damit beendet.[5] Die Regierung kontrollierte mit strengen Maßnahmen die Verbreitung der "üblen Lehre" 邪教 (*jakyô*), wie das Christentum nun genannt wurde. Einige wenige, die wir heute als "Verborgene Christen" 隠れキリシタン (*kakure kirishitan*) bezeichnen, blieben im Untergrund ihrem Glauben treu.[6] In der Mitte des 19. Jahrhunderts handelte es sich um etwa fünfzehntausend Personen. Religionsfreiheit wurde im Jahr 1873 eingeführt.

Im Grunde hatte das Christentum im frühmodernen japanischen Denken keinen Platz. Zwar teilte es nicht wenige Glaubensinhalte, Überzeugungen und Werte mit den in Japan überkommenen Religionen und Weltanschauungen; wenn es aber letztlich ohne Erfolg blieb, hatte das Gründe, die wir heute besser als früher verstehen. Willkommen waren die Patres als Männer von Bildung und weltweiten Beziehungen, die nicht nur europäische Kultur und Wissenschaft brachten, sondern auch die Ausweitung des überseeischen Handels förderten. Zugleich war der japanischen Seite aber auch bewußt, daß es sich um Vertreter von Mächten mit kolonialen Zielen handelte. Die christliche Religion gelangte in das Inselreich, als es dabei war, nach den Kriegswirren des 15. und 16. Jahrhunderts unter zentraler Herrschaft geeint zu werden. Daß insbesondere die den Anspruch der Zentrale durch ihre Ferne vom politischen Zentrum in Frage stellenden südjapanischen Fürstentümer sich zum Christentum bekannten, weist auf eine zweite Ursache seines Mißerfolgs. Der frühmoderne Staat ist auf die Loyalität seiner Regionen angewiesen und kann nicht das Risiko eingehen, seine Territorien an eine ausländische Religion mit Ansprüchen auf Weltgeltung zu verlieren. Das Bekenntnis zur Römischen Kirche etablierte eine Loyalitätsbeziehung mit politischen Folgen, die das instabile Gleichgewicht der frühmodernen Nation bedrohten.

---

5 BOXER 1951. ELISON 1973.
6 HARRINGTON 1993. WHELAN 1996.

Die Treuepflicht des Christen war zugleich Ausdruck einer Geistesverfassung, für die es in Japan keine Vorläufer gab. Denn weder in der Vergangenheit noch in der frühmodernen Gesellschaft konnten religiöse oder weltanschauliche Gruppierungen Ansprüche auf die alleinige Vertretung göttlicher Wahrheit durchsetzen. Die abendländischen Gesellschaften waren mit dem geistlichen Anspruch der Römischen Kirche aufgewachsen, bevor sie diesen in der Reformation in Frage stellten. Dagegen finden wir in der japanischen Geschichte kein geistiges "Rom", keine *una sancta ecclesia,* die den Anspruch erhoben hätte, die Wahrheit der Religion auch gegenüber dem Staat zu vertreten und durchzusetzen. Übrigens haben England und die Niederlande in ihrer machtpolitischen Auseinandersetzung mit Spanien-Portugal solche Befürchtungen gegenüber dem Christentum im Rahmen ihres Strebens um politischen Einfluß tatkräftig verstärkt. Beide Nationen enthielten sich im übrigen jeglicher missionarischer Tätigkeit. Das protestantische Christentum wird erst in der Endphase des frühmodernen Staates aktiv, in der Phase der zunehmenden Instabilität des alten Systems, indem es, im selben Jahr wie die katholische Mission, seine Tätigkeit aufnahm.[7]

Die Geschichte des japanischen Christentums ist vergleichsweise gut erforscht. Zum einen verfügen wir über die Literatur des "Christlichen Jahrhunderts" und der folgenden Zeit. Über sie informiert der *Bibliographische Alt-Japan-Katalog*[8]. Zum anderen blicken wir zurück auf ca. einhundertvierzig Jahre moderner Forschungen. An diesen Arbeiten waren in besonderem Maße die Missionare beteiligt, die seit den 1860er Jahren in das Land kamen. Zu den Universitäten, die heute zu den führenden Hochschulen des Landes gehören, zählt auf katholischer Seite die von Jesuiten gegründete Sophia-Universität 上智大学 (Jôchi Daigaku) in Tokyo, auf protestantischer Seite z.B. die Universität "Vereinigung der Gleichgesinnten" 同志社 (Dôshi Sha) in Kyoto. Vertreter dieser und ähnlicher Universitäten haben ein bedeutendes wissenschaftliches Werk hinterlassen. Einen Überblick über die Forschungen gibt Pater Johannes Laures (1891–1959), Sophia-Universität, einer der Repräsentanten der "christlichen Studien" キリシタン研究 (*kirishitan kenkyû*), in seiner Bibliographie *Kirishitan Bunko.*[9]

---

7   IGLEHART 1959. IKADO u. MCGOVERN 1966.
8   Bearbeitet und herausgegeben vom Japaninstitut in Berlin und vom Deutschen Forschungsinstitut in Kyoto, 1940.
9   LAURES 1957.

2.2 *Konfuzianismus*

Chinesische Bildung 漢学 (Kan Gaku, wörtl. "Gelehrsamkeit des Han-[Landes]") hieß in Japan zugleich immer auch die Kenntnis der konfuzianischen Tradition, insbesondere jener Schriften, die aus dem China des ersten vorchristlichen Jahrtausends im sechsten Jahrhundert überliefert worden waren, des Kanons der "Fünf Leitfäden" 五経 (*gokyô*) und "Vier Schriften" 四書 (*shisho*). Als Fünf Leitfäden galten Werke, deren Kompilation dem "Konfuzius" zugesprochen wurde. Es handelt sich um das "Buch der Wandlungen" 易経 (*I-ching*), das "Buch der Dokumente" 書経 (*Shu-ching*), das "Buch der Lieder" 詩経 (*Shih-ching*), die "Frühlings- und Herbstannalen [des Staates Lu]" 春秋 (*Ch'un-ch'iu*) zusammen mit dem "Kommentar des Tso" 左伝 (*Tso-chuan*) sowie die "Aufzeichnungen über die Riten" 礼記 (*Li-chi*). Vier Schriften sind die Werke, deren Inhalte als Worte des Konfuzius selbst bzw. als Äußerungen seiner Schüler angesehen wurden: "Erörterungen und Belehrungen" 論語 (*Lun-yü*), "Meister Meng" 孟子 (*Meng-tzu*), "Große Lehre" 大学 (*Ta-hsüeh*) und "Maß und Mitte" 中庸 (*Chung-yung*).[10]

Das Wort "Konfuzianismus" ist ein mißverständlicher Ausdruck unserer Vorliebe für Religionsstifter. In Ostasien spricht man von 儒教 (*jukyô*), was dem anzunehmenden ursprünglichen Wortsinn und späteren Verkehrswert des Wortes 儒 folgend angemessen mit "Lehre/n der Gebildeten" übersetzt werden kann. In der Tat ist Konfuzianismus auch in der Frühmoderne weithin gleichbedeutend mit Bildung schlechthin und ist zugleich Bildung das zentrale Motiv des Werkes "Erörterungen und Belehrungen", das mit der Feststellung beginnt: "Lernen und das Gelernte zu Zeiten wiederholen, das macht Freude!" 學而時習之不亦説乎.[11]

Im Laufe der Tokugawa-Zeit wird diese "Lehre der Gebildeten" zu einer der geistigen Grundlagen der Gesellschaft. Der Stand der Samurai interpretiert seine Rolle als oberster in einer imaginierten sozialen Landschaft der "Vier [Stände] des Volkes" 四民 (*shimin*), "Krieger", "Bauern", "Handwerker", "Kaufleute" 士農工商 (*shi nô kô shô*), im Rahmen dieser Tradition, indem er als Namen für seine Mitglieder ein Wort wählt, mit dem Konfuzius seine Schüler zu bezeichnen pflegte, 士 (*shi*), "Edelmann" / "Ritter".

In Japan tritt neben das Ideal der "literarischen Bildung" 文 (*bun*) gleichberechtigt das keineswegs konfuzianische 武 (*bu*), die "militärische Bildung".

---

10 Übersetzungen: COUVREUR 1913; KARLGREN 1950a u. 1950b; LEGGE 1960; WILHELM 1916;1918; 1924.

11 Japanisch gelesen: *Manabite toki ni kore wo narau, mata yorokobashikarazu ya*. Das Schriftzeichen 説 hier anstelle des Zeichens 悦.

Die "Einheit von 文 und 武" bildet ein Grundkredo der Samurai-Weltanschauung, für die sich in westlichen Sprachen die Bezeichnung Bushido[12] eingebürgert hat.

Die Literatur zum Konfuzianismus der Frühmoderne ist differenziert. An den Anfängen steht das Werk eines Wissenschaftlers, der an der Berliner Universität Japanisch unterrichtete und später Professor für Philosophie an der Kaiserlichen Universität Tokyo wurde, Inoue Tetsujirô 井上哲次郎 (1855–1944). Seine Trilogie zum Konfuzianismus der frühen Neuzeit[13] bildet bis heute ein Standardwerk zur Kenntnis seiner Schulen und Denker. Das gilt auch für die Adaption seines Werks durch den kanadischen Missionar Robert Cornell Armstrong aus dem Jahr 1914, dessen *Light from the East* zum besten gehört, was wir in einer westlichen Sprache zu diesem Themenkreis besitzen. Über den aktuellen Stand der Forschung informiert Samuel Hideo Yamashita (1996/97).

2.3 *Neokonfuzianismus in der Tradition des Chu Hsi*

Der Konfuzianismus wird im 17. Jahrhundert vor allem in der Interpretation des chinesischen Neokonfuzianismus der Sung-Zeit 宋 (960–1279) bekannt, welcher die Klassiker der Antike neu deutet und vor dem Hintergrund der Erfahrungen des Buddhismus zu einem System verarbeitet, das im Prüfungswesen Chinas bis in die Moderne Bestand gehabt hat. Sein herausragender Vertreter und Vollender ist Chu Hsi 朱熹 (1130–1200). Wir sprechen deshalb auch von der "Schule des Meister Chu" 朱子学 (Shushi Gaku). Dieser kommt bis zum Ende der frühmodernen Epoche auch in Japan eine zentrale Bedeutung zu. Das heißt nicht, daß der Chu-Hsi-Konfuzianismus, wie in China, den Rang einer Staatslehre 官学 (*kan gaku*) besessen hätte. Gleichwohl fungiert die später unter dem Namen "Akademie des strahlend blühenden Friedens" 昌平黌 (Shôhei Kô)[14] bekannt gewordene Hochschule in der Hauptstadt als halbstaatliche Akademie zur Ausbildung der Verwaltungselite. Ihr Gründer

---

12 "Weg des militärisch gebildeten Edelmanns" 武士道 (*bushi dô*).
13 日本陽明学派の哲学 (*Nippon Yômei Gakuha no tetsugaku*) "Philosophie der japanischen [Wang]-Yang-ming-Schule". 冨山房 Fuzan Bô 1900. 日本古学派の哲学 (*Nippon Ko Gakuha no tetsugaku*) "Philosophie der japanischen Alten Schule". 冨山房 Fuzan Bô 1902. 日本朱子学派の哲学 (*Nippon Shushi Gakuha no tetsugaku*) "Philosophie der japanischen Chu-Hsi-Schule". 冨山房 Fuzan Bô 1905.
14 Der Name nimmt Bezug auf den vermeintlichen Geburtsort des Konfuzius, die Stadt "Strahlend blühender Friede" 昌平 (Ch'ang-p'ing).

ist der Chu-Hsi-Konfuzianer Hayashi Razan 林羅山 (1583–1657). Auch heißt es nicht, daß die gesellschaftliche Geltung des Chu-Hsi-Konfuzianismus mit Beginn des neuen Zeitalters bereits gesichert gewesen wäre. Es bedeutet zunächst nur, daß er unter allen geistigen Entwürfen für eine Schicht engagierter Intellektueller eine besondere Anziehungskraft entfaltet, da er den Menschen in seinen diesseitigen Bedürfnissen anerkennt und herausfordert, sich für die menschliche Ordnung einzusetzen.

Die *Kosmologie* des Chu-Hsi-Konfuzianismus beschreibt die Welt als einen Prozeß des Werdens, dessen Ursprung und Grundlage der "Höchste [Welt]first" 太極 (*taikyoku*), der Allgrund, das Absolute ist. Die Schwingungen dieses Allgrundes, sein "Sichausdehnen" und "Sichzusammenziehen", bringen die Urkräfte des "Yin" / "Dunkels" / "Schattens" / Weiblichen 陰 (*in*) und des "Yang" / "Lichtes" / Männlichen 陽 (*yô*) hervor. Durch die Interaktion dieser Kräfte entstehen die "Fünf Agenzien" 五行 (*gogyô*): die Elemente "Feuer", "Wasser", "Holz", "Metall", "Erde". Deren Verbindung bringt alle Erscheinungen des Kosmos, die "Zehntausend Dinge" 万物 (*banbutsu*), hervor. Eine zentrale Rolle als Grundelemente des Kosmos spielen "Prinzip" 理 (*ri, kotowari*) und "Materie" 気 (*ki*). 理 ist die "Vernunft" der "Dinge / Wesen", der Grund, warum die Welt so ist bzw. so sein soll; es ist "identisch" mit dem "Allgrund", insofern es die in unendlicher Zahl vorhandenen besonderen "Prinzipien" der Erscheinungen in sich vereint. Die "Materie" steht gleichrangig neben dem "Prinzip". Beides kann nicht ohne das andere bestehen. Kennzeichen der "Materie" gegenüber dem unwandelbaren "Prinzip" ist der Umstand, daß sie in differenzierten Aggregatzuständen auftritt, z.B. in "reiner" oder "trüber", "fester" oder "loser" Konsistenz.

Im Mittelpunkt der *Ethik* stehen "Achtung" 敬 (*kei*) und "Wahrhaftigkeit" 誠 (*sei*). Die "Achtung" gebührt allen "Wesen" der "Natur" 自然 (*shizen*), deren einer Bestandteil der Mensch ist. Sie schließt Leichtfertigkeit im Umgang mit anderen ebenso aus wie die Mißachtung der Würde aller Erscheinungen. Allem muß Ernsthaftigkeit entgegengebracht werden. Die "Wahrhaftigkeit" zielt auf die Treue zum Kern der eigenen Person, auf Ehrlichkeit gegen sich selbst, auf die Übereinstimmung von Einsicht und Handeln.

Ein weiteres Zentrum der Ethik bilden die "Fünf Konstanten" 五常 (*gojô*). An erster Stelle stehen "Mitmenschlichkeit" 仁 (*jin*) und die "Verpflichtung" 義 (*gi*) gegenüber dem anderen. Es folgt die Einhaltung der "Riten" 礼 (*rei*), welche die Beziehungen der Menschen wie auch den Umgang der Lebenden mit den Toten sichern. An vierter Stelle steht "Weisheit" 智 (*chi*). Der Mensch findet in dem Maße zu seiner Bestimmung, wie er sich dem "Lernen und Fragen" 学問 (*gakumon*) widmet, dem Studium der Vergangenheit vor allem, denn die Geschichte ist die beste Lehrmeisterin des Menschen, aber auch dem Studium der Pflanzen und Tiere. Hierdurch wird er sich dessen bewußt, daß die "Vernunft" der "Zehntausend Wesen" außerhalb seiner selbst "identisch" ist mit der in seiner "Natur" 性 (*sei*) angelegten "Vernunft". Meditative Introspektion und beobachtende Außenschau versetzen den Menschen in die Lage, die ihm durch Geburt mitgegebene Ausstattung der "Materie" zu vervollkommnen und die Strahlkraft des ihr innewohnenden "Prinzips" der Vernunft und Güte zum "Strahlen" zu bringen. So kann ein "kleiner Mensch" 小人 (*shôjin*) sich zu einem "Edlen" / "Fürstensohn" / "Prinzen" 君子 (*kunshi*) oder ein "Edler" sich zu einem "Würdigen" 賢人 (*kenjin*) oder selbst zu einem "Weisen" 聖人 (*seijin*) entwickeln. Freilich sind die dem Menschen durch Geburt, Erziehung und Umgebung gestellten Bedingungen ernst zu nehmen und bilden eine große Herausforderung für den konfuzianischen Lehrer. Als fünfte Tugend gilt das "Zu-seinem-Wort-Stehen" 信 (*shin*). Vertrauen ist eine zentrale Voraussetzung des Zusammenlebens.

Jegliche Ordnung kennzeichnet sich als ein Gefüge des "Oben" und "Unten" und wird beispielhaft dargestellt durch das "Obensein" des "Himmels" und das "Untensein" der "Erde". Die Ordnung der "Fünf Menschlichen Beziehungen" 五倫 (*gorin*) entspringt dieser Einsicht: Der "Fürst" steht über dem "Untertan", der ihm "Loyalität" 忠 (*chû*) entgegenbringt, der "Ehemann" über der "Ehefrau", der "Vater" über dem "Sohn", der zu "Kindesliebe" bzw. "Pietät" 孝 (*kô*) verpflichtet ist, der "ältere Bruder" über dem "jüngeren Bruder". Ein hierarchieneutrales Wort im Sinne des christlichen Wortes "Bruder" fehlt in der konfuzianischen Sprache, Zwillingsgeburten stellen unheilvolle Ereignisse dar. Wer gilt dann als der "ältere Bruder"? Nur "Freund" und "Freund" gehen miteinander als Gleiche um. Aber die Einhaltung der "Trennung von Oben und Unten" 上下之分 (*jôge no bun*) beschränkt sich nicht auf das Gehorsamsgebot gegenüber dem "Obenstehenden"; der "Obere" hat im Sinne der "Mitmenschlichkeit" die Belange des seiner Obhut Anvertrauten wahrzunehmen. Dies ist sein ihm vom "Himmel" zugewiesener "Anteil" 分 (*bun*). Nur die Anerkennung des eigenen "Anteils", der sozialen Rolle, die sich im "Namen" 名 (*mei*) – "Vater", "Sohn", "älterer Bruder" usw. – jedes einzelnen ausdrückt, sichert den Bestand der menschlichen Ordnung. Nur so kann sie sich mit der natürlichen Ordnung des Kosmos in harmonischem Einklang befinden; und "Harmonie" 和 (*wa*) gilt als das Wichtigste.

Der Herrscher hat die Aufgabe, die Grundsätze der Ethik vorzuleben. Sein Herrschaftsauftrag, den er vom "Himmel" – "durch den Mund des zahllosen Volkes" – erhalten hat, beruht auf seiner "Tugendkraft" 德 (*toku*), die er aus seiner Übereinstimmung mit den Gesetzen des Kosmos bezieht. Dies macht ihn zu einem wahren "König" 王 (*ô*), der nicht mit den Mitteln physischer

Gewalt, sondern mit dem Instrument der Herzensbildung regiert. Durch den Verlust der "Tugend" geht dem Herrscherhaus eines Tages die Grundlage seiner Regierung verloren. Warnende Anzeichen machen sich in der Seele des Herrschers bemerkbar. Unverkennbar sind die Korruption seiner Beamten, Unruhen, Seuchen, unheilvolle Zeichen des "Himmels", wie Naturkatastrophen. Schließlich verfällt die Ordnung in Anarchie. In einer "Änderung des [Herrschafts]auftrags" 革命 (kakumei), einer Revolution, und der Neuzuweisung der Herrschaft an einen beispielhaften Menschen wird die Ordnung wieder in Einklang mit "Himmel und Erde" gebracht.

Mit diesen Grundtatsachen hatten die Denker der anderen Schulen umzugehen. Herausragende Vertreter dieser Tradition sind neben dem genannten Hayashi Razan z.B. Kaibara Ekiken 貝原益軒 (1630–1714)[15] und Arai Hakuseki 新井白石 (1657–1725)[16].

Historiker sprechen vom Denken des späten 19. Jahrhunderts als "Japanischer Aufklärung". In vieler Hinsicht können wir den Neokonfuzianismus jedoch als eine einheimische asiatische Bewegung der Aufklärung verstehen, d.h. als Aufforderung an den Menschen, sich seines eigenen Verstandes zu bedienen. Es ist kein Zufall, daß das moderne Wort "Aufklärung" 啓蒙 (keimô), wörtlich "Öffnen der Dunkelheit", seine Ursprünge in der Sprache der Neokonfuzianer hat, die ihrerseits an die Lichtmetaphorik des frühen Konfuzianismus anschließt. Als Vertreter einer Bildungsreligion sind Konfuzianer ihrer Möglichkeit nach Aufklärer. Diese Tatsache ist unter dem Eindruck der Aufklärungsbewegung europäisch-amerikanischer Herkunft und ihres monopolistischen Anspruchs auf die Festlegung des Inhalts von Aufklärung in Vergessenheit geraten.

Die Reaktionen auf den Chu-Hsi-Konfuzianismus sind vielfältig. Dazu gehört z.B. die Einbeziehung der shintoistischen Traditionen in den "Geistweg der konfuzianisch Gebildeten" 儒家神道 (juka shintô), der den einheimischen Mythos mit der Klassiker-Interpretation des Chu Hsi vereint und die Symbole der neokonfuzianischen Lehre, wie Yin und Yang, mit den Gottheiten des Mythos identifiziert. Diese Richtung wird z.B. vom alten Hayashi Razan vertreten, der auf die Mythenexegese des Mittelalters zurückgreift.[17]

Zu den Reaktionen gehört auch die Kritik durch die Anhänger des Philosophen Wang Yang-ming 王陽明 (j. Ô Yômei, 1472–1529), die als Yômei Gaku 陽明学, "Yang-ming-Schule", bekannt sind. Sie ergänzen den Gedanken

---

15 GRAF 1942; TUCKER 1989.
16 ACKROYD 1979; NAKAI 1988.
17 TEEUWEN 1996.

eines Prozesses der Bildung durch die Idee der spontanen Erleuchtung. Diese ermöglicht die Aktualisierung des jedem Menschen innewohnenden "ursprünglichen Herzens" 本心 (*honshin*). Auch legen sie Wert auf die "Einheit von Wissen und Handeln" 知行合一 (*chikô gôitsu*). Dem Wissen um das Gute muß die Tat folgen, sonst ist es kein eigentliches Wissen. In dieser Verbindung von Gewissensethik und Spontaneität bringen sie eine Lehre hervor, die gegen Ende der Epoche von Aktivisten und Kritikern des Systems aufgenommen wird. Die Hauptvertreter dieser Richtung sind Nakae Tôju 中江藤樹 (1608–48)[18], Kumazawa Banzan 熊沢蕃山 (1619–91)[19] und Ôshio Heihachirô 大塩平八郎 (1792–1837)[20].

In eine ähnliche Richtung geht die "Herzensschule" 心学 (Shin Gaku) bzw. "Herzensschule des Tores [= Hauses] Ishi[da]" 石門心学 (*Sekimon Shin Gaku*). Ihre Anhänger, Kaufleute, Handwerker, Frauen usw., Personen also, denen der Zugang zur konfuzianischen Wissenschaft versperrt war, entdecken den Gedanken des unmittelbaren Zugangs zum "ursprünglichen Herzen" als Grundlage ihrer gesellschaftlichen Würde, ohne daraus eine weltanschauliche Position bürgerlicher Emanzipation zu entwickeln. Die Schule geht auf den Kaufmann Ishida Baigan 石田梅岩 (1685–1744) zurück.[21]

Zu den Reaktionen gehört auch die gänzliche Ablehnung neokonfuzianischen Denkens. Eine wichtige Position wurde von der neoklassischen "Alten Schule" 古学 (Ko Gaku) vertreten, die in den buddhistischen Ursprüngen der Chu-Hsi-Schule einen elementaren Mangel erblickte und deshalb auf die alten Texte Chinas vor der Verbreitung der Buddha-Lehre zurückging.[22] Ihre wichtigsten Vertreter sind Yamaga Sokô 山鹿素行 (1622–85),[23] Itô Jinsai 伊藤仁斎 (1627–1705)[24] und Ogyû Sorai 荻生徂徠 (1666–1728).[25]

---

18 KRESSLER 1964–65.
19 FISHER 1917/18; ders. 1938.
20 SONG 1982.
21 THONAK 1944; SAWADA 1993.
22 LEINSS 1995.
23 LEINSS 1989.
24 SPAE 1948.
25 LIDIN 1973; ders. 1970; ders. 1999.

2.4 Neoshintoismus

Die Japanische Schule 国学 (Koku Gaku), stellt den Versuch dar, die Frage nach dem Wesen der japanischen Kultur, ihrer Sprache, ihrer Mythen, der Geschichte, der Sitten und Lebensformen mit den Mitteln der Textforschung zu beantworten und die einheimischen Traditionen neu zu beleben.

Ähnlich der neoklassischen Alten Schule ist sie zugleich der Versuch, angesichts einer unbefriedigenden politisch-sozialen Gegenwart Orientierung in der mythischen "alten Zeit" zu finden. Sie richtet sich sowohl gegen den Buddhismus als auch gegen den Konfuzianismus, die sie als Denken fremder, vom Zentrum des wahren Lebens entfernter Kulturen begreift, das dem "Herzen von Yamato" やまとごころ (Yamato gokoro) nicht gemäß sei.

Ihren *Kanon* bilden die "Aufzeichnungen alter Begebenheiten" 古事記 (Koji ki)[26], die "Zehntausend Blätter-Sammlung" 万葉集 (Man'yô shû)[27], die "[Kaiserlichen] Erlasse" 宣命 (senmyô)[28] und die "Ritualgebete" 祝詞 (norito)[29] usw., während die stärker chinesisch beeinflußten Schriften des Altertums, wie z.B. die "Annalen des Sonnenursprungs[landes]" 日本紀 (Nihon gi)[30], und die Schriften der mittelalterlichen Mythenexegese und des zeitgenössischen Konfuzianischen Shinto abgelehnt werden. Freilich stellen auch die Mythen-Auslegung des Mittelalters ebenso wie der Shinto des alten Hayashi Razan usw. Voraussetzungen der Japanischen Schule dar. Die aus ihrer Arbeit hervorgehenden Werke sind hinsichtlich Gründlichkeit der Beweisführung von einer suggestiven Kraft, die bis in das 20. Jahrhundert hinein wirkt.

Als einer der "Vier Großen" 四大人 (yon ushi) der Japanischen Schule[31] gilt Motoori Norinaga 本居宣長 (1730–1801). In seiner Abhandlung "Erste Schritte [auf] des Berges [Pfaden]" うひ山ぶみ (Ui yama bumi)[32] bestimmt er die *Ziele* der Schule als "Studium der Geister / Gottheiten" bzw. "Studium des Weges", "Studium der alten Institutionen und Bräuche", als "Studium der Geschichtswerke" und als "Studium der Lieder". M.a.W. ist die Japanische

---

26 FLORENZ 1919; PHILIPPI 1968.
27 PIERSON 1929–63.
28 ZACHERT 1950.
29 PHILIPPI 1959.
30 FLORENZ 1919; ASTON 1956.
31 Die anderen sind KADA no Azumamaro 荷田春満 (1669–1736), KAMO no Mabuchi 賀茂真淵 (1697–1769) und HIRATA Atsutane 平田篤胤 (1776–1843). DUMOULIN 1940: 590–609; ders. 1943; HAMMITZSCH 1936.
32 NISHIMURA 1987: 449–493.

Schule Sprachwissenschaft, Theologie, Literaturwissenschaft, Geschichtswissenschaft und Volkskunde, in einem Wort Japanische Kulturwissenschaft.

Motoori verkörpert in seinem Denken insbesondere die *Gefühlswerte* des am Lebensgenuß interessierten Teils einer bürgerlich-städtischen Kultur, der sich mit der strengen konfuzianischen Ethik nur schwer befreunden kann. Im Konfuzianismus erblickt Motoori den Audruck provinziellen "chinesischen Denkens", das nur als Herrschaftsinstrument zur Unterdrückung des – ohne Zwang guten – Menschen tauge. "Der [konfuzianische] Weg", schreibt er, "ist im Grunde nichts anderes als eine Lehre, die erdacht worden ist, um ein schwer zu regierendes Reich unter die Herrschaft zu zwingen."[33]

Einen zentralen Ausgangspunkt bildet sein Verständnis der heimischen Geister bzw. Gottheiten 神 (*kami*). Alles Seiende, Gut und Böse ist Ausdruck der *kami*, deren unberechenbares Wesen und Handeln der menschlichen Vernunft nicht zugänglich sind. Dem "Sonnenursprungsland" kommt gegenüber China, dem "Tummelplatz der bösen Geister"[34], der Vorzug zu, als Geburtsland der Sonnengottheit keine "aufrührerischen Geister" zu beherbergen[35].

Der *ideale Mensch* ist für Motoori nicht der konfuzianische "Edle", sondern der "einfache Mann" 凡夫 (*bonbu*), der in Anerkennung der Abhängigkeit von den höheren Mächten sein Leben einrichtet. Der "einfache Mann" ist Teil der Schicksalsgemeinschaft der vergänglichen Wesen, der Menschen, Tiere, Bäume und Blüten. Er begegnet der Welt im "Mitfühlen mit den Wesen" もののあわれ (*mono no aware*).

Denn der *Tod* bedeutet nicht den Eingang in ein Paradies, auch nicht die Auflösung der Seele im kosmischen All des Konfuzianismus, sondern das ewige Verbleiben in einer dunklen und unwirtlichen Unterwelt, dem "Lande der gelben Quellen" 黄泉の国 (*Yomi no Kuni*), von welchem der Mythos berichtet. Das "Mitfühlen mit den Wesen" ist der Ausdruck des "Geistes von Yamato", der sich in der alten Dichtung findet. Und zu ihrem Geist, zur schlichten Äußerung des "wahren / aufrichtigen Herzens" 真心 (*ma gokoro*), zurückzufinden, ist Aufgabe des Menschen. Der Weg hierzu führt über das "harmonische = japanische Lied" 和歌 (*waka*).

Motooris *Geschichtsbild* unterscheidet sich vom konfuzianischen Denken. "Das Zeitalter der *kami* und die heutige Zeit sind in nichts voneinander

---

33 STOLTE 1939: 207.
34 STOLTE 1939: 195.
35 STOLTE 1939: 193. Moderne japanische Beobachter werden dieses eines Tages im Bild Japans als einer "friedfertigen Gesellschaft" 穏やかな社会 (*odayaka na shakai*) ausdrücken.

verschieden", schreibt er[36]. Das bedeutet nicht eine Idealisierung der gegenwärtigen Epoche, sondern die Hervorhebung der Kontinuität der japanischen Geschichte: "Wenn wir prüfen, in welcher Weise von alter Zeit bis heute das Gute und das Böse in der Welt überkommen sind, [stellen wir fest, daß der Verlauf der Dinge] niemals von der Tendenz des Götterzeitalters abgewichen ist; und so können wir von heute bis in die künftigen zehntausend Generationen [den Gang der Dinge als Fortsetzung dieser Tendenz des Götterzeitalters] ermessen." So argumentiert Motoori in seinem Lebenswerk, "Kommentar zu den Aufzeichnungen alter Begebenheiten" 古事記伝 (Koji ki den).[37]

Voraussetzung dieses Grundrhythmus der einheimischen Geschichte ist der "Himmlische Erhabene" 天皇 (tennô). Es handelt sich um einen Herrscher, der, wiewohl "gut" oder "böse", nicht moralischen Bewertungskriterien unterworfen ist: "Soweit Himmel und Erde reichen, solange Sonne und Mond ihr Licht spenden, und wieviel Zehntausende von Geschlechtern auch vorübergehen mögen, unser großer Herrscher bleibt unverändert. Deshalb nannte man in der alten Sprache den Tennô kami, und da er wirklich ein kami ist, ließ man alle Streitereien beiseite, ob er gut oder schlecht sei, und diente ihm voll Ehrfurcht mit allen Kräften."[38] Damit gibt Motoori eine Interpretation der Geschichte, die bis 1945 das in Japan dominante Verständnis bestimmt hat. Maruyama Masao 丸山真男 (1914–96, Staatliche Universität Tokyo) spricht vom "Basso ostinato" des japanischen Geschichtsbewußtseins.[39]

Zu empfehlen ist die Studie von Matsumoto Shigeru 松本滋 (geb. 1933)[40]. Zur Einführung eignen sich auch die Texte von Kamo no Mabuchi 賀茂真淵, Motoori und Hirata Atsutane 平田篤胤, die im zweiten Band der *Monumenta Nipponica* veröffentlicht wurden.[41] Die großen Vertreter der japanischen geistesgeschichtlichen Forschung haben sich mit Motoori Norinaga auseinandergesetzt, z.B. Muraoka Tsunetsugu 村岡典嗣 (1884–1946, Staatliche Tôhoku-Universität in Sendai), Yoshikawa Kôjirô 吉川幸次郎 (1904–80, Staatliche Universität Kyoto) oder Maruyama Masao.[42]

---

36 STOLTE 1939: 194.
37 *Motoori Norinaga zenshû* 本居宣長全集. Bd. 9:130.
38 STOLTE 1939: 202.
39 MARUYAMA 1972: 3–5.
40 MATSUMOTO 1970.
41 DUMOULIN 1939; STOLTE 1939; SCHIFFER 1939. Siehe ferner: HAROOTUNIAN 1988; NOSCO 1990.
42 Muraoka Tsunetsugu in seinem Werk "Motoori Norinaga" von 1911, gefolgt von Tsuda Sôkichi 津田左右吉 (1873–1961) im Rahmen seiner "Studien zum Denken unseres Volkes im Bilde der Literatur" (hier 1918 und 1921), Maruyama Masao in den "Studien zum

2.5 *Die Mito-Schule*

Die "Schule von Mito" 水戸学 (Mito Gaku) gewinnt in den letzten Dekaden der Epoche Bedeutung. Ihre Anfänge liegen in der Mitte des 17. Jahrhunderts, als Tokugawa Mitsukuni 徳川光圀 (1628–1700), Herr des nordostjapanischen Fürstentums Mito ("Wasserhofen"), ein Institut für Geschichte und Zukunftsforschung, das "Amt zur Erhellung [des Vergangenen] und Ergründung [des Kommenden]" 彰考館 (Shôkô Kan), einrichtet. Aufgabe ist die Kompilation der "Geschichte Großjapans" 大日本史 (*Dai Nihon shi*, 73 Bde. Stammannalen, 170 Bde. Biographien, 26 Bde. Topographien, 28 Bde. Tabellen, komp. 1657–1906).[43] In der frühen Zeit sind Gelehrte des chinesischen Taoismus, des indisch-chinesischen Buddhismus und des japanischen Shinto ebenso beteiligt wie Vertreter unterschiedlicher konfuzianischer Strömungen Chinas. Dies entspricht der vom Gründer vertretenen Weltoffenheit: "Er verehrte den Weg der Geister und die Lehre der Gebildeten, und zugleich hatte er Einwände gegen beide. Er achtete den Buddhismus und Taoismus, und zugleich hatte er Einwände gegen beide." So formulierte es Mitsukuni für den eigenen Grabstein.[44]

Die Späte Mito-Schule, deren Anfänge in den 1790er Jahren liegen, zeigt klarere weltanschauliche Konturen.[45] Sie ist gewissermaßen der letzte Versuch der von innerer Insuffizienz und äußerer Bedrohung heimgesuchten alten Gesellschaft, durch die Rückbesinnung auf ihre Ideale das Steuer der Geschichte herumzuwerfen, ein Unterfangen, das freilich von Anbeginn zum Scheitern verurteilt war, da das "Achtinselland" bereits in einem Maße in den Sog der Weltgeschichte geraten ist, daß nur noch die Anerkennung der Gesetze jener weltgeschichtlichen Dynamik das nationale Überleben garantieren, wenn auch nur um den Preis des "japanischen Herzens" und auch das nur für einen kurzen Moment der Weltgeschichte. Dieses macht die Tragik der Späten Mito-Schule aus. Sie ist ein klassisches Beispiel für die von Ivan Morris beschriebene "Würde des Scheiterns" (*nobility of failure*)[46].

Als im Jahr 1824 an der Küste des Städtchens "Großhafen" 大津 (Ôtsu) ein Schiff mit Ausländern landet und damit gegen die Gesetze des Landes verstößt,

---

politischen Denkens Japans" (1952) und Yoshikawa Kôjirô in "Jinsai, Sorai, Norinaga" (1975), um diese vier Werke stellvertretend für viele zu nennen. Übersetzungen: MURAOKA 1964; TSUDA 1970; MARUYAMA 1974; YOSHIKAWA 1983.

43 WEBB 1960.
44 *Mitogaku taikei* 水戸学大系 5:46; HAMMITZSCH 1939: 65.
45 KOSCHMANN 1987.
46 MORRIS 1989.

zögert die Regierung, die in der Konsequenz ihrer Gesetzgebung liegenden Schritte zu unternehmen. Der Gelehrte Fujita Yûkoku 藤田幽谷 (1774–1826), dem die Späte Schule die Grundlinien ihres Ordnungsentwurfs verdankt, bittet in dieser Situation seinen Sohn, zum Ort des Geschehens zu reisen und die "Barbaren" zu töten. Er weiß, daß ein solcher Verstoß gegen die Ordnung die Verhängung der Todesstrafe nach sich ziehen wird. Doch ist eine solche Tat geboten, um die Würde des "Götterlandes" 神国 (shinkoku) zu wahren und den "Geraden Großen Geist von Himmel und Erde" 天地正大之気 (tenchi seidai no ki) zu neuem Leben zu erwecken. Allerdings sind die Ausländer bereits abgereist, so daß die symbolische Handlung nicht stattfinden kann.[47]

Diese Episode offenbart den Geist der Schule von Mito. Aufgabe des "Edelmanns" ist es, seine Kräfte zum besten der menschlichen Ordnung einzusetzen. Der Shogun hat dem "König" / dem "[Himmlischen] Erhabenen" "Verehrung" zuteil werden zu lassen 尊王・尊皇 (sonnô). Dieser Verpflichtung entspricht vor allem die "Vertreibung der Barbaren" 攘夷 (jôi). Kommt er ihr nicht nach, ist es die Pflicht der Territorialfürsten, ihn auf den rechten Weg zurückzuführen. Versäumen dies aber die Fürsten, ist es dem einzelnen Samurai aufgegeben, aus eigener Einsicht und Verantwortung zu handeln, um den Bestand der Ordnung aufrechtzuerhalten. Diese Gedanken wurden im Gründungsmemorandum der Hochschule von Mito, dem "Manifest der Akademie zur Verbreitung des Weges" 弘道館記 (Kôdô Kan ki) von 1837/38, einem der besonders eindrucksvollen Dokumente des untergehenden alten Japan, zusammengefaßt.

Freilich führt dieses Bemühen um die Wiederherstellung der Ordnung zugleich zu ihrer Zerstörung. Denn diejenigen, die sich für sie einsetzen, sehen sich gezwungen, mit Mitteln zu kämpfen, die dieser nicht gemäß sind. Das geschieht dadurch, daß sie das Prinzip der hierarchischen Differenzierung zwischen "Oben" und "Unten", welches der alten Ordnung zugrunde liegt, durch ihre Aktionen außer Kraft setzen. Sie bezeichnen sich als "Edelleute mit [eigenem] Willen" 志士 (shishi).[48] Hierin liegt die Dialektik der Späten Mito-Schule, deren geistiges Wirken weit über die Meiji-Restauration hinaus in eine neue, "barbarische" Zeit reicht.

---

47 CLEMENT 1905.

48 Diese Aktivisten der fünfziger und der sechziger Jahre berufen sich auf die "Neuen Diskurse" 新論 (Shinron) des AIZAWA Seishisai 会沢正志斎 (1782–1863) von 1825, Tôkos "Lied von der Geraden Lebenskraft" 正気歌 (Seiki no uta) von 1845 und seinen "Kommentar zum Manifest der Akademie zur Verbreitung des Weges" 弘道館記述義 (Kôdô Kan ki jutsugi) aus den Jahren 1846–49; HAMMITZSCH 1939; STANZEL 1982; WAKABAYASHI 1986; CHANG 1970; KRACHT 1975.

2.6 *Westliches Wissen*

Westliches Wissen gelangt in drei Strömen nach Japan: als iberische "Gelehrsamkeit der Südbarbaren" 南蛮学 (Nanban Gaku) in den Jahren 1543 bis 1639, als 蘭学 (Ran Gaku) "[Hol]*lan*[d]-Schule" / "Holländische Schule" / "Orchideenwissenschaft" im 18. Jahrhundert und in der ersten Hälfte des 19. Jahrhunderts und als "[West]ozeanische Gelehrsamkeit" 洋学 (Yô Gaku) seit der Öffnung des Landes (1853).

Die iberisch-japanische Wissenschaft beginnt im Todesjahr des Nikolaus Kopernikus (1543) mit der Ankunft der Portugiesen auf dem südjapanischen Eiland "Insel Samenkorn" 種子島 (Tane ga Shima) und dem Nachbau der erworbenen Arkebusen. In den christlichen Elementarschulen und Priesterseminaren werden neben Latein und Portugiesisch, Philosophie und Theologie auch Astronomie, Mathematik, Musik und Malerei unterrichtet, in den Ordenskrankenhäusern westliche Medizin.

Freilich vertraten die Jesuiten nicht die Avantgarde der europäischen Wissenschaft: Auch nach der Kopernikanischen Wende dreht die Sonne der Gegenreformation sich noch um die Erde; und erst gegen Ende des 18. Jahrhunderts wird das neue kopernikanische Weltbild bekannt. "Rund ist der Himmel und quadratisch die Erde" 天円地方 (*t'ien yüan ti fang*), hieß es in der klassischen Kosmologie.[49] Neu ist nun die Erkenntnis der kugelförmigen Gestalt der Erde. Auch die geographischen Kenntnisse wachsen. Beliebt sind Wandschirme mit dem Motiv der Weltkarte, die dem Wunsch nach Weltkenntnis und Weltläufigkeit Ausdruck verleihen.

Natürlich wächst mit der Kenntnis der geopolitischen Verhältnisse auch das Wissen um den Zusammenhang von Mission, Handel und Kolonisierung und damit die Vorsicht vor einer Einbeziehung Japans in die Interessensphäre der iberischen Großmächte. Mit der "Landesabschließung" im Jahr 1639 laufen die Kontakte zum Westen über die Handelsniederlassung der Niederländisch-Ostindischen Kompanie, ab 1641 auf der künstlichen Halbinsel Deshima bzw. Dejima 出島 ("Vorinsel") vor Nagasaki 長崎. Die Haltung der Zentralregierung gegenüber dem Christentum hat Folgen für die Aufnahme des westlichen Wissens. Die Tatsache, daß beides, Glauben und Wissen, Metaphysik und positive Wissenschaft, im iberischen Stadium miteinander verbunden war, bereitet der westlichen Gelehrsamkeit nun Schwierigkeiten.

In seiner Diskussion mit einem japanischen Jesuiten im Jahr 1606 lehnt Hayashi Razan noch rundweg die Behauptung der Kugelgestalt der Erde ab.

---

49 NAKAYAMA 1969.

Sie kann nicht rund sein, da dann der in den Klassikern zu findende Grundsatz keinen Bestand mehr hätte, wonach der "Himmel oben" und die "Erde unten" ist. Das Obensein des Himmels und das Untensein der Erde verkörpern das Prinzip der Trennung von "Oben" und "Unten" in der menschlichen Ordnung und symbolisieren damit die Einheit des Kosmos.[50] Sollte sich erweisen, daß "Unten" "oben" und ein "Oben" "unten" sein kann, müßte das für den Gedanken der sozialen Ordnung unvorhersehbare Folgen haben.

Später setzt sich die Neigung durch, den Erkenntnissen der westlichen Wissenschaften, soweit sie sich auf die materielle Welt beziehen, zu folgen, während man in der Ethik und sozialen Ordnung der europäischen Wissenschaft Unkenntnis unterstellt. Durch diese Trennung der einen Wirklichkeit in die beiden Wirklichkeiten der Physik und Metaphysik ist die Voraussetzung für die Entwicklung einer westlichen Wissenschaft gegeben, einer Form der Gelehrsamkeit, welche die alte Einheit des Wissensbegriffs aufgibt, wonach Erkenntnis zugleich das Wissen um das Sein und das Sollen umfaßte. In diesem Sinne schreibt der Maler Shiba Kôkan 司馬江漢 (1747–1818) in seinen Plaudereien über Malerei in West-Ozeanien 西洋画談 (*Seiyô gadan*): "Mit den japanischen und chinesischen Maltechniken kann man die Wirklichkeit überhaupt nicht malen." "Pinselkraft" 筆力 (*hitsuryoku*) und "Pinselidee" 筆意 (*hitsu'i*), die herkömmlich den spontanen Prozeß des Malens bestimmen, kennzeichnet er als "Spielerei und nutzlose Kunst". In West-Ozeanien dagegen diene die Malerei "allein dem Nutzen des Landes" und sei "nicht zur Spielerei eingerichtet".[51] Ein günstiges Klima bieten die Reformen in den 1720er Jahren, als die praktischen Vorzüge des holländischen Wissens ganz besonders gefragt sind. Den entscheidenden Schritt vollziehen Maeno Ryôtaku 前野良沢 (1723–1803) und Sugita Genpaku 杉田玄白 (1733–1817) mit der Übersetzung der niederländischen Version der *Tabulae anatomicae* des Johan Adam Kulmus, die 1774 im Druck erscheint. Es folgen weitere Schriften zur Chirurgie und Inneren Medizin. Auf dem Gebiet der Astronomie führen Werke in die Theorien von Kopernikus und Newton ein (1792, 1798).[52]

Aus der Begegnung mit den als überlegen erfahrenen Wissenschaften Europas erwächst zugleich die Frage nach den kulturell-gesellschaftlichen Ursachen. Somit finden sich auch Ansätze der Kultur- und Gesellschaftskritik. Bemängelt werden die stark hierarchisch organisierte Gesellschaft, die geringeren Bildungsmöglichkeiten usw. Shiba Kôkan schreibt: "Auch wenn jemand

---

50 MÜLLER 1939.
51 MÜLLER 1971.
52 MA 1961; MÔRI 1942; BOWERS 1970; ders. 1980; ROSNER 1989.

talentiert ist, solange er im Hause eines Bauern, Händlers oder Handwerkers geboren wird, gilt er in unserem Reich als gemein, und man verwendet ihn nicht; wer aber in den Häusern der Fürsten oder des sonstigen Adels geboren wird, den verwendet man, auch wenn er kein Talent besitzt."[53] Aber solche Kritik der Holland-Wissenschaftler richtet sich nicht gegen die Fundamente ihrer Gesellschaft.

Die niederländisch-japanische Wissenschaft bleibt lange Zeit der privaten Initiative überlassen. Erst in den letzten beiden Jahrzehnten der Epoche gelangt sie in die Landesuniversitäten. 1856 wird in der Hauptstadt die "Forschungsstelle für Schriften der Südbarbaren" 蕃書調所 (Bansho Shirabe Sho) eingerichtet. Im Gründungsjahr schreiben sich etwa zweihundert Studenten aus dem ganzen Land ein. Die Grundlage des Unterrichts ist das Studium des Holländischen, in den 1860er Jahren zusehends des Englischen, Deutschen und Französischen.

Die etablierten Kräfte halten sich vorerst noch an die überkommenen Methoden. Sie meiden eine, wie sie sagen, "nutzlose" Wissenschaft, die dem Verdacht des Landesverrats unterliegt (ein besonders gravierender Fall war die Weitergabe einer Landeskarte an Philipp Franz von Siebold). Sie scheuen eine Wissenschaft, welche die Autorität des vererbten Wissens unterläuft und damit den gesellschaftlichen Rang seiner Erben. Sie vermeiden die Nähe der "verderblichen Lehre" des Christentums, dessen "Lügen" auf allerlei Schleichpfaden und verkleidet in mancherlei Gestalten in die Herzen der Menschen zu gelangen suchen, so wie die Kryptochristen es verstanden, ihre Madonnen in den Bäuchen ihrer Buddha-Statuen zu verbergen.

Natürlich ist die Anziehungskraft des Fremden groß, ist es von besonderem Reiz, in barbarischen Kostümen auf Stühlen sitzend an Tischen mit Messer und Gabel zu speisen und einander mit holländischen Namen zu belegen, wie es auf den Neujahrsparties bei Ôtsuki Gentaku 大槻玄沢 (1757–1827) passierte.[54] Allen Verdächtigungen begegnen die Holland-Wissenschaftler durch den Hinweis auf die von dem chinesischen Strategie-Klassiker "Meister Sun" 孫子 (Sun-tzu) betonte Bedeutung des Prinzips 敵を知ろ (teki wo shiro), "Kenne den Feind". Und tatsächlich werden die Gelehrten der Holländischen Wissenschaft zusehends weniger entbehrlich in dem Maße, wie das Land in den Sog der Weltpolitik gerät.

Den Schlußpunkt bildet der von dem Philosophen und Pädagogen Fukuzawa Yukichi 福沢諭吉 (1833–1901), dem Protagonisten der westlich inspirierten

---

53 Vgl. MÜLLER 1971: 422; FRENCH 1974.
54 DORE 1965: 168; GOODMAN 1952.

"japanischen Aufklärung"[55], formulierte Wissensbegriff: Was "Bildung" sei, wird nicht mehr von prinzipiellen Erwägungen bestimmt, sondern von der Antwort auf die pragmatisch gestellte Frage nach dem Nutzwert des Gelernten für das Überleben des Menschen und seiner Nation. "Aufforderung zum Studium" 学問ノスヽメ (Gakumon no susume) lautet der Titel seines in den Jahren 1872–76 entstandenen Hauptwerks, das in drei Jahrzehnten in einer Gesamtauflage von 3,4 Mio. Exemplaren erscheint.[56] Es ist die Aufforderung zum Überlebenskampf in einer Welt, deren wichtigstes Instrument der Selbstbehauptung "praktische Bildung" 実学 (jitsugaku) ist.

Der herausragende Vertreter der japanischen Studien zur Holländischen Wissenschaft in Japan ist der Historiker Numata Jirô 沼田次郎 (geb. 1912). Eine Standard-Einführung aus westlicher Perspektive verdanken wir Grant K. Goodman (geb. 1924).[57]

2.7 Buddhismus

Die neue Gesellschaft ist nicht mehr davon überzeugt, daß diese Welt, wie es im Mittelalter hieß, eine "Welt der Betrübnis" 憂世 (ukiyo) sei. Sie hält zwar an der Erfahrung der "Unbeständigkeit [alles Seienden]" 無常 (mujô) fest, sieht aber in dieser Seinsverfassung die Aufforderung, sich den Freuden dieser Welt zuzuwenden, einer im Strom der Zeit "treibenden Welt [der sinnlichen Freuden]" 浮世 (ukiyo).

Während die buddhistischen Schulen ihr Ideal in der Entsagung von den "Leidenschaften" 煩悩 (bonnô) erblicken und die Hervorbringung von Nachkommen als Verlängerung des Verstricktseins in die Welt sehen, stellt die neue Gesellschaft die Großfamilie, das "Haus" 家 (ie) in den Mittelpunkt ihres sozialen Denkens.

Während die buddhistischen Schulen auf die Gleichheit des Menschen abzielen und von ihm als "einfachem Mann" 凡夫 (bonbu) sprechen, der seinen "Leidenschaften" ergeben sei, betont die neue Gesellschaft die Tatsache der ethisch-moralischen Ungleichheit, welcher eine strenge hierarchische Ordnung entspreche.

Während die buddhistischen Schulen ihr Streben auf das Heil des Menschen nach dem Tode, auf die Erlösung des Menschen, und ihre Hoffnungen auf

---

55 BLACKER 1964; FUKUZAWA 1971.
56 Übersetzung: FUKUZAWA 1969.
57 NUMATA 1982; ders. 1992; GOODMAN 1986.

die Wirkungen der "Buddha-Anrufung" 念仏 (nenbutsu), die heilende Wirkung des Gebets "Gelobt sei der Name des / der Unermeßlichen" 南無阿弥陀仏 (*Namu Amida Butsu*) richten, verlangt die neue Gesellschaft das Engagement ihrer Mitglieder für eine beispielhafte politisch-soziale Ordnung in dieser Welt.

Tatsächlich verlor der Buddhismus im Prozeß der Reichseinigung an Einfluß, zunächst seine politische und militärische Geltung.[58] Seine Einrichtungen werden der staatlichen Kontrolle unterstellt. Andererseits nehmen Mönche der Orden wichtige Positionen auf staatlicher Ebene ein.

Den Tempeln kommt weiterhin eine bedeutende soziale und pädagogische Aufgabe zu. So haben die Tempelbehörden, bei denen sich die Bürger registrieren lassen müssen, für die Einhaltung der gegen das Christentum gerichteten Gesetze zu sorgen. Sie sind zuständig für die Versorgung der Ahnenseelen, denen ein Zuhause gegeben werden muß, damit sie die Gemeinschaft der Lebenden nicht als böse Geister heimsuchen. In jedem "Haus" findet sich neben dem Shinto-Schrein ein buddhistischer Altar, ein "erhöhter Ort für einen Erleuchteten" 仏壇 (*butsudan*), mitten im konfuzianischen 家 ein sakrales Zentrum für die Verständigung mit den Verstorbenen.

Einen wichtigen Beitrag leisten die "Tempelschulen" 寺子屋 (*terako ya*), die eine Vorform der Volksschule darstellen. Sie sind nicht Stätten der religiösen Indoktrination, sondern vermitteln ein breites Repertoire nationaler Bildung, wozu die konfuzianische Ethik ebenso wie die shintoische Tradition gehört. Seine Bereitschaft zum synkretistischen Denken macht den Buddhismus geeignet, als Träger anderer Religionen bzw. Weltanschauungen zu fungieren. Diese Möglichkeit wird ihm erst genommen, als am Ende der frühen Neuzeit von staatlicher Seite eine konsequente "Trennung von Shinto und Buddhismus" 神仏分離 (*shin butsu bunri*) vertreten[59] und dem Shinto als "Staatsshinto" 国家神道 (*kokka shintô*) die Rolle einer Nationalreligion zugewiesen wird.[60]

Wer den Klassiker zur japanischen Geistesgeschichte *Sources of Japanese Tradition*[61] befragt, wird den Eindruck gewinnen, daß der Buddhismus in der Tokugawa-Zeit ausgespielt hat. Nicht einen seiner großen Denker findet man dort erwähnt. Das hat sich in den siebziger und achtziger Jahren geändert. Heute liegen Übersetzungen und Studien zu seinen namhaften Vertretern

---

58 MCMULLIN 1984.
59 KETELAAR 1990.
60 LOKOWANDT 1978; HARDACRE 1989.
61 TSUNODA 1958.

vor.⁶² Auch über die Buddhisten-Verfolgungen gegen Ende der Tokugawa-Zeit sind wir informiert.⁶³ Die kompetenteste Gesamtdarstellung des Zen-Buddhismus der Tokugawa-Zeit in einer westlichen Sprache ist dem Jesuitenpater Heinrich Dumoulin (1905–95) zu verdanken.⁶⁴

3. *Forschungen*

3.1 *Geschichtliches*

Seit über vier Jahrhunderten wird im Westen von den geistigen Verhältnissen Japans berichtet. Zu den Berichterstattern gehörte z.B. Bernhard Varen (1622–50), der die Kenntnisse seiner Zeit in seiner "Beschreibung des japanischen Reiches" (*Descriptio regni Japoniae*) von 1649 zusammenfaßte, oder der Arzt Engelbert Kaempfer (1651–1716), der Japan in den Jahren 1690–92 aus eigener Anschauung kennenlernte. Kaempfers Werk *Geschichte und Beschreibung von Japan* (engl. 1727, niederl. und franz. 1729), das in den Jahren 1777 bis 1779 in deutscher Sprache erschien, verdanken wir grundlegende Kenntnisse über die geistesgeschichtliche Situation der Wende vom 17. zum 18. Jahrhundert.

Die *Deutsche Encyclopaedie* führt im sechzehnten Band aus dem Jahr 1791 ein Stichwort "Japanische Philosophie" auf. In der Nennung der Fakten stützen sich die Autoren auf Kaempfer, in ihrer Bewertung folgen sie seinem Herausgeber Christian Wilhelm Dohm (1751–1820) und dessen aufklärerischen Ideen, die sich mit dem positiven Japan-Bild Kaempfers keineswegs zufrieden geben mochten.⁶⁵ In Japan seien in alten Zeiten die "Stifter der Staaten überhaupt Philosophen genannt" worden. Somit könne man den Jimmu Tennô "für den ersten japanischen Philosophen halten". Durch den Buddhismus sei die "Philosophie des Confucius [...] sehr in die Enge getrieben" worden. "Die Japaner verbannen zwar die Philosophie nicht gänzlich; aber sie verweisen

---

62 TAKUAN 沢庵 (1573–1645), SUZUKI Shôsan 鈴木正三 (1579–1655), BANKEI 盤珪 (1622–93), TETSUGEN 鉄眼 (1630–82), HAKUIN 白隠 (1685–1768), RYÔKAN 良寛 (1758–1831) u.a. WILSON 1986 (Takuan Sôhô); TYLER 1977; KING 1986 (jeweils Suzuki Shôsan); WADDELL 1988 (Bankei Eitaku); SCHWALLER 1989 (Tetsugen); YAMPOLSKY 1971; TANAHASHI 1989 (jeweils Hakuin); WATSON 1977; FISCHER u. BAUER 1981 (Ryôkan).

63 THELLE 1987.

64 DUMOULIN 1986, Bd. 2 (Japan).

65 *Deutsche Encyclopaedie oder Allgemeines Real-Woerterbuch aller Kuenste und Wissenschaften von einer Gesellschaft Gelehrten, Sechzehnter Band, Hom – Jaz.* Frankfurt am Mayn 1791: 772–774.

die speculativischen Betrachtungen in die Klöster. Sie begnügen sich mit der Moral des Confucius. In den übrigen Wissenschaften stehen sie unendlich weit hinter den Europäern zurück." Auch "in den praktischen Theilen der Philosophie herrscht eben eine solche Dürre. Sie ist viel zu irdisch und auf politische Vorteile beschränkt, als daß sich viel Gutes davon sollte sagen lassen. [...] Es herrscht der abscheulichste Despotismus." Ein Ausweg aus dieser Situation sei nicht gegeben. "Sie können nie in Cultur und Aufklärung weiter kommen, wenn man allen Fremden ohne Ausnahme den Eingang versperrt [...]."

Solche Urteile kommen bekannt vor. Die Stichworte sind politischer Opportunismus, fehlende Aufklärung, fehlende spekulative Philosophie, Unterdrückung der Gedankenfreiheit, Fremdenfeindlichkeit und Provinzialismus. Die *Encyclopaedie* endet in dem Hinweis: "Sie strafen ihre Kinder nie am Leibe, auch nicht einmal durch Drohungen, sondern bedienen sich lauter Liebkosungen; alles was sie thun, ist, daß sie weinen und klagen, wenn ihre Kinder nicht gehorsam seyn wollen. Ein sicherer Beweis, daß sie von der eigentlichen Moralität schlechte Begriffe haben, und daß sich alles auf den unumschränkten Willen des Kaisers bezieht." Die Hervorhebung unzulänglicher Moralbegriffe und das wenig günstige Bild von der Tenno-Institution zeigen nochmals Linien der Kontinuität des unter Intellektuellen der modernen Gesellschaften oft zu findenden Bildes vom frühmodernen japanischen Denken. Vor dem Hintergrund solchen Selbstbewußtseins lag es nahe, dem japanischem Denken Mißtrauen entgegenzubringen.

Im letzten Drittel des 19. Jahrhunderts und am Beginn dieses Jahrhunderts bildet auf westlicher Seite den Hintergrund der Studien das theologisch-ethnographische Interesse der Missionare, denen es darum ging, die Voraussetzungen ihrer Arbeit in einer fremden Kultur kennenzulernen, insbesondere die ethischen Grundlagen der kulturellen Eliten. Mit deren Distanzierung vom Konfuzianismus verstummt das theologische Interesse an einer Geistesgeschichte, die vorzugsweise als Geschichte des Konfuzianismus begriffen worden war.

Nach dem Ersten Weltkrieg brach die Beschäftigung mit dem frühmodernen japanischen Denken in den meisten westlichen Ländern ab. Deutschland stellte eine gewisse Ausnahme dar, da die "nationalsozialistische Weltanschauung" in der Geistesgeschichte der frühen Neuzeit, so in der Ethik und Todesbereitschaft der Samurai oder im nationalen Denken der Japanischen Schule und der Schule von Mito, Kongeniales zu entdecken glaubte. In dieser Einschätzung traf sich die deutschsprachige Forschung mit der quasi-offiziellen "Imperialen Geschichtsanschauung" 皇国史観 (*kôkoku shikan*) des japanischen Kriegssystems derselben Zeit. Die Imperiale Geschichtswissenschaft, als deren geistiges

Oberhaupt der nach dem Krieg von der Kaiserlichen Universität Tokyo ausgeschlossene Hiraizumi Kiyoshi 平泉澄 (1895–1984) galt, ging eine enge Verbindung mit den politisch tonangebenden Kräften ein.

Gegen diese Geschichtswissenschaft und die Vorstellung einer "Überwindung der Moderne" 近代の超克 (kindai no chôkoku) wandten sich die "Modernisten" 近代化論者 (kindaika ronsha). Ihnen war es darum zu tun, die Geistesgeschichte der Tokugawa-Zeit auf Anknüpfungspunkte in Richtung Moderne zu untersuchen, etwa die Frage nach einem eigenen Humanismus, einer eigenen Reformation usw. zu stellen. War die westliche Moderne wirklich etwas der japanischen Kultur gänzlich Fremdes? Oder gab es Anknüpfungspunkte?

Nach dem Zweiten Weltkrieg verlagerte sich der Schwerpunkt der westlichen geistesgeschichtlichen Japanforschung nach Nordamerika, wo er bis heute geblieben ist. Zentren sind die Columbia University in New York, wo Ryûsaku Tsunoda 角田柳作 (1877–1964) und seine Schüler wirkten, Michigan, Harvard und Yale, heute auch Berkeley, Los Angeles, Chicago, Seattle und Hawaii.[66] In Europa waren es bzw. sind es z.T. noch München und Bochum, wo Horst Hammitzsch (1909–91) lehrte, Cambridge, London, Oxford, Leiden und Paris. In Deutschland kann man sich heute mit frühmoderner Geistesgeschichte in Bochum, Frankfurt, Göttingen, Hamburg, Heidelberg, Köln, Leipzig, München, Trier, Tübingen und Berlin befassen.

Die amerikanische Forschung stand seit den fünfziger Jahren unter dem Eindruck der "Modernisierungstheorie". Während im marxistischen Verständnis die Verwirklichung des Kommunismus Ziel und Ende der Geschichte darstellt, bildet das Modell der Modernisierungstheoretiker eine an bürgerlichen Idealen orientierte Gesellschaft, die dem positiven Selbstbild der amerikanischen Gesellschaft in den fünfziger Jahren ähnlich sieht. Am Beispiel Japans sollte gezeigt werden, wie auch eine asiatische Gesellschaft aus dem "feudalistischen" Zeitalter in eine bürgerliche Moderne übergehen konnte. Herausragende Vertreter jener Zeit waren z.B. Donald Shively (geb. 1921)[67], Marius Jansen (geb. 1922)[68] und Robert N. Bellah (geb. 1927)[69]. Für die

---

66 Von 155 Japan-Dissertationen, die in den 40er Jahren in den USA fertig wurden, beschäftigte sich eine einzige Dissertation mit der frühmodernen Geistesgeschichte; in den 50er Jahren sind es 10 von 372 Doktorarbeiten, in den 60er Jahren 13 von 603 Arbeiten, in den 70er Jahren 34 von 1.900, in den 80er Jahren 23 Dissertationen von einer noch nicht bekannten Gesamtzahl japanbezogener Dissertationen in den Vereinigten Staaten.

67 SHIVELY (Hg.) 1971.

68 JANSEN (Hg.) 1965.

69 BELLAH 1957.

japanische Modernisierungstheorie steht ganz besonders der Historiker Minamoto Ryôen 源了円 (geb. 1920) mit seinen Forschungen zur Herausbildung des pragmatischen Bildungsbegriffs.[70] Über den heutigen Forschungsstand informiert die genannte Studie von Yamashita.

3.2 *Einführungen*

Es gibt heute keine systematische Gesamtdarstellung des Denkens der Frühmoderne in einer westlichen Sprache. Einführend empfiehlt sich der von Benl und Hammitzsch herausgegebene Band *Japanische Geisteswelt*[71]. Einen Schritt weiter in Umfang und Auswahl geht *Sources of Japanese Tradition,* herausgegeben von Tsunoda und seinen Schülern[72]. Einen Eindruck von der japanischen Forschung, verbunden mit der Möglichkeit, sich in Originaltexte sprachlich einzuarbeiten, gibt der Band *Japanische Geistesgeschichte;* hier finden sich auch Hinweise auf Nachschlagewerke und Sekundärliteratur.[73] Eine gute Einführung in japanischer Sprache bietet z.B. das Werk "Grundwissen zur japanischen Geschichte des Denkens" 日本思想の基礎知識 (*Nihon shisô no kiso chishiki*)[74].

3.3 *Quellenwerke*

Einen bedeutenden Fortschritt für die geistesgeschichtliche Forschung bedeutete die Herausgabe der "Großen [Schriften]sammlung zum japanischen Denken" 日本思想大系 (*Nihon shisô taikei*)[75]. Hier sind grundlegende Werke in annotierten Editionen nachzulesen. Es finden sich auch Einführungen in die Gegenstände und Auflistungen der Standardliteratur. Die Sammlung "Bedeu-

---

70 KRACHT 1985: 24–32.
71 BENL u. HAMMITZSCH 1956.
72 TSUNODA; de BARY; KEENE (Hg.) 1958.
73 KRACHT, LEINSS 1988. Nach wie vor hilfreich: *K.B.S. Bibliography of Standard Reference Books for Japanese Studies with Descriptive Notes.* Bd. V-A (History of Thought, Part 1) 1964; Bd. 3 (History and Biography, Part III) 1965. HOLZMANN, MOTOYAMA et al. 1959.
74 有斐閣 Yûhi Kaku 1977. Siehe auch: 岩波講座『日本歴史』 (*Iwanami kôza "Nihon rekishi"*) "Iwanami-Handbuch 'Japanische Geschichte'". 26 Bde. 岩波書店 Iwanami Shoten 1975–77. 日本思想史講座 (*Nihon shisô shi kôza*) "Handbuch zur Geschichte des japanischen Denkens". 10 Bde., 雄山閣 Yûzan Kaku 1975–78.
75 67 Bde. 岩波書店 Iwanami Shoten 1970–82.

tende japanische Werke" 日本の名著 (*Nihon no meicho*)[76] bietet Texte der Geistesgeschichte in modernen Übersetzungen. Neben den allgemeinen Sammlungen gibt es viele Quelleneditionen zu speziellen Bereichen, wie zur Geistesgeschichte des "einfachen Volkes". Die Werkgesamtausgaben einzelner Denker sind auf eine erhebliche Anzahl angewachsen. Bei der Suche eines Titels als Originalhandschrift oder alter Druck oder neue Druckausgabe hilft das "Gesamtverzeichnis der Schriften [unseres] Landes" 国書総目録 (*Kokusho sô mokuroku*)[77].

3.4. *Bibliotheken*

In Institutsbibliotheken europäischer Universitäten wird man selten fündig. Dafür besitzt die Staatsbibliothek Preußischer Kulturbesitz in Berlin auf diesem Gebiet eine Grundausstattung. Es existiert ein gedruckter Katalog. Werke, die auf diesem Wege nicht zu beschaffen sind, können über die Staatliche Parlamentsbibliothek 国立国会図書館 (*Kokuritsu Kokkai Tosho Kan*) in Tokyo auch im Fernleihverkehr entliehen werden. Soweit es sich um ältere Werke handelt, müssen sie in Japan eingesehen oder in Form von Fotokopien beschafft werden. Wer in Japan arbeiten will, kann sich vorher mit Hilfe des Internet-Katalogs des japanischen National Institute of Informatics (NII) ein Bild davon verschaffen, wo die gesuchten Werke zu finden sind.[78]

3.5. *Bibliographien*

Die bibliographischen Voraussetzungen zur japanischen Geistesgeschichte sind wenig entwickelt. Die westlichsprachige Forschung wurde neuerdings aufgelistet.[79]

Über laufende Forschungen in japanischer Sprache informieren die Bibliographien, die in den monatlich erscheinenden Zeitschriften "Japanische Geschichte" 日本歴史 (*Nihon rekishi*) und "Zeitschrift für Geschichtswissenschaft" 史学雑誌 (*Shigaku zasshi*) abgedruckt werden.

---

76 50 Bde. 中央公論社 Chûô Kôron Sha 1969–79.
77 9 Bde. 岩波書店 Iwanami Shoten 1963–76.
78 http://www.nii.ac.jp
79 KRACHT 2000.

Um einen Überblick über langfristige Entwicklungen zu gewinnen, sind die *Humanities*-Bände der Serie *Introductory Bibliography for Japanese Studies*[80] als erste Hinführung hilfreich. Eine differenzierte Einführung gibt der jährlich erscheinende Band "Rückblick und Ausblick" 回顧と展望 (*Kaiko to tenbô*) der "Zeitschrift für Geschichtswissenschaft".

3.6 *Periodika*

Die "Zeitschrift für japanische Geistesgeschichte" 季刊日本思想史 (*Kikan Nihon shisô shi*) bietet eine große Zahl von Beiträgen auf dem Gebiet des frühmodernen Japan. Die Zahl der einschlägigen Periodika in japanischer Sprache ist erheblich.

Forschungsergebnisse in westlichen Sprachen erschienen in großer Zahl in der Zeitschrift *Transactions of the Asiatic Society of Japan* (*TASJ*). Hier kann der Leser einen Eindruck vom Standard der Forschung von den 1870er Jahren bis zum Ende des Ersten Weltkriegs gewinnen. Seit 1938 berichtet die Zeitschrift *Monumenta Nipponica* (*MN*), die sich wie eine Chronik der einschlägigen Forschungsbemühungen liest. Daneben erscheinen Beiträge in einer großen Zahl von Zeitschriften, deren wichtigste seit 1975 das *Journal of Japanese Studies* (*JJS*) ist.

4. *Aufgaben*

4.1 *Übersetzung*

Am Anfang jeder Arbeit auf diesem Gebiet steht die Aufgabe, die Gedanken der japanischen Quellen in unserer eigenen Sprache nach wissenschaftlichen Methoden abzubilden. Da den Übersetzer die Wörterbücher nicht selten im Stich lassen, sind damit oft tagelange Detailstudien verbunden, in denen er nur wenige Zeilen voranschreitet. Wer die Texte flüssig in der Originalsprache "lesen" will, übergeht z.B. die zahlreichen Zitate aus den klassischen Schriften und reißt damit die Gedanken aus ihren Zusammenhängen. Soweit sie nach den Regeln der Kunst übersetzen, haben westliche Japanologen einen gewissen perspektivischen Vorteil gegenüber japanischen Wissenschaftlern, die auch dann, wenn sie einen älteren Text ins heutige Japanisch übertragen, mit ihrer

---

80 The Japan Foundation (Hg.) 1975ff.

modernen Übersetzung innerhalb des Systems der japanischen Sprache und Schrift verbleiben.

Ebenso wichtig ist der ethische Aspekt: Zuerst sollen die Denker mit Hilfe von Übersetzungen *selbst* sprechen dürfen. Sie sollen die Möglichkeit erhalten, selbst zu sagen, was sie in ihren Schriften sagen wollen. Es geht nicht an, daß wir uns als Japanologen über die Denker stellen und uns darauf beschränken zu berichten und zu deuten, was uns unter dem Gesichtspunkt eines bestimmten eigenen Interesses "wichtig" erscheint.

Es geht aber nicht nur um Quellen. Auch die japanische geistesgeschichtliche Forschung muß wenigstens in ihren besonders herausragenden Ergebnissen vorgestellt werden.

4.2 *Begriffsgeschichte*

In der begriffsgeschichtlichen Forschungen gibt es bislang nur vorsichtige Ansätze. Wenn man auf diesen Mangel unter Nennung der Wörterbücher von Ritter[81], Brunner / Conze / Kosellek[82] usw. hinweist, werden hervorragende Werkzeuge des Geistesgeschichtlers genannt, wie *Mochizukis Großes Wörterbuch des Buddhismus* 望月仏教大辞典 (*Mochizuki Bukkyô dai jiten*)[83] von Mochizuki Shinkô 望月信亨 (1869–1948), das *Große chinesisch-japanische Wörterbuch* 大漢和辞典 (*Dai Kanwa jiten*)[84] von Morohashi Tetsuji 諸橋轍次 (1883–1982), das *Große Wörterbuch der japanischen Geschichte* 国史大辞典 (*Kokushi dai jiten*)[85], das zwanzigbändige *Große Wörterbuch der japanischen Landessprache* 日本国語大辞典 (*Nihon kokugo dai jiten*)[86], das *Lexikon der Philosophie* 哲学事典 (*Tetsugaku jiten*) des Verlags Heibon Sha[87] usw. Solche Antworten zeigen, daß in Japan ausgezeichnete lexikalische Arbeit geleistet wird; andererseits lassen sie aber auch erkennen, wie wenig der Mangel einschlägiger Studien und Wörterbücher empfunden wird; denn keines der genannten Werke könnte von sich den Anspruch erheben, ein begriffsgeschichtliches Wörterbuch des japanischen Denkens zu sein.

---

81 RITTER et al. (Hg.) 1971ff.
82 BRUNNER; CONZE; KOSELLECK (Hg.) 1979–92.
83 10 Bde. 世界聖典刊行会 Sekai Seiten Kankô Kai.
84 12 Bde. u. 1 Bd. 大修館書店 Taishû Kan Shoten 1955–60. Revidierte Ausgabe: 1986.
85 14 & 3 Bde. 吉川弘文館 Yoshikawa Kôbun Kan 1979–97.
86 20 Bde. 小学館 Shôgaku Kan 1972–76. 20 Bde. in 10 Bdn. 1979.
87 平凡社 Heibon Sha 1971.

4.3 *Das Stellen eigener Fragen*

Beispiel: ein Forschungsprogramm mit dem Namen "Japanische Lebensstile". Im Mittelpunkt steht die Kultur des Anstands, ihre Genese und ihr gegenwärtiges Aussehen. Das wichtigste Textgenre bilden Anstandsbücher, Bücher für nichtjuridische allgemeine Normen, Normen des Lebenszyklus und des Jahreszyklus[88]. Wenn ich mit japanischen Historikern über dieses Vorhaben spreche, ist die Reaktion oft Verwunderung. "Ihr Spezialgebiet ist doch die Geistesgeschichte!" heißt es. Ich erkläre dann, daß das große Thema der konfuzianischen Denker die menschliche Ordnung ist, daß im Zentrum der Fünf Kardinaltugenden die Tugend des rituell anständigen Verhaltens 礼 steht usw. und daß es sich um ein geistesgeschichtlich wichtiges Thema handle. Mein Gesprächspartner versteht, hätte es aber doch lieber, wenn sein ausländischer Kollege sich mit einem klassischen Thema der geistesgeschichtlichen Forschung beschäftigte.

Es ist empfehlenswert, sich von den jeweils vorherrschenden Interessenschwerpunkten der japanischen Akademia nicht allzu sehr leiten zu lassen, sondern von eigenen Fragen auszugehen. Japanologische Forschung außerhalb Japans kann dort ihre eigenen Möglichkeiten entfalten, wo sie davon Abstand nimmt, japanische Vorlieben zu duplizieren.

4.4 *Vermittlung*

Japanologen neigen auf dem Gebiet der Geistesgeschichte dazu, eine hermetische Sprache zu pflegen, die demjenigen, der nicht Gelegenheit hatte, sich auf das Studium der japanischen Sprache und Kultur einzulassen, unverständlich bleiben muß. Japanologen sollten transparent schreiben und sprechen, d.h. so, wie sie möchten, daß zu ihnen selbst ein Arabist, ein Indologe oder Vietnamist sprechen soll, um sich ihnen verständlich zu machen.

4.5 *Komparatistik*

Wenn über japanische Geistesgeschichte gesprochen wird, werden Vergleiche mit europäischen" Verhältnissen getroffen, die allzu oft nichts anderes sind als das Ergebnis einer unfruchtbaren Dialektik europäologischer und japano-

---

[88] KRACHT 1998–99.

logischer Verallgemeinerung, die äußerlichen Ähnlichkeiten aus ihren Zusammenhängen isolierter Phänomene folgt. Aber auch dort, wo nicht ausdrücklich verglichen wird, werden implizit vergleichende Kategorien angewendet. Man spricht von "Feudalismus", "Mittelalter", "Individualismus" usw. Die geistesgeschichtliche Forschung braucht klare methodische Konzepte komparatistischer Aussagen. Die Begriffe der europäischen Humanwissenschaften haben sich oft noch nicht an außereuropäischen Erfahrungen hinreichend bewährt, weshalb ihr Beschreibungsradius allzu oft ungeklärt ist. Die Vertreter der außereuropäischen Studien können daran mitwirken, die Beschreibungsfähigkeit der analytischen Begriffe zu verbessern.

4.6 *Forschungsgeschichte*

Die japanische geistesgeschichtliche Forschung hat sich erstaunlich wenig mit ihrer eigenen Geschichte auseinandergesetzt. Hierfür gibt es nicht zuletzt soziale Gründe in der japanischen Akademia. Es liegt nahe, daß ausländische Japanologen dieses Gebiet mit bearbeiten. Sie können dieses aus größerer sozialer Distanz tun.

4.7 *Arbeit mit nicht edierten Quellen*

Eine handwerkliche Voraussetzung japanologischer Arbeit ist in den seltensten Fällen erfüllt: die Fähigkeit, mit Handschriften 写本 (*shahon*) und alten Drukken 古版本 (*ko hanpon*) umzugehen. Da insbesondere für die frühe Neuzeit gilt, daß ein Großteil des Überlieferten nicht in modernen Druckausgaben vorliegt, kommt dieser Fähigkeit große Bedeutung zu. In den vergangenen beiden Jahrzehnten wurde sie im deutschen Sprachgebiet insbesondere in Frankfurt vermittelt.[89]

---

89 Die Arbeiten finden sich in der von Ekkehard May herausgegebenen Reihe *Bunken – Studien und Materialien zur japanischen Literatur,* Wiesbaden. Vgl. z.B. WALTERMANN 1992.

5. Warum frühmodernes Denken?

Wer sich während seines Studiums allein mit der Moderne sprachlich auseinandergesetzt hat, wird später selten die Voraussetzungen erwerben, sich mit der Vormoderne zu befassen. Wer sich in seinem Studium mit der Frühmoderne befaßt, eignet sich jedoch die sprachlichen Kenntnisse an, die gleichzeitig die Beschäftigung mit Altertum, Mittelalter und Moderne ermöglichen. In der Frühmoderne sammelt sich im Brennglas ihres Denkens die bisherige Geistesgeschichte und Sprachgeschichte Japans. Ihr Studium ermöglicht es, die geistigen Voraussetzungen der Moderne aus der Tradition besser zu verstehen.

Was auf das frühmoderne Denken folgte, war die Verarbeitung der europäisch-amerikanischen Moderne. Diese konfrontiert uns im Prinzip mit Gedanken, die wir in ihrer ursprünglichen Form bereits kennen. Damit besteht die Gefahr, in der Begegnung mit der zweiten und dritten japanischen Moderne und ihrer Europa- und Amerika-Rezeption uns in den eigenen europa-amerikazentrischen Erfahrungen und Urteilen bestärkt zu sehen. Denn nirgendwo finden wir überzeugtere Verfechter der europäisch-amerikanischen Moderne als im Japan der vergangenen anderthalb Jahrhunderte. Wer japanisches Denken jenseits des Eurozentrismus kennenlernen möchte, soll modernes Japanisch lernen, dazu die klassischen chinesischen und japanischen Sprachstile und ein Fach aus dem Spektrum der europäisch-amerikanischen Geistes- und Gesellschaftswissenschaften und sich damit auf den Weg in die Welten der ostasiatischen Vormoderne begeben.

Literaturverzeichnis

ACKROYD, Joyce [Irene]
1979   *Told Round a Brushwood Fire. The Autobiography of Arai Hakuseki.* Translated with an Introduction and Notes. Tokyo: University of Tokyo Press.

ARMSTRONG, Cornell
1914   *Light from the East. Studies in Japanese Confucianism.* Toronto.

ASTON, W.G.
1956   *Nihongi. Chronicles of Japan from the Earliest Times to A.D. 697.* London.

BELLAH, Robert N.
1957   *Tokugawa Religion. The Values of Pre-Industrial Japan.* New York, London.

BENL, Oscar; HAMMITZSCH, Horst
1956   *Japanische Geisteswelt. Vom Mythus zur Gegenwart.* Texte ausgewählt und eingeleitet. Baden-Baden.

BLACKER, Carmen
1964   *The Japanese Enlightenment. A Study of the Writings of Fukuzawa Yukichi.* Cambridge.

BOWERS, John Z.
1970   *Western Medical Pioneers in Feudal Japan.* Baltimore u. London.
1980   *When the Twain Meet. The Rise of Western Medicine in Japan.* Baltimore u. London.

BOXER, Charles Ralf
1951   *The Christian Century in Japan, 1549–1650.* Berkeley, Los Angeles, London.

BRUNNER, Otto; CONZE, Werner; KOSELLECK, Reinhart (Hg.)
1979–92   *Geschichtliche Grundbegriffe. Historisches Lexikon zur politisch-sozialen Sprache in Deutschland.* 7 Bde. Stuttgart.

CHAMBERLAIN, Basil Hall
1990   *ABC der japanischen Kultur. Ein historisches Wörterbuch (Things Japanese).* Mit einer Einführung von Erwin WICKERT. Zürich. Erstausgabe: *Things Japanese. Being Notes on Various Subjects Connected with Japan.* London: K. Paul, Trench, Trubner, Tokyo: Hakubunsha 1890. Neudruck: *Japanese Things.* Rutland, Vermont, Tokyo 1985.

CHANG, Richard T.
1970   *From Prejudice to Tolerance: A Study of the Japanese Image of the West, 1826–1864.* Tokyo (Monumenta Nipponica Monograph).

CLEMENT, Ernest W.
1905   "The Mito Samurai and British Sailors in 1824", in: *TASJ* 33: 83–131.

COUVREUR, Séraphin
1913   *Li Ki ou Mémoires sur les bienséances et les cérémonies.* 2 Bde. Ho Kien Fou.

DORE, Ronald P.
1965   *Education in Tokugawa Japan.* Berkeley, Los Angeles.

DUMOULIN, Heinrich
1939   "Kamo Mabuchi: Kokuikô. Gedanken über den 'Sinn des Landes'", in: *MN* 2.1: 165–192.
1940   "Sô-gakkô-kei. Kada Azumamaro's Gesuch um die Einrichtung einer Kokugaku-Schule. Übersetzt und erklärt", in: *MN* 3: 590–609.
1943   *Kamo Mabuchi (1697–1769). Ein Beitrag zur japanischen Religions- und Geistesgeschichte. Erster Band: Die Überwindung des Synkretismus.* Tokyo.
1986   *Geschichte des Zen-Buddhismus.* Bd. 2 (Japan). Bern.

ELISON, George
1973   *Deus Destroyed. The Image of Christianity in Early Modern Japan.* Cambridge, Massachusetts.

FISCHER, Jakob; BAUER, Erich
1981   *Tautropfen auf einem Lotosblatt. Leben und Poesie des japanischen Dichters Ryôkwan.* Grünstadt.

FISHER, Galen M.
1917/18   "Kumazawa Banzan", in: *TASJ* 45.2: 139–175.
1938   "Kumazawa Banzan. His Life and Ideas", in: *TASJ,* 2nd ser. 16: 221–258.

FLORENZ, Karl
1919   *Die historischen Quellen der Shinto-Religion.* Göttingen, Leipzig.

FRENCH, Calvin L.
1974   *Shiba Kôkan. Artist, Innovator, and Pioneer in the Westernization of Japan.* New York, Tokyo.

FUKUZAWA, Yukichi
- 1969 *An Encouragement of Learning.* Transl. David A. DILWORTH. Tokyo (Monumenta Nipponica Monograph).
- 1971 *Eine Autobiographische Lebensbeschreibung.* Übersetzt von Gerhard LINZBICHLER, Tokyo.

GOODMAN, Grant K.
- 1952 "A Translation of Ôtsuki Gentaku's Ransetsu Benwaku", in: *Occasional Papers, Center for Japanese Studies,* No.3, Ann Arbor: 71–99.
- 1986 *Japan. The Dutch Experience.* London, Dover, New Hampshire.

GRAF, Olaf
- 1942 *Kaibara Ekiken. Ein Beitrag zur japanischen Geistesgeschichte des 17. Jahrhunderts und zur chinesischen Sung-Philosophie.* Leiden.

HAMMITZSCH, Horst
- 1936 *Hirata Atsutane. Ein geistiger Kämpfer Japans.* Tokyo, Leipzig.
- 1939 "Die Mito-Schule und ihre programmatischen Schriften Bairi Sensei Hiin, Kodokanki, Kodokangakusoku und Seiki no Uta in Uebersetzung. Ein Beitrag zur Geistesgeschichte der Tokugawa-Zeit", in: *MOAG* 31, Teil B.

HARDACRE, Helen
- 1989 *Shintô and the State, 1868–1988.* Princeton, N.J.

HAROOTUNIAN, Harry D.
- 1988 *Things Seen and Unseen. Discourse and Ideology in Tokugawa Nativism.* Chicago, London.

HARRINGTON, Ann Mary
- 1993 *Japan's Hidden Christians.* Chicago.

HOLZMANN, Donald; MOTOYAMA, Yukihiko et al.
- 1959 *Japanese Religion and Philosophy. A Guide to Japanese Reference and Research Materials.* Ann Arbor, Michigan (The University of Michigan Center for Japanese Studies, Bibliographical Series, Number 7).

IGLEHART, Charles Wheeler
- 1959 *A Century of Protestant Christianity in Japan.* Tokyo, Rutland, Vt.

IKADO, Fujio; MCGOVERN, James R.
- 1966 *A Bibliography of Christianity in Japan. Protestantism in English Sources (1859–1959).* Tokyo.

Jansen, Marius (Hg.)
  1965   *Changing Japanese Attitudes Toward Modernization.* Princeton, N.J.
[The] Japan Foundation (Hg.)
  1975ff.   *An Introductory Bibliography for Japanese Studies.* Tokyo.
Karlgren, Bernhard
  1950a   *The Book of Documents.* Stockholm.
  1950b   *The Book of Odes. Chinese Text, Transcription and Translation.* Stockholm.
K.B.S. Bibliography of Standard Reference Books for Japanese Studies with Descriptive Notes
  1964   [Bitô, Masahide; Ienaga, Saburô; Inoue, Mitsusada; Kuno, Osamu] Bd. V-A (History of Thought, Part 1). Tokyo: Kokusai Bunka Shinkokai (The Society for International Cultural Relations).
  1965   [Inoue, Mitsusada; Kodama, Kôta; Ôkubo, Toshiaki; Toyoda, Takeshi; Yamaguchi, Kazuo] Bd. 3 (History and Biography, Part III). Tokyo: Kokusai Bunka Shinkokai (The Society for International Cultural Relations).
Ketelaar, James Edward
  1990   *Of Heretics and Martyrs in Meiji Japan. Buddhism and Its Persecution.* Princeton, N.J.
King, Winston L.
  1986   *Death Was His Kôan. The Samurai-Zen of Suzuki Shôsan.* Berkeley (Nanzan Studies in Religion and Culture, [5]).
Koschmann, J. Victor
  1987   *The Mito Ideology. Discourse, Reform, and Insurrection in Late Tokugawa Japan, 1790–1864.* Berkeley, Los Angeles, London.
Kracht, Klaus
  1975   *Das Kôdôkanki-jutsugi des Fujita Tôko (1806–1855). Ein Beitrag zum politischen Denken der Späten Mito-Schule.* Wiesbaden (Studien zur Japanologie. Monographien zur Geschichte, Kultur und Sprache Japans, Bd. 12).
  1985   *Studien zur Geschichte des Denkens im Japan des 17. bis 18. Jahrhunderts. Chu-Hsi-konfuzianische Geistdiskurse.* Wiesbaden (Veröffentlichungen des Ostasien-Instituts der Ruhr-Universität Bochum, Bd. 31).
  1998–99   "Anstand und Etikette in Japan. Ein Forschungsgebiet", in: *Japonica Humboldtiana* 2 und 3.

2000	*Japanese Thought in the Tokugawa Era. A Bibliography of Western-Language Materials.* Wiesbaden (Izumi. Quellen, Studien und Materialien zur Kultur Japans, Bd. 6).

KRACHT, Klaus; LEINSS, Gerhard (Bearb.)
1988   *Japanische Geistesgeschichte.* Mit einer Einführung von Olof G. LIDIN, Wiesbaden (Japanische Fachtexte. Herausgeben von Bruno LEWIN, Bd. 3).

KRESSLER, Oscar
1964–65   "Leben und Werk des Nakae Tôju", in: *NOAG* 95–98.

LAURES, Johannes
1957   *Kirishitan Bunko. A Manual of Books and Documents on the Early Christian Mission in Japan.* With special reference to the principal libraries in Japan and more particularly to the collection at Sophia University, Tôkyô. With an appendix of ancient maps of the Far East, especially Japan. Third, revised and enlarged edition. Tokyo (Monumenta Nipponica Monographs, No. 5).

LEGGE, James
1960   *The Chinese Classics.* 5 Bde. Neuauflage: Hongkong (darin *Shih-ching, Shu-ching, Ch'un-ch'iu* u. *Tso-chuan, Lun-yü, Meng-tzu, Chung-yung* und *Ta-hsüeh*).

LEINSS, Gerhard
1989   *Yamaga Sokôs "Kompendium der Weisenlehre" (Seikyô yôroku). Ein Wörterbuch des neoklassischen Konfuzianismus im Japan des 17. Jahrhunderts.* Übersetzt, annotiert und eingeleitet. Wiesbaden (Izumi. Quellen, Studien und Materialien zur Kultur Japans, Bd. 1).
1995   *Japanische Anthropologie. Die Natur des Menschen in der konfuzianischen Neoklassik am Anfang des 18. Jahrhunderts. Jinsai und Sorai.* Wiesbaden (Izumi. Quellen, Studien und Materialien zur Kultur Japans, Bd. 2).

LIDIN, Olof G.
1970   *Ogyû Sorai. Distinguishing the Way (Bendô).* Translated with an Introduction and Notes. Tokyo: Sophia University (A Monumenta Nipponica Monograph).
1973   *The Life of Ogyû Sorai. A Tokugawa Confucian Philosopher.* Lund: Studentlitteratur (Scandinavian Institute of Asian Studies Monograph Series, No. 19).

1999   *Ogyû Sorai's Discourse on Government (Seidan). Translated, with an Introduction and Notes.* Wiesbaden (Izumi. Quellen, Studien und Materialien zur Kultur Japans, Bd. 5).

Lokowandt, Ernst
1978   *Die rechtliche Entwicklung des Staatsshintô in der ersten Hälfte der Meiji-Zeit (1868–1890).* Wiesbaden.

Ma, Eikoh
1961   "The Impact of Western Medicine in Japan. Memoirs of a Pioneer, Sugita Gempaku, 1733–1817", in: *Archives Internationales d'Histoire des Sciences* 14.54/55: 65–84, 253–273.

Maruyama Masao 丸山真男
1972   *Rekishi shisô shû.* Chikuma Shobô (Nihon no shisô, 6). 『歴史思想集』筑摩書房 (日本の思想, 6).
1974   *Studies in the Intellectual History of Tokugawa Japan.* Translated by Mikiso Hane. Tokyo.

Matsumoto, Shigeru
1970   *Motoori Norinaga, 1730–1801.* Cambridge, Massachusetts.

May, Ekkehard
1983   *Die Kommerzialisierung der japanischen Literatur in der späten Edo-Zeit (1750–1868). Rahmenbedingungen und Entwicklungstendenzen der erzählenden Prosa im Zeitalter ihrer ersten Vermarktung.* Wiesbaden.

McMullin, Neil
1984   *Buddhism and the State in Sixteenth-Century Japan.* Princeton, N.J.

Môri, Kôichi
1942   "Rangaku kotohajime (Die Anfänge der 'Holland-Kunde'). Von Sugita Gempaku (1733–1818)", in: *MN* 5: 215–236.

Morris, Ivan
1989   *Samurai oder von der Würde des Scheiterns. Tragische Helden in der Geschichte Japans.* Aus dem Amerikanischen von Ursula Gräfe und Gunther Ludwig. Frankfurt.

Müller, Hans
1939   "Hai-Yaso. Anti-Jesus. Hayashi Razan's antichristlicher Bericht über eine konfuzianisch-christliche Disputation aus dem Jahre 1606", in: *MN* 2.1: 268–275.

Müller, Klaus
1971   "Shiba Kôkan und sein Seiyô-gadan als Beispiel für die

Entstehung kunstfremder Einflüsse in der westlichen Malerei der Edo-Zeit", in: *Asien. Tradition und Fortschritt. Festschrift für Horst Hammitzsch zu seinem 60. Geburtstag.* Herausgegeben von Lydia BRÜLL und Ulrich KEMPER. Wiesbaden.

MURAOKA, Tsunetsugu
1964   *Studies in Shinto Thought.* Translated by Delmer M. BROWN and James T. ARAKI, Tokyo.

NAKAI, Kate Wildman
1988   *Shogunal Politics. Arai Hakuseki and the Premises of Tokugawa Rule.* Published by Council on East Asian Studies. Harvard University distributed: Cambridge, Massachusetts, London.

NAKAMURA, Hajime
1964   *Ways of Thinking of Eastern Peoples. India — China — Tibet — Japan.* Revised English translation edited by Philip P. WIENER. Honolulu, Hawaii.
1969   *A History of the Development of Japanese Thought from A.D. 592 to 1868.* Bd. 2. Tokyo.
1976   *Parallel Developments. A Comparative History of Ideas.* Edited by Ronald BURR. With a preface by Charles MORRIS. Tokyo, New York.
1982   *Ansätze modernen Denkens in den Religionen Japans.* Übersetzt von Siegfried SCHULTZ in Verbindung mit Anke SCHOMAKER-HUETT. Leiden.

NAKAYAMA, Shigeru
1969   *A History of Japanese Astronomy. Chinese Background and Western Impact.* Cambridge, Massachusetts.

NISHIMURA, Sey
1987   "First Steps into the Mountains. Motoori Norinaga's Uiyamabumi", in: *MN* 42.4: 449–493.

NOSCO, Peter
1990   *Remembering Paradise. Nativism and Nostalgia in Eighteenth-Century Japan.* Cambridge, Massachusetts, London.

NUMATA, Jirô
1982   "Studies in the History of Yôgaku. A Bibliographical Essay", in: *AA* 42: 75–101.
1992   *Western Learning. A Short History of the Study of Western Science in Early Modern Japan.* Tokyo.

Philippi, Donald L.
1959 *Norito. A New Translation of the Ancient Japanese Ritual Prayers.* Tokyo.
1968 *Kojiki.* Tokyo.

Pierson, J. L.
1929–63 *The Manyôsû. Translated and Annotated.* 20 Bde. Leyden.

Ritter, Joachim et al. (Hg.)
1971ff. *Historisches Wörterbuch der Philosophie.* Darmstadt.

Rosner, Erhard
1989 *Medizingeschichte Japans.* Leiden, New York, København, Köln.

Sawada, Janine Anderson
1993 *Confucian Values and Popular Zen. Sekimon Shingaku in Eighteenth-Century Japan.* Honolulu.

Schiffer, Wilhelm
1939 "Hirata Atsutane: Taidô Wakumon. Es fragte einer nach dem Grossen Weg...", in: *MN* 2.1: 212–236.

Schwaller, Dieter
1989 *Der japanische Ôbaku-Mönch Tetsugen Dôkô. Leben, Denken, Schriften.* Bern, Frankfurt am Main, New York, Paris.

Shively, Donald H., (Hg.)
1971 *Tradition and Modernization in Japanese Culture.* Princeton, N.J.

Spae, Joseph John
1948 *Itô Jinsai. A Philosopher, Educator and Sinologist of the Tokugawa Period.* Peiping: The Catholic University of Peking (Monumenta Serica. Journal of Oriental Studies of the Catholic University of Peiping, Monograph, Bd. 12).

Song, Whi-chil
1982 *Yômeigaku as a Philosophy of Action in Tokugawa Japan. Ôshio Heihachirô (1793–1837) and His Rebellion in 1837.* Ph.D. thesis. University of Southern California.

Stanzel, Volker
1982 *Japan. Haupt der Erde. Die 'Neuen Erörterungen' des japanischen Philosophen und Theoretikers der Politik Aizawa Seishisai aus dem Jahr 1825.* Würzburg.

Stolte, Hans
1939 "Motoori Norinaga: Naobi no Mitama. Geist der Erneuerung", in: *MN* 2.1.

TANAHASHI, Kazuaki
1989 *Der Zen-Meister Hakuin Ekaku.* Aus dem Japanischen und Englischen übersetzt und herausgegeben von Franziska EHMCKE. Köln.

TEEUWEN Mark
1996 *Watarai Shintô. An Intellectual History of the Outer Shrine in Ise.* Leiden (CNWS Publications, 52).

THELLE, Notto R.
1987 *Buddhism and Christianity in Japan. From Conflict to Dialogue, 1854–1899.* Honolulu.

THONAK, Otto
1944 *Über den Ideengehalt der japanischen Herzenslehre und die Organisation der auf sie gegründeten Volkserziehungsbewegung.* Diss. Berlin.

TSUDA, Sôkichi
1970 *An Inquiry into the Japanese Mind as Mirrored in Literature. The Flowering Period of Common People Literature.* Translated by Fukumatsu MATSUDA. Compiled by Japanese National Commission for UNESCO, Tokyo.

TSUNODA, Ryûsaku; de BARY, Wm. Theodore; KEENE, Donald (Hg.)
1958 *Sources of Japanese Tradition.* New York, London.

TUCKER, Mary Evelyn
1989 *Moral and Spiritual Cultivation in Japanese Neo-Confucianism. The Life and Thought of Kaibara Ekken, 1630–1714.* Albany.

TYLER, Royall
1977 *Selected Writings of Suzuki Shôsan.* Ithaca, New York (Cornell University East Asia Papers, 13).

WADDELL, Norman
1988 *Meister Bankei. Die Zen-Lehre vom Ungeborenen. Leben und Lehre des großen japanischen Zen-Meisters Bankei Eitaku (1622–1693).* Aus den japanischen Quellen herausgegeben. Einzig berechtigte Übersetzung aus dem Englischen von Jochen EGGERT. Bern, München, Wien.

WAKABAYASHI, Bob Tadashi
1986 *Anti-Foreignism and Western Learning in Early-Modern Japan. The New Theses of 1825.* Cambridge, Massachusetts, London.

WALTERMANN, Claudia
  1992 *Das Dangibon "Himpuku godô no chikamichi" von Ippitsuan shujin (1851). Textedition, Übersetzung und genregeschichtliche Einordnung* (Bunken: Studien und Materialien zur Kultur Japans, Bd. 2). Wiesbaden.
WATSON, Burton
  1977 *Ryôkan. Zen Monk-Poet of Japan.* New York.
WEBB, Herschel
  1960 "What is the Dai Nihon Shi", in: *JAS* 19.
WHELAN, Christal
  1996 *The Beginning of Heaven and Earth. The Sacred Book of Japan's Hidden Christians.* Translated and Annotated. Honolulu.
WILHELM, Richard
  1916 *Mong Dsi (Meng Ko).* Jena.
  1918 *Kungfutse, Gespräche (Lunyü).* Jena.
  1924 *I Ging. Das Buch der Wandlungen.* Jena.
WILSON, William Scott (Übers.)
  1986 [Takuan Sôhô:] *The Unfettered Mind. Writings of the Zen Master to the Sword Master.* Tokyo, New York, London.
YAMASHITA, Samuel Hideo
  1996 "Reading the New Tokugawa Intellectual Histories", in: *JJS* 22.1: 1–48.
YAMPOLSKY, Philip B.
  1971 *The Zen Master Hakuin. Selected Writings.* New York.
YOSHIKAWA, Kôjirô
  1983 *Jinsai, Sorai, Norinaga. Three Classical Philologists in Mid-Tokugawa Japan.* Translated by KIKUCHI Yûzô. Tokyo.
ZACHERT, Herbert
  1950 *Semmyô. Die kaiserlichen Erlasse des Shoku-Nihongi.* Berlin.

Philosophie und Geistesgeschichte der Moderne

Johannes Laube

1. Begriffe

1.1 Begriff des "modernen Japan"

Es ist eine Binsenwahrheit, daß die *Moderne*, d.h. die *Neuzeit* (jap. *kindai* 近代) in den einzelnen Kulturen dieser Welt nicht gleichzeitig beginnt. Schon in Europa kennzeichnet *Ungleichzeitigkeit* den Anbruch der Moderne in den einzelnen europäischen Ländern. Nach Romano Guardini beginnen sich die "Weltgestalt", d.h. die typische mittelalterliche Weltordnung, und die "menschlich-kulturelle Haltung" des Mittelalters im 14. Jahrhundert aufzulösen, und "der Prozeß geht durch das 15. und 16. hin und verdichtet sich im 17. Jahrhundert zu einem deutlich bestimmten Bild".[1]

Gewöhnlich rechnet man den Beginn der Moderne *in Japan* ab der Mitte des 19. Jahrhunderts, d.h. mit der Einführung der westlichen Zivilisation in Japan, insbesondere gefördert durch die Regierung des Kaisers Meiji ab 1868. Aber wenn schon umstritten ist, was denn eigentlich beispielsweise im Bereich des politischen oder des wirtschaftlichen Systems der Meiji-Zeit die Merkmale der Modernität seien, dann kann man sich erst recht streiten, ob und wann im Bereich des Kulturellen, speziell in Kunst, Religion und Philosophie die Moderne in Japan aufkam und was ihr Erkenntniskriterium sei. Wenn man z.B. das Erwachen der von der *Natur* und von der *Nation* emanzipierten intellektuellen und ethischen *Autonomie des individuellen Subjekts* (im Sinne Kants) sowie ihre theoretische Begründung und praktische Ausübung zum Kriterium der Moderne macht, dann beginnt die Moderne in Japan erst nach dem Zweiten Weltkrieg.

---

1 R. GUARDINI: *Das Ende der Neuzeit*. Würzburg: Werkbund 1950: 37.

1.2 *Zum Begriff der "Geistesgeschichte in Japan"*

Im Begriff der "Geistesgeschichte" verbinden sich nach einer Untersuchung von Lutz Geldsetzer im *Historischen Wörterbuch der Philosophie*[2] vier Forschungstraditionen: erstens die Suche der Autoren der Aufklärung nach den den jeweiligen Zeitaltern oder Völkern eigentümlichen "Geistern" (z.B. bei Voltaire); zweitens die von der christlichen Geist-Theologie (= Pneumatologie) beeinflußte Philosophie des Deutschen Idealismus, die in Hegel gipfelt, der schreibt: "Die wesentliche Kategorie ist die *Einheit* aller dieser verschiedenen Gestaltungen, daß *Ein* Geist nur ist, der sich in den verschiedenen Momenten manifestiert und auslegt" (vgl. *Vorlesungen über die Geschichte der Philosophie*); drittens die im 19. Jahrhundert aufkommende Trennung der Naturwissenschaften und Geisteswissenschaften, nach der es innerhalb der historischen Betrachtungsweise folgerichtig neben einer Naturgeschichte auch eine Geistesgeschichte geben muß (z.B. bei Schlegel); viertens die Lebensphilosophie, die das Verhältnis von "Leben" und "Geist" neu bestimmte und die "Geistesgeschichte" als eine auch die Religionsgeschichte, Kunstgeschichte, Literaturgeschichte usw. einbeziehende interdisziplinäre Forschungsmethode begründete (vor allem Dilthey).

Insofern "Geistesgeschichte" also ein interdisziplinäres Arbeitsprogramm anzeigt, könnte sie heute von besonders aktueller Bedeutung sein. Insofern sie aber die Kräfte eines einzelnen Forschers übersteigt und die einzelnen Forscher – im Gegenteil – immer tiefer in die Einzelheiten ihres jeweiligen Forschungsgebiets eindringen (im Sinne des "Immer mehr Wissens von immer kleineren Details"), wird die professionell interdisziplinäre geistesgeschichtliche Betrachtung, die sowohl die Vielheit der "Volksgeister" wie auch die Einheit des einen menschheitlichen "Geistes" erforscht, immer mehr vernachlässigt. In dieser Lücke auf dem Markt der Publikationen von Forschung und Lehre schießen dann die journalistisch nach Patchwork-Art zusammengestükkelten "Weltbilder" bzw. im Falle Japans "Japan-Bilder" massenhaft aus dem Boden.

Trotz des an sich vernünftigen interdisziplinären Forschungsprogramms einer "Geistesgeschichte" Japans oder gar der Menschheit habe ich für mich – wegen der Grenzen der eigenen Forschungskraft – aufgegeben, diesen Begriff zu gebrauchen. Stattdessen unterscheide ich jetzt stets ausdrücklich zwischen den einzelnen Bereichen der Geistesgeschichte und spreche von "Kunstgeschichte", "Literaturgeschichte", "Religionsgeschichte", "Philoso-

---

2 Bd. 4: Sp. 207–210.

phiegeschichte" usw. Da aber eine "Philosophiegeschichte" vergleichsweise mehr als eine "Religionsgeschichte" usw. sich einer interdisziplinären Arbeitsweise nach dem Vorbild der "Geistesgeschichte" bedienen muß, um ihren eigenen philosophischen Gegenstand überhaupt zu Gesicht zu bekommen, konzentriere ich mich nun im weiteren Verlauf dieses Vortrags auf die "Philosophiegeschichte" im Japan der Moderne.

Das Wort "Philosophie" wurde in Japan durch Nishi Amane 西周 (1829–97) bekanntgemacht. Er übersetzte es mit *kitetsugaku* 希哲学 (1861 im Nachwort zu Tsuda Mamichis 津田真道 *Seiriron* 性理論) bzw. *tetsugaku* 哲学 (1874 in seinem Hauptwerk *Hyakuichi shinron* 百一新論). Für "Philosophiegeschichte" ergibt sich dann natürlich die Bezeichnung *tetsugakushi* 哲学史.

Daneben haben sich bis heute die Termini *shisô* 思想 ("Denken") und *shisô shi* ("Denkgeschichte", "Geistesgeschichte") gehalten. *Shisô shi* umfaßt inhaltlich mehr als *tetsugakushi*. Aber der Inhalt von *shisô shi* ist nicht so umfassend wie der des deutschen Ausdrucks "Geistesgeschichte".

Wenn man ein japanisches Werk aufschlägt, das sich *shisô shi* nennt, findet man selten die Literatur und Kunst berücksichtigt. Meist geht es nur um Philosophie, Ethik und Religion. Auch die deutsche Textsammlung von Klaus Kracht, die sich am japanischen Sprachgebrauch orientiert und sich *Japanische Geistesgeschichte*[3] nennt, enthält keine literarischen Texte. "Geistesgeschichte" ist im Deutschen aber umfassender als *shisô shi*. Rudolf Haym (1821–1901), einer der Pioniere der "Geistesgeschichte" nennt sie ausdrücklich "Verbindung von Literargeschichte und Geschichte der Philosophie". Rudolf Lüthe schreibt im Artikel "Geisteswissenschaft" im *Metzler Philosophie Lexikon*: "Die historischen G(eistes)wissenschaften werden gelegentlich auch unter der Sammelbezeichnung 'Geistesgeschichte' erfaßt. Dieser Terminus umfaßt *alle* geisteswissenschaftlichen Tätigkeiten, deren Aufgabe die Erfassung des intellektuellen Erbes einer Kultur ist. Normalerweise werden diese nicht in einer eigenständigen Disziplin ausgeübt, sondern realisieren sich als das *Gesamt* der historischen Bemühungen um die Tradierung von Ideen, Ideensystemen, Argumentationen und Problemen. Im angelsächsischen Sprachbereich wird Geistesgeschichte daher treffend – wenngleich zu eng – als 'history of ideas' bezeichnet."[4]

---

3 Wiesbaden: O. Harrassowitz 1988.
4 Hg. v. Peter PRECHTL und Franz-Peter BURKARD. Stuttgart, Weimar: J. B. Metzler 1996: 182.

1.3 *Zum Begriff "Philosophie in Japan"*
im Unterschied zu "Japanische Philosophie"

Der Ausdruck "Philosophie in Japan", den ich allen anderen vorziehe, würde in der japanischen Übersetzung *Nihon no tetsugaku* heißen.

Wie auch in anderen Wortverbindungen mit der japanischen Genetiv-Partikel *no* sind mehrere Übersetzungen möglich. *Nihon no tetsugaku* kann übersetzt werden mit: Philosophie in Japan, Japans Philosophie, Japanische Philosophie.

Nach meinem Verständnis von Philosophie gibt es aber *nur eine* Philosophie, die aus ihrem Wesen heraus auf Universalität hinzielt. Den Anspruch auf Universalität kann und darf sie nie aufgeben. Der Anspruch auf Universalität gründet in der Universalität der Vernunft bzw. des vernünftigen Denkens selbst, wobei ich hier unter "Vernunft" die Synthese der kantischen "Vernunft" und des kantischen "Verstands" meine. Heutzutage wird von verschiedenen Seiten diese Universalität der Vernunft bezweifelt, bekämpft oder geleugnet und verlacht. Gegenüber der westlichen Idee der Menschenrechte, die letztlich auf der Universalität der Vernunft gründen, behauptet beispielsweise die chinesische Regierung aus politischen Gründen, die Einforderung der Menschenrechte in China von seiten der westlichen Staaten sei geistiger Kolonialismus, sei ungerechtfertigte Einmischung in das andere, spezifisch und exklusiv chinesische Rechtsdenken usw. Oder die Vertreter der Auffassung, daß wir in eine neue geistesgeschichtliche Epoche eingetreten sind, die den vorläufigen Namen "Postmoderne" trägt, behaupten, Philosophie als universale Philosophie sei unmöglich, jede Philosophie sei immer schon partikuläre Philosophie, weil sie von Menschen gemacht werde, deren Denken, Wollen, Fühlen immer schon partikulär kulturell vorbestimmt sind. "Kulturell vorbestimmt": d.h. vor allem durch die jeweiligen historisch gewachsenen Sprachen, Sitten, Weltbilder, Lebensanschauungen usw. Ich dagegen behaupte: Diese kulturelle Vorbestimmung bezieht sich auf die Denk*weise*, nicht auf das Denken selber. Es gibt zwar *viele* Denkweisen, aber nur *ein* Denken, das sich in all diesen Denkweisen selbst verwirklicht.

1.4 *Kann man die Philosophie in Japan als Beispiel einer*
"ethnischen Philosophie", einer "interkulturellen Philosophie" oder
einer "komparativen Philosophie" bezeichnen?

Ich wehre mich gegen jeden Zusatz zum Wort "Philosophie". Philosophie ist die Bewegung des Denkens der Wirklichkeit. Jeder Philosoph muß dabei komparativ arbeiten. Denn das Denken der Wirklichkeit zielt stets die ganze

Wirklichkeit an. Man muß das nicht ausdrücklich komparativ, d.h. "vergleichend", "in der Verschiedenheit die Gleichheit suchend" nennen.

Wenn "interkulturelle Philosophie" bedeutet, daß der Philosoph die partikulären Grenzen einer einzigen bestimmten Kultur, d.h. zunächst seiner eigenen Kultur, übersteigen und sich auf andere Kulturen so einlassen muß, daß er sie von innen heraus erleben, verstehen und erklären kann, dann entspricht das dem, was oben im Bezug auf die komparative Philosophie gesagt wurde. Es ist eine Selbstverständlichkeit. Wenn "interkulturelle Philosophie" darüber hinaus fordert, die Andersartigkeit des Anderen sehen, verstehen, schätzen zu lernen und mit diesem andersartigen Anderen als solchen zusammen die gemeinsamen Aufgaben der Philosophie zu durchdenken, kann man dem nur zustimmen. Man könnte höchstens noch fordern: der "interkulturelle philosophische Dialog" muß zum "multikulturellen philosophischen Polylog" werden. Es gibt deshalb auch seit neuestem die programmatische Zeitschrift *Polylog* (Wien, ab Juni 1998).

Anders verhält es sich mit dem Ausdruck "ethnische Philosophie", der vor allem mit Bezug auf die Völker der sogenannten Zweiten und Dritten Welt erfunden wurde. "Ethnische Philosophie" ist ein Wunschkind der philosophischen Vertreter der Postmoderne und ihrer Vorläufer in der Ethnologie. "Ethnische Philosophie" betont die jeweils mit einem bestimmten Volk verbundene kulturelle Besonderheit jeder Philosophie. "Ethnische Philosophie" betont, was im 19. Jahrhundert "Volksgeist" hieß. (Man spricht dann gern von der alten "Weisheit der Völker".) Aber die vielen "Volksgeister", die man beschreiben kann, sind noch nicht die Philosophie, sondern sie sind historisches Material, ein Teil des Denkstoffes des Philosophen. Gerade die in den letzten dreißig Jahren unter afrikanischen Fachphilosophen geführte Diskussion hat gezeigt, daß sie die Bestimmung ihrer Philosophie als "ethnische Philosophie" als Einschränkung ihres Denkens empfinden und deshalb ablehnen. Sie fühlen sich dadurch in ihrem Denken in die besondere Geschichte ihrer jeweiligen geschlossenen Stammesgesellschaft zurückgestoßen – ohne Aussicht auf die Zukunft ihrer allmählich sich öffnenden afrikanischen Gesellschaften, ohne den Horizont der einen Welt und der einen Menschheit. "Ethnische Philosophie" kann also nur ein vorbereitender Teil der Philosophie sein, ein Zugang unter anderen, nicht die ganze Philosophie selbst.

Wenn Japaner die *Eigen*art der japanischen Kultur oder gar ihre Überlegenheit betonen und behaupten, letztlich könne kein Ausländer die japanische Kultur verstehen, dann sind sie der Versuchung der "ethnischen Philosophie" erlegen. Aber man trifft heutzutage immer mehr Japaner, die diesen partikulären ethnischen Standpunkt hinter sich gelassen haben. Zu ihnen gehören allein schon aus professionellen Gründen die meisten der heute in Japan wirkenden

Philosophen. Bis zum Ende des Zweiten Weltkriegs war allerdings die Zahl derjenigen japanischen Philosophen in der Mehrheit, die Japan eine unvergleichliche Besonderheit und sogar Überlegenheit zusprachen und daraus den "weltgeschichtlichen Auftrag" ableiteten, daß Japan "Großostasien" anzuführen habe im Kampf gegen die westlichen Kolonisatoren.

1.5 *Mein Begriff von "Philosophie"*

Selbstverständlich kann ich hier nicht meinen philosophischen Standpunkt bis in alle Einzelheiten erklären. Aber eine Arbeitsdefinition für "Philosophie" muß ich geben. Wie oben schon angedeutet verstehe ich "Philosophie" in ihrer zentralen Aufgabe als "Denken des Seins", und zwar als methodisches Denken in systematischer Absicht.

Es ist schon oft gesagt worden, in Japan habe es vor der Einführung der westlichen Philosophie keine Philosophie gegeben. Nakae Chômin 中江兆民 (1847–1901) war wohl der erste, der das behauptete. Er hat Studienjahre in Paris verbracht und bezog sich deshalb auf die französische Philosophie, besonders den Positivismus Auguste Comtes. Übrigens nannte er "Philosophie" nach einem Terminus des taoistischen "Buchs der Wandlungen" (chin. *Yijing* 易経, jap. *Ekikyô*) statt *tetsugaku* vielmehr *rigaku* 理学, d.h. Wissenschaft vom Noumenon-Aspekt der Wirklichkeit im Unterschied zu *ki*, 気 dem Phaenomenon-Aspekt. (Vgl. auch das neokonfuzianistische *kakubutsu kyûri* 格物窮理: "die Dinge analysieren und das Noumenon suchen".)

Wenn mit dem Satz "in Japan hat es bis zur Moderne keine Philosophie gegeben" im Sinne Martin Heideggers gesagt sein soll, daß in Japan vor dem Anbruch der Moderne zwar die Frage nach dem "Sein des Seienden", aber die Frage nach "dem Sein selbst" nicht ausdrücklich, d.h. nicht thematisch direkt, nicht methodisch, nicht systematisch untersucht worden ist, trifft das zu. Denn es gibt zwar eine neokonfuzianistische Ontologie, die übrigens auf den Schintoismus und Buddhismus in Japan einen gewissen Einfluß ausübte. Aber diese neokonfuzianistische Ontologie stellt nicht die Frage nach dem Sein selbst, sondern nur nach dem Seienden. Doch das heißt nun nicht, daß die Frage nach dem Sein selbst unter anderem Namen nicht doch gestellt worden sei. Jedenfalls in den Schriften des Mahāyāna-Buddhismus, die in Japan tradiert und kommentiert wurden, wird die Frage nach der "wahren Wirklichkeit" (*shinjitsu* 真実), nach der "wahren Soheit" (*shinnyo* 真如 / *tathatā*) durchaus behandelt. Kaum bekannt und viel zu wenig erforscht ist der Einfluß, den dabei die negative Ontologie des Taoismus, d.h. die Philosophie des Dao als "Nichts", auf den Buddhismus im allgemeinen, auf den

Zen-Buddhismus 禅 im besonderen – und auf die moderne Philosophie in Japan, vor allem die Kyôto-Schule ausgeübt hat und ausübt. "Taoismus in Japan" ist eine von der Japan-Forschung bisher aus vielen verständlichen, aber kurzsichtigen Gründen vernachlässigte Forschungsaufgabe. Ein tieferes Verständnis des Taoismus, speziell des Taoismus in Japan, könnte uns die Eigenart der synkretistischen Bewegungen zur Einheit von Schintoismus, Konfuzianismus, Buddhismus in Japan besser erkennen und ihren zentralen Platz im Leben der Japaner verstehen lehren. Dieser Synkretismus prägt auch heute das Verständnis der Japaner von dem, was überhaupt "Wirklichkeit" sei.

2. Grundlegende Aufgaben im Dialog mit dem Denken japanischer Philosophen

In Japan treffen wir auf alle Varianten der Philosophie, die wir auch in Europa und Amerika finden: z.B. Kantianismus, Hegelianismus, Marxismus, Lebensphilosophie, Existentialismus, Hermeneutische Philosophie, Phänomenologische Philosophie, Analytische Philosophie, Philosophie als Wissenschaftstheorie u.a. mehr. Doch entscheidend ist für die Auseinandersetzung mit japanischen Philosophen nicht, welche philosophische Ausbildung sie erhalten haben, sondern welche philosophischen Entscheidungen sie im Laufe ihres selbständigen philosophischen Schaffens getroffen haben.

Die alles entscheidende erste Frage an einen japanischen Philosophen ist die Frage nach dem Ausgangspunkt seiner Philosophie, die Frage nach seinem ersten gewissen Grund.

Die Antwort darauf hängt selbstverständlich auch davon ab, in welcher philosophischen Überlieferung der betreffende japanische Philosoph steht, ob er in der Tradition des "westlichen" Philosophie oder in der Tradition der "östlichen" Philosophie zu denken gelernt hat, welche von den verschiedenen "westlichen" oder "östlichen" philosophischen Schulen ihn am meisten beeinflußt haben. Häufig finden wir in den *frühen Werken* japanischer Philosophen kaum Anspielungen auf die östliche Tradition, in der sie unbewußt – bewußt stehen. Aber in den *Spätwerken* treten dann deutlich die Bemühungen zutage, Themen und Formen "östlichen Denkens" mit solchen des "westlichen Denkens" zu synthetisieren. Für den Leser ergibt sich daraus die unbedingte Notwendigkeit, Grundwissen von *beiden* Denküberlieferungen, von der "westlichen" und auch von der "östlichen" mitzubringen. Die Lektüre kann dann eine vielschichtige Auslegungsarbeit verlangen, aber auch den Horizont des eigenen philosophischen Fragens um ein Vielfaches erweitern.

Um konkreter erklären zu können, was ich meine, nehme ich jetzt Nishida Kitarô (1870–1945) und seine Philosophie als Beispiel. Er gilt nicht nur als einer der ersten kreativen philosophischen Denker in der japanischen Moderne, sondern auch als Haupt der einflußreichen Kyôto-Schule der Philosophie in Japan. Niemand kann sich mit moderner Philosophie in Japan beschäftigen, ohne bei vielen japanischen Philosophen immer wieder Bezugnahmen auf Nishidas Denken zu begegnen.

Ohne Rücksicht auf die chronologische Reihenfolge des Lebens und der Werke Nishidas versuche ich jetzt so kurz wie nur möglich folgende den Grund für einen Dialog legende Fragen zu beantworten. Das folgende Frage-Antwort-Schema soll ein Beispiel geben, wie man sich einem japanischen Philosophen im Denken nähern kann.

1. In welcher philosophischen Tradition steht Nishida? In der westlichen oder in der östlichen? Für welche hat er sich letztlich entschieden, die westliche oder die östliche?
2. In welcher von den – ontisch-ontologisch gesehen – untereinander sehr verschiedenen östlichen philosophischen Traditionen steht Nishida? Taoismus, Konfuzianismus, Buddhismus usw.?
3. Welches Verständnis von der wahren Wirklichkeit wird in dieser östlichen Tradition überliefert?
4. Auf welchem Weg behauptet diese östliche Tradition, zu ihrem Verständnis der wahren Wirklichkeit gekommen zu sein?
5. Welche neue Variante dieses östlichen Weges hat Nishida vorgeschlagen?

Die Antworten:

Zur ersten Frage: In welcher philosophischen Tradition steht Nishida? In der westlichen oder östlichen? Für welche von den beiden hat er sich letztlich entschieden? Nishida wurde zwar in der Tradition der westlichen Philosophie ausgebildet, vor allem im angelsächsischen Pragmatismus und im Deutschen Idealismus von Kant bis Hegel. Auch die Lebensphilosophie Bergsons hat ihn beeinflußt. Aber insofern sich seine Philosophie in der mittleren und späten Periode immer eindeutiger als Philosophie des in der buddhistischen Lebenserfahrung erfaßten und in dem buddhistischen Wirklichkeitsverständnis gedeuteten "absoluten Nichts" entpuppt, steht sie in der Tradition der *östlichen* Philosophie

Zur zweiten Frage: In welcher östlichen Tradition steht Nishidas Philosophie? Die Antwort scheint naheliegend: in der Tradition des Buddhismus. Doch der Buddhismus hat sich in Theravāda- und Mahāyāna-Buddhismus gespalten gerade in der Frage nach dem richtigen Weg zur wahren Wirklichkeit. Dieselbe Frage hat den Mahāyāna-Buddhismus in China, Korea und Japan zu einem weitverzweigten System von Überlieferungsströmen werden lassen. Welchem Überlieferungsstrom gehört nun Nishidas Philosophie an? Gewöhnlich wird gesagt: Zen. Doch die Antwort ist nicht so einfach. In Nishida vereinigten sich eine amida-buddhistische Erziehung mit Zen-buddhistischen Übungen und die Lektüre der meisten einflußreichen Patriarchen-Texte des Buddhismus, besonders der narrativen Zen-Schulen und der systematisierenden Kegon-Schule. Die Lektüre der wichtigsten philosophischen und literarischen Werke der westlichen Geistesgeschichte, die Nishida in seiner Ausbildungszeit absolvierte, darf man dabei nicht vergessen. Was den existentiellen Zugang zur Wirklichkeit angeht, steht Nishida in der *Zen-Tradition*. Was die theoretische Darstellung der existentiellen Wirklichkeitserfahrung angeht, steht Nishida in der *Kegon-Tradition*. Als systematischer Philosoph sieht sich der späte Nishida deshalb – in westlichen Kategorien gesprochen – im Anliegen verbunden mit Leibniz und seiner Monadologie als einer Philosophie des Substanzen-Pluralismus. Bei Nishida müßte man sagen: "Dharma-Pluralismus", "Phaenomen-Pluralismus".

Zur dritten Frage: Welches Verständnis wird in dieser östlichen Tradition von der wahren Wirklichkeit überliefert? Mit dieser Frage treffen wir in die Mitte des Problems. "Wahre Wirklichkeit" (*shinjitsu*) oder "wahre Soheit" (*shinnyo*) entspricht dem, was in der westlichen Theologie "Gott" und in der westlichen Philosophie je nach Philosoph "die absolute Substanz", "das absolute Subjekt", "die absolute Idee", "das in sich selber stehende Sein" oder "das absolute Sein", "das absolute System", "das absolute Leben" usw. heißt. Wohlgemerkt: "entspricht", die jeweilige inhaltliche Bedeutung ist nicht dieselbe.

Mein Lehrer in Kyoto, Takeuchi Yoshinori 竹内義範 (1913–), erklärte einmal, die Frage, ob Philosophie *nur als Philosophie des absoluten Seins* (im Sinn einer positiven Ontologie) oder *nur als Philosophie des absoluten Nichts* (im Sinn einer negativen Ontologie) oder *in beiden Systemen* durchgeführt werden kann und muß, diese Frage müsse zwischen den Philosophen des Westens und Ostens erst noch diskutiert werden. Der Dialog darüber hat gerade erst begonnen, und die Philosophen der Kyôto-Schule leisteten und leisten darin Pionierarbeit. Ich füge hinzu: das zweite aktuell immer wichtiger werdende Thema des Dialogs zwischen "westlichen" und "östlichen Philosophen" (und richtig verstanden nur eine Variante des ersten Themas) ist die Bestimmung des Verhältnisses zwischen dem Noumenon-Aspekt und dem Phaenomenon-Aspekt der Wirklichkeit. Denn in der immer kritischer werdenden Auseinandersetzung japanischer Phänomenologen mit Husserls vom kantischen Leib-Geist-dualistischen Subjekt ausgehenden Phänomenologie zeigt sich immer deutlicher ein anderes Verständnis des phänomenologischen Subjekts bei den japanischen Philosophen. Dies hängt mit dem taoistisch-buddhistisch vorbestimmten Verständnis der Leib-Geist-Einheit als eines Kontinuums zusammen, das wir schon in Nishida Kitarôs Leib-Philosophie finden, aber auch in neueren ausdrücklich phänomenologischen Werken der letzten Jahre, wie z.B. von Ichikawa Hiroshi 市川浩 (1931–), Yuasa Yasuo 湯浅泰雄 (1925–), Hiromatsu Wataru 広松渉 (1933–) Yamaguchi Ichirô 山口一郎 (1947–).[5]

Für jeden also, der sich in diesen Dialog zwischen "westlichen" und "östlichen" Philosophen begibt, ist es unerläßlich, die westliche philosophische Überlieferung zu kennen, speziell die originale Bedeutung der oben genannten Begriffe "Substanz", "Subjekt", "Bewußtsein", "Sein", "Nichts" oder Noumenon und Phaenomenon, Noesis und Noema usw. sowie die Geschichte ihrer Kritik schon im Westen. Zugleich aber muß er die Grundbegriffe der Philosophie des Taoismus, Konfuzianismus, Buddhismus und insofern diese auf den Schintoismus eingewirkt haben, auch des Schintoismus, kennen.

Zur Frage 4: Auf welchem Weg behauptet diese Tradition, zu ihrem Verständnis der wahren Wirklichkeit gekommen zu sein? Es handelt sich um die Frage nach dem Wesen und der Funktionsweise unserer Erkenntnis der wahren Wirklichkeit, letztlich: unserer Erkenntnis von Wirklichkeit überhaupt.

Wie übrigens auch in der neuzeitlichen westlichen Philosophie zwei Erkenntniswege der Philosophie miteinander konkurrieren und immer wieder neue Varianten hervorbringen, nämlich der Weg Hegels und der Weg Kants, haben sich in der Kyôto-Philosophie zwei Wege der Erkenntnis entwickelt. Yoshinori Takeuchi hat sie auf Englisch – mißverständlich aber leicht merkbar – als *action – intuition* ("Praxis und Anschauung": bei Nishida Kitarô, beeinflußt vom Zen-Buddhismus, tendenziell hegelisch) und *action – faith* ("Praxis und Glaube": bei Nishidas Hauptkritiker Tanabe Hajime 田辺元 (1885–1962), beeinflußt vom Amida-Buddhismus, tendenziell kantisch) unterschieden.

Für Nishida soll also die Formel stehen: *action – intuition*. Dem enstpricht im Japanischen allgemein *kôi* 行為 ("Tat" bzw. "Praxis") und *chokkan* 直観 ("Anschauung", "Intuition"). Bei Nishida finden wir ab der mittleren Periode den feststehenden Ausdruck *kôiteki chokkan* 行為的直観.

Die meisten Einführungen in die Philosophie Nishidas beginnen bis heute mit seinem 1911 erschienenen Erstlingswerk "Studie über das Gute" (*Zen no*

---

5   Vgl. dazu neuerdings YAMAGUCHI Ichirô: *Ki als leibhaftige Vernunft. Beitrag zur interkulturellen Phänomenologie der Leiblichkeit*. München: Wilhelm Fink Verlag 1997; mit Rückgriff einerseits auf die taoistische und zen-buddhistische Tradition, anderseits aber auch auf Merleau-Pontys Kritik an Husserl, z.B. in *Phénoménologie de la perception*. Paris: Gallimard 1945.

kenkyû 善の研究), das sich in seinem ersten von drei Teilen mit Hilfe des Terminus "reine Erfahrung" (*junsui keiken* 純粋経験), der von William James übernommen ist, gerade um die Antwort auf die Frage nach dem Zugang zur wahren Wirklichkeit bemüht. Auch ich selbst habe in meinen Vorlesungen schon häufig mit Hilfe des Stichworts "reine Erfahrung" Einführungen in die Philosophie Nishidas zu geben versucht. Es zeigte sich aber, daß die Zuhörer eine "reine Erfahrung" *nicht als Ausgangspunkt* der Philosophie erkennen konnten, weil sie nicht wußten, worauf sie ihre Gewißheit stützt (vielleicht auf eine Art mystischer Erfahrung, die nicht jedem zugänglich und darum philosophisch wertlos ist?) und worauf sie hinführen sollte. Darum verfahre ich heute anders: Ich beginne damit, zuerst das *Denkziel* zu zeigen, bei dem Nishida mit seinem Denken in seinen letzten Lebensjahren angekommen ist, nämlich bei einem viel-einheitlichen System, das dem System der "prästabilierten Harmonie" der vielen Monaden und der einen Urmonade bei Leibniz entspricht. Innerhalb des Systems der Monadologie Leibnizens spielt die "Anschauung" als zirkularer Prozeß der sinnlichen Anschauung (*perceptio*) und der geistigen Selbstanschauung (*apperceptio*) die Rolle des Weges von der jeweiligen Monade zur Urmonade und zurück. Zwischen der sinnlichen *perceptio* und der geistigen *apperceptio* verläuft ein kontinuierlicher Übergang. Die Rolle dieses leibgeistigen Mediums hat im System Nishidas *kôiteki chokkan*, die "Tatanschauung" übernommen. Die meisten Nishida-Interpreten vergessen, daß Nishidas *kôiteki chokkan* eine doppelte Funktionsweise hat, eine passive und eine aktive, eine sensitive und eine intellektuelle, eine leibliche und eine geistige Funktionsweise. Darum sind in der *kôiteki chokkan* alle erkenntnis-theoretischen Probleme verknäult. Ihre Vorgängerin im Denken Nishidas, die "reine Erfahrung" (*junsui keiken*), muß ebenfalls als ein solches Knäuel von sinnlicher Anschauung und intellektueller Intuition verstanden werden, was viele Interpreten – und auch Übersetzer – nicht bemerkt oder nicht wichtig genommen haben. Doch die schon siebzigjährige Diskussion darüber kann ich hier nicht referieren.

Obgleich Nishida auf seine eigene Weise – westlich ausgedrückt – das pluralistische System Leibnizens als Denkstoff und Darstellungshilfe nimmt, stimmt er Leibniz nicht in allem zu. Der entscheidende Unterschied liegt wiederum in der Ablehnung des Denkens der "Substanz" angewandt auf das Absolute. Während bei Leibniz die göttliche Urmonade den Charakter der einen absoluten Substanz als System-Zentrum hat, darf das Göttliche, also die wahre Wirklichkeit, nach Nishida auf keinen Fall als absolute Substanz im Sinn des absoluten Seienden gedacht werden. Substantiellen Charakter haben in einem neuen Sinne, der sich mit ihrer Relationalität verträgt, nur die vielen Einzelnen, genauer gesagt die menschlichen geschichtlichen Subjekte.

Dieses System der Relationalität aller leibgeistigen Individuen nun, mit anderen Worten: dieses Netz der wechselseitigen Abhängigkeit aller Einzelnen, hält sich stets selbst zusammen, knüpft sich stets selbst um, ohne eine in sich selber vollkommene abgeschlossene göttliche Substanz als Einheit stiftendes Zentrum zu haben oder zu brauchen. *Gerade weil die absolute Relationalität der Relativen die wahre Wirklichkeit darstellt,* kann die wahre Wirklichkeit nicht zugleich eine in sich selbständige, abgeschlossene, in diesem Sinn "absolute" Substanz sein. Schon in diesem Sinn wird die wahre Wirklichkeit auch "Nichts" oder "absolutes Nichts" genannt. Es treten allerdings noch mehrere Gründe für die Bezeichnung der wahren Wirklichkeit als "absolutes Nichts" hinzu, die ich hier nicht nennen kann.

Dieses System der Relationalität nun erinnert den Buddhologen an die Dharma-Welt (*hokkai* 法界) der Kegon 華厳-Philosophie des japanischen Mahāyāna-Buddhismus. – Zugleich erinnert es denjenigen, der sich im Sinn der aktuellen Systemtheorie mit den verschiedenen Formen von Systemen beschäftigt hat, an ein autopoietisches System von "Ereignissen" bzw. "Erscheinungen" in einem neuen Sinn, d.h. eine pluralistische Erscheinungswelt ohne eine zentrierende Substanz als ihre hintergründige Rückseite.

Zur Frage 5: Welche neue Variante dieses Weges der Erkenntnis der wahren Wirklichkeit hat Nishida vorgeschlagen?

Hier können nicht alle schöpferischen philosophischen Leistungen Nishidas vorgestellt werden. Ich konzentriere mich auf seinen Beitrag zur Philosophie der Personalität, weil wir dabei wieder auf die wichtigste Kontroverse zu sprechen kommen müssen, die zwischen "westlichem" und "östlichem" Denken gelöst werden muß: auf das Verständnis von "Substanz" bzw. "Subjekt".

Zur Überlieferung des Buddhismus im allgemeinen, allerdings mehr des Theravāda-Buddhismus als des Mahāyāna-Buddhismus, gehört erstens die Ablehnung systematisch-philosophischer Bemühungen überhaupt, zweitens die Ablehnung des Substanz-Denkens, zunächst die Ablehnung der Substanz im Sinn der brahmanischen Philosophie, dann der Substanz im Sinn der konfuzianistischen Philosophie, schließlich der westlichen Substanz-Philosophie sowie der auf ihr aufbauenden Person- bzw. Subjekt-Philosophie. Es gehört nun zu den Hauptanliegen und Hauptleistungen Nishidas, daß er – in seiner Ausbildungszeit beeinflußt vom amerikanischen Personalismus (z.B. William James, Josiah Royce) – innerhalb des traditionell anti-personalistischen oder wenigstens a-personalistischen Rahmens des Mahāyāna-Buddhismus eine um das jeweilige einzelne Subjekt rotierende Philosophie der Personalität als Relationalität entwickelte und damit eine Brücke für den Dialog mit der westlichen Philosophie *und Theologie* schlug.

Nishida hat dabei nicht einfach den westlichen Person- bzw. Subjekt-Begriff übernommen, sondern auf der Grundlage des mahāyānistischen Verständnisses von Wirklichkeit als *pratitya sammutpāda,* d.h. als ewig gegenwärtiger "Zusammenhang wechselseitiger Abhängigkeit aller Seienden im Entstehen und Vergehen" seine neue Theorie der "Person als Relation", genauer: der Person als Kampfplatz gegenläufiger Beziehungen, und in diesem Sinn: Person als "Platz" (*basho* 場所 = *topos*) entwickelt.

Deshalb schreibt Nishida in seiner letzten veröffentlichten Abhandlung 'Topos-Logik und religiöse Weltanschauung":

> Unser Selbst ist weder Seiendes im Sinn des Satzsubjekts noch Seiendes im Sinn des Satzprädikats. Unser Selbst existiert als *topisches Seiendes* auf die Weise einer Gegensatzeinheit von Satzsubjekt und Satzprädikat, Satzprädikat und Satzsubjekt. Deshalb ist unser Selbst in seinem Grund *jihiteki* 慈悲的, d.h. 'mitseiend und mitleidend'. *Jihi* ('Mitsein und Mitleiden') bedeutet, daß diejenigen, die sich stets im Gegensatz gegenüberstehen, trotzdem auf die Weise einer widersprüchlichen Selbstidentität Eines bilden.[6]

Mit Hilfe des buddhistischen Terminus *jihi* (Sanskrit: *maitri,* d.h. "mit allen als Freund verbunden sein", und *karuna,* d.h. "mit allen leiden") bestimmt Nishida die Seinsweise des personalen Subjekts. Allerdings versteht er das personale Subjekt nicht als "Substanz" im Sinne des Aristoteles und damit die hier herrschende logische Struktur nicht als aristotelische Substanz-Logik oder – wie man sie auch nennt: nicht als Gegenstandslogik.

Nach Aristoteles ist ontisch-ontologisch gesehen dasjenige Substanz, was satzlogisch gesehen stets die Stelle des *Satzsubjekts* einnehmen muß und niemals die Stelle des Satzprädikats oder der Satzkopula besetzen kann. Das Satzsubjekt ist die Stelle, wo das in Frage stehende individuelle Seiende gedacht wird. Das Satzsubjekt ist die Stelle des konkreten Individuums. Das *Satzprädikat* dagegen ist die Stelle, wo die universalen Eigenschaften oder Tätigkeiten gedacht werden. Das Satzprädikat ist die Stelle des vom Individuum auszusagenden Aktes. Die *Kopula* schließlich verbindet beide miteinander durch das "ist" oder ein anderes Verb. Diese Grundsätze gelten in der klassischen westlichen Philosophie im vollen Sinne von der absoluten göttlichen Substanz und im abgeleiteten Sinne von jedem als Substanz gedachten relativen Individuum. Nishida erklärt öfter, wer seinen Standpunkt als "Gegenstandslogik", d.h. als Satzsubjekt-Logik, als Substanz-Logik verstehe, der mißverstehe seine Philosophie als pantheistisches mystisches System, in dem die relativen Selbste im absoluten Selbst, das sich überall breitmache, aufgehoben, d.h.

---

6 *Nishida Kitarô Zenshû.* Bd. 11 (Tetsugaku ronbunshû, Teile 6 u. 7). Iwanami Shoten 1949 (Neuausg. 1965): 445.

verneint werden (z.B. wie bei Spinoza). Aber sein Standpunkt stelle genau die Umkehrung eines solchen pantheistischen Systems dar. In einem pantheistischen System werde die göttliche Substanz, d.h. mit andern Worten: die wahre Wirklichkeit, auf der Stelle des Satzsubjekts, *also auf der Seite des konkreten Individuums* gedacht. Er selber denke das Göttliche, die wahre Wirklichkeit *auf der Stelle des Satzprädikats,* d.h. auf der Seite der universalen Eigenschaften bzw. Tätigkeiten, *auf der Aktseite.* Doch schließlich korrigiert sich Nishida und erklärt, die wahre Wirklichkeit sei *auf der Stelle der die Gegensätze verbindenden Kopula* (als *coincidentia oppositorum*) zu denken. Genau das ist aber auch die Stelle, wo bei Nishida die menschliche Person, das "topische Seiende", gedacht wird. D.h. das "topische Seiende", das geschichtliche "Subjekt" ist die Umkehrungsgestalt des Absoluten, ist die Erscheinung der Selbstverneinung des Absoluten zugunsten des Relativen, ist der Kampfplatz der Gegensätze der Wirklichkeit. Dies ist ein weiterer Grund, warum das Absolute bei Nishida nicht als "absolutes Sein", sondern als "absolutes Nichts" bezeichnet wird. Denn es wird als absolute Selbstverneinung gedacht, als absolute Selbstentleerung, als kenosis. Aber dieser Kenosis-Charakter eignet nun auch dem relativen geschichtlichen Subjekt als der Umkehrentsprechung des Absoluten.

Darum ist das wahre Selbst ebenfalls die *coincidentia oppositorum:* Selbst und Nicht-Selbst. Der Aspekt des Nicht-Selbst steht für seine Relationalität. Der Aspekt des Selbst steht für seine Substantialität.

Die ausführliche Behandlung Nishidas mit Hilfe des obigen Frage- und Antwort-Schemas ist nur als Beispiel zu verstehen. Es mußte auch nicht unbedingt ein Philosoph der Kyôto-Schule als Beispiel dienen. Ein japanischer Phänomenologe hätte uns auch ähnliche Denkaufgaben gestellt, z.B. neben den oben schon genannten Phänomenologen auch Nitta Yoshihiro 新田義弘 (1929–) oder Shimomisse Eiichi (1933–). Shimomisse geht zwar von der phänomenologischen Fragestellung Husserls aus, sieht aber im taoistischen bzw. zen-buddhistischen "Nicht-Selbst" eine radikalere "phänomenologische Reduktion". Er nennt sie "phenomenological reduction in the broadest and deepest sense" (S. 185) oder "return to our own primordial authentic self" (S. 186). Er sieht in ihr den richtigen Weg zur Lösung der ursprünglichen phänomenologischen Aufgabe: nämlich "zu den Sachen selbst" zu gelangen.[7]

---

[7] Vgl. Hiroshi KOJIMA (Hg.): *Phänomenologie der Praxis im Dialog zwischen Japan und dem Westen.* Würzburg: Königshausen und Neuman 1989: 173–186.

Philosophie und Geistesgeschichte der Moderne 205

3. Schlußbemerkung

Wie aus meiner obigen allzu vereinfachenden Darstellung der Philosophie Nishidas letztlich doch deutlich geworden sein dürfte, verlangt der Dialog mit den Philosophen Japans von "westlichen" Philosophen mindestens fünf Umstellungen im Denken:

1. Die Umstellung vom Denken des absoluten Seins auf das Denken des absoluten Nichts als absolute Selbstverneinung des Absoluten
2. Die Umstellung vom Denken des Absoluten im Satzsubjekt auf das Denken des Absoluten im Satzprädikat bzw. in der Kopula
3. Die Umstellung vom Denken der monistischen Noumenon-Hintergrundwelt auf das Denken der pluralistischen Phaenomenon-Vordergrundwelt
4. Die Umstellung vom Denken der Leib-Geist-Diskontinuität zum Denken der Leib-Geist-Kontinuität
5. Die Umstellung vom Denken der Reihenfolge *Nichtselbst-Selbst-SELBST* (d.h. vom alltäglichen Selbst als dem Nichtselbst des Man zum wissenschaftlichen bzw. philosophischen Selbst und eventuell weiter zum religiösen, dem eigentlichen Selbst, das der *Hintergrund*welt zugewandt ist) zum Denken der neueren Reihenfolge: *Selbst-Nichtselbst-SELBST* (d.h. vom alltäglichen Selbst zum wissenschaftlichen bzw. philosophischen Selbst als dem Nichtselbst und weiter zum religiösen Selbst als dem ursprünglichen Selbst, das sich im alltäglichen Selbst verwirklicht und der *Vordergrund*welt zugewandt ist).

Wer diese Umstellungen im Denken nicht mitvollzieht, versteht nicht, was japanische Philosophen sagen, selbst dann und gerade wenn sie die "westliche" philosophische Terminologie gebrauchen, um ihre Perspektive zu erklären. Umgekehrt ist den japanischen Philosophen im Dialog eine Umstellung in die entgegengesetzte Richtung abverlangt. Diese wechselseitige Umstellung ist die erste Aufgabe einer interkulturellen Philosophie.

Literaturverzeichnis

Allgemeine Einführungen in das Studium der Philosophie (Auswahl)

GELDSETZER, Lutz
1971 *Allgemeine Bücher- und Institutionenkunde für das Philosophiestudium.* Freiburg: K. Alber.

MEYER, Ursula I.
1992 *Studienführer Philosophie.* Aachen: ein-Fach-verlag.

RETLICH, Robert
1998 *Literatur für das Philosophiestudium.* Stuttgart/Weimar: J.B. Metzler.

TIEDEMANN, Paul
1997 *Internet für Philosophen. Eine praxisorientierte Einführung. Ein Leitfaden für StudienanfängerInnen.* Darmstadt: Wissenschaftliche Buchgesellschaft.

TOTOK, Wilhelm
1959, ³1985 *Bibliographischer Wegweiser der philosophischen Literatur.* Frankfurt a.M.: V. Klostermann.

Allgemeines und Einführendes zur Philosophie in Japan (Auswahl)

BRÜLL, Lydia
1993 *Die japanische Philosophie. Eine Einführung.* Darmstadt: Wissenschaftliche Buchgesellschaft.

BURI, Fritz
1982 *Der Buddha-Christus als der Herr des wahren Selbst. Die Religionsphilosophie der Kyoto-Schule und das Christentum.* Bern, Stuttgart: Paul Haupt.

ELBERFELD, Rolf
1999 *Kitarô Nishida (1870–1945). Das Verstehen der Kulturen. Moderne japanische Philosophie und die Frage nach der Interkulturalität.* Amsterdam: Rodopi.

HAMADA, Junko
1994 *Japanische Philosophie nach 1868* (Handbuch der Orientalistik, Abt. 5, Bd. 5). Leiden, Köln: Brill.

KOJIMA, Hiroshi (Hg.)
1989 *Phänomenologie der Praxis im Dialog zwischen Japan und dem Westen.* Würzburg: Königshausen und Neuman.

KRACHT, Klaus; LEINS, Gerhard (Hg.)
1988 *Japanische Geistesgeschichte* (Japanische Fachtexte, Bd. 3). Wiesbaden: O. Harrassowitz.

LAUBE, Johannes
1984 *Dialektik der absoluten Vermittlung. Die Religionsphilosophie von Hajime Tanabe als Beitrag zum "Wettstreit der Liebe" zwischen Buddhismus und Christentum.* Freiburg: Herder.

ÔHASHI, Ryôsuke (Hg.)
1990 *Die Philosophie der Kyôto-Schule. Texte und Einführung.* Freiburg: K. Alber.

PAUL, Gregor
1993 *Philosophie in Japan. Von den Anfängen bis zur Heian Zeit. Eine kritische Untersuchung.* München: iudicium.

PIOVESANA, Gino
1963 *Recent Japanese Philosophical Thought 1892–1962. A Survey.* Tokyo: Enderle.

PÖRTNER, Peter; HEISE, Jens
1995 *Die japanische Philosophie. Von den Anfängen bis zur Gegenwart.* Stuttgart: Kröner.

YAMAGUCHI, Ichirô
1997 *Ki als leibhaftige Vernunft. Beitrag zur inter-kulturellen Phänomenologie der Leiblichkeit.* München: W. Fink Verlag.

Übersetzungen von Werken wichtiger japanischer Philosophen (Auswahl)

Nishida Kitarô

Kitaro Nishida. Logik des Ortes. Der Anfang der modernen Philosophie in Japan
1999 Übersetzt und herausgegeben von Rolf Elberfeld. Darmstadt: Wissenschaftliche Buchgesellschaft.

"The Logic of Basho and the Religious Worldview"
- 1983   In: M. Yusa: *"Persona originals": "Jinkaku" and "Personne" According the Philosophies of Nishida Kitaro and Jacques Maritain.* University of California, Santa Barbara 1983 (Diss., Microfilm Ausgabe Ann Arbor Michigan).
- 1987   Auch in: *Last Writings: Nothingness and Religious Worldview.* Transl. by D. A. Dilworth. Honolulu: University of Hawaii Press.

Intuition and Reflection in Self-Consciousness [*Jikaku ni okeru chokkan to hansei,* 1941]
- 1987   Transl. by Valdo Viglielmo et al., with an introduction by Joseph O'Leary. Albany, N.Y.: State University of New York Press.

Über das Gute
- 1989   Übers. v. Peter Pörtner, Frakfurt a.M.: Insel.

Vgl. auch die Übersetzungen und die Bibliographien in:
- 1990   Ôhashi, Ryosuke: *Die Philosophie der Kyoto-Schule. Texte und Einführung.* Freiburg. Karl Alber.

Nishitani Keiji

Was ist Religion
- 1982, ²1986   Übersetzt von Dora Fischer-Barnicol. Frankfurt a.M.: Insel.

Tanabe Hajime

Philosophy as Metanoetics
- 1986   Translated by Takeuchi Yoshinori, with Valdo Viglielmo and James W. Heisig. Berkeley et al.: California University Press.

Geschichte *

Hans A. Dettmer

1. *Was ist eigentlich Geschichte?*

"Geschichte Japans" – so lautet das mir im Rahmen dieser Ringvorlesung gestellte Thema. Nun wird man zwar ohnehin kaum erwarten, daß ich hier eine Art Leitfaden durch die Jahrhunderte der japanischen Geschichte biete: Derartiges ist in einer Reihe qualitativ unterschiedlicher Einzeldarstellungen von mehr oder minder großem Umfang leicht nachzulesen. Aber die Veranstalter haben einige grundlegende Komponenten zusammengestellt, deren einführende Behandlung sie erwarten. Zu ihnen gehören die Methoden, mit denen die Wissenschaft von der japanischen Geschichte arbeitet. Dies bedeutet, daß die Hilfswissenschaften im Mittelpunkt meiner Ausführungen stehen werden. Und weil noch einige besondere 'odds and ends' zu ergänzen sind, möchte ich dem eigentlichen Titel einen Untertitel hinzufügen, so daß er lautet: "Geschichte Japans – Methoden und Unarten".

Zunächst einmal die Frage: Was ist eigentlich Geschichte? Kluge[1] gibt als althochdeutsche Bedeutung "Ereignis, Zufall, Hergang" an, im Mittelhochdeutschen auch "Sache, Weise, Schicht", und im Frühneuhochdeutschen kommt der Inhalt "Erzählung von Geschehenem" hinzu. Dieses Wort trat schließlich (bis 1804) an die Stelle des älteren "Historie". Soweit die sprachliche Bestimmung des Wortsinns. Historisch, i.e. geschichtswissenschaftlich, ist dieser letzte, umfassende Inhalt des Begriffes allerdings einzuengen. Trotz mancher Divergenzen bei der Gliederung der "Erzählungen von Geschehenem", der Geschichte also, herrscht gleichwohl Übereinstimmung bei der Abgrenzung der geschichtlichen / historischen Zeit gegen die vor- und frühgeschichtlichen Perioden: Mit dem nachweislichen Bekanntwerden und dem Gebrauch der Schrift beginnt die historische Zeit, die Geschichte. Genaugenommen sind erst die Epochen für eine Personengruppe als "historisch" zu

---

* Der Vortragsstil wurde beibehalten.
1 KLUGE 1960.

charakterisieren, aus denen eigene, zeitgenössische schriftliche Quellen dieser Population erhalten sind.

Als "Vorgeschichte", meist als "Urgeschichte" bezeichnet,[2] ist der gesamte Zeitraum vor der eigentlichen Geschichte anzusehen. Da nun keine Epoche von einem auf den anderen Tag endet oder beginnt – es sind immer Übergangsphasen zwischen zwei Zeitabschnitten festzustellen oder zu vermuten – gibt es Grauzonen, die weder uneingeschränkt zur vorhergehenden noch zur nachfolgenden Zeit gehören. Das ist zwar grundsätzlich auch e.g. bei Dynastiewechseln der Fall, aber im hier besprochenen Bereich trifft der Terminus "Frühgeschichte" die Verhältnisse zwischen der Vorgeschichte im engeren Sinne und der "vollhistorischen Zeit" recht gut. Dieser Sprachgebrauch hilft, die langen Zeiträume zu gliedern, aber macht selbstverständlich auch keine absolut exakte, i.e. auf ein bestimmtes Kalenderjahr festzulegende Abgrenzung möglich. Diese "Zwischenzeit", die "Frühgeschichte", wäre dann die Zeit, aus der sporadisch ev. bruchstückhafte schriftliche Quellen erhalten sind oder aber Berichte von Nachbarvölkern und -staaten vorliegen, wie etwa für Gallier und Germanen die römischen.

Die Mythen passen nicht ohne weiteres in dieses Schema. Sie mögen historische Kerne haben, sind inhaltlich aber bestenfalls nur nach einer relativen Chronologie in sich zu ordnen und in einzelne Abläufe einzugliedern. Sie wurden mitunter als Teile der Geschichte verstanden, und der Basler Kulturphilosoph (Mutterrecht) Johann Jakob Bachofen (1815–87) sieht in ihnen die Geschichte eines Volkes "symbolisch angedeutet", seine Anhänger gehen noch weiter. Die Mythen gehören jedoch in den Bereich der Vorgeschichte und sind vom Historischen zu trennen.

Diese wohl unumgänglichen Begriffsbestimmungen wurden vorausgeschickt, um den zeitlichen Bereich klarzustellen, auf den meine Ausführungen zielen. Eine Definition des Begriffes "Geschichtswissenschaft" sowie die Charakterisierung der verschiedenen Typen der Geschichtsschreibung übergehe ich an dieser Stelle.

Die hier *nicht gemeinte* "Geschichte Japans", aber auch mit der genannten unteren zeitlichen Begrenzung, ist "ein weites Feld", wie Fontane sie genannt haben könnte. Sie ist in mehrere Teil-Disziplinen zu trennen, einige davon werden in dieser Vorlesungsreihe behandelt: Rechtsgeschichte, Geistesge-

---

2 Hier, und im folgenden, werden wörtliche Zitate durch Anführungszeichen gekennzeichnet. Sie sind, wenn nicht anders angegeben, den gängigen, kleinen und leicht zugänglichen Nachschlagewerken zur allgemeinen Geschichte entnommen: FUCHS, RAAB [6]1987; HABERKERN, WALLACH 1974; BAYER, WENDE 1995. Meistens ist im Anschluß an die zitierten Stellen/Lemmata weiterführende Literatur genannt.

schichte, Wissenschaftsgeschichte, Technik- und Wirtschaftsgeschichte; zu ergänzen sind Gesellschaftsgeschichte, Religionsgeschichte sowie Kunst- und Literaturgeschichte. Selbstverständlich sind auch weitergehende sachliche wie regionale Differenzierungen möglich und oft berechtigt.

2. *Politische Geschichte*

Die hier *gemeinte* "Geschichte Japans" ist jedoch die "politische Geschichte", sie "nimmt in der Geschichtsschreibung den breitesten Raum ein", seit jeher, vor allem seit Hegel und Ranke.[3] Ihre primären Objekte sind "Staatl.-polit. Vorgänge (Kriege, Bündnisse, Friedensschlüsse, Außenpolitik), polit. Denken (Ideengeschichte)".

Hiermit sind die Gegenstände und die Zeit umrissen, mit der sich diese Disziplin beschäftigt. Aber alle genannten historischen Fachrichtungen ergänzen einander, keine kann ganz ohne eine andere bestehen. Den jeweils erforderlichen "roten Faden" bildet immer die Chronologie, hier natürlich die absolute, und deswegen bietet sich auch dafür die politische Geschichte an.

Über deren weitere zeitliche Untergliederung herrschen kaum Meinungsverschiedenheiten, jedenfalls sind sie im Grunde unerheblich; zur Periodisierung der Kunstgeschichte sind jedoch auch besonders benannte und anders begründete Einteilungen im Gebrauch. Ich habe mich in meiner "Einführung"[4] dazu geäußert und werde dies hier, mit modifizierten Zusätzen, kurz wiederholen:

Die japanische Geschichte beginnt mit dem "Jahrhundert der Reformen", der Zeit von ca. 600 bis ca. 700 p. Chr. Die einheimischen schriftlichen Quellen dieser Periode sind zwar nach Zahl und Umfang noch recht gering, auch sind sie nur in vertrauenswürdigen Abschriften überliefert, aber dennoch kann man diese Epoche nicht mehr der historischen Grauzone, der Frühgeschichte, zurechnen. Sie stellt das Anfangsstadium des "Zeitalters des Absolutismus" dar, das mit dem Ende der Heian-Zeit (*Heian jidai* 平安時代) seinen Abschluß findet. Die folgenden Epochen werden nach den Sitzen der Kaiser resp. der politischen Machthaber benannt: Nach Nara- (*Nara jidai* 奈良時代) und Heian-Zeit beginnt die bis zum Jahre 1868 sich erstreckende "Herrschaft der Schogune" mit dem Schogunat von Kamakura (*Kamakura bakufu* 鎌倉幕

---

3 Georg Wilhelm Friedrich Hegel (1770–1831). Zu Hegels Geschichtsphilosophie: HEGEL 1822–23. Ferner HYPPOLITE 1948. Zur Geschichtsauffassung von Leopold von Ranke (1795–1886): MASUR 1926.

4 DETTMER 1987: 46.

府). Daran schließen sich die Perioden des *Muromachi bakufu* 室町幕府, das nach der führenden Familie auch *Ashikaga bakufu* 足利幕府 genannt wird, und des *Tokugawa bakufu* 徳川幕府 an; mit der Meiji-Zeit beginnt 1868 die Neuzeit.

Zwischen den Epochen gibt es selbstverständlich die erwähnten Grauzonen. Aber in vielen Geschichtswerken und -tabellen werden selbst erkennbare Abstufungen schlicht ignoriert oder doch retouchiert, so e.g. von Hammitzsch[5] in seinem *Japan-Handbuch*. Dort gehen Nara-, Heian-, Kamakura- und Muromachi-Zeit unmittelbar ineinander über, und für das sich daran anschließende "Interregnum" wird die besser für die Kunst- und Kulturgeschichte zu reservierende Bezeichnung "Azuchi-Momoyama-jidai" 安土桃山時代 eingesetzt. Tritt so etwas in populären Darstellungen auf, ist nichts dagegen zu sagen, die zehn Jahre der "Hauptstadt" Nagaoka 長岡京 können dabei ruhig übergangen werden, aber sonst ist doch mehr Akkuratesse am Platze. Das Ende der Heian-Zeit, der absolutistischen Ära, hatte sich schon geraume Zeit vor deren definitivem Ende am 25. April 1185 angebahnt. Den Anfang der folgenden Kamakura-Zeit kann man zwar auf das Jahr 1180 festlegen, als Minamoto no Yoritomo 源頼朝 in das Fischerdorf Kamakura einzog, aber kaum auf das Jahr 1185. Und ausgehend von dem formalen Erfordernis der Ernennung eines Schogun zur Begründung eines Schogunates, ist der Beginn des *Kamakura bakufu*, und damit der des Zeitalters der Schogune, exakt auf den 21.8.1192 zu datieren, als Yoritomo zum *seii taishôgun* 征夷大将軍 ernannt wurde. Die ohnehin kaum faßbaren Grauzonen bleiben dabei allerdings, ihrer Natur gemäß, unberücksichtigt, aber sie werden wenigstens im Kern erkennbar. Gleichermaßen eindeutig ist das Ende dieser Periode, der 4. Juli 1333, und der Beginn des folgenden Ashikaga-Schogunates, der 24.9.1338. Dessen Zusammenbruch wurde am 15.8.1573 besiegelt, ein Interregnum schließt sich daran an, es dauerte bis 1603.

Über den Beginn des *Tokugawa bakufu* finden sich auch abweichende Angaben in der Literatur: Manchmal wird Tokugawa Ieyasus 徳川家康 Sieg bei Sekigahara am 21.10.1600 dafür angesetzt, manchmal der Fall der Burg von Osaka am 4.6.1615, formal korrekt ist aber nur das Datum von Ieyasus Ernennung zum Schogun, nämlich der 24. März 1603. Ausgehend vom Sitz dieses *bakufu*, wird es auch *Edo bakufu* 江戸幕府 genannt; nach Edo hatte Ieyasu seinen Sitz bereits im Jahre 1590 verlegt.

---

5   HAMMITZSCH (Hg.) 1981: 277–78.

Geschichte 213

3. Inkonsequenzen oder Unarten

An diese Stelle möchte ich ein paar Worte zur Benennung dieser Regierungsform und zu einigen Inkonsequenzen oder Unarten bei ihrer Schreibung und denen anderer Bezeichnungen setzen. Solche Regierungen heißen japanisch nach ihrem Sitz *bakufu*. Im Englischen / Amerikanischen ist das auf *shôgun* 将軍 zurückgehende Wort *shogunate* dafür im Gebrauch, woraus das im Deutschen übliche "Schogunat" abgeleitet ist, das auch in der hybriden Form Shogunat oder gar Shôgunat auftaucht. Regierungschef ist der *shôgun*, deutsch Schogun, den man bei uns meist in den verderbten Schreibungen Shôgun oder Shogun antrifft. Auf dieser Ebene liegt auch das Fortlassen des "no" bei den Namen des altjapanischen Adels, e.g. bei Minamoto no Yoritomo (1147–1199). Dieses Wörtchen ist ein fester Namensbestandteil, sein Fehlen ist ein Fehler.

Am Rande sei hier noch auf eine amüsante Fehltranskription hingewiesen, die auch auf den Wegweisern in Nara üblich war, wenigstens noch vor zwei Jahren, aber auch in der Literatur ist sie nicht selten anzutreffen, e.g. sogar im *Dictionnaire historique du Japon:* Transkribiert man nämlich den Namen des "Großen Tempels im Osten" in Nara mit einem Divis, so muß er korrekt "Tô-daiji" 東大寺 geschrieben werden, nicht aber "Tôdai-ji", was eine ganz andere Bedeutung hat und zudem e.g. als "Tempel der Tôdai" mißverstanden werden könnte.

In diesem Zusammenhang möchte ich auch noch von den Nachlässigkeiten bei Datenangaben sprechen. Die japanischen Datierungen nach dem Mondkalender (bis zum 31.12.1872) sind korrekt, ungeachtet sachlicher Irrtümer. Auch deren Umrechnungen in Daten des Sonnenkalenders sind, in der Regel, nicht zu beanstanden. Aber die bedenkenlose Wiedergabe einer japanischen Jahreszahl mit einer Zahl der Solare kann wegen der Abweichungen der beiden Kalender-Systeme zu Fehlern führen, die der Historiker vermeiden sollte. Ich nenne hier zwei Paradebeispiele, die, wie ich meine, recht eindrucksvoll sind. Das *Kokushi daijiten* gibt als Lebensdaten des Fujiwara no Michinaga 藤原道長, gleich nach dem Lemma, 966–1027 an. Und dies ist einfach falsch: Weiter unten in demselben Artikel wird als Sterbedatum nämlich Manju 4,12,4 genannt, und das entspricht, nach Tsuchihashi (土橋 P. 八千太), dem 3. Januar 1028. Sicher ist die Differenz gering, aber das Jahr 1027 A.D. ist eindeutig unzutreffend. Als peinlich möchte ich ein solches "Versehen" bezeichnen, wenn man zwei Bände über ein Werk schreibt, über das *Engishiki* 延喜式[6], und als Jahr der Fertigstellung 927 angibt,[7] es aber tatsächlich am 21.1.928 abgeschlossen und überreicht wurde; hier sind die Angaben des *Kokushi daijiten* genauso irreführend wie im zuvor erwähnten Artikel über Michinaga. Es hilft also nichts, man muß schon mehr als die erste Zeile eines Eintrags lesen.

4. "Hilfswissenschaften"

Nach diesen Exkursen wieder zurück zum engeren Thema. Es gibt eine Reihe "Fächer", die als "Hilfswissenschaften" bei der Arbeit des Historikers dienen; daß die Berechtigung zur Prägung und zum Gebrauch dieses Begriffes in neuerer Zeit mitunter angezweifelt wurde, kann an dieser Stelle außer acht bleiben.

Bei der erforderlichen kritischen Betrachtung und Auswertung historischer Quellen, als solche können auch belletristische Texte herangezogen werden, sind Fähigkeiten oder Sachkenntnisse erforderlich, die zum Teil anderen wissenschaftlichen Bereichen angehören.[8] Und diese Bereiche sind, zumindest im Hinblick auf die Geschichte, "Hilfswissenschaften". In dieser Bedeutung ist der Terminus seit dem Beginn des 19. Jahrhunderts gebräuchlich, und nur in Verbindung mit der Geschichte ist er für uns interessant. Als Beispiel für ihre Notwendigkeit führt v. Brandt die Geschichte der Antike an, die "ohne Heranziehung der Kunstwissenschaft, der Philosophie und der Sprachwissenschaften" nicht verstanden werden kann.[9]

Zu den "klassischen" Hilfswissenschaften gehören "Historische Geographie, Chronologie, Genealogie; Allgemeine Quellenkunde, Paläographie, [Diplomatik] Urkunden- und Aktenlehre; Heraldik, Sphragistik und Numismatik".

Sie sind für den Japan-Historiker nicht alle von Bedeutung, e.g. wird die Heraldik erst modifiziert in späterer Zeit wichtiger, die Sphragistik kann man zur Paläographie ziehen, während die Numismatik anfangs mit den *kôchô*

---

6   Das *Engishiki* ist ein Kompendium von Geschäftsordnungsvorschriften, 928 überreicht, das für die Interpretation der voraufgegangenen Gesetzgebung unentbehrliche Hilfen und Ergänzungen bietet. Sein Text, 3 Bände, ist in die zweite Abteilung des *Shintei zôho kokushi taikei* 新訂増補国史大系 aufgenommen worden; seine Benutzung ist durch einen modernen Index erleichtert: *Kôtei Engi shiki sakuin* 1932.

7   Cf. BOCK 1970: 12.

8   Diese und die folgenden Hinweise sind, soweit nicht anders vermerkt, dem auch für Japan-Historiker sehr nützlichen Bändchen von A. von BRANDT 1983 entnommen.

9   BRANDT 1983: 13.

jûnisen 皇朝十二錢, aus der Zeit 708–958, kaum aufschlußreiche Ergebnisse liefern kann.

5. *Quellenkunde*

Voraussetzung und Ausgangspunkt allen Grundlagen-Studiums ist die Allgemeine Quellenkunde.

Es gibt verschiedene Definitionen dessen, was man als Quelle bezeichnen kann. Eine der weitestgefaßten ist die von Paul Kirn, danach haben einen solchen Charakter "alle Texte, Gegenstände oder Tatsachen, aus denen Kenntnis der Vergangenheit gewonnen werden kann".[10] Hier sind also archäologische Funde und Befunde eingeschlossen. Aber diese nichtschriftlichen Quellen vermitteln in der Regel "nur die Erkenntnis historischer *Zustände*", während "allein die schriftlichen Quellen uns die kontinuierliche Beobachtung und Feststellung geschichtlicher *Vorgänge* ermöglichen". Und hieraus leitet sich "die übliche Trennung 'vorgeschichtlicher', d.h. nur auf nichtschriftlichen Quellen beruhender Epochen von den geschichtlichen" ab; ich sprach oben bereits davon.

Unsere Basis sind also die schriftlichen Quellen. Deren Bedeutung ist jeweils nach dem Grad dessen verschieden, was man ihnen an Erkenntnissen entnehmen kann. Das zu ermitteln ist Sache der Quellenkritik. Als erstes Kriterium ist die zeitliche Nähe einer Quelle zum untersuchten Gegenstand zu nennen: Der Augenzeuge liefert primäre Quellen, der zeitlich entferntere Autor sekundäre.

Daß ein und derselbe Text unter Umständen beiden Gruppen angehören kann, ist e.g. am *Gikeiki* 義経記 zu verdeutlichen. Für die Biographie Minamoto no Yoshitsunes 源義経 ist dieses *gunki monogatari* 軍記物語 zweifellos eine sekundäre Quelle: Yoshitsune starb 1189, das Werk aber entstand in der Muromachi-Zeit. Will man jedoch die Verkehrsverhältnisse oder die Sprache *dieser* Zeit untersuchen, so ist das *Gikeiki* eine primäre Quelle.

Eine weitere Unterteilung ist die in "Überrest" und "Tradition"; die Kontroversen um deren Definitionen bleiben hier unberücksichtigt.

Als "Überreste" werden die Quellen bezeichnet, die "unmittelbar von den Begebenheiten übrig geblieben" sind; die Sachüberreste und die Abstrakta übergehen wir und kommen gleich zu den schriftlichen Überresten: Es ist das aus staatlichen, geschäftlichen oder privaten Bedürfnissen entstandene

---

10 Kirn 1959: 29–30.

Schriftgut rechtlicher, politischer, wirtschaftlicher oder persönlich-privater Art, das nicht auf der Absicht beruhte, Um- und Nachwelt historisch zu belehren, sondern einen in der Gegenwart liegenden Zweck verfolgte und dabei unbeabsichtigt historisch Interessantes mitteilt. Hierher gehören Gesetze, Verträge, andere Urkunden, Gerichts- und Verwaltungsakten etc. Die jeweilige Gegenwartsbezogenheit gibt den Ausschlag.

Nach dieser Begriffsbestimmung ist es klar, daß kein grundsätzlicher Unterschied zwischen japanischen und abendländischen Urkunden besteht. Die dennoch auftretenden Differenzen sind nicht in Zweck und Art der Dokumente begründet, sondern in der Art des Staatsaufbaus und in der Staffelung der Aussteller der Schriftstücke. Wenn man bedenkt, daß e.g. vom letzten Merowinger-König Childerich III., der fast zehn Jahre bis 751 den Thron innehatte, nur zwei Urkunden erhalten sind, die publizierten Urkunden Japans aus dem 8. Jahrhundert aber Bände füllen, so wird schon einer der Unterschiede erkennbar. Die Kanzlei Karls des Großen war ein ziemlich kleines Büro; noch im europäischen Mittelalter bestand die Kanzlei eines Herrschers häufig aus nur einem Geistlichen, der als "Notar" auch selbst schrieb. Gleichzeitig mit Karl dem Großen herrschte in Japan der nach offizieller Zählung 50. Kaiser: Kanmu Tenno 桓武天皇 (737–806; Kaiser 781–806). Sein Regierungs- und Verwaltungsapparat hatte (theoretisch) allein in der Zentrale fast 200 mit mehreren Personen besetzte Büros; den mehr als 60 Provinzen und 590 Distrikten als Instanzen der Lokalverwaltung entsprachen etwa im karolingischen Europa einige Pfalzen und vielleicht Grafschaften. Im alten japanischen Verwaltungswesen gab es rund 600 Beamtenpositionen, von denen die meisten für mehrere oder eine ganze Reihe Planstellen maßgebend waren, so daß man in der Zentrale alles in allem auf fast 10.000 Beamte und "Angestellte" kommt, einfache Soldaten sowie niedere Dienstkräfte nicht mitgerechnet; in den Provinzen mögen es etwa 3.000 Personen gewesen sein, auch hier Soldaten etc. nicht mitgerechnet.

Diese Behörden und Beamten waren einander nach bestimmten Kriterien zugeordnet, so daß sich nicht nur aus der Vielfalt der verwalteten Einheiten, sondern zudem noch aus der hierarchischen Gliederung des Administrationssystems eine Vielzahl von verschiedenen Urkunden-Typen zwangsläufig ergab. Und das eben ist einer der wesentlichen Unterschiede zur älteren europäischen Diplomatik.

Diese alte übersichtliche Gliederung der Verwaltung und der Beamtenschaft wird in der Insei-Zeit (*insei jidai* 院政時代) schon beeinträchtigt und geht mit dem Beginn der Schogunate verloren. Die Beibehaltung höfischer Titel hat mit der Verwaltungswirklichkeit nichts zu tun, ich komme hierauf noch einmal zurück. Die Formen öffentlicher Urkunden werden später allerdings einfacher.

Daß aber die Anzahl der Funktionsträger kleiner wurde, man muß e.g. in der Tokugawa-Zeit die Verwaltungen der einzelnen Daimyate einbeziehen, ist nicht anzunehmen.

Für die in einem japanischen "Überrest" behandelten Vorgänge möchte ich nun ein kleines, einfaches Beispiel anführen: Die Mitteilung von der Ersternennung eines Teilnehmers an einem Feldzug gegen die Emishi 蝦夷 unmittelbar in den 6. Verdienstrang ist als bloße Tatsache heute völlig belanglos. Der Mann ist historisch unbedeutend, und die aus dieser Ernennung sich ergebenden wirtschaftlichen Vorteile sind fiskalisch irrelevant. Wenn man aber weiß, daß damals, um das Jahr 800, die normale Voraussetzung für eine solche Auszeichnung die "Vorlage" von 40 oder mehr abgeschlagenen Feindesköpfen war,[11] dann hat diese Nachricht wohl allein schon einen beachtlichen Erkenntniswert, aber im Zusammenhang mit einer Reihe vergleichbarer Einzelinformationen ließen sich historisch wichtige Ergebnisse gewinnen.

An diesem Beispiel wird auch deutlich, daß die Auswertung derartiger, isolierter Informationen ein umfangreiches Sachwissen erfordert. Hierin liegt eine besondere Schwierigkeit, nicht nur für den westlichen Japan-Historiker.

Wäre die Ernennung des Kriegers Teil einer klassisch formgerecht abgefaßten Urkunde, so stünde sie in der sogen. "Dispositio". Die anderen Partien vom Protokoll bis zum Eschatokoll geben Aufschluß über Art und Charakter eines Schriftstückes. Diesen Aufbau zu verstehen und zu interpretieren ist die Aufgabe der Diplomatik, der Urkundenlehre. Sie steckt in der westlichen Japanologie noch in den Kinderschuhen, steht eigentlich sogar noch davor: Nur Joüon des Longrais hat bisher darüber gearbeitet.[12]

Eine besondere Art der Überreste, der auf ihre Gegenwart bezogenen Quellen, stellen die *mokkan* 木簡 dar. Das sind schmale, meist einseitig und oft einzeilig beschriftete Holztäfelchen, die als Reisepässe, zur Anforderung von Material und Arbeitskräften sowie als Anhänger und Einsteckplättchen bei Versand und Lagerung von Gütern benutzt wurden. Sie sind wohl seit 1961 bekannt, wurden aber erst in der jüngeren Vergangenheit stärker beachtet; seit knapp 15 Jahren liegen sie in erheblichen Mengen vor: Allein ca. 150.000 Stücke wurden 1988/9 in Nara ausgegraben.[13]

Die zweite genannte Quellengruppe ist die der "Tradition". Dies sind absichtlich zum Zweck der Unterrichtung der Mit- und Nachwelt geschaffene literarische Erzeugnisse eines oder mehrerer Autoren. Aus deren Sicht sind

---

11 DETTMER 1972: 122.
12 JOÜON DES LONGRAIS 1950.
13 Fast 100 Exemplare sind abgebildet in *Kokushi daijiten*. Bd. 13: nach 828.

darin die Geschehnisse und ihre Zusammenhänge dargestellt. Zu diesem Quellentyp gehören die primär mündlich überlieferten Mythen, Sagen, Lieder und Geschlechtsregister sowie selbstverständlich die Annalen, die Chroniken, Biographien und andere Geschichtsdarstellungen. Auch die Höflingstagebücher sind, als Gesamtwerke betrachtet, hier zu nennen.

Daß in diesen Quellen das Wesentliche des Geschehens beschrieben wird, ist gewiß ein Vorteil. Allerdings ist ihre Darstellungsweise oft sehr einseitig, und die Schilderungen basieren auf subjektiven Erkenntnissen, die der Autor irgendwie gewonnen hat. Schon bei der Auswahl des Stoffes leidet die Objektivität: Was dem Verfasser gleichgültig oder unerwünscht ist, wird unterdrückt; was er nicht kennt, fällt ohnehin aus. Manches wird herausgehoben und übertrieben. Dies ist die Regel bei Biographien, in denen der teure Verblichene ins beste Licht gerückt wird. Zudem fällt häufig aus, was über den engeren persönlichen Lebensbereich hinausgeht und nicht ins Bild paßt.

Stärker noch als bei der Stoffauswahl kommt bei der Wertung des Mitgeteilten die subjektive Haltung des Autors zur Wirkung. Es kann zwar niemand völlig objektiv schreiben, auch wenn er sich darum bemüht, wer aber Objektivität gar nicht kennt oder sie nicht anstrebt, bringt die Tendenzen meist naiv und leicht erkennbar zum Ausdruck; auch unbewußt geschieht so etwas. Werden die Tendenzen aber sorgfältig verborgen, und dies könnte e.g. beim *Eiga monogatari* 栄華物語 der Fall sein, wird es für den Kritiker schwierig.

Erschwert wird das Herausschälen des wahren Kernes noch durch die Hereinnahme "schöner" Passagen aus anderen Werken, soweit sie in die eigene Darstellung paßten resp. ihr anzupassen waren. Es galt durchaus nicht als ehrenrührig, ohne Angabe der Herkunft selbst Sachinformationen wortwörtlich zu übernehmen; für rhetorische Figuren war dies selbstverständlich.

Im *Nihongi* 日本紀 finden sich zwar zahlreiche Passagen, bei denen die Herkunft, aus meist koreanischen Büchern, angegeben ist – aber wie viele sind *nicht* gekennzeichnet? Und die koreanischen Quellen sind sämtlich verloren! Auch angebliche ältere japanische Schriften sind mit Quellenangabe zitiert – was aber ist sonst noch zitiert und in welchem Umfang? Von den erwähnten sowieso wörtlich entlehnten, als vorbildlich oder typisch geltenden Stellen und Wendungen ganz zu schweigen. Man weiß ja nicht einmal, welche Unterlagen den Redakteuren des *Nihongi* überhaupt zur Verfügung standen.

Bei den Personenbeschreibungen erschwert die Neigung zur Typisierung und Analogiebildung die Erkennbarkeit der Beschriebenen ungemein, überdeckt mitunter das Individuum weitgehend. Weil Zeitgefühl oder Volkstradition es forderten, mußten eben einfach bestimmte Personengruppen in einer bestimmten Weise handeln und leben und wurden selbstverständlich entsprechend den vorgegebenen Maßstäben beschrieben.

Einen weiteren Unsicherheitsfaktor, bei beiden Quellenarten, bildet die Überlieferung der Texte. Besonders aus der älteren Zeit sind kaum Originale erhalten, die vorhandenen Abschriften, Auszüge etc. weichen mitunter beachtlich voneinander ab. Die Frage nach der Urfassung ist oft nicht befriedigend zu beantworten; das gilt besonders für die Chroniken, die auch der Belletristik zugeordnet werden können, also e.g. für das *Eiga monogatari*. Dennoch ist es dabei noch vergleichsweise harmlos: Bei Werken wie dem *Heike monogatari* 平家物語, die vielleicht schon dazu konzipiert wurden, von Rezitatoren vorgetragen zu werden und daher weit verbreitet waren, bei solchen Chroniken ist die Lage nahezu hoffnungslos.

6. *Die Arbeit mit Quellen und die Sprachen*

Für die *Arbeit* mit den Quellen zur Geschichte Japans stehen zunächst sprachwissenschaftliche Fächer im Vordergrund; hinreichende Kenntnisse des Japanischen selbst sind eine selbstverständliche Voraussetzung.

Was für die mittlere europäische Geschichte das Kirchenlatein ist, das ist für Japan das *kanbun* 漢文, i.e. mit chinesischen Schriftzeichen und ebensolcher Syntax abgefaßte japanische Texte. Man kann es auch einen Gebrauch der chinesischen Sprache nennen, der dem des Kirchenlateins vergleichbar ist. In diesem Idiom sind nicht nur Urkunden ausgefertigt worden, teilweise noch bis 1945, sondern auch Chroniken und Tagebücher ebenso wie belletristische Werke. Es war auch schlicht das Ausdrucks- und Kommunikationsmittel der Männer, schließlich, im 19. Jahrhundert, nur noch das der Gelehrten.

Aber auch das alte, klassische Chinesisch ist für das Quellenstudium unentbehrlich. Sei es, daß chinesische Chroniken oder Urkunden benutzt werden müssen, e.g. das *Wei-chih* 魏志, oder daß chinesische Texte "japonisiert" wurden, i.e. daß sie wie der "Taihô / Yôrô-Kodex" 大寶 / 養老律令 weitgehend aus China übernommen worden sind und den japanischen Verhältnissen und Bedürfnissen entsprechend verändert wurden.

Gleichgültig welche Variante des Chinesischen in den zu konsultierenden Quellen eingesetzt ist: Ohne gute Kenntnisse des klassischen Chinesisch kommt der Japanhistoriker nicht aus. Außerdem bietet es sprachlich sichere Vergleichsmaßstäbe, so daß es auch das Verständnis unklarer japanischer Texte erleichtern oder gar erst ermöglichen kann.

Eine weitere nicht-japanische Sprache ist hilfswissenschaftlich auch für das Studium vormoderner Verhältnisse heranzuziehen: das Ainu. Durch sie können Kenntnisse auf verschiedenen Gebieten gewonnen werden.

Zunächst für die Geschichte dieses Volkes selbst. Da es in seiner faßbaren Vergangenheit auf einem Territorium siedelte, das heute, oder doch bis 1945, überwiegend japanisch war, und demgemäß als ethnische Minderheit einen Teil der Bevölkerung Japans bildete, ist seine Geschichte auch Teil der japanischen Geschichte. Zahlreiche der einst mündlich tradierten Quellen sind quasi in letzter Minute, kurz bevor sie mit der Population selbst untergingen, schriftlich festgehalten worden. Ausgewertet sind sie erst in Ansätzen.

Durch die, soweit erkennbar, über tausendjährige enge Nachbarschaft der Ainu und der *wajin* 和人 oder Yamato-Leute fand sprachlich und kulturell eine gegenseitige Beeinflussung statt. Ein altes sprachhistorisches Paradebeispiel für die Übernahme in das Ainu ist das Wort für "Fächer" japanisch *ôgi*. Es fand, vermutlich mit dem Gegenstand selbst, vor Jahrhunderten Eingang in das Ainu. Die historische Orthographie von *ôgi* 扇 ist *afugi*. So muß auch die alte Lautung im Japanischen gewesen sein, denn das Wort ist als *afunki* bis in unsere Zeit im Ainu erhalten geblieben.[14] Umgekehrt ist die heute im Japanischen für "Lachs" übliche Bezeichnung *sake* 鮭 ein Fremdwort aus dem Ainu: Dort lautet es *sake*, *sakipe* oder, nach Kindaichi Kyôsuke 金田一京助 (1882–1971), *sakenbe*.[15]

Mitunter tauchen in japanischen historischen Quellen Wörter auf – ohne einige Kenntnis des Ainu würde man sie wohl kaum bemerken –, die doch recht stutzig machen. E.g. war der persönliche Name eines der führenden altjapanischen Staatsmänner, so kann man Soga no Emishi 蘇我蝦夷 (–645) wohl nennen, gleichlautend mit der bis in die ausgehende Heian-Zeit gebräuchlichen Bezeichnung für die Vorläufer der Ainu, auch die Schreibung war gleich. Das braucht jedoch noch nicht viel zu bedeuten: Bis in die frühe Heian-Zeit hinein sind ca. 50 Männer dieses Namens nachweisbar.[16] Bemerkenswert ist jedoch eine Marginalie im *Kugyô bunin* 公卿補人 bei seinem Namen: *ekashi* = *ekasi*, und das ist im Ainu ein Ausdruck des Respekts für einen Familien- oder Sippenältesten.[17] Als *furigana* steht an der gleichen Stelle *kai*, was ebenfalls Ainu sein kann. Nun ist dieser *Kugyô bunin*-Text zwar die Edition eines Vulgattextes, eines Manuskriptes aus der späten Edo-Zeit – aber immerhin.

Sogar in einem offiziellen chinesischen resp. mandschurischen Dokument aus dem 18. Jahrhundert kommt ein Ainu-Wort vor. Der Häuptling Yaenkor-

---

14 DETTMER 1989–1997, Teil 1: 86. Wörter aus dem Ainu sind im folgenden kursiv gesetzt.
15 *Nihon kokugo daijiten*. S.v. *sake*.
16 DETTMER 1989–1997, Teil 1: 1–4.
17 *Kugyô bunin* (Kokushi taikei). Bd. 1: 5. Zum Ainuwort vgl. HATTORI 1964. S.v. *ekasi*.

ainu legte 1792, auf Karafuto, seine Bestallungsurkunde dem durchreisenden Mogami Tokunai 最上徳内 (1755–1836) vor. Darin wurde Japan Hsi-san-ta-kuo 西散大国 genannt.[18] Hsi-san ist das Wort *sisam*, mit dem die Ainu die Japaner bezeichneten,[19] *ta-kuo* ist klar.

Die Nachbarschaft der Ainu hatte aber auch eine weniger erfreuliche Seite: Die Ausdehnung des Staates der *wajin* nach Norden, sei es aus reinem Expansionsdrang oder zur Verteidigung gegen kriegerische Übergriffe, führte zu bewaffneten Auseinandersetzungen oder resultierte darin. Die japanischen Quellen der Nara-Zeit berichten nicht nur darüber, sondern ebenso von der Anlage vorgeschobener Befestigungen im Ainu-Land, auch schon im 7. Jahrhundert, nördlich einer Linie ungefähr von Niigata zur alten Sperre von Nakoso (*Nakoso no seki* 勿来関). Von dort aus wurde das geschlossene Siedlungsgebiet ständig weiter nach Norden zurückgedrängt. So ist der Norden der Hauptinsel gewissermaßen eine alte Ainu-Region. Nach Kanmu Tenno hat es zwar keine Emishi-Kriege mehr gegeben, aber doch die sogen. *fushû*-Aufstände noch bis ca. 950. Daß e.g. das Aomori ken früher von Ainu besiedelt war, sollte man jedoch seinen heutigen Bewohnern besser nicht sagen: Sie wollen es nicht wahrhaben.[20]

Die Anführer der *fushû* 俘囚, der "Unterworfenen" dieser Gebiete, waren selbst von *fushû*-Herkunft: So e.g. die Fürsten von Hiraizumi 平泉, die Mutsu-Fujiwara 陸奥藤原. Ein Überbleibsel aus uralter Zeit ist auch das Matagi, die mit vielen Ainu-Elementen durchsetzte Sprache der Jäger in den Bergen von Tsugaru bis in das Niigata ken 新潟県.[21]

Ist die Kenntnis der Ainu-Sprache zweifelsfrei für die Ortsnamenkunde des Nordens eine wichtige Voraussetzung, so ist sie darüberhinaus für die Siedlungsgeschichte ganz Japans eigentlich unerläßlich. Nach früheren Theorien waren e.g. die Proto-Ainu die Ureinwohner Japans, auch als die Inseln Durchzugsgebiet auf ihrer Wanderung von Süden, über die Ryûkyû-Inseln, nach Norden waren, hätten sie hier an verschiedenen Plätzen längere Zeit hindurch verweilt. Zumindest die letzte Frage ist noch nicht definitiv geklärt, fest steht es jedoch, daß Emishi-Gruppen um 800 zwangsweise in das Landesinnere umgesiedelt wurden und sich dort in geschlossenen Weilern oder

---

18 DETTMER 1989–1997, Teil 2: 173 und 354.
19 HATTORI 1964: 50.9.
20 DETTMER 1989–1997, Teil 2: 21.
21 DETTMER 1989–1997, Teil 2: 23.

Dörfern niederließen: Noch nach dem *Engishiki*, i.e. im frühen 10. Jahrhundert, mußten 35 Provinzen Unterhaltszuschüsse für "ihre" *fushû* bereitstellen.[22]

Die Namen solcher Wohnorte müßten sich mit der Hilfe dieser Sprache aufspüren lassen, ebenso, und das wäre historisch noch interessanter, Namen aus weiter zurückliegenden Zeiten. Hier erschwert allerdings die Neuregelung der Ortsnamenschreibung vom frühen 8. Jahrhundert die Identifikation. Aber sofern Einzelglieder wie *kasi, iso, pet / betsu, nay / nai* etc. erkennbar sind und zu den anderen Gliedern sowie zu den natürlichen Gegebenheiten eines Platzes passen, besteht die Aussicht, relativ sichere und historisch wertvolle Ergebnisse erzielen zu können; für die Regionen des Nordens ist dies selbstverständlich.

Ältere Ortsnamen im "Binnenland" könnten auch auf die *sakimori* 防人 zurückgehen, im Manyôshû sind einige Lieder von ihnen enthalten: Diese Krieger wurden im 8. Jahrhundert meistens in den östlichen Provinzen rekrutiert, in Sagami (Sagami no kuni 相模国), Musashi (Musashi no kuni 武蔵国), Kazusa (Kazusa no kuni 上総国), Hitachi (Hitachi no kuni 常陸国) etc. Von Naniwa 難波 aus wurden sie nach Tsukushi 筑紫 verschifft. Später dienten auch umgesiedelte Emishi für ihre neue Heimat als "Küstenverteidiger".[23]

Schließlich sei noch auf die Selbstverständlichkeit hingewiesen, daß diese Sprache ganz allgemein für die Geschichte der nördlichen Regionen der Hauptinsel von Bedeutung ist: Historische Geographie / Siedlungsgeschichte, Kriegs- und Reiseberichte sowie vielleicht Ainu-Sagen und -Mythen sind die Fasern, die zu einem Leitfaden durch die Jahrhunderte werden können.

Zu Beginn dieses Abschnittes nannte ich das Japanische eine selbstverständliche Voraussetzung für das Studium der japanischen Geschichte. Aber selbst gute Kenntnisse der Grammatik machen die Benutzung von Wörterbüchern nicht überflüssig. Für die Neuzeit gibt es dabei wohl auch Schwierigkeiten, notfalls kann man jedoch immer noch einen verläßlichen Japaner oder einen Fachmann für ein bestimmtes Gebiet befragen.

Anders ist es mindestens mit der Geschichte vor 1868. Westliche Lexika versagen hier, für fast alle Sachgebiete, so gut wie regelmäßig, allenfalls hilft, für die Tokugawa-Zeit, mitunter noch Brinkley. Von den japanischen liegt inzwischen das *Kokushi daijiten* (Ksd) zwar vollständig vor, seit April 1997, ein großartiges Werk, aber es kann gar nicht auf *alle* beim Quellen-Studium auftauchenden sachlichen Fragen Antworten parat haben, abgesehen

---

22 DETTMER 1989–1997, Teil 2: 20.
23 *Kokushi daijiten*. S.v. *sakimori*.

davon, daß der Zugang so gut wie ausschließlich über die Lesungen der Begriffe und Namen möglich ist. Wie weiter unten deutlich wird, ist bisweilen auch für historische Fragen das *Nihon kokugo daijiten* (Nkd) sehr nützlich; es hat allerdings keinen Zeichenindex, so daß man auch für seine Benutzung die Lesung kennen muß.

Nun gibt es die altjapanischen Enzyklopädien, das *Shinsen jikyô* 新撰字鏡[24] aus der Zeit um 900 und das etwas spätere, für Historiker weit wichtigere, *Wamyô ruijûshô* 倭名類聚抄[25]. Das sind für Alt-Japan, auch für die Nara-Zeit, gewissermaßen zeitgenössische Nachschlagewerke; sie sind durch moderne Indizes erschlossen. Ihnen sind wichtige Einzelauskünfte zu entnehmen. Das für deren Autoren Selbstverständliche, Alltägliche fehlt allerdings meist ebenso wie viele administrative Einzelheiten, deren Verständnis die korrekte Interpretation der Quellen oft überhaupt erst möglich macht.

Im Zusammenhang mit dem Text-Verständnis kommt den Kodizes eine herausragende Bedeutung zu. Das trifft grundsätzlich für die Geschichte aller Länder und Zeiten zu; denn in ihnen werden Gegenstände, Zustände und Handlungen definiert. Hierzu hätte ich Ihnen gern ein Beispiel aus der deutschen Jurisprudenz zitiert, das in meinem ersten Semester in Freiburg der Strafrechtler Adolf Schönke (1908–53) vortrug. Da ich mich selbst nicht mehr an die Quelle erinnerte, fragte ich frühere Kommilitonen, aber weder sie noch Schönkes ehemalige Sekretärin konnten mir helfen. Es handelte sich um die juristisch einwandfreie Beschreibung einer Lokomotive. Sie wirkte auf uns ungeheuer erheiternd – der fragliche Gegenstand jedoch ist unmißverständlich beschrieben.

Ich beschränke mich hier auf den schon genannten "Taihô / Yôrô-Kodex". Er steht, mit seinen meist verlorenen Vorläufern, fast am Beginn der japanischen Geschichte: Seine Kompilation wurde in den Jahren 701 resp. 718 vollendet.[26] Zusammen mit der ergänzenden Gesetzgebung und dem quasi die Legislatur

---

24 Das *Shinsen jikyô* stammt aus dem ausgehenden 9. Jahrhundert, der Priester Shôjû 昌住 stellte es zusammen. Darin sind int. al die Bedeutungen von ca. 20.000 Schriftzeichen erläutert, auch finden sich viele japanische Wörter (in *Manyô gana*-Schreibung). Es gibt verschiedene moderne Ausgaben, ein Index erschien 1958 in Kyoto (*Shinsen jikyô kokugo sakuin* 1958).

25 Das *Wamyô ruijûshô* stellte der Dichter und Gelehrte MINAMOTO no Shitagô 源順 (911–83) um 930 zusammen. Es ist ein klassifiziertes chinesisch-japanisches Wörterbuch, eine Realenzyklopädie. Ein Index erschien 1962 mit der Ausgabe des Kazama Shobô. Über die im Text genannten Ortsnamen gibt es eine gründliche Untersuchung von IKEBE 1981.

26 Der nur in der Version aus der Periode Yôrô (717–24) erhaltene "Taihô-Kodex" vom Jahre 701 ist in der amtlich kommentierten Ausgabe des *Ryô no gige* 令義解 (abgeschlossen 833) in die zweite Abteilung des *Shintei zôho kokushi taikei* aufgenommen worden.

des *ritsuryô kokka* 律令国家 abschließenden *Engishiki* stellt er ein fundamentales Hilfsmittel dar, das exakter als manches Wörterbuch Auskünfte über die Verhältnisse im altjapanischen Staat gibt und, in welcher Weise auch immer, er bildet die Basis für die ganze spätere Gesetzgebung. Eigentlich kann man ohne die Kodizes heranzuziehen gar keine Textübersetzung anfertigen.

Wie sehr selbst ein erfahrener Wissenschaftler, der zudem große Teile des Kodex übertragen hat, ohne eine sachgemäße Benutzung dieser Hilfsmittel in die Irre gehen kann, zeigt das Beispiel des Historikers George Bailey Sansom (1883–1965): In seiner "Geschichte von Japan" spricht er von einem jungen Aristokraten unter den im *Genji monogatari* 源氏物語 auftretenden Personen, der "Tô no Chûjô (the Captain)" gewesen sei, ob er etwelche militärische Pflichten gehabt habe, sei nicht gesagt.[27] Nun kann "captain" zwar zur Bezeichnung eines Feldherren dienen, bedeutet aber gewöhnlich "Offiziere im Rang von Hauptleuten oder Rittmeistern".

Was die Autorin des *Genji* über zivile und militärische Funktionsträger schrieb, ist für die Charakterisierung von deren Dienstaufgaben gewöhnlich nahezu wertlos: Sie konnte diese Männer in der Regel nur mit den Augen einer meistens gelangweilten Hofdame sehen, die weitgehend von der Außenwelt abgeschlossen war und mehr an Kleidung, Aussehen und Gebaren eines jungen Leutnants interessiert war als an seinen Pflichten oder an denen eines älteren Würdenträgers. Namen und Dienststellung wurden den Damen allerdings früher oder später bekannt. So ist der Titel *tô no chûjô* 頭中将 korrekt, aber er bezeichnet nicht irgendeinen "Hauptmann von der Garde", sondern einen der wichtigsten Männer bei Hofe; inwieweit um das Jahr 1000 der Niedergang der zentralen Institutionen auch in diesem Fall schon fortgeschritten war, ist in unserem Zusammenhang ohne Bedeutung, auf die korrekte Titelübertragung kommt es an.

Dieser Mann trug mindestens den 4. Hofrang, war mithin den Großwürdenträgern gleichgestellt. Er war der Leiter "tô" des *kurôdo dokoro* 蔵人所 und war gleichzeitig "chûjô" der *konoefu* 近衛府, i.e. "général en second de la garde du corps".[28] Er hatte also das zweithöchste Amt in der häufig mit "Geheim- oder Privatkanzlei" übersetzten Behörde inne sowie ein Amt gleicher Stufe in der "Leibgarde" *konoefu*. "Captain" ist bei diesem Sachverhalt wirklich kein angemessenes Äquivalent.

---

27 SANSOM 1958–63, Bd. 1: 172.
28 HÉRAIL 1977, Bd. 1: 172.

Derartige Fehler, es sind schon keine Nachlässigkeiten mehr, findet man oft in Übertragungen aus der Belletristik; aber dort sind diese Dinge ja auch meistens ziemlich unwesentlich.

Die korrekte Wiedergabe der Titel von Amtsinhabern und Ämtern gehört allerdings noch zu den schwierigsten Aufgaben des Japan-Historikers. Die Japaner haben es auch in dieser Hinsicht leichter: Sie lassen einfach die *kanji* stehen, und brauchen sich weder um deren Lesung noch um ihren Inhalt zu kümmern.

Wir sind da schlechter dran. Das aber ist zugleich einer der Vorteile, die der westliche Japanologe gegenüber den einheimischen hat. Wir müssen uns zunächst mit der Lesung der *kanji* auseinandersetzen. Zu deren Feststellung gibt es heute eine Reihe ausgezeichneter Hilfsmittel. Für Behörden und Beamte der alten Zeit ist das beste, neueste und in seiner Art noch nie dagewesene Wörterbuch von Abe Takeshi zu nennen.[29] Der Kompilator gibt über die einfache Begriffsbestimmung hinaus ausführliche sachliche Hinweise, weiterführende Literatur ebenso. Mit den hier ermittelten Lesungen kann man dann auch an das Ksd gehen.

Die Nomenklatur des Kodex ist nicht nur deswegen von Bedeutung, weil sie, wie oben gesagt, die Basis aller späteren Entwicklungen darstellt, sondern, und das gilt besonders für die hier besprochene Terminologie aus dem Bereich der Administration, weil sie in einem beträchtlichen Ausmaß bis zum Ende der Tokugawa-Zeit benutzt wurde. Sie blieb bis dahin lebendig, obwohl sie schon lange ihre früheren Inhalte verloren hatte und faktisch sinnentleert war, weil die *bushi*, die Krieger, es liebten, sich mit höfischen Titeln dekorieren zu lassen.

Mit den aus Abes Werk und aus dem Ksd gewonnenen Auskünften haben wir aber immer noch keine Äquivalente für die Dienststellen und deren Personal. Um sie genau zu bestimmen, ist allerdings die Kenntnis des ganzen Systems erforderlich. Es liegen zwar einige Publikationen vor, in denen deutsche, französische oder englische Entsprechungen zusammengestellt sind, manche davon machen auch Angaben zu Kompetenzen und Funktionen, aber als die am besten ausgearbeitete ist nach wie vor die von Oskar Nachod (1858–1933) anzusehen.[30] Seine Quelle ist der "Taihô / Yôrô-Kodex", das beste Material also. Berücksichtigt man jedoch, daß er, anders als Francine Hérail, das *Engishiki* nicht zusätzlich heranzog, wohl weil es scheinbar über seinen zeitlichen Rahmen hinausging, und die Umsetzung in die Praxis unbe-

---

29 ABE 1995.
30 NACHOD 1929–1930.

achtet ließ, i.e. die Möglichkeit des Einschlusses von dispositivem Recht, so bleibt seine diesbezügliche Abhandlung, zumindest für Deutsche, zwar unangefochten, kann jedoch nicht als das letzte Wort gelten.

Für die genaue Begriffsbestimmung muß das praktische Wirken der Behörden geprüft werden, nicht nur die Kompetenzangaben im Kodex, und überdies die dazugehörigen Texte des *Engishiki*. Bei den Beamten müssen die Grade der Abstufungen bei der Einschätzung der Höhe ihrer Stellungen sorgfältig beachtet werden. Auch hierzu liefert der Kodex erste, grundlegende Maßstäbe. Das *Kan'i ryô* 官位令, das "Gesetz über [die Angemessenheit von] Amt und Rang", wurde m.v. bisher nie bearbeitet, weil es angeblich lediglich eine Aufzählung ist, eine bloße Aneinanderreihung von allen möglichen Beamtentiteln. Aber in diesem Gesetz werden die Stellen nach den Rängen ihrer Inhaber eingestuft, zusammen mit dem folgenden *Shiki'inryô* 職員令, dem "Gesetz über das Personal der Behörden", haben wir einen kompletten Stellenplan für den Verwaltungsapparat der absolutistischen Periode.

Damit ist eine Grobeinteilung gegeben. Zur Feinabstimmung müssen nun die Gehälter herangezogen werden, sonst könnte es geschehen, daß man einen Titel schlicht mit "Sekretär" wiedergibt, für den man als deutsche Entsprechung besser "Staatssekretär" wählen sollte. Der Kodex enthält auch zu den Bezügen die frühesten Angaben, aber die des *Engishiki* sind ausführlicher, detaillierter, weitergehend. Schön wäre es, hätte der *ritsuryô*-Staat die Gehälter in Yen überwiesen, dann wäre die Ermittlung von Gradunterschieden bei Beamten gleichen Ranges unproblematisch, die Nuancen bei der Abwägung einzelner möglicher Äquivalente leichter festzusetzen. Aber damals war die Naturalwirtschaft die für Besoldung, Steuerzahlung und Kommerz maßgebliche Form der Werteübertragung. Und das macht die Angelegenheit schwierig. Die vielen Einzelartikel, aus denen sich ein Gehalt zusammensetzte, müssen in feste Wertrelationen gebracht werden. Das wiederum wird erschwert durch die Unsicherheit, einfach nicht zu wissen, was mit manchen Ausdrücken wirklich gemeint ist. Außerdem gab es temporäre Preisschwankungen ebenso wie regionale Abweichungen. Letztere sind jedoch unerheblich, wenn brauchbare Informationen aus zeitlich kurzen Abständen in hinreichender Dichte vorliegen.

Um die Ausarbeitung einer solchen, feinabgestimmten Nomenklatur für den Behördenapparat bemühe ich mich seit Jahren – leider allerdings konnte ich das bisher nicht mit dem erforderlichen Zeitaufwand tun.

Aber selbstverständlich sind Begriffsbestimmungen von Termini aus anderen Sachbereichen dem Kodex gleichfalls zu entnehmen. E.g. die Gliederung der Altersstufen, die für die Steuerveranlagung und die Feldzuteilung ausschlaggebend war. Sie ist im Abschnitt 6 des *Ko ryô* 戸令, des "Gesetzes über die Haushalte", geregelt. Dieser Paragraph lautet:

> Männliche und weibliche Personen im Alter von drei Jahren und darunter sind als Kleinkinder (*kô* 黄) zu betrachten, die im Alter von 16 Jahren und darunter als Kinder (*shô* 少) und die im Alter von 20 Jahren und jünger sind als Jugendliche (*chû* 中) anzusprechen. Männer im Alter von 21 Jahren sind als [voll tauglichen] Mannen (*chô* 丁) zu betrachten, 61jährige als Alte (*rô* 老) und 66jährige als Greise (*ki* 耆) anzusehen. Die keinen Ehemann [mehr] haben sind als alleinstehende Hauptfrauen und Konkubinen zu betrachten.[31]

Diese aus nur einem Zeichen bestehenden Ausdrücke haben alle reguläre eigene Bedeutungen, die meist anders und weiter zu fassen sind, als sie mit diesen Definitionen festgelegt sind. Als Lesung ist, in diesem Sachbereich, zunächst eine im *kan on* zu vermuten und darunter in den Lexika nachzuschlagen. Im Ksd findet sich nur *chô*, im Nkd, das ja keinerlei Index hat, sind sie dagegen alle verzeichnet und mit den Kodex-Stellen korrekt zitiert.

So findet man in diesem Wörterbuch zwar die grundlegenden sachlichen Auskünfte hierzu, aber man hat wiederum das Dilemma, die angemessenen Äquivalente zu ermitteln. Deswegen muß man auch in solchen Fällen das ganze System kennen, um die Einzelbedeutungen festsetzen und abwägen zu können. Und dazu bleibt nichts anderes übrig, wenn es genau darauf ankommt, als auf den Kodex zurückzugreifen.

Diese Ausführungen über Nutzen und Gebrauch des Kodex, oder der Kodizes, gehören deswegen mit an diese Stelle, weil deren Sprache und Ausdrucksweise, ob man sie nun als Chinesisch oder Japanisch bezeichnet, zur Klärung mitunter komplizierter Verhältnisse in den Rahmen der sprachlichen Hilfswissenschaften gehören.

7. Schluß

Von den oben genannten Hilfswissenschaften habe ich hier nur die Allgemeine Quellenkunde und die damit verbundenen sprachlichen Voraussetzungen behandeln können. Heraldik, Sphragistik / Paläographie und Numismatik sind von nur sehr eingeschränkter Bedeutung für den Japan-Historiker. Allerdings darf die Paläographie, hier verstanden als Handschriftenkunde und Lehre von den *kanji*-Formen / Arten, nicht vernachlässigt werden; sie gehört auch mit in den Bereich der Diplomatik. Auf die historische Geographie bin ich nur im Zusammenhang mit den Ainu im Hinblick auf Ortsnamenkunde und Sied-

---

31 KUROITA (Hg.) 1959 (*Ryô no gige*): 92; DETTMER 1959: 78.

lungsgeschichte eingegangen. Sie hat in der Muromachi- und der Tokugawa-Zeit, wegen der Grenzen der Daimyate etc., eine andere Bedeutung. Die Chronologie, ein gerade für Japan sehr interessantes Gebiet, und die Genealogie, die besonders in Verbindung mit der Chronologie für das Kaiserhaus wichtig ist, sind übergangen worden. Die für die Quelleninterpretation, in erster Linie für die der Überreste, grundlegende Urkundenlehre ist derartig kompliziert, daß sie in diesem Rahmen nicht behandelt werden kann; die wenigen Hinweise müssen genügen.

Und jetzt müßte der Paukenschlag zum Wecken kommen - ich bin nämlich am Ende.

Literatur (Auswahl)

ABE Takeshi 阿部猛
1995 *Nihon kodai kanshoku jiten.* Takashina Shoten. 『日本古代官職辞典』高科書店.

BAYER, Erich; WENDE, Frank
1995 *Wörterbuch zur Geschichte. Begriffe und Fachausdrücke* (Kröners Taschenausgabe, Bd. 289). 5., neugestaltete u. erweiterte Aufl. Stuttgart: A. Kröner Verlag.

BOCK, Felicia Gressitt
1970, 1972 *Engi-shiki. Procedures of the Engi Era* (Monumenta Nipponica Monographs). 2 Bde. Tokyo: Sophia University (Bd. 1: 1970, Bd. 2: 1972).

BRANDT, A. von
1983 *Werkzeug des Historikers. Eine Einführung in die historische Hilfswissenschaft* (Kohlhammer Urban-Taschenbücher, Bd. 33). 10., erg. Aufl. Stuttgart, Berlin, Köln, Mainz: Kohlhammer.

DETTMER, Hans Adalbert
1959 *Die Steuergesetzgebung der Nara-Zeit* (Studien zur Japanologie, Bd. 1). Wiesbaden: O. Harrassowitz.
1972 *Die Urkunden Japans vom 8. bis ins 10. Jahrhundert* (Veröffentlichungen des Ostasiatischen Seminars der Johann-Wolfgang-Goethe-Universität, Frankfurt a.M.; Reihe B, Ostasienkunde, Bd. 3). Bd. 1: *Die Ränge*. Wiesbaden: O. Harrassowitz.
1987 *Einführung in das Studium der japanischen Geschichte.* Darmstadt: Wissenschaftliche Buchgesellschaft.
1989–1997 *Ainu-Grammatik* (Veröffentlichungen des Ostasien-Instituts der Ruhr-Universität Bochum, Bd. 38). 4 Bde. Wiesbaden: O. Harrassowitz.

Dictionnaire historique du Japon
1963ff. Sous la direction de Iwao Seiichi. Tokyo: Maison franco-japonaise.

FUCHS, Konrad; RAAB, Heribert
[6]1987 *Dtv-Wörterbuch zur Geschichte.* München: Deutscher Taschenbuch Verlag.

HABERKERN, Eugen; WALLACH, Joseph Friedrich
1974 *Hilfswörterbuch für Historiker. Mittelalter und Neuzeit.* München: Francke.

Hammitzsch, Horst (Hg.)
1981 *Japan-Handbuch*. In Zusammenarbeit mit Lydia Brüll; unter Mitwirkung von Ulrich Goch. Wiesbaden: F. Steiner.

Hattori Shirô 服部四郎 (Hg.)
1964 *Ainu-go hôgen jiten*. Iwanami Shoten.『アイヌ語方言辞典』岩波書店.

Hegel Georg Wilhelm Friedrich
[1]1822–23 *Vorlesungen über die Philosophie der Weltgeschichte*. Herausgegeben von Karl Heinz Ilting, Karl Brehmer und Hoo Nam Seelmann. Hamburg: F. Meiner 1996 (Vorlesungen: Ausgewählte Nachschriften und Manuskripte / Georg Wilhelm Friedrich Hegel, Bd. 12).

Hérail, Francine Marie
1977 *Fonctions et fonctionnaires japonais au début du XIème siècle*. 2 Bde. Paris: Publications orientalistes de France.

Hyppolite, Jean
1948 *Introduction à la philosophie de l'histoire de Hegel*. Paris: M. Rivière.

Ikebe Wataru 池辺弥
1981 *Wamyô ruijû shô gun gô ri eki mei kôshô*. Yoshikawa Kôbunkan.『和名類聚抄郡郷里駅名考證』吉川弘文館.

Jouon des Longrais, F.
1950 *Âge de Kamakura. Sources (1150–1333). Archives. Chartes japonaises (Monjo)*. Tokyo: Maison Franco-Japonaise (Paris: Chez L'Auteur).

Kirn, Paul
1959 *Einführung in die Geschichtswissenschaft*. 3. durchges. Aufl. Berlin: W. de Gruyter.

Kluge, Friedrich
[18]1960 *Etymologisches Wörterbuch der deutschen Sprache*. Bearbeitet von Walther Mitzka. Berlin: W. de Gruyter.

Kokushi Daijiten Iinkai 国史大辞典編集委員会 (Hg.)
1979–97 *Kokushi daijiten*. Yoshikawa Kôbunkan.『國史大辭典』吉川弘文館.

Kôtei Engishiki sakuin 校訂延喜式索引
1932 Hg.v. Kôten Kôkyû Sho. Zenkoku Shinshoku Kai. Yoshikawa Kôbunkan. 皇典講究所全国神職会. 吉川弘文館.

Kuroita, Katsumi 黒板勝美 (Hg.)
1959 *Ryô no gige* (Shintei zôho Kokushi taikei, Bd. 22). Yoshi-

kawa Kôbunkan.『令義解』(新定増補国史大系) 吉川弘文館.

1988–89　*Kugyô bunin* (Shintei zôho Kokushi taikei, Bde. 53–57). Yoshikawa Kôbunkan.『公卿補任』(新定増補国史大系) 吉川弘文館.

Masur, Gerhard
1926　*Rankes Begriff der Weltgeschichte* (Beihefte der Historischen Zeitschrift, Beiheft 6). München: R. Oldenbourg.

Nachod, Oskar
1929–30　*Geschichte von Japan*. 2 Bde. Leipzig: Asia Major.

Sansom, George Bailey
1958–64　*A History of Japan*. 3 Bde. Stanford, Calif.: Stanford University Press.

Shinsen jikyô kokugo sakuin 新撰字鏡國語索引
1958　Hg. v. und erschienen bei Kyôto Daigaku Bungakubu Kokugogaku Kokubungaku Kenkyûshitsunai Kokubun Gakkai in Kyoto. 京都大學文學部國語學國文學研究室內國文學會.

Rechtsgeschichte

Carl Steenstrup

1. *Generelle Bedeutung des Gebiets*

Rechtsgeschichte ist die Geschichte des Rechts. "Geschichte" ist die Summe unseres Wissens über die Vergangenheit der Menschen und zugleich der Wissenschaftszweig, der diese Vergangenheit eruiert. "Recht" dagegen ist ein philosophisch umstrittener Terminus. Allgemein akzeptiert ist, Recht sei ein Teil der Normen, aber nicht alle Normen sind Recht.[1] Normen sind Handlungsmuster, zu denen Menschen sich verpflichtet fühlen. Die Eltern, die Sippe, die Stammesältesten, der Staat oder religiöse Organisationen pflanzen dem Menschen vom Kindesalter an Normen ein. Dadurch sind Normen verschieden von Handlungsmustern, die dem Menschen durch die Gene ins Leben mitgegeben sind. Ob Denkmuster wie Altruismus, Verteidigung des Territoriums, Akzeptanz der durch physische Stärke entstandenen Vormachtstellung bestimmter Individuen des Stammes etc. grundsätzlich genbedingt sind oder erst nach der Geburt erworben werden, und – sollte letzteres zutreffen – ob dies durch Eigenbeobachtung oder durch erzieherische Maßnahmen im weitesten Sinne geschieht, dies ist alles noch umstritten.

Welche von den nicht genetisch bestimmten Normen man "Recht" nennen will, ist eine Definitionsfrage. Normen, die nur durch Mißbilligung geahndet werden, wenn man sich nicht danach richtet (wenn man sich beispielsweise am Tisch mit dem Messer das Essen in den Mund schiebt), bezeichnen wir normalerweise nicht als Recht. Ist die Sanktion aber erheblich, so wie Tod, Körperstrafe, Freiheitsstrafe, Geldstrafe, Schadensersatzanspruch, Nicht-Teilnahme an Zeremonien, zu denen die anderen Stammesmitglieder Zutritt haben, öffentliche Beschimpfung durch den Stammesältesten, Enterbung, Eheverbot, Ostrakismus, oder Verwandte des Übeltäters werden auf obige Weise belangt, dann nennen wir die Norm rechtlich. Wer die Sanktion vollzieht, ist nicht wichtig: es kann der ganze Stamm sein, oder der Häuptling, oder die

---

1 S. Arno BARUZZI: *Freiheit, Recht und Gemeinwohl – Grundlagen einer Rechtsphilosophie.* Darmstadt: Wissenschaftliche Buchgesellschaft 1990: 200–204.

Stammesältesten, oder eine Geheimgesellschaft, oder die Leute glauben, eine Gottheit werde durch Blitz oder Krankheit die Übertretung ahnden. Man nennt solche Rechtsnormen Verhaltensnormen, weil sie das Verhalten lenken. Werden Verhaltensnormen nur inkonsequent vollzogen, verlieren sie dadurch nicht ihren Rechtscharakter; nur der Inhalt der Rechtsregeln ändert sich, von beispielsweise: "Alle zahlen Steuern" zu: "Abhängig Beschäftigte zahlen Steuern". Ganze Rechtsregelsysteme können aber wegen veränderter gesellschaftlicher Bedingungen obsolet werden, weil sie gar nicht mehr vollzogen werden; eine Periode der Rechtsunsicherheit tritt dann ein und kann lange dauern. Neben Verhaltensnormen umfaßt das Recht auch sogenannte Kompetenznormen. Hier ist die Sanktion nicht eine im weitesten Sinne pönale Reaktion, sondern, daß der Rechtszustand, den man erreichen will, nicht eintritt. Beispielsweise Vorschriften, die besagen, daß keine Ehe gestiftet ist, wenn nicht beide Partner "Ja" dazu sagen, oder nicht verschiedenen Geschlechts sind, oder sie haben sich nur beiderseitig auf der Bettkante ihr Jawort gegeben, aber keine Obrigkeitsperson hörte und registrierte es.

Das Nicht-Eintreten gewünschter Rechtswirkungen kann *ab initio* sein (Nichtigkeit) oder tritt nur wegen eines Einspruchs ein (Anfechtbarkeit). Verhaltensnormen im Recht, insbesondere im Strafrecht und im Schadensanspruchsrecht, sind von Kultur zu Kultur verschieden; und noch verschiedener sind die Ausformungen der Kompetenznormen im Recht. Die Gültigkeitsgrundlage des gesamten Rechtssystems ist letztendlich abhängig davon, ob der Machtapparat mit Loyalität rechnen kann, d.h. praktisch: wer bezahlt die Richter, die Polizisten, die Gefängniswärter, die Gerichtsvollzieher? Übernimmt ein anderes Regime diese Vormachtstellung, ändert sich das Recht; setzt das neue Regime aber keine rückwirkenden Rechtsregeln, bleiben die Rechtswirkungen gültig, die unter dem früheren System gültig waren. Dies ist der Grund, weshalb die deutschen Richter an Hitlers Verbrechen einerseits teilhatten, indem sie seine Verordnungen vollzogen, andererseits jedoch dafür nach 1945 meistens nicht bestraft wurden: Sie hatten sich ja nach dem gerichtet, was damals "Recht" war.

"Recht", das dem entspricht, was dem jeweiligen Machthaber gefällt, nennt man "Rechtspositivismus". Japan übernahm ihn von Deutschland in der Meiji-Zeit (*Meiji jidai* 明治時代). Die Behörden dieser beiden Länder begingen die umfassendsten und grausamsten Greueltaten gegen die Menschheit vor und während des Zweiten Weltkriegs und kamen meistens ungeschoren davon. Zwar ließen die Siegermächte einige besonders prominente Herrscher der Verlierer aufhängen, unter Berufung auf eine Neuinterpretation des Völkerrechts – dieses Recht normiere auch das Verhalten von Individuen, nicht nur von Staaten – aber dies war in den Augen der besiegten Völker damals eine dubiose Siegerjustiz. Die Verfassungen, die sich Japan und Deutschland nach 1945 unter dem Einfluß der Siegermächte gaben, versuchten, das Recht, insbesondere die Freiheitsrechte der Bürger, in der menschlichen Natur, in der Geschichte, letztendlich im Willen postulierter transzendentaler Mächte zu verankern, kurz, im sogenannten Naturrecht. Sie sind aber Fremdkörper in der Rechtsauffassung geblieben. Die Nachbarvölker der positivistisch orientierten Hauptmächte, Japan und Deutschland, wissen, daß, setzt sich eine neue Diktatur in diesen Ländern fest, der Diktator mit dem gewissenhaften Vollzug jedes *propria forma* beschlossenen Mordbefehls rechnen kann: deshalb auch der Drang der Staaten beider Regionen, Japan bzw. Deutschland in Vertragssysteme einzubinden. Detaillierte Vorschriften in den Verfassungen beider Länder sollen darüber hinaus ein Wiederaufkeimen von Diktaturen verhindern helfen. Die Analyse davon, was die herrschenden Klassen verschiedener Völker von der Legitimationsgrundlage ihrer Rechtssysteme hielten, ist, kann man sagen, der politisch relevanteste Teil der Aufgaben der Rechtsgeschichte.[2]

Aber auch Banalitäten vom Typ, daß im kontinentaleuropäischen Rechtsraum ein gültiger Vertragsschluß meistens nur Angebot und Akzept erforderte, im angelsächsischen Rechtsraum Angebot und Absendung der Antwort, und dazu noch entweder Schriftform oder das Vorhandensein einer Gegenleistung, und im japanischen Rechtsraum den Anfang des Austausches der Leistungen, sind als Schlüssel zum Verständnis der betreffenden Kulturen wichtig. Denn erstens zeigen Rechtsnormen, welches Wertesystem ein Volk hatte und vielleicht noch hat; Wertesysteme kommen in den Dokumenten selten zum Vorschein, solange sie niemand bezweifelt; erst in Konfliktsituationen werden Wertesysteme sichtbar. Zweitens handeln herrschende Klassen auf der politischen Ebene normalerweise nach den Normen, die sie als Häuptlinge, Gutsbesitzer oder Offiziere im kleinen Rahmen schon oft vollzogen haben. Drittens gibt es Völker, die sich scheuen, Konflikte offen auszutragen, und dazu gehört, seit dem Import chinesischer Rechtsideen im 7. und 8. Jahrhundert, Japan: Hier sind Dokumente und Berichte darüber, wie die Parteien argumentieren, wenn die Rechtslage ungewiß war (solche Fälle waren besonders im Mittelalter häufig), aufschlußreich zum Thema, welche Wertvorstellungen sie hatten. Berufen sich beide Seiten beispielsweise auf *dôri* 道理 oder "Vernunft", und stellten die richtenden Krieger und ehemalige erbliche Kyoto-Bürokraten, die nun im Dienst der Krieger standen, im Urteil fest, wozu *dôri*

---

2 S. Gerhard DILCHER: *Der rechtsgeschichtliche Grundlagenschein*. München: Beck 1979: 12–16.

führte, dann bekommen wir auch einen sonst selten zu gewinnenden Einblick darin, wie die herrschende Klasse dachte. Die Rechtsgeschichte wird somit ein wichtiger Teil der historischen Volkskunde der Japaner. Viertens wissen wir nur lückenhaft, welche religiösen Vorstellungen die ältesten Japaner hatten. Wir wissen aber, daß Gottesurteile, durch Schamaninnen und Schamanen in geänderten Bewußtseinszuständen gesprochen, große Bedeutung hatten.[3] Wir wissen weiterhin: Wenn man mythopoetisch den Sieg eines Volkes, das Gott A anbetete, über ein anderes Volk, das Gott B huldigte, darstellen wollte, stellte man den Gott der Verlierer als Übeltäter dar, der seine gerechte Strafe erlitt. Wir bekommen auf diese Weise bisweilen Informationen über das damalige Strafrecht und dessen Vollzug. Genau wie bei der Erforschung der Ideen und Institutionen der alten Germanen und der alten Römer befruchten Rechtsgeschichte und Religionsgeschichte einander gegenseitig, und die Rechtsgeschichte ist hier der gebende Teil, weil ihre Daten konkreter und anschaulicher sind. Fünftens war Japan das einzige Land, das zweimal in seiner langen Geschichte Fremdrecht annahm, um sich gegen das feindliche Ausland zu stärken, und zwar im 7. und 8. Jahrhundert Teile der Regeln und der Gedankengänge des chinesischen Rechts, und in den Jahrzehnten vor und nach 1900 Teile der Regeln des französischen und insbesondere des deutschen Rechts und vor allem viel von den Gedankengängen der deutschen Juristen. Nach 1945 zwangen die Amerikaner als Besatzungsmacht Japan eine demokratische, aber mit japanischer Tradition wenig übereinstimmende Verfassung auf, gleichfalls neue Regeln im Strafprozeß, Arbeitsrecht, Kartellrecht, Polizeiwesen und Schulwesen, von denen die Japaner – oder eher ihre herrschende Klasse – später wieder teilweise abgewichen sind. Wenn man aber Fremdrecht rezipiert, besonders unter Zwang, kommt es zu gewaltigen Änderungen in der staatlichen Politik: Die Beamten und Richter müssen umlernen, und eine energische Propaganda muß im Volk betrieben werden, damit das Volk den neuen Regeln folgt und den Respekt für die den fremden Einflüssen frönende Regierung nicht verliert. Somit ist jedenfalls in Japan die Rechtsgeschichte ein wichtiger Teil der politischen Geschichte.[4] Sechstens hat die Rechtsgeschichte Japans Bedeutung für die Frage, warum dieses Land sich so rasch modernisierte, erst im 7. bis 8. Jahrhundert, dann in der Meiji-Zeit und wieder nach 1945. Ein Grund hierfür, und der trennt Japan von den meisten anderen Hochkulturen Asiens, war nämlich die Verwendung des Rechts als Modernisierungsinstrument. Die höchst imponierenden chinesischen Gesetzessamm-

---

3 S. ISHII 1960: 14, 40.
4 S. NAKANO 1982: 11–18.

lungen erschienen typischerweise, als ein neues System schon längst gefestigt war; der Kodex demonstrierte die Macht des Herrschers, etablierte sie aber nicht. Japanische Rechtskodifikationen dagegen waren nicht nur von diesem Typ, sondern eher und öfter gezielte Maßnahmen zur Selbststärkung (7. bis 8. Jahrhundert, Meiji-Zeit) oder zur Wiedergewinnung von Prestige und Unabhängigkeit (1946 und folgende Jahre). Auf dieselbe, also die japanische Weise, nutzten die großen europäischen Nationen ihre Gesetzgebungsapparate. Justinian wollte im 6. Jahrhundert von Byzanz aus die Römermacht wiedererrichten, Napoleon wollte in der ersten Dekade des 19. Jahrhunderts sein Imperium gegen revolutionäre Ideen einerseits, Provinzialismus andererseits gefeit machen, und die wilhelminische Regierung wollte in den 1890er Jahren der aufsteigenden Macht Deutschland einen kapitalistischen Rahmen verschaffen, der Deutschland – jedenfalls dessen Kaufleuten, Großindustriellen und Gutsbesitzern – einen "Platz in der Sonne" gewährleisten sollte, indem man Vertragsfreiheit, Investitionsschutz und die Familienordnung gegen Angriffe von außen und von unten schützte. Die Nutzung des Rechts für "Social Engineering" und des Juristen als Vollzieher staatlicher Intentionen waren Teile des Erfolgsrezepts für spät industrialisierende Staaten, besonders wenn sie sich bedroht fühlten. Wie man das machte und mit welchen Folgen, ist der Teil der Rechtsgeschichte, der in die Entwicklungstheorie Fakten einspeist.

Siebtens und letztens hat die Rechtsgeschichte einen gewissen Einfluß auf die Ideengeschichte. In allen Hochkulturen gibt es eine Tradition, die im Volk lebt, und eine Tradition, die die Eliten verkörpern. Der Transmissionsriemen zwischen den beiden ist der Jurist. Seine Ausbildung ist konservativ, seine Rolle die des Machttechnikers, und von Kultur zu Kultur sehr verschieden. Im Islam und im Hinduismus war er Hüter des Götterwillens, in Rom Rechtsberater und in der Kaiserzeit auch Fürstendiener. Diese spätrömische Tradition übernahm das Heilige Römische Reich Deutscher Nation – und dasselbe tat das moderne Deutschland. In England hatten Juristen zwar ähnliche Rollen; große Teile der richterlichen Gewalt lagen aber bei Schöffen, bei Friedensrichtern (oft örtlichen Landadligen) und beim Kanzler des Königs, der ein Kleriker war, und das "common law" durch "equity" korrigieren konnte. In Frankreich waren bis zur Revolution die Juristen teils Fürstendiener, teils Mitglieder starker, käuflicher Korporationen, die die Zentralmacht bekämpften. In Japan in der Nara-Zeit 奈良時代 waren sie gezielt ausgebildete Fürstendiener, legitimiert durch Geburt und chinesische Bildung; in der Heian-Zeit 平安時代 waren sie Fürstendiener und großagrarische Unternehmer, aber ausgebildet in ihren Sippen für den erblichen Juristenberuf, nicht mehr auf einer staatlichen Hochschule. In der Kamakura-Zeit 鎌倉時代 dienten diese erblichen Juristen dem Tennô 天皇 ("Himmlischer Souverän"), dem Ex-Tennô oder den Kriegerherrschaften in Kamakura. In der Ashikaga-Zeit 足利時代 finden wir in der shogunalen Bürokratie die ersten Spuren eines modernen Beamtentums, in der Sengoku-Zeit 戦国時代 siegt das grausame Militärrecht jedes Gaufürsten, und die Macht der Juristen ging zurück. In der Tokugawa-Zeit 徳川時代 bildet sich aber in Edo ein Gerichtssystem aus, das vor allem Streitfälle löst, worin Untertanen mehrerer Gaufürsten, oder Untertanen des Shoguns und eines Gaufürsten, verwickelt waren. Die Richter notierten und studierten Präzedenzfälle, und als Winkeladvokaten fungierten die Wirte, bei denen die Parteien logierten.[5] In der frühen Meiji-Zeit wird die Justiz von der übrigen staatlichen Verwaltung getrennt, und die Richter müssen teils durch Bücher, teils während ihrer Studienreisen im Ausland Fremdrecht lernen. Ein Anwaltsstand, den es früher nicht geben durfte, bildet sich; die maßgebenden Juristen in der Taishô- 大正時代 und Shôwa-Zeit 昭和時代 sind aber teils Beamte in der Zivilverwaltung, teils Syndici in den großen Firmen, teils Richter, und vor allem Rechtsgelehrte an den Universitäten. Viele von ihnen sind politisch tätig und landen im Parlament oder auf Ministerposten. So ist es nach 1945 geblieben. Im vormodernen China dagegen war der Jurist ein bloßer Techniker, der die Intentionen des Kodex und des literarisch gebildeten Beamten durch Strafen verwirklichte. Sein Status war niedrig. So ist er auch unter den Nationalisten und Kommunisten geblieben. Die Rolle des Juristen durch die Zeitenwenden verbindet Japan mit der Parallelentwicklung im Westen und ist verschieden von den Zuständen auf dem asiatischen Festland. Dies war und ist ein oft übersehener "Modernisierungsfaktor" – im guten wie im schlechten.

2. *Die zentralen Fragen*

Ich liste hier die wichtigsten Themen auf, von denen man im Westen noch relativ wenig weiß, in erster Linie, weil grundlegende Übersetzungen fehlen: das Recht vor der Taika-Reform, der Inhalt und die Vollzugsbehörden, eine vollständige Übersetzung des "Straf- und Verwaltungsrechts-Rechts" des 8. Jahrhunderts (*Ritsuryô* 律令), eine Übersetzung der Kommentarwerke dazu aus den folgenden Jahrhunderten, das Verwaltungs- und Steuerwesen der Heian-Zeit, und der Wirkungsmodus derjenigen Ämter, die keine Grundlage im *Ritsuryô* hatten, eine Übersetzung der Kamakuragesetze nach dem *Go seibai shikimoku* 御成敗式目 von 1232, Übersetzungen von allen Gesetzen territorial herrschender Sippen des Mittelalters (Wilhelm Röhl leistete hier

---

5 S. HENDERSON 1965: 59, 135–136, 167–169.

Pionierarbeit), Übersetzungen der Gesetze Nobunagas und Hideyoshis, Übersetzungen der Tokugawa-zeitlichen Gesetze, teils des Shogunats, teils der Daimyô 大名, Studien zum Verwaltungsablauf der Tokugawa-Zeit, Übersetzungen der Gesetze der Bakumatsu-Zeit 幕末時代 und der Meiji-Zeit bis zum japanischen BGB 1898, Übersetzungen der Gesetze der Periode 1931–45.

Es geht hier um das "Gerüst" der japanischen Gesellschaft: Die Verwaltung ist bis zum heutigen Tag nicht streng ans Gesetz gebunden. Gesetze zeigen aber, welches Gewohnheitsrecht es gab und wie Gesetze dieses Gewohnheitsrecht veränderten. Gesetze, insbesondere deren Präambeln, zeigen auch, welche Werte allgemein akzeptiert waren und welche Behörden das Sagen hatten.

Es wird lange dauern, bis obige Aufgaben gelöst sind.[6] Dazu braucht man *kanbun*-geschulte Japanologen mit einem ausgeprägten historischen Interesse und allgemeinen juristischen Kenntnissen, damit jeweils geprüft werden kann, ob bzw. wie überlieferte Rechtsnormen tatsächlich vollzogen wurden oder ob diese lediglich auf dem Papier standen. Im japanologischen Lehrbetrieb ist der Stellenwert der Rechtsgeschichte gering.

3. *Die Hauptthemen*

Für jede Periode bestehen die Fragen:
Welche Quellen gelten als Quellen des Rechts?
Wurden die Rechtsregeln implizit befolgt, und wenn nicht, wer war die Entscheidungs- oder die Vollzugsbehörde?
Welche Kenntnis bestand über das Recht?
Wie war der Ablauf in typischen zivilen Zwistigkeiten?
Und in Kriminalfällen? Wurden diese überhaupt von zivilen Fällen getrennt?
Welche Statusklassen gab es?
Welche Qualifikationen wurden von denen verlangt, die richterliche Funktionen ausübten? Gab es eine Trennung zwischen Verwaltung und Rechtspflege?
Was war das materielle Recht in den typischen Bereichen Personenstand, Familie und Erbschaft, Eigentumsrecht, Schulden, Pacht, Miete usw.?
Welche Handlungen und Unterlassungen wurden strafrechtlich geahndet?

---

6   S. Carl STEENSTRUP: "Bemerkungen zu Forschungsstand und Aufgaben der außerhalb Japans betriebenen Erforschung der japanischen Rechtsgeschichte", in: Eva BACHMAYER et al. (Hg.): *Japan von Aids bis Zen – Referate des achten Japanologentages vom 26. bis 28. September 1990 in Wien I* (Beiträge zur Japanologie des Instituts für Japanologie der Universität Wien, Bd. 29): 46–54.

4. *Forschungen in Japan und im Westen*
Herausragende japanische und westliche Forscher, Werke, Methodenfragen

A) In Japan. Der bekannteste Pionier war Konakamura Kiyonori 小中村清矩. Er bearbeitete die überlieferten Texte und Kommentare – daß wir die noch haben, verdankt man vor allem den Gelehrten der Edo-zeitlichen "Landesstudien" (Kokugaku 国学) – und setzte drei junge Forscher (Hagino Yoshiyuki 萩野由之, Konakamura Yoshikata 小中村義象 und Masuda Ushin 増田宇信) auf die Aufgabe an, die wichtigsten Rechtsquellen aus den Epochen Nara, Heian, Kamakura, Ashikaga und Tokugawa zu edieren und zu veröffentlichen. Daraus entsprang im Jahre 1892 das Werk *Nihon kodai hôten* 日本古代法典. Impulse hierfür gingen u.a. aus den Arbeiten in Deutschland aus, welche die vom römischen Recht verschütteten germanischen Rechtsquellen zum Forschungsgegenstand nahmen. Miura Hiroyuki verbesserte die Methode dadurch, daß er in seinem Werk *Hôseishi no kenkyû* 法制史の研究 von 1919 die Rechtsquellen im Zusammenhang mit den geschichtlichen und literarischen Überlieferungen betrachtete. Ein weiterer Fortschritt in der Methode trat mit Nakada Kaorus 中田薫 *Hôseishi ronshû* 法制史論集 (1926) ein. Er verglich systematisch das alte japanische Recht mit anderen vormodernen Rechtsordnungen. Damit man Rechtsordnungen vergleichen kann, muß man an sie dieselben Fragen stellen in derselben systematischen Ordnung. Führend auf diesem Gebiet war Takikawa Masajirô 滝川政次郎. Seine Hauptwerke sind *Nihon hôseishi* 日本法制史 (1923) und *Nihon hôseishi kenkyû* 日本法制史研究 (1941). Er war der erste, der die *Ritsuryô*-Gesetze mit modernen analytischen Methoden bearbeitete. Seit dem Zweiten Weltkrieg gibt es klare, übersichtliche, vom Nationalismus wenig oder gar nicht beeinflußte Übersichtswerke.[7] Zur Einführung würde ich für die Vor-Meiji-Zeit Ishii Ryôsuke (^{1}1948, neu 1960) und für die Nach-Meiji-Zeit Maki / Fujiwara (1993) besonders empfehlen, weil die Syntax, auch wenn es um schwierige Materien geht, einigermaßen durchsichtig bleibt.

Von der Zeit des ersten Lehrstuhlinhabers für japanische Rechtsgeschichte, Miyazaki Michisaburô, 宮崎道三郎 – ein Zeitgenosse des Konakamura Kiyonori (Nakada gab 1929 Miyazakis Schriften unter dem Titel *Miyazaki sensei hôseishi ronshû* 宮崎先生法政史論集 heraus) –, bis heute gibt es also eine hundertjährige Tradition.

---

[7] Unter vielen guten Titeln möchte ich empfehlen: MAKI Kenji 1948; ISHII Ryôsuke 1948; TAKAYANAGI Shinzô 1949–65; ÔTAKE Hideo u. MAKI Hidemasa (Hg.) 1975; NAKANO Yoshio 1982; ÔKUBO Haruo u. SHIGENO Takaharu 1983; MAKI Hidemasa u. FUJIWARA Akihisa (Hg.) 1993.

Miyazaki war in mehrerer Hinsicht seiner Zeit voraus. U.a. untersuchte er die Verbindungen zwischen dem ältesten japanischen und dem chinesischen Recht, was damals nicht selbstverständlich war. Wer sich heute in Japan mit Rechtsgeschichte befaßt, arbeitet aber typischerweise nicht mit der Rechtsgeschichte des eigenen Landes, sondern mit den Vorstadien des westlichen Rechts. Das ist auch nachvollziehbar. Denn das rezipierte westliche Recht – die großen Brocken waren, wie man weiß, das römisch-deutsche und römisch-französische Zivil- und Strafrecht in der Meiji-Zeit, die deutsche Rechtsmethodik in der Taishô-Zeit, das völkische Rechtsdenken im öffentlichen Recht der Shôwa-Zeit bis 1945, und nach der Niederlage 1945 das amerikanische Recht in Verfassungsrecht, Strafprozeß, Kartellrecht und Familienrecht – ist für japanische Rechtsanwender nur verständlich, wenn man die dahinter liegenden, nicht ausgesprochenen westlichen Werturteile versteht. Dabei gehen die Japaner sehr gründlich an die Sache. Im Wenger-Institut für Rechtsgeschichte in München sitzen immer drei bis vier japanische Juraprofessoren und studieren u.a. Keilschriftrecht, ptolemäisches Recht und griechisches Recht; denn deren Werturteile flossen ins römische Recht ein, und von dort ins deutsche; gleichfalls das Recht der alten germanischen Völker, denn die darin befindlichen Werturteile beeinflußten das anglo-amerikanische Recht. Wenn diese Professoren dann ihre japanischen Studenten unterrichten, bekommen diese – jedenfalls in guten Universitäten – ein tieferes Verständnis westlicher Gedankengänge als westliche Jurastudenten, deren Professoren davon ausgehen, daß die Studenten vom Gymnasium her die grundlegenden politischen Gedankengänge des Westens gelernt haben, was nicht mehr immer der Fall ist. U.a. um japanische Promovenden betreuen zu können, hat sich der Professor für Keilschrift an der rechtswissenschaftlichen Fakultät in München Japanisch beigebracht. Mit der Geschichte des japanischen autochthonen Rechts befassen sich in Japan weniger Juristen sondern mehr Forscher aus folgenden Wissenschaftbereichen: (1) Soziologie, weil viel vormodernes Recht als Handelssitte weiterlebt, teils weil die vertikalen Hierarchien unter Firmen vormoderne Wurzeln haben, teils weil Handelssitten der Tokugawa-Zeit durch einen Hinweis im Handelsgesetzbuch Japans als subsidiäre Rechtsquelle weitergelten sollten, m.a.W. etliche wirksame Normen in der modernen japanischen Gesellschaft verdanken sich vormodernen Rechtsnormen; (2) Historiker, die vormoderne Institutionen in Japan studieren. Die vielen Dokumente, die sie zur Verfügung haben, machen nur Sinn, wenn die geschriebenen und ungeschriebenen Rechtsnormen, die die Dokumentenverfasser kannten und nutzten, auch dem modernen Interpreten bekannt sind. Hervorragende Vertreter dieser Art von Forschung sind:

(1) Soziologisch orientiert:

Kawashima Takeyoshi 川島武宜: *Nihonjin no hôishiki* 日本人の法意識, 1967, und *Nihon shakai no kazokuteki kôsei* 日本社会の家族的構成, 1950: Kawashima verband rechtswissenschaftliche Stringenz mit soziologischem Einfühlungsvermögen. Dasselbe gilt für Rokumoto Kahei 六本佳平: *Hôshakaigaku* 法社会学, 1986, und Ishida Takeshi 石田雄: *Nihon kindai shisô ni okeru hô to seiji* 日本近代思想史における法と政治, 1976. Auf der Mikroebene der Sippe waren Aruga Kizaemons 有賀喜左衛門 Forschungen, insbesondere sein *Nihon no kazoku* 日本の家族 von 1965, bahnbrechend. Kawashima und Aruga sind durch deutsche Forscher,[8] Ishida durch amerikanische[9] im Westen introduziert.

(2) Historisch orientiert:

In den einzelnen Perioden der japanischen Rechtsentwicklung sollte man folgende Pioniere der Erforschung beachten, die juristische Analyse mit kritischen historischen Methoden verbunden haben. Dazu gehören:

Im Prä-Taika-Recht:

Ishio Yoshihisa 石尾芳久: *Nihon kodai hôshi* 日本古代法史. 1959.

Okuno Hikoroku 奥野彦六: *Ritsuryôzen Nihon kodaihô* 律令制前日本古代法. 1961.

Im *Ritsuryô*-Recht:

Inoue Mitsusada 井上光貞: *Nihon kodaishi no shomondai* 日本古代史の諸問題. 1949.

Takeuchi Rizô 竹内理三: *Ritsuryôsei to kizoku seiken* 律令制と貴族政権. 1957–58.

Sogabe Shizuo 曾我部静雄: *Nitchû ritsuryô ron* 日中律令論. 1963.

Mit besonderer Rücksicht auf die relativ wenig erforschten Weiterentwicklungen der *Ritsuryô*-Institutionen in der Heian-Zeit:

Morita Tei 森田悌: *Ôchô seiji* 王朝政治. 1979.

Im Recht der Krieger der Kamakura-, Ashikaga- und Sengoku-Zeit:

Amino Yoshihiko 網野善彦: *Chûsei no tsumi to batsu* 中世の罪と罰. 1983.

Ishii Ryôsuke 石井良助: *Nihon fudôsan sen'yû ron* 日本不動産専有論. 1952.

Kasamatsu Hiroshi 笠松宏至: *Nihon chûsei hôshi ron* 日本中世法史論. 1986.

---

8   Gert Reinhold bzw. Ulrich Möhwald haben hier Pionierarbeit geleistet.

9   Ellis Krauss und R.E. Ward haben sich um die westliche Forschung verdient gemacht.

Und zur fortgesetzten Produktivität der Rechtsschöpfung der kaiserlichen
   Regierung in der Kamakura-Zeit:
   Mitobe Masao 水戸部正男: *Kuge shinsei no kenkyû* 公家新制の研究. 1963.
Für die Sengoku-Zeit:
   Katsumata Shizuo 勝俣鎮夫: *Sengoku hô seiritsushi ron* 戦国法成立史論. 1982.
Für die Tokugawa-Zeit:
   Hiramatsu Yoshirô 平松義郎: "Kinseihô" 近世法. 1967.
   Kukita Kazuko 茎田佳寿子: *Edo bakufuhô no kenkyû* 江戸幕府法の研究. 1980.
   Kanai Madoka 金井圓: *Hansei* 藩政. 1962.
Für die Bakumatsu-Zeit:
   Nagao Ryûichi 長尾龍一: *Nihon hôshisô kenkyû* 日本法思想史研究. 1981.
   Fukushima Masao 福島正夫: *Nihon kindaihô taisei no keisei* 日本近代法体制の形成. 1982.
Für die Meiji-Zeit bis zur Gegenwart ist die Literatur sehr umfangreich.
Gute, sprachlich lesbare Übersichtswerke sind:
   Hosokawa Kameichi 細川亀市: *Nihon kindai hôseishi* 日本近代法制史. 1961.
   Itô Masami 伊藤正巳: *Gaikoku hô to Nihon hô* 外国法と日本法. 1966.
   Ishii Shirô 石井紫郎: *Nihon kindai hôshi kôgi* 日本近代法史講義. 1972.
   Nagao Ryûichi 長尾龍一: *Nihon hôshisô kenkyû* 日本法思想史研究. 1981.
   Ukai Nobushige 鵜飼信成 et al. (Hg.): *Kôza Nihon kindai hô hattatsushi* 講座日本近代法発達史. 1958.

Drei Trends sind sichtbar in der neueren japanischen Erforschung der Rechtsgeschichte des eigenen Landes:

(1) Es werden zunehmend Quellen herangezogen, die zur allgemeinen Geschichte gehören; die Rechtsgeschichte kehrt zur Ausgangslage am Anfang der Meiji-Zeit zurück, und zwar Rechtsgeschichte als Teil der allgemeinen Kulturgeschichte.

(2) Verglichen mit der in Europa herrschenden überbordenden Beschäftigung mit den ideengeschichtlichen Grundlagen des europäischen Rechts, befassen sich wenige japanische Autoren mit dem entsprechenden Themenkreis im japanischen Recht. Das dürfte damit zusammenhängen, daß die herrschende staatsrechtliche Meinung in Europa behauptet, der Staat sei durch das Recht legitimiert (was schön wäre, aber mit der unmittelbaren Anschauung kollidiert), während man in Japan das Recht als einen Teil des Instrumentariums betrachtet, mittels dessen die Finanz- und Bildungselite die Massen lenkt.

(3) Das intellektuelle Niveau ist zwar hoch, die Quelleneditionen meistens erstklassig, und die Kenntnisse westlicher Parallelentwicklungen und japanischer Rezeptionen beeindruckend. Dennoch begegnet man oft bei linken Autoren "black-box-words" wie *Tennôsei* ("System des Himmlischen Souveräns" 天皇制) als Erklärungsgrundlage für komplizierte soziale Entwicklungen, und bei rechten Autoren, besonders im Verfassungsrecht, einem gewissen Formalismus: Die Institutionen schweben in einem luftleeren Raum, abgehoben von den Machtrelationen; hier feiert die sogenannte "Reine Rechtslehre" noch fröhlichen Urstand.

B) Außerhalb Japans: Hier ist die Zahl der Forscher, die sich mit der japanischen Rechtsgeschichte befassen, gering. Das hat seine Gründe. Die Texte sind schwierig, vieles ist in *kanbun* 漢文 geschrieben. Das Studium, jedenfalls in den Quellen der älteren rechtsgeschichtlichen Perioden, ist brotlos, und, auch in den neueren Perioden, schwer zu vermarkten, teils weil die Aufgabe des Juristen darin besteht, künftige richterliche Entscheidungen vorauszusehen und entsprechend zu beraten, teils weil nur Juristen, keine Japanologen, zur Ausübung juristischer Tätigkeiten berechtigt sind. Zu Pessimismus ist kein Anlaß; u.a. in Seattle (Dan Fenno Henderson, John Owen Haley), in Paris (Eric Seizelet), in Leiden (Frans B. Verwaijen), in London (Paul Heng-Chao Ch'en), in München (Nishimura Shigeo 西村重雄), an der Fernuniversität Hagen (Hans Peter Marutschke) und selbstverständlich an vielen japanischen Universitäten einschließlich der Tôdai (Ishii Shirô 石井紫郎) wird das Fach mit Energie betrieben. Seit 1951 gibt es in Japan einen Verein für die Erforschung der Rechtsgeschichte, Hôseishi Gakkai 法制史学会, und er gibt eine Zeitschrift seit 1951 heraus, die *Hôseishi kenkyû* 法制史研究.[10]

C) Im Westen fing die Beschreibung japanischer Rechtsmaterialien mit den Holländern auf Deshima und mit Kaempfer an; ihr Interesse war aber gegenwartsbezogen. Rechtsgeschichtliche Erörterungen dagegen fingen erst mit der modernen Japanologie an, und maßgebend dabei waren vor allem die Rechtsberater, die von 1870 bis in die 1890er Jahre aus England, Frankreich, den USA und Deutschland kamen und auf Zeit der Meiji-Regierung bei der Rechtsmodernisierung halfen. Das noch relevante Tokugawa-Recht war ihr natürliches Interessengebiet; einige, insbesondere die Engländer, die noch zu Hause viele feudale Überbleibsel hatten, waren am Kamakura-zeitlichen Recht interessiert. Für das *Ritsuryô*-Recht interessierten sich insbesondere deutsche

---

10 Die treibenden Kräfte, allen voran der jeweilige Ordinarius für japanische Rechtsgeschichte an der Tôdai, insbesondere Ishii Shirô, haben dafür gesorgt, daß der Verein und die Zeitschrift sich nicht nur mit der japanischen, sondern auch mit der europäischen und der chinesischen Rechtsgeschichte intensiv befassen.

Historiker, die über die Nara- und Heian-Gesellschaft schrieben. Wenn auch bruchstückhaft, hat die westliche Forschung sich ungefähr in denselben Stadien wie die japanische entwickelt: Von der Übersetzung von Quellen zur Interpretation von Quellen, davon zum Erforschen des sozialen Umfelds der Quellentexte, mit vorläufigem Endpunkt in Monographien und Artikeln, worin die Gesamtentwicklung des Systems und der einzelnen Rechtsinstitute geschildert und mit den Entwicklungen in China und im Westen verglichen wird.[11]

In Japan dominierte bis 1945 das Bestreben, jede vormoderne Rechtsfigur mit einer irgendwie entsprechenden westlichen gleichzusetzen; ab 1945 wurde die Methode soziologisch und stand unter marxistischem Einfluß. Von den sechziger Jahren an wurde der marxistische Einfluß schwächer, man befaßte sich nun mit den japanischen Institutionen *sui generis*. Thematisch hat seit etwa 1970 fast eine Explosion stattgefunden: erst Tokugawa-Recht und *Ritsuryô*, dann, seit der Mitte der 70er Jahre, quer-periodische Werke über die Familie, die Verbände und die Daimyatsrechte, und in den 80er Jahren viele hervorragende Werke über Verfassungsrecht, Verfahrensrecht und Verwaltungsrecht. Kernpunkt in den 90er Jahren sind die landwirtschaftlichen Organisationen, die Städte und die sozialen Klassen.

Will man sich in die Materie schnell einarbeiten, lese man für die Zeit ab 1868 Guntram Rahn: *Rechtsdenken und Rechtsauffassung in Japan*, und für die Zeit davor beispielsweise: Carl Steenstrup: *A History of Law in Japan*.[12] Am Anfang der Entwicklung der Disziplin diskutierte man vor allem Methodenfragen, insbesondere inwieweit neben den rechtsgeschichtlichen Quellen im strengen Sinne (Gesetze, Urteile, Urkunden) auch literarische und allgemein historische Quellen in die Forschung einbezogen werden sollten. Debatten dieser Art werden heute kaum mehr geführt. Das Problem der gegenwärtigen Forschung ist eher die Suche nach Gründen dafür, daß die vormoderne Gesellschaft, trotz Kriegen, Hungersnöten und sozialer Spannungen jeder Art, so verblüffend wohlorganisiert war – die Leute in Dorf, Landkreis und Stadt bespitzelten brav einander und hielten selbst Justiz in den eigenen Reihen. Aufstände gab es zuhauf, aber diese waren ihrer Natur nach meistens system-

---

11 Niida Noboru 仁井田陞 und Harro von Senger waren hier die Pioniere; s. insbesondere Harro VON SENGER 1983 und Hans Adalbert DETTMERs Besprechung des Werks im *BJOAF* 6 (1983): 443–447. Eine Bibliographie, verteilt auf Quellen und Sekundärwerke (japanische und westliche), zur japanischen Rechtsgeschichte findet man in STEENSTRUP 1996 (2nd impression with corrections: Handbuch der Orientalistik, Leiden, Bd. 5-vi-2-1). Senatsdir. Dr. Dr. Wilhelm Röhl in Hamburg schreibt jetzt den Fortsetzungsband 1868 bis zur Gegenwart. Alle seine Arbeiten zur japanischen Rechtsgeschichte sind wichtig.

12 In MARUTSCHKE 1999 findet man im ersten Abschnitt eine treffliche Übersicht über die ganze japanische Rechtsgeschichte.

korrigierend. Sie stellten das System an sich nicht in Frage. Problemkreise wie dieser bilden einen Teil der nationalen Industrie der Selbsterforschung. Dem "Westler" bereiten bereits die Sprache der Quellen und die Menge der Literatur nicht wenige Schwierigkeiten. Will man ein verständliches Bild der japanischen Methodendiskussionen gewinnen, schaue man zuerst in den Kommentaren (*kaidai* 解題) der großen Textsammlungen nach, beispielsweise im *Nihon shisô taikei* 日本思想大系.[13] Ein wichtiger Methodenpunkt für den westlichen Forscher ist es, daß er nicht in die Falle tappt, philosophische oder moralische Schriften, darunter *kakun* 家訓 oder "Haus-Vorschriften", als Rechtsquellen anzusehen. Ich habe selber in früheren Schriften rechtliche Schlüsse aus *kakun* gezogen, bin aber nach Gesprächen mit japanischen Forschern heute überzeugt, daß die *kakun* nicht wirklich verbindlich waren: Sie sollten eher die moralische Gesinnung der betreffenden Sippe dokumentieren und auf die Nachkommen pädagogisch einwirken. Es ist oft zweifelhaft, ob der Inhalt wirklich die Meinungen von erfolgreichen Sippengründern wiedergibt oder eher als Produkte des Konfuzianers vom Dienst der jeweiligen Sippe zu werten ist. Vorsicht ist jedenfalls geboten. Zwischen der Vorschrift und dem tatsächlichen Gebaren der Kriegersippen ist die Diskrepanz beträchtlich, zwischen der geschäftlichen Tätigkeit der Kaufmannssippen in der Tokugawa-Zeit und den *kakun* ihrer Gründer ist die Diskrepanz nicht so groß. Das kommt aber m.E. einfach daher, daß es für politisches Handeln keine allgemeingültigen Regeln geben kann, dagegen aber für das Geschäftsverhalten.

5. *Einschlägige Forschungsinstitute und Sammlungen in Europa, Amerika und Japan*

In Europa: SOAS, d.h. School of Oriental and African Studies, University of London und das Japan-Institut der Universität Leiden.

In Amerika: School of Law, Washington University, Seattle; und für das Mittelalterrecht die Japanologie in Stanford und Yale. Jeffrey Mass und seine Schüler leisten für die Erschließung mittelalterlicher Dokumente großartige Arbeit.

---

13 Besonders ergiebig sind Band 3 über das Nara- / Heian-Recht und Band 21 über das Kamakura- / Muromachi-Recht. Noch gründlicher für das Mittelalterrecht: SATÔ u. IKEUCHI 1971–78. Der vierte Band ist ein Sonderband über *Goseibai shikimoku* 御成敗式目 ("Kompendium shogunaler Entscheidungen über Recht und Unrecht") von IKEUCHI Yoshisuke 池内義資.

In Japan: Die Lehrstühle für Rechtsgeschichte an der Tôkyô Daigaku 東京大学, an der Hokudai 北海道大 in Sapporo 札幌 und an der Kyûshû Daigaku 九州大学 in Fukuoka 福岡.

Viele wichtige Werke zur japanischen Rechtsgeschichte gibt es in der Staatsbibliothek Preussischer Kulturbesitz in Berlin, gleichfalls in den Japanologien Bochum und Marburg und, dank der JADE-Stiftung in Köln, in der Bibliothek der Japanologie in München. Die Aushungerung der deutschen Forschungsbibliotheken bedeutet eine steigende Belastung der großen Staatsbibliotheken, und japanische Rechtsgeschichte ist selten "Chefsache". Wer also in dieses Gebiet einsteigt, muß darauf vorbereitet sein, die meisten seiner Bücher selbst kaufen zu müssen.

6. *Wichtige gegenwärtige Forschungsfelder*

Mittelalterrecht: Zentren sind Stanford und Yale. Wichtige Beiträge liefern in Deutschland insbesondere Erfurt (Zöllner) und Berlin / Humboldt (Rüttermann). Man muß hoffen, daß Bochums grundlegende Studien zum Nara-Recht (Dettmer) irgendwo fortgesetzt werden. Marburg (Pauer) strebt die Errichtung einer Professur für japanisches Recht an. Die Rechts- und Institutionenentwicklung 1853–98: Zentrum ist Leiden. Das Vor-Taika-Recht: Zentrum ist die Tôdai. Schließlich das Tokugawa-Recht auf Dorfebene: Zentrum ist Seattle.

Für das japanische Recht ab 1868 sind selbstverständlich die japanischen Staatsuniversitäten führend. In Europa ist es das SOAS, in Amerika Seattle.

Das moderne japanische Recht kann man effektiv und zu guten Konditionen an der Fernuniversität Hagen lernen. Rechtsgeschichte im Überblick gehört dazu.

7. *Die wissenschaftliche Bedeutung der japanischen Rechtsgeschichte für angrenzende Fächer*

Was die Rechtsgeschichte den Kulturwissenschaften geben kann, wird z.Zt. wenig beachtet. Möglicherweise wird aber künftig die Summe der Erforschung der Rechtsgeschichte in folgenden Disziplinen für nützlich befunden werden:

1 Die Institutionengeschichte. Mutmaßungen über Entstehung und Wirkung können durch das Studium der zugrundeliegenden Rechtsregeln bestärkt

oder entkräftet werden. Schon das Studium der Dokumententypen trägt erheblich zum Verständnis der Machtverteilung in Gremien und Referaten bei.
2   Die Religionsgeschichte. Zwischen dem religiösen Aberglauben der Vor-Taika-Zeit und dem damaligen Strafrecht bestehen viele Ähnlichkeiten. Die Frage, ob hierbei das alte Strafrecht auf die Mythologie einwirkte oder ob es umgekehrt war, hat Prof. Nelly Naumann nun dahin beantwortet, daß das Strafrecht auf die Mythologie einwirkte: Was verboten war und wie bestraft wurde, wurde von den Mythenmachern übernommen.
3   Die Ideengeschichte. In Japan gibt es, wie man weiß, "Verlautbaren aus ursprünglicher [Aufrichtigkeit]" (*honne* 本音) und "Richtmaß [öffentlicher Handlungsweisen]" (*tatemae* 建前). Politische Erklärungen sind meistens *tatemae*, die Rechtsregeln, die dann erlassen werden, zeigen die *honne* der Herrschenden. Die Eidescharta mit ihren fünf hehren Zielen der Modernisierung war *tatemae*. Die repressiven Maßnahmen, die dem Volk unmittelbar danach verkündet worden sind, sind dagegen *honne*.
4   Schließlich sind die Rechtsvorschriften nützliche Lehrmittel für die Sprachpädagogik, weil die Sprache eindeutig und allgemeinverständlich sein muß. In der Tokugawa-Zeit las man in den Schulen die *Go seibai shikimoku* als Lehrtext, und die Kokugaku-Gelehrten versahen die *Ritsuryô*-Gesetze mit japanischen Lesungen, die noch heute maßgeblich sind. Sonst liegt die Bedeutung der Rechtsgeschichte in der Rechtswissenschaft selbst: Sie kann bestehende Gewohnheiten erklären, und das kann insbesondere im Handel mit Japanern von Bedeutung sein.

8. *Komparatistische Belange*

Kenntnisse in Japan zum westlichen Recht gab es vor den 1840er Jahren, so viel man weiß, nicht, dagegen schon ab dem 7. Jahrhundert solides praktisches Wissen um das Recht Chinas. Hier gibt es zwischen Japan und Westeuropa eine eigentümliche Parallelentwicklung. Die wissenschaftliche Erforschung des römischen Rechts – und damit fing die moderne europäische Jurisprudenz an – begann in Bologna, nachdem das römische Recht über Jahrhunderte gegolten hatte. In Japan fand das Schreiben von Kommentaren zum *Ritsuryô*-Recht erst ab ca. 830, also viele Jahre nach der letzten Anwendung des reinen *Ritsuryô*-Rechts, statt; das Gewohnheitsrecht der Behörden war schon maßgebend, die Kaiser hatten ihre unadligen Gehilfen als Beamte eingesetzt, und der Boden war reprivatisiert. Ebenso wie in Bologna wurde das Rechtsstudium aus einem Handwerk in eine *ars liberalis* verwandelt und profitierte davon sehr. Im mittelalterlichen Europa diente das wiedergefundene römische Recht zur Systematisierung des autochthonen feudalen Rechts; in Japan bekam das chinesische Recht diese "gerüstbauende" Rolle; und genau wie in Europa das Kirchenrecht übernahm die konfuzianisch geprägte Vernunft – *dôri* – die Funktion, Ergebnisse des strengen Rechts in humaner Richtung zu korrigieren. Vielleicht hängt das damit zusammen, daß religiöse Vorstellungen schon mit dem Vor-Taika-Recht verwoben waren – eine solche Verbindung zwischen Recht und Religion gab es auch unter den indogermanischen Völkern, aber, soviel man weiß, nicht in China. Falls man Entwicklungsmechanismen sucht, die allgemeingültig sind und die Entwicklung der Rechtsinstitute weltweit lenken, wird man in den vielen bisher kaum erklärbaren Parallelentwicklungen zwischen dem vormodernen Recht in Japan und im Westen wichtige komparative Materialien besitzen.[14]

9. *Praktische Belange, insbesondere Berufschancen*

Wie früher angedeutet, ist die Spezialisierung auf die japanische Rechtsgeschichte ziemlich brotlos. Die Kenntnisse sind in der Marktwirtschaft kaum verwertbar, und Lehrstühle für japanische Geschichte werden immer weniger. Die Vor-Meiji-Texte sind meistens in *kanbun* niedergeschrieben. Und um die neueren Texte auswerten zu können, muß man juristische Vorkenntnisse haben. Wer sich aber auf japanische Ideengeschichte spezialisiert, hat einen Vorteil von rechtswissenschaftlichen Exkursen: Gesetze und Urteile liefern deutlichere Spuren vormoderner Werteordnungen als Chroniken oder philosophische oder literarische Werke. Teile der Rechtsgeschichte sind immer Teil der politischen Geschichte: beispielsweise die Taika-Reformen, die Justizreformen der Hôjô 北条, die dem Obristenregime eigene Legitimität verleihen sollten, oder der Kodifikationsstreit in den 1890er Jahren, der deutlich zeigte, wer in der Politik Traditionalist und wer progressiv war. Man kann sagen,

---

14 Japan ist heute der bevölkerungsreichste unter denjenigen Staaten, die auf einer römisch-rechtlichen Tradition bauen. Pionier auf dem komparativen Gebiet ist in Deutschland Wolfgang FIKENTSCHER: *Methoden des Rechts in vergleichender Darstellung.* 4 Bde. Tübingen: Mohr 1973. Zum Überblick der europäischen und der asiatischen "Rechtskreise" empfehlen sich: Günther GRASMANN, René DAVID: *Einführung in die großen Rechtssysteme der Gegenwart.* München: Beck 1988, bzw. Konrad ZWEIGERT, Hein KÖTZ: *Einführung in die Rechtsvergleichung auf den Gebiete des Privatrechts.* Tübingen: Mohr ³1996. Die Eigenarten der japanischen Staats- und Rechtsentwicklung, kurz und bündig dargestellt, findet man in: ISHII Ryôsuke: *A History of Political Institutions in Japan.* Tokyo: University of Tokyo Press 1980.

daß Spezialisierung auf die Rechtsgeschichte ihre Liebhaber nicht besser aber auch nicht schlechter stellt als anders spezialisierte Japanologen.

10. *Künftige Aufgaben der Erforschung der japanischen Rechtsgeschichte*

In Japan hat diese Forschung nun einen festen Platz in der akademischen Welt, als Teil der Nationalgeschichte. Im Westen kann man in folgenden Bereichen dazu beitragen:

1 Fragen stellen, die die Japaner, weil sie "mitten drin" sind, nicht selbst stellen; solche Bereiche werden aber immer weniger. Dan Fenno Henderson ist hier der Pionier.[15]
2 Komparatives Material einbringen; das tun die Japaner aber in zunehmendem Umfang selbst. Man denke an Joüon des Longrais.[16]
3 Die Fragen stellen, was im heutigen japanischen Recht geblieben ist vom alten autochthonen Recht. Menkhaus et al. sind hier aktiv.[17]
4 Bei allen importierten Rechtsinstituten nachfragen, wie die japanischen Anwendungen die rezipierte Rechtsmaterie abgewandelt haben. Man schaue in den Bibliothekskatalogen unter H. Coing.[18]
5 Durch Quellenübersetzungen dazu beitragen, daß die lange und interessante Rechtsentwicklung in Japan im Westen besser bekannt wird. Grossberg ist hier ein Beispiel.[19]

Im großen und ganzen ist die westliche Forschung von der japanischen abhängig und wird es bleiben. Was im Westen zum Thema veröffentlicht wird, wird aber in Japan oft nicht zur Kenntnis genommen. Dies ist verständlich, solange die westliche Forschung derivativ ist: Das Lesen und Verstehen beispielsweise eines Mittelaltergesetzes ist ein zeitaufwendiges Unterfangen, und das Übersetzungs- und Kommentarprodukt ist oft so trocken, daß man dafür keine Zeitschrift interessieren kann. Man kann es so sagen, daß ein Westler,

---

15 S. Anm. 5.
16 S. LONGRAIS 1958.
17 S. MENKHAUS (Hg.) 1994.
18 S. COING 1990. Coing ist der Herausgeber, zusammen mit japanischen und deutschen Juristen, die auf einem Symposium in Tübingen 26.–28.7.1988 jeder für sein Gebiet darstellten, wie die Japaner das entlehnte westliche Recht weiterentwickelt haben. Studien von westlichem Recht fingen schon in der Tokugawa-Zeit an, s. VERWAIJEN: 1996 (Diss.). Zu den jüngsten Entwicklungen auf diesem Gebiet s. MENKHAUS (Hg.) 1994.
19 S. GROSSBERG (Hg.) 1981.

der in die japanische Rechtsgeschichte einsteigt, zwar sein eigenes Verstehen des vormodernen Japan erheblich verbessern und seine Landsleute über diesen interessanten Teil der japanischen Geschichte aufklären kann. Beiträge leisten, die auch die Japaner interessieren, kann er nur, wenn er jahrelang an einem Forschungsinstitut in Japan arbeitet und lernt, mit handschriftlichen Quellen umzugehen. Denn da, und nur da, warten die noch zu machenden Entdeckungen. Hat man diese Chance nicht, sollte man das Feld anderen überlassen; sonst produziert man nur Derivatives. Ich habe selbst diese Erfahrung gemacht und gebe sie hiermit gerne weiter.

Literaturverzeichnis

Rechtsgeschichtliche Materialien auf Japanisch
(Auswahl grundlegender Monographien)

* Kommentierte Kurzbesprechungen von neuen Schriften findet man im Band *Social Sciences* von Tôhô Gakkai, oder Japan Foundation (Hg.): *An Introductory Bibliography for Japanese Studies.* Die "Gesellschaft für Studien zur Rechtsgeschichte" (Hôseishi Gakkai 法制史学会) gibt die Zeitschrift *Hôseishi Kenkyû* 法制史研究 ("Forschungen zur Rechtsgeschichte") heraus.

AMINO Yoshihiko 網野善彦 et al.
    1983   *Chûsei no tsumi to batsu.* Tôkyô Daigaku Shuppankai.『中世の罪と罰』東京大学出版会.

ARUGA Kizaemon 有賀喜左衛門
    1965   *Nihon no kazoku.* Shibundô. [Dt. Übers. v. Ulrich Möhwald. Bochum 1983.]『日本の家族』至文堂.

ARIKURA Ryôkichi 有倉遼吉; TOKIOKA Hiroshi 時岡弘
    1989   *Jôkai Nihonkoku kenpô.* Sanseidô.『条解日本国憲法』三省堂.

FUKUSHIMA Masao 福島正夫 (Hg.)
    1986   *Nihon kindaihô taisei no keisei.* Nihon Hyôronsha.『日本近代法体制の形成』日本評論社.

HAGINO Yoshiyuki 萩野由之; KONAKAMURA Yoshikata 小中村義象; MASUDA Ushin 増田宇信 (Hg.)
    1892   *Nihon kodai hôten.* Hakubunkan.『日本古代法典』博文館.

HIRAMATSU Yoshirô 平松義郎
    1967   "Kinseihô", in: *Iwanami kôza Nihon rekishi.* Bd. 11. Iwanami Shoten.「近世法」『岩波講座日本歴史』.
    1988   *Edo no tsumi to batsu.* Heibonsha『江戸の罪と罰』平凡社.

HOSOKAWA Kameichi 細川亀市
    1961   *Nihon kindai hôseishi.* Yûhikaku.『日本近代法制史』有斐閣.

INOUE Mitsusada 井上光貞
    1949   *Nihon kodaishi no shomondai: Taika zendai no kokka to shakai.* Shisakusha.『日本古代史の諸問題 – 大化前代の國家と社會』思索社.

IGETA Ryôji 井ヶ田良治 et al.
    1982   *Nihon kindai hôshi.* Hôritsu Bunkasha.『日本近代法史』法律文化社.

Ishida Takeshi 石田雄
- 1976 *Nihon kindai shisôshi ni okeru hô to seiji.* Iwanami Shoten. 『日本近代思想史における法と政治』岩波書店.

Ishii Ryôsuke 石井良助
- 1960 *Nihon hôseishi gaisetsu.* Sôbunsha.『日本法制史概説』創文社. Erstmalig Kôbundô 弘文堂 1948.
- 1952 *Nihon fudôsan sen'yûron* . Sôbunsha.『日本不動産専有論』創文社.

Ishii Shirô (Hg.) 石井紫郎
- 1972 *Nihon kindai hôshi kôgi.* Seirin Shoin Shinsha.『日本近代法史講義』青林書院新社.

Ishio Yoshihisa 石尾芳久
- 1959 *Nihon kodai hôshi.* Hanawa Shobô.『日本古代法史』塙書房.

Itô Masami (Hg.) 伊藤正巳
- 1966 *Gaikoku hô to Nihon hô* (Iwanami kôza gendaihô, 1). Iwanami Shoten.『外国法と日本法』岩波講座現代法 1　岩波書店.

Kanai Madoka 金井圓
- 1962 *Hansei.* Shibundô.『藩政』至文堂.

Kasamatsu Hiroshi 笠松宏至
- 1979 *Nihon chûsei hôshi ron.* Tôkyô Daigaku Shuppankai.『日本中世法史論』東京大学出版会.

Katsumata Shizuo 勝俣鎮夫
- 1979 *Sengoku hô seiritsu shi ron.* Tôkyô Daigaku Shuppankai.『戦国法成立史論』東京大学出版会.

Kawashima Takeyoshi 川島武宜
- 1950 *Nihon shakai no kazokuteki kôsei.* Nihon Hyôronsha [Dt. Übers.: *Die japanische Gesellschaft: Familismus als Organisationsprinzip.* Mit einer Einführung und Anmerkungen von Kunihiro Kamiya und Gerd Reinhold. München: Minerva-Publikation 1985.]『日本社会の家族的構成』日本評論社.
- 1967 *Nihonjin no hô ishiki.* Iwanami Shoten.『日本人の法意識』岩波書店.

Kukita, Kazuko 茎田佳寿子
- 1980 *Edo bakufuhô no kenkyû.* Gannandô Shoten.『江戸幕府法の研究』巌南堂書店.

Maki Hidemasa 牧英正; Fujiwara Akihisa 藤原明久 (Hg.)
- 1993 *Nihon hôseishi.* Seirin Shoin.『日本法制史』青林書院.

Maki Kenji 牧健二
1948   *Nihon hôseishi gairon*. Kôbundô.『日本法制史概論』弘文堂.

Mitobe Masao 水戸部正男
1961   *Kuge shinsei no kenkyû*. Sôbunsha.『公家新制の研究』創文社.

Miura Hiroyuki 三浦周行
1919   *Hôseishi no kenkyû*. Iwanami Shoten.『法制史の研究』岩波書店.

Miyazaki Michisaburô 宮崎道三郎 [Nakada Kaoru 中田薫 (Hg.)]
1926–64   *Hôseishi ronshû*. Iwanami Shoten.『法制史論集』岩波書店.

Morita Tei 森田悌
1979   *Ôchô seiji*. Higashimurayama: Kyôikusha.『王朝政治』東村山　教育社.

Nagao Ryûichi 長尾龍一
1981   *Nihon hôshisôshi kenkyû*. Sôbunsha.『日本法思想史研究』創文社.

Nakada Kaoru 中田薫
1926–64   *Hôseishi ronshû*. 2 Bde. Iwanami Shoten.『法制史論集』岩波書店.

Nakano Yoshio 中埜喜雄
1972   *Nihon rippôshi*. Kyoto: Sagano Shoin.『日本立法史』京都　嵯峨野書院.

Ôkubo Haruo 大久保治男; Shigeno Takaharu 茂野隆晴
1983   *Nihon hôseishi* (Hôritsugaku zensho, Bd. 8). Kôbundô Shuppansha.『日本法制史』法律学全書　高文堂出版社.

Okuno Hikoroku 奥野彦六
1961   *Ritsuryôseizen Nihon kodaihô*. Gannandô Shoten.『律令制前日本古代法』巌南堂書店.

Ôtake Hideo 大竹秀男; Maki Hidemasa 牧英正 (Hg.)
1975   *Nihon hôseishi*. Seirin Shoin Shinsha.『日本法制史』青林書院新社.

Rikô Mitsuo 利光三津夫
1988   *Nihon kodai hôseishi*. Keiô Tsûshinsha.『日本古代法制史』慶応通信社.

Rokumoto Kahei 六本佳平
1986   *Hô shakaigaku*. Yûhikaku.『法社会学』有斐閣.

Rechtsgeschichte

Sogabe Shizuo 曾我部静雄
1963 *Nitchû Ritsuryô ron* (Nihon rekishi sôsho, Bd. 4). Yoshikawa kôbunkan.『日中律令論』日本歴史叢書　吉川弘文館.

Takayanagi Shinzô 高柳真三
1949–65 *Nihon hôseishi*. 2 Bde. Yûhikaku.『日本法制史』有斐閣.

Takeuchi Rizô 竹内理三
1957–58 *Ritsuryô sei to kizoku seiken*. Ochanomizu Shobô.『律令制と貴族政権』御茶の水書房.

Takikawa Masajirô 滝川政次郎
1923 *Nihon hôseishi*. Kadokawa Shoten.『日本法制史』角川書店.
1941 *Nihon hôseishi kenkyû*. Yûhikaku.『日本法制史研究』有斐閣.

Ukai Nobushige 鵜飼信成 et al.
1958–67 *Kôza Nihon kindai hô hattatsushi*. 11 Bde. Keisô Shobô.『講座日本近代法発達史』勁草書房.

Quellensammlungen (Auswahl)

Hôseishi Gakkai 法制史学会 (Hg.) [Bearbeiter: Ishii Ryôsuke 石井良助]
1959–61 *Tokugawa kinreikô*. Sôbunsha.『徳川禁令孝』創文社.

Inoue Mitsusada 井上光貞 et al. (Hg.)
1976 *Ritsuryô* (Nihon shisô taikei, Bd. 3). Iwanami Shoten.『律令』日本思想大系　岩波書店.

Ishii Susumu 石井進 et al. (Hg.)
1981 *Chûsei seiji shakai shisô* (Nihon shisô taikei, Bd. 21). Iwanami Shoten.『中世政治社会思想』日本思想大系　岩波書店.

Satô Shin'ichi 佐藤進一; Ikeuchi Yoshisuke 池内義資; Momose Kesao 百瀬今朝雄 [nur Bd. 1] (Hg.)
1971–78 *Chûsei hôsei shiryôshû*. 4 Bde. Iwanami Shoten.『中世法制史料集』岩波書店.

Wagatsuma Sakae 我妻栄 et al. (Hg.)
1968 *Kyû hôrei shû*. Yûhikaku.『旧法令集』有斐閣.

Literatur in europäischen Sprachen

* Folgende Werke sind Bücher und Artikel zur Einführung in die japanische Rechtsgeschichte, von der Gegenwart rückwärts ins Altertum. Ich gehe selektiv vor, mit dem Vorzug für Schriften, die neben der strikten Rechtsgeschichte auch Nützliches über die Institutionengeschichte und die Mentalitätsgeschichte enthalten und an japanische Sekundärliteratur und Quellen in ihren Fußnoten verweisen. Zur allgemeinen Orientierung s. Carl STEENSTRUP: *A History of Law in Japan until 1868* (Handbuch der Orientalistik, Bd. 6, Abschn. 2, Teil 1). Leiden: Brill 1996. Der Fortsetzungsband zum modernen Recht (von Wilhelm Röhl) ist in Vorbereitung. Rechtsgeschichtliche Themen werden weiterhin behandelt in der Monographienreihe *Japanisches Recht* (Köln: Heymanns Verlag) sowie in den Zeitschriften *Japanisches Recht, Recht in Japan* und *Law in Japan. An Annual.* Als Bibliographie empfiehlt sich Matthias SCHEER: *Japanisches Recht in westlichen Sprachen. Eine Bibliographie.* Hamburg: Deutsch-Japanische Juristenvereinigung 1992. Die Vereinigung (mit Sitz in Hamburg und Matthias Scheer als *primus motor*) entfaltet eine rege Publikationstätigkeit in bezug auf viele Bereiche des japanischen Rechts, darunter auch auf die Rechtsgeschichte.

Meiji-Zeit bis Gegenwart

BEER, Lawrence Ward; ITOH, Hiroshi (Übers.)
1978 *The Constitutional Case Law of Japan. Selected Supreme Court Decisions, 1961–70* (Asian Law series / School of Law, University of Washington, Bd. 6). Seattle: University of Washington Press.
1996 *The Constitutional Case Law of Japan, 1970 through 1990.* (Asian law series / School of Law, University of Washington, Bd. 13). Seattle: University of Washington Press. Eine ähnliche Sammlung auf deutsch, editiert von H.D. Marutschke, ist vor kurzem erschienen.

COING, Helmut et al. (Hg.)
1990 *Die Japanisierung des westlichen Rechts: japanisch-deutsches Symposion in Tübingen vom 26. bis 28. Juli 1988.* Tübingen: J.C.B. Mohr.

ECKEY-RIEGER, Anja:
1994 *Der Kodifikationsstreit zum japanischen Bürgerlichen Gesetzbuch.* Bonn: Holos.

EUBEL, Paul (Hg.)
1979   Das japanische Rechtssystem. Frankfurt a.M.: Metzner.
HALEY, John Owen
1991   Authority Without Power. Law and the Japanese Paradox. London: Oxford University Press.
IGARASHI, Kiyoshi
1990   Einführung in das japanische Recht. Darmstadt: Wissenschaftliche Buchgesellschaft.
ISHII, Ryôsuke
1958   Japanese Legislation in the Meiji Era (Japanese Culture in the Meiji Era, Bd. 10). Translated and adapted by William J. Chambliss. Tokyo: Toyo Bunko.
KOKUBUN Noriko
1993   Die Bedeutung der deutschen für die japanische Staatslehre unter der Meiji-Verfassung (Europäische Hochschulschriften, Reihe 2. Rechtswissenschaft, Bd. 1319). Frankfurt a.M. et al.: P. Lang.
MARUTSCHKE, Hans Peter
1999   Einführung in das japanische Recht (Schriftenreihe der juristischen Schulung, Bd. 136). München: C.H. Beck.
MENKHAUS, Heinrich (Hg.)
1994   Das Japanische im japanischen Recht (Monographien aus dem Deutschen Institut für Japanstudien der Philipp-Franz-von-Siebold-Stiftung, Bd. 5). München: iudicium.
OPPLER, Alfred C.
1976   Legal Reform in Occupied Japan. A Participant Looks Back. Princeton, N.J.: Princeton University Press.
RAHN, Guntram
1990   Rechtsdenken und Rechtsauffassung in Japan: Dargestellt an der Entwicklung der modernen japanischen Zivilrechtsmethodik. München: C.H. Beck.
RÖHL, Wilhelm
1963   Die japanische Verfassung. Frankfurt a.M.: A. Metzner.
RUETE, Hans H.
1940   Der Einfluß des abendländischen Rechtes auf die Rechtsgestaltung in Japan und China. Bonn: Röhrscheid.
SCHENCK, Paul-Christian
1997   Der deutsche Anteil an der Gestaltung des modernen japanischen Rechts- und Verfassungswesens. Deutsche Rechts-

berater im Japan der Meiji-Zeit (Beitrage zur Kolonial- und Überseegeschichte, Bd. 68). Stuttgart: F. Steiner.

SCHMIDT, Petra
1996 *Die Todesstrafe in Japan* (Veröffentlichungen der Deutsch-Japanischen Juristenvereinigung, Bd. 5). Hamburg: Deutsch-Japanische Juristenvereinigung.

Tokugawa- bis Meiji-Zeit

HENDERSON, Dan Fenno
1965 *Conciliation and Japanese Law. Tokugawa and Modern* (Monographs and Papers of the Association for Asian Studies, Bd. 13). 2 Bde. Tokyo: University of Tokyo Press.
1975 *Village "Contracts" in Tokugawa Japan. Fifty Specimens with English Translations and Comments* (Asian law series / School of Law, University of Washington, Bd. 2). Seattle: University of Washington Press.

VERWAIJEN, Frans B.
1996 *Early Reception of Western Legal Thought in Japan 1841 –1868.* Leiden: Rijksuniv. Leiden (Diss.).

WIGMORE, John Henry (Hg.)
1967–83 *Law and Justice in Tokugawa Japan.* 17 Bde. Tokyo: University of Tokyo Press. [Teile der Kompilierungsarbeit fingen schon in den 1890er Jahren an. Insbesondere die ersten drei Bände enthalten gute Übersichten über die damalige Rechtsordnung.]

Sengoku- bis zur Tokugawa-Zeit

Die Übersetzungen durch Wilhelm Röhl von den Gesetzen der verschiedenen Daimyô sind von besonderem Wert. Man findet ferner Hinweise *sub voce bunkokuhô* ("Territorialstaatenrecht" 分国法) in Bruno LEWIN (Hg.): *Kleines Wörterbuch der Japanologie.* Wiesbaden: O. Harrassowitz 1968.

Ashikaga- (1336) bis Sengoku-Zeit

GROSSBERG, Kenneth A. (Hg.)
1981 *The Laws of the Muromachi Bakufu* (Monumenta Nipponica Monographs, Bd. 56). Übers. Kenneth A. Grossberg u. Kanamoto Nobuhisa. Tokyo: Sophia University.

HALL John W.; TOYODA Takeshi (Hg.)
    1977   *Japan in the Muromachi Age*. Berkeley: University of California Press.
RÖHL, Wilhelm
    1959   "Das Gesetz Takeda Shingen's", in: *OE* 6: 210–235.
    1959   "Die Gesetze des Fürsten Imagawa", in: *NOAG* 85/86: 60–72.
    1960   *Jinkaishû. Ein Beitrag zum mittelalterlichen japanischen Recht* (MOAG, Bd. 41. Teil A), Tokyo.
    1961   "Das Shinkaseishiki", in: *OE* 8: 51–67.
    1971   "Altes Recht in Higo", in: Lydia BRÜLL et al. (Hg.): *Asien. Tradition und Fortschritt* (Festschrift für Horst Hammitzsch zu seinem 60. Geburtstag). Wiesbaden: O. Harrassowitz: 483–493.
    1979   "Zur Mithaftung im alten japanischen Strafrecht", in: *OE* 26: 124–132.
    1992   "Begriffe aus dem Grundstücksrecht Japans im Mittelalter", in: Hans. G. LESER et al. (Hg.): *Wege zum japanischen Recht. Festschrift für Zentarô Kitagawa*. Berlin: Duncker u. Humblot: 575–599.
RÜTTERMANN, Markus
    1996   *Das Dorf Suganoura und seine historischen Quellen. Untersuchungen zur Genese einer zentraljapanischen Dorfgemeinde im späten Mittelalter* (MOAG, Bd. 126). Hamburg: OAG.
    1997   "Das Prinzip der Majorität (tabun) im japanischen Mittelalter", in: *Saeculum* 48.1: 21–71.
ZÖLLNER, Reinhard
    1995   *Die Ludowinger und die Takeda*. Bonn: Dieter Born.

Kenmu-Restauration (1333–1336)

GOBLE, Andrew
    1996   *Kenmu. Go Daigo's Revolution*. Cambridge, Mass.: Harvard University Press.
MASS, Jeffrey P. (Hg.)
    1997   *The Origins of Japan's Medieval World. Courtiers, Clerics, Warriors, and Peasants in the Fourteenth Century*. Stanford: Stanford University Press.

REIMERS, Carolin (Übers.)
1994 "Aufzeichnungen aus der Ära Kemmu. Eine annotierte Übersetzung des Kemmu(nenkan)ki", in: *NOAG* 149/150: 85–164.

VARLEY, H. Paul
1971 *Imperial Restoration in Medieval Japan.* New York: Columbia University Press.

Kamakura-Zeit

JOÜON DES LONGRAIS, F.
1950 *Âge de Kamakura. Sources (1150–1333), Archives, Chartes Japonaises (monjo).* Tokyo: Maison Franco-Japonaise.
1958 *L'Est et l'Ouest: Institutions du Japon et de l'Occident comparées: Six études de sociologie juridique.* Tokyo: Maison Franco-Japonaise / Paris: Institut de Recherches d'Histoire Etrangère.

KILEY, Cornelius J.
1982 "The Imperial Court as a Legal Authority in the Kamakura Age", in: MASS (Hg.): 29–44.

MASS, Jeffrey P.
1976 *The Kamakura Bakufu. A Study in Documents.* Stanford: Stanford University Press.
1979 *The Development of Kamakura Rule 1180–1250: A History with Documents.* Stanford: Stanford University Press. [Insbesondere "Part Two. The Development of Kamakura Justice": 59–160.]
1989 *Lordship and Inheritance in Early Medieval Japan: A Study of the Kamakura Sôryô System.* Stanford: Stanford University Press.

MASS, Jeffrey P. (Hg.)
1982 *Court and Bakufu in Japan: Essays in Kamakura History.* New Haven: Yale University Press.

RÖHL, Wilhelm
1958 "Das Goseibaishikimoku. Eine Rechtsquelle der Kamakura-Zeit", in: *OE* 5: 228–245.

STEENSTRUP, Carl
1980 "Sata Mirensho: A Fourteenth-Century Law Primer", in: *MN* 35.4: 405–435.

TARANCZEWSKI, Detlev
1988   *Lokale Grundherrschaft und Ackerbau in der Kamakura-Zeit, dargestellt anhand des Nitta no shô in der Provinz Kôzuke* (Bonner Zeitschrift für Japanologie, Bd. 10). Bonn: Förderverein "Bonner Zeitschrift für Japanologie".

Heian-Zeit

CAMERON HURST III, G.
1976   *Insei. Abdicated Sovereigns in the Politics of Late Heian Japan, 1086–1185.* Columbia University Press.

FRIDAY, Karl F.
1992   *Hired Swords. The Rise of Private Warrior Power in Early Japan.* Stanford: Stanford University Press.

HALL, John W.; MASS, Jeffrey P. (Hg.)
1974   *Medieval Japan: Essays in Institutional History.* New Haven: Yale University Press.

HÉRAIL, Francine
1977   *Fonctions et fonctionnaires japonais au début du XIe siècle.* Paris: Publications orientalistes de France. [Hans A. Dettmers Besprechung und Korrekturen hierzu in: *Erasmus* 30.10 (1978): 369–374.]

KILEY, Cornelius J.
1974   "Estate and Property in the Late Heian Period", in: John W. HALL, Jeffrey P. MASS (Hg.): 109–124.

MCCULLOUGH, William H.
1967   "Japanese Marriage Institutions of the Heian Period", in: *HJAS* 27: 103–167.

Nara-Zeit

DETTMER, Hans Adalbert
1959   *Die Steuergesetzgebung der Nara-Zeit* (Studien zur Japanologie, Bd. 1). Wiesbaden: O. Harrassowitz.
1972   *Die Urkunden Japans vom 8. bis ins 10. Jahrhundert.* Bd. 1: *Die Ränge. Zum Dienstverhältnis der Urkundsbeamten* (Veröffentlichungen des Ostasiatischen Seminars der Johann-Wolfgang-Goethe-Universität, Frankfurt a.M., Reihe B: Ostasienkunde, Bd. 3). Wiesbaden: O. Harrassowitz.

INOUE, Mitsusada
1977 "The Ritsuryô System in Japan", in: *AA* 31: 83–112.

MILLER, Richard J.
1978 *Japan's First Bureaucracy. A Study of Eighth-Century Government* (Cornell University East Asia Papers, Bd. 19). Ithaca, N.Y.: Cornell University. [Posthum hg. v. Felicia G. BOCK.]

SANSOM, George B. (Übers. u. Hg.)
1932, 1934 "Early Japanese Law and Administration", in: *TASJ*, Second Series 9: 67–109, und 11: 117–149.

VON SENGER, Harro
1983 *Chinesische Bodeninstitutionen im Taihô-Verwaltungskodex.* Wiesbaden: O. Harrassowitz.

YAMAMURA, KOZO
1975 "The Decline of the Ritsuryô System. Hypotheses on Economic and Institutional Change", in: *JJS* 1: 3–38.

Vor-Nara-Zeit

* Den Bericht über Japan in der Wei-Chronik (*Gishi wajinden* 魏志倭人伝) findet man in englischer Übersetzung u.a. in: *Traditions* 1.1 (1976): 35–60.

HIRANO Kunio
1977 "The Yamato State and Korea in the 4th and 5th Centuries", in: *AA* 31: 51–82.

MILLER, Richard J.
1974 *Ancient Japanese Nobility: The Kabane Ranking System* (University of California Publications: Occasional Papers, Bd. 7). Berkeley: University of California Press. [Besprechung durch Cornelius J. KILEY in: *MN* 32 (1977): 365–376.]

NAUMANN, Nelly
1979 "Zur ursprünglichen Bedeutung des harahe", in: *Bonner Zeitschrift für Japanologie* 1 (Festgabe Herbert Zachert 70 Jahre). Bonn: 169–187.

ÔBAYASHI, Taryô
1975 "Uji Society and the Society from Prehistory to Medieval Times", in: *JJS* 2: 3–27.

PIGGOTT, Joan R.
1989 "Sacral Kingship and Confederacy in Early Izumo", in: *MN* 44: 45–74.

Technik- und Wirtschaftsgeschichte

Erich Pauer

1. *Einleitung*

Wirtschaft und Technik zählen zu den Feldern, die gegenwärtig das Leben der Menschen am stärksten beeinflussen. Unter dem Begriff "Wirtschaft" werden alle Maßnahmen und Einrichtungen subsumiert, die zur Deckung des menschlichen Bedarfs dienen. Das betraf im Mittelalter in erster Linie Handel oder Landwirtschaft, seit Beginn der Industrialisierung wird unter wirtschaftlichem Handeln zunächst (noch) "produzieren von (materiellen) Gütern" verstanden – wozu man Technik, die Maschinen und Geräte, und Technologie, d.h. "Wissen um die Technik", einsetzt. Technik benötigt allerdings einen Rahmen, die Betriebsstätte, die Fabrik bzw. das Unternehmen. Wirtschaft, Technik und Unternehmen stehen so in einem engen Zusammenhang, weshalb die akademischen Felder der neueren Technikgeschichte und der Wirtschaftsgeschichte (die Unternehmensgeschichte wird als Teilgebiet der Wirtschaftsgeschichte betrachtet)[1] ebenfalls eng verknüpft sind.

Während die philologische Japanforschung eine lange Tradition besitzt, wurden Fragen zu Wirtschaft, Unternehmen und Technik in Japan erst mit der zunehmenden Bedeutung Japans als Wirtschaftsfaktor in der Welt von einer sozialwissenschaftlich orientierten Japanologie aufgegriffen. Obwohl man sich Fragen der wirtschaftlichen Entwicklung Japans in Japan selbst bereits um 1900 zuwandte, setzt eine japanologische – d.h. eine von genuin sich mit Japan beschäftigenden und japanische Primärquellen nutzenden Wissenschaftlern betriebene – Forschung in den westlichen Ländern erst einige Jahrzehnte später ein. Zwar hatte man sich bereits in der zweiten Hälfte des 19. Jahrhunderts mit Japans Wirtschaft, seiner Industrie und dem Handel

---

1   Vgl. dazu AMBROSIUS et al. (Hg.) 1996: 22–23.

beschäftigt,[2] doch nicht unter einem historischen Gesichtspunkt. Andere bis zum Zweiten Weltkrieg im deutschen Sprachraum verfaßten Werke zur japanischen Wirtschaft sind nicht als "japanologisch" zu verstehen. Damit fallen eine Reihe von sicherlich nicht unwichtigen Veröffentlichungen aus einer auf den japanologischen Standpunkt beschränkten historiographischen Betrachtung heraus.

Selbst in der Nachkriegszeit vergingen mehrere Jahrzehnte, bis entsprechende Werke und sozial- bzw. wirtschaftswissenschaftliche Ansätze zur Wirtschafts-, Unternehmens- und Technikgeschichte überhaupt von der deutschsprachigen Japanologie als Teil japanologischer Forschung akzeptiert wurden. Entsprechend klein ist der Kreis am Thema arbeitender Wissenschaftler wie auch die Zahl relevanter Veröffentlichungen. Bis heute greift man deshalb häufig auf englischsprachige Werke zurück, die in vielen Bereichen Standards gesetzt haben.

Für eine Verdeutlichung von Standardwerken bzw. Personen, die sich mit wirtschafts-, unternehmens- und technikgeschichtlichen Fragen befassen, wie auch für die Herausarbeitung relevanter methodisch-theoretischer Fragestellungen bietet sich eine historiographische Übersicht dieser Wissenschaftsgebiete in Japan wie auch in den westlichen Ländern an. Bedeutung gewinnt eine derartige Vorgehensweise auch dadurch, daß man dabei deutlich machen kann, daß viele methodische oder theoretische Ansätze, die man in der Geschichte der einzelnen Disziplinen in Japan vorfindet, bis heute im akademischen Bereich durchaus noch lebendig sind und vertreten werden. Ebenso werden dabei die verschiedenen inhaltlichen, sich entsprechend der Zeit auch verändernden Schwerpunkte der Forschung sichtbar gemacht.

2. *Die Anfänge der wirtschafts-, unternehmens- und technikgeschichtlichen Forschung im englischsprachigen Raum*

Der Fortschritt bzw. die Dynamik einer Entwicklung als Forschungsparadigma war Anlaß für Wirtschaftswissenschaftler in den westlichen Industrieländern, sich auch Japan zuzuwenden, das seit Beginn des 20. Jahrhunderts einen wirtschaftlichen Aufschwung geradezu phänomenalen Charakters – begleitet von einem sozialen Wandel – erlebt hatte. In den 1930er Jahren hatten nicht

---

2 Dazu gehören im deutschsprachigen Raum z.B. das in den 1880er Jahren von Johannes Justus REIN verfaßte *Japan nach Reisen und Studien,* dessen zweiter Band (Leipzig 1886) der Land- und Forstwirtschaft, der Industrie und dem Handel Japans gewidmet ist, aber auch Karl RATHGENs *Japans Volkswirtschaft und Staatshaushalt* (Leipzig 1891).

nur japanische Autoren und japanische Organisationen und Forschungsinstitute begonnen, mit englischsprachigen Publikationen Informationen zu Fragen der Wirtschaft Japans zu verbreiten, vielfach animierten japanische Wissenschaftler auch ihre Kollegen in England oder den USA zu Studien über und in Japan.[3] Die Unterstützung, die seitens japanischer Einrichtungen gewährt wurde, machte solche Studien z.T. auch ohne japanische Sprachkenntnisse möglich. Ökonomische Fragen waren der Ausgangspunkt solcher Initiativen, doch wurde bald deutlich, daß ein Ausgreifen auf Japans historische Entwicklung unumgänglich war, wollte man gegenwärtige Probleme erörtern. Eine erste Studie, die solchen Ansprüchen gerecht wurde, nämlich Elizabeth Boody Schumpeters (Hg.) *The Industrialization of Japan and Manchukuo, 1930–1940: Population, Raw Materials, and Industry* entstand unter der Mitwirkung zweier Wissenschaftler, die bereits Japan-Erfahrung hatten und entsprechenden Zugang zu japanischen Primärquellen besaßen: George Cyril Allen und E.F. Penrose. Trotzdem mußten die Herausgeber noch auf Zuarbeit seitens japanischer Wissenschaftler zurückgreifen, da die Zahl der Wissenschaftler, die sich mit Japan auseinandersetzen konnten oder wollten, noch gering war. George Cyril Allen, später Professor für Politische Ökonomie an der University of London, hatte schon während seines Aufenthaltes in Japan zwischen 1922 und 1925 in Nagoya begonnen, Unterlagen für sein dann 1945 abgeschlossenes Buch *A Short Economic History of Modern Japan* zu sammeln. Den Schwerpunkt legte der Autor auf Fragen der industriellen und finanziellen Entwicklung Japans wie auch auf die Wirtschaftspolitik, wobei er den Zeitraum von 1867 bis 1937 in den Mittelpunkt stellte.[4]

Ein Ausgangspunkt westlicher wirtschaftshistorischer Forschung ist damit bereits ausgemacht: Die Wirtschaftswissenschaftler mit Interesse an den Fragen der "wirtschaftlichen Entwicklung" griffen Fragen der Wirtschaftsgeschichte auf. Dies korrespondiert auch mit der Entwicklung wirtschaftshistorischer Forschung in Japan, wo das dynamische Element der Entwicklung ebenfalls den Beginn der wirtschaftshistorischen Forschung markiert.

Die Dominanz des Aktualitätsprinzips, wobei Phänomene der Gegenwart Anstoß zu Forschungen gaben, besitzt Bedeutung für einen Strang der wirtschaftsgeschichtlichen Forschung. Daneben kommen Anstöße auch aus anderer Richtung, deutlich zu sehen bei den ersten Arbeiten, die sich auf der Basis des Konzeptes des historischen Materialismus Marx'scher Prägung mit

---

3 Vgl. dazu das Vorwort in: MOULTON 1931: ix.

4 Diese Studie ist bis heute eine Standardeinführung in die japanische Wirtschaftsgeschichte geblieben. Die späteren Auflagen besitzen vom Autor verfaßte Ergänzungen bis in die jüngste Zeit.

Japan auseinandersetzten. Während Vertreter dieses Ansatzes in Japan z.B. die Bauernaufstände der Edo-Zeit als Manifestationen eines Kampfes der unterdrückten Massen gegen die despotische Gewalt des Feudalsystems interpretierten, stellte sich Hugh Borton in seiner 1938 verfaßten Dissertation über *Peasant Uprisings in Japan in the Tokugawa Period* gegen eine solche Interpretation. Eine nationale Bewegung gegen die damalige Regierung ließ sich ebensowenig ausmachen wie ein gemeinsames Bestreben der letztlich doch lokale Ereignisse gebliebenen Aufstände. Bortons historischer Ansatz lag auf der Linie eines empiristischen Positivismus, wie er auch zur selben Zeit in Japan in der sogenannten Kyôto-Schule (Kyôto Gakuha 京都学派) gepflegt wurde.

Zur selben Zeit beeinflußte die seit den 1920er Jahren um sich greifende Diskussion zum Charakter des japanischen Kapitalismus, die von seiten marxistisch orientierter Historiker und Ökonomen in Japan geführt worden war, auch den in Japan aufgewachsenen kanadischen Diplomaten E. Herbert Norman. In seinem *Japan's Emergence as a Modern State* analysiert er die politische, soziale und wirtschaftlich-industrielle Entwicklung Japans in der Meiji-Zeit (1868–1912). Norman versuchte Erkenntnisse über die treibenden Kräfte in Japans Gesellschaft zu gewinnen und die Ursprünge für die militaristische und expansionistische Politik Japans in Ostasien am Vorabend des Zweiten Weltkrieges zu identifizieren. Welche Bedeutung auf lange Sicht dieses zur Zeit seines Erscheinens fast einsam dastehende Werk besaß, wird erst Dekaden später deutlich. Eine Reihe von Normans Thesen, etwa die von ihm als revolutionär beschriebene Bedeutung der "niedrigen Samurai", initiieren später weitere Studien und wurden zum Ausgangspunkt zum Teil heftiger Kontroversen, wobei letztlich Normans Sicht als einseitig und zu stark vereinfachend beurteilt wurde.

Diese ersten Ansätze einer akademischen Wirtschaftsgeschichtsschreibung wurden durch aktuelle Ereignisse aber rasch in den Hintergrund gerückt. Die unmittelbare Nachkriegszeit forderte ihren Tribut: Analysen der japanischen Wirtschaft der unmittelbaren Vergangenheit, der Kriegszeit, schienen den Vertretern der Besatzungsmacht wichtiger als Interpretationen weit zurückliegender Epochen. Studien, unter welchen Umständen Japan Krieg hatte führen können, standen im Vordergrund. Eine Reihe dieser Arbeiten, in der Regel von Wirtschaftswissenschaftlern unter Verwendung japanischer Primärquellen verfaßt, griffen bis in die 1930er Jahre zurück und sind demnach als wirtschaftshistorische Arbeiten einzustufen. T.A. Bissons *Japan's War Economy* ist ebenso wie Jerome B. Cohens *Japan's Economy in War and Reconstruction* immer noch als ein Standardwerk für diese Zeit einzustufen. Von anderen Studien aus der Besatzungszeit über Japan gingen vielfältige Impulse aus.

Die amerikanischen "Japanese Studies", die in den 1930er Jahren begonnen hatten, sich an multi-disziplinäre "Area Studies" anzulehnen, haben hier ihren Ausgangspunkt. Im Mittelpunkt standen Vertreter einzelner sozial- oder wirtschaftswissenschaftlicher Disziplinen, die sich auf (das moderne) Japan konzentrierten. Methodisches Rüstzeug gewannen diese Wissenschaftler konkret aus ihren jeweiligen Disziplinen, die sie auf Japan anzuwenden versuchten. Sprachkenntnisse erschienen ihnen zum Quellenstudium im Land notwendig. Japanische Phänomene, auch die wirtschaftliche oder politische Entwicklung, wurden allerdings vorwiegend anhand von Modellen und Theorien, die aus einem westlichen Kontext heraus entwickelt worden waren, betrachtet und studiert. Viele Wissenschaftler standen zudem aufgrund der Erfahrungen in der Besatzungszeit unter dem Eindruck einer konvergenten Entwicklung, das heißt, man glaubte Japan als modernen Industriestaat in einem Angleichungsprozeß hin zu Strukturen, wie sie in westlichen Ländern herrschten, befindlich.

3. Japans wirtschaftliche Entwicklung, Industrialisierung und Modernisierungsdebatte

Mit neuem, durch die politischen Veränderungen im Nachkriegs-Japan zugänglich gewordenen Material und neuem Instrumentarium zur wirtschaftlichen Analyse legte zu Beginn der 1950er Jahre William W. Lockwood die Studie *The Economic Development of Japan. Growth and Structural Changes 1868–1938* vor. Dieses Werk wird nicht nur als Abschluß bisheriger vereinzelter Studien zur japanischen Entwicklung angesehen, sondern repräsentiert auch den eigentlichen (Neu-)Beginn der japanischen Wirtschaftsgeschichte in den USA.[5] Wichtig zu bemerken ist in diesem Zusammenhang auch, daß mit diesem Werk zwar die Sicht einer kontinuierlichen Entwicklung die vielfach rezipierte Stufentheorie des historischen Materialismus mit den bis dahin immer wieder beschriebenen Brüchen in der Geschichte (z.B. Meiji-Restauration) ablöste, gleichzeitig aber auch eine Festlegung des Beginns der japanischen modernen wirtschaftlichen Entwicklung auf das letztlich eher politisch bedeutsame Jahr 1868 erfolgte. Dieser Ansatz beeinflußte und hemmte dann auch die Studien, die im Zuge der Modernisierungsdebatte erarbeitet wurden.

Ein neuer Ansatz zur Analyse der japanischen wirtschaftlichen Entwicklung machte sich ab Mitte der 1950er Jahre in den USA bemerkbar: Der Prozeß

---

5 Vgl. dazu die Ausführungen von JANSEN 1988: 43.

der sogenannten "Modernisierung" trat in den Mittelpunkt des Interesses. Zwischen 1958 und 1969 hielt man eine Serie von Konferenzen zur Modernisierung Japans ab. Ziel war es, die verschiedenen Ansätze wie Ergebnisse vielfacher Studien über Japan zu bündeln, zu systematisieren und eine Möglichkeit zu finden, weitere Untersuchungen zu initiieren und zu stimulieren. Mit "Modernisierung" sollte aber auch der in Japan vorherrschenden normativen, vom historischen Materialismus beeinflußten (Wirtschafts-) Geschichtsschreibung ein neutraler Begriff entgegengestellt werden. Typisierende Forschungen mit der Suche nach Strukturen, Akteuren und kollektiven Organisationen fanden hier einen Ausgangspunkt.

Die Suche nach einer Lösung der Probleme, die nach der Unabhängigkeit der Kolonialländer in dieser Zeit aufgetaucht waren, darf dabei nicht völlig außer acht gelassen werden: Die Entwicklung bzw. "Modernisierung" Japans als einzigem bis dahin nicht-westlichen Land, dem eine Industrialisierung geglückt schien, sollte intensiver untersucht werden, nämlich um gegebenenfalls aus dem japanischen Beispiel Erkenntnisse für die Entwicklungsländer zu gewinnen.[6]

Bei diesen Konferenzen war die Wirtschaftsgeschichte als Einzeldisziplin allerdings nicht vertreten. Dennoch ergaben sich bei der Behandlung der Entwicklung des modernen Japan zahlreiche Anknüpfungspunkte für die Wirtschaftsgeschichte.[7] William E. Lockwood zeichnete als Herausgeber für den Band *The State and Economic Enterprise in Japan* verantwortlich, in dem die wichtigsten Vertreter dieser Modernisierungsdebatte aus dem Bereich Wirtschaft zu Wort kamen. Neben Wirtschaftswachstum, Fiskalpolitik, Konsum, landwirtschaftlicher Entwicklung, Regionalplanung, Arbeitsmarkt etc. wurde erstmals auch auf die Rolle des Unternehmers in der Modernisierung hingewiesen. Ein früher Ansatz, der auch Anstöße für die Unternehmensgeschichte in Japan gab.

Im Zuge der Modernisierungsdebatte gab es immer wieder entscheidende Impulse zur Beschäftigung mit der Wirtschaftsgeschichte, die nicht von den Historikern, sondern von den Ökonomen ausgingen. Aber gerade dadurch entstanden auch manche falschen Bilder, die dann über Jahrzehnte hinweg sich in den Disziplinen hielten und nur schwer zu korrigieren waren.

Entsprechend dem Ansatz der Modernisierung und Lockwoods Festsetzung

---

6 Ein solcher Gedankengang gipfelt dann z.B. in einer als "Fallstudie" verstandenen Arbeit von KELLEY u. WILLIAMSON 1974.

7 Die Ergebnisse dieser Konferenzserie sind in einer Reihe "Studies in the Modernization of Japan" (Princeton University Press) niedergelegt, aufgrund des Erscheinungsortes als "Princeton-Serie" bekannt.

wurde der Entwicklung vor 1868 nur beschränkter Raum gegeben. Allerdings kam hier der Australier E. Sidney Crawcour zu Wort, dessen akribische Studien zur japanischen Wirtschaftsgeschichte noch heute wertvoll sind. Zwar wurden zur Analyse der Modernisierung auch nicht-ökonomische, qualitative Faktoren aufgegriffen, im Vordergrund stand aber die Anwendung eines umfangreichen ökonomischen Instrumentariums. Die quantitative (also statistische) Betrachtung der Wirtschaftsgeschichte erhielt mehr Gewicht, da die für die Analyse der wirtschaftlichen Entwicklung zuständigen Vertreter, eben Wirtschaftswissenschaftler, das entsprechende wirtschaftswissenschaftliche und statistische Instrumentarium beherrschten. Einem (heute als wichtig angesehenen) Element für die Industrialisierung, der Technik, wurde im Rahmen der gesamten Modernisierungsdebatte aber praktisch keine Aufmerksamkeit geschenkt. Als Ausgangspunkt für die Modernisierung der Wirtschaft (worunter auch der Prozeß der Industrialisierung subsumiert wurde) identifizierte man zunächst einmal die Kapitalinvestitionen. Nicht zuletzt deshalb wurde auch Henry Rosovskys *Capital Formation in Japan 1868–1940* große Aufmerksamkeit zuteil. Er ist auch ein verantwortlicher Herausgeber eines Buches, das – ähnlich wie Lockwoods Studie von 1954 ein Abschluß wie auch ein Anfang gewesen war – einen Gipfelpunkt des auf der immer noch populären Modernisierungstheorie beruhenden Konzepts der wirtschaftlichen Entwicklung Japans darstellt: mit *Asia's New Giant* (hg. v. Hugh Patrick u. Henry Rosovsky) wird 1976 eine umfassende Wirtschaftsgeschichte der Nachkriegszeit vorgelegt, wobei erstmals Japans Erfolge auch auf technischen Gebieten gewürdigt werden, allerdings nicht im Sinne einer "Technikgeschichte", sondern als Überblick über technische Veränderungen, Technologieimport, Forschung und Entwicklung etc. Ebenso wird eine "Unternehmensgeschichte" reduziert auf die Erörterung der Industriestrukturen in Japan. Als Nachzügler, die das Bild des erfolgreichen Japans noch bis in die 1980er Jahre perpetuieren, sind der Soziologe Ezra F. Vogel mit *Japan as No. 1* und der Politikwissenschaftler Chalmers Johnson mit *MITI and the Japanese Miracle. The Growth of Industrial Policy, 1925–1975* zu nennen.

Eine Rezeption der Modernisierungstheorien erfolgte nicht nur in Japan, sondern auch in Deutschland. Mit Annelotte Pipers *Japans Weg von der Feudalgesellschaft zum Industriestaat* (1975)[8] fand der Modernisierungsansatz auch Eingang in die deutschsprachige japanologische Literatur. Zwar stand auch hier der Versuch einer Parallelisierung der Entwicklungsländer mit der

---

[8] In der ergänzten und überarbeiteten Neuauflage von 1995 (Köln: Verlag Wissenschaft und Politik Nottbeck) werden leider auch die in der deutschsprachigen Japanologie zwischenzeitlich zu diesen Fragen erarbeiteten Studien selbst im Literaturverzeichnis ignoriert.

japanischen Entwicklung Pate, doch griff die Autorin auf die Zeit vor 1868 zurück und stellte einen Zusammenhang mit einem anderen Strang der amerikanischen und japanischen Entwicklungsforschung her, indem sie Ziele, Voraussetzungen, Triebkräfte und Maßnahmen, die den japanischen Entwicklungsprozeß in Gang brachten, in ihre Betrachtungen einbezog.

Während sich im Rahmen der Forschungen zur Modernisierung das Aktualitätsprinzip durchgesetzt hatte und bis in die 1970er Jahre im Vordergrund stand, begann zunächst im Verborgenen ein neuer Aufschwung der Wirtschaftsgeschichte. Zwei Werke stehen stellvertretend für einen neuen Ansatz in der Analyse der japanischen wirtschaftsgeschichtlichen Entwicklung, der über das prominente Jahr 1868 zurückgreift und – ähnlich wie Herbert Norman, aber nicht unter seiner ideologischen Prämisse – an der Herausarbeitung der Voraussetzungen für die Modernisierung interessiert ist. So hatte Thomas C. Smith in seinem *Political Change and Industrial Development in Japan: Government Enterprise, 1868–1880* das Jahr der Meiji-Restauration noch im Titel, inhaltlich konzentrierte er sich aber auf die Ansätze der Industrialisierung in der späten Edo-Zeit. Der Sprengstoff, der in dieser Arbeit für die zur selben Zeit seitens der Wirtschaftswissenschaftler vertretene Sicht der japanischen Modernisierung verborgen war, sollte erst Jahre später deutlich werden. Thomas C. Smiths Arbeiten fußten auf den Bemühungen der japanischen Wirtschaftshistoriker vor allem aus der Kyôto-Schule, möglichst umfassend historisches Quellenmaterial zu sammeln und zu publizieren. Auf dieser Basis und unter Einfluß eben dieser Schule schrieb auch Charles David Sheldon sein Buch *The Rise of the Merchant Class in Tokugawa Japan 1600–1868*. Diese Werke, wie auch die ein Jahr später erschienene Studie von Thomas C. Smith zu *The Agrarian Origins of Modern Japan*, in der er aufzeigte, welche Veränderungen in der Landwirtschaft der Edo-Zeit die Elite des Bauerndorfes auf die Moderne vorbereiteten, trugen – zumindest auf lange Sicht – zu einem anderen Verständnis Japans moderner wirtschaftlicher Entwicklung bei.[9]

Die 1970er Jahre waren aber auch Jahre der Differenzierung der japanwissenschaftlichen Forschung in den USA. Wirtschaftswissenschaften und Wirtschaftsgeschichte rückten enger zusammen, neue methodische Ansätze aus den Nachbarwissenschaften (z.B. der Demographie, Unternehmensgeschichte u.a.) wurden aufgenommen. Gesellschaftstheoretische Orientierungen werden nun miteinbezogen, wie etwa das Aufkommen der Industriegesellschaft, die

---

9 Repräsentativ für weitere Studien ist z.B. das in der o.g. Tradition stehende Werk von HAUSER 1974.

Veränderung von Wirtschaftsformen oder neue Typen von kollektiven Organisationen. Anstöße, in neue Forschungsbereiche vorzudringen, kamen allerdings in der Regel von den Wirtschaftswissenschaften. Deutlich sichtbar wird dies etwa an den Arbeiten von Kozo Yamamura, (bzw. Yamamura Kôzô 山村耕三) der seiner Studie *Economic Policy in Postwar Japan* eine quantitative Analyse wirtschaftlicher und gesellschaftlicher Aspekte der Samurai in der Edo- und Meiji-Zeit folgen ließ (*A Study of Samurai Income and Entrepreneurship*). Nur wenig später untermauerte er als Ko-Autor seine historischen Analysen durch demographische Studien (Susan B. Hanley u. Kozo Yamamura: *Economic and Demographic Change in Preindustrial Japan 1600–1868*). Eine Verbindung von Wirtschafts- und Sozialgeschichte gelang auch in Hugh Patricks *Japanese Industrialization and its Social Consequences*. Repräsentativ für eine stärker sozialhistorisch geprägte Sicht der japanischen Entwicklung ist dann die 1974 abgeschlossene Dissertation von Earl H. Kinmonth: *The Self-Made Man in Meiji Japanese Thought. From Samurai to Salary Man*. Das Aufgreifen der Unternehmergestalt als wissenschaftliches Thema, wie dies bereits bei Yamamura 1974 erfolgte und bei Kinmonth durch eine Studie zur Mentalität dann ausgeweitet wurde, verdeutlicht das zunehmende Interesse, das man seitens der Japanese Studies den japanischen Unternehmen und ihrer Entwicklung nun entgegenbrachte. Während man bei dem frühen Werk von Oland D. Russel zum Handelshaus Mitsui (deutsch *Das Haus Mitsui*) nur eingeschränkt von einem wissenschaftlich fundierten Werk sprechen konnte, wagte John G. Roberts mit *Mitsui. Three Centuries of Japanese Business* einen Neubeginn. Der Tradition der *Business History* folgend erschienen in den 1980er Jahren neben den Arbeiten von William D. Wray zu *Mitsubishi and the N.Y.K., 1870–1914* und *Managing Industrial Enterprise. Cases from Japan's Prewar Experience* Arbeiten zur japanischen Automobil- bzw. Computerindustrie.

Diese Differenzierung des Feldes der Japanstudien verdeutlicht zum einen die Überwindung und Ablösung des generalisierenden westlichen Konzeptes der Modernisierung und gleichzeitig auch eine Überwindung der *Area Studies*, die abgelöst werden durch eine stärkere Einbindung der Wissenschaftler in die einzelnen Disziplinen, gefolgt von einer Betonung der methodischen und theoretischen Ansätze der jeweiligen Disziplinen in der Japanforschung. Eine multi-disziplinäre, den Ansprüchen der einzelnen Disziplinen gerecht werdende Studie ist dann der von Kozo Yamamura und Yasuba Yasukichi 安場保吉 herausgegebene Band *The Domestic Transformation*.

Während bis dahin die deutschsprachige Japanologie (mit Ausnahme von Annelotte Piper, s.o.) praktisch unbeeinflußt von den Entwicklungen der amerikanischen und englischen Japanese Studies geblieben war, begannen in den 1970er Jahren Klaus Müller, Erich Pauer und Regine Mathias Fragen der Wirtschafts- und Sozialgeschichte aufzugreifen. In England waren es Ann Waswo, Janet Hunter und Penelope Francks, die mit Arbeiten in diesen Bereichen hervortraten. Ähnlich wie Forschungen zur Unternehmensgeschichte Japans sind solche zur Technikgeschichte immer noch rar. Neben den Arbeiten von Erich Pauer[10] im deutschsprachigen Raum kann man diesbezüglich nur die Arbeit von Tessa Morris-Suzuki *The Technological Transformation of Japan. From the Seventeenth to the Twenty-first Century* nennen.

Die Rezeption amerikanischer Modernisierungstheorien hatte großen Einfluß auf die Auswahl der Fragestellungen in den Japanwissenschaften zwischen 1960 und 1980 gehabt. Der Einfluß dieses Ansatzes wurde allerdings seither durch die Betonung wirtschaftshistorischer Ansätze wieder zurückgedrängt. Heute werden Begriffe wie Modernisierung, Industrialisierung u.a. ohne ihre früheren Implikationen benutzt.

4. *Wirtschafts-, unternehmens- und technikgeschichtliche Ansätze in Japan*

Die Forschungsansätze und -traditionen der Wirtschafts-, Unternehmens- und Technikgeschichte in den westlichen Industrieländern unterscheiden sich von den in Japan vertretenen Ansätzen deutlich. Die japanische Wirtschaftsgeschichte legte und legt heute immer noch die Betonung auf "*Wirtschafts*geschichte" (dasselbe gilt für die "*Unternehmens-*" wie auch "*Technik*geschichte") und wird deshalb, von wenigen Ausnahmen in der Frühzeit dieses Faches abgesehen, von Wirtschaftswissenschaftlern (die Unternehmensgeschichte deshalb häufig von Vertretern der Betriebswirtschaftslehre, die Technikgeschichte meist von Natur- oder Ingenieurwissenschaftlern, aber auch von Wirtschaftswissenschaftlern) betrieben. Das Fach "Wirtschaftsgeschichte" (wie auch die Unternehmensgeschichte) ist bis heute in der Regel in den wirtschaftswissenschaftlichen Fakultäten (die Technikgeschichte auch meist in den ingenieurwissenschaftlichen Fakultäten) der Universitäten angesiedelt. Dem Vorteil, den eine intensive Auseinandersetzung der Wirtschaftshistoriker mit Theorien und Modellen aus den Wirtschaftswissenschaften, bzw. der Unternehmens- oder Technikhistoriker mit ihren jeweiligen Disziplinen bietet, steht allerdings auch ein Nachteil gegenüber: Ansätze und Methoden der Geschichtswissenschaft werden relativ gering bewertet.

---

10 Z.B. PAUER (Hg.) 1995.

Die enge Bindung der Wirtschaftsgeschichte an die Wirtschaftswissenschaften hat eine konkrete Ursache: Der Begriff "Wirtschaft" (jap. *keizai* 経済) umfaßte in der Edo-Zeit (1603–1867) mehr als nur das eng begrenzte wirtschaftliche Handeln, das man heute diesem Begriff zuordnet. "*Keizai*" entsprach der "politischen Ökonomie", umfaßte also die Bereiche der Wirtschafts- und Staatswissenschaften gleichzeitig. Von einem solchen Verständnis dieses Begriffes ausgehend, waren auch wirtschaftliche Forschungen, die in die Geschichte ausgriffen, von Anfang an viel breiter angelegt. Darüber hinaus wird schon in den ersten wirtschaftshistorischen Werken das dynamische Element der Entwicklung als Paradigma sichtbar. Veränderungen und Fortschritt werden – dem damaligen Verständnis entsprechend – ausgelöst durch ökonomische Entwicklung.

Die japanische Wirtschaftsgeschichte als akademisches Fach stand zunächst unter dem Einfluß der englischen und deutschen Wirtschaftsgeschichte. 1899 wurde erstmals an der Universität Tôkyô eine akademische Veranstaltung zur Wirtschaftsgeschichte angekündigt. Zur selben Zeit studierte Fukuda Tokuzô 福田徳三 (1874–1930) bei Lujo Brentano in München. Brentano maß der Nationalökonomie einerseits eine öffentlich-politische Funktion zu, andererseits aber vernachlässigte er auch die Geschichte nicht. Aus ihr versuchte er Lehrsätze über menschliches Handeln zu gewinnen.[11] Damit war eine Affinität zur japanischen Vorstellung einer anwendungsorientierten und historisch fundierten Ökonomie gegeben, die Fukuda wohl fasziniert haben dürfte. 1900 legte Fukuda eine Dissertation mit dem Titel *Die gesellschaftliche und wirtschaftliche Entwickelung in Japan*[12] vor. Der Leitgedanke – das dynamische Element einer "Entwick(e)lung" – deutet sich bereits in diesem Titel an.

Das Werk von Fukuda darf als erste wirtschaftshistorische Arbeit modernen Zuschnitts angesehen werden, 1907 wurde sie in einer japanischen Übersetzung veröffentlicht.[13] Man nahm darin auch Rezensionen von europäischer Seite auf, u.a. von Karl Rathgen (1856–1921),[14] der den Einfluß der europäischen

---

11 Vgl. dazu SHEEHAN 1971: 25, 26.

12 FUKUDA 1900.

13 FUKUDA 1907 (bis 1914 folgen insgesamt fünf Neuauflagen).

14 Karl Rathgen hatte bei Gustav von Schmoller, dem wichtigsten Vertreter der jüngeren historischen Schule der Nationalökonomie, studiert, der ihm auch vorschlug, das neue Fach Nationalökonomie an der Kaiserlichen Universität Tôkyô zu vertreten. Acht Jahre lang, von 1882 bis 1890, lehrte Rathgen in Japan. Mit einer Arbeit über *Japans Volkswirtschaft und Staatshaushalt* (785 Seiten, 1891 erschienen) habilitierte er sich 1892 in Berlin. Rathgens Schwerpunkt in Forschung und Lehre lag u.a. auf der sog. "Praktischen Nationalökonomie". Rathgen war als Japankenner gewissermaßen prädestiniert, das Werk von Fukuda zu rezensieren.

Theorien bei Fukuda kritisierte. Die europäische Geschichte werde, so Rathgen, sozusagen als Schablone benutzt und auf Japan projiziert. Äußerliche Gegebenheiten, scheinbare Analogien, würden aufgezeigt und auf gleiche Ursachen geschlossen. Letztlich forderte er, stärker den japanischen Verhältnissen auf den Grund zu gehen.[15]

Als bald darauf die Historiker Uchida Ginzô 内田銀蔵 (1872–1919) und Takimoto Seiichi 滝本誠一 (1857–1932) begannen, sich der Untersuchung einer von ihnen im Vergleich zu den Industrieländern konstatierten wirtschaftlichen "Rückständigkeit" Japans zu widmen,[16] trat gleichzeitig eine Trennung der historischen Disziplinen ein. Während an der Universität Tôkyô eine sogenannte "investigative Geschichtswissenschaft" (jap. *kôshô shigaku* 考証史学) betrieben wurde, vertrat Uchida ab 1906 an der Universität Kyôto eine "großherzige" (jap. *kattatsu na* 闊達な) Wissenschaft.[17] Für Uchida war Wirtschaftsgeschichte nur unter Einschluß von Sozial- und Kulturgeschichte zu betreiben.

Uchida war, wie viele seiner Zeitgenossen, vom Konzept einer Stufentheorie beeinflußt und versuchte deshalb auch für Japan solche Stadien der wirtschaftlichen Entwicklung Japans zu identifizieren.[18] Zur selben Zeit begann Takimoto Seiichi, beeinflußt von der klassischen englischen Wirtschaftswissenschaft und der deutschen historischen Schule, Materialien zur japanischen Wirtschaftsgeschichte der Edo-Zeit zu sammeln. 1914 erschien dann die 36bändige Serie *Nihon keizai sôsho* 日本経済叢書 (Bibliotheca oeconomiae politicae japonicae).[19] Auf der Grundlage der von diesen Pionieren wie Uchida und Takimoto veröffentlichten Materialien gelang es dem in der Tradition der japanischen Aufklärung stehenden Journalisten und Politiker Takekoshi Yosaburô 竹越與三郎 (1865–1950) dann 1920 eine erste, mit acht Bänden vergleichsweise groß angelegte "Wirtschaftsgeschichte Japans" (*Nihon keizaishi* 日本経済史) herauszubringen.[20] Damit war nach zwei Jahrzehnten einer

---

15 FUKUDA 1907: 291.

16 Vgl. dazu SUMIYA u. TAIRA (Hg.) 1979: 4.

17 Vgl. dazu z.B. NAGAHARA 1988 ([1]1976): 98.

18 Vgl. dazu z.B. ebenda: 100.

19 Eine Auflistung der Titel bzw. Inhalte der Bände befindet sich in *Kokushi daijiten* 国史大辞典, Bd. 11. (1990): 138–139. Die Serie wurde in einer auf 54 Bände erweiterten Ausgabe zwischen 1928–30 nochmals unter dem Titel *Nihon keizai taiten* 日本経済大典 (Magna bibliotheca oeconomiae politicae japonicae) herausgegeben. Eine Auflistung der Titel bzw. Inhalte der Bände dieser erweiterten Serie befindet sich ebenfalls in *Kokushi daijiten*, Bd. 11: 139–142.

20 Der japanischen Ausgabe folgte zehn Jahre später eine dreibändige englische Übersetzung

durch das Konzept der "Rückständigkeit" geprägten Sicht auf die Geschichte, einem von einer positiven Entwicklung gezeichneten Bild des wirtschaftlichen Aufstiegs Japans gewichen. Der ökonomische Erfolg Japans im Verlauf des Ersten Weltkrieges, der Japan als Industriemacht etabliert hatte, war dafür sicherlich auch ausschlaggebend.

Die während des Ersten Weltkrieges sichtbar gewordenen sozialen Spannungen beeinflußten bald die Wirtschaftshistoriker, die sich erstmals auch der Sozialgeschichte zuwandten. Eine soziale Komponente prägte auch weitere wirtschaftshistorische Studien der 1920er Jahre, deutlich sichtbar etwa in einem 1928 erschienenen Werk von Honjô Eijirô 本庄栄治郎 (1888–1973) *Nihon shakai keizaishi* 日本社会経済史, in dessen Titel "Gesellschaft" und "Wirtschaft" erstmals gemeinsam auftauchten.[21] Unter Honjô, der an der Kyôto-Universität wirkte, weitete sich das Spektrum der wirtschaftshistorischen Themen in den 1920er Jahren deutlich aus. Den Forschungen voran ging in der Regel eine intensive "Jagd" nach den Quellen, wobei man auch in der Veröffentlichung dieser Materialien eine wichtige wissenschaftliche Aufgabe sah. Den methodischen Ansatz, auf Quellenstudium fußend, aber auch kleinräumig auf den Raum Mittel-Japans konzentriert und damit unter Verlust der größeren Überschau in Richtung einer Lokalgeschichte driftend, kann man als "positivistischen Empirismus" bezeichnen, der als Ergebnis beschreibende Darstellungen lieferte. Ein umfassenderer theoretischer Ansatz ist nicht erkennbar, wodurch diesen Arbeiten jegliche politische Implikation fehlte, wie sie von anderen Autoren gefordert wurde. Diese Schule (manchmal abwertend Nihon Rekishi Gakuha 日本歴史学派, Japanische Historische Schule, genannt) wurde aufgrund einer solchen politischen Abstinenz in den 1930er Jahren praktisch aber auch nicht behindert.[22] Die Vernachlässigung theoretischer Erklärungsansätze führte allerdings zu Auseinandersetzungen mit Vertretern des historischen Materialismus.

Im Rahmen des Ansatzes des historischen Materialismus, einer sogenannten "Großtheorie" mit hohem Abstraktionsgrad, geht es um Transformationen oder um Revolutionen. So gelangte nun durch das neue große Konzept die

---

unter dem Titel *The Economic Aspects of the History of the Civilization of Japan*. London: George Allen & Unwin 1930. Dieser immer noch lesbaren englischen Ausgabe fehlen allerdings alle Anmerkungen des Originals wie auch entsprechende Literaturhinweise, wodurch die wissenschaftliche Nachprüfbarkeit einzelner Angaben unmöglich ist. Fachleute greifen daher immer noch zur japanischen Ausgabe.

21 Honjô hatte bereits 1924 eine eigene Sozialgeschichte Japans vorgelegt (*Nihon shakaishi* 日本社会史) führte dann die beiden Komponenten, die soziale und die wirtschaftliche, zusammen.

22 Vgl. dazu auch SUMIYA u. TAIRA (Hg.) 1979: 5.

Meiji-Restauration – in der man eine solche Revolution zu erkennen glaubte – in den Mittelpunkt der wissenschaftlichen Analyse. Hatte man bislang den Menschen im Spannungsfeld der gesellschaftlichen und wirtschaftlichen Umstände gesehen, ohne eine "Deutung" der Geschichte vorzunehmen, und das menschliche Handeln innerhalb zu untersuchender Strukturen definiert, gelangte mit dem Marxismus sozusagen die "Idee" als "Wind" in der historischen Entwicklung auch in die japanische Wirtschaftsgeschichte.

Eine erste theoretische Analyse der Entwicklung des japanischen Kapitalismus auf der Grundlage der marxistischen Theorie unternimmt Noro Eitarô 野呂栄太郎 (1900–34) 1927, veröffentlicht unter dem Titel *Nihon shihon shugi hattatsushi* 日本資本主義発達史 ("Entwicklungsgeschichte des japanischen Kapitalismus") im Jahre 1930. Schon 1932 gibt der Verlag Iwanami eine achtbändige Serie *Nihon shihon shugi hattatsushi kôza* 日本資本主義発達史講座 (also: "Vorlesungen zur Entwicklung des japanischen Kapitalismus") heraus.[23]

So fruchtbar (allerdings auch einseitig) der Ansatz des historischen Materialismus für die Entwicklung der Wirtschaftsgeschichte in Japan auch war, die Kritiker versäumten nicht, darauf hinzuweisen, daß die Autoren einen Fehler wiederholten, den man dreißig Jahre früher bei Fukuda Tokuzô schon kritisiert hatte. Man reduzierte – jetzt eben auf der Grundlage des historischen Materialismus – das japanische Beispiel auf Kriterien, die in das vorgegebene Modell paßten. Diese Kritik wurde allerdings nicht akzeptiert.

Zur Klärung der Fragen nach den überkommenen semi-feudalen Beziehungen – die für die Probleme des japanischen Kapitalismus und die gesellschaftlichen Spannungen verantwortlich gemacht wurden – mußte oft weit in die Geschichte ausgegriffen werden. Die Geschichte des ländlichen Raumes, der ländlichen Gesellschaft und des Bauerndorfes rückte in den Mittelpunkt der wissenschaftlichen Analyse, ebenso die wirtschaftlich-gesellschaftlichen Beziehungen in diesem Raum, die gesellschaftlichen "Widersprüche", die Verwerfungen der ländlichen Gesellschaft bis hin zu den Bauernbewegungen der Meiji-Zeit. Die politische Repression in den 1930er Jahren führte allerdings dann zu einem Ende dieser Diskussionen, die dennoch eine nicht zu unterschätzende Bedeutung für die japanische Wirtschaftsgeschichte besaßen, hatten sie doch neue Fragestellungen initiiert, zur Suche nach bestimmten Charakteristika geführt und eine umfassende theoretische, wenn auch stark ideo-

---

23 Der Verlag Iwanami publizierte 1982 zum 50. Jahrestag des Erscheinens dieser Serie eine Reprint-Ausgabe (vgl. ÔTSUKA 1932).

logisch gefärbte Analyse der japanischen Entwicklung eingeleitet.[24] Auf dieser Basis begannen die Forschungen der Nachkriegszeit, wobei sich allerdings bald herausstellte, daß die großen erklärenden Ansätze, wie sie seitens der marxistischen Historiker vorgeführt worden waren, einer Nachprüfung mit Hilfe detaillierter Quellen oft nicht standhielten. So setzten Forschungen ein, die auf akribischer historischer Quellenarbeit fußten und einem Determinismus der historischen Entwicklung, wie man ihn im historischen Materialismus postuliert hatte, eine Absage erteilten. Die Suche nach dem Verständnis ökonomischer Zusammenhänge prägte diese Studien. Im Ergebnis verblieben sie allerdings meist in der Beschreibung der Entwicklung, zeigten die Mechanismen der Produktion ländlicher Industrie ("Manufaktur") auf oder stellten die Warenproduktion in den Mittelpunkt. Man versuchte zwar japanische Charakteristika aufzuzeigen, allerdings ohne generalisierenden Ansatz und ohne spezifische theoretische Fragestellungen. Eine umfassende Erklärung der japanischen Entwicklung auf der Grundlage solcher Untersuchungen erfolgte nicht. Trotzdem darf die Bedeutung dieser Richtung nicht geschmälert werden, denn das schon zu Beginn des Jahrhunderts bedeutsame Paradigma tauchte hierin wieder auf: Die Suche nach dynamisierenden, vielleicht auch unbekannten Kräften des Wandels auf Dorfebene begann hier, und eine Theorie des lokalen Marktes als Vorbedingung für die wirtschaftliche Entfaltung wurde entwickelt.[25] Zeitlich blieben die meisten dieser Studien im 19. Jahrhundert stehen, ein Ausgreifen auf das 20. Jahrhundert, zum Beispiel auf die Zwischenkriegszeit, erfolgte nicht.[26]

Ein neuer Ansatz in der japanischen Wirtschaftsgeschichte machte sich um 1960 in Japan bemerkbar: Nicht mehr der Kapitalismus wurde untersucht, sondern der Prozeß der "Modernisierung". Der Anstoß dafür war aus dem Ausland gekommen (s.o.). Es war bis dahin nicht gelungen, die vielfältigen Aspekte von äußeren und inneren Kräften, die die japanische Entwicklung bewirkt hatten, zu erklären. Deshalb fand nun neben einer Betrachtung nichtökonomischer, qualitativer Faktoren verstärkt ein umfangreiches ökonomisches Instrumentarium Eingang in die Wirtschaftsgeschichte. Ökonomische

---

24 Zur Kapitalismus-Debatte siehe auch DOANE 1983: 382–383.

25 Es ist nicht zuletzt Ôtsuka Hisao 大塚久雄 (1907–96), der diese Richtung, ausgehend von seinen Studien der europäischen Wirtschaftsgeschichte, beeinflußt. Als Vertreter einer Richtung, die die dynamischen Kräfte der Entwicklung in den Vordergrund rückt, dürfen Fujita Gorô 藤田五郎 und Furushima Toshio 古島敏雄 genannt werden. Ausf. dazu auch SUMIYA u. TAIRA (Hg.) 1979: 11.

26 Als einzige Ausnahme darf hier Kajinishi Mitsuhaya 楫西光速 genannt werden, der in seinen Schriften zum Teil sogar über das Jahr 1945 hinausgreift.

Theorien und statistische Methoden wurden von der japanischen Wirtschaftsgeschichte aufgenommen.

In den 1970er Jahren wird die marxistische Schule abgelöst und verdrängt durch diese neue Schule, die von den Wirtschaftswissenschaftlern dominiert wird, die quantitative Studien liefern, gleichzeitig aber einen umfassenden Ansatz vertreten und so auch nicht-ökonomische, also qualitative Komponenten ebenso miteinbeziehen wie auch soziale und technische Faktoren.

Die Schwerpunkte wirtschaftshistorischer Forschung nach der umfassenden Diversifizierung in den 1970er Jahren waren in den 1980er Jahren die Proto-Industrialisierung, das Finanzkapital und der japanische Vorkriegs-Kapitalismus.[27] Von diesem letzten Thema ausgehend bildete sich dann für die 1990er Jahre ein Schwerpunkt heraus, mit der Wirtschaft der Kriegszeit im Mittelpunkt des Interesses, wobei man nun der Kriegszeit die Bedeutung einer Transformationsphase zumißt, sie also nicht – wie bislang üblich – als Bruchstelle zwischen der Wirtschaft der Vorkriegs- und Nachkriegszeit betrachtet.[28]

1932 hatte der Iwanami Verlag die achtbändige Wirtschaftsgeschichte Japans *Nihon shihon shugi hattatsushi kôza* aus marxistischer Sicht publiziert. Diese Richtung war dann über fünfzig Jahre lang vorherrschend in der akademischen Welt Japans gewesen. 1989 publizierte dieser Verlag eine neue "Wirtschaftsgeschichte Japans" (*Nihon keizaishi* 日本経済史), wiederum in acht Bänden, nun allerdings mit einem völlig anderen Ansatz. Aus den Anfängen der 1960er Jahre, befruchtet durch die Schule der quantitativen Wirtschaftsgeschichte, hatten in den 1980er Jahren Wirtschaftswissenschaftler begonnen, eine neue japanische Wirtschaftsgeschichte zu schreiben, die zum Ausgangspunkt vieler weiterer Arbeiten in den 1990er Jahren wurde. Der größte Teil der Autoren dieser neuen Wirtschaftsgeschichte kommt aus den Wirtschafts- oder Sozialwissenschaften, wendet also das aus diesen Bereichen stammende Instrumentarium auf die Geschichte an.

In den 1960er Jahren, als man sich intensiv der Untersuchung der japanischen Industrialisierung zuwandte, mußte man das Fehlen eines wirtschaftshistori-

---

27 Einen Überblick über die wichtigsten Themenkreise der japanischen wirtschaftsgeschichtlichen Forschung geben Veröffentlichungen, herausgegeben von der Gesellschaft für Sozial- und Wirtschaftsgeschichte (Shakai Keizaishi Gakkai 社会経済史学会), *Shakai keizaishi gaku no kadai to tenbô* 社会経済史学の課題と展望 ("Fragen und Ausblick der Sozial- und Wirtschaftsgschichte"), 1976 und 1992, sowie *Shakai Keizaishi Gakkai gojû nen no ayumi* 社会経済史学会５０年の歩み ("50 Jahre Gesellschaft für Sozial- und Wirtschaftsgeschichte"), 1984, alle im Verlag Yûhikaku erschienen.

28 Vgl. dazu die Beiträge und den bibliographischen Überblick in dem Sammelband von PAUER (Hg.) 1999.

schen Instrumentariums für die Analyse von Unternehmen konstatieren. Aus den USA übernahm man Ansätze zur Analyse der Entwicklung eines Unternehmen, wobei man auf kulturelle, ökonomische oder organisatorische Faktoren das Augenmerk legte. Ein solcher interdisziplinärer Ansatz wurde dann auch in Japan propagiert: Soziologie, Wirtschaftswissenschaften und Betriebswirtschaftslehre sollten unerläßliche Grundlagen für eine akademische Unternehmensanalyse sein.

Man begann Daten zu sammeln, um eine möglichst breite empirische Basis zu erhalten, einer intensiven Diskussion theoretischer und methodischer Fragen ging man aber fast völlig aus dem Weg. Ein geringes Archivierungsbewußtsein in den Unternehmen, ebenso wie die Tatsache, daß Unternehmensdokumente oft Familiendokumente waren, und die durch Kriege und Naturkatastrophen eingetretenen Verluste bereiteten oft schon Mühe hinsichtlich der Erstellung einer Datenbasis, so daß man bei unternehmensgeschichtlichen Studien vielfach auf der Ebene der Zusammenstellung von Datenmaterial stehenblieb.

Erst mit der Hereinnahme methodischer Ansätze aus der Betriebswirtschaftslehre änderte sich die Lage. So wichen die Fragestellungen, die sich zunächst am vorhandenen Material orientiert hatten, wissenschaftlichen Fragestellungen, zu deren Beantwortung man über die Unternehmensdokumente hinausgreifen mußte. Die Geschichte der Einzelunternehmen wurde so abgelöst durch übergreifende Branchenuntersuchungen. Solche Untersuchungen konzentrieren sich oft auf bestimmte Regionen, etwa die modernen Ballungsräume, wodurch sich neue Möglichkeiten der Analyse ergeben. Der Konzentration auf Branche und Raum konnte dann bald ein weiterer Aspekt hinzugefügt werden: die Zeit.

Die japanische Unternehmensgeschichte setzt sich heute zum Ziel, zu generalisierenden Aussagen zu gelangen, zu einer Synthese über die Grenzen von Branchen, Räumen und Zeiten hinaus. Möglich erscheint dabei eine Klassifizierung und Ordnung verschiedener Einzelunternehmen, was zu einer gewissen Generalisierung von Unternehmensfunktionen führen kann. Vertikale und horizontale Unternehmensverbindungen leisten hier ansatzweise eine Möglichkeit. Eine weitere Möglichkeit der Generalisierung bietet sich am Beispiel der Unternehmerpersönlichkeiten an. Das Studium der Ethik, des Wirtschaftsdenkens der Unternehmer kann zu verallgemeinernden Aussagen führen.

Überblickt man die unternehmensgeschichtlichen Arbeiten in den 1990er Jahren, wird deutlich, daß vielfach neue Themen der Betriebswirtschaftslehre aufgegriffen und auf das historische Material projiziert wurden. Von den generalisierenden Fragestellungen ausgehend öffnete sich das Feld und ließ auch Theorien anderer Disziplinen herein, die befruchtend auf generalisierende Bereiche wirkten: So führte z.B. das Aufgreifen der Organisationstheorie zu

Fragen bezüglich der Unternehmensverbände und deren Wirkung in der Wirtschaft und auf Unternehmen bzw. Unternehmensgruppen.[29] Ebenso werden heute im Rahmen der Unternehmensgeschichte Fragen der Produktion und dabei vor allem der Produktionskontrolle und Qualitätskontrolle gestellt, Konsumtrends analysiert und Fragen der Unternehmensfinanzierung aufgeworfen. Bevorzugte Branchen sind heute der Transportbereich, wozu auch der Informationsaustausch gerechnet wird und, davon ausgehend, die Netzwerkbildung ein besonderes Kapitel darstellt. Ganz neu sind Ansätze, die die Unternehmen in Hinblick auf die Reaktion bei Krisen untersuchen wollen[30] und so in engem Zusammenhang mit Ansätzen aus der Wirtschaftsgeschichte stehen.

Eine Gesellschaft für Unternehmensgeschichte (Nihon Keieishi Gakkai 日本経営史学会),[31] mit rund achtzig Mitgliedern 1964 gegründet, wuchs innerhalb von zwanzig Jahren auf über 600 Mitglieder. Kaum zehn Jahre nach Etablierung der Unternehmensgeschichte konnte man schon eine umfassende Einführung bieten: *Keieishi o manabu* 経営史を学ぶ (also: "Unternehmensgeschichte studieren", verfaßt von Nagahara Keiji 永原慶二 et al.) erschien 1976, womit eine deutliche Abgrenzung zwischen Wirtschaftsgeschichte und Unternehmensgeschichte vorgenommen wurde.

5. *Moderne Technikgeschichte Japans*

Mit der Entwicklung moderner Unternehmen ist die Geschichte der industriellen Technik verbunden. Produzieren heißt in der Industrialisierung mit Maschinen zu produzieren. Eine Geschichte der modernen Industrie ist somit auch eine Geschichte der modernen Technik.

Die japanische Technikgeschichte als Disziplin wird in den 1930er Jahren erkennbar. Der Marxismus und die Debatte um die Entstehung des japanischen Kapitalismus geben den Anstoß. Nicht nur der Kapitalismus, sondern auch jenes Element, das so unmittelbar mit dem Fortschritt des Kapitalismus verbunden ist, die Technik, wird diskutiert. Technischer Fortschritt wird in diesem Konzept des historischen Materialismus als Ursache des Wandels, als verantwortlich für den Übergang von einer Wirtschaftsweise in eine andere angese-

---

29 Zur historischen Entwicklung der Unternehmensgeschichte vgl. auch MORIKAWA 1984: 131–149.

30 KIKKAWA 1997: 27–40.

31 Diese Gesellschaft gibt seit 1966 eine eigene Zeitschrift *Keiei shigaku* 経営史学 (Japanese Business History Review) heraus und organisiert seit 1974 auch internationale Konferenzen (bekannt geworden unter dem Namen "Fuji Conference").

hen. So ging es bei den Diskussionen zunächst um das Wesen der Technik als Produktivkraft innerhalb des kapitalistischen Systems. Das Wesen der Technik sah man dabei zunächst im Materialismus.

Im Mittelpunkt der Diskussion um die Theorie der Technik stand so eine von Saegusa Hiroto 三枝博音 (1892–1963), Tosaka Jun 戸坂潤 (1900–45) und Oka Kunio 岡邦雄 (1890–1971) im Jahre 1932 gegründete Gesellschaft zum Studium des Materialismus (Yuibutsuron Kenkyûkai 唯物論研究会), die zunächst keine marxistische Orientierung besaß. Exponenten für die Materialismusstudien waren die Neu-Kantianer, z.B. Miki Kiyoshi 三木清 (1897–1945). Da sich für den Materialismus aber häufig linksgerichtete Intellektuelle interessierten, ergab sich rasch eine marxistische Tendenz. Die Sichtweise, daß die Technik in Zusammenhang mit den gesellschaftlichen Zuständen und Umständen gesehen werden muß, stand so bald auch im Mittelpunkt.

Tosaka Jun, vom Neu-Kantianer zum Marxisten gewandelt, wurde zur Schlüsselfigur für eine Technikdiskussion, die auf dem dialektischen Materialismus fußte. Ausgangspunkt war seine 1935 erschienene theoretische Erörterung *Gijutsuron* 技術論 ("Über die Technik"). Die meisten Erörterungen jener Zeit hielten sich an ein Konzept des (ebenfalls marxistischen) Technik- und Kulturtheoretikers Aikawa Haruki 相川春喜 (1909–53), der die Technik als ein System von Arbeitsmitteln innerhalb des Produktionssystems betrachtete (*rôdô shudan taikei setsu* 労働手段体系説). Dieses Konzept unterliegt dem ersten identifizierbaren, aus der Materialismusdiskussion herkommenden theoretischen Strang der japanischen Technikgeschichte, der bis heute im akademischen Bereich vertreten wird.

Die Einbeziehung der historischen Dimension folgte aber erst, als in die Diskussion um die Natur oder das Wesen der Technik auch ökonomische und philosophische Gesichtspunkte miteinbezogen wurden. Mit historischen Beispielen versuchte man die Erörterungen zu untermauern, wodurch man einen Ausgangspunkt der Technikgeschichte in Japan schuf.

Die Jahre zwischen 1937 und 1941 waren für die japanische Technikgeschichte aus zwei Gründen bedeutsam: Vor dem Hintergrund einer allgemeinen Technikeuphorie und einem Gefühl, mit der Technik alles beherrschen zu können, wurden erstens zahlreiche westliche Werke zur Technikgeschichte übersetzt (womit eine Rezeption der westlichen Technikgeschichte in Japan beginnt), und zweitens setzte eine eigene japanische Technikgeschichtsschreibung ein.

Diese Phase brach 1941 ab. Was danach an technikhistorischer Diskussion geführt wurde, ist vom Zeitgeist beherrscht. Wer sich politischen Vorgaben nicht beugen wollte, dem blieb nur die Hinwendung zu früheren Epochen der japanischen Geschichte. So gab Saegusa Hiroto z.B. eine neun Bände umfassende Serie mit Quellen zur japanischen Technikgeschichte (*Nihon kagaku koten zensho* 日本科学古典全書) heraus und verfaßte in dieser Zeit auch die ersten Arbeiten zur japanischen Technikgeschichte.³²

In der Nachkriegszeit spielte die Technikgeschichte zunächst keine Rolle mehr. Die ideologischen Protagonisten waren entweder gestorben (Miki, Tosaka), schwiegen oder hatten sich anderen Bereichen zugewandt. Ein Neuanfang wurde erst in den 1960er Jahren gemacht: Taketani Mitsuo 武谷三男 entwikkelte ein neues Konzept, die Theorie von der Technik als bewußter Anwendung der objektiven Natur der Naturgesetze (*ishikiteki tekiyôsetsu* 意識的適用説) auf den Produktionsprozeß.³³ Dieses Konzept erschien insofern interessant, als darin soziale Elemente aufgegriffen wurden. Die Miteinbeziehung des Faktors Mensch in die technische Entwicklung führte zu unterschiedlichen Fragestellungen: Man untersuchte nun Entwicklungsvorgänge, aber auch die Beziehungen zwischen Technik und Gesellschaft, Politik und Wirtschaft.

Trotz der geringen Zahl von Technikhistorikern gelang es, zwischen 1964 und 1972 ein 26bändiges Werk zur Entwicklung von Wissenschaft und Technik in Japan zu publizieren.³⁴ Aber ein Dilemma wurde dabei deutlich: Dieses Werk orientierte sich an der Wissenschaftsgeschichte, weniger an der Technikgeschichte.

Wichtig nach dem Erkennen der "technologischen Lücke" zu Beginn der 1960er Jahre wurde die Frage des Technologietransfers, bzw. die Wissenschafts- und Technologiepolitik. Die Technikgeschichte sah man als Erfahrungs- und Handlungswissenschaft. *Think Tanks* wurden errichtet und zahlreiche Monographien erschienen, die zeigen sollten, welche eigenständigen Bemühungen auf technischem Gebiet man in Japan unternommen hatte und inwieweit diese auf die Gegenwart übertragen werden können.³⁵

Angesichts der zunehmenden Umweltverschmutzung Ende der 1960er Jahre meldeten sich auch Kritiker des technischen Fortschritts zu Wort. Die Frage nach den positiven oder negativen Auswirkungen der technischen Entwicklung

---

32 Diese Arbeiten sind gesammelt erschienen in *Saegusa Hiroto chosakushû* 三枝博音著作集 (1972–73), Nachdruck: 1978–79. Zur Technikgeschichte siehe insbesondere die Bände 10 u. 11.

33 Vgl. dazu die Ausführungen von KIMOTO 1973: 89–101.

34 Nihon Kagakushi Gakkai (Hg.) 1964–72.

35 So versammelte z.B. das MITI nach der Ölkrise 1973 Wissenschaftler, Ingenieure und Techniker, die während des Zweiten Weltkrieges an der Technologie zur Erzeugung von Kohlebenzin durch Kohleschwelung, Synthese oder Hydrierung gearbeitet hatten. Man erhoffte sich (allerdings vergeblich) von dieser Seite her Anstöße, die helfen sollten, die Ölkrise zu bewältigen.

auf die Gesellschaft wurde gestellt. Die 1970er Jahre waren so geprägt von Diskussionen über den technischen Fortschritt, über den Zusammenhang von technischem Fortschritt und wirtschaftlicher Entwicklung und – vor dem Hintergrund des Vietnam-Krieges – technischer Entwicklung und Krieg.

Die 1970er Jahre sind aber auch Jahre deutlicher Veränderungen in der Industriestruktur Japans. Die Schornsteinindustrien werden mehr und mehr zurückgedrängt. Die Automation schreitet in der Industrie fort. Dies war Ausgangspunkt von historischen Untersuchungen zu Steuerungstechniken, zur Entwicklung von Computern und rechnergestützter Produktion; und bald wurde auch die Informationstechnologie verstärkt in die Diskussion miteinbezogen. Kritische Wissenschaftler untersuchten die Auswirkungen der Automatisierung auf die Arbeitskräfte bzw. den Arbeitsmarkt.

Die Einbeziehung des subjektiven Elements des Menschen erhielt in den 1980er Jahren Vorrang. Mehrere Serien wurden publiziert, die die sozialgeschichtliche Seite der Technik hervorhoben.[36] Der Höhepunkt wurde 1995 mit der Publikation der fünfbändigen *Nihon no kagaku gijutsu* 日本の科学技術 erreicht. Im Gegensatz zur 26bändigen Serie, die zwischen 1964 und 1972 erschien, stand hier tatsächlich die Technik im Vordergrund, allerdings ist die Darstellung eingeschränkt auf die moderne Entwicklung.

Neben den akademischen Schulen, die eines der beiden Konzepte, Technik als Arbeitsmittel von 1935 bzw. bewußte Umsetzung der Naturgesetze aus den 1960er Jahren, vertreten, existiert heute eine dritte, relativ populäre Richtung der Technikgeschichte, die man als Kyôto-Schule bezeichnen kann. Sie weist gewisse Ähnlichkeiten mit der schon erwähnten empirisch positivistischen Schule der Wirtschaftsgeschichte auf. Dieser technikhistorischen Schule – die sich anfänglich um Yoshida Mitsukuni 吉田光邦 gruppierte – fehlen theoretische oder methodische Ansätze. Sie ist deskriptiv und narrativ, und deshalb leicht zugänglich. Sie beherrscht heute einen weiten Teil der japanischen Technikgeschichtsschreibung.

Ausländische Konzepte, etwa aus der amerikanischen oder der deutschen Technikgeschichte, fanden bislang kaum Eingang in Japan. "Technik als soziales Konstrukt" – ein Ansatz, der in Deutschland nicht selten ist – wurde in Japan bislang nicht rezipiert. Ebenso fehlt es an kontextuellen Beiträgen; internalistische Beispiele sind häufig anzutreffen. Auch kann von einer großen

---

36 Neben der Serie *Gijutsu no shakaishi* 技術の社会史 (die Verfasser sind in erster Linie Technikhistoriker) erscheint eine Serie *Kôza Nihon gijutsu no shakaishi* 講座日本技術の社会史(die Verfasser sind Historiker, die Bände sind nach Industriebranchen geordnet), gefolgt von einer dritten, auf 10 Bände angelegten Serie *Kindai Nihon no gijutsu to shakai* 近代日本の技術と社会.

"Technikgeschichte" kaum gesprochen werden, teilt sie sich doch in viele Einzelgruppen auf. Neben der Wissenschaftsgeschichte, an die sich manche Technikhistoriker anlehnen, gibt es noch eine eigene Industriearchäologie, eine Industrie- und Technikgeschichte mit den entsprechenden Gesellschaften und eigenen Publikationsreihen, und in den einzelnen Industriebranchen haben sich im Rahmen der Ingenieurvereinigungen Historikergruppen gebildet, etwa im Maschinenbau, im Hochbau, im Tiefbau, in der Chemie, in der Elektroindustrie, im Seetransport u.a., alle mit eigenen kleinen Zeitschriften.

6. Wozu Wirtschafts-, Unternehmens- und Technikgeschichte im Rahmen der Japanwissenschaften?

Es stellt sich zunächst die Frage, warum man innerhalb der Japanwissenschaften auch Studien zur Wirtschafts-, Unternehmens- und Technikgeschichte Japans betreiben und dies nicht den einzelnen Disziplinen selbst überlassen soll? Sollten sich die Japanwissenschaftler nicht besser auf Übersetzungen japanischer Werke beschränken? Damit wird ein Dilemma der japanbezogen arbeitenden Wirtschafts-, Unternehmens- und Technikhistoriker, die sich auch als Japanwissenschaftler verstehen, angesprochen. Wo liegen die Aufgaben und Möglichkeiten, wo die Grenzen dieser Bereiche innerhalb der Japanwissenschaften und auch im Vergleich zu den benachbarten Wissenschaften ganz allgemein?

Vereinfacht gesagt haben Japanwissenschaftler, die sich auf japanische Wirtschafts-, Unternehmens- und Technikgeschichte spezialisieren, primär ein Interesse an Japan und an seiner spezifischen Entwicklung, wobei ihnen die wirtschaftliche und / oder technische Entwicklung als spezieller Untersuchungsgegenstand dient. Entsprechend ist das Studium aufgebaut, das in der Regel ein breit angelegtes Studium vorsieht, in dem neben umfassenden Sprachkenntnissen auch fundierte Landes- und Kulturkenntnisse erworben werden. Gleichzeitig muß über eines der Nebenfächer, das sogenannte Methodenfach, die Auseinandersetzung mit den entsprechenden Theorien und Methoden der Disziplinen erfolgen, die dann in die Japanwissenschaften eingebracht werden. In der daraus idealiter resultierenden Doppelqualifikation, die umfassende Sprach-, Landes- und Kulturkenntnisse mit soliden Kenntnissen der theoretischen und methodischen Ansätze in der jeweiligen Disziplin verbindet, liegt die Stärke der in der Japanwissenschaft verankerten Wirtschafts-, Unternehmens- oder Technikhistoriker.

Selbstverständlich gibt es auch in der allgemeinen Disziplin verankerte Wirtschafts-, Unternehmens- und Technikhistoriker, die sich für Japan interessieren. In der Regel fehlen aber diesen die entsprechenden Sprach-, Landes- und Kulturkenntnisse (Wirtschaft und Gesellschaft wie auch Geschichte etc. hier eingeschlossen), so daß sie sich nur auf Sekundärquellen stützen können. Die auf dieser Grundlage durchgeführten Forschungen entsprechen somit nicht den sonst in diesen Fächern gesetzten Ansprüchen, die das Arbeiten mit originalsprachigen Quellen als eine *conditio sine qua non* ansehen.

Der Wirtschafts-, Unternehmens- und Technikgeschichte kommt so im Rahmen der Japanwissenschaften die Aufgabe zu, sich mit den durch das wachsende Interesse an der ökonomischen und technischen Entwicklung Japans auftretenden Fragen und Problemstellungen auseinanderzusetzen, was von der philologisch orientierten Japanologie nicht (mehr) geleistet werden kann. Zum anderen liefert sie damit einen Beitrag zur Diskussion in der allgemeinen Disziplin, der aus dieser Disziplin selbst heraus in aller Regel so nicht erbracht werden kann.

Wichtig ist für den sprach- und landeskundigen Wirtschafts-, Unternehmens- und Technikhistoriker auch die Auseinandersetzung mit den japanischen Kollegen. Dabei kann die Tatsache, daß aufgrund der unterschiedlichen Distanz zum Forschungsobjekt Japan und der unterschiedlichen kulturellen Prägungen sich z.T. ganz andere Fragestellungen ergeben, durchaus befruchtend sein, und einzelne solcher Ansätze werden – aufgrund der Sprachbarriere allerdings nur zu einem geringen Teil – durchaus auch von den japanischen Wissenschaftlern rezipiert.[37]

Gleichzeitig muß sich der über Wirtschafts-, Unternehmens- oder Technikgeschichte arbeitende Japanwissenschaftler auch mit den nicht zuletzt aufgrund des unterschiedlichen Ansatzes auftretenden Mißverständnissen (z.B. durch die Betonung auf "Geschichte" auf der hiesigen Seite gegenüber der Betonung auf den Wirtschaftwissenschaften in Japan) auseinandersetzen.

Gerade aus Fragestellungen, die zunächst aus der Disziplin kommen, der sich der Japanwissenschaftler zugehörig fühlt, resultieren aber auch Probleme. Häufig genug werden diese Fragestellungen durch die spezifisch japanischen Bedingungen verändert, so daß die auf dieser veränderten Grundlage dann

---

37 Die Übersetzung einer Reihe auch in diesem Beitrag genannter Werke amerikanischer Autoren ins Japanische zeigt dies. Der Vorteil, den ein vom Ausland geprägter Blick auf ein anderes Land birgt, läßt sich auch an der deutschen Geschichtwissenschaft zeigen, die ja in gar nicht so geringem Umfang von den Ansätzen amerikanischer Historiker profitiert hat. Auch hier waren amerikanische Historiker am Werk, die auf der Basis entsprechender Kenntnisse über Deutschland, seiner Sprache, seiner Kultur und seiner Geschichte als Hintergrundwissen, mit ihren spezifischen und von der deutschen Geschichtswissenschaft so nicht aufgegriffenen Fragestellungen an einzelne Epochen der deutschen Geschichte herangingen.

erarbeiteten Forschungsergebnisse seitens der Wissenschaftler in den Disziplinen mangels entsprechenden japanbezogenen Basiswissens oft nicht mehr nachvollzogen werden können.

Die genannten Probleme sowie die nach wie vor eher zögerliche Aufnahme der Forschungsergebnisse japanwissenschaftlicher Wirtschafts-, Unternehmens- oder Technikgeschichte sowohl bei den japanischen Kollegen (oft aus mangelnden Sprachkenntnissen) als auch bei den Vertretern der Disziplinen hierzulande sind ein Hindernis beim Vorantreiben der Forschung. Gerade angesichts der begrenzten personellen und finanziellen Ressourcen in diesen Bereichen wäre es wichtig, daß der Austauschprozeß zwischen der japanischen und der nicht-japanischen westlichen Wissenschaft einerseits und den Japanwissenschaften und den entsprechenden Disziplinen andererseits intensiviert würde.

Diese gegenseitige Ignoranz zwischen Japanwissenschaften und Disziplinen ist letztlich auch verantwortlich für die seit Jahrzehnten vorhandene Perpetuierung von Mythen und Stereotypen über Japan. Dazu gehören der von seiten der Wirtschaftswissenschaften und der Soziologie immer wieder apostrophierte, den Japanern angeblich traditionell innewohnende Fleiß, die angeblich traditionelle Arbeit in der Gruppe, die vom Reisanbau in die Industrie übernommen worden sein soll, die Darstellung Japans bzw. der japanischen Industrie als Nachahmer und Kopierer, aber auch die immer wieder konstatierte mangelnde Kreativität der Japaner etc. Hier handelt es sich um Mythen, die die Japanwissenschaftler alle bereits seit langem widerlegt haben, was von den Disziplinen aber nie zur Kenntnis genommen wurde.

Ähnlich verhält es sich mit den in der Literatur oft apostrophierten "Wundern" – etwa der unglaubliche Wiederaufstieg Japans in der Nachkriegszeit ebenso wie die angeblich so rasche Entwicklung Japans zur Industrienation –, die sich durch eine historische Analyse rasch "entzaubern" lassen. So darf man, will man den Wiederaufstieg Japans und sein Wirtschaftswunder deuten, eben *nicht* das aus der deutschen Geschichte stammende Bild einer Stunde Null und eines völligen Zusammenbruches im Jahr 1945 auf Japan projizieren, wie dies in der Regel geschieht, sondern muß hier die Kontinuitäten sehen. Auch der Aufstieg Japans zur Industrienation entpuppt sich als "Normalfall", wenn man sich der Sicht der Standardwerke mit ihrer normativen Wirkung auf die *Scientific Community* einzelner Disziplinen kritisch nähert und z.B. die Meiji-Restauration als angeblichen Beginn der Industrialisierung hinterfragt. Dann wird rasch deutlich, daß die Meiji-Restauration in erster Linie ein politischer Umbruch ist, und die wirtschaftliche Entwicklung mit der modernen Industrie tatsächlich viel früher beginnt,[38] als dies in vielen populären und zum Teil weit verbreiteten und viel gelesenen Werken behauptet wird.

Solche Beispiele könnten zu einer Korrektur der oft "schiefen" Sicht auf Japan und deren Entwicklung außerhalb der Japanwissenschaften führen.

Darüber hinaus erscheinen die (Wirtschafts-, Unternehmens- und Technik-) Historiker oder die (Wirtschafts-, Unternehmens- und Technik-) "Geschichte" mit ihrem Interesse an den konkreten Ereignissen geradezu prädestiniert dafür, die großen universalen Entwürfe der Sozial- und Wirtschaftswissenschaftler mit der japanischen Entwicklung zu konfrontieren und dabei deren Theorien oder Modelle zu verifizieren oder zu falsifizieren.

Verschiedene Disziplinen aus den Sozial- oder Wirtschaftswissenschaften tendieren dazu, ihre ursprünglich aus dem westlichen Kontext deduzierten Konzepte, die oft als allgemeine Theorien anerkannt werden, Japan einfach überzustülpen, um damit japanische Phänomene zu erklären. Das Ergebnis eines solchen Unterfangens ist meist überraschend: Nicht nur, daß japanische Phänomene auf diese Weise keiner Erklärung zugeführt werden können, es scheint sich immer wieder herauszustellen, daß Japans Verhalten den Vorgaben dieser angeblich "allgemeinen" Theorie nicht entspricht. Nun folgt in der Regel rasch das Urteil: Japan, ein Sonderfall!

Überlegungen, die aus dem westlichen Kontext deduzierte Theorie – weil bei der Anwendung auf westliche Industrieländer als erfolgreich erkannt, nun als allgemein gültig betrachtet – könnte aufgrund der Erfahrungen mit dem japanischen Beispiel nun doch nicht so "allgemein" sein wie angenommen, werden nicht angestellt. Die Erklärung Japans zum "Sonderfall" enthebt die Vertreter der Disziplinen der Notwendigkeit, häufig vorschnell als "allgemein" apostrophierte Modelle oder Theorien einer abermaligen Prüfung unterziehen zu müssen. Die über Wirtschafts-, Unternehmens- und Technikgeschichte arbeitenden Japanwissenschaftler könnten so zu einer Revision solcher Theorien beitragen, da sie in der Lage sind, anhand von japanischen Primärquellen und Wissen und einem Verständnis für die Hintergründe der japanischen Entwicklung, konkrete japanische Umstände erforschen zu können.

Damit könnten die Japanwissenschaften im allgemeinen und die hier im Mittelpunkt stehenden Bereiche im besonderen aber auch eine wichtige Rolle in dem Prozeß der Theorie- und Modellbildung spielen. Zu fragen ist, wie und unter Berücksichtigung welcher Einschränkungen diese in der Regel aus dem westlichen Kontext gewonnenen "allgemeinen" Modelle oder Theorien auf Japan anzuwenden sind. Umgekehrt kann aber aus einem solchen Vorgehen

---

38 Vgl. dazu PAUER 1983.

auch die Erkenntnis gewonnen werden, ob und inwieweit die japanische (Wirtschaft-, Unternehmens- und Technik-) Geschichte eigenständige Beiträge liefern kann, die ihrerseits zur Veränderung der ursprünglichen Modelle – und damit auch zur Verallgemeinerung – beitragen könnten.

Die Industrielle Revolution Japans ist ein gutes Beispiel für den Versuch, ein aus dem europäischen Kontext gewonnenes Modell zu übertragen. Das europäische Modell, mit der Textilindustrie als *Leading Sector*, verstellte über Jahrzehnte hinweg die Sicht auf den tatsächlichen Beginn der Industriellen Revolution in Japan. Die Textilindustrie, als Kriterium in Europa als bedeutsam erkannt, aber ohne weitere Untersuchungen auf Japan projiziert, führte zu der Einschätzung, Japans Industrialisierung hätte erst nach 1887, dem Zeitpunkt, ab dem man hohe Investitionen in dieser Branche nachweisen konnte, begonnen. Da Japan um 1920 als Industriestaat anzusprechen war, führte die Sicht einer somit nur wenig mehr als dreißig Jahre dauernden, also sehr raschen Industrialisierung Japans, zur Stilisierung als Mythos. Übersehen wurde dabei, daß mit der Textilindustrie keineswegs Japans erste westliche Fabriken etabliert wurden, sondern die Vorläufer moderner Industriebetriebe, ausgestattet mit westlichen Maschinen, Geräten und Verfahren und ersten Elementen westlicher Unternehmensführung, bereits in den 1850er Jahren nachzuweisen sind. Tatsächlich ist in Japan die Schwerindustrie (und damit der Rüstungssektor) der *Leading Sector* der Industrialisierung. Auch die Rolle der Heeres- und Marinearsenale als wichtigste Förderbänder des technischen Fortschrittes der japanischen Industrialisierung wurde zwar in der japanologischen Fachliteratur herausgestrichen, aber von den Disziplinen wenig rezipiert. Ähnlich verhält es sich mit der Einschätzung der Rolle des Staates im Industrialisierungsprozeß. Beim Aufbau der Infrastruktur zwischen 1870 und 1885 wird – entsprechend der europäischen Sicht, wo solche Aufwendungen nur teilweise der Industrialisierung zugute kamen – dem Staat abqualifizierend nur eine "beschränkte" Rolle zugebilligt. Analysiert man nun konkret aber das, was in Japan "Aufbau einer Infrastruktur" heißt, nämlich Aufbau eines Verwaltungssystems, Etablierung eines neuen Geldsystems, Aufbau des Bankensektors, Errichtung von Leuchttürmen, Ausbau von Häfen, Errichtung von Pilotfabriken, Gründung von Fachschulen, Entsendung von Lehrlingen an ausländische Schulen und in ausländische Unternehmen u.v.a.m., und berücksichtigt den kurzen Zeitraum, der dafür zur Verfügung stand, so verändert sich das Bild einer "beschränkten" Rolle rasch. Der Ausbau der Infrastruktur war konstituierende Voraussetzung für die weitere Industrialisierung.

Die Wirtschafts-, Unternehmens- und Technikgeschichte Japans hat im deutschsprachigen Raum in den letzten beiden Jahrzehnten einen Aufschwung genommen. Die Bedeutung Japans als Weltwirtschaftsmacht spielte dabei sicherlich ebenso eine Rolle wie die für viele Menschen in den westlichen Industrieländern unverständlichen japanischen Phänomene und deren Zusammenhang mit Japans historischer Entwicklung. Trotzdem spielen die neuere Wirtschafts-, Unternehmens- und Technikgeschichte Japans bislang im Gesamtkontext der deutschsprachigen, immer noch deutlich philologisch orientierten Japanologie nur eine Nebenrolle. Die geringe Zahl der Fachvertreter in diesen Bereichen macht sie von vornherein zu Außenseitern. Aber auch die jeweiligen Disziplinen haben bislang nicht erkannt, welche bedeutende Rolle die Einbeziehung der Wirtschafts-, Unternehmens- oder Technikgeschichte und des japanischen Beispiels für sie bringen könnte.

Literaturverzeichnis

ALLEN, George Cyril
1946 *A Short Economic History of Modern Japan.* London: George Allen & Unwin Ltd.

AMBROSIUS, Gerold; PETZINA, Dietmar; PLUMPE, Werner (Hg.)
1996 *Moderne Wirtschaftsgeschichte. Eine Einführung für Historiker und Ökonomen.* München: R. Oldenbourg.

BISSON, T.A.
1945 *Japan's War Economy.* New York: Institute of Pacific Relations.

BORTON, Hugh
1938 *Peasant Uprisings in Japan in the Tokugawa Period.* Transactions of the Asiatic Society of Japan, Second Series. Bd. 16. Tokyo.
1968 *Peasant Uprisings in Japan in the Tokugawa Period.* 2nd ed., with a new introduction. New York: Paragon Book Reprint Corp.

COHEN, Jerome B.
1949 *Japan's Economy in War and Reconstruction.* Minneapolis: University of Minnesota Press.

DOANE, Donna L.
1983 "Nihon shihon shugi ronsô" 日本資本主義論争 (The Debate on Japanese Capitalism), in: *Kodansha Encyclopedia of Japan.* Bd. 5. Tokyo, New York: Kodansha: 382–383.

FUKUDA, Tokuzô 福田徳三
1900 *Die gesellschaftliche und wirtschaftliche Entwickelung in Japan* (Münchner Volkswirtschaftliche Studien, Bd. 42). Stuttgart: J.G. Cotta'sche Buchhandlung Nachfolger.
1907 *Nihon keizaishi ron.* Tôkyô, Ôsaka: Hôbunkan. 『日本経済史論』實文館.

HANLEY, Susan B.; YAMAMURA, KOZO
1977 *Economic and Demographic Change in Preindustrial Japan 1600–1868.* Princeton: Princeton University Press.

HAUSER, William B.
1974 *Economic Institutional Change in Tokugawa Japan. Ôsaka and the Kinai Cotton Trade.* London: Cambridge University Press.

Honjô Eijirô 本庄栄治郎
1928 *Nihon shakai keizaishi* (Keizaigaku zenshû, Bd. 30). Kaizôsha.『日本社会経済史』(経済学全集). 改造社.

Jansen, Marius B.
1988 "Stages of Growth", in: The Japan Foundation (Hg.): *Japanese Studies in the United States.* Part I: *History and Present Condition.* Tokyo: The Japan Foundation.

Johnson, Chalmers
1982 *MITI and the Japanese Miracle. The Growth of Industrial Policy, 1925–1975.* Stanford, California: Stanford University Press.

Kelley, Allen C.; Williamson, Jeffrey G.
1974 *Lessons from Japanese Development. An Analytical Economic History.* Chicago, London: The University of Chicago Press.

Kikkawa Takeo 橘川武郎
1997 "Sengo Nihon keieishi kenkyû no shinshikaku", in: *Keiei Shigaku* 32.2: 27–40; 32.2: 27–40.「戦後日本経営史研究の新視角」『経営史学』.

Kimoto, Tadaaki 木本忠昭
1973 "Technological Development in Japan and its Historical Research since World War II", in: *Historia Scientiarum* 5.2: 89–101.

Kinmonth, Earl H.
1981 *The Self-Made Man in Meiji Japanese Thought. From Samurai to Salary Man.* Berkeley, Los Angeles: University of California Press.

Kokushi daijiten 国史大辞典
1990 Bd. 11. Yoshikawa Kôbunkan. 吉川弘文館.

Lockwood, William W.
1954 *The Economic Development of Japan. Growth and Structural Changes 1868–1938.* Princeton: Princeton University Press.

Lockwood, William W. (Hg.)
1965 *The State and Economic Enterprise in Japan.* Princeton: Princeton University Press.

Miura Keiichi (Hg.) 三浦圭一編
1982–90 *Gijutsu no shakaishi.* 7 Bde. Yûhikaku.『技術の社会史』有斐閣.

MORIKAWA, Hidemasa 森川英正
1984   "Report of the Long-term Trend of the Business History Society of Japan", in: Japanese Business History Institute (Hg.): *Japanese Yearbook on Business History*. Bd. 1. Tokyo: Japanese Business History Institute: 131–149.

MORRIS-SUZUKI, Tessa
1994   *The Technological Transformation of Japan. From the Seventeenth to the Twenty-first Century*. Cambridge: University of Cambridge Press.

MOULTON, Harold G.
1931   *Japan. An Economic and Financial Appraisal*. Washington D.C.: The Brookings Institution.

NAGAHARA Keiji 永原慶二 u. YAMAGUCHI Keiji 山口啓二 (Hg.)
1983–86   *Kôza Nihon gijutsu no shakaishi*. 10 Bde. Nihon Hyôronsha. 『講座日本技術の社会史』日本評論社.

NAGAHARA Keiji 永原慶二
1988 (^{1}1976)   "Uchida Ginzô", in: ders. u. KANO Masanao (Hg.) 鹿野政直編: *Nihon no rekishika*. Nihon Hyôronsha. 「内田銀蔵」『日本の歴史家』日本評論社.

NAKAYAMA Shigeru 中山茂 et al. (Komp.)
1995–99   *Nihon no kagaku gijutsu* (Social History of Science & Technology in Contemporary Japan). 8 Bde. Gakuyô Shobô. 『日本の科学技術』学陽書房.

Nihon Kagakushi Gakkai 日本科学史学会 (Hg.)
1964–72   *Nihon kagaku gijutsushi taikei*. Daiichi Hôki Shuppan. 『日本科学技術史大系』第一法規出版.

NORMAN, E. Herbert
1940   *Japan's Emergence as a Modern State*. New York: Institute of Pacific Relations.

NORO Eitarô 野呂栄太郎
1930   *Nihon shihon shugi hattatsushi*. Tettô Shoin. 『日本資本主義発達史』鐵塔書院.

OKA Mitsuo 岡光夫 et al. (Hg.)
1990–   *Kindai Nihon no gijutsu to shakai*. Geplant 10 Bde. Heibonsha. 『近代日本の技術と社会』平凡社.

ÔTSUKA Kinnosuke et al. 大塚金之助 (Hg.)
1932   *Nihon shihon shugi hattatsushi kôza*. 8 Bde. Iwanami Shoten (Nachdruck 1982). 『日本資本主義発達史講座』岩波書店 (復刻版 1982).

Patrick, Hugh
1976   *Japanese Industrialization and its Social Consequences.*
                Berkeley, Los Angeles: University of California Press.
Patrick, Hugh; Rosovsky, Henry (Hg.)
1976   *Asia's New Giant.* Washington D.C.: The Brookings Institution.
Pauer, Erich
1983   *Japans industrielle Lehrzeit* (Bonner Zeitschrift für Japanologie, Bd. 4). Bonn: Förderverein "Bonner Zeitschrift für Japanologie".
Pauer, Erich (Hg.)
1995   *Papers on the History of Industry and Technology of Japan* (Marburger Japan-Reihe, Bd. 14). 3 Bde. Marburg: Förderverein "Marburger Japan Reihe".
1999   *Japan's War Economy.* London: Routledge.
Piper, Annelotte
1995 (^{1}1976) *Japans Weg von der Feudalgesellschaft zum Industriestaat: Wandlungsimpulse und wirtschaftliche Entwicklungsprozesse in ihrer politischen, geistigen und gesellschaftlichen Verankerung.* Köln: Verlag Wissenschaft und Politik Nottbeck.
Rathgen, Karl
1891   *Japans Volkswirtschaft und Staatshaushalt.* Leipzig: Duncker & Humblot.
Rein, Johannes Justus
1881–86   *Japan nach Reisen und Studien.* Leipzig: W. Engelmann.
Roberts, John G.
1973   *Mitsui. Three Centuries of Japanese Business.* New York: Weatherhill.
Rosovsky, Henry
1961   *Capital Formation in Japan 1868–1940.* New York: The Free Press of Glencoe.
Russel, Oland D.
1940   *Das Haus Mitsui.* Zürich: Scientia A.G.
Saegusa Hiroto 三枝博音 (Hg.)
1942–49   *Nihon kagaku koten zensho.* 15 Bde. Asahi Shinbunsha.『日本科学古典全書』朝日新聞社.

SAEGUSA Hiroto 三枝博音
- 1972–73 *Saegusa Hiroto chosakushû.* Chûô Kôronsha.『三枝博音著作集』中央公論社.

SCHUMPETER, Elizabeth Boody (Hg.)
- 1940 *The Industrialization of Japan and Manchukuo, 1930–1940: Population, Raw Materials, and Industry.* New York: The Macmillan Company.

Shakai Keizaishi Gakkai 社会経済史学会 (Hg.)
- 1976 *Shakai keizaishi gaku no kadai to tenbô.* Yûhikaku.『社会経済史学の課題と展望』有斐閣.
- 1984 *Shakai Keizaishi Gakkai gojû nen no ayumi.* Yûhikaku.『社会経済史学会50年の歩み』有斐閣.
- 1992 *Shakai keizaishi gaku no kadai to tenbô.* Yûhikaku.『社会経済史学の課題と展望』有斐閣.

SHEEHAN, James J.
- 1971 "Lujo Brentano", in: Hans-Ulrich WEHLER (Hg.): *Deutsche Historiker.* Bd. 8 (Kleine Vandenhoeck-Reihe, Bd. 1478). Göttingen: Vandenhoeck & Ruprecht.

SHELDON, Charles David
- 1958 *The Rise of the Merchant Class in Tokugawa Japan 1600–1868.* New York: J.J. Augustin Inc.

SMITH, Thomas C.
- 1955 *Political Change and Industrial Development in Japan: Government Enterprise, 1868–1880.* Stanford: Stanford University Press.
- 1959 *The Agrarian Origins of Modern Japan.* Stanford: Stanford University Press.

SUMIYA, Mikio 隅谷三喜男 u. TAIRA, Koji 平恒次 (Hg.)
- 1979 *An Outline of Japanese Economic History 1603–1940. Major Works and Research Findings.* Tokyo: University of Tokyo Press.

TAKEKOSHI, Yosaburô 竹越與三郎
- 1930 *The Economic Aspects of the History of the Civilization of Japan.* London: George Allen & Unwin.

TAKIMOTO Seiichi 滝本誠一 (Hg.)
- 1914–17 *Nihon keizai sôsho* (Bibliotheca oeconomiae politicae japonicae). 36 Bde. Nihon Keizai Sôsho Kankô Kai.『日本経済叢書』日本経済叢書刊行会.
- 1928–33 *Nihon keizai taiten* (Magna bibliotheca oeconomiae politicae japonicae). 54 Bde. Shishi Shuppan (Bde. 1–17) und

Keimeisha (Bde. 18–54) (Nachdruck in 54 Bdn. bei Meiji Bunken 1966–71).『日本経済大典』史誌出版社 / 啓明社; 明治文献.

VOGEL, Ezra F.
1979　　　　*Japan as No.1.* Cambridge, Mass.: Harvard University Press.

WRAY, William D.
1984　　　　*Mitsubishi and the N.Y.K., 1870–1914.* Cambridge, Mass.: Harvard University.
1989　　　　*Managing Industrial Enterprise. Cases from Japan's Prewar Experience.* Cambridge, Mass.: Harvard University.

YAMAMURA, KOZO [= Kôzô] 山村耕三 u. YASUBA, Yasukichi 安場保吉 (Hg.)
1987　　　　*The Domestic Transformation* (The Political Economy of Japan, Bd. 1). Stanford: Stanford University Press.

YAMAMURA, KOZO 山村耕三
1967　　　　*Economic Policy in Postwar Japan.* Berkeley, Los Angeles: University of California Press.
1974　　　　*A Study of Samurai Income and Entrepreneurship.* Cambridge, Mass.: Harvard University Press.

Literaturliste zum Schwerpunkt Moderne

FRUIN, W. Mark
1994　　　　*The Japanese Enterprise System. Competitive Strategies and Cooperative Structure.* Oxford: Oxford University Press.

GAO, Bai
1997　　　　*Economic Ideology and Japanese Industrial Policy. Developmentalism from 1931 to 1965.* Cambridge: Cambridge University Press.

ITÔ Takatoshi
1993　　　　*The Japanese Economy.* Cambridge / London: MIT Press.

JOHNSON, Chalmers
1982　　　　*MITI and the Japanese Miracle. The Growth of Industrial Policy, 1925-1975.* Stanford: Stanford University Press.

NAKAMURA, Takafusa
1981　　　　*The Postwar Japanese Economy. Its Development and Structure.* Tokyo: University of Tokyo Press.

PASCHA, Werner
1994 *Die japanische Wirtschaft.* Mannheim: B.I.-Taschenbuchverlag.

SCHNEIDEWIND, Dieter
1991 *Das japanische Unternehmen: uchi no kaisha.* Berlin / Heidelberg: Springer-Verlag.
1998 *Markt und Marketing in Japan: Shin hatsubai.* München: Verlag C.H. Beck.

SIGURDSON, Jon
1995 *Science and Technology in Japan.* London: Cartermill Publishing.

YAMAMURA Kozo [= Kôzô]
1967 *Economic Policy in Postwar Japan. Growth versus Economic Democracy.* Berkeley / Los Angeles: University of California Press.

YAMAMURA, Kozo u. YASUBA, Yasukichi (Hg.)
1987 *The Political Economy in Japan. Volume 1: The Domestic Transformation.* Stanford: Stanford University Press.

Wissenschaftsgeschichte

Klaus Müller

"Frühe Nutzung einer europäischen Erfindung" nennt Donald Keene eine Illustration zum *Kôshoku ichidai otoko* 好色一代男[1] von Ihara Saikaku 井原西鶴, auf der ein junger Mann, ein Knabe eigentlich, zu sehen ist, der vom Dach eines Hauses aus mit Hilfe eines aus dem Westen eingeführten Teleskops[2] eine Frau beim Bade im Nachbargarten beobachtet. Mit dieser Abbildung, die er an den Anfang seines Buches *The Japanese Discovery of Europe: 1720–1830*[3] gestellt hat, umreißt Keene auf pointierte Weise die Thematik seiner Arbeit, die sich vor allem mit der sogenannten "westlichen Wissenschaft" in Japan auseinandersetzt, eine wichtige Thematik angesichts der heutigen Stellung Japans in der Welt, die nicht ohne Grund einen wesentlichen Teil innerhalb der Beschäftigung mit der japanischen Wissenschaftsgeschichte ausmacht. Denn auf den ersten Blick und vor allem für den Betrachter, der an der modernen Entwicklung Japans mehr unter dem wirtschaftlichen Blickwinkel interessiert ist, mag es scheinen, als komme der Geschichte der vormodernen wissenschaftlichen Entwicklung Japans keine sonderliche Bedeutung zu. Ist doch die Wissenschaft, wie wir sie heute in Japan antreffen, keine andere als die des Westens und ihre Geschichte in Japan die einer Übernahme, in ihren Mechanismen scheinbar weitgehend geklärt und damit abgetan.

Es war in den späten sechziger Jahren, als Japans wirtschaftlicher Erfolg allmählich auch in das Bewußtsein einer breiteren westlichen Öffentlichkeit drang, daß die Frage, wie es Japan möglich war, so rasch den Anschluß an die führenden Industrieländer zu gewinnen, zu einem gern diskutierten Thema wurde, zumal da Japan auch auf dem Gebiet von Wissenschaft und Technik immer erfolgreicher mit den westlichen Staaten konkurrierte. Und so, wie in

---

1   S. Abbildung auf der folgenden Seite.
2   Zur Thematik solcher Einfuhren hat SCREECH 1996 eine Arbeit vorgelegt.
3   KEENE 1969.

298 Klaus Müller

Illustration aus einem Druck des *Kôshoku ichidai otoko,* Osaka 1682

wirtschaftlichen Zusammenhängen der Vorwurf des Dumpings als Erklärung diente – schon 1958 hatte Ludwig Erhard bei einem Besuch in Japan Kritik an den niedrigen Löhnen geübt –, war es in Wissenschaft und Technik das erfolgreiche Kopieren westlicher Verfahren, die zur Erklärung der Erfolge dienten, ungeachtet der Tatsache, daß beispielsweise mit dem Nobelpreis für Physik, der im Jahre 1949 mit Yukawa Hideki 湯川秀樹 an einen Japaner ging, die Fähigkeiten japanischer Wissenschaftler dokumentiert wurden (um nur ein Beispiel zu nennen).

Der Vorwurf des Kopierens ist alt, bereits in den zwanziger Jahren geistern mit der Kamera spionierende Japaner durch die Romane von Hans Dominik. Natürlich hat Japan von anderen Nationen gelernt, aber welches Volk hätte dies nicht? Was wäre die westliche Wissenschaft ohne das Erbe der Araber, was die Mathematik ohne Indien? Nur daß diese Abhängigkeit von äußeren Einflüssen in Japan besonders augenfällig ist, weil seine Absonderung so ausgeprägt war (der gerne geübte Vergleich mit den britischen Inseln hat seine Grenzen schon im unterschiedlichen Abstand zum Kontinent, der Japan eine stärkere Isolation ermöglichte). Ein schönes Beispiel für das Kopieren neuer Techniken vor allem aus England erwähnt Fürst Pückler in einem Brief, wo er schreibt, daß die größte Fabrik in Birmingham "seit dem Besuch der österreichischen Prinzen (deren Gefolge einige wichtige Geheimnisse erlauscht haben soll) für jeden Fremden ohne Ausnahme hermetisch verschlossen worden [sei]."[4] So wird auch deutlich, daß die Vorstellung von den wenig kreativen aber perfekt nachahmenden Japanern als Methode der Ausgrenzung dient, sie ignoriert, welche Fähigkeiten dazu gehören, sich mit neuen Techniken und wissenschaftlichen Erkenntnissen vertraut zu machen und schafft eine Grenze zwischen den "fortschrittlichen" westlichen Ländern und dem Entwicklungsland Japan. Hier kann das Studium der sogenannten westlichen Wissenschaft (Yôgaku 洋学) in Japan aufklärend wirken, indem es die Bedingungen und Umstände solcher Übernahmen untersucht.

Aber so wichtig Japan heute als moderner Industriestaat sein mag, sich auf diesen einen Aspekt zu beschränken, nur die Antwort auf die Frage "Wie haben sie es bloß geschafft?" zu suchen, kann nicht der Sinn einer Beschäftigung mit der Wissenschaftsgeschichte in Japan sein. Schon die Beschränkung auf die moderne Zeit ist fragwürdig: Dem Bild, das wir auf diese Weise von Japan erhalten, fehlt die zeitliche Dimension, gleichsam die Tiefenschärfe, und wir laufen Gefahr, zu sehr einseitigen Antworten zu kommen, in die "Sprache des Mangels"[5] zu verfallen, indem wir nur feststellen, was die Japaner alles nicht hatten oder kannten und damit das alte Vorurteil zu bestätigen, sie seien nur zur Nachahmung fähig. Um das zu verdeutlichen, sei auf die Biotechnologie verwiesen: Wie weit sind in Japan bei Verfahren etwa der Fermentierung alte Kenntnisse nutzbar gemacht worden, die man aus der Sake-Brauerei kannte? Dieser Hinweis mag genügen, um zu zeigen, daß eine solche zeitliche Beschränkung zu kurz greift, auch wenn die Tatsache unbestritten ist, daß Japan in der modernen Wissenschaft Kenntnisse, Methoden und Theorien aus dem Westen übernommen hat. Denn sie erfaßt nicht die zugrunde liegenden Bedingungen, die eine solche Übernahme erst ermöglichten. Das heißt noch nicht, daß eine solche Konzentration auf die moderne

---

4 FÜRST VON PÜCKLER-MUSKAU 1986: 540. Mit dieser Bemerkung sei auf ein wesentliches Prinzip verwiesen, das für die Ostasienwissenschaften insgesamt gilt: den ständigen Vergleich mit anderen Kulturen; nur so entgeht man der Falle des Exotismus, mit dem Japan und seine Gesellschaft nur allzu gerne als besonders herausgehoben werden.

5 Von wem diese Formulierung stammt, ist heute nicht mehr festzustellen, ich habe sie zum ersten Mal bei KRACHT 1980 gelesen.

Zeit grundsätzlich falsch ist: Das ist eine Sache der jeweiligen Zielsetzung, und über die muß zunächst gesprochen werden.

Die Diskussion, die unter der Überschrift "Wie haben sie es eigentlich geschafft...?" im Westen abgelaufen ist, war geprägt von der Vorstellung eines Entwicklungslandes Japan, das innerhalb kürzester Zeit die sogenannte Modernisierung, das heißt die Anpassung an die Standards einer westlichen Industriegesellschaft erreicht hat, ohne danach zu fragen, wieweit Japan eigentlich den gängigen Vorstellungen von einem Entwicklungsland entsprach und worin sich die westlichen Industrieländer von einem solchen Entwicklungsland Japan unterschieden. Um dies zu klären, wäre es nötig, nach den Ursachen und Hintergründen für den Prozeß der Modernisierung zu fragen, der in Wahrheit die vermeintliche oder tatsächliche Besonderheit Japans begründet, die darin zu liegen scheint, daß es früher als andere nichtwestliche Länder einen vom Westen gesetzten Standard erreichen konnte. Und im Rahmen einer solchen Betrachtung könnte es sein, daß die Frage nach Wissenschaft, nach wissenschaftlichem Denken, weiterhelfen kann.

Das heißt aber auch, daß eine isoliert betriebene Wissenschaftsgeschichte von beschränktem Interesse ist. Deren Ergebnis wäre eine Bestandsaufnahme, in der die Entwicklungen und Entdeckungen gleichsam nur aufgelistet werden. Wie auch in den anderen historischen Teildisziplinen kann jedoch eine reine Beschreibung nicht Sinn der Wissenschaftsgeschichte sein. So interessant ein solcher Katalog sein mag, besteht doch die Gefahr, sich dabei in einer heillosen Aufzählung von Namen und Daten zu verfangen, die noch dazu nur einen kleinen Kreis von Kennern interessieren. Vergessen wir nicht: Die Aufnahme von Tatbeständen und Sachverhalten ist nur der Anfang von Wissenschaft, das Bestreben, sie zu erklären, gehört unverzichtbar dazu. Joseph Needham hat mit seinem Werk *Science and Civilization in China*[6] ein eindrucksvolles Beispiel dafür gesetzt, wie so etwas aussehen sollte. Allerdings kann das, was Needham für China unternommen hat, nicht in gleicher Weise auch für Japan sinnvoll sein. Denn die Situation in Japan ist anders. So wie Needham deutlich macht, daß vieles, was wir in Europa entdeckt und erfunden glauben, seinen Ursprung weit früher in China hat, müßte auch im Falle Japans ungeachtet der japanischen Fähigkeit der Anpassung oft genug am Ende stehen: "aus China übernommen", und damit wären wir wieder bei der Nachahmernation.

Es läßt sich eine ganze Reihe von Ansätzen für eine Annäherung an Japan unter wissenschaftsgeschichtlichen Fragestellungen vorstellen, die mehr Erfolg

---

6   Bisher 25 Bde. NEEDHAM 1961–96.

versprechen. Um an Needhams Arbeiten anzuknüpfen, beispielsweise die Frage, wie die Einflüsse chinesischer Wissenschaft in Japan wirkten, verändert oder aufgearbeitet wurden oder, ebenfalls im Zusammenhang mit chinesischen Einflüssen, die Entwicklung eines wissenschaftlichen Weltbildes. Es ist wohl eine Binsenweisheit, daß Japan in einer tiefgreifenden Weise von China geprägt worden ist. Das hatte für Japan zwei wesentliche Konsequenzen: Zum einen entwickelte Japan unter diesem Einfluß die Fähigkeit zur Aufgeschlossenheit gegenüber äußeren Einflüssen, die ihm dann im 18. und 19. Jahrhundert die Auseinandersetzung mit dem Westen erleichterte. Auf der anderen Seite ließ das starke Übergewicht Chinas in Japan lange Zeit nicht die Notwendigkeit entstehen, sich selbst um Erkenntnisse zu bemühen. Wenn wir beispielsweise einen Blick auf das Altertum, auf die Nara- 奈良時代 und Heian-Zeit 平安時代[7] werfen, so überstieg das, was damals in Japan an wissenschaftlichen Werken zu den verschiedenen Gebieten aus China zur Verfügung stand,[8] bei weitem die Fähigkeiten, sie zu nutzen. Abgesehen von Schriften zur Heilkunst wurde von ihnen nur wenig Gebrauch gemacht. Und wo eine Auseinandersetzung mit den aus China eingeführten Wissenschaften stattfand, konzentrierte sie sich vor allem auf philologische Aspekte, denn um beispielsweise Heilmittel aus Kräutern einzusetzen, mußte man zunächst einmal wissen, wie deren Namen in Japan lauteten. Davon abgesehen aber war die höfische Gesellschaft sehr viel mehr von den mystischen Ritualen und Lehren des Buddhismus angezogen als von den rationaleren Vorstellungen, die in den wissenschaftlichen Werken aus China enthalten waren. Unter diesen Bedingungen war eine eigenständige Entwicklung, ja auch nur Weiterentwicklung, schwer vorstellbar.[9]

Ohne damit zu behaupten, daß die wissenschaftsgeschichtliche Beschäftigung mit dieser Epoche uninteressant oder fruchtlos wäre, scheint doch der Zeitpunkt von größerem Interesse, zu dem sich eine Lösung vom übermächtigen China anbahnt. Das gilt zumindest, wenn man die Auffassung akzeptiert, daß es im Falle Japans weniger fruchtbar ist, Wissenschaftsgeschichte an sich zu betreiben, losgelöst von allen anderen Disziplinen, sondern daß sie

---

7   Nara-Zeit: 710–84; Heian-Zeit: 794–1185.
8   Einen Eindruck davon gibt das "Verzeichnis der im Lande Japan vorhandenen Bücher" (*Nihon koku genzai shomokuroku* 日本国現在書目録), ein im ausgehenden 9. Jahrhundert zusammengestellter Katalog.
9   Einen interessanten Einstieg in diese Epoche findet man bei MORRIS 1988, der auf der Grundlage des *Genji monogatari* eine umfassende Schilderung des höfischen Lebens gibt und gerade auch diese Bereiche ausführlich behandelt. Die Wissenschaft der Epoche wird in dem Standardwerk von SUGIMOTO u. SWAIN 1978 ausführlich dargestellt.

dort wirklich interessant wird, wo sie die japanische Entwicklung im Kontext anderer Fragestellungen untersucht, beispielsweise im Zusammenhang mit der gesellschaftlichen Entwicklung,[10] und wo sich darüber hinaus die Möglichkeit des Vergleiches ergibt. Dann bietet sie uns die Chance, auch Erkenntnisse über die eigene Kultur und Gesellschaft zu gewinnen, vieles über soziale Entwicklung zu lernen, über das menschliche Verhalten. Gerade in diesem Zusammenhang ist es auch fruchtbar, sich mit der "japanischen Tochterkultur" zu befassen und nicht auf die chinesische Mutter zurückzugreifen: weil sie sich, auch unter dem Einfluß des Westens, weiterentwickelt hat, weil sie über die chinesische Kultur hinausgegangen ist, die in der eigenen Tradition und im eigenen Hegemonieanspruch gebunden blieb.[11]

Die Thematik einer Entwicklung des wissenschaftlichen Weltbildes ist aber auch im Zusammenhang mit dem mechanistischen Weltbild des Westens von großem Interesse; dabei ist beispielsweise an Franz Borkenaus Untersuchung *Der Übergang vom feudalen zum bürgerlichen Weltbild*[12] und die lange andauernde Diskussion über die "Manufakturperiode"[13] in der japanischen Wirtschaftsgeschichte zu denken. Was Borkenau beschreibt, das ist der radikale Wandel im westlichen Denken, der in seinen Folgen bis in unsere Gegenwart reicht. Hier kann Wissenschaftsgeschichte im Bezug auf Japan so etwas wie Grundlagenforschung sein, denn wir haben für den Bereich moderner Entwicklungen nur das europäische Muster, so daß das Studium des japanischen Falles nützliche Erkenntnisse bringen kann, die, gerade weil sie aus einer anderen Kultur kommen, eine Ergänzung unserer westlichen Erfahrungen ermöglichen. Und in diesem Zusammenhang wird erneut deutlich, daß die Konzentration nur auf die Phase der Modernisierung allein nicht ausreichen kann. Denn sie übersieht einen wichtigen Prozeß, der sich vor der Öffnung Japans, wenn auch nicht ohne Beteiligung des Westens mittels der "Holländischen Wissenschaft" (Rangaku 蘭学) abspielte: Die Entwicklung wissenschaftlichen Denkens im modernen Sinn in der Gesellschaft der Edo-Zeit (*Edo jidai* 江戸時代 1600–1868).

---

10 S. dazu BARTHOLOMEW 1989.
11 Diese Frage weiterzuverfolgen wäre von hohem Interesse, aber damit müßten wir unser gegenwärtiges Thema weit hinter uns lassen.
12 BORKENAU 1971.
13 Das ist ein Problem japanischer Geschichtsschreibung; als man nämlich versuchte, die westlichen Entwicklungsmodelle, darunter auch das von Karl Marx, auf die japanische Geschichte anzuwenden und im Übergang zur Periode des Kapitalismus auf Probleme wie das der fehlenden Entwicklung von Manufakturen stieß.

Um das zu verdeutlichen, sei auf die Phase der aufkommenden Rationalität seit dem späten 16. Jahrhundert verwiesen. Natürlich denkt man in diesem Zusammenhang zuerst an das Auftreten des Neokonfuzianismus. – Und auch wenn man keine Geschichte der Philosophie in Japan betreiben will, wird man nicht umhin können, sich mit dem Neokonfuzianismus auseinanderzusetzen, sobald man sich mit dieser Epoche befaßt. – Was beim ersten Erscheinen des Konfuzianismus in Japan nicht geglückt war, weil die japanische Oberschicht stärker dem Buddhismus mit seiner Prachtentfaltung und Mystik zuneigte, das hatte nun mehr Erfolg, weil die Lehren den Interessen der neuen Oberschicht entsprachen und der Kriegerstand in der Rationalität des Neokonfuzianismus eine Entsprechung seiner Haltung fand. Bezeichnenderweise ist auch die Behauptung von Rationalität eines der Argumente des Neokonfuzianismus in der Auseinandersetzung mit dem auf das Jenseits bezogenen Buddhismus. Ebenso verdient die Tatsache hervorgehoben zu werden, daß diese Hinwendung zum Neokonfuzianismus nicht nur dem Pragmatismus der neuen Führungsschicht zuzuschreiben ist, die in seiner Lehre ihren Herrschaftsanspruch legitimiert sah, sondern eine grundsätzliche Haltung offenbart, die sich ebenso in zahlreichen Aktivitäten, angefangen bei den Daimyô, in allen Ständen äußert. Die Rationalität, die hier in Erscheinung tritt, wird zum gemeinsamen Fundament für alle Bereiche gesellschaftlicher und politischer Entwicklung. Da ist zum Beispiel der bewußte Versuch einer Umgestaltung der Gesellschaft nach dem theoretischen Modell des Konfuzianismus. Was für uns mit einem hohen Maß an spekulativem Denken beladen ist, die Vorstellung von der Gesellschaft als Abbild des Universums und damit einer natürlichen Ordnung, muß aus dem Blickwinkel der Epoche als die rationale Umsetzung einer Gesetzmäßigkeit verstanden werden, mit der die Ordnung der Welt (wieder) hergestellt wurde.

Hand in Hand mit der Errichtung dieser Ordnung, als nämlich die Krieger in den Burgstädten angesiedelt wurden, um sie ihrer Wirtschaftsbasis zu berauben und das Machtmonopol der Daimyô durchzusetzen, wurden diese Burgstädte zu den Schwerpunkten, von denen aus die Rationalität der Epoche neue Impulse erhielt. Hier konzentrierten sich nicht nur die Krieger des jeweiligen Territoriums, sie wurden zugleich ganz im Sinne der Daimyô Wirtschaftszentren, wo sich auch die Kaufleute sammelten. Dabei dürfen wir nicht nur an die kleinen Händler und Hausierer denken, sondern daneben gab es die Handelshäuser, die bis zur Abschließung des Landes im Überseehandel aktiv waren und zu deren Fertigkeiten der Umgang mit dem Abakus genauso gehörte wie spätestens in der Edo-Zeit die doppelte Buchführung.[14] Sie ist Ausdruck einer spezifischen Ausprägung der Rationalität, nämlich der "Rechenhaftigkeit".

Natürlich war auch die Mathematik schon im Altertum aus China eingeführt worden, sie war von Familien des Hofadels als eine Familienwissenschaft gepflegt worden, das heißt nur innerhalb der Familie tradiert und geheimgehalten. Nun aber erhielt ihre Entwicklung von verschiedenen Seiten neue Impulse: zum einen durch das Bestreben der neuen Territorialherren, die sie zu einer rationalen Erschließung ihres Besitzes benötigten, zum anderen mit dem wirtschaftlichen Aufschwung und den Aktivitäten der Kaufleute und Unternehmer. Allein die von Toyotomi Hideyoshi 豊臣秀吉 (1536–98) angeordnete Volkszählung und die Landaufnahme (d.i. Vermessung) lassen sich ohne Rechenkünste und geometrisches Wissen nur schwer vorstellen. Mit dem Aufblühen der Städte seit dem ausgehenden 16. Jahrhundert – Hall spricht von 25 Burgstädten, die zwischen 1580 und 1610 entstanden[15] – und der zunehmenden Geldwirtschaft vermehrte sich der Bedarf; ob es um die Berechnung von Bauholz noch vor dem Einschlag ging oder um Schiffsladungen, alles was mit Handel und Wandel zusammenhing, mußte in Zahlen erfaßt werden.

Von besonderem Interesse aber ist in diesem Zusammenhang die Ausbreitung einer "Lust an der Zahl" offensichtlich in allen Lebensbereichen. Der erwähnte Ihara Saikaku gibt ein Beispiel für dieses Vergnügen an Zahlen und Mengen. Bevor er sich als Erzähler einen Namen machte, war er als *haikai*-Dichter bekannt, als der er sich den Spitznamen "Meister der 20.000 Verse" erwarb. 1675 verfaßte er nämlich an einem Tag 1.000 Verse, 1677 verbesserte er seinen Rekord auf 1.600 Verse in 24 Stunden, und 1684 hatte er seinen größten Erfolg, als er im Sumiyoshi-Schrein 住吉神社 an einem Tag und in einer Nacht 23.500 Verse dichtete. Wettkämpfe waren nichts Neues in der japanischen Dichtung, nach genauen Regeln wurden die besten Gedichte von den Preisrichtern einer Konkurrenz bestimmt. Saikaku aber setzte an die Stelle der Qualität mit der kaum vorstellbaren Zahl von 23.500 Versen die Quantität. Er hatte es eigentlich nicht nötig, Ruhm auf diese Weise zu suchen. Offensichtlich hatte er seinen Spaß daran, solche Rekorde aufzustellen. Und wenn man ihm glauben darf, dann war auch die buddhistische Geistlichkeit von der Rechenkunst erfaßt, denn in seinem *Seken munezanyô* 世間胸算用 erzählt er von einem Priester, der die Gläubigen in seiner Zeremonie aufforderte,

---

14 Hier wäre natürlich der Vergleich mit Europa interessant.
15 HALL 1968: 176.

doch ihre Opfergaben zu nehmen und heimzugehen, da die Spenden der kleinen Schar von drei Gläubigen kaum für die Kerzen reichten, die während der Feier brannten. Man kann diese Freude am Quantifizieren auf das Vordringen der Geldwirtschaft zurückführen, gerade das letzte Beispiel weist in diese Richtung, und das ist nicht weiter verwunderlich angesichts der engen Zusammengehörigkeit von städtischem Leben und Geldwirtschaft. Aber beides hängt ebenso eng zusammen mit der "neuen Rationalität", die sich in dieser Epoche in vielfältiger Weise manifestiert. Hier hat sich die Lebenswelt der Stadtbewohner, der *chônin* 町人, entwickelt, die ihrem Lebensstil entspricht, und es erübrigt sich wohl, auf Max Weber oder Werner Sombart zu verweisen, die in der Rationalität ein Element der bürgerlichen Welt sehen.

In einer engen Wechselwirkung mit dieser Entwicklung aber steht eine an praktischen Bedürfnissen ausgerichtete Wissenschaft, für die der Name Jitsugaku 実学 geprägt wurde.[16] Unter dieser Bezeichnung werden von den Historikern all die Zweige zusammengefaßt, die sich im 17. und 18. Jahrhundert an den praktischen Bedürfnissen ausrichteten. Als ein herausragendes Beispiel ist die Honzôgaku 本草学 zu nennen, die "Naturkunde", wie der Begriff wohl am besten übersetzt wird. Sie ist besonders interessant, weil bei ihrer Entwicklung sowohl die praktischen Bedürfnisse wie das konfuzianische Erbe beteiligt waren und weil sie sich von diesem Konfuzianismus löste. Im Zusammenhang mit der Heilkunde entstanden, stützte sie sich zunächst stark auf aus China eingeführte Schriften, vor allem das *Pen-ts'ao kang-mu* 本草網目, bis sie sich in der zweiten Hälfte des 17. Jahrhunderts aus dieser Bindung löste und eigenständige Werke hervorbrachte. Als der bekannteste Autor ist hier der konfuzianische Gelehrte Kaibara Ekken 貝原益軒 (1630–1714) zu nennen, der schon im Titel seines naturkundlichen Hauptwerkes "Japanische Naturkunde" (*Yamato honzô* 大和本草)[17] diese Lösung dokumentiert. Ekken wurde von Siebold als der "japanische Aristoteles" gerühmt, eine nähere Beschäftigung mit seinem naturkundlichen Werk kann durchaus von Interesse sein. Ebenso bedenkenswert ist die Tatsache, daß er beispielsweise das *Yamato honzô* japanisch schreibt und nicht chinesisch, er macht es also auch denen zugänglich, die Schwierigkeiten mit dem Kanbun 漢文 haben, und daß er sich auch darin vom chinesischen Vorbild befreit, daß er eine eigene Systematik entwickelt.

Aber die Vertreter der Honzôgaku betrieben eben keine theoretische Wissenschaft. Wo ursprünglich das philologische Erschließen der chinesischen

---

16 Ausführlich dazu SUGIMOTO 1969: 148–204.
17 Oder "Japanisches *Pen-ts'ao*" in Anlehnung an das *Pen-ts'ao kang-mu*.

Werke ihr wesentliches Element und für die Gelehrten Naturkunde eine Bücherwissenschaft war,[18] da trat nun das empirische Element des Sammelns und des Züchtens hinzu, nicht nur für die Ärzte und Arzneimittelhändler, sondern auch für konfuzianische Gelehrte, für die eigentlich galt, daß das Wissen in den Werken der Weisen und Heiligen des Altertums enthalten sei und nicht in der Natur gesucht werden müsse. Zumindest für einige von ihnen, beispielsweise Kaibara Ekken, entsprach die Naturkunde dem *kakubutsu kyûri* 格物窮理, die Dinge erforschen um das "höchste Prinzip" (*ri* 理) zu durchdringen, das von der konfuzianischen Shushigaku 朱子学 als Weg zur Vervollkommnung des Selbst angesehen wurde.[19] Es ist bezeichnend für diese Entwicklung, daß es in diesem Zusammenhang unter den Gelehrten zu einer Erörterung der Frage kam, wann man von dem vorgegebenen Weg des Wissenserwerbs abweichen und Erkenntnisse durch Beobachtung suchen darf.[20] Denn wenn wir vergleichend nach Europa blicken, war es gerade diese Befreiung von den vorgegebenen Autoritäten, die der Wissenschaft einen Weg bahnte. So begrenzt auch diese Möglichkeit in Japan gewesen sein mag, deutet sich darin doch eine Perspektive an, die gerade aus dem Blickwinkel der Entwicklung moderner Wissenschaft von hohem Interesse ist.

Ebenso bedeutsam ist auch die andere Entwicklungslinie, die den Bereich der Bussangaku 物産学 berührt, der Wissenschaft von den Produkten (eines Landes), wo etwa Hiraga Gennai 平賀源内 (1726–79) zu nennen ist, ein vielleicht exzentrischer aber sehr bemerkenswerter Gelehrter mit Interessen bis hin zur westlichen Ölmalerei. Sein "Diskurs über das Fahrenlassen von Winden" (*Hôhiron* 放庇論)[21] wird den wissenschaftstheoretischen Schriften zugerechnet. In die Nachbarschaft der Bussangaku gehören auch die *jikatasho* 地方書, Werke, in denen das für Beamte der Regionalverwaltung nötige Wissen zusammengestellt ist, und schließlich die *nôsho* 農書, Agrarschriften, als Sammlungen wichtiger Agrartechniken. Ich erwähne diese Werke, weil auch sie in ihrem Bemühen, Wissen zu systematisieren, für unser Thema interessant sind: der Verfasser des *Aizu nôsho* 会津農書 (1684) beispielsweise, Sase Yojiemon 佐瀬与次右衛門 (1629–1711), sucht bei der Beurteilung von Boden und Wasser nach objektiven Kriterien, er wendet Messen und Wiegen an, die

---

18 Sinnfällig etwa im Titel von Ekkens "Verzeichnis der japanischen Namen zum *Pen-ts'ao kang-mu*" (*Honzô kômoku wamyô mokuroku* 本草網目和名目録 1680).
19 Vgl. dazu SUGIMOTO u. SWAIN 1978: 303f.
20 S. dazu CRAIG 1965: 133–60.
21 *Hôhi*, einen Wind lassen, heißt in übertragenem Sinne "unnützes Zeug reden".

klassischen Methoden abendländischer Naturwissenschaft, und nennt das genaue Datum, an dem die Werte ermittelt wurden. In solchen Beispielen zeigt sich, wie dieser Geist der Rationalität im 17. Jahrhundert alle Stände erfaßt hatte.

Am deutlichsten aber wird dieser Aspekt einer eigenständigen Entwicklung in der Rechenkunst erkennbar, in der sich schon früh die japanische Fähigkeit zur Kreativität manifestierte – aber auch die Grenzen der Entwicklung erkennbar werden. Zwar orientierte sie sich in ihren praxisbezogenen Anfängen an den Bedürfnissen des Alltagslebens der Kaufleute aber auch der Beamten, die zum Beispiel in der Landvermessung tätig waren, doch blieb sie nicht bei solchen Aufgaben stehen, sondern machte sich schließlich auf in schwierigere Bereiche. So entwickelte sie sich im 17. Jahrhundert von der Rechenkunst zur sogenannten "japanischen Mathematik" (*wasan* 和算) die weit über die Leistungen ihrer chinesischen Lehrmeister hinausging und ein Niveau hoher theoretischer und methodischer Fähigkeiten erreichte. Als herausragende Leistung wird in diesem Zusammenhang die Lösung von Gleichungen mit mehreren Unbekannten mit Hilfe von Determinanten genannt, die 1683 veröffentlicht wurde, noch vor Leibniz (1646–1716), der dieses Verfahren in Europa entwickelte. Am Ende des 17. Jahrhunderts hatte sich diese Mathematik völlig von den Belangen der Praxis gelöst und verstärkt theoretischen Fragen zugewandt, Problemen der Infinität beispielsweise oder des Kreises. Doch verband sich mit diesem Rückzug eine nachteilige Entwicklung, die aus der Mathematik immer mehr eine anspruchsvolle intellektuelle Freizeitbeschäftigung werden ließ. Das hing zum einen damit zusammen, daß sie den konfuzianischen Gelehrten als eine nutzlose Kunstfertigkeit galt, die entsprechend gering geschätzt wurde, zum anderen aber fehlten ihr die Impulse, die im Westen aus der sich entwickelten Wissenschaft kamen. Wo sie im Westen zu der Sprache wurde, mit der Welt und Universum beschrieben werden konnten, blieb die Mathematik in Japan "Denksport", weil unter der Dominanz des Neokonfuzianismus der Schritt in ein wissenschaftliches Weltbild nicht vollzogen werden konnte. Und sie verlor die Offenheit nach außen, die sie am Anfang ohne Zweifel gezeigt hatte: Als Mitte des 18. Jahrhunderts Kenntnisse der abendländischen Mathematik nach Japan gelangten, fanden sie bei den Vertretern der *wasan* kein Interesse. Ihnen galt die Mathematik des Westens als unelegant und der japanischen unterlegen.

Das bringt uns nun zu dem Thema, das in der Wissenschaftsgeschichte Japans am meisten Interesse gefunden hat: den westlichen Einflüssen in der vormodernen Zeit. Sie haben schon im 16. Jahrhundert ihren Anfang genommen, nicht lange nachdem die ersten Europäer in Japan gelandet waren.[22] Nach einer kurzen Phase intensiver Beziehungen, die als Zeit der ibero-japanischen Kultur oder der *nanban bunka* 南蛮文化 bezeichnet werden, setzten Verbot und Verfolgung des Christentums sowie die Abschließung des Landes diesen ersten Kontakten ein Ende und die vom Westen erworbenen Kenntnisse verschwanden – spurlos, wie es heißt. Damit beginnen schon die Fragen. Denn es ist schwer vorstellbar, daß dieses Wissen aus den Köpfen verschwand, und es ist genauso schwer vorstellbar, daß nichts davon im System der Ausbildung weitergegeben worden wäre. In der Heilkunde ist ganz eindeutig die westliche Medizin weiter eingesetzt und tradiert worden. Die einfachste Erklärung dafür ist, daß es in der Heilkunde genügend ausgebildete Ärzte gab, die von dem Wissen Gebrauch machten und es weiter überlieferten. Sollte es in der Kalenderkunde oder Astronomie anders gewesen sein? Vorstellbar ist immerhin, daß in diesen Bereichen, die immer noch stark von Adelsfamilien des Tennô-Hofes monopolisiert waren, in der breiten Öffentlichkeit das Interesse noch nicht so ausgeprägt war: Auffällig aber ist, daß bereits in der Mitte des 17. Jahrhunderts die Auseinandersetzung beispielsweise mit dem wissenschaftlichen Weltbild des Westens wieder aufgenommen wurde, als Mukai Genshô 向井元升 (1609–77) in seinem *Kenkon bensetsu* 乾坤弁説 (1658) eine Diskussion der Unterschiede zum Weltbild des Konfuzianismus begann. Auch wenn dies auf der Grundlage einer von dem ehemaligen jesuitischen Vizeprovinzial Christovão Ferreira (1580–1652) geschriebenen Abhandlung geschah – dieser hatte unter der Folter dem Christentum abgeschworen und war danach aus einsichtigen Gründen in Japan geblieben, wo er unter dem Namen Sawano Chûan 澤野忠庵 naturalisiert wurde – hat Mukai offensichtlich die Notwendigkeit empfunden, dieses Weltbild zu studieren und zu diskutieren. Solche Wechselwirkungen sind gewiß nicht einfach zu untersuchen, doch stellen sie eine reizvolle Thematik dar, deren Ergebnisse über den Rahmen der Wissenschaftsgeschichte hinausgehen können.

Eine intensive Auseinandersetzung mit westlicher Wissenschaft begann dann innerhalb der sogenannten "Holländischen Wissenschaft", als mit Hilfe holländischer Bücher Informationen über die Wissenschaften des Westens – vor allem Heilkunde, Astronomie, Geographie, Militärwissenschaften etc. – gesucht wurden.[23] Sie erlebte besonders durch das Engagement japanischer

---

22 S. dazu BOXER 1967; die Zeitschrift *Monumenta Nipponica* behandelt in Bd.19 (1964) das Thema der Übernahme verschiedener Wissenschaftsbereiche in einer Reihe von Einzelbeiträgen.

23 S. dazu bes. BOXER 1950; GOODMAN 1967; MORI 1942: 144–66 u. 215–36; MASARELLA 1990.

Ärzte einen Aufschwung, von denen einige durch die Übersetzung eines anatomischen Werkes von Johann Adam Kulmus bekannt wurden, das 1774 unter dem Titel "Neue Schrift zur Anatomie" (*Kaitai shinsho* 解体新書) veröffentlicht wurde. Nachdem der strenge Bann auf westlichem Wissen zu Beginn des 18. Jahrhunderts gelockert worden war, nutzten viele die Anwesenheit der Niederländer in Nagasaki, wo sie auf einer kleinen Insel im Hafen ihre Faktorei hatten, um ihre Neugierde auf Nachrichten aus einer fremden Welt zu stillen: In der zweiten Hälfte des Jahrhunderts entwickelte sich so in Japan eine "holländische Mode". Die Erscheinungen der Rangaku sind wohl innerhalb der wissenschaftlichen Entwicklung im vormodernen Japan am eingehendsten untersucht worden, mit der Einschränkung freilich, daß oft die Beschreibung vorherrscht, wo man gerne eine tiefergehende Analyse hätte. Das gilt besonders, wenn man weniger an der "reinen" Wissenschaftsgeschichte als einer eigenen Disziplin interessiert ist, sondern mehr dazu neigt, sie als eine spezifische Sehensweise zu verstehen, als eine Annäherungsweise, um den gesamten Komplex der gesellschaftlichen Entwicklung zu erfassen.

Dazu ein Beispiel: Welche Bedeutung und welche Auswirkungen hatte die Tatsache, daß Gelehrsamkeit in der Edo-Zeit nicht monopolisiert, daß der Zugang zum Studium für Angehörige aller Stände möglich war? Das eröffnete auch den unterschiedlichen Vorstellungen der Angehörigen verschiedener Stände Einfluß auf die Gelehrsamkeit oder Wissenschaft, etwa dem pragmatischeren Denken der Kaufleute. Dabei ist besonders an die Kaitokudô 懐徳堂 in Osaka zu denken, eine Gründung von Kaufleuten, die auch in ihrer Organisation mit einem kaufmännischen und einem wissenschaftlichen Leiter den Geist der Kaufleute widerspiegelte.[24] Aus ihr ging nicht nur Yamagata Bantô 山片蟠桃 (1748–1821) hervor, der sich bemühte, Teile westlicher Wissenschaft zu adaptieren, das heißt, in das konfuzianische Weltbild einzufügen, sondern ebenso Tominaga Nakamoto 富永仲基 (1715–46), ein origineller Denker, der freilich zu seiner Zeit noch an den Rand verwiesen und aus der Kaitokudô ausgeschlossen wurde.[25] Es gab daneben eine ganze Reihe von Gelehrten mit eigenen Schulen, die nicht aus dem Kriegerstand stammten. Und welche Rolle spielte dieser Umstand für die Blüte der Rangaku? Neugierde allein reicht als Erklärung nicht aus. War nicht schon im 16. Jahrhundert mit den Missionaren vieles an Kenntnissen nach Japan gelangt, ohne einen vergleichbaren Boom auszulösen? Das wird, wie schon beschrieben, mit dem Christen-

---

24 S. NAJITA 1987.
25 Zu Tominaga s. KATO 1967: 177–250.

tum in Zusammenhang gebracht, dessen Verbot und Verfolgung die Beschäftigung mit westlichem Wissen unmöglich machte oder zumindest gefährlich werden ließ. Daß in der Heilkunde diese Tradition lebendig blieb, läßt sich dann damit erklären, daß es in der Heilkunde genügend ausgebildete Ärzte gab, die das Wissen einsetzten und weiter überlieferten.

Erst in der Edo-Zeit, als sich Krieger und mehr und mehr auch Angehörige der anderen Stände der Gelehrsamkeit zuwandten, entstand jene "kritische Masse" an Gelehrten, derer es bedurfte, um auch in den anderen Bereichen wie der Kalenderkunde und der damit verbundenen Astronomie die Beschäftigung zu verstärken[26] und schließlich jene Kettenreaktion auszulösen, die der Rangaku den Weg bahnte und die wissenschaftliche Entwicklung vorantrieb. In diesem Zusammenhang ist auch von Bedeutung, daß es keine Orthodoxie gab, die alle abweichenden Lehren unterdrückt hätte. Sosehr auch der Neokonfuzianismus die westlichen Wissenschaften verachtete, sie fanden Raum für ihre Entwicklung.[27]

Deshalb läßt auch eine Konzentration allein auf die Rangaku und ihre Beschreibung viele Fragen am Rande, die eigentlich in das Zentrum gehören. Natürlich ist es interessant (und für uns Europäer schmeichelhaft) zu erfahren, daß sich im 18. Jahrhundert japanische Ärzte zusammengetan haben, um ein anatomisches Werk ins Japanische zu übersetzen. Aber viel interessanter wäre es doch eigentlich zu wissen, warum sie gerade zu diesem Zeitpunkt ans Werk gingen: Nur den Impuls aus dem Westen zu unterstellen, trifft die Sache nicht: denn schon im 17. Jahrhundert war von Motoki Ryôi 本木良意 (1628–97), einem Dolmetscher, Johann Remmlins *Pinax microcosmographicus* übersetzt worden – aber das Werk blieb bis 1772 "in der Schublade". Das ändert nichts an der Bedeutung des *Kaitai shinsho* als Pioniertat, aber zumindest ebenso interessant ist die Tatsache, daß die Beschäftigung mit den anatomischen Details des menschlichen Körpers, daß Anatomie und Sektion zu dieser Zeit unter den japanischen Ärzten geradezu eine Mode geworden war. Und das in einer Gesellschaft, in der die Achtung vor der Unversehrtheit der Toten die Zergliederung eigentlich (wie übrigens lange auch in Europa) verbot – noch in den sechziger Jahren unseres Jahrhunderts wurde ein eigenes Gesetz im japanischen Parlament nötig, als es galt, eine Hornhautbank einzurichten, um Transplantationen zu ermöglichen.

---

26 Dabei spielte aber auch die Notwendigkeit einer Kalenderreform eine Rolle, nachdem sich der überkommene Kalender immer stärker von der Realität entfernt hatte.

27 Daß dabei auch der inzwischen gut entwickelte Buchdruck eine Rolle spielte, sei hier nur am Rande erwähnt.

Wenn weiter unter den konfuzianischen Gelehrten galt, daß alles Wissen in
den klassischen Schriften des chinesischen Konfuzianismus enthalten sei, so
daß die Beobachtung der Natur nicht erforderlich war, was hat dann die
Ärzte dazu bewogen, hinauszugehen um mit Hilfe eines *eta* 穢多[28] die soeben
hingerichtete Dame Aochababa 青茶婆 (die durch diesen Umstand Unsterblichkeit erlangte) einer Autopsie zu unterziehen? Eine Antwort ist gewiß, daß
erst jene "Mode" des Sezierens und der Anatomie in Japan aufblühen mußte,
um das Interesse der Ärzte auf dieses Thema zu lenken: 1759 machte der
Arzt Yamawaki Tôyô 山脇東洋 (1705–62) mit seinem Werk "Die Eingeweide"
(*Zôshi* 蔵志) die Widersprüche zwischen den chinesischen und den europäischen Darstellungen öffentlich und löste damit diese Mode aus. Die westliche
Heilkunde aber war schon seit dem 16. Jahrhundert in Japan bekannt. Daher
die Frage: Warum erst jetzt?

Zudem: Welche Kräfte bewirkten, daß die bislang gültige Lehre beiseite
geschoben wurde? Das ist nicht nur ein historisch interessantes Detail, sondern
es verdeutlicht die Entwicklung im Hinblick auf die etablierten Lehren des
Konfuzianismus und ist damit ein sehr wichtiger Sachverhalt, der eine undog-
matische Gesellschaft widerspiegelt, die sich von dem verbreiteten Bild der
Edo-Zeit deutlich unterscheidet. Außerdem kann uns das Studium dieser
Zusammenhänge helfen, auch die eigene, westliche Entwicklung vergleichend
zu verstehen – wie schon gesagt war ja auch in Europa die Zergliederung
von Leichen lange tabuisiert und verboten. Im günstigsten Fall gewinnen wir
damit einen Blick auf die Hintergründe der Entwicklung wissenschaftlichen
Denkens. Die Tatsache der Beschäftigung mit der Anatomie ist eine interessante historische Anekdote, die Mühsal, mit der die Übersetzung des *Kaitai
shinsho* realisiert wurde, mag uns trösten, wenn wir mit einem schwierigen
japanischen Text nicht zurechtkommen. Aber die eigentliche Fragestellung
ist die, wie und unter welchen Bedingungen sich in einer solchen Gesellschaft
eine neue Sicht der Dinge, eine neue Art des wissenschaftlichen Denkens
entwickelt und durchgesetzt hat, welches ihre Grenzen waren und warum es
diese Grenzen gab.

Eine mögliche Antwort darauf könnte lauten: weil der Bedarf vorher nicht
vorhanden war. Das ist eine Scheinantwort, solange sich nicht begründen
läßt, worin denn dieser Bedarf bestand. Denn es war ja nicht so, daß hier
Wege zu einer neuen Heilkunst gesucht worden wären. Vielmehr sahen sich
die Ärzte plötzlich mit einer für sie neuen Darstellung der menschlichen

---

28 Das war die Bezeichnung für eine soziale Randgruppe, die außerhalb des Ständesystems
stand.

Anatomie konfrontiert. Und was diese interessant machte, das setzte sie zugleich in Widerspruch zur geltenden Lehre – vergessen wir nicht, daß auch die Heilkunde Teil der alles umfassenden konfuzianischen Wissenschaft war, daß also Zweifel direkt auf sie bezogen werden konnten. Die genaue Wiedergabe der Wirklichkeit, in der die westlichen Lehrbücher den chinesischen überlegen waren, konnte durch Augenschein überprüft werden. Auch hier treffen wir wieder auf das empirische Element, das für Ärzte gewiß selbstverständlicher war als für konfuzianische Gelehrte.[29]

Wir können uns die Antwort natürlich leicht machen, indem wir uns damit zufriedengeben, den Sachverhalt festzustellen. Das wäre die Beschränkung auf die Beschreibung des Zustandes. Aber wie ist eigentlich die Reaktion im Inneren abgelaufen? Wenn oben der Begriff der "kritischen Masse" gebraucht wurde, dann ist auch damit nur die Bedingung geklärt, nicht aber der Mechanismus, der die Entwicklung auslöste. Im Zusammenhang mit der Rangaku sprechen wir davon, daß beispielsweise die Ärzte im ganzen Land als Multiplikatoren wirkten. Wie dürfen wir uns das vorstellen? Das bringt uns auf die Frage der Kommunikation von Gelehrten (und Künstlern) in jener Epoche. Darüber wissen wir noch viel zu wenig, obwohl uns das europäische Beispiel zeigen könnte, wie wichtig dieser Aspekt für die wissenschaftliche Entwicklung ist. Quellen dazu sind beispielsweise in Briefen vorhanden und die Korrespondenz dürfte spannend sein. Doch dieser ganze, sehr komplexe und – weil man in Kanbun schrieb – auch nicht ganz leicht zugängliche Bereich der Kommunikation ist in unserer Kenntnis der Zeit und der Gesellschaft weitgehend ausgeklammert. Dieser Mangel hat etwas mit der monadenhaften Existenz unseres Faches zu tun, daß nämlich der Vergleich mit anderen, mit westlichen Kulturen und Gesellschaften etwa, zu selten vorgenommen wird. Denn dann wüßten wir von dem regen Kontakt der abendländischen Gelehrten und würden nach den Kommunikationswegen auch in Japan fragen. Dieser Aspekt der wissenschaftlichen Entwicklung ist noch weitgehend unbeleuchtet geblieben. Wissenschaft aber ist Kommunikation, und ihre Ergebnisse leben davon. Was mag in irgendwo vorhandenen Korrespondenzen an Informationen stekken? Steffi Richter hat mit ihrer Arbeit *Entzweiung. Wissenschaftliches Denken in Japan zwischen Tradition und Moderne*[30] eine erste, wichtige Annäherung gemacht.

Auch die Frage nach dem Weiterwirken der Rangaku im Prozeß der japanischen Modernisierung bietet noch Stoff. Daß die Kenntnisse, die man aus

---

29 S. auch NAKAYAMA 1964: 157–68.
30 RICHTER 1994.

den eingeführten Werken gewann, auch Kritik an den eigenen Verhältnissen hervorriefen, dafür ist etwa Shiba Kôkan 司馬江漢 (1738–1818) ein Beispiel, der die Verhältnisse im Westen lobt, wenn er etwa aus der Tatsache, daß Kaiser und Papst gewählt wurden, den Schluß zieht, daß hier die Fähigsten für ein Amt ausgesucht werden.[31] Die Kritik an der Politik des Shogunats gegenüber dem Westen, wie sie mit dem 19. Jahrhundert auftritt, wäre ohne Kenntnis westlicher Verhältnisse in der Form nicht möglich gewesen.[32] Hier gibt es Hinweise darauf, daß unter den Gelehrten der Rangaku durchaus kritische Geister waren, auch wenn sie sich als loyale Untertanen ihrer Herren verstanden, sei es ein Daimyô oder der Shogun. Daß sie über die bestehenden Grenzen hinaus dachten und manchmal auch schrieben, dafür gibt etwa Honda Toshiaki 本多利明 (1744–1820) ein Beispiel, der in seinem *Seiiki monogatari* 西域物語 zwei künftige Mächte in der Welt sieht: "Japan im Osten und England im Westen"[33] und von einem japanischen Reich schreibt, dessen Hauptstadt auf Kamtschatka liegt und zu dem auch die Mandschurei gehört – ein beklemmender Gedanke, wenn man an die dreißiger Jahre unseres Jahrhunderts denkt. Honda war kein Vordenker der Nationalisten des 20. Jahrhunderts. Welche Rolle aber spielte die Kokugaku 国学 mit ihren Vorstellungen vom besonderen Weg Japans im Denken solcher Gelehrter?

Eine Beschäftigung mit westlicher Wissenschaft in Japan ist schließlich ohne Berücksichtigung von Engelbert Kaempfer (1651–1716)[34], Carl Peter Thunberg (1743–1828)[35] und Philipp Franz von Siebold (1796–1866)[36], um nur die bekanntesten zu nennen, undenkbar. Sie waren als Ärzte der niederländischen Faktorei weit mehr als nur Beobachter, ihre Rolle in der Vermittlung westlichen Wissens nach Japan ist von großer Bedeutung, und ihre Werke verdienen auch heute noch Beachtung, wenn man sich mit den Bedingungen im vormodernen Japan vertraut machen will.

---

31 Seine Kritik an der Bevorzugung des Kriegerstandes in Japan wurde schon an anderer Stelle angeführt.

32 S. dazu RICHTER 1994, zur "Einkerkerung des Barbaren-Vereins" (*Bansha no goku* 蛮社の獄).

33 Näheres bei KEENE 1969: 226.

34 Seine *Geschichte und Beschreibung von Japan* wird als Quelle für die Verhältnisse im Japan des 17. Jahrhunderts weitgehend vernachlässigt; s. KAEMPFER 1964.

35 Der Linné-Schüler Thunberg schuf die Grundlagen für die wissenschaftliche Botanik in Japan; sein Reisebericht *Reise durch einen Theil von Europa, Afrika und Asien hauptsächlich in Japan in den Jahren 1770 bis 1779* wurde neu aufgelegt, s. THUNBERG 1991.

36 VON SIEBOLD 1832–58, die erste Beschreibung Japans nach modernen wissenschaftlichen Maßstäben.

Die Vorstellung eines von der Welt hermetisch abgeschlossenen Japan ist angesichts der Wechselwirkungen zwischen japanischer Gelehrsamkeit und westlicher Wissenschaft eine Fiktion. Die Feststellung mag zutreffen, daß die Übernahmen aus dem Westen im Rahmen dieser westlichen Wissenschaft nicht allzu bedeutend gewesen sind. Zum einen war das, was man in Japan erfahren konnte, stark vom Zufall bestimmt und keinesfalls systematisch. Nur wo Gelehrte wie Thunberg oder Siebold am Werk waren, war dies anders. Zum anderen wurde auf japanischer Seite pragmatisch ausgewählt, was man für brauchbar hielt, im allgemeinen war das Ziel nicht die grundlegende Übernahme der Wissenschaft. Und schließlich fehlte im System der konfuzianischen Wissenschaft die Grundlage, auf der westliches Wissen in dieses System hätte eingefügt werden können: Westliche Wissenschaft blieb isoliert. Aber die Frage nach dem, was eingeführt wurde, ist falsch gestellt, die Antwort wird wieder auf eine Bestandsaufnahme hinauslaufen. Wichtiger ist, nach der Auseinandersetzung mit dem zu fragen, was da aus dem Westen nach Japan gelangte, nach den Möglichkeiten, mit diesem Wissen umzugehen, es zu nutzen. Aus diesem Blickwinkel betrachtet kann auch die Frage "Warum haben sie es so schnell geschafft?" sinnvoll sein. Denn wenn man die gesellschaftlichen Bedingungen, die Wechselwirkung in dieser Gesellschaft in die Betrachtung einbezieht, dann wird sich als Ergebnis das Bild einer Gesellschaft zeigen, die sich in der Spannung zwischen Beharren auf dem Eigenen und der Aufnahme des Fremden fortentwickelte. Daß dies nicht ohne Verwerfungen und Brüche geschah, zeigt die Geschichte der Zwischenkriegszeit.

Und in diesem Zusammenhang sind noch viele Fragen zu stellen, ist mit der Öffnung Japans und dem Beginn der systematischen Einführung westlicher Wissenschaft und Technik die Aufgabe der Wissenschaftsgeschichte noch nicht erledigt. Ebenso weist die wissenschaftliche Entwicklung Japans in der Nachkriegszeit interessante Aspekte auf, die bei der Frage nach den Hintergründen für seinen Erfolg zu berücksichtigen sind.[37] Welche Rolle spielen auf der anderen Seite die Bedingungen, unter denen in Instituten japanischer Universitäten gearbeitet wird, für die Forschung? Auch hier haben die gesellschaftlichen Strukturen großen Einfluß. Die Notwendigkeit der Unterordnung unter den Lehrer, dessen Fürsorgepflicht für seine Schüler und Mitarbeiter, das Gebot des Konsens und die Schwierigkeit, offen Kritik zu üben, all das sind Umstände, die im Zusammenhang mit der wissenschaftlichen Entwicklung Japans auch in der zweiten Hälfte unseres Jahrhunderts noch von Bedeutung waren. Nicht umsonst hat man sich in den siebziger Jahren bei der

---

37 S. dazu NAKAYAMA 1991 sowie MORRIS-SUZUKI 1994.

Gründung der Universität Tsukuba um die Etablierung anderer Strukturen bemüht, mit denen man die Abhängigkeit jüngerer Forscher lockern wollte. Wenn man vom letzten japanischen Nobelpreisträger hört, wie er in dem Basler Institut, an dem er arbeitete, seine Forschungen mit einer an Rücksichtslosigkeit grenzenden Beharrlichkeit verfolgte, stellt sich die Frage, ob er in einem japanischen Institut in der gleichen Weise hätte vorgehen können. Auf der anderen Seite steht die Tatsache, daß Japan in Wissenschaft und Technologie eine Führungsposition einnimmt, daß internationale Unternehmen wie Bayer mittlerweile in Japan eigene Forschungseinrichtungen betreiben. Das sind Kennzeichen für die Qualität japanischer Forschung. Betrifft dies nur die industrielle Forschung? Wie ist das Verhältnis zwischen Instituten der Wirtschaft und der Universitäten? Welche Bedeutung wird schließlich geisteswissenschaftlicher Forschung beigemessen? Das sind Fragen, die über den Bereich der Wissenschaftsgeschichte hinausgehen, die von den Soziologen zu untersuchen sind. Doch läßt sich dabei eine Kooperation mit der Wissenschaftsgeschichte durchaus vorstellen.

Literaturliste

BARTHOLOMEW, James R.
1989   *The Formation of Science in Japan. Building a Research Tradition*. New Haven and London: Yale University Press.

BORKENAU, Franz
1971   *Der Übergang vom feudalen zum bürgerlichen Weltbild*. Darmstadt: Wissenschaftliche Buchgesellschaft.

BOXER, C.R.
1950   *Jan Compagnie in Japan: 1650–1850*. 2. Aufl. Den Haag: Martinus Nijhoff.
1967   *The Christian Century in Japan, 1549–1650*. Berkeley / Los Angeles.

CRAIG, Albert
1965   "Science and Confucianism in Tokugawa Japan", in: Marius B. JANSEN (Hg.): *Changing Japanese Attitudes toward Modernization*. Princeton, N.J.: Princeton University Press: 133–160.

GOODMAN, Grant K.
1967   *The Dutch Impact on Japan*. Leiden: Brill.

HALL, J.W.
1968   "Castle Town and Modern Urbanization", in: ders. u. Marius B. JANSEN (Hg.): *Studies in the Institutional History of Early Modern Japan*. Princeton, N.J.: Princeton University Press.

KAEMPFER, Engelbert
1964   *Geschichte und Beschreibung von Japan*. 2 Bde. Stuttgart: F.A. Brockhaus.

KATO, Shuichi
1967   "Tominaga Nakamoto, 1715–46: A Tokugawa Iconoclast", in: *MN* 22: 177–250.

KEENE, Donald
1969   *The Japanese Discovery of Europe: 1720–1830*. Stanford, Calif.: Stanford University Press 1969.

KRACHT, Klaus
1980   "Über Ostasien sprechen. Sprache des Mangels, Sprache des Da-Seins. Redaktionelle Vorbemerkung", in: *BJOAF*: vii–xxiv.

MASARELLA, Derek
1990   *A World Elsewhere: Europe's Encounter with Japan in*

Mori, Kôichi
1942 "Die Anfänge der "Holland-Kunde" (Übersetzung des *Rangaku kotohajime*)", in: *MN* 5: 144–166 u. 215–236.

Morris, Ivan
1988 *Der leuchtende Prinz: höfisches Leben im alten Japan.* Frankfurt a.M.: Insel.

Morris-Suzuki, Tessa
1994 *The Technological Transformation of Japan. From the Seventeenth to the Twenty-First Century.* Cambridge: Cambridge University Press.

Najita, Tetsuo
1987 *Visions of Virtue in Tokugawa Japan: The Kaitokudo Merchant Academy of Osaka.* Chicago: University of Chicago Press.

Nakayama Shigeru
1964 "Edo-jidai ni okeru jusha no kagaku", in: *Kagakushi kenkyû* 72: 157–168.「江戸時代における儒者の科学」『科学史研究』.
1991 *Science, Technology and Society in Postwar Japan.* London and New York: Kegan Paul.

Needham, Joseph
1961–96 *Science and Civilization in China.* 25 Bde. Cambridge et al.: Cambridge University Press.

[Fürst] von Pückler-Muskau, Hermann
1986 *Briefe eines Verstorbenen.* Berlin: Kupfergraben.

Richter, Steffi
1994 *Entzweiung. Wissenschaftliches Denken in Japan zwischen Tradition und Moderne.* Berlin: Aufbau Verlag.

Screech, Timon
1996 *The Western Scientific Gaze and Popular Imagery in Later Edo Japan.* Cambridge: Cambridge University Press.

von Siebold, Philipp Franz
1832–58 *Nippon. Archiv zur Beschreibung von Japan und dessen Neben- und Schutzländern: Jezo mit den südlichen Kurilen, Krafto, Koorai und den Liukiu-Inseln, nach japanischen und europäischen Schriften und eigenen Beobachtungen bearbeitet.* Leiden.

Sugimoto Isao 杉本勲
    1969   *Kagakushi*. 2. Aufl. Iwanami Shoten. 『科学史』岩波書店.

Sugimoto, Masayoshi; Swain, David L.
    1978   *Science and Culture in Traditional Japan. A.D. 600–1854.* Cambridge and London: The MIT Press.

Thunberg, Carl P.
    1991   *Reise durch einen Theil von Europa, Afrika und Asien hauptsächlich in Japan in den Jahren 1770 bis 1779.* Heidelberg: Manutius.

Kunst

Franziska Ehmcke

1. *Einführung*

Zwei Bemerkungen vorab: Erstens, wenn hier von Kunst im Bereich der Japanologie die Rede ist, wird es sich nicht um Kunstgeschichte im engeren Sinne des Studiengangs "Ostasiatische Kunstgeschichte" handeln. Bei den folgenden Überlegungen geht es daher nicht um die Bestimmung der Echtheit eines Kunstartefakts, die Zuschreibung zu einem Künstler oder einer bestimmten Schule, die Einordnung in frühere oder spätere Schaffensperioden derselben, die Beschreibung des Erhaltungszustandes und der verwendeten Materialien, Besonderheiten der konservatorischen Behandlung, Ausstellungsbedingungen etc. – Fragen, mit denen der Kunsthistoriker konfrontiert ist und die er beherrschen muß.

Zweitens erscheint es für Japan nicht sinnvoll, nach westlicher Manier klare Unterschiede im Sinne der Begriffe Bildende Kunst als "hoher Kunst" auf der einen Seite und Kunsthandwerk sowie volkstümlicher oder unterhaltender Kunst als "angewandter Kunst" auf der anderen zu ziehen.

Bis zur Meiji-Zeit gab es keinen Begriff "Kunst", *bijutsu* 美術 oder *geijutsu* 芸術, als Oberkategorie der verschiedenen Einzelkünste. Auch ein Bewußtsein dafür, daß man gemeinsam "Kunst" schaffe, war nicht vorhanden, jeder hatte sich beispielsweise nur als zugehörig zu seiner speziellen Mal-, Bildhaueroder Lackschule gesehen. Erst seit den siebziger Jahren des letzten Jahrhunderts finden sich die Termini *bijutsu* oder *geijutsu* als Übersetzungen der Ideen, die die von der Meiji-Regierung ins Land gerufenen ausländischen Künstler und Philosophen sowie die im Westen studierenden Japaner mitbrachten. Auch die Bezeichnung "Künstler" *bijutsuka* 美術家 oder *geijutsuka* 芸術家 für die Kreativen in diesen Bereichen trat erst jetzt in Erscheinung. Davor betrachtete man Maler, Bildhauer, Holzschnittmeister etc. als Professionen wie andere Berufe auch.

In diesem Sinne sollen hier unter "Kunst" alle Bereiche verstanden werden, in denen professionelle Handwerker / Künstler tätig sind, wie Bildhauerei, Architektur, Malerei, Holzschnitt, Graphik, Lackkunst, Schnitzerei, Gartenkunst, Buchillustration, Volkskünste, Fotografie und vieles mehr, aber ebenso Künste wie Zen-Malerei, Literaten-Malerei, Haiga, Kalligraphie, Bonseki, Bonsai, Suiseki, Ikebana, Tee-Weg oder Duft-Weg, die sowohl professionell als auch semiprofessionell und nicht-professionell ausgeübt werden. Der Einfachheit halber wird im folgenden stellvertretend für alle diese Bereiche immer von "Kunst" die Rede sein. Bei den folgenden Ausführungen ist weiterhin zu bedenken, daß Kunst einen doppelten Charakter besitzt: Sie stellt stets ein Medium dar, das dem Selbstausdruck des schöpferischen Menschen dient, und ist gleichzeitig ein Mittel, um Verehrung zu erweisen, zu unterhalten, zu imponieren oder ähnliches.

Aus welchen Gründen erscheint es für einen Japanologen sinnvoll, sich mit Kunst zu beschäftigen, auch wenn er kein reiner Kunsthistoriker des seit 1912 existierenden Studiengangs "Ostasiatische Kunstgeschichte" ist?[1]

Orientiert am Begriff des "Diskurses" gehört die Kunst zum Diskurs im Sinne der Gesamtheit der Ideen, Orientierungshilfen, Metaphern und aller anderen Formen der Kommunikation innerhalb einer Kultur als Ganzem bzw. bestimmter gesellschaftlicher Gruppen in bestimmten Epochen.

Damit wird Kunst nicht nur für die Kunstgeschichte bedeutsam, sondern bildet einen Teil der Kultur- und Mentalitätsgeschichte im Sinne von Okakura Tenshin 岡倉天心 (auch Kakuzô 覚三, 1862–1913). Dieser hatte als erster in Japan das Fach Japanische Kunstgeschichte in Vorlesungen zwischen 1890–92 gelehrt.[2] So wird im Verlauf dieser Betrachtungen die Bedeutung der Kunst für die Kulturgeschichte bzw. die Kulturwissenschaft im Vordergrund stehen, auch wenn zunächst die Erforschung der Kunst Japans den Anfang bilden soll.

Der erste westliche Erforscher japanischer Kunst war Ernest Fenollosa (1852–1908), dessen zeitweiliger Übersetzer und Mitarbeiter Okakura Kakuzô gewesen war. Eigentlich als junger Philosophie-Professor nach Japan gekommen, wandte er sich schon bald der japanischen Kunst zu und wurde zu einem ihrer Inspiratoren.[3] Durch sein Wirken und das seiner Mitstreiter entstand zum ersten Mal ein Bewußtsein von der Bedeutung der japanischen Kunst als Teil der japanischen Kultur insgesamt. Einigen Kunstbereichen wie der

---

1   In Wien wurde 1912 der erste Lehrstuhl an einer deutschsprachigen Universität für Ostasiatische Kunstgeschichte eingerichtet, der zweite folgte 1965 in Heidelberg. Auf die zahllosen verdienstvollen Arbeiten zur japanischen Kunstgeschichte, die bis heute von namhaften VertreterInnen dieses Faches veröffentlicht wurden, kann im Rahmen dieser kurzen Darstellung leider nicht eingegangen werden.
2   Vgl. EHMCKE 1983: 77–86.
3   Vgl. EHMCKE 1988: 121–129. BROCKMANN 1995: 143–188.

Literaten-Malerei oder dem Holzschnitt stand er jedoch kritisch gegenüber, da sie für ihn nicht "hohe Kunst" repräsentierten. Fenollosas epochales Werk *Epochs of Chinese and Japanese Art*, die erste umfassende ostasiatische Kunstgeschichte in einer westlichen Sprache, erschien erst postum 1912.

Die eingangs erwähnte europäische Unterscheidung in "angewandte Kunst" und "hohe Kunst", also *l'art pour l'art*, hatte sich in Japan nach der Meiji-Restauration bei der unkritischen Übernahme westlicher Ideen durchgesetzt und bestimmte lange Zeit auch die kunstgeschichtliche Forschung. Dennoch gab es schon bald auch Bestrebungen, andere Kunstformen mit einzubeziehen. Ein früher Verfechter aus dem Bereich des Ikebana war Hosokawa Junjirô 細川潤次郎 (Goen, 1834–1923), ein bedeutender Vertreter des "Blumen-Stils der Literaten" (*bunjinbana* 文人花). Der vielseitige Gelehrte, ein bekannter Jurist und Pädagoge, betonte in seiner 1877 erschienen Schrift "Anleitungen zum Arrangieren von Vasenblumen" (*Heika sôhô* 瓶花挿法), daß zur Kunst neben Malerei und Bildhauerei unter anderem auch die Dekoration von Innenräumen gehöre; Vasenblumen (= Ikebana) seien Teil der Innendekoration und müßten daher als Kunstfach betrachtet werden.[4] Im Jahre 1904 gründeten der Maler Tsuda Seifû 津田青楓 (1880–1978) und sein Bruder Nishikawa Issôtei 西川一草帝 (1878–1937), ebenfalls ein bedeutender Künstler des *bunjinbana*, die Zeitschrift "Kleine Künste" (*Shôbijutsu* 小美術), um Kunsthandwerker, Designer, Illustratoren und andere zu ermutigen, sich nicht mehr als Handwerker, sondern als Künstler zu sehen.[5]

Einen völlig anderen Ansatz vertrat Yanagi Sôetsu 柳宗悦 (Muneyoshi, 1889–1961), Religionsphilosoph und Initiator der *mingei undô* 民芸運動, meist als "Volkskunstbewegung" übersetzt. Er war gleichermaßen von eigenen Erfahrungen mit Volkskunstartefakten in Korea und Japan sowie westlichen Volkskunstbewegungen seit dem Ende des 19. Jahrhunderts inspiriert. Er prägte die Wortneuschöpfung *mingei* 民芸, die seither ein fester Begriff ist. Yanagi ging bei seinem Konzept von einer strikten Trennung zwischen Gegenständen, die von anonymen Kunsthandwerkern für den täglichen Gebrauch hergestellt werden, und teuren Werken der "hohen Kunst" aus. Mit der Differenzierung der beiden Bereiche ging eine Umkehr der Wertigkeit einher – für Yanagi standen die Volkskunstartefakte höher in der Gunst. Seine Forschungen gipfelten in der Eröffnung des "Museums für Japanische Volkskunst" (Mingeikan 民芸館) in Tokyo im Jahre 1936. Zuvor hatte er bereits 1924 in Seoul, Korea, mutig ein Volkskunstmuseum eröffnet, um – konträr zur japanischen Kolonialisierungspolitik – koreanische Kunst und Volkskunst zu bewahren.

---

4   Vgl. KUDÔ 1993a: 42.
5   Vgl. KUDÔ 1993a: 85.

Yanagi gilt auch als der Entdecker heute so populärer edozeitlicher Bildhauer wie Mokujiki Gogyô Myôman 木喰五行明満 (1718–1810). Seine zwischen 1922 und 1948 veröffentlichten Schriften zum Bereich Kunsthandwerk und Volkskunst in Korea, Japan und Okinawa, die in der Reihe "Neuausgabe ausgewählter Werke von Yanagi Sôetsu (Muneyoshi)"[6] veröffentlicht wurden, sind darüber hinaus eine Fundgrube nicht nur für ästhetische Fragen in der Geschichte der Volkskünste und des Designs, sondern auch für die Geschichte der Intellektuellen der frühen und mittleren Shôwa-Zeit. Yanagis Studien haben zahllose einheimische Kunsthandwerker und Künstler, darunter die Töpfer Kawai Kanjirô 河井寛次郎 (1890–1966), Hamada Shôji 浜田庄司 (1894–1978) und den Holzschnittkünstler Munakata Shikô 棟方志功 (1903–75) ermutigt und damit auch die offizielle Kulturpolitik nachhaltig beeinflußt. Außerdem gelangten seine Ideen über Bernard Leach (1887–1979) zu westlichen Keramikern und anderen Kunsthandwerkern.

2. *Felder der Deutung*

Nach dieser kurzen Vorstellung einiger Kunstauffassungen soll im folgenden versucht werden, sich unter verschiedenen kultur- und geistesgeschichtlichen Aspekten der Bedeutung der Kunst für die japanologische Forschung zu nähern. Dabei werden immer wieder andere Ansatzpunkte im Vordergrund stehen, die sich oft überschneiden, der besseren Übersicht halber aber hier getrennt behandelt werden.

Kunstwerke und Künste wie zum Beispiel der Tee-Weg sind eine unverzichtbare Quelle für die Ästhetikgeschichte Japans; Ästhetik hier nicht nur im rein philosophischen Sinne, sondern auch im Sinne des "Schönen" in Japan verstanden. Eine frühe Studie legte Yasuda Ayao 安田章生 1957 vor: *Nihon no geijutsu ron* 日本の芸術論 ("Abhandlung zu den Künsten Japans"), Tôkyô Sôgen Sha 東京創元社.[7] Die hier versammelten Quellen geben einen sehr guten Gesamtüberblick über die Vielfalt kunsttheoretischer Schriften. Nishida Masayoshi 西田正好 nennt seine Abhandlung zur Ästhetikgeschichte Japans *Nihon bi no keifu* 日本美の系譜 ("Genealogie des Schönen in Japan"). Sie erschien 1979 bei Ôsaka Sôgen Sha 大阪創元社 und stellt eine anregende

---

6 NIHON MINGEI KYÔKAI (Hg.) ¹1972.
7 Die 15. Auflage kam revidiert 1972 neu heraus und erschien 1993 in der 30. Auflage.

kulturgeschichtliche Studie dar, die von den Anfängen des Schönen in Japan bis zur Gegenwart handelt und die wichtigsten ästhetischen Termini aufführt.

Aus der Fülle der Einzelstudien sei hier nur noch Ôhashi Ryôsuke: *Kire. Das "Schöne" in Japan. Philosophisch-ästhetische Reflexionen zu Geschichte und Moderne*[8] genannt.

Kunst kann man auch als Teil von Inszenierungen betrachten: religiöser, gesellschaftlicher und politischer Art.

Für religiöse Inszenierungen von Ritualen, kultischen Handlungen und Zeremonien ist die Kunst in Japan, wie überall, unerläßlich.

Der japanische Tendai- und Shingon-Buddhismus hat durch seine prächtigen Rituale eine äußerst enge Beziehung zu allen Zweigen der bildenden Künste. Sie dienten als visuelle Instruktionsmittel, um die spekulativen Visionen des Kosmos nicht nur dem Verstand, sondern auch den Sinnen der Gläubigen und Adepten faßbar zu machen. Mehrere Studien in diesem Zusammenhang hat Roger Goepper für den Esoterischen Buddhismus vorgelegt. In *Kekkai. Notes on a Shingon Ceremony and Its Connotations with Art* geht es um das Ritual der Abgrenzung und Heiligung eines Ortes für kultische Zwecke. Hier spielen die verschiedenen Gegenstände wie Vasen, kunstvolle Schnüre etc. eine bedeutende Rolle als symbolisch-magische Gegenstände.[9] In *Das Kultbild im Ritus des esoterischen Buddhismus*[10] oder in seiner großen Studie *Aizenmyôô. The Esoteric King of Lust. An Iconological Study*[11] betrachtet er das Kultbild als Teil der "religiösen Inszenierung".

Der wohl sinnfälligste Ausdruck ist die Schaffung eines Ortes, an dem das Ritual zelebriert werden kann: Die Architektur von Shintô-Schreinen und buddhistischen Tempeln. Deren Inszenierungen beispielsweise in der Heian-Zeit hat Rose Hempel in ihrem Buch *Japan zur Heian-Zeit. Kunst und Kultur* von 1983 dargelegt; eine Studie, die übrigens ganz von der Kunst ausgehend die Kultur dieser Epoche darzustellen versucht.[12]

Kunst kann weiterhin gesellschaftlichen Inszenierungen dienen. Ein Beispiel: Stell- bzw. Wandschirme (*byôbu* 屏風 oder *tsuitate* 衝立) fanden als Raumteiler und Dekoration für unterschiedliche Anlässe Verwendung. Seit der zweiten Hälfte des 14. Jahrhunderts nahmen allmählich Darstellungen von Kampfszenen auf Stellschirmen zu, die für Angehörige der Schwertadelskreise gemalt

---

8 Aus dem Japanischen von Rolf Elberfeld. Redaktionelle Bearbeitung Jörg Quenzer. Köln: DuMont 1994.
9 GOEPPER 1979.
10 GOEPPER 1983.
11 GOEPPER 1993.
12 HEMPEL 1983.

wurden. Mit diesen prächtigen Stellschirmen als Raumschmuck für offizielle Empfänge konnten die Kriegersippen, beispielsweise an die berühmten Schlachten des Heike-Epos anknüpfend, ihr eigenes Kampfgeschick auf indirekte Weise zur Schau stellen und zugleich auch beschwören. Seit dem 15. Jahrhundert, also in der "Zeit der streitenden Provinzen" (*Sengoku jidai* 戦国時代) standen nicht mehr die Darstellungen von Schlachten insgesamt, sondern die einzelner oder weniger Krieger im Vordergrund. Dieser Wandel in der Motivik weg vom Schlachtfeld allgemein hin zur Betonung einzelner herausragender "Krieger" (*bushi* 武士) ist ein interessanter Beleg für die Epoche, befanden sich doch in den permanent aufflackernden Kämpfen um die Vormachtstellung im Reich die kampfbereiten Helden im Zentrum des politischen und gesellschaftlichen Interesses. Zugleich ist dies als ein Ausdruck für die zunehmende Bedeutung des Individuums zu deuten.

Eine ganz andere Funktion, als Macht und eigenes Kampfglück zu demonstrieren bzw. zu evozieren, hatte die Verwendung von Stellschirmen mit Titeln wie "Der Besuch des Exkaisers in Ôhara" (*Ôhara gokô* 大原御幸). Sie spielen auf den Besuch des Exkaisers Goshirakawa'in 後白河院 (1127–92) bei Kenreimon'in 健礼門院 (1155–1213), seiner Schwiegertochter, an. Kenreimon'in hieß eigentlich Masako. Sie war die Tochter des besiegten Taira no Kiyomori, Witwe des Kaisers Takakura und Mutter des in den Fluten von Dan no ura ertrunkenen Kindkaisers Antoku (1178–85). Nach dem Untergang ihrer gesamten Sippe hatte sich Masako in den Tempel Jakkôin in Ôhara als Nonne Kenreimon'in zurückgezogen, um für den Seelenfrieden ihrer Angehörigen zu beten. Die vielen einzelnen Motive dieser Stellschirme wirken wie ein Bühnenbild für die Szenen des traditionell Zeami 世阿弥 (1363–1443) zugeschriebenen Nô-Stücks *Ôhara gokô*. Als die Stellschirme mit diesem Motiv entstanden[13], wurde das Stück jedoch kaum aufgeführt, sondern bei Zusammenkünften im Kaiser- oder Shôgun-Palast rezitiert, da es sich besser zum Vortragen als zum Spielen auf einer Bühne eignet. Die *Ôhara gokô*-Stellschirme dienten bei jenen Gelegenheiten als eine Art Hinführung zu der auf ihnen nicht dargestellten berühmten Begegnung von Kenreimon'in und Goshirakawa'in, die dann rezitiert wurde.

Als eine gesellschaftliche Inszenierung ganz anderer Art sind die Blumenschauen zu betrachten, die der Exkaiser Gomizunoo 後水尾 (1596–1680) – ein großer Förderer von Kunst und Kultur – ab 1629 veranstaltete. Gomizunoo Tennô hatte 1611 den Thron bestiegen, dankte jedoch 1629 ab, weil er nicht länger den strengen Reglements der Tokugawa-Regierung unterworfen sein

---

13 Vgl. TAKEDA 1988: 180–191 und FORD 1997: 40–47.

wollte, mit denen diese jegliche Einmischung des Hofes und der Aristokratie Kyotos in Regierungsangelegenheiten zu unterbinden suchte. Unter Anleitung des berühmten Künstlers des *rikka* 立花 Ikenobô Senkô II. 池坊専好 (gest. um 1658) fanden pro Monat drei bis fünf Blumenschauen statt, an denen der Tennô persönlich, Hofadlige, hochrangige Mönche, aber auch niedere Bedienstete und andere Anhänger der Blumenkunst teilnahmen. Im Hof des Palastgebäudes Shishinden ließ er bis zum Südtor auf beiden Seiten provisorische Ausstellungsflächen errichten, auf denen die Mitglieder aller Gesellschaftsschichten ihre Kunst des Arrangierens unter Beweis stellen konnten. Mit diesen gesellschaftlich freizügigen Blumenschauen rächte sich Gomizunoo Tennô für die Restriktionen des Shôgun in Edo: Er setzte sich über die strikt überwachten Standesunterschiede einfach hinweg, indem er den Palast auch niederen Bevölkerungsschichten zugänglich machte.[14]

Bis heute sind Ikebana-Ausstellungen gesellschaftliche Ereignisse, die jährlich Millionen von Teilnehmern und Besuchern anlocken.

Auch die Tee-Zusammenkünfte könnte man als gesellschaftliche Inszenierung bezeichnen. Alle Teilnehmer gestalten gemeinsam und gleichbereichtigt miteinander das "Gemeinschaftskunstwerk" Tee. Der große Teemeister Sen no Rikyû 千利休 (1521–91) schuf beispielsweise eine Schwertablage draußen direkt neben dem Eingang zum Teehaus. Dort mußten sich die Krieger, die dies üblicherweise nicht taten, von ihren Statussymbolen, den Schwertern, trennen. Rikyû verzichtete auch auf den gesonderten Eingang für hochgestellte Persönlichkeiten und ließ alle gleichermaßen gebückt durch einen niedrigen Eingang, die "Kriechöffnung" (*nijiriguchi* 躙口) hindurchschlüpfen. Wenn nun sämtliche Teilnehmer einer Tee-Zusammenkunft, die sogenannten "Tee-Menschen" (*chajin* 茶人), durch denselben Eingang gebückt hindurch müssen, stehen sie zumindest für die Zeit der Tee-Gesellschaft auf einer Stufe. Diese unerhörte Aufhebung von Rang und gesellschaftlicher Stellung wurde allerdings ab 1717 zunehmend kritisiert und der Sondereingang für Höhergestellte kam wieder in Mode.[15] Als Beitrag zur Erforschung der Entwicklungsgeschichte des Stellenwerts der Individualität in Japan ist dieses Beispiel aus der Tee-Kunst höchst interessant.

Betrachten wir nun den Aspekt der Kunst als politische Inszenierung. In der Azuchi-Momoyama-Zeit 安土桃山時代 (1573–99), in der auch Rikyû wirkte, entstanden Schlösser, die nicht nur wehrhafte Burgen waren, sondern gleichzeitig repräsentive Funktion hatten. Die Schloßarchitektur hatte dem Machtanspruch von Oda Nobunaga 織田信長 (1534–82), dem ersten der drei

---

14 Vgl. KUDÔ 1993b: 78.
15 Vgl. EHMCKE 1991: 57f.

Reichseiniger, Ausdruck zu verleihen. Sein 1576 errichtetes Azuchi-Schloß, 1582 leider völlig zerstört, wurde mit seinem Architekturstil, seiner Innenausstattung – zum Beispiel der prächtigen Wandmalerei – sowie der Schloßstadt-Anlage zum Vorbild aller nachfolgenden Residenzen und Regierungssitze. Hier sind die Architektur und alle anderen Künste, unabhängig von ihrem Wert an sich, vor allem im Dienste politischer Inszenierung zu sehen.

Der zweite große Reichseiniger Toyotomi Hideyoshi 豊臣秀吉 (1536–98) hatte 1587 mit seinem Kyûshû-Feldzug gegen die Shimazu von Satsuma die letzten Gegner unterworfen. Als Siegesfeier des Kyûshû-Feldzuges und zur gleichzeitigen Kundgabe der vollständigen Beherrschung des Landes veranstaltete Hideyoshi im 10. Monat desselben Jahres eine künstlerische Mammutschau: die "Tee-Großveranstaltung von Kitano" (*Kitano ôchanoyu* 北野大茶湯), an der insgesamt etwa 800 Tee-Menschen, die Schaulustigen nicht eingerechnet, beteiligt gewesen sein sollen. Im Kitano-Schrein stellte Hideyoshi sein transportables goldenes Tee-Haus, in dem er 1586 unter Rikyûs Assistenz den Ôgimachi Tennô 正親町天皇 (1517–93) empfangen hatte, sowie seine kostbaren Tee-Geräte öffentlich zur Schau, um seinen Reichtum und seinen Geschmack und damit seine Macht zu demonstrieren. Hier wurde die Tee-Kunst als politische Inszenierung gekonnt eingesetzt.[16]

Wie bereits mehrfach angeklungen, ermöglichen die Studien zum Tee-Weg und zur Blumenkunst, die im Westen zu unrecht oft belächelt werden, interessante Einblicke in die japanische Kultur- und Geistesgeschichte.

Eine frühe, bis heute lesenswerte Schrift verfaßte Okakura Tenshin im Jahr 1906 mit seinem Englisch geschriebenen *The Book of Tea*, das in viele Sprachen übersetzt und immer wieder aufgelegt wurde.[17]

Von 1962–64 erschienen im Verlag Kadokawa Shoten 角川書店 die ersten umfassenden Studien zur Kulturgeschichte des Tee-Wegs in der siebenbändigen Reihe *Zusetsu cha(sa)dô taikei* 図説茶道体系 ("Illustrierter Abriß des Tee-Wegs"), an der zahlreiche namhafte Wissenschaftler wie Hayashiya Tatsusaburô 林屋辰三郎, Nishiyama Matsunosuke 西山松之助 oder Kuwata Tadachika 桑田忠親 mitwirkten. Die Themen sind: "Die Ästhetik des Tees" (*Cha no bigaku* 茶の美学), Band 1; "Kulturgeschichte des Tees" (*Cha no bunkashi* 茶の文化史), Band 2; "Tee-Zusammenkünfte und Teebereitung" (*Chakai to temae* 茶会と点前), Band 3; "Tee-Architektur und Tee-Gärten" (*Cha no kenchiku to niwa* 茶の建築と庭), Band 4; "Tee-Kunst und Tee-Kunsthandwerk"

---

16 Vgl. HENNEMANN 1994: 129f. und EHMCKE 1991: 60ff.
17 Die noch immer erhältliche deutsche Übersetzung von Horst Hammitzsch *Kakuzô Okakura. Das Buch vom Tee* erschien 1949 im Insel Verlag (heute Insel Taschenbuch).

(*Cha no bijutsu to kôgei* 茶の美術と工芸), Band 5; "Menschen, die für den Tee leb(t)en" (*Cha ni ikita hito* 茶に生きた人), Band 6; Band 7 enthält Quellentexte zum Tee-Weg.

Von einem mehr kulturphilosophisch ausgerichteten Blickwinkel her hat der Philosoph und Zen-Spezialist Hisamatsu Shin'ichi 久松真一 (1889–1980) die Tee-Kunst in *Sadô no tetsugaku* 茶道の哲学 ("Die Philosophie des Tee-Wegs"[18]) betrachtet. Seine Betonung ausschließlich des Zen als prägender Grundlage für den Tee-Weg ist etwas zu einseitig. Er bringt jedoch bis heute immer wieder zitierte Gedanken zum geistigen Hintergrund des Tees.

Weitere japanischsprachige Veröffentlichungen von namhaften Kulturhistorikern zum Tee-Weg sind kaum mehr zu überschauen. Die Faszination dieses Themas liegt eben auch und gerade darin, daß nicht durch schriftliche Quellen allein, sondern auch durch Kunst- und Kunsthandwerkserzeugnisse, Gärten, Architektur, Speisen etc. Einblicke in die verschiedensten Bereiche der Kulturgeschichte gewonnen werden können. Von deutscher Seite liegen zwei neuere Bücher vor, die dem Tee-Weg gewidmet sind und zu kultur-, kunst- und ästhetikgeschichtlichen neuen Einblicken kommen: Franziska Ehmcke: *Der japanische Tee-Weg. Bewußtseinsschulung und Gesamtkunstwerk*. Köln: DuMont 1991; und die Habilitationsschrift von Horst Siegfried Hennemann: *Chasho. Geist und Geschichte der Theorien japanischer Teekunst*. Wiesbaden: Harrassowitz 1994.

Die erste großangelegte Reihe zur kulturgeschichtlichen Bedeutung des Ikebana erschien von 1970–72 in sechs Bänden im Verlag Kadokawa Shoten: *Zusetsu ikebana taikei* 図説いけばな体系 ("Illustrierter Abriß des Ikebana"). Die Titel der Bände im einzelnen: *Ikebana no bigaku* いけばなの美学 ("Die Ästhetik des Ikebana", Bd. 1), *Ikebana no bunkashi ichi* いけばなの文化史 I ("Kulturgeschichte des Ikebana I", Bd. 2), *Ikebana no bunkashi ni* いけばなの文化史 II ("Kulturgeschichte des Ikebana II", Bd. 3), *Gendai no ikebana* 現代のいけばな ("Das moderne Ikebana", Bd. 4), *Ikebana no saijiki* いけばなの歳時記 ("Ikebana Kalender", Bd. 5), Band 6 enthält Quellentexte zum Ikebana.

Die zweite große Reihe *Zusetsu ikebana bunkashi* 図説いけばな文化史 ("Illustrierte Kulturgeschichte des Ikebana"), die von bzw. in dem Verlag Shufu no Tomosha 主婦の友社 in Tokyo herausgegeben wurde, erschien 1979 in drei Bänden. Auch hier werden die unterschiedlichsten kulturellen, gesell-

---

18 *Hisamatsu Shin'ichi chosakushû* 1973, Bd.4.

schaftlichen und künstlerischen Aspekte im Zusammenhang mit dem Ikebana beleuchtet. Die Beiträge stammen unter anderen von Haga Kôshirô 芳賀幸四郎, Murai Yasuhiko 村井康彦 oder Yoshimura Teiji 吉村貞司.

Die jüngste umfangreiche japanische Publikation zur Kulturgeschichte des Ikebana stellt die von Kudô Masanobu 工藤昌伸 dar: "Kulturgeschichte des Ikebana in Japan" (*Nihon ikebana bunkashi* 日本いけばな文化史), in 5 Bänden von 1992–95 in Kyoto bei Dôhôsha Shuppan 同朋舎 erschienen.

Bisher gibt es nur wenige kulturgeschichtliche Studien in westlichen Sprachen, die sich der Entstehung und Entwicklung des Ikebana von seinen Anfängen bis heute schulübergreifend widmen. Der britische Architekt Josiah Conder (1852–1920) veröffentlichte 1891 das erste große Buch über die japanische Blumenkunst in einer westlichen Sprache: *The Flowers of Japan and the Art of Floral Arrangement*. Bei der revidierten Neuauflage 1899 änderte er den Titel in *The Floral Art of Japan*. Dieses Werk blieb lange Zeit die bedeutendste Ikebana-Monographie im Westen und erlebte viele Auflagen. Danach gab es zwar viele Ikebana-Bücher auch auf Deutsch, die aber meistens nur eine bestimmte Schule und deren Arrangierstile vorstellten. Eine Ausnahme ist *Das Ikebana-Buch. Von Geist und Schönheit des japanischen Blumensteckens* von Ayako Graefe.[19] Graefe bringt neben ausführlichen Steck-Anleitungen auch Kapitel über die Geschichte, den geistigen Hintergrund und die Ästhetik des Ikebana. Eine umfassende japanologische Kulturgeschichte des Blumen-Wegs in einer westlichen Sprache bietet Franziska Ehmcke: *Faszination Ikebana – Kulturgeschichte der japanischen Blumenkunst*. Köln: DuMont 1996.

3. *Soziale Kontexte: Kunst und Kommunikation*

Im folgenden sollen weitere Blickwinkel, unter denen Kunst erforscht werden kann, vorgestellt werden.

Hier sei nur kurz erwähnt, daß künstlerische Artefakte für Fragen der Intertextualität – eine Methode, die innerhalb der Literaturwissenschaft entwickelt wurde, aber auch auf nicht-literarische Bereiche zunehmend Anwendung findet – von Bedeutung sind. Hierbei ist es interessant zu untersuchen, vor welchem Hintergrund und in welcher Weise Texte oraler und literarischer Provenienz in Kunst umgesetzt werden. Dies wurde beispielsweise für den Motivkreis aus der Welt des Heike-Epos für alle Kunstbereiche versucht.[20]

---

19 GRAEFE 1982.
20 Vgl. EHMCKE 2000.

Betrachtet man Kunst wiederum als Teil der gesamtkulturellen bzw. gesamtgesellschaftlichen Kommunikation, so ergeben sich mehrere Ebenen, auf denen diese stattfindet, die sich überschneiden können:

1. Kunst als Kommunikationsmittel mit dem Numinosen
2. Kunst als politisches Kommunikationsmittel
3. Kunst als Ausdruck bestimmter Geisteshaltungen oder Themen
4. Kunst als gesellschaftliche Kommunikation
5. Kunst als "Werbeträger"

Für alle fünf Kommunikationsbereiche kann wiederum nur Weniges exemplarisch vorgestellt werden.

1. Kunst als Kommunikation mit dem Numinosen. Auf die innere wie äußere Gestaltung von Shintô-Schreinen und buddhistischen Tempeln als Orte der Begegnung mit den Gottheiten wurde bereits hingewiesen. Im Byôdôin 平等院 in Uji 宇治 ist sogar die gesamte Tempel- und Gartenanlage als Ausdruck des Paradieses von Buddha Amida gestaltet.

Für die religiöse Kommunikation spielen Kultbilder und -figuren eine große Rolle. In den bereits angeführten und weiteren Arbeiten speziell zum Esoterischen Buddhismus geht Roger Goepper diesem nach. Die Kultbilder haben im Ritual die Aufgabe, zur meditativen Schau eines Buddhas, Bodhisattvas oder einer anderen buddhistischen Gottheit als Anleitung zu dienen. Im Verlauf des Rituals führt diese Visualisation zur Verwirklichung der mystischen Einheit mit der göttlichen Gestalt.

Seit der Heian-Zeit war es überdies ein weit verbreiteter Brauch, am Lager eines Sterbenden ein Bild des "Herabkommenden Buddha Amida" (*Amida raigô zu* 阿弥陀来迎図) aufzuhängen, bei dem von den Händen des Buddhas fünffarbige Schnüre herabhingen. Man glaubte, daß der Sterbende, wenn er diese ergreife, von Amida direkt in sein Paradies geleitet werde.

Die *emakimono* 絵巻物 ("bebilderte Rollen") ermöglichen die Kommunikation mit einem Heiligen. Beispiele sind die Biographien von Hônen Shônin 法然上人 (1133–1212), dem Begründer der Jôdoshû 浄土宗: *Hônen Shônin eden* 法然上人絵伝 ("Illustrierte Biographie des ehrwürdigen Hônen"), oder von Ippen Shônin 一遍上人 (1239–89), dem Begründer der Jishû 時宗: *Ippen hijiri'e* 一遍聖絵 ("Bildrollen des Heiligen Ippen").[21]

2. Kunst als politisches Kommunikationsmittel. Die Möglichkeit der politischen Inszenierung mit Hilfe der Kunst wurde oben bereits erwähnt. Hier soll nun auf einen besonders in der Edo-Zeit beliebten Kunstgriff hingewiesen

---

21 Vgl. EHMCKE 1992.

werden: die Parodie- oder Travestie-Bilder *mitate'e* 見立絵. Satire und ironische Anspielungen hatten in dieser Zeit nicht nur in der Kunst Hochkonjunktur, da es den Bürgern nicht erlaubt war, direkte Kritik bzw. ihre ungeschminkte Meinung zu politisch-gesellschaftlichen Mißständen zu äußern. So machte man sich zum Beispiel in *ukiyo'e*-Serien auf gewitzte Art über die 24 Pietätsgeschichten lustig, die in China zusammengestellt worden waren und die konfuzianische Tugend der Liebe zu den eigenen Eltern besingen. Alle Kinder opfern sich meist unter Gefahr für das eigene Leben für die Eltern auf, wenden die Geschehnisse dadurch zum Guten und werden zu leuchtenden Vorbildern. Dieses Verhalten wurde von der Shôgunatsregierung, ebenso wie die anderen konfuzianischen Tugenden, hoch gelobt. Statt der dramatischen Szenen aus der chinesischen Vorlage schuf Isoda Koryûsai 磯田湖龍斎 (tätig 1764–89) beispielsweise in seiner Serie *Fûryû Yamato nijûshi kô* 風流大和廿四孝 ("Japanische 24 Pietätsgeschichten in unserer Zeit") friedliche Genrebilder der Bürger von Edo. Der Ausdruck *fûryû* ist nur schwer mit einem Wort übersetzbar. Er bedeutet, daß man die Tradition respektiert und seine Bildung unter Beweis stellt – in diesem Fall die Kenntnis jener chinesischen Pietätsgeschichten –, aber gleichzeitig etwas ganz Neues schafft, indem man das Motiv oder die Thematik verfremdet, in zeitgenössischer Manier umsetzt. So ergaben sich Darstellungen, die auf den ersten Blick unverfänglich schienen, aber dem damaligen Betrachter in ihrer Hintersinnigkeit sofort verständlich waren.

Als weiteres Beispiel sei das *surimono* 摺物 "Frau als Zen-Patriarch Bodhidharma" (*Onna Daruma* 女達磨) von Utagawa Sadakage 歌川貞景 (tätig 1818–44) genannt. Dieses Motiv war damals sehr populär. Es sollte hier keinesfalls der große Zen-Lehrer Bodhidharma, japanisch *Daruma*, verunglimpft werden. Dieses Sujet geht vielmehr auf den Ausspruch einer Kurtisane zurück, die das unglaublich harte Leben eines Freudenmädchens mit Bodhidharmas legendärem Sitzen vor einer Wand in neunjähriger regloser Meditation verglich, die ihn zur Erleuchtung geführt haben soll.[22] Direkte Kritik an den politisch-gesellschaftlichen Verhältnissen – in diesem Fall, daß kleine Mädchen von Menschenhändlern ihren in äußerster Armut lebenden Eltern abgekauft und an die Bordelle weiterverkauft wurden, wo man sie wie Sklavinnen hielt – war nicht möglich, aber die Sprache der Bilder wurde verstanden.

3. Kunst als Ausdruck bestimmter Geisteshaltungen oder Themen. Eine frühe Untersuchung hierzu legte Karl Hennig vor: *Der Karesansui-Garten als Ausdruck der Kultur der Muromachi-Zeit*, 1982 als japanologische Disser-

---

22 Vgl. EHMCKE 1991: 148, 172.

tation veröffentlicht.²³ Hier werden anhand der Gartenkunst Einblicke in die besondere Ästhetik dieser vom Zen zutiefst geprägten Epoche gewährt und neue Erkenntnisse gewonnen.

Daß man mit Hilfe der Kunst nicht nur interessante Erkenntnisse über Japan gewinnen kann sondern auch über unsere europäische Kultur, belegt die Studie von Claudia Delank: *Das imaginäre Japan in der Kunst. "Japanbilder" vom Jugendstil bis zum Bauhaus.*²⁴ Sie zeigt die Vorliebe der Europäer für das vormoderne Japan als Projektionsfläche der eigenen Wunschvorstellungen, die die durch die Industrialisierung entstandenen kulturellen Defizite ausgleichen sollte. Diese Art von Forschung ist für jenen japanologischen Bereich, der sich mit der Rezeption Japans im Westen auseinandersetzt, interessant.

Im Zen-Buddhismus spielte von Anfang an die Kunst eine besondere Rolle, denn man suchte die unmittelbare Überlieferung der Lehre von "Geist zu Geist" (*isshin denshin* 一心伝心), unabhängig von heiligen Schriften – was paradoxerweise zu einem umfangreichen neuen Schrifttum führte – und von Kultbildern im herkömmlichen Sinn. Diese unmittelbare Überlieferung ist für den Zen-Menschen in trefflicher Weise durch die gemalten und geschriebenen Meisterwerke alter Meister zum Ausdruck gekommen. Sie werden daher auch als "Siegelabdrücke des Geistes"²⁵ (chines. *xinyin*, japan. *shin'in* 心印) bezeichnet. Die Werke verstorbener Meister sind für den Zen-Adepten lebendige Spuren ihrer Schöpfer. Besonders Schriftkunstwerke wurden in diesem Sinne geschätzt. Man nennt sie "Tuschespuren" (*bokuseki* 墨跡 / 墨蹟) oder auch "wahre, echte Spuren" (*shinseki* 真跡 / 真蹟). Dem Zen-Menschen wird durch sie die spirituelle Kommunikation mit der Geisteshaltung des Schreibers, unabhängig von der räumlich-zeitlichen Dimension, ermöglicht. Auf diese Weise sind diese Zen-Kunstwerke in der Lage, Aufschlüsse über die Persönlichkeit und die Biographie des Künstlers einerseits und anderseits über die religionshistorisch relevanten Elemente des Zen innerhalb der japanischen Kultur – zum Beispiel bezüglich des Menschenbildes – zu geben.

Eine der frühesten und einflußreichsten Studien, die der Kunst im Zen gewidmet ist, stellt das im Jahre 1958 veröffentlichte Werk *Zen to bijutsu* 禅

---

23 HENNIG 1982.
24 DELANK 1996. Vgl. auch die Buchbesprechung von Klaus VOLLMER in: *NOAG* 161–162 (1997): 220–226.
25 BRINKER u. KANAZAWA 1993: 38.

と美術 ("Zen und die Kunst"[26]) des bereits erwähnten Philosophen und Zen-Spezialisten Hisamatsu Shin'ichi dar. Darin hat er sieben Eigenschaften aufgestellt, die ein Zen-Kunstwerk auszeichnen: Asymmetrie (*fukinsei* 不均整), Einfachheit (*kanso* 簡素), schlichte Erhabenheit (*kokô* 枯高), Natürlichkeit (*shizen* 自然), unergründliche Tiefe (*yûgen* 幽玄), Losgelöstheit von allem Weltlichen (*datsuzoku* 脱俗) und Stille (*seijaku* 静寂). Diese von ihm herausgestellten sieben Eigenschaften, die bis heute immer wieder zitiert werden, sind nun nicht nur für Kunsthistoriker im engeren Sinne interessant, sondern auch für Religionswissenschaftler und Philosophen. An dieser Stelle treffen sich Kulturwissenschaft und Kunst in bester Weise.

4. Kunst als gesellschaftliche Kommunikation. Die Tee-Kunst wurde bereits mehrfach angesprochen. Hier wie auch bei Ikebana-Ausstellungen oder der Duft-Kunst treffen sich die Freunde der jeweiligen Richtung, um sich auszutauschen und gemeinsam etwas zu kreieren. Eine andere Form, mit Gleichgesinnten durch Kunst zu kommunizieren, sind die *shigajiku* 詩画軸 ("Rollbilder mit Gedichten und Malerei"). Diese Bilder entstanden bei den Zusammenkünften in den literarischen Zirkeln um die Äbte der Zen-Klöster. Auf ihnen verband sich die Zen-Kalligraphie mit Malerei und Dichtung zu einem Gesamtkunstwerk im Kleinen.

Als Kunst im Zusammenhang mit gemeinschaftlicher Kommunikation sind auch die Kunstartefakte für die Volksbräuche zu nennen: Die Puppen zum "Puppenfest" (*Hinamatsuri* 雛祭), dem Mädchenfest am 3. Tag des 3. Monats des alten Mondkalenders – heute immer am 3. März –, die Neujahrsschmuck-Traditionen wie beispielsweise die "Torkiefern" (*kadomatsu* 門松), die "Karpfenwimpel" (*koinobori* 鯉幟) oder "Bilder tapferer Krieger" (*musha'e* 武者絵) für das "Knabenfest" (*Tango no sekku* 端午の節句) am 5. Tag des 5. Monats nach dem Mondkalender – heute der 5. Mai – und ähnliches mehr.

5. Kunst als "Werbeträger". Besonders beliebt waren in der Edo-Zeit "Schauspieler-Bilder" (*yakusha'e* 役者絵). Diese dienten als Werbeträger für bestimmte Stücke oder für die Stars eines bestimmten Theaters. Sie stellten Sammelobjekte – vergleichbar den Starfotos heute – dar, um die sich die Fans bemühten. Einige der Holzschnittkünstler hatten sich ganz auf dieses Genre spezialisiert. Die *yakusha'e* sind eine Fundgrube für Theaterwissenschaftler bezüglich der Schauspieler-Genealogien, der Stücke, in denen sie spielten – meist sind neben den Namen auch die Rollen, in denen sie auftraten, vermerkt –, der Schminktechniken, der Kostüme, der Accessoires etc.

---

26 Vgl. die englische Übersetzung *Zen and the Fine Arts*. Übersetzt von Gishin Tokiwa. Tokyo: Kodansha International 1971.

Schauspieler-Blätter dienten auch als "Mode-Vorlagen", da im Kabuki meist die neuesten Trends der Bürgermoden vorgestellt wurden.[27]

Darstellungen schöner Teemädchen wiederum warben für bestimmte Teehäuser oder Kurtisanenbilder für die Freudenhäuser, denen sie angehörten. Bei beiden ist wiederum kulturgeschichtlich von Interesse, welche Kleidermode bei den bürgerlichen Frauen oder den Kurtisanen herrschte, wie deren Frisuren und Haarschmuckteile waren, was als *dernier cri* galt und wie sich dies alles gegenseitig beeinflußte.

Auch für Themen der Alltagskultur stellen Kunstartefakte eine Fundgrube dar.

In letzter Zeit haben Forschungen anhand von "bebilderten Rollen" (*emakimono*) oder Holzschnitten (*ukiyo'e*) zur konkreten Alltagskultur Hochkonjunktur. Die auf ihnen festgehaltenen Einzelheiten von Gebäuden, Kleidung, Gegenständen, Nahrung, Vergnügungen etc. sind das Material für Forscher verschiedenster Spezialgebiete. Beispiele für die kulturgeschichtliche Erschließung von Bilderrollen sind: Komatsu Shigemi 小松茂美: *Nihon emaki shûkô* 日本絵巻聚稿 ("Gesammelte Manuskripte zu japanischen Bilderrollen", 2 Bde.), Chûô Kôronsha 中央公論社 1998 und Fujiwara Yoshiaki / Gomi Fumihiko 藤原良章 / 五味文彦: *Emaki ni chûsei wo yomu* 絵巻に中世を読む ("Das Mittelalter aus den Bilderrollen ablesen"), Yoshikawa Kôbunkan 吉川弘文館 1995.

Beispiele für die in letzter Zeit in Japan zahlreich durchgeführten kulturgeschichtlichen Erforschungen der Holzschnitte sind Werke wie NHK Dêta Jôhôbu NHKデータ情報部 (Hg.): *Vijuaru hyakka Edo jijô* ヴィジュアル百科江戸事情 ("Visuelle Enzyklopädie. Die Verhältnisse in Edo", 5 Bde.), Yûzankaku Shuppan 雄山閣出版 1991–93 oder Kasuya Hiroki 粕谷紀: *Tôkaidô meisho zu'e wo yomu* 東海道名所図会を読む ("Das Lesen in den Bildern berühmter Stätten entlang der Tôkaidô"), Tôkyôdô Shuppan 東京堂出版 1997.

Auch Bestandskataloge von Museen können zu Themen der Alltagskultur höchst aufschlußreich sein. Stellvertretend sei hier auf das exzellente Werk von Masako Shôno-Sládek hingewiesen, das bereits im Untertitel angibt, wie hier Kunst in den kulturellen Kontext eingebettet ist bzw. diesen erhellt: *Der Glanz des Urushi. Die Sammlung der Lackkunst des Museums für Ostasiatische Kunst der Stadt Köln. Bestandskatalog mit kulturhistorischen Betrachtungen.* Köln 1994.

Eine hochinteressante Möglichkeit, Kulturgeschichte anhand von Kunstartefakten zu erarbeiten, sind Ausstellungen. Die Bandbreite der Themen sei

---

27 Vgl. beispielsweise UEDA 1994.

anhand einiger weniger Beispiele vorgeführt. Auf die zahlreichen japanischen Ausstellungen kann im Rahmen dieses kurzen Abrisses leider nicht eingegangen werden. Es soll sich hier auf westliche beschränkt werden.

Im Westen setzte die Ausstellung "The Great Japan Exhibition. Art of the Edo Period 1600–1868" Maßstäbe. Sie fand 1981 in der Royal Academy of Arts in London statt. Das Ziel dieser Ausstellung bestand darin, Artefakte der Edo-Zeit zu zeigen und zwar "shown in such a way that the fascinating development and characteristics of that society could be easily understood by the visitor", wie es Sir Hugh Casson als Präsident der Royal Academy of Arts in seinem Vorwort im Katalog zum Ausdruck bringt.[28] Die Ausstellung zeigte Exponate aus den Bereichen: Painting, Calligraphy, Wood-block prints, Wood-block books and albums, Lacquer, Ceramics, Armour, Sword blades, Sword mounts, Sculpture, Netsuke und Textiles. Diese wurden im Katalog mit einer ausführlichen Einleitung versehen. Der Katalog umfaßt neben einem kunsthistorischen Aufsatz von William Watson: "Art in Momoyama and Edo" außerdem zwei Essays von Japanologen: von W. G. Beasley: "Edo Japan: Politics and Foreign Relations" und von Masahide Bito: "Society and Economy in the Edo Period". Hinzu kommen ein Verzeichnis von Literatur in westlichen Sprachen, ein Glossar und ein Künstler-Index.

Der modernen japanischen Kunst als Teil der Avantgarde war die einmalige Ausstellung "Le Japon des avant-gardes 1910–1970" gewidmet, die 1986/87 im Centre Pompidou in Paris zu sehen war. In dem umfangreichen Ausstellungskatalog sind von zahlreichen japanischen und einigen französischen Spezialisten an die 40 Aufsätze nicht nur zur avantgardistischen Kunstszene des genannten Zeitraums, sondern auch zu anderen kulturellen und gesellschaftlichen Bereichen wie Theater, Literatur, Urbanisierung, Umwelt und Technologie in ihren komplexen Verflechtungen versammelt. Wer sich für Avantgarde-Bewegungen in Japan interessiert, findet hier reiches Material. Eine Chronologie, eine Bibliographie der Literatur in japanischer und westlichen Sprachen sowie ein Glossar runden diesen Band ab.[29]

Die Ausstellung "Shingon. Die Kunst des geheimen Buddhismus in Japan", die in Köln 1988 von Roger Goepper ausgerichtet wurde, erschloß anhand von Kunstwerken den Zugang zu einer der bedeutendsten buddhistischen Schulen Japans. Der von Goepper geschriebene Katalogteil umfaßt die Bereiche: Buddhas, Bodhisattvas, Könige Esoterischen Wissens (Myôô), Mandalas, Schutzgottheiten, Patriarchen, Texte und ikonographische Handbücher, Kultgeräte; auch hier sind jeweils grundlegende Einführungen vorangestellt. Der

---

28 WATSON 1981: 13.
29 *Le Japon des Avant-Gardes 1910–1970.* Paris 1986.

Katalog ist zu einem echten Handbuch des Shingon-Buddhismus geworden: Neben einem Literaturverzeichnis der wichtigsten Werke in europäischen Sprachen und in japanischer Sprache sowie einem Glossar enthält er sieben Aufsätze zu Geschichte, Literatur, Ritual und Kunst des Shingon.[30]

Der Bedeutung der *daimyô* als Kulturträger ging die Ausstellung "Japan. The Shaping of Daimyo Culture 1185–1868" nach, die 1988/89 in der National Gallery of Art in Washington gezeigt wurde. Auch dieser Katalog ist zu einem Materialschatz für Japanologen geworden. Nach den einleitenden Essays von Martin Collcutt: "Daimyo and Daimyo Culture" und von Yoshiaki Shimizu: "Daimyo and Art" folgt der Katalogteil mit den Abteilungen Portraiture, Calligraphy, Religious Sculpture, Painting, Arms and Armour, Lacquer, Ceramics, Textiles, Tea Ceremony Utensils und Nô-related Works. Eine Bibliographie von Literatur in westlichen und japanischer Sprache rundet den Katalog ab.[31]

Einem wiederum ganz anderen Thema war 1989 eine Ausstellung in Brüssel gewidmet: "L'Homme et son image" hieß die Schau im Palais des Beaux-Arts im Rahmen der "Europalia 89, Japan in Belgium". Hier finden sich einleitende Aufsätze zu Kunst und Kultur Japans sowie zum Ausstellungsthema "Der Mensch und sein Bildnis". Der Katalogteil gliedert sich in die Bereiche: Préhistoire, Masques, Panthéon bouddhique, Destinées, Shintô, Portraits, Environnement, Nouvelle esthétique, wobei jede Abteilung durch einen Essay eingeführt wird. Den Schluß bilden eine Chronologie historischer, politischer und kultureller Ereignisse und Bibliographien westlicher und japanischer Literatur.[32]

Als letztes Beispiel einer Ausstellung, die verschiedenste Kunstsparten zu einem großartigen kulturgeschichtlichen Tableau vereinigt, sei die Schau "Japan und Europa 1543–1929" im Berliner Martin-Gropius-Bau genannt, die 1993 im Rahmen der "43. Berliner Festwochen" gezeigt wurde. 16 Essays von verschiedenen Fachleuten sind vorangestellt, bevor der Katalogteil auf Seite 218 beginnt. Er ist chronologisch in die vier Großabschnitte: "Zeit der 'Entdeckung' 1543–1639", "Zeit der 'Abschließung' 1639–1853", "Japans 'Öffnung' zum Westen 1844–1900" und "Japans Weg in die Moderne 1868–1929" gegliedert; die zahlreichen Unterabschnitte hier alle aufzuführen,

---

30 GOEPPER 1988.
31 SHIMIZU (Hg.) 1989.
32 *L'Homme et son image.* Hg. von Europalia International Foundation. Brüssel 1989.

würde den Rahmen sprengen. Auch hier bietet ein Anhang wertvolle Hinweise.[33]

Bei den genannten Beispielen wurden Ausstellungen organisiert, die Werke aus den unterschiedlichsten Kunstsparten bezüglich einer Themenstellung vereinigten. Eine andere Möglichkeit liegt in der thematischen Hinterfragung nur einer Kunstgattung. Als ein von Japanologen erarbeitetes kleines Exempel sei eine Ausstellung von japanischen Farbholzschnitten im Museum für Ostasiatische Kunst Köln angeführt: "Reisewege – Reiseziele. Unterwegs im alten Japan. 16.5.–31.8.1997". Diese Ausstellung aus den Beständen des Museums wurde von Kölner Japanologie-Studenten konzipiert und durchgeführt. Im Mittelpunkt des Interesses standen die thematischen Schwerpunkte "Menschen unterwegs", "Reisewege" und "Reiseziele". Zu "Menschen unterwegs" wurden die Holzschnitte zum Beispiel nach der Mobilität befragt: Wer war aus welchen politischen, ökonomischen, sozialen oder privaten Motiven unterwegs? Oder welche Berufe lebten von "Menschen unterwegs"? Im Zusammenhang mit den "Reisewegen" standen Fragen nach der Infrastruktur, d.h. der Beschaffenheit der Landstraßen oder der Flüsse mit ihren Furten, Fähren und Brücken, nach den gesellschaftlich gestaffelten unterschiedlichen Unterkünften oder Transportmitteln, aber auch nach den Wetterverhältnissen und Gefahren. Bedeutsam war außerdem, welchen "Reisezielen" die Menschen zustrebten: Welche Landschaften, Sehenswürdigkeiten, Stätten mit religiöser und legendärer Bedeutung oder welche politisch-gesellschaftlichen Anlässe motivierten sie zu entweder langen Reisen oder kurzen Tagesausflügen.

Holzschnitte dienten im übrigen auch als Reise-Andenken für die Angehörigen daheim oder als Reise-Ersatz.

Japanologische Fragestellungen, die sich anhand des Mediums "Kunst" untersuchen lassen, werden in Zukunft noch zunehmen und versprechen weitere spannende Erkenntnisse.

---

33 CROISSANT u. LEDDEROSE 1993.

Literaturverzeichnis

BRINKER, Helmut; KANAZAWA Hiroshi
1993   *Zen. Meister der Meditation in Bildern und Schrift.* Zürich: Museum Rietberg.

BROCKMANN, Anita
1995 (ersch.)   "Auf dem Weg zu einem neuen Kunstverständnis. Ernest F. Fenollosas *Bijutsu shinsetsu*", in: *BJOAF* 18 (1994): 143–188.

CROISSANT, Doris; LEDDEROSE, Lothar (Hg.)
1993   *Japan und Europa 1543–1929.* Unter Mitwirkung von Hendrik Budde und Gereon Sievernich. Berlin: Argon.

DELANK, Claudia
1996   *Das imaginäre Japan in der Kunst. "Japanbilder" vom Jugendstil bis zum Bauhaus.* München: iudicium.

EHMCKE, Franziska
1983   "Okakura Tenshins *Nihon Bijutsushi*: Kunstgeschichte als Ideengeschichte", in: *NOAG* 133: 77–86.
1988 (ersch.)   "Die Rolle der *Kangakai* (Gesellschaft zur Begutachtung von Malerei) für die Entwicklung der *Nihonga*", in: *OE* 30 (1983–86): 121–129.
1991   *Der japanische Tee-Weg. Bewußtseinsschulung und Gesamtkunstwerk.* Köln: DuMont.
1992   *Die Wanderungen des Mönchs Ippen. Bilder aus dem mittelalterlichen Japan (Ippen hijiri'e).* Herausgegeben und aus dem klassischen Japanischen übertragen. Köln: DuMont.
2000   "Literatur als Inspirationsquelle – Motive des Heike-Epos in der Kunst", in: Franziska Ehmcke und Heinz-Dieter Reese (Hg.) in Zusammenarbeit mit dem Japanischen Kulturinstitut Köln: *Von Helden, Mönchen und schönen Frauen: Die Welt des japanischen Heike-Epos.* Köln: Böhlau: 117–152.

FORD, Barbara
1997   "Tragic Heroines of the *Heike monogatari* and their Representation in Japanese Screen Painting", in: *Orientations* Vol. 28, No. 2 (February 1997): 40–47.

GOEPPER, Roger
1979   *Kekkai. Notes on a Shingon Ceremony and Its Connotations with Arts,* in: *Nihon ni okeru bukkyō bijutsu no juyō to*

      tenkai 日本における仏教美術の需要と展開 ("Zu Nachfrage und Entwicklung der buddhistischen Kunst in Japan"). Nara: 41–58.
1983   *Das Kultbild im Ritus des esoterischen Buddhismus in Japan* (Vorträge G 264). Opladen: Rheinisch-Westfälische Akademie der Wissenschaften.
1988   *Shingon. Die Kunst des geheimen Buddhismus in Japan.* Mit Beiträgen von P. Vanden Broucke, F. Ehmcke, Sh. Manabe, Ch. Willemen. Köln: Museum für Ostasiatische Kunst der Stadt Köln.
1993   *Aizen-Myôô. The Esoteric King of Lust. An Iconological Study* (Artibus Asiae Supplementum 39). Zürich: Museum Rietberg.

GRAEFE, Ayako
1982   *Das Ikebana-Buch. Von Geist und Schönheit des japanischen Blumensteckens.* Stuttgart: Ulmer.

HEMPEL, Rose
1983   *Japan zur Heian-Zeit. Kunst und Kultur.* Stuttgart et al.: Kohlhammer.

HENNEMANN, Horst Siegfried
1994   *Chasho. Geist und Geschichte der Theorien japanischer Teekunst.* Wiesbaden: Harrassowitz.

HENNIG, Karl
1982   *Der Karesansui-Garten als Ausdruck der Kultur der Muromachi-Zeit* (Mitteilungen Bd. 92). Hamburg: Gesellschaft für Natur- und Völkerkunde Ostasiens.

Hisamatsu Shin'ichi chosakushû 久松真一著作集
1973   Risôsha 理想社.

KUDÔ Masanobu 工藤昌伸
1993a   *Kindai ikebana no kakuritsu* (Nihon ikebana bunkashi 3). 『近代いけばなの確立』(日本いけばなの文化史三) ("Die Etablierung des modernen Ikebana", "Kulturgeschichte des Ikebana, Bd. 3"). Dôhôsha Shuppan 同朋舎出版.
1993b   *Edo bunka to ikebana no tenkai* (Nihon ikebana bunkashi 2). 『江戸文化といけばなの展開』(日本いけばなの文化史二) ("Die Kultur Edos und die Entwicklung des Ikebana", "Kulturgeschichte des Ikebana, Bd. 2"). Dôhôsha Shuppan 同朋舎出版.

L'Homme et son image
1989   Hg. von Europalia International Foundation. Brüssel.

Le Japon des avant-gardes 1910–1970
    1986   Paris: Éditions du Centre Pompidou.

Museum für Ostasiatische Kunst der Stadt Köln (Hg.)
    1991   *Heiteres Treiben in der vergänglichen Welt. Japanische Holzschnitte des 17. bis 19. Jahrhunderts.* Übersetzt von F. Ehmcke. Anmerkungen und Textergänzungen von F. Ehmcke und M. Shono-Sladek. Museum für Ostasiatische Kunst der Stadt Köln.

Nihon Mingei Kyôkai 日本民芸協会 (Hg.)
    [1]1972   *Shinsô Yanagi Muneyoshi [Sôetsu] senshû.* 10 Bde. Shunshûsha. 『新装柳宗悦選集』春秋社.

SHIMIZU, Yoshiaki (Hg.)
    1989   *Japan. The Shaping of Daimyo Culture 1185–1868.* London: Thames and Hudson.

TAKEDA Tsuneo 武田恒夫
    1988   *Heike'e* (Zusetsu Nihon no koten, Bd. 9, Heike monogatari). 『平家絵』(図説日本の古典9　平家物語) ("Heike-Darstellungen", "Illustrierte Erläuterungen japanischer klassischer Werke, Bd. 9, Heike Monogatari"). Shûeisha 集英社: 180–191.

UEDA, Kôji
    1994   "Kabuki als Volksunterhaltung in der Edo-Zeit", in: Franziska Ehmcke, Masako Shôno-Sládek (Hg.): *Lifestyle in der Edo-Zeit: Facetten der städtischen Bürgerkultur Japans vom 17.–19. Jahrhundert.* München: iudicium: 153–173.

WATSON, William (Hg.)
    1981   *The Great Japan Exhibition. Art of the Edo Period 1600–1868.* London: Royal Academy of Arts.

Musik

Peter Ackermann

1. Zum Aufbau dieses Beitrags

Mein Hauptanliegen besteht darin, Gedanken zu formulieren zur Rolle einer sich als "Musikwissenschaft" bezeichnenden Disziplin innerhalb der Japanologie. Zahlreiche wesentliche Fragen zur "Musik" in der japanischen Kultur, und umgekehrt, zur japanischen Kultur im Kontext der Diskussion um Musik, sind meines Wissens bis jetzt kaum angedacht worden.

So drängen sich Grundsatzüberlegungen auf im Hinblick auf die Chancen und Möglichkeiten innerhalb der Japanologie, vom Fachgebiet "Musik" her zu spezifischen Einsichten zu gelangen. Solche Überlegungen scheinen mir im jetzigen Zeitpunkt wichtig, damit sich die Investitionen in Mühe und Arbeit nicht in abstrakten Fachdiskussionen verlieren, sondern auf dem vernünftigen Geleise einer Annäherung an den realen Gegenstand bleiben.

Der vorliegende Aufsatz befaßt sich relativ ausführlich mit einer Art Standortbestimmung in Bezug auf das Thema "Musik in Japan" und "Japan in der Musik". Dabei muß sogleich auf die Problematik dieser Begriffe "Musik in Japan" und "Japan in der Musik" hingewiesen werden. Es wäre nämlich fatal, aus den Augen zu verlieren, daß Japan außerhalb des kulturellen Rahmens stand, in dem bestimmte Entwicklungen, Auseinandersetzungen und Überlegungen stattfanden, die schließlich unsere Vorstellung von "Musik" ergaben. Dies ist stets zu bedenken, wenn wir einerseits auf die japanischen "Musik"-Traditionen im Laufe der Jahrhunderte blicken, andererseits uns aber auch Gedanken machen über die konzeptionellen Wurzeln des neuzeitlichen japanischen Musikgeschehens. Wie wir wissen, ist im 20. Jahrhundert das Musikverständnis Japans weitgehend Teil eines globalen Musikverständnisses (letztlich westlicher Prägung), die Verortung von Musik im Leben japanischer Menschen ist aber einer Dynamik gefolgt, die einen Ausgangspunkt besitzt, der nicht der unsere ist und über den wir uns Rechenschaft geben müssen.

In diesem Aufsatz wird nicht in Details von japanischer Musik – von Stücken, Gattungen, Traditionen, Instrumenten – eingeführt. Auch ist es hier nicht möglich, auf den modernen japanischen Musikbetrieb einzugehen. Im

Rahmen der zentralen Frage nach dem Gegenstand "Musik" und den mit ihr zusammenhängenden Überlegungen methodischer Art beschränke ich mich auf wenige grobe Informationen zu den konkreten äußeren Formen, in denen aufmerksamer, bewußter Umgang mit klingendem Material im Laufe der Jahrhunderte in Japan faßbar geworden ist. Es besteht nicht die Absicht, an dieser Stelle eine für die Praxis gedachte Übersicht über "was japanische Musik ist" zu liefern. Im Unterschied zu einem Fach oder Arbeitsgebiet, wo konkrete Informationen zu "Musik" erwartet werden, kann es sich die Japanologie meines Erachtens durchaus leisten, zuerst grundsätzlich darüber nachzudenken, ob und wie weit die Frage nach Musik im Kontext Japans überhaupt sinnvoll ist.

2. *"Musik in Japan" und "Japan in der Musik". Grundsatzüberlegungen*

2.1 *Musikschrifttum*

Publikationen und Forschungen, die sich als Schrifttum zum Thema "Musik" (in Japan) verstehen, decken inhaltlich wie auch in Bezug auf Darstellungsmethodik ein geradezu unendlich weites Feld ab. Es gibt Gesamtdarstellungen, es gibt Einzeluntersuchungen zur Musikgeschichte, es gibt instrumentenkundliche Arbeiten, Abhandlungen zu einzelnen Stücken, Gruppen von Stücken oder dem Repertoire eines Meisters, einer Schule oder einer Epoche, und anderes mehr. Zahlreich sind auch Materialien zum sogenannten "Musikwesen", also zu Aufführungsformen, Konzerten, Musik-"Szenen" oder der Musik-"Industrie", letzteres insbesondere im Zusammenhang mit Unterhaltungs-, Film- oder Popmusik, von Phänomenen wie Karaoke ganz zu schweigen. Nicht übersehen werden dürfen auch die verschiedenen Typen von Gebrauchsmusik, etwa im Reklamewesen oder für Hintergrundgeräuschpegel. Ebenso ist die Schulmusik nicht zu vergessen, bei der man sich bereits im 19. Jahrhundert im Unklaren war, ob sie unter Musik oder Kunst oder (ganz außerhalb von "Musik" und "Kunst") unter Pädagogik einzustufen sei.

Ebenso vielfältig wie das, was wir mit "Musik" meinen, ist auch das, was unter "Musikschrifttum" verstanden werden kann. Wichtige Untersuchungen zu Musik in Japan / japanischer Musik, die in der Regel im Rahmen der Musikwissenschaft entstehen, betreffen in erster Linie wohl individuelle (japanische) Komponisten und ihre Werke. Diese Untersuchungen sind vom Ansatz her im Prinzip in Analogie zu Untersuchungen westlicher Komponisten abgefaßt und gehen beispielsweise strukturellen Eigentümlichkeiten nach, oder fragen nach inneren Entwicklungen in den Werken im Laufe der Zeit, oder nach der Aufnahme und Verarbeitung von Einflüssen.

Ein weiterer, mitunter außerordentlich informativer Bereich von "Musikschrifttum" bilden die umfangreichen Dokumentationen, die – ganz besonders in Japan – Schallplatten, CDs und Videos beigegeben werden.

Ferner sei ein sowohl inhaltlich wie auch vom Darstellungsansatz her problematischer Typus von Musikschrifttum genannt, wo es offensichtlich nicht um Musik im engen Sinne geht, sondern um Theater, Feste und Feiern. Dabei werden die musikalischen Parameter oft auf sehr hilflose Weise erfaßt.

2.2 *Abgrenzung des Gegenstandes*

Warum die Frage nach "Musik" im Kontext eines japanbezogenen Diskurses vielleicht besser gar nicht gestellt wird, werde ich weiter unten diskutieren. Nehmen wir hier einmal an, wir wüssten einigermaßen, was Musik sei, oder wir hätten Bereiche ausgemacht, wo "aufmerksamer, bewußter Umgang mit klingendem Material" stattfindet, dann sollte die Japanologie, wie ich meine, einen voreiligen Einstieg in Untersuchungen durch einige kritische Fragen etwas abbremsen. Ist es beispielsweise heute noch sinnvoll, eine Zusammenstellung von "Musik"-Traditionen in Japan vorzunehmen und Bühnenstücke des 10. Jahrhunderts, zur Laute vorgetragene Rezitationen aus dem 14. Jahrhundert, Tänze an Tempeln und Schreinen, die Begleitung zu Aussagen und Gesängen von Figuren im Puppentheater, Lieder der Freudenviertel, Repertoires von Flötenmusik und vieles andere mehr einfach als "die (alte) japanische Musik" zu bezeichnen? Oder: Ist es sinnvoll, bei einer Darstellung der heutigen Musik-"Szene" von einem Bereich "traditioneller Musik" zu sprechen, wenn doch die Spieler moderne Menschen sind und die Umgebung ein moderner Saal ist? Oder: Ist es gerechtfertigt, zwischen "traditionell" (oder auch "klassisch") und "modern" zu unterscheiden, wenn wir bedenken, daß das "Traditionelle" (d.h. vor dem "Einbruch" des Westens ab etwa 1870 Entstandene) eine immerhin weit über 1000 Jahre alte Geschichte besitzt?

2.3 *Das Problem des Forschens von "außen"*

Wir müssen stets die Frage vor Augen halten, ob wir denn genügend (allgemeines) Wissen besitzen, um die größeren Zusammenhänge zu erkennen, aus denen heraus erst sinnvolle Einzelfragen hervorgehen. Dabei ist zu bedenken, daß sich ganz besonders im Bereich der Musikwissenschaft Grundwissen nicht einfach in einem linearen Prozeß anlesen läßt. Zum einen ist es notwendig, bei einer Frage nach "Musik" stets den Lebenszusammenhang mitzudenken, aus dem die "Musik" ihre Bedeutung bezieht. Wie gelangt man aber zu solchen Einblicken, und wie weit über die eigentliche "Musik" hinaus soll man mit seinen Fragen gehen?

Zum andern ist gerade Musik nicht einfach aus schriftlich Fixiertem (selbst wenn wir Professionalität in dessen Entzifferung erreicht haben!) rekonstruierbar, denn die eigentliche Sache ist ja die Praxis, und nicht das Geschriebene, das in der Regel aus nicht mehr als relativ "dürftigen" Hinweisen zu bestehen braucht. Wie (und auch unter Aufwendung von wieviel Zeit) kann man sich aber in diese Praxis Einblick verschaffen?

Des weiteren muß bedacht werden, daß wir nicht ohne die Hilfe und die Information japanischer Personen, insbesondere japanischer Musiker und Wissenschaftler, auskommen. Gleichzeitig werden wir aber rasch erkennen, daß wir auf einer anderen Ebene stehen als diese Personenkreise, so daß sich unsere und ihre Wissensbereiche kaum decken: Einerseits geht der Musiker / Praktiker (nicht nur in Japan) meist in einer Weise mit seinem Gegenstand um, der es nicht zuläßt, daß ein Außenstehender mit Fragenkatalogen daherkommt. Ganz abgesehen davon, argumentiert ein Praktiker häufig gar nicht mit dem Grad an Abstraktion und Reflexion, auf den ein Außenseiter angewiesen wäre.

Andererseits ist zu beachten, daß sowohl der einheimische Praktiker wie auch der Wissenschaftler über relevantes Vorwissen, aber auch über einen allgemeinen Bildungs- und Kenntnisstand verfügt, den zu erwerben einem ausländischen Musikwissenschaftler – selbst wenn er es in einem engen Bereich zum Spezialisten gebracht hat – so gut wie niemals möglich ist. Überdies besitzt ein japanischer Fachwissenschaftler auf Grund seiner spezifischen Einbindung in einen gesellschaftlichen Kontext von japanischen Studienzirkeln, Forschungsorganisationen oder auch von Radio, Fernsehen, Konzertwesen oder Bibliotheken fast immer andere – meist pragmatischere – Fragebedürfnisse als wir. Es ist damit zu rechnen, daß er deshalb kaum die Muße bzw. das Interesse haben wird, sich mit Fragen zu beschäftigen, denen wir – auch als Erben unserer eigenen geistesgeschichtlichen Tradition – einen zentralen Stellenwert beimessen. Was für Ergebnisse sind dann bei unserer Frage nach "Musik" realistisch zu erwarten?

2.4 *Japanologie und Musikforschung*

Ich komme zur Grundfrage zurück: Was ist (japanische) "Musik", und was kann und soll "Musik"-Forschung als Einzeldisziplin innerhalb der Japanologie sein? Ich möchte das, worum es meines Erachtens eigentlich geht, wie folgt auf den Punkt bringen: Bei so exotisch anmutenden "Künsten" wie Blumenstecken oder Teezeremonie sind wir vor dermaßen grundlegende Fragen gestellt, daß wir in unserer Hilflosigkeit darum ringen, dazu relevante Aussagen machen zu können. Dagegen wird "Musik" selbstverständlich, und ohne daß wir im voraus um die Definition des Gegenstandes bemüht wären, als ein so wesentlicher Einzelaspekt der japanischen Kultur angesehen, daß sich die Erwartung einstellt, eine sich mit ihr beschäftigende Disziplin vermöge tiefere Einsichten in ihr Wesen zu vermitteln. Wer sagt aber, daß "Musik" als einer aus Praxis und Lebenszusammenhang isolierter bzw. als isoliert betrachteter Größe eine solche Bedeutung überhaupt zukommt?

Es ist eine folgenschwere Gegebenheit, daß das Interesse für "Musik" und die Bereitschaft, sich intensiv mit ihr – auch wissenschaftlich – auseinanderzusetzen, weitgehend auf diejenigen Personenkreise beschränkt ist, die sich ohnehin für "Musik" interessieren, das heißt, die von vornherein mehr oder weniger präzise zu wissen meinen, was Musik sei. Damit tendiert die Musikforschung dazu, in einem Teufelskreis gefangen zu sein, der wesentliche Fragen gar nicht zuläßt: Wer Musikforschung zum Gegenstand seiner Arbeit macht, hat Musik für sich schon definiert, sonst würde er vermutlich gar nicht auf den Gedanken kommen, Musikforschung betreiben zu wollen.

Vor diesem Hintergrund darf die Japanologie als ein Fach verstanden werden, in dem es auf unbefangenere Weise möglich sein sollte, sich dem "aufmerksamen, bewußten Umgang mit klingendem Material" zu nähern. Für die Japanologie ist die Definition von Musik keine existentielle Frage, oder anders formuliert: sie kann nüchtern unterscheiden zwischen dem, was in Japan im Bewußtsein des westlichen Begriffs "Musik" seit den 1870er Jahren und dem, was zuvor – aber auch noch danach – unabhängig von diesem Begriff mit seinem spezifischen Bedeutungsgehalt, entstanden ist.

Damit ist gerade in der Japanologie der Weg frei, eine Fülle von Fragen grundsätzlicher Art über das Fühlen und Verhalten von Menschen zu stellen und dabei den "aufmerksamen, bewußten Umgang mit klingendem Material" als Bestandteil von allgemeineren und für nicht auf "Musik" fixierte Lebenswirklichkeiten vielleicht adäquateren Fragestellungen anzusehen.

3. Aus japanologischer Perspektive zu stellende Fragen

Einige Fragen, die gerade die Japanologie – frei von institutionellen Bindungen an "Musikwissenschaft" – stellen kann, ergeben sich mit Blick auf nachweislich japanische Wahrnehmungs- und Denkweisen, andere leiten sich ab von abstrakteren, mehr auf unseren Vermutungen über menschliches Verhalten fußenden Überlegungen.

Zu den nachweislich japanischen – und somit in wesentlichen Bereichen ostasiatischen, d.h. buddhistisch-daoistisch-konfuzianisch geprägten – Wahrnehmungs- und Denkweisen gehören etwa "Meditationswege", Vorstellungen relativ systematischer Art von "Wegen nach innen", "Wegen auf der Suche nach Erleuchtung", Auseinandersetzungen mit Techniken innerer Befreiung von allem, was Verkrampfung, und damit Krankheit und Tod bewirkt. In weitem Sinne handelt es sich also um die enge Verknüpfung von Klangwelt und medizinischen / heilpraktischen Gesichtspunkten.

Des weiteren ist hier nachdrücklich hinzuweisen auf den Glauben an die das Universum durchwirkenden Kräfte und die durch sie verursachten Wandlungen und deren Einflüsse auf den Menschen. Diese Kräfte gelten auch in der klanglichen Dimension als erkennbar, so daß Klang deren Bewußtwerdung, vielleicht ganz konkret auch deren Ordnung, bzw. der Wiederherstellung deren Ordnung, dienen kann. In dieser Hinsicht ergibt sich somit wiederum eine – im Einzelnen noch kaum verstandene – enge Verknüpfung von Klangwelt und medizinisch / heilpraktischen Gesichtspunkten, da die psychisch-physische Gesundheit eines Menschen als abhängig gilt vom Einklang zwischen dem Körper und den ihn durchfließenden Kräften.

Zu bedenken sind zudem auch die "politischen" Dimensionen dieser medizinisch / heilpraktischen Gesichtspunkte, denn es war nachweislich denjenigen, die in Japan Macht besaßen, nicht gleichgültig, ob die "Gesellschaft" um sie herum sich in einem psychisch-physischen Gleichgewichtszustand befand oder nicht.

Diese drei Bereiche müssen hier als Beispiele für solche, in denen sich Fragen mit Blick auf konkret faßbare Formen japanischer Wahrnehmungs- und Denkweisen aufdrängen, genügen. Zu Fragestellungen, die dagegen mehr auf grundsätzlichen Überlegungen zur Beziehung von Klangwelt und menschlichem Verhalten basieren, gehören etwa die folgenden:

a) Pendelbewegungen zwischen Rationalität und Mystik

In der europäischen Musikgeschichte sind solche Pendelbewegungen etwa im stetigen Wechsel zwischen der Auffassung von Musik einmal als sprachartig (d.h. nach rationalen Gesichtspunkten geordnetes bzw. zu ordnendes Gebilde) und einmal als im Gegensatz zu Sprache stehend (d.h. von Gefühlen und durch intuitive Elemente geprägte bzw. zu prägende Gebilde) erkennbar. Dabei ergibt sich im Prinzip bei Vorherrschen des rationalen Musikverständnisses eine Unterordnung des Klangparameters unter andere, "verständlichere" Gesichtspunkte, bei Vorherrschen des mystischen Musikverständnisses dagegen eine Vorrangstellung des Klangparameters.

Dieselbe Pendelbewegung läßt sich mit Sicherheit auch in Japan erkennen, wobei hier – im Zusammenhang mit der Tendenz, "musikalische" Gebilde bzw. Teilschritte solcher Gebilde nach einem additiven Prinzip zu konstruieren – einzelne Teile dem rationalen, andere dem mystischen Prinzip folgen können. Die Frage nach dieser Pendelbewegung und dem, was ihr an Annahmen und Vorstellungen unterliegt, ist somit sowohl mit Blick auf diachrone Verläufe wie auch mit Blick auf die Struktur eines einzelnen, konkreten "Musik"-Gebildes außerordentlich aufschlußreich.

b) Körperlichkeit

"Musik" vermittelt wertvolle Einsichten in das jeweils spezifische Verständnis von Körperlichkeit einer Kultur, einer Zeit oder einer Gruppe von Menschen. In diesem Zusammenhang ist hier festzuhalten, daß es in Japan eigentlich keine Tanzmusik gibt. Damit soll ausgesagt werden, daß die Mitbewegung des Körpers (entweder des Spielenden selbst oder, wenn dies unpraktisch ist, einer anderen Person) zu jedem Klanggeschehen eine solche Selbstverständlichkeit bildet, daß umgekehrt die Frage gestellt werden muß, wann und weshalb in einigen spezifischen Fällen nicht der ganze Körper in den Bann des "Musik"-Geschehens einbezogen wird.

c) Einblick in menschliche Extremsituationen

Die Wirkung von Schwingungen auf den Körper werden wohl universell als so kraftvoll empfunden, daß "musikalische" Gebilde in der Regel mit besonders intensiven Empfindungen einhergehen; dies gilt sowohl dann, wenn sie von anderen produziert, also nur gehört, als auch, wenn sie selber produziert werden. Somit eröffnet die Beschäftigung mit Klanggebilden in besonderer Weise Einblicke in diejenigen Aspekte menschlichen Daseins, die sich als Extremsituationen bezeichnen lassen: Ängste, Hoffnungen oder Anflehungen, welche der Auseinandersetzung eines Menschen mit Geburt, sexueller Erregung, Fortpflanzung, Schicksal, "Frustration" oder Tod entspringen; auch extreme Freude oder etwa Extase sind hier zu nennen, letztere in umfassendem Sinne verstanden als Einswerdung mit einer Idee oder einer "Gottheit" beispielsweise in einem Gesang, oder als Einswerdung einer zunächst heterogenen Menschengruppe durch Hingabe an eine motorisch-rhythmische Bewegung.

d) Die Problematik von Sprache und Wort im Prozeß des "Erfassens" einer Sache

Wertvolle Anregungen vermag die Wissenschaft von der Auseinandersetzung mit "Musik" auch insofern zu gewinnen, als hier in aller Deutlichkeit der Aussagewert von Geschriebenem in Frage gestellt ist. Gerade das Ringen um die Möglichkeiten von Verschriftlichung von "Musik" und die dabei zum Tagen gekommenen Lösungsversuche zeigen, wie utopisch das Ziel von absoluter Erfaßbarkeit immer geblieben ist, und schärfen den Blick für die Zusammenhänge von (mündlichem bzw. handelndem) Geschehen und schriftlichen Dokumenten. In Japan verläuft dabei die Entwicklung keineswegs geradlinig vom schriftlich Unfixierten, gestalterisch relativ Freien hin zum Fixierten, Festgelegten und damit u. U. auch jenseits eines bestimmten Ortes oder Personenkreises allgemein Versteh- und Entzifferbaren. Im Gegenteil deutet manches darauf hin, daß der Weg ein umgekehrter gewesen sein könnte, indem die zweite Hälfte des 1. Jahrtausends fixiertere, auf abstrakten und damit auch universelleren Prinzipien beruhende "Musik"-Strukturen kannte als spätere Jahrhunderte.

e) Die Idee von "Kunst" und schöpferischer Tätigkeit

Der Zusammenprall im 19. Jahrhundert zwischen dem "Musik"-Verständnis des Westens und dem Umgang mit Klang in Japan gibt uns eine Grundlage für Erkenntnisse in Bezug auf menschliche Identität in ihrer Ausrichtung auf bestimmte Werte. Gerade zum Zeitpunkt dieses Zusammenmpralls bildet nämlich Musik einen Bestandteil, ja teilweise sogar den Kern, der abstrakten Konzeption "Kunst" und ist damit auch fest verknüpft mit der Idee von "Künstler" und den ihm zukommenden Aufgaben im Rahmen gesellschaftlicher Neuorientierungen im weiteren Umfeld der Nationenbildung der Zeit.

Darüber hinaus kommt im damals entstehenden Musikbegriff – der auch die Lösung von der Bindung an das Wort wie an den Tanz (Stichwort "absolute Musik") beinhaltet – eine Vorstellung von Autonomie zum Tragen, die in diesem Kontext einen durchaus als religiös zu bezeichnenden Stellenwert erreicht. Obwohl die Situation im Westen alles andere als eindeutig war (nie geklärte Fragen waren etwa: Wo gehört die Schulmusik hin? Wo das Theater? Ist Schauspiel nicht doch edler als Theater oder Musik? Wie verhält es sich mit dem Kunstlied vor dem Hintergrund des hohen Stellenwerts absoluter Musik?), können doch aus den wechselseitigen Reaktionen von Japanern und von Angehörigen des Westens wesentliche Erkenntnisse bezüglich verschiedener Wertesysteme gewonnen werden. (Mit dem Wort "Westen" sind hier westliche Mächte gemeint, in denen bestimmte Personengruppen, die diesen Westen zu repräsentieren meinten, sich – gerade auch als Rivalen – auf bestimmte gemeinsame Werte geeinigt hatten.)

4. *Die Beschäftigung mit "Musik" als handwerkliches Training*

Bis hierher ist die vertiefte Auseinandersetzung mit dem aufmerksamen, bewußten Umgang mit klingendem Material im Rahmen der Japanologie im wesentlichen als Bereicherung und Ausdehnung unseres Verständnisses von japanischem und in weiterem Sinne von menschlichem Denken und Verhalten betrachtet worden. Doch auch in ganz anderer Hinsicht bringt die Fokussierung auf das Klangliche großen Gewinn, denn es handelt sich um einen Bereich, in dem ein konkretes analytisches Handwerk erlernt und getestet werden kann.

Bei diesem Handwerk geht es wohl in erster Linie um Techniken der Verschriftlichung und Überlegungen zur Verschriftbarkeit. Um über ein Klanggebilde etwas aussagen zu können, muß es irgendwie festgehalten werden, und dies geschieht naheliegenderweise meist durch den Versuch einer Übertragung in ein 5-Notenlinien-System. Dabei stellt sich aber gleich die Frage, wie ein Klangfluß in isolierte Notenköpfe aufgeteilt werden soll, und wie Bänder von Hoch-Tief-, Laut-Leise-, Stark-Schwach-, Schnell-Langsam- (bzw. schneller werdenden und langsamer werdenden) Bewegungen erfaßt werden können. Verzichtet man auf die analytische Erfassung und greift zu Linien und Flächen, so wird die Analyse unmöglich, da diese ja definitionsgemäß die Aufteilung in kleinstmögliche, an und für sich nicht mehr sinntragende, materiell isolierbare Einzelteilchen bedeutet. Eine Analyse, die Mengen unterschiedlicher Parameter und theoretisch für sich allein wirkender Kleinstelemente als "Konglomerate" beieinander läßt, ist streng genommen keine brauchbare Analyse. Setzen wir angesichts dieser Erkenntnis jedoch Elektronik ein und lassen Analysen von Maschinen erstellen, werden die Daten derart komplex, oder verlangen in so hohem Maße das Erlernen von Zeichensystemen (wir sind uns nun einmal gewöhnt, Musik als Noten in einem 5-Notenlinien-System zu "lesen"), daß sie kaum mehr zur praktischen Zwecken verwendet werden können.

Beim Ringen um die Verschriftlichung vollziehen wir natürlich die Grundprobleme nach, die die Menschen überall auf der Welt hatten, wenn sie "Musik"-Dokumente erstellten. D.h. unser Handwerk zeigt schnell die Grenzen und Möglichkeiten von Verschriftlichung weit über den Bereich "Musik" hinaus und bildet gleichzeitig auch ein Training unserer eigenen Wahrnehmungstätigkeit.

Angenommen, es gelingt, zumindest in Bezug auf wesentliche Parameter eine schriftliche Fassung von Klanggeschehen zu erstellen – oder auch zu lesen –, so bleibt die Frage, wie wir das mehr oder weniger (z.B. in Form von Notenköpfen) analysiert vor uns liegende Material wieder zu einem

Ganzen zusammensetzen sollen. Schon das einfachste Lied zeigt uns ja, daß ein Ganzes mehr als die Summe seiner Bestandteile ist, mithin aus Phrasen besteht, die ihrerseits Teile oder Unterbestandteile größerer Phrasen und Ablaufszusammenhänge darstellen. Wie soll man also, technisch-handwerklich gesprochen, vorgehen, um Einzelelemente in einen Bezug zu einem größeren Kontext (z.B. einer Phrase) zu setzen?

Ein weiteres handwerkliches Training erfolgt etwa bei der Überlegung, wie man mit Illustrationen – zunächst von Klängen – umgeht. Wenn ich meine Untersuchungen darstellen will und die Ergebnisse in Form von Notenbeispielen präsentiere, so muß ich nämlich damit rechnen – besonders wenn es sich um komplexe, mehrere Stimmen enthaltende Zusammenklänge handelt – daß sich damit keine wissenschaftliche Aussage verbinden läßt, denn kaum jemand ist in der Lage, sich ein Noten-"Bild" in seiner konkreten Umsetzung wirklich vorzustellen. Wie also gehe ich mit komplexen Sachverhalten um, die ich im Rahmen einer Diskussion illustrieren will, die aber nicht aus Buchstaben und Worten und auch nicht aus Bildern bestehen?

Umgekehrt sieht man hin und wieder, daß wissenschaftliche Arbeiten versuchen, musikalische Sachverhalte ausführlich in Worten zu schildern, was jedoch im Resultat nicht nur ungeheuer mühsam zu lesen, sondern häufig im Ergebnis auch nicht nachvollziehbar ist.

Wie ich zu zeigen versucht habe, führt die Beschäftigung mit klingendem Material an Formen wissenschaftlichen Arbeitens heran, die mit weit mehr Dimensionen zu kämpfen hat als im Falle des Arbeitens mit sprachlichen Texten und Aussagen. Insbesondere führt sie zu Überlegungen in Bezug auf die Erfaßbarkeit von Phänomenen und zerstört schnell eine in den Philologien manchmal zu findende naive Haltung, die wissenschaftliches Arbeiten im wesentlichen mit der Erfassung und Übersetzung von Texten gleichsetzt.

Nicht nur das klingende Material selbst, sondern auch konkrete Sprache erhält im Kontext musikwissenschaftlicher Fragestellungen oft eine Gestalt, mit der umzugehen ungeheuer schwerfällt, nämlich dann, wenn diese Sprache gesungen wird. Nur allzu oft wird es als selbstverständlich erachtet, daß gesungene Texte (in Liedern, Theaterstücken, Ritualen ua.m.) verständlich und in einer seriösen wissenschaftlichen Arbeit zu übersetzen seien. Gerade gesungene Sprache jedoch kann eine Handlung darstellen, die in ihrer Totalität ästhetisch reizvoll, magisch wirksam und in Bezug auf eine Konvention oder Tradition notwendig ist, ohne daß der Inhalt der Worte von Bedeutung wäre. Ein typisches Beispiel hierfür sind heute die meisten Gesänge aus der Edo-Zeit, deren Texte zwar bis zu einem gewissen Grad (wie am Ende dieses Beitrags zu zeigen sein wird) aufgeschlüsselt werden können, jedoch nicht mehr von ihrer inhaltlichen Aussage leben. Was bringt uns also ein inhaltliches Verständnis solcher Texte, und wie würde ein adäquater Umgang mit ihnen aussehen müssen, wenn unsere wissenschaftliche Frage darauf abzielt, zu einem genaueren Verständnis der heutigen Funktion und des Stellenwertes dieser Lieder zu gelangen?

Welchen Aspekt man immer betrachtet, stets führt eine intensive Auseinandersetzung mit klingendem Material auf wissenschaftlicher (also nicht aufführungspraktischer) Ebene an die Problematik heran, daß ein akustisch wahrzunehmendes Gebilde nicht in der Weise zu uns "spricht" wie ein Text oder auch ein optisch wahrzunehmendes Gebilde, z.B. eine Skulptur oder ein Bild. Da eine wissenschaftliche Arbeit in einem Fach wie Japanologie doch wohl meist dasselbe Medium benutzt wie dasjenige, das der zu untersuchende Gegenstand auch benutzt (nämlich Sprache, ggf. Bilder), läßt sich dieser Gegenstand als Teil der Analyse oder auch zur Illustration leicht - ggf. nach Übersetzung – in den wissenschaftlichen Diskurs einbauen. Wie aber läßt sich musikalisches Geschehen analytisch erfassen, bearbeiten, darstellen und durchdiskutieren?

5. Inwiefern gibt es überhaupt "Musik" in Japan?

Bereits im Rahmen der vorangehenden Grundsatzüberlegungen wurde mehrfach darauf hingewiesen, daß die Musikwissenschaft leicht der Gefahr erliegt, sich mit einem Gegenstand auseinandersetzen zu wollen, den es in dem für die Untersuchung ausgewählten Kontext so gar nicht gibt, nämlich mit "Musik". Dieses Vorgehen schließt die Gefahr in sich, den Bereich des klanglich Wahrnehmbaren nach Gesichtspunkten zu befragen, die nicht relevant sind, und dafür Gesichtspunkte außer acht zu lassen, die relevant wären.

"Musik" – *ongaku* 音楽 – gab es in Japan bis zur Auseinandersetzung mit westlichen Ordnungs- und Wertekategorien im 19. Jahrhundert nicht. 1873 taucht das Wort *ongaku* in einem Lesebuch für Schüler auf, wo es "Marschmusik für Soldaten" bezeichnet. Ab 1879 ist *ongaku* ein Leitbegriff für einen Ausschuß, der darüber diskutierte, wie "Musik" als Ausbildungsfach und Grundbestandteil einer "modernen, bürgerlichen Gesellschaft" auszusehen habe und wie in diesem Zusammenhang auch eigene Klangproduktionstraditionen von "ungesunden" Elementen "gereinigt" und für den allgemeinen Genuß zurechtgemacht werden könnten.

Es gab natürlich auch vor 1873 Begriffe für das Gestalten von Klang, zum Beispiel *on* 音 oder *oto* (lautliche Bewegungen im Rahmen einer bestimmten Form), *gaku* 楽 (Aufführung, Töne und Tanz), *koe* 声 (Stimme), *ongyoku*

音曲 (bestimmte Bewegung von Klängen), *fushi* 節 (Wechsel von Tief zu Hoch und Hoch zu Tief, mit anderen Worten: Gesangslinien), oder *te* 手 (Hand, d.h. Instrumentalspiel).[1]

Dürfen wir aber die Summe all dieser Einzelbegriffe mit "Musik" bezeichnen? Dürfen wir aus einer fremden Kultur disparate Phänomene zusammenstellen und dem Ganzen eine Kategorienbezeichnung verpassen? Laufen wir, wenn wir das tun, nicht Gefahr, gestützt auf diese Kategorienbezeichnung Äpfel mit Bananen zu vergleichen? Müßte dann nicht als Ergebnis herauskommen, daß die Phänomene in der außereuropäischen Kultur – sagen wir: die Bananen – minderwertiger erscheinen als die Äpfel, da sie nicht so schön rot und rund sind?

Es ist aufschlußreich, in diesem Zusammenhang zur Kenntnis zu nehmen, wie der bekannte Komponist und Meister des klassischen japanischen Spiels auf der Zither (des Spiels auf der *koto* 箏, deren dreizehn Saiten mittels beweglicher Stege gestimmt werden), Miyagi Michio (1894–1956), dieser Problematik in einer für den Beginn des 20. Jahrhunderts charakteristischen Weise gewissermaßen "auf den Leim" gegangen ist.

Von der klassischen japanischen *koto*-Tradition, aus der er stammt, behauptet Miyagi zwar nicht ausdrücklich, sie sei keine Musik, doch geht aus seinen Schriften hervor, daß sie keine "eigentliche" Musik sei: Eigentliche Musik zu schaffen gelingt nach ihm nur unter Berücksichtigung einer Reihe von erforderlichen Werten, die sich in dem entstehenden Klangprodukt zu spiegeln haben. Dazu gehört an erster Stelle die Konzentration des Komponisten auf den klanglichen Parameter, dessen "schöpferische" Gestaltung, die Individualität und Unverwechselbarkeit einer Melodie, oder die Freiheit bei den Entscheidungen, die der Konstruktion des musikalischen Gebildes unterliegen. Erst dies ermögliche die "Entfaltung" von Musik und damit "wahrhafte Kunst".

Gerade die Merkmale der eigenen klassischen Tradition standen nach Miyagi der Entfaltung von wahrhafter Kunst (*shin no geijutsu*) aber entgegen; solche Merkmale wären zum Beispiel: "Unterdrücken und Zurückhalten von Gefühl" (*kanjô o osaeru*), "das bloße Aneinanderfügen von typenhaften Melodien" (*ruikeiteki senritsu no tsunagiawase*) statt eines "ausdrucksvoll-freien musikalischen Bildes" (*bakuzen toshita imeeji byôsha*), bloß "direktes Imitieren bestimmter Laute und Geräusche (*gisei, gion*)", oder ganz einfach "Monotonie, Langweiligkeit" (*tanchô*).

---

[1] Vgl. hierzu: HIRANO Kenji: "Nihon ni oite ongaku to wa nani ka", in: *Iwanami Kôza Nihon no ongaku, Ajia no ongaku*. Bd.1 ("Gainen to keisei"). Iwanami Shoten 1988: 17–38.

Gemäß Miyagi ist ein Komponist sozusagen moralisch verpflichtet, den technisch-kompositorischen Erfordernissen von "eigentlicher Musik" im Rahmen der Bemühung um "wahrhafte Kunst" und "Entfaltung der Kunst" gerecht zu werden. Dies und nur dies bilde die Voraussetzung dafür, daß "viele an dieser Kunst verstehend teilhaben können" (taishû ni rikai dekiru), was überhaupt erst "allgemeines aktives Musizieren" (ippan dansô) und "Konzerte" (ensôkai) ermöglicht. Dies schließlich wird als grundlegendes Erfordernis für "Anerkennung als Mitglied der internationalen Gesellschaft" (kokusai shakai no nakama iri) gesehen.[2]

Im Rückblick können wir natürlich erkennen, daß das, was Miyagi neu schaffen wollte, nicht einfach der vorangegangenen Tradition fehlte, sondern daß es dort wohl um die Entfaltung von völlig anderen Elementen und, mittels dieser Elemente, von anderen Werten ging. Niemand hindert uns daran, dieses Andere der alten Tradition auch als "Musik" zu bezeichnen. Tatsache ist aber, daß wir, gerade weil wir Erben des 19. Jahrhunderts sind, vieles von dem, was für uns "Musik" ist, im Japanischen nicht finden werden; auch der Standpunkt, wir könnten im Japanischen zumindest nicht von "Kunstmusik" sprechen, schafft das Problem nicht aus der Welt, da "Nicht-Kunstmusik" noch immer ganz klar eine Art von "Musik" ist.

Was ist denn für uns – weitgehend unbewußt – "Musik"? Gerade heute gehen die Vorstellungen, die jemand mit dem Begriff "Musik" verbindet, je nach regionalem und sozialem Hintergrund und je nach Altersgruppe weit auseinander. Dennoch erscheint es mir zulässig, im folgenden stichwortartig einige Gegebenheiten anzuführen, die unser – und eben nur unser – Musikverständnis im Laufe der Jahrhunderte entscheidend geprägt haben und die zu Bewußtsein gebracht werden sollten, wenn wir die Frage nach "Musik" in anderen Kulturen stellen.

Im europäischen Mittelalter könnte der für die Idee "Musik" entscheidendste Faktor die (vom Fränkischen Reich vertretene) Reichsidee sein, die auch beinhaltete, daß ein Reich einer einheitlichen Liturgie bedarf. Diese Liturgie, und damit auch die dazugehörige Musik, mußte deshalb verbreitungsfähig sein und allgemein, d.h. weit über eine enge Tradentenkette hinaus, gelehrt und gelernt werden können. In diesem Zusammenhang lautet mit Sicherheit das wichtigste Stichwort "Verschriftlichung".

Verschriftlichung, welche eine Erfaßbarkeit jenseits einer Tradentenkette bezweckt, erfordert ein Vorgehen, bei dem Einzelparameter musikalischen

---

2 Bei den obigen Ausführungen zu Miyagi Michio stütze ich mich auf CHIBA Yûko: "Miyagi Michio no chosaku ni miru ongaku kan", in: Tôyô Ongaku Kenkyû 58 (August 1993): 17–38.

Geschehens – zunächst Tonhöhen und Tonproportionen, ggf. Rhythmen – aus dem Gesamtfluß der Musik herausgelöst, isoliert, werden. Nur so läßt sich eine einigermaßen genaue Verschriftlichung vornehmen.

Des weiteren ist zu beachten, daß das Arbeiten am Phänomen "Musik" und dessen Verschriftlichung in einen ganz bestimmten Ausbildungs- und Handlungskontext eingebaut war, der die Vorgehensweise bestimmte. Dieser Kontext wurde gebildet durch ein Curriculum, zu dem auch Metaphysik, Mathematik, Logik und Grammatik gehörten. Dieses Umfeld prägte natürlich die Vorstellung von Musik und die Vorgehensweise bei ihrer Standardisierung und Verschriftlichung im europäischen Mittelalter ganz wesentlich.

Die frühe Mehrstimmigkeit im 11./12. Jahrhundert brachte eine intensive Weiterentwicklung der genannten Charakteristika von (verschriftlichter) Musik mit sich, da die Einzelparameter immer genauer gemessen und definiert werden mußten, ansonsten ein aufeinander bezogenes, auf (musikalischer) Harmonie beruhendes Zusammengehen unmöglich gewesen wäre.

Auch auf einen ganz anderen Aspekt dieser frühen europäischen Musikentwicklung muß hier aufmerksam gemacht werden, nämlich gewissermaßen auf die "Hintergrundfolie", vor der sich die neu entstehende Musiktradition abheben sollte. Dabei gilt es insbesondere, zu bedenken, daß die europäische Musikentwicklung immer auch gegen etwas gerichtet war. Diese Tatsache bildet wohl einen wesentlichen Schlüssel, um zu verstehen, warum vieles, was weltweit ganz selbstverständlich zum Aspekt "Musik" gehört, in Europa zurückgedämmt und tabuisiert worden ist. So wird "Musik" in europäischem Sinne zu etwas anderem als der aufmerksame, bewußte Umgang mit klingendem Material anderswo.

Stichwortartig ausgedrückt, besteht dieses "andere", Zurückgewiesene, etwa aus Sing- und Spieltechniken der arabisch-jüdischen Tradition, aus Klangtotalitäten, die nicht auf Messung beruhen (nicht *mensurabilis* sind) und nicht aus isoliert definierbaren Einzelparametern bestehen, somit nicht mehrstimmigkeitsfähig sind und sich nicht in ein "Konstrukt" einbauen lassen.

Im Verlauf der Jahrhunderte läuft in Europa dieses "Konstrukt" – die Komposition – auf die Idee eines Werks zu, bei dem das schriftlich Fixierte die "eigentliche" Musik ist und das Klingende bloß deren "Interpretation". Im Zeitalter des Barock rückt dabei das Interesse an der Lösung von kompositorischen Problemstellungen in den Vordergrund. Damit verbindet sich die Vorstellung, ein Komponist sei jemand, dessen Aufgabe darin bestehe, immer weiter neue (musikalische) Möglichkeiten zu erkunden.

Gemäß der sogenannten "Nachahmungsästhetik" des 17./18. Jahrhunderts drückt Musik Gefühle aus (*affectus exprimere*). Das bedeutete jedoch damals nicht, daß man Musik als unmittelbare Kundgabe von Gefühlsregungen des

Komponisten oder des Interpreten auffaßte; vielmehr ging es um die Porträtierung von Gefühlen und Leidenschaften. In der Zeit nach dem Barock finden wir dagegen – etwa bei J.G. Sulzer 1792 – Aussagen wie: "Der Komponist wird nur das ausdrücken, was er selbst lebhaft fühlt."

Ab dem 18. Jahrhundert ist Musik im wesentlichen "Kom-position", in der solchen Elementen ein hoher Stellenwert zukommt, die "individuell" sind; d.h. der Komponist als "Individuum" bestimmt zunehmend subjektiv – und gegenüber dem Usuellen zunehmend autonom – wie ein "Werk" (Opus) zu klingen hat.

Diese Entwicklungsschritte seit dem Frühmittelalter Europas sind sehr spezifisch und dürfen nicht in anderen kulturellen Kontexten erwartet werden. Beachtenswert ist dabei die Tatsache, daß in Europa selber längst nicht jeder aufmerksame, bewußte Umgang mit klingendem Material diesen Entwicklungsschritten gefolgt ist. Dennoch ist es mehr als bezeichnend, daß solche Arten von "Musik" (z.B. im Mittelmeerraum oder auf dem Balkan) höchstens Gegenstand von volkskundlichen Berichten, in der Regel aber weder Gegenstand unserer Konzeption "Musik", noch Gegenstand unserer künstlerischen oder wissenschaftlichen Beschäftigung mit "Musik" bilden (bzw. bildeten).

Die Entwicklung in Japan ist – natürlicherweise – einen vollkommen anderen Weg gegangen als diejenige in Europa; kaum etwas ist mit der Entwicklung der abendländischen Kunstmusik vergleichbar. Ein nicht zu verschweigendes, sehr zentrales Problem bei unserer Frage nach der japanischen Musik liegt aber nicht einfach in der jahrhundertelangen unterschiedlichen Entwicklung.

Es gilt hier daran zu erinnern, daß in einer relativ jungen Vergangenheit eine Gesellschaft, die sich als Nation definieren wollte, "eine Musik zu haben hatte". Eine Gesellschaft – sprich eine Nation –, die keine Musik hatte, galt als nicht fein und gebildet, nicht "civilized", und geriet in Schwierigkeiten, wenn sie sich international (d.h. nach europäischer Art) repräsentieren wollte. "Japanische Musik" stellt somit einen Begriff dar, der untrennbar verbunden ist mit dem japanischen Bestreben, koste es was es wolle, eine eigene Musik zu haben – samt Musikhochschulen, Musikwissenschaft, Komponisten, einem Konzert- und Theaterwesen und einer organisierten Musikerziehung.

Betrachten wir kurz den Hintergrund, vor dem Japan diese "japanische Musik" quasi aus dem Boden stampfen mußte. Fünf Aspekte sollen hier genannt werden:

a) Das Problem der Gleichwertigkeit von Ost und West: Japan muß sich selbst als gleichwertig profilieren.

Zu diesem Punkt seien zwei bedenkenswerte Zitate angeführt, die rund 150 Jahre auseinanderliegen:

> Die Art der sinesischen Erziehung trug [...] mit dazu bei, warum sie das, was sie sind. [...] Da nach mongolischer Nomadenart kindlicher Gehorsam zum Grund aller Tugenden [...] auch im Staat gemacht werden sollte, so mußte [...] jene scheinbare Sittsamkeit, jenes höfliche Zuvorkommen erwachsen, das man als einen Charakterzug der Sinesen [...] rühmt. [...] Wenn der erwachsene Mann noch kindischen Gehorsam bezeugen soll, so muß er die selbstwirksame Kraft aufgeben, die die Natur [...] ihm zur Pflicht machte [...]. Astronomie und Musik, Poesie und Kriegskunst, Malerei und Architektur sind bei ihnen, wie sie vor Jahrhunderten waren, Kinder ihrer ewigen Gesetze und unabänderlich-kindischen Einrichtung. [...] Das Porzellan und die Seide, Pulver und Blei, vielleicht auch den Kompaß, die Buchdruckerkunst, den Brückenbau und die Schiffskunst nebst vielen anderen feinen Hantierungen und Künsten kannten sie, ehe Europa solche kannte; nur daß es bei ihnen fast in allen Künsten am geistigen Fortgange und am Triebe zur Verbesserung fehlt.[3]

> [...] Der japanischen Musik ist der lange Entwicklungsweg von der Pentatonik über die griechischen Kirchentonarten, das Moll- und Dursystem erspart. Japan bekommt auch das fertig von Europa. Daher auch keinerlei Anzeichen auch nur des Ansatzes zu einer eigenen Entwicklung japanischer Musik. Um so mehr beschäftigen sich aber die Japaner mit unserer Musik, lernen und erlenen ziemlich viel. [...] Leider besteht das Hauptkontingent der Musiklehrer heute schon aus Japanern; das ist natürlich viel zu früh. Man kann wohl in dreißig Jahren lernen, wie man Trambahnen und Betonhäuser baut, kann sich aber in dieser Zeit nicht die Entwicklung der Musik von Palestrina bis Strawinsky aneignen. Darin liegt der große Fehler, den der Japaner begeht, und die große Gefahr für eine erfolgreiche Entwicklung der Musikpflege und des Musikverständnisses in Japan.[4]

b) Gleichwertig zu werden bedeutet für Japan konkret die Auseinandersetzung mit dem Individuumsgedanken in seiner sehr spezifischen Ausprägung des 19. Jahrhunderts. Dazu folgendes Zitat:

> Indien ist nun einmal ein Land der Typen, nicht der mit ihrem eigenen Stempel geprägten Individualität. Leben entsteht und vergeht dort, wie die Pflanze blüht und verwelkt, unter dem dumpfen Zwange von Naturkräften [...] Nur wo der Hauch der Freiheit weht, werden die stolzen Kräfte des Menschen entfesselt, welche wirken, daß er etwas Eigenes, allein sich selbst Gleiches zu sein vermag und zu sein wagt.[5]

c) Der Individuumsgedanke ist verknüpft mit der Vorstellung von Selbstbestimmung; Japan hat dabei einer ausländischen Definition von "civilized" gerecht zu werden.

Zu beachten ist dabei, daß das Neue, Gebildete, Entwickelte, durch "civilized" Geprägte immer gegen sein Gegenteil (das Alte, Unentwickelte, Ungebildete, nicht "Zivilisierte") gerichtet ist, also Absolutheitsanspruch besitzt.

---

3   Johann Gottfried HERDER: "Ideen zur Philosophie der Geschichte der Menschheit" (1784), in: ders.: *Ideen zur Philosophie der Geschichte der Menschheit*. Bd.2, Berlin u.Weimar: Aufbau Verlag 1965: 15–20.

4   "Musikalisches aus Japan", in: *Deutsche Sängerbundeszeitung*. 23. August 1925: 347–348.

5   Hermann OLDENBERG, Indologe (1854–1920), schreibt dies in *Buddha* (verfaßt 1881), abgedruckt in: *Hôrin* 1 (1994): 175.

Eine solche Grundhaltung ist, wie ich meine, etwa aus den Briefen eines Luther Whiting Mason, des Beauftragten für die Entwicklung eines systematischen Gesangsunterrichts für Schüler in Japan, spürbar:

1884 – To Mr. Isawa (1)

> Now I am very sure that you are continuing to pursue the right course for Japan, viz. to base the hope of reforming the national ear for the future music of Japan by means of the cabinet organ.

1885 – To Mr. Isawa (2)

> I believe you have the best material as to men in the Court Musicians for a good European Orchestra in the world. You need a good teacher of stringed instruments. [...] Please write me and I will attend to your business with pleasure.

1885 – To Mr. Isawa (3)

> With the best wishes for your success in the efforts you are making to promote the improvements of Japanese music.[6]

Es sei hier noch folgende Stelle aus einem deutschen Unterrichtsplan angeführt:

> Der gute Gesangsunterricht ist ein wesentlicher Faktor in der Erziehung. Er veredelt das Gemüt, er bildet den Sinn für das Schöne und gibt dem Kinde einen Liederschatz ins Leben mit, der ihm nicht nur in allen Verhältnissen des Lebens zum Trost und zur Freude gereicht, sondern auch geeignet ist, schlechte und sittenverderbende Lieder aus dem Volke zu verdrängen.[7]

Das Gegenteil des "Zivilisierten" ist sozusagen logischerweise das Barbarische und Entartete:

> Niedere Menschen offenbaren in ihrem Gesang die ganze Leere ihres Geistes und das Gemeine einer entarteten Seele. [...] Daher kommt es auch, daß barbarische Völker eine wilde, geräuschvolle Musik einer edlen und seelenvollen vorziehen.[8]

d) Das durch Selbstbestimmtheit und der Eigenschaft von "civilized" Charakterisierte ist nicht nur schön oder erbauend, sondern auch Bestandteil eines politischen Willens. Nicht Familie A oder Freundeskreis B sollen schöne Lieder und Stücke singen oder genießen, sondern eine "Öffentlichkeit", d.h. die Allgemeinheit, das Bürgertum. In diesem Rahmen soll der "normale

---

6 Zitiert aus: *Tôkyô Geidai Ongaku torishirabe gakari Kenkyû han. Ongaku kyôiku seiritsu e no kiseki.* Ongaku no Tomo Sha 1976. Bd.1: 241; Bd.2: 243; Bd.3: 196.

7 "Unterrichtsplan für zweiklassige Volksschulen" (Düsseldorf 1873), in: Eckhard NOLTE: *Lehrpläne und Richtlinien für den schulischen Musikunterricht in Deutschland vom Beginn des 19. Jhdts. bis in die Gegenwart.* Mainz: B.Schott's Söhne 1975: 69.

8 Julius MERLING: *Theoretisch-praktischer Gesangs-Cursus.* Magdeburg 1855.

Bürger" – nicht nur der Adelige oder Gelehrte – Musikliebhaber sein, ins Theater gehen und Konzerte besuchen.

Eine Musikpädagogik entwickelt sich, damit alle – nicht nur Eingeweihte oder im Umkreis begabter Vorbilder Lebende – Zugang zu Musik gewinnen können. Die politische Komponente dieser Forderung ist nicht zu übersehen:

> Der Gesang wird im Volke nicht aufblühen, wenn derselbe in den Schulen nicht nach Kunst ertheilt wird. Es wäre sehr zu wünschen, daß die Regierungen einen Gegenstand, der für die Schule, für das öffentliche Leben und die sittliche Bildung des Volkes so großen Einfluß äußert, recht bald zu einer größeren Betreibung und Vervollkommnung bringen möchten! [...] Die wichtigste, allgemein anerkannte Wahrheit, daß durch den Gesang die sittliche Bildung des Volkes vorzüglich gehoben und befördert wird. [...] Soll der Gesang aber nationel werden, und ins öffentliche Leben treten, so muß nicht nur für das Kind gesorgt, sondern auch für das reifere Alter eine geeignete Auswahl von Liedern getroffen werden.[9]

e) Der politische Wille kristallisiert sich in nationalpolitischen Forderungen. Es geht nun dabei spezifisch um die Kunsterziehung einer Nation, und nicht mehr eines einzelnen Hofes, einer Familie u.ä. Der Stellenwert einer Nation bemißt sich in nicht geringem Maße an der Entwicklungsstufe von etwas, das die Bezeichnung "Kunst" trägt. Gerade deshalb ist – nebenbei bemerkt – eine offene Diskussion über "Kunst" und "Musik" gerade in Japan äußerst schwierig, weil sie überaus leicht das nationale Ehrgefühl verletzt.

Zur nationalpolitischen Forderung nach Musik vergleiche man etwa folgende Aussage von Izawa Shûji (1880):

> You can clearly see that our aim is not the total adoption of European or American musics, but the making of a new Japanese music. [...] Music should be national if there be any, especially this should be taken into grave consideration in the case of school music. [...] Our aim is [...] the making or refining Japanese music by assimilating the elements of both Native and European musics.[10]

"Musik" ist also, wie ich aufzuzeigen versucht habe, gerade nicht etwas Naturgegebenes, sondern das Ergebnis von kulturellen Bemühungen. Diese Bemühungen um die Organisation und Gestaltung des Klanglichen gingen in Japan ursprünglich sicherlich nicht in dieselbe Richtung wie in Europa.

---

9 Matthias WALDHOER (um 1830): *Neues Volks-Lieder-Buch zur Weckung und Belebung der Tugend und des Frohsinns sowohl in den Schulen als auch im öffentlichen Leben zu gebrauchen.* Kempten. Übrigens: In Teilen Norddeutschlands, vor allem aber im angelsächsischen Raum orientiert sich die Vorstellung von "Musik der Öffentlichkeit" / "Musik für die Öffentlichkeit" viel stärker als in südlicheren Gebieten an Aufführungen von Kirchenmusik bzw. der Tradition von Choralgesang.

10 Tôkyô Geidai Ongaku Torishirabe Gakari Kenkyû Han: *Ongaku kyôiku seiritsu e no kiseki.* Ongaku no Tomo Sha 1976: 93f.

Im ausgehenden 19. Jahrhundert aber entstanden in Japan nicht nur neue, jetzt als "Musik" bezeichenbare Klanggebilde, es begann auch eine Entwicklung, die die alten Traditionen umfunktionierte, um sie zum "Erbe einer modernen Nation" zu machen. Damit wurde das Alte eine Überlieferung weitgehend nur noch von äußeren Formen. Die Bedeutung zahlreicher Textstellen in den überlieferten Gesängen, ebenso wie das Wissen um die Funktion bestimmter Melodie- oder Rhythmusstrukturen ging verloren, so daß sich der Hörer nur noch von der Eleganz der Aufführung an sich, nicht aber vom tieferen Sinn ihrer Elemente anregen lassen kann.

Wir sollten allerdings der Tatsache Beachtung schenken, daß sich in Japan sogar nach einer solchen "Sinnentleerung" alte Überlieferungen haben halten können. Während wir uns kaum vorstellen können, daß etwa eine Klavierschule überlebt, wenn ihr Inhalt – die Klaviermusik – ihre Bedeutung verliert, zeigt uns die Überlebensfähigkeit japanischer Traditionen, daß im japanischen Fall "Musik" eben nicht eine so absolut gedachte Kategorie ist wie bei uns. So fiel offenbar die Umfunktionierung der alten Überlieferungen leichter, indem anstelle der Pflege bestimmter Stücke an und für sich immer mehr die Pflege in erster Linie von Meister-Schüler-Beziehungen und von gesellschaftlichen Umgangsformen trat.

Neben in dieser Weise umfunktionierten Stücken, sowie neuer, "richtiger" Musik, die in Anlehnung an die abendländische Konzeption von Musik für westliche, aber auch für alte einheimische Instrumente geschaffen wurde, darf auch die Fülle weiterer Formen von Klanggestaltung in Japan nicht übersehen werden: Verkäuferrufe, Trommeln und Pfeifen bei Festen und Umzügen, Glocken und Schlagzeug aller Art, oder Vortragstraditionen im Kontext buddhistischer Handlungen wie Sutrenlesung oder Tempelzeremonien.

Bedeutet diese Fülle von Gesang und Instrumentenspiel, daß die Japaner ein sehr musikalisches Volk seien? In der Tat ist es bemerkenswert, in wievielen Lebensbereichen uns die Gestaltung der klanglichen Dimension entgegentritt. Noch vor wenigen Jahren konnte man darüber staunen, wie selbstverständlich ganze Arbeitsgänge und Berufe eine musikalische Komponente besaßen und mit Gesang, der Gestaltung von Vokallauten, rhythmischer Struktur, sowie tänzerischer Bewegung verknüpft waren. Es scheint fast so, als hätte die westliche, so überaus spezifische Musikdefinition aufmerksame Klanggestaltung bei uns viel mehr als in Japan aus dem Gesamtlebenszusammenhang verdrängt und in Konzertsäle, Kirchen und Singstuben verbannt. Vielleicht können wir folgende Behauptung aufstellen: Gerade weil es in Japan keine "Musik" gab, war gestalteter Klang überall.

6. *Blick in die Zeit vor der "Musik"-Problematik*

Versuchen wir nun, die Bereiche ganz grob ins Blickfeld zu rücken, in denen vor dem ausgehenden 19. Jahrhundert aufmerksamer, bewußter Umgang mit klingendem Material faßbar ist, so lassen sich deutlich einige Kristallisationspunkte ausmachen. Uns zeitlich am nächsten steht dabei natürlich die Tokugawa-Zeit; am anderen Ende einer faßbaren historischen Entwicklung steht jenes Gefüge von konstitutiven Ideen und Impulsen, das sich in der zweiten Hälfte des ersten Jahrtausends unserer Zeitrechnung als Bezugsrahmen für das Streben nach Ordnung und Gleichgewicht verfestigte.

6.1 *Die Tokugawa-Zeit (1600–1867)*

Für die Tokugawa-Zeit, eine Zeit, in der Japan durch ein feingliedriges System von lokalen Lehensherren und Kontrollinstanzen in einem im Vergleich zur vorangehenden Zeit dauerhaften Gleichgewicht gehalten wurde, sind in erster Linie die beliebten, großen Theater als Orte für gestaltetes Klanggeschehen anzuführen.

Zum Vortrag der Geschichten, die durch die Handlung auf der Bühne (entweder durch Puppen oder durch Schauspieler) plastisch dargestellt wurden, verwendete das Theater der Tokugawa-Zeit zumindest in den großen Städten stets eine oder mehrere dreisaitige Spießlauten *shamisen* 三味線. Der Textvortrag selber lag je nach Stück oder Tradition in den Händen von Erzählern, die ihre Geschichte teils rezitierten, teils sangen. Dabei handelt es sich nicht um auskomponierte musikalische Phrasen, sondern um das Ansetzen auf bestimmten Tonhöhen, um von da aus eine Art "erweiterten Atemzug" vorzunehmen. Bei diesem Vortrag etablierten sich mit der Zeit charakteristische Floskeln, die als ganze wie Versatzstücke an bestimmten Stellen und mit einer bestimmten Funktion (Schaffung einer Atmosphäre, oder Erweckung von Assoziationen) eingeflochten wurden.

Das Instrument gab bei diesem Vortrag im Prinzip die Ausgangstöne vor, flocht seinerseits bestimmte Melodien mit Signalwirkung in das Geschehen ein und vermittelte einen klaren Puls und rhythmisch-agogische Führung. In ländlicheren Gebieten mit einfacheren Aufführungsweisen dürfte allerdings nicht das *shamisen*, sondern bloß Schlagzeug aller Art die rhythmisch-agogische Führung vorgenommen haben.

Die dreisaitige Spießlaute *shamisen* ihrerseits fand früh und sehr rasch in der Tokugawa-Zeit ihren Weg in alle möglichen Kontexte, auch außerhalb der großen Theater. Besondere Verfeinerung ihrer Spieltechniken, ihrer Klangcharakteristika und ihrer einzelnen Bauteile wie Korpus, Schlagplektrum oder Saiten erfuhr sie namentlich in den Vergnügungsvierteln, wo sie intimere Aufführungen von Gesang und Tanz melodisch, rhythmisch und agogisch zu stützen hatte.

Der größte Teil der Theaterstücke, und im Prinzip alle Stücke für Aufführungen in kleineren Räumen, sind von ihrer Struktur her "Einmann-" oder "Einfrau"-Gesänge. Das heißt, es handelt sich immer um Gesänge – nicht um reine Instrumentalstücke –, wobei man zum eigenen Singen das Instrument zupft oder schlägt. Eine Aufteilung in Sänger einerseits und Spieler andererseits, bzw. die Vermehrung der Anzahl Sänger oder Spieler, stellen meines Erachtens keine wesentlichen Strukturentwicklungen dar; stets gibt das Instrument – wie schon erwähnt – den Puls, die rhythmische Struktur und die agogische Dynamik ebenso wie die Tonhöhen des Melodiegerüsts vor, während dazu Textzeile für Textzeile durch filigrane Gestaltung des Atems, der Stimme und der Halsmuskulatur zu Leben erweckt wird.

Neben Saiteninstrumenten (in der Tokugawa-Zeit fast ausschließlich das *shamisen*), sowie Schlagzeug, finden wir als dritten Bereich bewußter instrumentaler Klanggestaltung die Flöte, deren Melodiestrukturen mit der Idee des Hörbarmachens von Luft und Atem verbunden sein dürften. Auch heute noch tritt landauf landab bei Festen und Umzügen und lokalen Aufführungen aller Art zu den Rhythmen von Trommeln und anderem Schlagzeug eine meist kleine Querflöte, die sich sozusagen auf einen grundlegenden Puls "draufsetzt" und dabei außerordentlich lebendige – aber nicht auskomponierte – Klanggestalten und -figuren ausführt.

Von ganz anderem Charakter war das Spiel der Bambuslängsflöte *shakuhachi* 尺八, das den Mitgliedern einer bestimmten Gruppe von Wandermönchen gestattet war. Hier dürfte die einzelne Phrase daraus bestehen, daß eine bestimmte Tonhöhe als Bezugspunkt gewählt wird, und von da ausgehend – im Prinzip wie beim Gesang, der wohl auch in erster Linie als Atem verstanden wird – ein Ton wächst (kräftiger wird, aufsteigt) und sich wieder in sich zurückzieht.

Ein auffälliges Phänomen der Tokugawa-Zeit war die Entstehung von Zertifikatsstücken. Es handelte sich dabei um eine bestimmte Anzahl Stücke für ein bestimmtes Instrument – etwa *shamisen* oder *shakuhachi* –, die in einer bestimmten Stufenfolge zu erlernen waren. Damit verknüpft war die Ausgabe von Zertifikaten, wodurch nach Erfüllung der zu erbringenden Leistung auf einer bestimmten Stufe der Lernende gegen Bezahlung die Bewilligung erhielt, nun eine Stufe weiterzurücken. Bestimmte Personengruppen besaßen das Monopol der Vergabe solcher Zertifikate, was der politisch erwünschten klaren Charakterisierung von Personengruppen sowie deren kontrollierbaren, auf einer eindeutigen Erwerbsgrundlage beruhenden "Verortung" in der Gesellschaft gedient haben dürfte.

Im Falle der Saiteninstrumente – primär des *shamisen* – lag das Recht zur Vergabe von Zertifikaten bei der Organisation der Blinden, die zu diesem Zweck im Laufe des 17. Jahrhunderts einen Korpus an Zertifikatsstücken schuf. Wenn wir in der klassischen japanischen Tradition von so etwas wie "Kompositionen" sprechen wollen, dann handelt es sich im Prinzip um solche Korpora von Zertifikatsstücken, die eine Art normatives Rückgrat einer Überlieferungslinie bildeten. Neben dem *shamisen* pflegten die Blinden im übrigen auch ein dem *shamisen* ähnliches, kleines Streichinstrument, das *kokyû* 胡弓, sowie zunehmend auch das Spiel der dreizehnsaitigen Zither *koto* 箏. Für das *koto* kam es allerdings erst gegen Ende des 18. Jahrhunderts in der Stadt Edo zur Entstehung eines Korpus von Zertifikatsstücken.

Leider wissen wir nicht genau, was für eine Funktion Zertifikatsstücke wirklich besaßen, was die Blindenorganisation letztlich mit dem Unterricht solcher – und auch weiterer – Stücke bezweckte. Zumindest in der Stadt Edo dürften gesellschaftliche Überlegungen eine Rolle gespielt haben. Da das *shamisen* nämlich allzusehr mit dem Theater und dem Vergnügen assoziiert war, dürfte bei Personen des Schwertadels – im Prinzip bei den Frauen – eine Nachfrage nach Stücken für das *koto* bestanden haben.

6.2 *Die Heian-Zeit (8.–12. Jahrhundert)*

Japan ist heute stolz darauf, nicht nur Musik aus der Tokugawa-Zeit, sondern auch aus den Jahrhunderten davor bis heute bewahrt zu haben. Namentlich gibt es zwei große Aufführungstypen, welche nach der Entstehung des modernen japanischen Staates den Eindruck des Edlen und Erhabenen zu vermitteln versprachen und sich somit als internationales Vorzeigeobjekt bestens eigneten. Das eine ist das Gagaku-Orchester, das andere das Nô-Theater.

Unter dem Begriff Gagaku 雅楽 wird all das subsumiert, was die Praxis des Umgangs mit Klängen während der Heian-Zeit bildete, das heißt zwischen dem 8. und dem 12. Jahrhundert. In dieser Periode gab es am Hof Orchester, und wir wissen auch, daß Personen gehobenen Standes sich an Gesang und Instrumentenspiel erfreuten. Ein tieferes Verständnis von Gagaku ist allerdings nur möglich, wenn wir uns genauer mit den Traditionen der koreanischen Halbinsel und wiederum mit deren Hintergrund befassen.

Das Gagaku-Instrumentarium ist vielfältig. Es umfaßt Lauten, Zithern, Trommeln, Gongs, Flöten, Oboen und die Mundorgel. Schriftliche Quellen mit

Aufzeichnungen von Stücken lassen vermuten, daß ein grundlegend anderes – wahrscheinlich auf komplexere Weise theoriegestütztes – Verständnis von Klanggestaltung bestanden haben dürfte als in den nachfolgenden Jahrhunderten.

Elemente von Gagaku haben hauptsächlich im Kontext von Tempeln sehr lange überlebt, doch wie weit das heutige Gagaku – das hauptsächlich vom kaiserlichen Hoforchester gepflegt wird – authentische Züge trägt, bleibe dahingestellt.

6.3 Die Periode zwischen der Heian- und der Tokugawa-Zeit (13.–16. Jahrhundert)

Die Jahrhunderte nach der Heian- und vor der Tokugawa-Zeit, also das 13. bis 17. Jahrhundert, sind durch eine Vielzahl von Vokaltraditionen gekennzeichnet. Wir besitzen etliche Sammlungen von Liedtexten, doch über deren Aufführungsweise wissen wir nur wenig.

Neben liedartigen Gesängen blühten besonders Rezitationen von Erzählungen auf, die sich teils verschiedener Schlagzeuge, teils der Laute biwa 琵琶 als rhythmische und klangliche Stütze bedienten. Die Inhalte der Erzählungen hingen im Prinzip mit der Verbreitung buddhistischer Lehren zusammen und umfaßten teils vornehme, teils lustige, teils vulgäre Erläuterungen, wie man Erlösung, Heil bzw. einen Zustand der Erleuchtung erreichen kann; das in diesem Zusammenhang anzuführende Stichwort ist wohl jôbutsu 成仏 – "Buddhawerdung". Solche Gesänge und Erzählungen stellen ein wesentliches Substrat dar der Traditionen der darauf folgenden Tokugawa-Zeit, und damit der bis heute überlieferten Stücke und Gesänge.

Der Vortrag der genannten Vokaltraditionen – das dürfen wir nie übersehen – ist nicht nur eine klangliche Aufführung, sondern häufig auch eine durch den Körper dargestellte oder suggerierte Auseinandersetzung mit dem Textinhalt, mithin also eine Art Tanzaufführung.

Im Umkreis dieser Traditionen finden wir einen besonders ausgeprägten Kristallisationspunkt für Klangstrukturierung, nämlich das sogenannte Nô-Theater. In einer – wie wir aus Quellen wissen – sehr durchdachten Weise sind im Nô die drei Dimensionen "Textvortrag", "instrumentale Klangproduktion" und "Körperbewegung" miteinander verknüpft. Im Mittelpunkt steht der Text und die Gestaltung seines Vortrags in Bauch, Lunge, Kehle und Mundhöhle, sowie mit dem ganzen Körper in Form von Bewegung und Tanz. Die Instrumente – es handelt sich um die "klassische" Kombination Trommeln und Flöte – bilden dazu sehr komplexe Klangmuster. Ich vermute, diese Klangmuster lassen sich nur dann verstehen, wenn deren kosmische Dimension berücksichtigt wird; d.h. etwa, daß wir die Klänge der kleinen Sanduhrtrommel mit dem weiblichen Prinzip, diejenige der großen Sanduhrtrommel mit dem männlichen Prinzip, und die Klänge der Flöte mit der das Universum durchströmenden Energie in Beziehung setzen müssen.

7. Worum ging es bei japanischen Klanggebilden bis ins 19. Jahrhundert?

Mit dem Hinweis auf die kosmische Dimension möchte ich zurückkehren zur Ausgangsproblematik, nämlich der Warnung, für die japanischen Traditionen des Umgangs mit Klang leichtfertig den Begriff "Musik" zu verwenden. Der Begriff "Musik" im Abendland umfaßte zwar – an antike Vorstellungen anknüpfend – im Mittelalter, und auch danach immer wieder, durchaus eine Bezugnahme zur kosmischen Dimension (Stichwort: Sphärenmusik). Diese kosmische Dimension ist aber schon bald der von Gott geschaffene und von Christus beherrschte Kosmos, nicht der Kosmos, der durch das Wirken von Naturkräften zusammen- und in Gang gehalten wird. Damit bezieht sich abendländische Musik während der über tausendjährigen Zeitspanne ihrer spezifischen Ausprägung auf ein fundamental anderes Weltordnungsprinzip als ein nicht-abendländisches Klanggebilde.

Ich werde versuchen, anhand eines Gesangstextes auf den kosmischen Bezug japanischer Klanggebilde noch näher einzugehen. Zunächst möchte ich eine kühn anmutende Behauptung wagen:

Sehen wir einmal von offensichtlich zweckgebundener Klangproduktion wie zum Anbieten von Waren oder zur Koordination von Lastenträgern ab, dann besitzt im Prinzip jede japanische Klangproduktion nur eine einzige, und immer dieselbe Aussage. Diese lautet, ganz allgemein formuliert, so: Hier bin ich als Mensch, und da ist der Kosmos mit seinen Energieflüssen und Gesetzmäßigkeiten – wie arrangiere ich mich nun mit der kosmischen Dimension, um mich gesund zu halten und "Unsterblichkeit" zu erreichen, d.h. ein hohes Alter bei Wahrung meiner Vitalkräfte? In stärker vom Buddhismus geprägter Terminologie ausgedrückt lautet dieselbe Frage: Wie arrangiere ich mich mit den Realitäten und Kausalitäten, um mich gesund zu halten und den Buddha-Zustand, d.h. Erlösung, Heil bzw. Erleuchtung zu erreichen?

Das kosmische Grundprinzip ist das ewige Wirken von Kräften, aus dem sich Geburt, Wandel, und Zerfall ergeben. Gibt sich der Mensch diesen Kräften hin, leidet er, weil er die Vergänglichkeit seiner selbst und aller Dinge erkennt. Leiden aber verzehrt seine Vitalenergie, und dadurch leidet er noch mehr. Regeneration von Vitalenergie ist im Prinzip durch den Ausgleich des Bipolaren (vor allem des Männlichen und Weiblichen) möglich, das wissen auch alle Tiere. Doch ist jede Regeneration angesichts des kosmischen Prinzips sogleich wieder dem Verfall preisgegeben, und der Mensch leidet von neuem. Wie gelingt der Ausbruch aus diesem Kreislauf? Um diese Frage geht es letztlich stets, wenn Bemühungen um die Gestaltung von Klang erkennbar sind.

Die Beschäftigung mit der obgenannten Frage findet konkret ihren Ausdruck durch Schreiben, Singen, (ein Instrument) Spielen, Tanzen, Darstellen. Die Thematik kann auf einer sekundären Ebene ganz unterschiedlich sein – z.B. kann es sich um eine Aufführung handeln, die der Selbstdarstellung eines Tempels mit der angebotenen Dienstleistung dient, oder es kann ein Gesang einer verlassenen Frau zum Zupfen der Zither sein, oder das reizvolle Lied eines Freudenmädchens. Egal welche konkrete Situation thematisiert wird, stets ist die Klangdimension Träger eines Prozesses, bei dem ein Mensch sich des kosmischen Prinzips mit seinem ewigen Kreislauf bewußt und zur Erkenntnis geführt wird, daß er daraus ausbrechen und seine Kräfte wahren muß.

Die Selbstverständlichkeit, mit der in Japan jeder aufmerksame Umgang mit klingendem Material zu diesem Grundthema Bezug nahm, ging durch die Begegnung der Klangkünste mit westlichem Gedankengut verloren. Ja, gerade dieser immer gleiche Bezug zur zentralen Frage menschlicher Existenz wurde gegen Ende des 19. Jahrhunderts als größter Hemmschuh für die Entwicklung eines westlichen Musikverständnisses betrachtet.

Anstelle einer durch strukturierten Klang und Körperbewegung ausgeführten Auseinandersetzung mit kosmischen Gesetzmäßigkeiten ist entweder Musik sui generis getreten, oder aber Gesangsmusik, die oft genug eine hilflose Naturromantik zum Besten gibt, in denen Mond und Flut, Kirschblüten und Herbstlaub, Zikaden und Hirsche, Regen und Schnee funktionslos geworden sind. Ein Verständnis der überlieferten Stücke ist also bereits auf der Ebene des Textes verbaut.

Leider befaßt sich, soweit mir bekannt ist, die japanische Musikforschung überhaupt nicht mit den angeschnittenen Fragen, sondern klammert sich – mit einer Art falsch verstandenem Pflichtgefühl – an einen nicht hinterfragten, abendländischen Musikbegriff. So ist es mir angesichts einer fehlenden inner-japanischen Diskussion kaum möglich, zu einem noch genaueren und konkreteren Verständnis der vor-Meiji-zeitlichen Klanggebilde Japans zu gelangen. Was ich hier noch tun kann, ist zu versuchen, anhand der Texte zweier Stücke die im Raum stehenden Fragen in etwas konkreterer Form zu Bewußtsein zu bringen.

Sumiyoshi 住吉
Ein Gesang aus Edo zur Zither *koto*. Text 1800 veröffentlicht.

1 Die tausendjährige Farbe, im Schnee ist sie
[Es handelt sich um das Grün der Kiefer, eines ewiggrünen Baums, der scheinbar nicht dem Prinzip von Werden und Vergehen unterworfen ist.]
2 besonders tief – heute kommt man, mit einem tief gehegten Wunsch
3 im Frühling von weither angereist,
4 der Tag ist strahlend, klar der Himmel,
5 Dunst steigt auf, bis gestern
6 war die Insel Awaji durch die Wellen sichtbar,
7 auch Aokigahara kommt in den Sinn,
[Gemäß einer Legende ist Aokigahara der Ort, woher in Sumiyoshi verehrte Gottheiten stammen.]
8 wahrlich, wie erquickend die Gefühle doch hier vor dem Schrein!
9 Wo auf dem Dach sich die *katasogi*-Giebelbalken
[Das *katasogi* ist eine bestimmte Art, wie die Giebelbalken geschnitten sind; vermutlich geht es hier zunächst um das Wortelement *kata* mit der Bedeutung "einseitig", d.h. eine Person ist alleine und bildet nicht, wie es eigentlich sein sollte, mit jemandem ein Paar.]
10 kreuzen, legt sich immer wieder Frost –
11 Gottheit von Sumiyoshi, die Mann und Frau zusammenführt,
12 daß die Kiefer hier sich meiner annimmt glaub' ich nicht,
13 meine Fähigkeit zu dichten ist ja gar erbärmlich
14 – den Weg des Dichtens beschützt die Gottheit hier –
15 die Vier Jahreszeiten sind schon hart,
16 und Liebe ist ein ganz besonders schweres Thema,
17 man denkt, es sei gelungen, und doch ist dem nicht so,
18 mit ganzer Kraft versuche ich die Regeln zu befolgen –
19 Menschen hohen, Menschen niederen Ranges, alle pilgern sie
20 ins lichterhelle Naniwa, wo Mädchen aller Art
[Naniwa ist die Region um Osaka, wo sich der Sumiyoshi-Schrein befindet.]
21 mit den leichtesten Gefühlen

22   voller Anmut kleine Lieder singen:
23   Die "Vergiß-Muschel" – sie ist doch nichts als Schwindel,
24   sie trifft sich erst, geht auseinander, und dann –
25   aufs nächste Blütenschauen freut man sich,
26   zählt die Tage und erinnert sich.
27   Das "Vergiß-Gras" ist doch nichts als Lug und Trug,
28   es wuchert üppig und verwelkt, und dann –
29   auf die nächste Mondschau freut man sich,
30   zählt die Nächte und erinnert sich,
31   Frühling und Herbst.
32   Damals vor langer Zeit kam der Strahlende Prinz
33   zum Schrein, der seinen Wunsch erfüllt,
34   auch heute kommen, schön geschmückt, die Menschen her,
35   tief hinein ins Schreingelände, wo viel tiefer noch das Grün,
36   Kirschblüten und Herbstlaub auf einmal,
37   alles durcheinander, Farben, Menschen und Gedränge,
38   kein Pinsel, keine Worte können diesen Anblick je beschreiben,
39   gerade da kommt auch der Mond hervor, die Flut wälzt sich heran,
40   und es rauscht der Wind durch die Kiefern,
41   und es / rauscht der Wind durch die Kiefern,
42   ans Ohr dringen die Klänge des koto, ihr Wunsch geht in Erfüllung,
43   der Segen der Sumiyoshi Schreine
44   wird nie versiegen, viele Tausend Generationen,
45   gefeiert sei des Weges Blüte,
46   gefeiert sei des Weges Blüte.

Bemerkungen zur Struktur von *Sumiyoshi*

Emotionale Stufe 1 (Zeilen 1–8): eine Reise hin zu einem Ort, der von unerschöpflichen Vitalkräften geprägt ist, und wo somit auch Heilung für physische und psychische Probleme erwartet werden kann.

Emotionale Stufe 2 (Zeilen 9–18): Erkenntnis der eigenen Einsamkeit vor dem Hintergrund des Prinzips der Paarigkeit. Klage über die Realität der eigenen Existenz. Der Gesang orientiert sich hier an Instrumentaltönen, die nicht "normal" sind, d.h. durch besondere Druckausübung auf die Saiten produziert werden müssen.

Emotionale Stufe 3 (Zeilen 19–31): Zunächst Zeilen 19–22: Abrupter Atmosphärenwechsel hin zu einer positiven Stimmung. Anschließend Zeilen 23–31: Visualisierung einer Problemlösungsmöglichkeit, nämlich Spiel und Vergnügen. Die Mädchen von Naniwa geben sich Weltlichem hin, doch gerade das Weltliche ist – wie wir aus dem Text ersehen – gebunden an das Prinzip der Vergänglichkeit und den damit verbundenen Qualen des Nicht-Vergessenkönnens und des Haftenwollens am Augenblick.

Der Gesang orientiert sich hier an außerordentlich hohen Tönen, die auf dem Instrument ebenfalls durch Druckausübung auf die Saiten produziert werden müssen.

Emotionale Stufe 4 (Zeilen 32–36): Zunächst Zeilen 32–34: Abrupter Wechsel zu einem sachlichen Bericht über die Wirksamkeit des Schreins; wie eine Art Rezitativ vorgetragen. Dann Zeilen 35–36: Auf dem Instrument taucht völlig gegen die Hörerwartung überraschend eine besonders sonor nachklingende Tonstufe auf (die Quint über dem Grundton); diese Tonstufe hebt den Begriff "viel tiefer noch das Grün" – die Farbe der Vitalkraft – hervor.

Emotionale Stufe 5 (Zeilen 36–41): Eine Art mystisches Erlebnis: Zunächst Zeilen 36–38: Stillstand der Zeit, suggeriert durch das Bild: "Kirschblüten und Herbstlaub auf einmal". Diese Zeilen werden vorgetragen mit unbestimmtem, nicht mehr vorwärtsziehendem Rhythmus; das Instrumentalspiel dazu weist charakteristische Floskeln auf, welche einzelne Begriffe (z.B. "auf einmal") auffällig unterstreichen. Zeilen 39–Mitte 41: Die beiden Fixpunkte des Universums (Oben / Mond und Unten / Wasser) geraten in mystische Bewegung, wobei der eine mit dem andern gekoppelt ist (der Mond bringt die Flut in Bewegung). In diesem Moment rauscht der Wind (d.h. die alles durchfließende Energie) durch die Kiefern (Symbole der Zeitlosigkeit). Mitten in der Zeile 41 wird auf dem Instrument ein langes Zwischenspiel eingefügt, das wahrscheinlich die Thematik des Windes aufgreift. Durch das Aussetzen des Gesangs wird dieses Zwischenspiel zu einer Art mystischem Höhepunkt in Sumiyoshi.

Emotionale Stufe 6 (Mitte von Zeile 41 – Schluß): Abrundung des Stückes, nun – in extremem Gegensatz sowohl zur "frustrierten" Atmosphäre von Stufe 2 als auch zur leichten und verspielten von Stufe 3 – von kraftvollem und zuversichtlichem Charakter. Thematisch steht die zeitlose Wirkungskraft des Sumiyoshi-Schreins sowie des *koto*-Spiels im Vordergrund, klanglich unterstreicht die auffallend sonore Tonstufe, die schon in Zeile 35 den Begriff "grün" gekennzeichnet hatte, die Begriffe "Segen" und "Blüte".

Ergebnis: Zusammenfassend läßt sich sagen, Sumiyoshi ist nicht ein Gebilde, das irgendetwas besingt, sondern es stellt ein mit dem Zupfen von Saiten einhergehendes, intensives eigenes Durcherleben von emotionalen Stufen dar.

Es geht dabei wahrscheinlich um die Gewinnung einer Erkenntnis, die dazu verhelfen soll, sowohl Leid wie Freude als energieverzehrende Empfindungen zu überwinden und einen Weg zu finden, der die Wahrung von Energie verspricht. Zu beachten ist, daß der Sumiyoshi-Schrein dabei eine wesentliche Rolle zu spielen scheint.

Yuki 雪. Ein Gesang zum *shamisen* aus Osaka.
Der Text wurde erstmals 1789 veröffentlicht.

1 Wenn wir abschütteln Blüten oder Schnee, wird der Ärmel rein.
2 Ja, vor langer, langer Zeit war es,
3 er, den ich erwartete, er pflegte auch auf mich zu warten
4 wie das Entenmännchen, voller Liebe,
5 gefroren sind die Decken nun, aus denen weinend' Rufen tönt,
6 wie dem auch sei,
7 die Herzen sind entfernt – aus der Ferne in der Dunkelheit der Glocke Klang,
8 ich höre ihm auf meinem Lager einsam zu,
9 und auf dem Kissen hallt des Hagels Klopfen,
10 wenn dies nun...?! und kaum ist es noch aufzuhalten,
11 noch rascher als vereiste Tränen fallen,
12 vergeht das mühevolle Leben – ihm nachzutrauern ist nicht nötig,
13 doch daß ein Mensch in sehnsuchtsvoller Liebe
14 voller Schuld macht mich betrübt [Möglicherweise wird hier auf das Gebot Bezug genommen, niemals an den Dingen dieser Welt zu haften; bereits vom Nô-Theater her ist das Thema bekannt, daß "Haften", und damit auch Liebe, Schuld darstellt und in die Hölle führt.] –
15 abgelegt die Trübsal
16 abgelegt nun diese Welt – auf den Bergen: Morgenlicht.

Bemerkungen zur Struktur von *Yuki*

Obwohl Yuki aus einem ganz anderen geographischen, sozialen und auch ästhetischen Umfeld stammt als Sumiyoshi, sind die konstitutiven Elemente dieselben, nämlich: die Gewinnung einer Erkenntnis, die verhilft, Leid wie auch Freude als energieverzehrende Empfindungen zu überwinden und einen Weg zu finden, der die Wahrung von Energie verspricht.

Stufe 1 (Zeile 1): Eine Grunderkenntnis als Einleitung: Sowohl Schnee wie Blüten sind besonders schöne Naturphänomene, doch ist beiden die Eigenschaft gemeinsam, daß sie fallen, vergehen, also keinen Weg in die zeitlose Wahrung von vitalen Energien weisen.

Stufe 2 (Zeilen 2–5): Erkenntnis der eigenen Einsamkeit vor dem Hintergrund des Prinzips der Paarigkeit. Klage über die Realität der eigenen Existenz.

Stufe 3 (Zeilen 6–7): In die kalte Einsamkeit hinein ertönt plötzlich die Glocke. Möglicherweise ist die Glocke ein Hinweis auf einen Schrein oder Tempel, mit Sicherheit aber bringt Glockenklang den Faktor Zeit und damit die eigene Vergänglichkeit zu Bewußtsein und drängt dabei den Menschen, etwas zu unternehmen, um seine Energien zu wahren.

Das Wort "Glocke" wird – wie in Sumiyoshi das Wort "grün" – durch eine völlig gegen die Hörerwartung auftauchende Tonstufe (die Quint über dem Grundton) mit sehr sonorem Klang markiert, worauf ein langes instrumentales Zwischenspiel die Gewahrwerdung des Glockenklangs nachzuzeichnen scheint.

Stufe 4 (Zeilen 8–14): Durch Zunahme der Menge von Instrumentaltönen immer intensiver wirkendes Voranschreiten bis hin zu

Stufe 5 (Zeilen 15–16): Der Entschluß, dem Diesseits, d.h. dem Prinzip von Werden und Vergehen zu entsagen. Entsprechend sind die Zeilen 15–16 wiederum durch die besonders sonore Tonstufe, die bereits beim Wort "Glokke" vorkam, gekennzeichnet.

Literaturempfehlungen

Für eine weitergehende Orientierung sei etwa auf die Enzyklopädie *Die Musik in Geschichte und Gegenwart* (Kassel et al.: Bärenreiter 1996) verwiesen; hier finden sich neben den Eintragungen zum Stichwort "Japan" auch zahlreiche ausführliche Darstellungen zu einzelnen Instrumenten, Gattungen und Komponisten, sowie bibliographische Übersichten. Auch englischsprachige Enzyklopädien – etwa: *New Grove Dictionary of Music* oder *The Garland Encyclopedia of World Music*, Bd.7 (*East Asia*), 1999 – vermitteln gut lesbare Grundinformation. Bei Materialien in japanischer Sprache ist vor allen Dingen auf die Enzyklopädie *Nihon ongaku daijiten* (Heibonsha 1989) hinzuweisen.

Außerordentlich wichtige Informationsquellen (in japanischer Sprache) bilden umfangreiche Schallplatten-, CD-, LD- bzw. Video-Serien, die in der Regel mit ausführlichen Begleitmaterialien ausgeliefert werden.

Mit Nachdruck ist auf die veröffentlichten Texte der verschiedenen Theater- und Liedgattungen u.ä. hinzuweisen, selbst wenn sich in den einzelnen Sammlungen manchmal nur wenige oder gar keine Hinweise zum klanglichen Parameter finden.

Berücksichtigt werden sollten auch übergreifende Studien. Im Kontext der Ethnomusikologie finden sich etwa Untersuchungen zu bestimmten Fragen musikalischer Praxis in einer Vielzahl von Kulturen; überdies sind insbesondere in Japan in den letzten Jahren wichtige Studien und Materialsammlungen erschienen, in denen japanische Musikgattungen bzw. japanische Aufführungspraktiken als Teil "asiatischer" (d.h. in der Regel festländisch-ostasiatischer) Traditionen behandelt werden.

Da gerade der Japanologie die Aufgabe zukommt, in bezug auf "Japanische Musik" die Prämissen abendländischer wie japanischer Darstellungen – die oft von Diskussionsansätzen und Darstellungssusancen ausgehen, welche unbedacht aus der "klassischen" westlichen Musikwissenschaft übernommen werden – kritisch zu hinterfragen, sei auf folgende Publikation theoretischen Inhalts aufmerksam gemacht: Fritz RECKOW (gest.), Wolfgang MARX und Max HAAS (Hg.): *Anschauungs- und Denkformen in der Musik* (Beiheft zu der Zeitschrift für Aesthetik und Kunstwissenschaft). Erscheint voraussichtlich Ende 2000.

Theater

Stanca Scholz-Cionca

1. *Forschungsfeld und Methoden*

Japanisches Theater gehört zu den ersten Themen, die das Faszinosum des fernöstlichen Landes im Westen bergündeten, seine Rezeption lieferte den aufführenden Künsten in Europa und Übersee wichtige Impulse, und sein Studium avancierte früh zum Kerngebiet japanologischer Forschung, mit namhaften Vertretern auch im deutschsprachigen Raum. Dennoch nehmen japanologische Theaterstudien in der deutschen akademischen Landschaft zur Zeit einen eher bescheidenen Platz ein. Die Gründe dafür sind wohl teils in der Beschaffenheit der Disziplin selbst, teils in den Reproduktionsmechanismen des universitären Systems zu suchen.

Die Theaterwissenschaft ist ein relativ neues akademisches Fach, das seine Anfänge auf Max Herrmanns Berliner Vorlesungen von 1900 zurückführt und seine Rechtfertigung in der Emanzipation der Aufführung vom Primat der literarischen Vorlage sieht: Programmatisch behauptet es die Autonomie der Aufführung gegenüber dem dramatischen Text und nimmt sich ihre Erforschung zum zentralen Objekt. Mit der Befreiung aus den Fesseln der Philologie (Dramenstudien) verpflichtet sich das Fach zu interdisziplinären Ansätzen und öffnet sich zwangsläufig zu einem praktisch unbegrenzten Methodenpluralismus hin. Diese extreme Öffnung erklärt, daß trotz der schnellen Expansion in der universitären Landschaft in Europa und den Vereinigten Staaten das Selbstverständnis des Faches schwankt. "Theaterwissenschaft" im deutschen Sprachbereich, "theatre studies" im angloamerikanischen oder "études théâtrales" im französischen haben in ihrer geschichtlichen Entwicklung und ihrer jeweils unterschiedlichen Betonung der Forschungsfelder sowie der Praxisnähe (z.B. die Miteinbeziehung der Ausbildung für die verschiedenen Sparten im Theaterbetrieb) distinkte Profile hervorgebracht.

Der 1996 erschienene *Dictionnaire du théâtre* von Patrice Pavis[1] definiert "théâtrologie" vorsichtig als "Studium des Theaters in all seinen Erscheinungen und ohne exklusive Methodologie", und verortet es im weiten Feld sozialanthropologischer Forschung unter Betonung einer vorausgesetzten (normativen) "Ganzheit und Autonomie" der Aufführung. Der Eintrag "études théâtrales" im selben Lexikon (ebenfalls als Äquivalent für den deutschen Terminus "Theaterwissenschaft" gesetzt) stellt das Fach als im Fluß befindliche globale Theorie vor, die eine Vielzahl von Wissensbereichen und Methoden miteinander verbindet und somit zwischen der Gefahr einer Zersplitterung in spezialisierte Teilgebiete und der Auflösung in zu umfassende Disziplinen (Anthropologie, Theorie der Medien, Narratologie, Semiotik) pendelt.

Das heterogene Forschungsfeld umfaßt so unterschiedliche Bereiche wie das Studium des Schauspiels und der Inszenierung (u.a. Prinzipien und Theorien der Bewegung, des Tanzes, Grundlagen der Regie); die Szenologie mit all ihren Segmenten (Bühnenarchitektur, Bühnenbild, Kostüme, Requisiten etc.); theatersoziologische Studien (Theater als gesellschaftliches Subsystem, als Institution, unter all seinen organisatorischen einschließlich ökonomischen Aspekten untersucht); die philologisch-hermeneutische Dramenforschung; die historische Forschung (Theatergeschichte, wiederum in eine Palette von Teilbereichen aufgefächert); alle Felder der Rezeptionsästhetik (Publikumsforschung, Phänomene der Interkulturalität) sowie der Theatersemiotik (auf die verschiedenen Ebenen der Aufführung bezogen: Semiotik der Bühne, der Gesten etc.) – um nur einige der Schwerpunkte zu benennen.

Allein schon das Objekt der Forschung ist nur kumulativ zu bestimmen, bedingt durch die vielfache, eigentlich unbegrenzte Semiose der Aufführung. Bezeichnend – und keinesfalls zufällig – ist im o.g. Lexikon das Fehlen eines Eintrags zum Oberbegriff "théâtre", das durch die -zig Einträge zu seinen partikulären Hypostasen als ästhetischer Diskurs (von "théâtre alternatif" bis "théâtre total" zählt man 37) nur umso deutlicher hervortritt.

Anders verfährt ein deutsches Lexikon, das "Theater" vor allem unter seinen physikalischen sowie kulturpolitischen Aspekten aus fünf distinkten Blickwinkeln klassifiziert: nach dem Status der Beteiligten (professionelles bzw. Amateurtheater); nach Art der Finanzierung (Staats- bzw. Privattheater); nach dem Spektrum der Aufführungen (Schauspielhaus, Opernhaus, Tanztheater); nach der Beschaffenheit des Publikums; nach seinen "Nachzwecken" (politisches, pädagogisches, experimentelles, Unterhaltungstheater etc.). Im selben Werk wird eine allgemeine Gebrauchsdefinition des Theaters als Kunstgattung versucht – abgegrenzt gegenüber Randerscheinungen sowie anderen, verwandten Kunstgattungen wie Film und Hörspiel. Sie setzt als *conditio sine qua non* des theatralen Phänomens ein Bündel von Minimalfaktoren voraus:

den raumzeitlich begrenzten Rahmen und die symbolische Interaktion zwischen Spieler und Publikum, beruhend auf der Produktion und Rezeption von simultanen Akten, durchgeführt in einem signifikanten Gefüge, das an eine bestimmte kulturelle Praxis gebunden ist.[2]

2. Begrifflichkeiten im Japanischen

Schwieriger werden Definitionen des Objektes der Theaterwissenschaft im japanischen Kontext, wo Hindernisse bereits auf terminologischer Ebene auftauchen, da hier sogar ein Alltagsbegiff für "Theater" fehlt. Man bemüht zwar eine Reihe von quasi analogen Oberbegriffen, sinojapanische Binome wie *shibai* 芝居 (Theater), *engeki* 演劇 (in etwa: Aufführungskünste), *butai geijutsu* 舞台芸術 (Bühnenkünste), *engei* 演芸 (Inszenierungskünste), *geinô* 芸能 (darstellende Künste), die jeweils bestimmte Kategorien von Aufführungsformen benennen, ohne jedoch die Gesamtheit der zum Objekt der Theaterwissenschaft gewählten Phänomene abzudecken. Sie seien im folgenden kurz angeführt, um zum einen auf konkrete Erscheinungsformen theatralischer Phänomene in ihrer geschichtlichen Entwicklung, zum anderen auf Besonderheiten der Fachrichtung in Japan hinzuweisen.

Shibai, wörtlich "Rasensitz(platz)", geht auf die Beschaffenheit des Zuschauerraumes vormoderner Freilichtbühnen zurück, bei denen der Raum zwischen Bühne und den für vornehme Gäste gebauten Tribünen – eine Art "Rasenparkett" – dem einfachen Volk zugewiesen war. Pars pro toto benennt dieser "Rasenplatz" ab der frühen Edo-Zeit den Theaterraum und, abgeleitet davon, Aufführungen aller Art, vor allem Puppentheater und das bürgerliche Kabuki 歌舞伎. An der Schwelle zur Neuzeit findet man den Begriff auf den Theaterbetrieb als Ganzes ausgedehnt, so z.B. im 1886 formulierten Manifest *Shibai no kusenaoshi* 劇場改良法 "Reformierung der Fehler im Theater" (mit eigenwilliger Lesung der Schriftzeichen für "Aufführungsort", eigentlich *gekijô*).

Gut ein Jahrzehnt später heißt die im Kontext der vielfachen sozialen Reformen (*shakai kairyô* 社会改良) der Meiji-Zeit angestrebte Erneuerung des Theaters bereits *engeki kairyô* 演劇改良, wobei der neue Begriff *engeki* (den übrigens Mori Ôgai 森鴎外 als einer der ersten verwendet) zunächst zeitge-

---

1 Patrice PAVIS (Hg.): *Dictionnaire du théâtre*. Paris: Dunod 1996.
2 Manfred BRAUNECK u. Gérard SCHNEILIN (Hg.), *Theaterlexikon* (rowohlts enzyklopädie). Reinbek b. Hamburg 1992 (Eintrag: "Theater").

nössische, d.h. meijizeitliche Aufführungsformen – vornehmlich das Kabuki – benennt, bevor ihn die westlich orientierte Fachliteratur als Äquivalent für den weiter gefaßten europäischen Terminus "Theater" verwendet und mit dem aus dem Deutschen übernommenen Begriff der Theatergeschichte[3] sowie einige Jahrzehnte später mit dem der "Theaterwissenschaft" verbindet.[4]

In Anlehnung an die importierte Idee eines "Welttheaters" wird *engeki* nach westlichem Muster in der Trias Schauspieler – dramatischer Text – Publikum verankert. (Studien jüngeren Datums fügen zwar dieser Dreiheit noch ein viertes Element, die Bühne, hinzu, doch erweist sich dies als problematisch, da das ganze Spektrum der Straßenaufführungen – von *tsuji nô* 辻能 bis zu den zahllosen *kadozuke gei* 門付芸 – aus dem Blickfeld veschwindet.[5])

Doch erweist sich diese vom Westen übernommene Vorstellung im Grunde inadäquat für die Beschreibung japanischer Aufführungsformen. Zum einen kommen wichtige unter ihnen ohne dramatischen Text aus (darunter die klassische Hofkunst *bugaku* 舞楽, Gattungen der Volkskunst, oder die aus der Theater-Avantgarde der 60er Jahre geborene Bewegungskunst des *butô* 舞踏 (auch Butoh), in den meisten anderen geht der Text eine Verbindung mit Musik und Tanz ein, wenn er nicht sogar von diesen überlagert wird. Zum anderen ist auch der Schauspieler entbehrlich: Ausgerechnet die literarisch anspruchsvollsten Dramen der Edo-Zeit sind für das Jôruri 浄瑠璃 Puppentheater geschrieben. Und schließlich wird die Zäsur zwischen Spieler und Zuschauer durch das partizipative und spezialisierte Publikum der meisten Gattungen unterlaufen (dabei ist nicht allein an rituelle, *communitas* schaffende Volksspiele gedacht, sondern z.B. auch an das "praktizierende" Publikum des Nô).

Ein weiterer Terminus, *engei* 演芸 (wörtl. "Inszenierungskünste"), etablierte sich – obwohl er in einer seiner Bedeutungen die ganze Auffächerung des *spectaculum* unter Einschluß der neuen Medien, wie Film, Fernsehen, Hörfunk, umfaßt – in der Praxis als Oberbegriff für minore Gattungen der Unterhaltungsbranche: die Erzählkunst des *rakugo* 落語 sowie eine Vielzahl von Rezitations- und Schaukünsten in der Nachfolge vormoderner Jahrmarkts- und Straßendarbietungen.

Einen besonderen erkenntnistheoretischen Wert besitzt der ältere Begriff *geinô* 芸能 (etymologisch "Kunstfertigkeit", "Kunst"), auf den die Theaterfor-

---

3 Die erste japanische, *Nihon engekishi,* von Ihara Toshirô, erscheint 1904.
4 Der Begriff *engekigaku* 演劇学 kommt erst 1932, allerdings im Titel einer Kabuki-Zeitschrift, vor.
5 Vgl. z.B. SUWA u. SUGAI 1992, Bd. I.

schung in jüngster Zeit wieder verstärkt zurückgreift. Mit gutem Grund, denn in seinem geschichtlichen Gebrauch als Equivalent für *minzoku geinô* 民族芸能, (feierliche) Volksspiele, deckt er zunächst den Bereich des kultischen Theaters in all seinen Facetten ab und weist auf die oft betonten rituellen Wurzeln etlicher Gattungen hin. Ferner umfaßt *geinô*, als *terminus technicus* in zahlreichen vormodernen Traktaten, eine ganze Reihe von "Künsten", unter Gesichtspunkten, die auf eine von ihrem westlichen Pendant signifikant abweichenden Klassifikatorik zurückgeht: *Geinô* bezieht sich nämlich auf weite Gebiete künstlerischer Betätigung und geistig-körperlicher Disziplinen unter Betonung ihrer inhärenten, weit gefaßten Performativität. *Geinô* sind sowohl die Kunst des Blumensteckens (*ikebana* 生け花) und die Teekunst (*sadô* 茶道), als auch die Dichtkunst, alle musikalischen Darbietungsformen, aber nicht weniger Bogenschießen, Reiten oder Tretball – um nur einige zu nennen.

So deutet *geinô* einerseits auf das Kontinuum Fest – Feier – Theater hin und betont die Verwurzelung der Aufführungen in rituell gebundenen Akten, andererseits umfaßt es eine große Bandbreite von strukturierten *cultural performances* (letzterer Begriff im Sinne, den ihm die amerikanische Kulturanthropologie, besonders Milton Singer, zuweist).[6] Der Begriff lenkt den Blick auf inszenatorische Aspekte gesellschaftlich-kommunikativer Prozesse (Kunstproduktion als *happening*) und lädt zu einer neuen Perspektivierung kultureller Erscheinungsformen überhaupt ein. Der performative Blickwinkel restituiert z.B. literarischen Gattungen wichtige Dimensionen, die lange vernachlässigt oder gar unbeachtet geblieben waren. So betreiben in jüngster Zeit Literaturhistoriker verstärkt eine Rekontextualisierung der poetischen Produktion, durch Beachtung ihrer performativen Komponenten, durch ihre Würdigung als gesellschaftliche bzw. gemeinschaftliche Inszenierung, bei der nicht allein der Text, sondern vielmehr der Vortrag, das Rollenspiel, die Proxemik, Körperhaltung und Gestik unverzichtbare Momente darstellen.[7]

Eine konsequente Erforschung der grundsätzlichen Performativität der Kunstgattungen könnte geradezu einen Paradigmenwechsel in den Kulturwissenschaften erwirken. Der Übergang von der Würdigung kultureller Erschei-

---

6 Milton SINGER (Hg.): *Traditional India: Structure and Change*. Philadelphia: American Folklore Society 1959: xii.

7 Die Literaturwissenschaft arbeitet auf diesem Feld durchaus theaterwissenschaftlich - sowohl in einzelnen Studien (in westl. Sprachen siehe z.B. H. Mack HORTON: "Renga Unbound: Performative Aspects of Japanese Linked Verse", in: *HJAS* 53-2 (Dec. 1993): 443–512) als auch in der neueren Literaturgeschichtsschreibung, die dem mündlichen Vortrag verstärkte Beachtung widmet (z.B. *Iwanami kôza Nihon bungakushi* 岩波講座日本文学史. 18 Bde. 1994–97).

nungen als Summe von Monumenten (sei es physisch-materieller oder schriftlicher Art) zu ihrer Beschreibung als System prozessualer Phänomene "im Fluß", könnte ein *scientific turn* in der Kulturanthropologie bewirken, zu dem die Theaterwissenschaft wichtige Impulse zu liefern vermag.[8]

Freilich erwachsen aus dieser Öffnung zur weiten Sphäre der Kulturanthropologie hin neue Probleme für die Disziplin, die ihr Gebiet ständig erweitern und die Verlagerung der Grenzen und Forschungsmethoden verteidigen muß. Ist nun auch das Rollenspiel auf dem politischen Parkett (zumal im Medium Fernsehen) legitimes Anschauungsobjekt der Theaterwissenschaft? Inwieweit gehören Striptease, Zirkus, Alltagsrituale in verschiedenen gesellschaftlichen Kontexten – vom Verhalten in der Bar bis zum Benimmkodex am Arbeitsplatz oder bei feierlichen Anlässen – dazu? Wo ist die Grenze zwischen sakralem Spiel und Theateraufführung zu ziehen? Wo ist sie in der Performanz japanischer Schamaninnen, die ja bekanntlich die echte Trance aussparen, zu ziehen? Gehören pädagogische Rollenspiele, und überhaupt das Schul- und Amateurtheater, zum Forschungsgebiet der Theaterwissenschaft? Tun dies die elaborierten Inszenierungen der Hochzeitszeremonien und andere gesellschaftlichen Rituale, bei deren Erforschung Theater-, Kommunikations- und andere Teilwissenschaften aus dem Bereich der Soziologie einander befruchten? War das Nô-Theater selbst – heute privilegierte Form klassischer Theaterkunst – während der Edo-Zeit nicht Bestandteil des Hofzeremoniells der Kriegerelite?

Auch für diese erweiterte Semantik erweist sich der Begriff *geinô* flexibel genug, um in der jüngsten Forschung den Terminus *engeki* tendenziell zu verdrängen. In der groß angelegten Serie *Taikei Nihonshi sôsho* 体系日本史叢書 behandelt Band 21 die Geschichte der Theaterkünste unter dem Titel *Geinôshi* 芸能史.[9] Hier findet sogar das zeitgenössische Sprechdrama mit all seinen Gattungen bis hin zum off-off-Theater des *angura* アングラ (von "underground" abgeleitet) im Gesamtpanorama der *geinô* seinen Platz.

3. *Japanische Aufführungskünste: Allgemeines, Besonderheiten*

Auf die Gefahr der Simplifizierung hin sei im folgenden, als Einführung für theaterwissenschaftlich interessierte Studierende hierzulande, auf eine Reihe gemeinsamer Charakteristika japanischer Aufführungskünste hingewiesen.

---

8 Ein SFB-Projekt an der FU Berlin untersucht interdisziplinär das Performative in ausgewählten historischen Abschnitten der Europäischen Kultur (federführend ist die Theaterwissenschaft mit Erika Fischer-Lichte).

9 Hg. Hattori Yukio 服部幸雄, Sueyoshi Atsushi 末吉厚, Fujinami Takayuki 藤波隆之; Yamakawa Shuppansha 山川出版社 1998.

3.1 *Diachrones in Synchronie*

Ein verbreitetes Klischee nennt Japan ein Theatermuseum, das die historische Entwicklung seiner dramatischen Gattungen im Panorama zeitgenössischer Aufführungen präsentiert: Geschichte sei hier auf die Theaterlandschaft projiziert. In der Tat sind, vornehmlich in der Metropole Tokyo, fast ausnahmslos die wichtigsten Gattungen vormoderner Aufführungskünste neben den neuesten Avantgarde-Experimenten im Theateralltag erfahrbar.

So kann man heute noch zu bestimmten Anlässen den Überbleibseln höfischzeremonieller Maskentänze der Nara- und Heian-Zeit, *bugaku* 舞楽, die u.a. Elemente kontinentaler Aufführungskünste des Altertums bis in die Gegenwart transportieren, beiwohnen. Auf dem Kontinent längst in Vergessenheit geraten, lassen sich Umrisse der internationalen Kultur der T'ang-Zeit in der Choreographie und den Masken der über lange Jahrhunderte hinweg überlieferten japanischen Hoftänze erkennen, freilich in stark abgewandelter Gestalt.

Massiv präsent im Theaterleben sind auch das seit dem Mittelalter gespielte *nô* 能 und sein heiteres Zwischenspiel Kyôgen 狂言, beide Gattungen in einem erstaunlich intakt erhaltenen (bzw. nach den Umwälzungen der Neuzeit wieder aufgebauten) institutionellen Gefüge eingebettet (mit eigenen Spieler- und Instrumentenschulen, sowie mit einem eigens trainierten, spezialisierten Publikum). Als volkstümliche Gattung mit Bindung zu Tempeln und Schreinen entstanden, hat sich das Nô im 14. Jh. unter dem Patronat der aristokratisch-kriegerischen Elite zu einem hochstilisierten, der Rhetorik der Kettendichtung verpflichteten lyrisch-musikalischen Monodrama entwickelt, das später in das Hofzeremoniell des Edo-Shogunats einging, um bis Mitte des 19. Jahrhunderts, unter strenger zentraler Kontrolle, jene hieratischen Züge anzunehmen, die es heute auszeichnen.

Auch wenn die Vorläufer des Nô – die *sarugaku* 猿楽 bzw. *sangaku* 散楽, vermischte, überwiegend improvisierte Darstellungskünste mit akrobatischen, zum Teil komisch-satirischen Zügen – nur noch aus sekundären geschichtlichen Quellen rekonstruierbar sind, so gibt der außerordentliche Reichtum an kultischen Festen und Feiern exzellenten Einblick in die Variationsbreite mittelalterlicher Volkskünste. Kagura 神楽, die "Götterspiele", die in vielfachen Varianten, einige davon seit dem Mittelalter ununterbrochen tradiert wurden, gelten der Forschung als Matrix der alten kultischen Aufführungen schlechthin. Ihre Variationsbreite ist durch die in ganz Japan immer noch in die zehntausende gehende Zahl jährlicher Vorstellungen belegt (obwohl die Zahl der aufführenden Laientruppen rapide abnimmt, gab es noch in den 80er Jahren über 30.000 Formen von distinkten Volksaufführungen, *minzoku geinô*).

Gepflegt werden auch die populären Theatergattungen der Edo-Zeit (1603–1868): die einzigartige und trotz Verfallszeichen immer noch anspruchsvolle Puppenbühne Jôruri (*ningyô jôruri* 人形浄瑠璃*)*, hierzulande besser bekannt als Bunraku; das bürgerliche Kabuki, in Exzessen schwelgendes Star-Theater, geschmackbildende und mentalitätsstiftende Institution der frühmodernen städtischen Kultur; und nicht zuletzt die kabarettistische Einmann-Erzählkunst Rakugo die mit tagfüllenden Programmen – zwischen Geschwätzigkeit und Satire, zwischen mild-humorigen und absurd-hintergründigen Sketches pendelnd – auch heute noch ein breites Publikum erreicht.

Bestandteil der zeitgenössischen Theaterandschaft ist ferner die nach den Reformbestrebungen der Meiji-Zeit unter westlichem Einfluß entstandene Gattung *shingeki* 新劇 ("neues Theater"), die zur Hauptströmung des Sprechtheaters im 20. Jahrhundert avancierte und ab den 60er Jahren von einigen Wellen der Kleinbühnen-Theateravantgarde (*angura*) vehement in Frage gestellt, jedoch nie gänzlich abgelöst wurde.

Eine Fülle von Formen des Unterhaltungs- und Massentheaters *taishû engeki* 大衆演劇 aller Schattierungen, von der Vagantentruppe, die mit melodramatischem Repertoire in Baderessorts gastiert, bis hin zum kostspieligen, glamourösen Revuetheater ergänzt das Panorama, dem nicht zuletzt die massiven Theaterimporte – von Operngastspielen bis hin zum internationalen Repertoire des Tokyoter Globe-Theaters und den Tourneen ausländischer Theatergruppen (vor allem aus dem asiatischen Raum) die besondere Würze geben. Es ist hierzulande wenig bekant, daß Tokyo mit dem Nachbau des elisabethanischen Globe-Theaters, in dem überwiegend Shakespeare gespielt wird, eine Institution geschaffen hat, die eine Art Dauer-Festival ermöglicht: Das ganze Jahr über gastieren im Globe japanische und ausländische Truppen mit fast ausschließlichem Shakespeare-Repertoire, so daß die japanische Metropole ausserhalb Großbritanniens wohl als beste Adresse für Shakespeare-Aufführungen empfohlen werden kann.

3.2 *Geinôsei: das Rituelle im Theater*

Gemeinsam ist den japanischen Theatergattungen – die neuesten nicht ausgenommen – der traditionsgenerierende Impetus, der je nach Blickwinkel, als vitalisiernder oder mobilitätshemmender Faktor fungieren kann. Die Autorität des Überlieferten wird nicht in Frage gestellt, denn sie gründet in den "rituellen Wurzeln" (*geinôsei* 芸能性), in einem vermeintlichen gemeinsamen Ursprung der darstellenden Künste, gefaßt in der Matrix eines mythischen Ereignisses. Als Urszene gilt der ekstatisch-obszöne Tanz der Gottheit Ame- oder Ama-no-Uzume 天宇受売神 (oder 天鈿女) vor der Himmelshöhle, in die sich die Sonnengottheit zurückgezogen hatte. Der Tanz, eine *performance* vor dem versammelten Götterpantheon, lockt die Sonne aus ihrem Versteck, er vermag die in Finsternis getauchte Welt wiederzubeleben und steht so symbolisch für die Wirkkraft des Theaterspiels, für seine propitiatorische und apotropäische Macht.[10]

Tief sind in den einzelnen in der Vormoderne entstandenen Theatergattungen die Spuren kultischer Akte mit ihrer spezifischen Grammatik des Umgangs mit dem Numinosen eingeprägt. Man trifft auf die betonte Zäsur zwischen *profanum* und *sacer* (im Aufbau des Aufführungsraums, aber auch der dramatischen Handlung). Man trifft auch auf eine Vielzahl im Spiel eingebauter apotropäischen und exorzistischen Praktiken (die Forschung tendiert bisweilen zu einer Überbetonung schamanistischer Elemente). Darüber hinaus sind das gesprochene Wort, der Tanz und vor allem die Masken mit magisch-beschwörender Wirkkraft geladen.

Auf die Struktur des sakralen Festes mit ihren drei Phasen – Empfang der Gottheit, Umgang mit dem Göttlichen, Verabschiedung bzw. Vertreibung der numinosen Kräfte – geht die Gliederung des Programms im Nô-Theater zurück. Auf der Struktur eines Orakelrituals vom Typ *incubatio* beruht der Aufbau einer wichtigen Kategorie von Nô-Dramen (der zweiteiligen Traumdramen, in denen die Begegnung mit einer Gottheit bzw. einem Geist, die Aufdeckung dessen Identität und schließlich der Orakelspruch bzw. das Bekenntnis den Handlungsablauf abgeben). Der Dialog mit dem Numinosen bestimmt den ontologischen Hiatus zwischen Haupt- und Nebenrolle: letzterer kommt überwiegend eine mediale Funktion zu. Die Einrahmung (*mise en abyme*) im rituellen Szenario prägt die dramaturgische Struktur des Nô.

Auch neuere Gattungen wie Puppentheater und Kabuki lassen sich von Tanz-Gedenkfeiern für Verstorbene (*Bon odori* 盆踊り) ableiten und umgeben sich gern mit einer Aura des Numinosen, die dem Prozeß ihrer "Klassizisierung" in zunehmend hieratische Formen dienlich ist. Der Schatten des Rituellen belegt die Aufführung (die Bühnengestik, den Vortrag) zunehmend mit einer feierlichen Starre, die inzwischen alle traditionellen Gattungen erfaßt hat. Er erreicht aber auch die tieferen Strukturen der Aufführung und beherrscht die Aussage der Stücke. Während sich ältere Formen wie Nô und Kyôgen des rituellen Aktes als dramaturgisches Muster bedienen – äußerst frequent ist die Inszenierung des Pilgergangs mit Traumorakel – taucht das Szenario in

---

10 Die Szene ist in den ältesten Annalen Japans, *Kojiki* 古事記 (712) und *Nihon shoki* 日本書紀 (720) mit kleinen Abweichungen enthalten.

späteren Dramenformen zwar nicht mehr auf, doch auffallend oft fungieren Traum und Vision als grundlegende, tragende Elemente auch in zeitgenössischen Stücken. Tendenziell neigt das Drama – dies gilt auch für die Produktion der 90er Jahre – zur Inszenierung tiefenpsychologischer Prozesse, zur Offenbarung der dunklen Zonen des Bewußtseins. Nur selten ist die Bühne ein Ort der rationalen Auseinandersetzung, des Gedankenaustausches, der im Dialog ausgetragenen, im Wortgefecht gelösten Konflikte. Umso empfänglicher ist sie für das Irrationale – bisweilen mit absurd-groteskem oder neuerdings auch komisch-erheiterndem Einschlag.

Auffallend ist ferner im Umkreis der tradierten Künste die kontinuierliche Mythogenese, die historische Entwicklungen – auch Neuerungen – in den Sog des Atemporalen und Dystopischen zieht. Hier öffnet sich dem kritisch Hinterfragenden, der die Mechanismen der komplexen Überlieferungsprozesse untersucht, ein weites Forschungsfeld.

3.3 *Formalismus: kata und die Schauspielkunst*

Zentrale Stütze und pragmatisches Instrument der oben skizzierten konservativen Praxis ist ein ausgeprägtes Formbewußtsein: Die "klassischen" Bühnengattungen operieren mit festgefügten Systemen von Gestik und Gebärden sowie aller Segmente der Aufführung (Musik, Bühne, dramatischer Aufbau der Texte etc.). Das Bühnengeschehen ist in Abfolgen von distinkten Mikroeinheiten (*kata* 型) strukturiert. Diese stützen das Gerüst der Aufführung und erleichtern die Überlieferung komplexer akustisch-visueller Gefüge über lange Zeitspannen hinweg.

Entstanden ist die Segmentierug der Aufführung in *kata* in einer Aufführungspraxis, die relativ früh (etwa Anfang des 15. Jahrhunderts) reflexive Züge entwickelte und Lehrsysteme hervorbrachte, die im Kontext der mittelalterlichen "Wege" (*michi, dô* 道) ein beachtliches theoretisches Niveau erreichten. In geheimen Traktaten innerhalb der gildenartig ausgebauten Spielerschulen zirkuliert und tradiert, bieten sie die Grundlage für ein professionelles Können, das japanische Bühnekünste auszeichnet und dem Theater in Europa und Übersee wesentliche Impulse zu geben vermochte. Der spezifische Umgang mit dem Körper auf der Bühne, das auf besonderen Prinzipien und Regeln gründende Training der Spieler innerhalb hierarchisch gegliederter Gruppen (nach dem Modell des *ie* 家, des "Hauses" organisiert), wurden zum vielbestaunten Muster für zeitgenössische Schauspieler und zum privilegierten Thema interkultureller theaterwissenschaftlicher Forschung.

Die starke Formalisierung hat die Entwicklung einer konsequent "realistischen" Spielweise zwar übertönt, die realistischen, oder gar naturalistischen Elemente jedoch nicht gänzlich von der Bühne verbannt. Bezeichnenderweise entfachte bei den ersten Europatourneen japanischer Truppen gerade der "Realismus" des Spiels Stürme der Begeisterung unter westlichen Kritikern. Auch heute machen atmosphärische Details, die genaue Wiedergabe von *soundscapes* edozeitlichen Alltags den besonderen Reiz so mancher Kabuki-Inszenierung aus, die bis zur Intensität eines Chechovschen Intimismus heranreichen kann, ohne jedoch aus dem stützenden Korsett der Formen auszubrechen. Der konsequenteste Realismus ist bezeichnenderweise im klassischen Puppenspiel zu finden, vom Medium gleichsam verfremdet und hervorgehoben. Von der trivialen Alltagsgeste bis zur direkten Vorführung von Grausamkeit und Obszönität ist auf der Puppenbühne, anders als im Kabuki, jedes Detail aufführbar.

Ein Sonderbereich des Formenspiels fand verstärkt Beachtung unter den Forschern: die Techniken des Travestis. Transsexuelles Rollenspiel ist keine Ausnahme im Theater und war auch im mittelalterlichen Europa verbreitet, doch erreicht es in Japan, wo Frauenrollen überwiegend von Männern gespielt werden – die Praxis ist im Mittelalter üblich, in der Frühmoderne bereits gesetzlich vorgeschrieben[11] – besonderes Gewicht. Die illusionistische Inszenierung des jeweils anderen Geschlechts in einer Kombinatorik konventioneller Verhaltensmuster – eine ausgefeilte Komposition von *gender* als gesellschaftlich sanktioniertes Konstrukt – gilt vor allem im Kabuki als Gipfel schauspielerischer Virtuosität. Frauenrollen gehören zu den Glanzleistungen der Gattung und wirken durch Essentialisierung und Stilisierung, durch den raffinierten Einsatz von Kostüm, Accessoires und suggestiver Gestik stärker als jede realistisch-mimetische Darstellung. Die Ausdehnung des transsexuellen Rollenspiels über die Grenzen der Bühne hinaus bis ins Privatleben der Schauspieler gehört zu den Konstanten der Rollenkomposition und wurde bereits in frühen Traktaten zur Schauspielkunst postuliert. So gelten die Frauendarsteller, *onnagata* 女方, seit der Edo-Zeit als Trendsetter für Mode und Gebaren der Frauen der besseren Gesellschaft.

Die Ausstrahlung des transsexuellen Rollenspiels bewährt sich unvermindert auch nach Abschaffung der gesellschaftlichen Umstände, die den Rollentausch

---

11 Auch wenn das professionelle Nô durchgehend eine Domäne der Männer ist, treten Frauentruppen, meist Amateure im Mittelalter noch auf (letzte dokumentierte Aufführungen in der frühen Edo-Zeit). Das Kabuki beginnt hingegen als Frauentheater, das 1629 verboten und durch ein "Jünglingstheater" abgelöst wird. Der Auftritt jugendlicher Darsteller wird 1652 untersagt, wonach nur noch erwachsene Männer Frauenrollen spielen dürfen.

in der Vormoderne hervorbrachten. Der überwältigende Erfolg des Frauen-Revuetheaters Takarazuka 宝塚 und weiterer Mädchentruppen[12] produziert in den fest etablierten Fangemeinden Publikumsreaktionen, die bis an die Grenzen der Massenhysterie reichen.

3.4 *Die Einheit Tanz–Musik–gesprochenes Wort: gakugeki*

Anders als das europäische Theater, sind die japanischen Gattungen bis zur Meiji-Zeit aus der engen Verknüpfung von Tanz, Musik und gesprochenem Wort nicht ausgebrochen. Auch heute noch führt in Japan das reine Sprechtheater mit dem Schwerpunkt auf dem Dialog ein Nischendasein. Brilliante Tiraden und dramatische Dialogpartien oder tiefschürfende Monologe sind auf japanischen Bühnen eher die Ausnahme. Noch immer dominiert die Einheit von Tanz, Musik und Wort die Bühnenpraxis, so daß Theater in Japan überwiegend als musikalisch-tänzerische Aufführung, *gakugeki* 楽劇[13] erlebt wird. Trotz massiver Bestrebungen während der Reformwellen der Meiji-Zeit, ein autochtones Dialogdrama, *serifu geki* 台詞劇, als führende Gattung der Moderne zu etablieren, besinnen sich bald Theaterpraktiker und -theoretiker auf die bewährten Rezepte des mit musikalischen und choreographischen Einlagen durchsetzten Theaterspiels.[14] So findet das Kabuki nach einer kurzen Zeit forcierter Experimente in Richtung Sprechtheater zu den alten Mustern der Edo-Zeit zurück und schottet sich bis heute erfolgreich in seiner bewußt gepflegten heterogenen Struktur gegenüber allzu radikale Erneuerungstendenzen ab. *Shosagoto* 所作事, Stücke, die auf Abfolgen von "Nummern" basieren, erfreuen sich immer noch einer hohen Beliebtheit.

---

12 Mit Vorläufern in seit der Meiji-Zeit etablierten Frauentruppen, einige von ihnen waren auf Kabuki spezialisiert. Die Entwicklung ist von der Erschaffung einer Kaiserlichen Schule für die Ausbildung von Schauspielerinnen (1909) flankiert, deren Truppe regelmäßig auf der Bühne des Kaiserlichen Theaters bis Mitte der 20er Jahre auftritt.

13 Der Terminus ist ursprünglich eine Übersetzung des deutschen Begriffs "Musiktheater" im Sinne Wagners und wurde später auf die traditionellen Aufführungskünste (*geinô*) übertragen. Die 1994 gegründete Gesellschaft für das Studium musikalischer Aufführungskünste, Gakugeki Gakkai 楽劇学会 (ihr erster Präsident war Yokomichi Mario, einer der führenden Theaterforscher der letzten Jahrhunderthälfte), nimmt sich die gattungsübergreifende Erforschung japanischer Theaterformen vor.

14 Einer der ersten, der für die Vorteile der musikalisch-choreographischen Aufführung und gegen die Entwicklung des Kabuki zum Sprechdrama hin plädiert (vielleicht unter Einfluß des Wagnerschen Konzepts des "Gesamtkunstwerks"), ist Tsubouchi Shôyô, der Shakespeare-Übersetzer und führende Theaterreformator seiner Zeit.

Ein reines Musiktheater hat die japanische Vormoderne nicht hervorgebracht. Vielmehr ist das Ineinandergreifen von Sprechen, melodischem Gesang und Rezitation, von Tanzelementen und unstrukturierter Gebärdensprache die Regel. Gesungene Partien gehen in gesprochenen Vortrag über, die musikalische Gestaltung schließt unstrukturierte Geräuschkulissen mit ein. In der Musik dominieren Klangfarbe und rhythmische Flexibilität auf Kosten des Melos, der Polyphonie und der Heterophonie. Die Stereotypie der melodischen Muster wird durch Ausarbeitung und Differenzierung von Variationen kompensiert, bei denen eine besondere Sensibilität für Klangfarben und elastische rhythmische Gestaltung zutage tritt. Entsprechend ist der Übergang von Tanz zu nicht-rhythmischen Bewegungsformen fließend. Die flexible Handhabung des visuell-auditiven Materials erlaubt die Erschaffung einer kontinuierlichen Skala von gesprochenem Text zur rhythmischen Rezitation und vom Parlando zum rhythmisch-melodischen Gesang in Gattungen wie Nô, Kyôgen, klassischem Puppenspiel oder Kabuki. Ähnliches gilt von der Instrumentalmusik, die eine elastische Begleitung zwischen Neutralität, Synkope und Eintakt beisteuert.

Neben den abstrakt-symbolischen "schwebenden musikalischen Objekten im Raum" (so ein Musikkritiker über die Nô-Musik) kommt auch Ton-Naturalismus auf japanischen Bühnen nicht zu kurz: Das Kabuki überliefert komplexe Geräuschkulissen der Edo-Zeit, *soundscapes*, zur atmosphärischen Untermalung der Bühnenhandlung. Eine Vielzahl von Instrumenten produziert in feinen Timbrenuancierungen suggestiv-illusionistische Effekte: prasselnden Regen, das Fallen von Schneeflocken, Windgeräusch, Grillenzirpen, Hufgeklapper, fernes Schlachtgetöse, Pferdeglocken, das Klappern von *geta*-Sandalen usw.

Artistik als Selbstzweck in einer sorgfältigen und sensiblen Ausarbeitung von Details, vor allem in der musikalischen und tänzerischen Ausschmückung der Szenen, fordern die Zuschauer auch von neueren Gattungen. Ein Schmaus für Augen und Ohren – durchaus mit kulinarischen Qualitäten – wird nicht allein von der Fangemeinde des glamourösen Revuetheaters, sondern auch von den intellektuell anspruchsvollen Zuschauern postmoderner Bühnengattungen gefordert. So mancher Dramatiker der 90er Jahre hat das Rezept erfolgreich eingesetzt.

3.5 *Serialität, parataktische Gliederung der Aufführung*

Der Aufbau einer geschlossenen dramatischen Handlung und implizite eine stringente thematische Fokussierung kommt unter diesen Umständen kaum als Desiderat auf. Das Gebot der Einheit – der Handlung, des Ortes oder der Zeit –, das im europäischen Theater über lange Strecken hinweg die ästhetische Debatte dominierte, wurde in Japan weder beachtet noch reflexiv formuliert. Wenn sich ein Zeami 世阿弥(1363–1444?) Anfang des 15. Jahrhunderts auf die harmonische Einheit eines Stückes bezog, so meinte er damit die Einhaltung einer dominanten Stimmung, in der Chromatik der Grundmetaphern und ihrer wohlüberlegten Progression im poetisch-musikalischen Diskurs realisiert. Da die Nô-Dramen in langen Abfolgen von bis zu 25 täglich (mitsamt den dazwischen aufgeführten erheiternden Kyôgen-Intermezzi) aufgeführt wurden, galt die Aufmerksamkeit der Spieler vor allem der Komposition eines Tagesprogramms, wobei ein ganzes Bündel von Erwägungen die thematisch-musikalische Progression bestimmten. Die Auswahl erfolgte nach dem Typus des Stücks, nach der sozialen, bzw. ontologischen Stellung des Helden, nach Thema und Stimmung, nach Tempo und der Typologie der Tänze etc. Die Kürze der lyrischen Dramen (ursprünglich dauerte ein Nô-Stück kaum länger als eine halbe Stunde) erlaubte und beförderte die Serialität der Programme.

Diese Praxis wird auch durch die Einführung von langen, mehraktigen Stücken des Puppenspiels und des Kabuki, trotz Aufkommen eines lose strukturierten durchgehenden Handlungsstranges, nicht ernsthaft gefährdet. Im Puppentheater sichert zwar der epische Vortrag und die Person des Rezitators eine gewisse Fokussierung der Stücke, doch gilt die Aufmerksamkeit dem Detail, der Ausarbeitung einzelner Szenen, die mit der Zeit einen hohen Grad von Autonomie erlangen, so daß die monumental angelegten Dramen schließlich in Einzelszenen, jede mit ihrem eigenen dramatischen Höhepunkt, mit ihren eigenen bühnentechnischen Effekten und stilistischen Feinheiten versehen, zerfallen. Das heute gespielte Repertoire umfaßt in der Regel – im Puppentheater wie auch im Kabuki, nicht zuletzt durch die Anpassung der Aufführungsdauer an westliche Gepflogenheiten – separate Szenen, die in losen Abfolgen zu Programmen kombiniert werden. Ganze Dramen werden nur zu besonderen Anlässen geboten und gelten als Ausnahme.

Freilich dominiert die parataktische Struktur die Programme einer ganzen Palette von Unterhaltungs- und Massentheatern, von den Nummern-Abfolgen auf Rakugo-Bühnen über die provinziellen "Wandertheater" (*tabi shibai* 旅芝居), bis hin zu Revue und Variété.

3.6 *Intertextualität*

Daß die Aufführung von Fragmenten die Erwartungen des Publikums befriedigt, geht nicht zuletzt auf den Umstand zurück, daß die dramatische Handlung – wenn überhaupt vorhanden – im voraus bekannt ist. In der Tat operieren die Theatergattungen, wie auch andere Künste in Japan, vornehmlich mit bekannten Stoffen. Sie schöpfen aus einem reichen Fundus von bewährten literarischen Motiven und Charakteren, die sie endlos variieren, ausschmücken, in neue Kontexte einbetten oder gar umdeuten. Wenn Theater sich grundsätzlich aus der Aktualität speist, so liegt diese für die japanischen Theatermacher im Detail. Je bekannter das Thema, desto größer die Freiheiten, die sich Dramatiker damit nehmen. Intertextualität erlaubt die Aussparung der dramatischen Vorgänge, sie ermutigt die Ellipse im narrativen Fluß. Sie erlaubt im Nô die Auslassung der Handlung und die Fokussierung auf den klimaktischen Höhepunkt, der sich im lyrischen Monolog entfaltet. Sie produziert im Puppentheater und im Kabuki endlose Reihen von Varianten und Bearbeitungen bekannter Stoffe. Das Remake feiert hier, lange vor Hollywood, wahre Triumphe.

Gattungs- und zeitübergreifend kehren die beliebtesten Helden, die bekanntesten Geschichten in immer wieder neuen Hypostasen auf der Bühne wieder. Der Sog der großen Themen – seien es Liebesgeschichten aus den "Romanen" der Heian-Zeit oder Kriegs- und Racheszenarien, den Kriegerepen entnommen – kreiert im Laufe der Jahrhunderte imposante Reihen von Bearbeitungen, die je nach Talent des Dramatikers von der blassen Reprise bis hin zur überzeugenden Neuschöpfung reichen. Die Zirkulation beliebter Motive schlägt sich bisweilen in tausenden von Stücken zu einem Thema nieder (so z.B. zur Rachegeschichte der Soga-Brüder in Nô, Puppenspiel und Kabuki, unermüdlich verarbeitet und nicht selten bis zur Unkenntnis deformiert).

Dies heißt nicht, daß japanisches Theater auf Aktualität verzichtet. Auch wenn historische Helden in eine vage Vergangenheit projiziert werden, bewegen sie sich mühelos in zeitgenössischem Ambiente: Soga Gorô, 曽我五郎 der Held der Kamakura-Zeit bewährt sich zum Beispiel glänzend als raffinierter Lebemann in edozeitlichen Kurtisanenvierteln. Und wenn man in den Dramen der Meiji-Autoren vergeblich nach brennenden Themen der Zeit sucht, so sind die Bühnen nichtsdestoweniger von brandneuen, aufregenden, meist westlich-exotischen Requisiten überschwemmt, die den Hauch der neuen Zeit spüren lassen: Regenschirme, Schals, westliche Uhren, Lokomotiven und vieles mehr gaben den meijizeitlichen, nach bewährtem Rezept gestrickten Melodramen sehr wohl einen touch von Aktualität.

Vom Reiz der intertextuellen Anspielungen zehren massiv auch Stücke jüngsten Datums, so die Werke eines Ôta Shôgo 太田省吾, Kara Jûrô 唐十朗 oder gar das Gesamtoeuvre eines Noda Hideki 野田秀樹 in den 80er und 90er Jahren. Hier treffen Remake und Collage, Pastiche und Parodie zu explosiven kaleidoskopischen Gebilden zusammen. Nicht zuletzt muß man in diesem Zusammenhang die intertextuellen Bezüge in Dramen jüngerer Autoren der 90er Jahre erwähnen, die ihre Stücke aus dem Fundus der SF, Animé und Comics speisen.

3.7 *Das partizipierende, spezialisierte Publikum*

Ein allgemeines "Theaterpublikum" gibt es in Japan kaum, ebensowenig wie eine Gilde von gattungsübergreifend kompetenten Theaterkritikern und -forschern. Vielmehr hat jede Gattung – ja in manchen Fällen jede Schule oder Truppe innerhalb der einzelnen Gattungen – ihr eigenes, meist bis zur Homogenität der Fangemeinde zusammengeschweißtes Publikum. Entsprechend ist die Sparte der Kritiker in praktisch untereinander nicht kommunizierende *côteries* kompartimentiert. Der Theaterforscher, der sich gleichzeitig für Nô und Kabuki interessiert, oder gar Vorstellungen der Avantgarde frequentiert, ist auch heute noch die Ausnahme. Gemeinden von speziell ausgebildeten Zuschauern (*minarai* 見習い) für die jeweilige Sparte, unterstützt von einer beeindruckenden Infrastruktur (eigene Publikationen, aktive Fanclubs, Studienvereine etc.), tragen dann auch zur Kultivierung jener geheimnisvollen Aura bei, die eine stützende Säule der konservativ-tradierenden Theaterformen bildet. Ein Hauch von esoerischem Wissen umweht die Tempel der klassischen, und nicht weniger jene der populären Aufführungsgattungen, wie der Revue.

Zu dieser erstaunlichen Spezialisierung des Publikums trägt bei, daß etliche Sparten der vormodernen Aufführungskünste (Gesang und Rezitation, Tanz, Musikinstrumente, Maskenschnitzen etc.) seit Jahrhunderten von Amateuren intensiv praktiziert werden, so daß der Status eines Forschers in einem speziellen Gebiet die eigene Praxiserfahrung zwingend voraussetzt. Ganz besonders gilt diese Regel für das Nô, dessen aktive Ausübung bereits im Hochmittelalter und noch mehr in der Vormoderne, neben Disziplinen wie der Schwertkunst, dem Teeweg oder Blumenstecken, zur geistig-moralischen Ausbildung der japanischen Elite gehörte. An der Schwelle der Edo-Zeit trat der Kriegsadel mit solcher Begeisterung auf Nô-Bühnen auf, daß die gelegentlichen Gäste aus Europa annahmen, Theaterspielen sei in Japan überhaupt Sache der Herrschenden selbst. Vor allem der Nô-Eifer von Toyotomi Hideyoshi legte, durch die von ihm initiierte Unterstützung privilegierter Theatertruppen durch das shogunale System, die Entwicklung des Nô für Jahrhunderte in eine komplexe Abhängigkeit von seinem ausgewählten und sich zum Patronat der Kunst verpflichtenden Publikum fest. Die neue gesellschaftliche Rolle als Zeremonialkunst der herrschenden Elite bewirkte tiefe Veränderungen in der Aufführungspraxis.

Nach der Zäsur, die in der Meiji-Zeit der Verlust der angestammten Mäzene hervorbrachte, fand das Nô die Kraft zur Erschaffung einer neuen spezialisierten Publikumsgemeinde, die erstaunlich schnell die Rolle der ehemaligen Gönner übernahm. Auch heute sichert die parallele Existenz von professionellem, halb-professionellem und Amateur-Theater die finanzielle Grundlage von Nô und Kyôgen. Die Schauspieler bestreiten ihren Lebensunterhalt vornehmlich durch Unterricht und Vergabe von Auftrittsrechten an Laienspieler. Die Existenz einer breiten Schicht von spezialisierten Zuschauern garantiert aber auch einen hohen technischen und künstlerischen Standard im professionellen Theater, das ohne diese Publikumsschicht wohl zu musealer Starre verkommen würde.

Auch die anderen Gattungen können sich, wenn auch nicht auf die direkte finanzielle Unterstützung, so doch auf kompetente, mit ihren Stoffen und Techniken vertraute, auf kleinste Patzer reagierende und die Glanzleistungen der Spieler mit Beifall quittierende Zuschauergemeinden verlassen. Zwar sind bei einer gelungenen Pose (*mie* 見得) die Zurufe der Claqueurs aus dem Zuschauerraum nicht mehr spontan, wie in der Edo-Zeit (letztere werden mittlerweile vom Theaterbetrieb gestellt), doch würdigt das Publikum verläßlich schauspielerische Glanzleistungen. Weitaus stärker zur homogenen Masse zusammengeschweißt ist die Fangemeinde im Show-business, vor allem dort, wo die Zuschauerschaft von einer homogenen Altersgruppe dominiert ist, wie zum Beispiel im Falle der Takarazuka-Frauenrevue.

4. *Theaterwissenschaftliche Forschung in Japan*

Die reflexive Auseinandersetzung mit theatralischen Phänomenen aus einem spezialisierten Blickwinkel beginnt in Japan relativ früh, nach der bisherigen Erkenntnis mit den Traktaten des Nô-Spielers und -Autors Zeami[15] und gelangt bald zu erstaunlicher Reife. Die Zahl der vormodernen in den Nô-Schulen

---

15 Zeami werden außer den Dramen 23 Schriften, einige nur bedingt als "theoretisch" einzustufen, zugeschrieben. Die wichtigsten sind in deutscher Übersetzung vorhanden.

und in ihrem Umkreis entstandenen Schriften – teils normativ-didaktisch, teils historisch-deskriptiv, teils hermeneutisch mit theoretischen Ansätzen – reicht in die Hunderte. Ihre Edition, Kommentierung und wissenschaftliche Auswertung ist noch lange nicht abgeschlossen. Die philologische Arbeit an den Dramentexten (Kommentarwissenschaft) fängt in der frühen Edo-Zeit mit den ersten kritisch edierten Textsammlungen an. Auch die in der Edo-Zeit im Umkreis des Puppentheaters und des Kabuki entstandenen Schriften enthalten durchaus wertvolle Ansätze einer kritischen Beschäftigung mit verschiedenen Segmenten der Aufführung, vor allem mit Problemen der Schauspielskunst.

Von einer modernen wissenschaftlichen Forschung kann jedoch erst in der Meiji-Zeit unter dem Einfluß westlicher Studien, vornehmlich der Theatergeschichte bzw. der Geschichte des Dramas, die Rede sein. Einführende Studien zur europäischen Theatergeschichte ebnen den Weg für erste Gesamtdarstellungen der japanischen Aufführungskünste, die im Kontext und in der Folge der Reformbewegungen der 80er Jahre erscheinen. Die Reformbewegungen, von führenden Politikern unterstützt und von Intellektuellen wie Tsubouchi Shôyô 坪内逍遥 und Mori Ôgai gefördert, gehen zunächst von der europäischen Vorstellung des Theaters als Dramengeschichte aus. Diese Position vertritt auch die erste gattungsübergreifende Theatergeschichte Japans (Ihara Toshirô 井原敏郎, 1904, Ergänzungsbände 1913 bzw. 1933).

Eine schnellere Entwicklung machen die spezialisierten Studien der einzelnen – vor allem der klassischen – Theatergattungen durch. Die Vorreiterrolle kommt hier dem Nô zu, obwohl es aufgrund seiner festen Einbindung in das Hofzeremoniell des Shogunats von den Umwälzungen der Meiji-Zeit am härtesten betroffen war. Nach einer kurzen Spanne der Desorientierung werden die alten Schulen wieder belebt, ein neues Publikum geschult und aufgebaut, eine neue *raison d'être* in der Rolle eines national repräsentativen Theaters (als Pendant zur westlichen Oper) gefunden, ein Förderer-Club gegründet. Die erste spezialisierte Monatszeitschrift, in der neben textphilologischen Kommentarstudien Aufführungskritik und geschichtliche Forschung betrieben werden, entsteht: *Nôgaku* 能楽, 1902–1909. Sie versammelt unter ihren Autoren die wichtigsten Forscher und Nô-Kenner der Zeit. Herausgeber und *spiritus rector* ist Ikenouchi Nobuyoshi 池内信嘉, Autor der ersten Geschichte des Nô von der Edo- bis zum Ende der Meiji-Zeit: *Nôgaku seisuiki* 能楽盛衰記 ("Blüte und Niedergang des Nô"),1924. Dieses zweibändige Werk bleibt bis heute, mit der Fülle der veröffentlichten Dokumente in Schrift und Bild sowie mit der intimen Kenntnis der Nô-Welt der Meiji-Zeit eine wertvolle, jedoch noch lange nicht ausgeschöpfte Quelle für die Geschichte der Gattung während der Frühmoderne.

Die ersten spezialisierten Enzyklopädien bzw. Wörterbücher erscheinen in der Meiji- bzw. Taishô-Zeit. Anfang Shôwa setzt dann Sanari Kentarô 佐成謙太郎 mit seiner sorgfältig kommentierten, von parallelen modernen Übersetzungen begleiteten quasi kompletten Ausgabe des zeitgenössischen Nô-Repertoires (230 Stücke) einen Meilenstein in der Geschichte der Drameneditionen: *Yôkyoku taikan* 謡曲大観, 7 Bände einschließlich Einführung und Index, 1932–33. Auch für ausländische Studierende erleichtert dieses Werk den Einstieg in die schwierige Hermeneutik der Dramen. Einige Jahre später stellt Nose Asaji 能勢朝次 mit seinem monumentalen *Nôgaku genyûkô* 能楽源流考, 1938 im Iwanami Verlag 岩波書店 erschienen, die Frühgeschichte des Nô-Theaters auf neue Grundlagen: auf 1555 Seiten veröffentlicht das Buch eine Fülle nicht edierter Primärquellen, deren Auswertung bis heute Generationen von Forschern Material lieferte.

Zum Kabuki erscheint bereits 1879 eine spezialisierte Zeitschrift (1669 Nummern bis 1897!): *Kabuki shinpô* 歌舞伎新報 – allerdings eher in der Tradition edozeitlicher kommentierender Publikationen angesiedelt als mit dem Anspruch auf Wissenschaftlichkeit befrachtet. Diese erhebt hingegen *Kabuki sôsho* 歌舞伎叢書, in deren Nummern edozeitliche Dramentexte und Traktate zur Schauspielkunst aus dem Umkreis von Kabuki und Puppentheater erscheinen. Eine wichtige Voraussetzung für die wissenschaftliche Beschäftigung mit Kabuki und Puppentheater ist die Veröffentlichung großer Abschnitte des frühmodernen Dramenrepertoirs, zu deren Leistungen etliche mehrbändige Ausgaben, z.B. der Stücke des Dramatikers Chikamatsu Monzaemon 近松門左衛門 (1653–1724) aus den 20er Jahren gehören. Zu ihrer philologischen Erschließung tragen umfangreiche spezialisierte Lexika bei (ein *Chikamatsu goi* 近松語意 – "Chikamatsu-Vokabular" – erscheint bereits 1930).

Ein erster Versuch, das Wissen über die Gattung in ein System zu fassen, ist das unvollständig gebliebene Projekt des "Großen Wörterbuchs des Theaters" *Nihon engeki daijiten* 日本演劇大辞典, zwischen 1921 und 1932 in Folge in drei verschiedenen Zeitschriften publiziert (hg.v. Kimura Kinka 木村錦花 und Kawajiri Seitan 川尻清湛). Erst das ausführliche Lexikon von Atsumi Seitarô 渥美清太郎, *Nihon engeki jiten* 日本演劇辞典, erreicht 1941 dieses Ziel.

Der Anschluß an die Methoden und Fragestellungen der modernen abendländischen Forschung gelingt erst nach dem Zweiten Weltkrieg. Zu erwähnen sind in diesem Zusammenhang Iizuka Tomoichirô 飯塚友一郎 mit seiner zweibändigen "Einführung in die Theaterwissenschaft", *Engekigaku josetsu* 演劇学序説 (1948), Kawatake Shigetoshi 河竹繁俊 mit der vielbeachteten Geschichte des japanischen Theaters, *Nihon engeki zenshi* 日本演劇全史, Iwanami shoten 1959, sowie später mit der monumentalen unter seiner Aufsicht erstellten sechsbändigen Enzyklopädie des Welttheaters, *Engeki hyakka daijiten* 演劇百科大事典 (Heibonsha 平凡社 1960–63). Auch die vergleichende Theaterforschung nimmt mit Kawatake Shigetoshis *Hikaku engeki* 比較演劇 (Nansôsha 南窓社 1967) eine erste Hürde.

Groß angelegte kommentierte Textsammlungen erleichtern angehenden Forschern den Zugang zu den Quellen. Während die kommentierten Texteditionen in der hundertbändigen Serie des Verlags Iwanami, *Nihon koten bungaku taikei* 日本古典文学大系 bequeme Referenzwerke bereitstellen (zwei Bände Nô-Texte, vier Bände Jôruri bzw. Kabuki), erscheinen in der Serie *Nihon shisô taikei* 日本思想大系 die wichtigsten theoretischen Traktate zu den Aufführungskünsten; Band 24 unter dem Titel *Zeami – Zenchiku* 世阿弥・禪竹 (hg. v. Omote Akira 表章 und Katô Shûichi 加藤周一), Band 23 mit mittelalterlichen Schriften als *Kodai chûsei geijutsuron* 古代中世芸術論 und Band 61 mit einer Auswahl von edozeitlichen Traktaten als *Kinsei geijutsuron* 近世芸術論.

Das Studium der Volkskünste (*minzoku geinô*) erhält nach bahnbrechenden Arbeiten von Yanagita Kunio 柳田国男 und Orikuchi Shinobu, 折口信夫 wesentliche Impulse durch die Studien von Honda Yasuji 本田安次 und dessen Schülern. Neue, wissenschaftliche Klassifikationen der verschiedenen Dorffeste mit ihren Aufführungskünsten werden erstellt, Textüberlieferungen und historisches Material zu den einzelnen Festen umfassend kommentiert und interpretiert. Einen siebenbändigen geschichtlichen Überblick veröffentlicht die Gesellschaft für die Geschichte der Volkskünste: *Nihon geinôshi* 日本芸能史, Hôsei Daigaku Shuppankyoku 法政大学出版局, 1981–90.

Die schnelle Akkumulation von Wissen (u.a. durch extensive Veröffentlichung von Quellen und Dokumenten) ermöglicht besonders seit den siebziger Jahren die Eröffnung neuer Forschungsfelder unter Einsatz neuer methodischer Ansätze: Aufführungsgeschichte, spezielle Felder der Theaterhermeneutik und -semiotik, ethnologische Themen, philologische Studien zur Intertextualität, soziologische Untersuchungen zu vormodernen Theatergattungen u.a. tragen zur extremen Diversifizierung der metatheatralischen Diskurse bei. Um nur einige Beispiele aus der Fülle neuester Bucherscheinungen herauszugreifen: Eine detaillierte Geschichte der Inszenierung im Nô erschien 1998 (Yamanaka Reiko 山中玲子); eine Geschichte der Nô-Requisiten ist in Vorbereitung (Oda Sachiko 小田幸子); etliche Untersuchungen zum Lustspiel Kyôgen als Quelle zur mittelalterlichen sozialen und materiellen Kultur entstanden in den Jahren des sog. "Mittelalterbooms" (Hashimoto Asao 橋本朝生, Amino Yoshihiko 網野善彦, Taguchi Kazuo 田口和夫); interdisziplinär ausgerichtet (Philologie, Mentalitätsgeschichte, Kulturgeschichte) sind eine Reihe von Untersuchungen zu mittelalterlichen Aufführungsgattungen (Taguchi Kazuo, Ishii Tomoko

石井倫子). Neu ist auch das Vordringen der akademischen Forschung in bis dahin vernachlässigte Gebiete, wie Massen- und Trivialtheater, *fringe*-Aufführungen (*angura, butô*), minore Gattungen wie Straßen- und Jahrmarktvorführungen. Aber auch konservative Forschungefelder wie das Nô erlauben gelegentlich provokative Fragestellungen, wie zum Beispiel die Rolle der Frauen im Nô (Kanamori Atsuko 金森敦子).

Nach der schnellen Expansion und Diversifizierung der Studien war gegen Ende der achtziger Jahre die Zeit reif für neue Synthesen, überwiegend in Lexikon- oder in Handbuch-Form. Die Zahl der spezialisierten "Wörterbücher" zu den verschiedenen Gattungen ist in den letzten Jahrzehnten explosiv gestiegen. Die besten sind nach Gebieten unterteilt (historische Daten, Schauspieler, Dramentitel, Vokabular bzw. spezifische Terminologie, Bibliographie etc.). Zum Nô entstand unter breiter Beteiligung von Forschern verschiedener Felder zwischen 1987 und 1992 ein achtbändiges Handbuch (unter der Leitung von Yokomichi Mario 横道満里雄, Koyama Hiroshi 小山弘志 und dem erwähnten Omote Akira). Eine entsprechende, breit angelegte Einführung in die Hauptgattungen des bürgerlichen Theaters der Edo-Zeit in zehn Bänden, herausgegeben unter der Leitung von Torigoe Bunzô 鳥越文増, Uchiyama Mikiko 内山美樹子 und Watanabe Tamotsu 渡部保, wurde 1999 abgeschlossen.

Eine umfangreiche Geschichte des modernen Theaters in 5 Bänden brachte Ôzasa Yoshio 大笹喜雄 zwischen 1986 und 1995 heraus. Zur schnellen Information über die Entwicklung des Theaters in den letzten Jahrzehnten ist Senda Akihiko 扇田昭彦 zu empfehlen: *Nihon no gendai engeki* 日本の現代演劇, Iwanami 1995. Die Orientierung in der Tokyoter Theaterlandschaft erleichtert *Theater Japan - A Companion to Japanese Theater: Companies and People* (neueste Ausgabe 1998), herausgegeben vom Verein für japanische Theaterforschung, Nihon Engeki Kenkyûkai 日本演劇研究会.

In Handbuchform präsentiert sich auch eine neue gattungsübergreifende Theatergeschichte: das achtbändige Handbuch von Suwa Haruo 諏訪春男 und Sugai Yukio 菅井幸雄: *Kôza Nihon no engeki* 講座日本の演劇, 8 Bde., Benseisha 勉誠社 1992–97, das den Perspektivenwechsel neuester theaterwissenschaftlicher bzw. soziologischer Studien mit vollzieht. Beachtenswert ist darin die kontextuelle Einbettung des japanischen Theaters in das jeweilige geschichtlich-geographische und gesellschaftliche Umfeld sowie die starke Betonung interkultureller Phänomene: Band 1 enthält eigene Kapitel zu kontinental-asiatischen Formen des kultischen Theaters (China und Korea), zum europäischen und amerikanischen Theater (u.a. mit einer detaillierten Rezeptionsgeschichte wichtiger westlicher Einflüsse in Japan); mit einbezogen werden ferner Formen interkultureller Aufführungen, "Importe" (Aufführrungsgeschichte ausländischer Stücke) sowie "Exporte" (Auslandstouren japanischer Truppen), während eigene Abschnitte den Theaterkünsten Okinawas und der Ainu gewidmet sind.

Um eine neue Einordnung der Aufführungskünste unter theateranthropologischer Ägide (geinôsei als Ethnotheater) bemüht sich der Band Geinôshi 芸能史, Bd. 21 der schon erwähnten Serie Taikei Nihonshi sôsho.

Schnelle Orientierung in geschichtlichen Vorgängen erleichtern Theaterchronologien, meist in tabellarischer Form, z.B. die mit ihren Angaben von der Vorzeit bis ins Jahr 1997 reichende Nihon engekishi nenpyô 日本演劇史年表, herausgegeben vom Tsubouchi-Theatermuseum der Waseda Universität, Yagi Shoten 1998.

5. Theaterstudien in der westlichen Japanologie

Kunde von den Aufführungskünsten Japans geben seit dem 16. Jahrhundert christliche Missionare, Kaufleute und Seefahrer, sodann während der langen Landesabschließung einige Gelehrte (insbesondere Ärzte), denen gelegentlich, unter strenger Bewachung, Reisen in die politischen und kulturellen Zentren vergönnt waren, und nach der Öffnung des Landes in der zweiten Hälfte des 19. Jahrhunderts, zunächst Diplomaten. Ihre Berichte sind von sehr unterschiedlichem informativen und kritischen Wert, die Reaktion der Europäer schwankt zwischen Bewunderung, amüsiertem Unverständnis, herablassender Kritik und offener Ablehnung der fremden Bühnensprache, besonders angesichts der sehr genau kodierten Gestik und des Umgangs der Japaner mit Klangmaterial im musikalischen Bereich, der die Hörgewohnheiten der westlichen Zuschauer arg auf die Probe stellt.[16]

Wie zu erwarten, nimmt sich die auf philologisch-historischem Grund heranwachsende Japanologie zu allererst der dramatischen Literatur an. August Pfizmaiers Studie Über den Text eines japanischen Dramas (1870) eröffnet eine Reihe von Dramenübersetzungen und -interpretationen in europäische Sprachen, die den westlichen Leser zunächst mit Texten der damals dominierenden Gattung Kabuki bekannt machen. Wie schwierig der Zugang zur komplexen Bühnensprache der Japaner für im Westen geschulte Gelehrte war, demonstriert z.B. Karl Florenz mit seiner naiven Irritation angesichts spezifischer Konventionen dramatischer Gattungen und performativer Raffi-

---

16 Ein amüsantes Kompendium vorwissenschaftlicher Rezeption des japanischen Theaters durch westliche Zuschauer stellt Ury EPPSTEIN zusammen: "The Stage Observed", in: MN 48.2 (Summer 1993): 147–166.

nessen japanischer Theaterkünste.[17] Eine große Ausnahme in jener Zeit der unsicheren und oft ratlosen Aufnahme macht Noël Péri, dessen Studien zum Nô (zwischen 1897 und 1923) eine gründliche Kenntnis der verschiedenen Segmente der Aufführung bezeugen und durchaus dem Niveau zeitgenössischer japanischer Forschung entsprechen.[18] Vergleichendes bietet für den Bereich des Kyôgen erst viel später André Beaujard mit seinem kompetent einführenden *Le Théâtre comique des japonais* (1937).

Doch weder Noël Péri noch im Angelsächsischen George Sansom, der 1911 mit seinen *Translations from the Nô* den Anfang macht, erreichen eine breite Leserschaft. Der Durchbruch gelingt erst zwei späteren Übersetzungen, die – jede auf ihre Weise – eine nachhaltige Wirkung auslösen. Das erste ist *Noh, or Accomplishment, A Study of the Classical Stage of Japan,* in der ein wortmächtiger Dichter, Ezra Pound, die Rohübersetzungen eines exzellenten Japankenners, Ernest Fenollosa, zu eigenständigen poetischen Werken verarbeitet. Das zweite ist die Fassung eines kongenialen Vermittlers ostasiatischer Literaturen, Arthur Waleys *The Nô Plays of Japan* (1921). Nicht allein mit diesen Werken geht die literarische Rezeption im Westen der theaterwissenschaftlichen deutlich voraus: Japanisches Theater wirkt zunächst als sprachliches Kunstwerk – gelesen mit den Augen eines am Imagismus und Symbolismus geschulten Publikums, gemessen am Anspruch einer metaphorisch verdichteten, lyrischen Bühnensprache, die sich herausnimmt, ihre im Alltagsgebrauch verschüttete musikalische Qualität wiederzuerobern, oder in Mallarmés Worten "reprendre de la musique son bien". In literarischen Kreisen rezipiert, fungieren die Übersetzungen japanischer Dramen als Inspirationsquelle für bedeutende europäische Dichter – unter ihnen Paul Claudel, William Butler Yeats, T.S. Eliott. Damit rückt das japanische Theater, zumindest durch eine seiner Gattungen, ins Bewußtsein europäischer Literatenkreise, und erwirbt sich ein Bürgerrecht in der damals europäisch beherrschten "Weltliteratur".[19]

---

17 Während dem deutschen Gelehrten die Komplexität der japanischen Dramenliteratur, von Nô bis Kabuki, entgeht, findet er für die Bühnenmusik nur Attribute wie "primitiv", "wildbewegtes, leidenschaftliches Geheul", "geringe musikalische Begabung der Japaner" etc. Karl FLORENZ: *Geschichte der japanischen Litteratur.* Leipzig 1909: 384.

18 U.a. eine exzellente Einführung in die Bühnenkunst des Nô (1909); etwa ein dutzend Nô-Dramen ausführlich kommentiert und mit paralleler Transkription in *rômaji*, 14 Kyôgen; Exzerpte aus theoretischen Schriften Zeamis etc. Eine umfassende Dokumentation der Arbeiten von Noël Péri enthält der von SUGIYAMA Naojirô herausgegebene kommemorative Band (1944).

19 So kann z.B. eine der bedeutendsten Schriftstellerinnen des Jahrhunderts, M. Yourcenar behaupten: " Hâtons-nous de redire (on ne le dira jamais assez) que les nô constituent l'un des deux ou trois triomphes du théâtre universel." Und: "En ce qui me concerne, il m' arrive de penser que ma sensibilite eût été différente, si le hazard ne m'avait pas fait

Der Mythos vom intuitiven Einsatz der "Chromosphäre der Worte" – offensichtlich eine Projektion abendländischer ästhetischer Normen – wurde erst in jüngster Zeit (in den achtziger Jahren) durch detaillierte Studien zum Einfluß der geregelten Kettendichtung (*renga* 連歌) auf die Leitmotivik der Nô-Texte aufgebrochen (auf den bahnbrechenden Forschungen von Itô Masayoshi 伊藤正義 zum Verhältnis des Nô zur Kettendichtung basieren Studien westlicher Japanologen wie Karen Brazell, Thomas B. Hare, Janet Goff u.a.).

Während Spiel- und Inszenierungskunst der Japaner auf die Entwicklung von Film und Schauspiel im Westen in den ersten drei Jahrzehnten des Jahrhunderts anregend wirkten (Artaud, Craig, Appia, Brecht, Meyerhold, Eisenstein), blieb die Japanologie noch lange Zeit überwiegend mit geschichtlich-hermeneutischen bzw. philologischen Fragestellungen befaßt.

In den zwanziger Jahren erscheint in Europa eine Reihe wichtiger Bücher zum japanischen Theater – vornehmlich einführende Werke und Geschichtswerke (Zoë Kinkaid, Wilhelm Gundert, Albert Maybon, Maria Piper, Frank Alanson Lombard, Curt Glaser). Pionierarbeit auf kunsthistorischem und theaterwissenschaftlichem Gebiet leistet in Deutschland Friedrich Perzynski mit der ersten sorgfältig dokumentierten, umfassenden Studie zu den Masken von Nô und Kyôgen, die bis heute auch für japanische Forscher maßgebend bleibt.

In diese Tradition systematischer Bestandaufnahmen reihen sich Jahrzehnte später auch die Schriften Hermann Bohners zum Nô ein.

Die durch den Zweiten Weltkrieg auch in der japanologischen Theaterforschung erkennbare Zäsur ist vornehmlich durch die Verlagerung des Schwerpunkts von Europa nach Amerika bedingt. Eine neue Generation von Forschern, die japanisches Theaterleben aus dem Blickwinkel der Besatzer rezipieren, stellt neue Fragen und fordert vor allem den praxisbezogenen Zugang zum Theater ein.

Faubion Bowers, A.C. Scott, Donald Shively, Donald Keene arbeiten über die klassischen Gattungen Nô und Kabuki, veröffentlichen Kompendien und Gesamtübersichten der japanischen Theatergeschichte, während in Europa frühere Traditionen fortgesetzt werden (Marcello Muccioli, Peter Arnott, Johannes Barth, Benito Ortolani).

Neue Gebiete der hermeneutisch-geschichtlichen aber auch der empirisch-deskriptiven Aufführungsanalyse werden allmählich erschlossen, die philologischen Studien mit verfeinertem Instrumentarium fortgesetzt. Eine extensive übersetzerische Tätigkeit macht allmählich große Teile des dramatischen Re-

---

connaître *Atsumori* et *Sumidagawa* en même temps qu'*Antigone*." YOURCENAR 1991: 95.

pertoires der klassischen aber auch der modernen Gattungen – in Einzelwerken sowie Sammelbänden – in westlichen Sprachen zugänglich[20]. Es erscheinen Untersuchungen zur Sprach- und Stilgeschichte der Gattungen (im deutschsprachigen Raum Hagen Blau, Roland Schneider, Gerhild Müller, Eduard Klopfenstein, Martina Schönbein, Stanca Scholz-Cionca). Die Motivforschung, meist interdisziplinär betrieben und über Jahrzehnte hinweg ein beliebtes Thema japanologischer Arbeiten, greift in theatergeschichtliche Domänen ein (Peter Weber-Schäfer, Susan Matisoff, Stanca Scholz, Janet Goff, Barbara Thornbury, Laurence J. Kominz etc.)

Die Rezeption japanischer vormoderner Ästhetikschriften, bzw. der theoretischen Schriften zu japanischen Theatergattungen hatte eine lange Anlaufzeit. Zwar bietet Wilfrid Whitehouse bereits 1941 Fragmente aus Zeamis *Fûshi kaden* 風姿花伝 in englischer Übersetzung (*Seami Jûroku Bushû* [世阿弥十六部集]: *Seami's Sixteen Treatises*), doch erst nach dem Zweiten Weltkrieg erlangen diese verstärkt Beachtung von japanologischer Seite her. Meilensteine sind die kompetent kommentierten Übersetzungen von Oscar Benl, Richard McKinnon, Hermann Bohner, René Sieffert, Thomas Rimer und Yamazaki Masakazu, Mark Nearman, Erika de Poorter u.a.

Erst zögernd wendet man sich der Aufarbeitung von Traktaten zum Puppentheater und Kabuki zu: Charles E. Dunn und Torigoe Bunzô vermitteln eine frühe Quelle; eine in Hawaii entstandene Dissertation von 1995 macht weitere Schriften zum Puppentheater bekannt (Michiko Ueno-Herr). Auf diesem Gebiet bleiben heranwachsenden Japanologen gewiß spannende Entdeckungen vorbehalten.

In der großen Debatte über Theater und Ritual, über die rituellen Wurzeln der Theaterkünste, über die communitas-Erfahrung im "ethnischen Theater" – die Welle schwappt hier in den 70er Jahren von der ethnologisch orientierten Theaterwissenschaft auf die Japanologie über – wenden sich auch Japanologen verstärkt den Volkskünsten (*minzoku geinô* 民俗芸能) zu. Schamanistische Phänomene in Verbindung mit dem Theater interessieren u.a. Benito Ortolani, Thomas Immoos, Frank Hoff, Gérard Martzel, Günter Zobel, Barbara Thornbury, Irit Averbuch).

Aufführungsanalyse, Bühnensemiotik und Publikumsforschung finden ebenfalls Eingang in japanologische Studien. Jacob Raz betreibt Publikumsfor-

---

[20] Eine Übersicht der Übersetzungen ist hier aus Raumgründen nicht möglich, daher seien stellvertretend einige Namen genannt: Donald Shively, Donald Keene, Monica Bethe, James Brandon, Samuel Leiter, Stanleigh Jones, René Sieffert, Royall Tyler, Laurence Kominz, Mark Nearman, Thomas Rimer, Kenneth Yasuda, Eduard Klopfenstein, Detlev Schauwecker, Martin Hubricht, Robert Rolf, David Goodman.

schung, Thomas Leims stellt interkulturellen Einflüssen in der Entstehung des Kabuki nach. Detaillierte Analysen der Bühnenpraxis in ihren verschiedenen Facetten verfeinern das Bild der einzelnen Gattungen: Samuel Leiter führt in das komplexe semiotische System des Kabuki ein und liefert in Lexikonform reiches Informationsmaterial. Monica Bethe und Karen Brazell erläutern die komplexen Beziehungen zwischen Tanz und lyrischem Text im Nô. Theaterwissenschaftliche Analysen eines edozeitlichen Puppenspiels leisten drei Autoren aus verschiedenen Perspektiven (Andrew Gerstle, Kiyoshi Inobe und William Malm).

Eingehender befassen sich japanologische Studien ferner mit minoren Gattungen wie Kyôgen (Hilda Kato, H. Morioka, S. Scholz-Cionca); Rakugo (Heinz Morioka und Miyoko Sasaki), dem proletarischen Theater der zwanziger Jahre (Jean-Jacques Tschudin), Wanderbühnen (*tabi shibai*), *fringe*-Theater wie *angura* und *butô* (David Goodman, Robert Rolf, Carol Sorgenfrei, Lucia Schwellinger), Musical und Revue (Jennifer Robertson).

6. *Quellenlage*

Der an den Aufführungskünsten interessierte Japanologe befindet sich in einer privilegierten, jedoch nicht ungefährlichen Lage: Zum einen steht ihm, angesichts der Materialmenge und des editorischen Eifers japanischer Verlage, zumindest für ältere Abschnitte der Theatergeschichte, eine Fülle kommentierten oder zumindest edierten Materials nebst einer beachtlichen Menge noch nicht bearbeiteter Manuskripte, die in öffentlichen und privaten Sammlungen ihrer Auswertung harren, zur Verfügung. Dies macht die Arbeit spannend und riskant zugleich. Denn auch nach jahrzehntelanger Arbeit mit Quellenmaterial zu einem bestimmten Gebiet ist die Orientierung nicht leicht und die Übersicht unvollständig. So geschieht es gar nicht selten, daß frisch publizierte Resultate der Arbeit an einem eben entzifferten Manuskript kurz nach Veröffentlichung durch neue Entdeckungen in Frage gestellt werden.

Zu mittelalterlichen Aufführungen harren, neben den Schriften der involvierten Theatermacher selbst, vereinzelte Reaktionen aus dem Publikum, Kommentare interessierter Zuschauer (in Tagebüchern oder aber in minoren literarischen Gattungen wie den vormodernen Witzebüchern) ihrer Auswertung. Bisweilen macht man, auf den Innenseiten einer ehrwürdigen Schrift versteckt, erstaunliche Entdeckungen über die Umstände eines historisch belegten Theaterereignisses.[21]

Mit der Edierung und Kommentierung von Quellentexten haben die japanischen Forscher in den letzten Jahrzehnten große Mengen an Material erschlossen. Für den Studierenden sind immer noch die kanonischen Sammlungen der klassischen Schriften, z.B. *Nihon koten bungaku taikei* sowie ihre überarbeitete und durch Material aus den Randgebieten der Literatur ergänzte Neuversion *Shin Nihon koten bungaku taikei* grundlegend. Beide enthalten repräsentative Texte der dramatischen Literatur, während die wichtigsten Traktate der Aufführungskünste (betreffend die Schauspielkunst, Instrumente, Musik etc.) in der erwähnten Serie *Nihon shisô taikei* (ebenfalls Iwanami), aber auch in speziellen Serien kleinerer Verlage erscheinen.

Für vormoderne klassische Bühnenformen sowie *minzoku geinô* sei über die vielen speziellen Sammelwerke (*zenshû* 全集) hinaus auf die Serie *Nihon shomin bunka shiryô shûsei* 日本庶民文化資料集成 hingewiesen.[22] Die nach Aufführungsgattungen ausgerichteten Bände enthalten erstmalige Veröffentlichungen von Dramentexten, Folkloremateriel, verschiedene Dokumente zu den Künsten usw.

Groß angelegte Programme für die Herausgabe von Dramentexten, ästhetischen Traktaten sowie Sekundärliteratur bzw. historischen Dokumenten werden in den verschiedenen Forschungszentren durchgeführt.[23]

Die dramatische Literatur der Moderne ist in etlichen Sammelwerken bequem zugänglich. Für das vorkriegszeitliche Theater sind zu empfehlen: das zwanzigbändige *Gendai gikyoku zenshû* 現代戯曲全集, Kokumin Tosho 国民図書 1924–26; das achtzehnbändige *Nihon gikyoku zenshû – gendaihen* 日本戯曲

---

21 In einem Kloster bei Kyoto kamen so sieben Schmähgedichte (*rakusho* 落書) ans Licht. Sie waren anläßlich des Tribünenabsturzes bei einer großen *dengaku* 田楽-Aufführung 1349 entstanden, und enthielten unverblümte Äußerungen zu den verunglückten hohen Staatsmännern. Die Schmähverse sind von Taguchi Kazuo in *Nôgaku kenkyûjo kiyô* (1992) publiziert und kommentiert. Jenes *dengaku* heißt etwa soviel wie "Musizieren zur Naßfeld[pflanzung]" und stellt eine Tanz- und Gesangskunst dar, deren Ursprung sich vermutlich diesem agrarischen Ereignis verdankt.

22 Geinôshi Kenkyûkai (Hg.). San'ichi Shobô 1975. 芸能史研究会. 三一書房.

23 Stellvertretend seien allein für das Nô-Theater einige solche Projekte erwähnt: ein Plan zur Edition und prioritärer philologischer Erforschung von ca. 750 Textmanuskripten (aus einer Sammlung, die etwa dreitausend Textmanuskripte umfaßt) während der nächsten Jahre; die Veröffentlichung von Traktaten u. dokumentarischen Materialien zur Geschichte des Nô in der seit den fünfziger Jahre anwachsenden Serie *Nôgaku shiryô* 能楽資料 (Wan'ya Shoten わんや書店). Frühe Kyôgen-Textsammlungen des 16. u. 17. Jahrhunderts wurden innerhalb der vergangenen zwei Jahrzehnte sogar in mehreren aufeinanderfolgenden z.T. kommentierten Editionen in Druckform zugänglich gemacht.

全集-現代編, Shun'yôdô 春陽堂 1928–29; die sechs Bände *Gendai gikyoku* 現代戯曲, Kawade Shobô 河出書房 1940; für das Drama der Nachkriegszeit eine ganze Reihe neuerer Textsammlungen, von *shingeki* und *angura* bis zu postmodernen Bühnenwerken der 90er Jahre. Das Rakugo besitzt inzwischen neben klassischen Textsammlungen (auch in Taschenbuchformat), auch komplette "Repertoire-Sammlungen" berühmter Rakugo-Entertainer in exakter Transkription, unter Beachtung dialektaler und idiolektaler Besonderheiten des Vortrags. Für die in der früheren Forschung vernachlässigten Gattungen von Kleinkunst- und Unterhaltungstheater liefert ein zehnbändiges Sammelwerk, herausgegeben von Misumi Haruo 三隅治雄 et al. *Taishû geinô shiryô shûsei* 大衆芸能資料集成, San'ichi Shobô 三一書房 1980–82, reiches Material.

7. Periodika

Aus der großen Anzahl von spezialisierten japanischen Publikationen zum Theater, von unterschiedlicher Lebensdauer, sei eine kleine Auswahl erwähnt.

Studien zu Gattungen der *minzoku geinô* erscheinen regelmäßig in etlichen ethnologischen Zeitschriften, besonders in *Geinôshi kenkyû* 芸能史研究 bzw. *Minzoku geinô* 民族芸能 (Monatszeitschrift, Hg. Minzoku Geinô Gakkai). Untersuchungen zur Geschichte und Aufführungspraxis von Nô und Kyôgen findet man in einigen an einzelnen Spielschulen orientierten Periodika (insbesondere *Kanze* 観世 erhebt Anspruch auf wissenschaftliches Niveau) sowie im jährlich erscheinenden Berichtsblatt des Instituts für Nô-Forschung, dem *Nôgaku Kenkyûjo kiyô* 能楽研究所紀要 (hg.v. dem Institut für Nô[-Studien] an der Hôsei-Universität 法政大学能楽研究所, Tokyo), das u.a. eine quasi exhaustive Übersicht der im Vorjahr publizierten Monographien und der herausragenden Zeitschriftenbeiträge in Japan, neuerdings auch einige Angaben zu westlichen Studien bietet. *Geinô no kagaku* 芸能の科学 erscheint unregelmäßig, herausgegeben von der Abteilung für aufführende Künste des Forschungsinstituts für die Erhaltung und Pflege nationalen Eigentums 東京国立文化財研究所芸能部.

Ab 1994 erscheint jährlich *Gakugekigaku* 楽劇学, eine Zeitschrift der Gakugeki Gakkai, mit überwiegend komparatistisch orientierten Forschungsbeiträgen zu allen in der Trias Musik-Tanz-Wort beheimateten Bühnenkünsten.

Auf das Kabuki ist u.a. *Kabuki kenkyû*, hg.v. Kabuki Shuppanbu (erscheint ab 1926, ab 1981 auch als Microfiche erhältlich) spezialisiert. Seit seiner Eröffnung 1978 veröffentlicht das staatliche Kabuki-Theater, Kokuritsu gekijô, detaillierte Kommentare aller aufgeführten Stücke in *Kokuritsu Gekijô kabuki kanshô kyôshitsu.* Wissenschaftliche Forschungsergebnisse enthält auch gelegentlich die auf Kabuki spezialisierte Monatszeitschrift *Engekikai* 演劇界.

Den modernen Gattungen sind unter anderem *Higeki kigeki* 悲劇喜劇, *Shingeki* 新劇 (inzwischen eingestellt) und *Teatoro* テアトロ (seit 1934 monatlich erscheinend) gewidmet.

Philologisch-historische Studien zu allen Perioden und Gattungen finden sich (gelegentlich in thematisch ausgerichteten Bänden) in den gängigen Zeitschriften für Literatur und Kulturstudien, z.B. *Bungaku* 文学; *Kokubungaku – Kaishaku to kanshô* 国文学-解釈と鑑賞; *Kokugo kokubun* 国語国文 u.v.a.

In westlichen Sprachen sind die allgemeinen japanologischen Publikationen zu beachten (*Monumenta Nipponica* enthält viele Übersetzungen und Studien, besonders zu vormodernen dramatischen Gattungen). Auf asiatische Theaterformen spezialisiert ist *Asian Theatre Journal* (zwei Nummern jährlich, hg. v. der University of Hawaii Press). Beiträge zu japanischen Aufführungskünsten bringen öfter *The Drama Review* (Cambridge, Mass); *Theatre Journal* (Baltimore, John Hopkins Univ. Press); *Theatre Research International* (Oxford, Oxford Univ. Press); *Maske und Kothurn* (Wien) u.a.

8. *Forschungsinstitute*

Für das Studium der *minzoku geinô* bieten u.a. die Archive (vor allem die Bild- bzw. Videosammlungen) des Tokyo National Research Institute of Cultural Properties exzellentes Material. Adresse: Tôkyô Kokuritsu Bunkazai Kenkyûjo 東京国立文化財研究所, 13-27 Ueno Park, Taito ku, 110-8713 Tokyo, Japan.

Für das Nô: Sämtliche Aufführungen des Staatlichen Nô-Bühne Kokuritsu Nôgakudô 国立能楽堂 in Sendagaya 千駄ヶ谷 sind in der Bibliothek des Theaters auf Video zugänglich (nach Anmeldung für die Reservierung eines Videogeräts). Daselbst Bibliothek mit Handapparat, allgemein zugänglich.

Das nach dem Nô-Forscher Nogami Toyoichirô 野上豊一郎 benannte Institut für Nô-Forschung an der Hôsei-Universität hält Bibliothek und Archiv auch für ausländische Forscher offen: Hôsei Daigaku Nôgaku Kenkyûjo 法政大学能楽研究所, 102 Tôkyô to, Chiyoda ku Fujimi 東京都千代田区富士見 2-17-1. Tel. 03-264-9815.

Zu beachten ist die Gepflogenheit, Gesang- und Tanzunterricht bei einem Nô-Meister parallel zur akademischen Forschung zu nehmen. Alle japanischen und die meisten ausländischen Forscher auf diesem Gebiet praktizieren selbst (manche beherrschen mehrere Teilkünste: z.B. Flötenspiel oder ein anderes Instrument nebst schauspielerischer Schulung).

Für das Studium von Aufführungsformen der Frühmoderne und Moderne (besonders Kabuki, Bunraku und Theater seit der Meiji-Zeit) sind Museum, Bibliothek und Archiv des Theatermuseums der Waseda-Universität 早稲田大学演劇博物館 (Waseda Daigaku Engeki Hakubutsukan) die beste Adresse.

Literaturverzeichnis

Literatur in japanischer Sprache

ATSUMI Seitarô 渥美清太郎
- 1980 *Nihon engeki jiten* (neueste Ausgabe). Tenbôsha.『日本演劇辞典』展望社.
- 1924–26 *Gendai gikyoku zenshû.* 20 Bde. Kokumin Tosho.『現代戯曲全集』国民図書.
- 1940 *Gendai gikyoku.* 6 Bde. Kawade Shobô.『現代戯曲』河出書房.

HASHIMOTO Asao 橋本朝生
- 1997 *Chûseishigeki to shite no kyôgen.* Wakakusa Shobô.『中世史劇としての狂言』若草書房.

HATTORI Yukio 服部幸雄; SUEYOSHI Atsushi 末吉厚; FUJINAMI Takayuki 藤波隆之 (Hg.)
- 1998 *Geinôshi* (*Taikei Nihonshi sôsho,* Bd. 21). Yamakawa Shuppansha.『芸能史』(体系日本史叢書 21) 山川出版社.

IHARA Toshirô 伊原敏郎
- 1904 *Nihon engekishi.* Waseda Daigaku Shuppanbu.『日本演劇史』早稲田大学出版部.
- 1913 *Kinsei nihon engekishi.* Waseda Daigaku Shuppanbu.『近世日本演劇史』早稲田大学出版部.
- 1933 *Meiji engekishi.* Waseda Daigaku Shuppanbu.『明治演劇史』早稲田大学出版部.

IIZUKA Tomoichirô 飯塚友一郎
- 1948–49 *Engekigaku josetsu: engekiron no hatten to sono engekigaku no kôsô he no michibiki.* 2 Bde. Yûzankaku.『演劇学序説：演劇論の発展と、その演劇学の構想への導き』雄山閣.

IKENOUCHI Nobuyoshi 池内信嘉
- 1924 *Nôgaku seisuiki.*『能楽盛衰記』(Neuauflage hg. v. Nishino Haruo 西野春雄 1992 bei Sôgensha 創元社).

ISHII Tomoko 石井倫子
- 1998 *Furyû nô no jidai.* Tôkyô Daigaku Shuppankai.『風流能の時代』東京大学出版会.

ITÔ Masayoshi 伊藤正義
- 1986 "Yôkyokushû", in: *Shinchô Nihon koten shûsei.* Shinchôsha.「謡曲集」『新潮日本古典集成』新潮社.

KANAMORI Atsuko 金森敦子
- 1994 *Joryû tanjô. Nôgakushi Tsumura Kimiko no shôgai.* Hôsei Daigaku Shuppankyoku.『女流誕生　能楽師津村紀三子の生涯』法政大学出版局.

KAWATAKE Shigetoshi 河竹繁俊
- 1959 *Nihon engeki zenshi.* Iwanami Shoten.『日本演劇全史』岩波書店.

KAWATAKE Shigetoshi 河竹繁俊 et al. (Hg.)
- 1960–63 *Engeki hyakka daijiten.* 6 Bde. Waseda Daigaku Engeki Hakubutsukan / Heibonsha.『演劇百科大事典』早稲田大学演劇博物館／平凡社.

KAWATAKE Toshio 河竹登志夫
- 1967 *Hikaku engekigaku.* Nansôsha.『比較演劇学』南窓社.

KUBOTA Jun 久保田淳 (Hg.)
- 1994–97 *Iwanami kôza. Nihon bungakushi.* 18 Bde. Iwanami Shoten.『岩波講座日本文学史』岩波書店.

MINAMI Hiroshi 南博 et al.
- 1981–82 *Geisôsho.* 10 Bde. Hakusuisha.『芸双書』白水社.

MISUMI Haruo 三隅治雄 et al.
- 1980–82 *Taishû geinô shiryô shûsei.* 10 Bde. San'ichi Shobô.『大衆芸能資料集成』三一書房.

Nihon engekishi nenpyô 日本演劇史年表
- 1998 Hg. v. Tsubouchi–Theatermuseum (Waseda Universität). Yagi Shoten. 早稲田大学坪内博士記念演劇博物館編. 八木書店.

Nihon geinôshi 日本芸能史
- 1981–90 Hg. v. Geinôshi Kenkyûkai. Hôsei Daigaku Shuppankyoku. 芸能史研究会. 法政大学出版局.

Nihon gikyoku zenshû – gendaihen 日本戯曲全集 – 現代編
- 1928–29 18 Bde. Shun'yôdô 春陽堂.

NOSE Asaji 能勢朝次
- 1938 *Nôgaku genryûkô.* Iwanami Shoten.『能楽源流考』岩波書店.

ÔZASA Yoshio 大笹吉雄
- 1986–95 *Nihon gendai engekishi.* 5 Bde. Hakusuisha.『日本現代演劇史』白水社.

SANARI Kentarô 佐成謙太郎
> 1932–33　　*Yôkyoku taikan.* 7 Bde. Meiji Shoin.『謡曲大観』明治書院.

SENDA Akihiko 扇田昭彦
> 1995　　*Nihon no gendai engeki.* Iwanami Shoten.『日本の現代演劇』岩波書店.

SUWA Haruo 諏訪春雄 u. SUGAI Yukio 菅井幸雄
> 1992–97　　*Kôza nihon no engeki.* 8 Bde. Benseisha.『講座日本の演劇』勉誠社.

TANIGUCHI Masanori 谷口政徳
> 1887　　*Engekishi.* Fukuchi Fukuichi.『演劇史』福地復一.

TORIGOE Bunzô 鳥越文蔵; UCHIYAMA Mikiko 内山美樹子; WATANABE Tamotsu 渡辺保 (Hg.)
> 1997–99　　*Iwanami kôza. Kabuki – Bunraku.* 10 Bde. Iwanami Shoten.『岩波講座歌舞伎・文楽』岩波書店.

YAMANAKA Reiko 山中玲子
> 1998　　*Nô no enshutsu – sono keisei to henyô* (Chûsei bungaku kenkyû sôsho). Wakakusa Shobô.『能の演出: その形成と変容』(中世文学研究叢書) 若草書房.

YOKOMICHI Mario 横道万里雄; KOYAMA Hiroshi 小山弘志; OMOTE Akira 表章 (Hg.)
> 1987–92　　*Nô – Kyôgen* (Iwanami kôza, 8 Bde.). Iwanami Shoten.『能・狂言』(岩波講座) 岩波書店.

Literatur in westlichen Sprachen

ARNOTT, Peter
> 1969　　*The Theatres of Japan.* Rutland, Vt.: Tuttle.

ASAI, Susan M.
> 1999　　*Nômai Dance Drama: A Surviving Spirit of Medieval Japan* (Contributions to the Study of Music and Dance, 47). Westport, Conn. et al.: Greenwood Press.

AVERBUCH, Irit
> 1997　　*The Gods Come Dancing: A Study of the Japanese Ritual Dance of Yamabushi Kagura* (Cornell East Asia Series, 79). Ithaca, N.Y.: East Asia Program, Cornell University.

BARTH, Johannes
> 1972　　*Japans Schaukunst im Wandel der Zeiten.* Wiesbaden: F. Steiner.

BEAUJARD, André
1937 *Le théâtre comique des Japonais: (introduction à l'étude des kyoghen)*. Paris: Librairie G.-P. Maisonneuve.

BENL, Oscar
1953 *Seami Motokiyo und der Geist des Nô-Schauspiels: Geheime kunstkritische Schriften aus dem 15. Jahrhundert*. Wiesbaden: F. Steiner.

BENL, Oscar (Übers.)
1986 *Seami: Die geheime Überlieferung des Nô*. 2. Aufl. Frankfurt a.M.: Insel Verlag.

BETHE, Monika u. BRAZELL, Karen
1978 *Nô as Performance: An Analysis of the Kuse Scene of Yamaba* (Cornell University East Asia Papers, 16). Ithaca, N.Y.: China-Japan Program, Cornell University.
1982 *Dance in the Nô Theatre*. 3 Bde. (Cornell University East Asia Papers, 29). Ithaca, N.Y.: China–Japan Program, Cornell University.

BLAU, Hagen
1966 *Sarugaku und Shushi: Beiträge zur Ausbildung dramatischer Elemente im weltlichen und religiösen Volkstheater der Heian-Zeit unter besonderer Berücksichtigung seiner sozialen Grundlagen* (Studien zur Japanologie, Bd. 6). Wiesbaden: O. Harrassowitz.

BOHNER, Hermann
1955 *Gestalten und Quellen des Nô* (MOAG, Bd. 34). Wiesbaden: O. Harrassowitz.
1956 *Nô: Die einzelnen Nô* (MOAG, Supplementband 22). Tokyo: OAG; Wiesbaden: O. Harrassowitz.
1959 *Nô: Einführung* (MOAG, Supplementband 24). Tokyo: OAG; Wiesbaden: O. Harrassowitz.

BOHNER, Hermann (Übers.)
1955a "Seami: Buch der Nô-Gestaltung", in: BOHNER 1955.
1955b "Seami: Blumenspiegel", in: BOHNER 1955.
1961 *Seami: Shu-dôsho, Kyakurai-kwa. Schriften der dritten Schrifttumsperiode des Meisters* (MOAG, Bd. 41). Wiesbaden: O. Harrassowitz.

BRANDON, James R.; MALM, William P.; SHIVELY, Donald H.
1987 *Studies in Kabuki: Its Acting, Music and Historical Context*. 3. Aufl. Honolulu: University of Hawaii Press.

BRANDON, James R. (Übers.)
1992 *Kabuki: Five Classic Plays.* Honolulu: University of Hawaii Press.
BRANDON, James R. (Hg.)
1997 *No and Kyogen in the Contemporary World.* Honolulu: University of Hawaii Press.
BRAUNECK, Manfred u. SCHNEILIN, Gérard (Hg.)
1992 *Theaterlexikon: Begriffe und Epochen, Bühnen und Ensembles* (Rowohlts Enzyklopädie, 465). Reinbek bei Hamburg: Rowohlt.
BRAZELL, Karen (Hg.)
1999 *Traditional Japanese Theater. An Anthology of Plays.* New York: Columbia University Press.
COALDRAKE, A. Kimi
1997 *Women's Gidayu and the Japanese Theatre Traditon* (Nissan Institute / Routledge Japanese Studies Series). London et al.: Routledge.
DUNN, Charles E. u. TORIGOE, Bunzô
1969 *The Actor's Analects* (Studies in Oriental Culture, No. 3). New York, London: Columbia U.P.
FENOLLOSA, Ernest Francisco u. POUND, Ezra
1916 *"Noh" or Accomplishment: A Study of the Classical Stage of Japan.* London: Macmillan.
FLORENZ, Karl
1909 *Geschichte der japanischen Litteratur* (Literaturen des Ostens in Einzeldarstellungen, Bd. 10). Leipzig: Amelang.
FRALEIGH, Sandra
1999 *Dancing into Darkness: Butoh, Zen, and Japan.* University of Pittsburgh Press.
GERSTLE, Andrew; INOBE, Kiyoshi; MALM, William
1990 *Theater as Music. The Bunraku Play "Mt. Imo and Mt. Se: An Exemplary Tale of Womanly Virtue"* (Michigan Monograph Series in Japanese Studies, No. 4). Ann Arbor: Center for Japanese Studies, University of Michigan.
GLASER, Curt (Hg.)
1930 *Japanisches Theater.* Berlin: Wurfel.
GOFF, Janet
1991 *Nô Drama and the Tale of Genji. The Art of Allusion in Fifteen Classical Plays.* Princeton, New Jersey; Oxford: Princeton University Press.

GOODMAN, David G. (Hg.)
1997 *Japanese Drama and Culture in the 1960s: The Return of the Gods.* M.E. Sharpe.

GUNDERT, Wilhelm
1925 *Der Shintoismus im japanischen Nô Drama* (MOAG, Bd. 19). Tokyo: Deutsche Gesellschaft für Natur- und Völkerkunde Ostasiens.

Half a Century of Japanese Theater: 1990s: Part One. Vol.1
1999 Hg. v. Japan Playwrights Association Staff.

HARE, Thomas B.
1986 *Zeami's Style: The Nô Plays of Zeami Motokiyo.* Stanford, Calif.: Stanford University Press.

HOFF, Frank
1978 *Song, Dance, Storytelling: Aspects of the Performing Arts in Japan* (Cornell University East Asia Papers, 15). Ithaca, N.Y.: China–Japan Program, Cornell University.

HORTON, H. Mack
1993 "Renga Unbound: Performative Aspects of Japanese Linked Verse", in: *HJAS* 53-2 (Dec. 1993): 443–512.

IMMOOS, Thomas
1968 *Das Tanzritual der Yamabushi* (MOAG, Bd. 50). Tokyo: Deutsche Gesellschaft für Natur- und Völkerkunde Ostasiens.

KINCAID, Zoë
1925 *Kabuki, the Popular Stage of Japan.* London: Macmillan.

KOMINZ, Laurence J.
1995 *Avatars of Vengeance: Japanese Drama and the Soga Literary Tradition* (Michigan Monograph Series in Japanese Studies, No. 13). Ann Arbor: Center for Japanese Studies, University of Michigan.

KOMINZ, Laurence R. u. BRASE, Michael (Hg.)
1997 *The Stars Who Created Kabuki: Their Lives, Loves and Legacy.* Kodansha International.

LAW, Jane Marie
1997 *Puppets of Nostalgia: The Life, Death, and Rebirth of the Japanese Awaji Ningyô Tradition.* Princeton: Princeton University Press.

LEIMS, Thomas
1990 *Die Entstehung des Kabuki: Transkulturation Europa-Japan im 16. und 17. Jahrhundert.* Leiden; New York: E.J. Brill.

LEITER, Samuel
1979 *The Art of Kabuki: Famous Plays in Performance.* Berkeley; London: University of California.

LEITER, Samuel
1997 *New Kabuki Encyclopedia. A Revised Adaptation of Kabuki jiten.* Westport, Conn. et al.: Greenwood Press.

LOMBARD, Frank Alanson
1928 *An Outline History of Japanese Drama.* London: Allen & Unwin. Neuauflage 1994.

MARTZEL, Gérard
1982 *Le dieu masqué: fêtes et théâtre au Japon.* Paris: Publications orientalistes de France.

MATISOFF, Susan
1978 *The Legend of Semimaru, Blind Musician of Japan* (Studies in Oriental Culture, No. 14). New York; Guildford: Columbia University Press.

MAYBON, Albert
1925 *Le théâtre japonais.* Paris: Laurens.

MUCCIOLI, Marcello
1962 *Il Teatro Giapponese.* Milano: Feltrinelli.

MÜLLER, Gerhild
1979 *Kagura. Die Lieder der Kagura-Zeremonie am Naishidokoro.* Wiesbaden: O. Harrassowitz.

MCKINNON, Richard
1953 "Zeami on the Art of Training", in: *HJAS* 16: 200–225.

ORTOLANI, Benito
1990 *The Japanese Theatre. From Shamanistic Ritual to Contemporary Pluralism.* Leiden: Brill.

ORTOLANI, Benito u. LEITER, Samuel (Hg.)
1998 *Zeami and the Nô Theatre in the World.* New York: Casta.

PAVIS, Patrice (Hg.)
1996 *Dictionnaire du théâtre.* Paris: Dunod.

PÉRI, Noël
1944 Sugiyama Naojirô (Hg.). *Le Nô.* Tokyo: Maison Franco-Japonaise.

PERZYNSKI, Friedrich
1925 *Japanische Masken, No und Kyogen.* Berlin; Leipzig: W. de Gruyter.

PIPER, Maria
1927 *Die Schaukunst der Japaner: Dramen, Szenenbilder und Schauspielerportraits des altjapanischen Volkstheaters.* Berlin: W. de Gruyter.

POORTER, Erika de
1986 *Zeami's Talks on Sarugaku.* Amsterdam.

POWELL, Brian
2000 *Japan's Modern Theatre: A Century of Change and Continuity.* Curzon Press Ltd.

RAZ, Jacob
1983 *Audience and Actors. A Study of their Interaction in the Japanese Traditional Theatre.* Leiden: Brill.

RIMER, Thomas u. YAMAZAKI, Masakazu
1984 *On the Art of the Nô Drama: The Major Treatises of Zeami.* Princeton: Princeton University Press.

SCHNEIDER, Roland
1968 *Kôwaka-mai. Sprache und Stil einer mittelalterlichen japanischen Rezitationskunst* (MOAG, Bd. 51). Hamburg: OAG.

SCHOLZ, Stanca
1991 *Das Bild des Tenman Tenjin im Nô.* Wiesbaden: F. Steiner.

SCHOLZ-CIONCA, Stanca
1998 *Entstehung und Morphologie des klassischen Kyôgen im 17. Jahrhundert: Vom mittelalterlichen Theater der Außenseiter zum Kammerspiel des Shogunats.* München: iudicium.

SCHÖNBEIN, Martina
1994 *Die Michiyuki-Passagen in den Sewa-Jôruri des Dramatikers Chikamatsu Monzaemon (1653–1724): Struktur, literarische Stilmittel und Rezeption.* Wiesbaden: O. Harrassowitz.

SCHWELLINGER, Lucia
1998 *Die Entstehung des Butoh.* München: iudicium.

SCOTT, A. C.
1953 *The Kabuki Theatre of Japan.* London. Neueste Auflage: Mineola, N.Y.: Dover Publications 1999.

SENDA, Akihiko
    1997 *The Voyage of Contemporary Japan.* Transl. by J. Thomas Rimer. Honolulu: University of Hawaii Press.

SIEFFERT, René
    1960 *La tradition secrète du nô: suivie de une journée de nô par Zeami.* Paris: Gallimard.

THORNBURY, Barbara E.
    1997 *The Folk Performing Arts: Traditional Culture in Contemporary Japan.* Albany, N.Y.: State University of New York Press.

TSCHUDIN, Jean-Jacques
    1989 *La ligue du théâtre prolétarien japonais.* Paris: L'Harmattan.
    1995 *Le kabuki devant la modernité (1870–1930).* Lausanne: L'Âge d'Homme.

UENO-HERR, Michiko
    1995 *Masters, Disciples and the Art of the Bunraku Puppeteer's Performance.* Ann Arbor: UMI.

WALEY, Arthur
    1980 *The Nô Plays of Japan.* Rutland, Vt.: C.E. Tuttle.

WEBER-SCHÄFER, Peter
    1960 *Ono no Komachi. Gestalt und Legende im Nô-Spiel* (Studien zur Japanologie, Bd. 2). Wiesbaden: O. Harrassowitz.

YOURCENAR, Marguerite
    Le tour de la prison. Paris: Gallimard 1991.

ZOBEL, Günter
    1987 *Nô-Theater: Szene und Dramaturgie, volks- und völkerkundliche Hintergründe.* Tokyo: OAG.

Volkskunde

Nelly Naumann

1. *Einführung*

In den vergangenen Jahrzehnten hat sich das Fach Japanologie in eine Reihe von Einzeldisziplinen aufgespalten, die zu einem nicht geringen Teil nur als auf Japan bezogene Studien eines bestimmten globalen Faches angesehen werden können. Das läßt sich von der Volkskunde gewiß nicht behaupten. Unter den zahlreichen Möglichkeiten, sich im Rahmen der Japanologie mit einem Einzelbereich zu befassen, erscheint die Volkskunde mir besonders reizvoll, da sie in viele, jedoch wiederum eng verflochtene Bereiche der japanischen Kultur führt. Kürzlich hat jemand die ältere Japanologie, deren Vertreter ja zum Teil schon verstorben sind und sich daher nicht mehr wehren können, als Feld, Wald- und Wiesen-Fach diffamiert.[1] Besieht man es recht, dann fällt gewiß die Volkskunde zu einem guten Teil in dieses Genre, wenn auch in einem anderen Sinn als dort unterstellt. Einmal nämlich umspannt die Volkskunde ein weites Gebiet, sie führt über Feld, Wald und Wiese hinaus auch noch aufs Meer; zum zweiten befaßt sie sich weitgehend mit dem Leben von Menschen, deren Tätigkeit sich in der freien Natur abspielt; und zum dritten verlangt sie aufgrund ihrer Spannbreite demjenigen, der sich mit all dem beschäftigen möchte, sehr viele spezielle Kenntnisse, auch über Feld, Wald und Wiese, sowie intensive Bemühungen in mehreren Richtungen gleichzeitig ab.

Zwar darf nicht verschwiegen werden, daß sich innerhalb der japanischen Volkskunde – nicht anders als hierzulande – Entwicklungen abzeichnen, die auf eine allzu bequeme Einengung und Beschränkung der Studien auf soziologische Gegenwartserscheinungen hindeuten. Nichts gegen soziologische Untersuchungen, doch sollte man sie den Soziologen überlassen, und dies vor allem im Hinblick auf die unglaubliche Menge an volkskundlichen Mate-

---

[1] Irmela HIJIYA-KIRSCHNEREIT: "Zwischen Kulturwissenschaft und Praxisorientierung. Die Japanologie im Portrait", in: *Forschung und Lehre* 9 (1997): 477.

rialien, die bestenfalls zu einem Bruchteil aufgearbeitet sind, aber auch angesichts der Tatsache, daß der moderne Lebensstil das traditionelle Brauchtum in immer schnellerem Tempo zum Verschwinden bringt oder es im Folklorismus aufgehen läßt.

2. *Begriff und Arbeitsfeld der Volkskunde*

Was sind nun "volkskundliche Studien"? *Meyers Enzyklopädisches Lexikon* (Bd. 24. Mannheim et al. 1979: 674f.) gibt eine kurze und treffende Beschreibung dessen, was man hierzulande ganz allgemein unter Volkskunde versteht. Es handelt sich demnach um "eine Wissenschaft, die sich mit den Lebensformen der Mittel- und Unterschichten vor allem in europäischen Hochkulturgesellschaften befaßt." Die Einzelgebiete, die in den Bereich der Volkskunde fallen: "Arbeit und Gerät, Brauch, Glaube, Feste, Hausbau und Wohnen, Kleidung, Nahrung, Volksmusik, Volkskunst und Erzählformen" werden hierbei im Hinblick auf ihre gegenseitige Bezogenheit betrachtet. Das Ziel volkskundlicher Beschäftigung wiederum sei es – und hier bewegen wir uns ganz in der Gegenwart – "Menschen in ihren Bindungen an Traditionen und traditionelle Lebensformen und Gegenstände zu erkennen, ihren Wandel sowie die soziale Funktion und kulturbedingte Bewertung für die Existenz menschlicher Gruppen zu erklären. Vor allem in Gemeinde- und Vereinsstudien werden heute Kulturformen des Alltags und im Wohnbereich sowie Kommunikationsformen (Folkloristik) untersucht."

Damit ist im Prinzip und auf das kürzeste umrissen, was großenteils auch die japanische Volkskunde prägt. Kurz erwähnt sei auch die Geschichte des Faches, da sich auch hier Parallelen ergeben. In der deutschen Romantik, aus der letzlich die Volkskunde als Wissenschaft hervorgegangen ist, wurde die "Volkskultur" zur "besseren Gegenkultur stilisiert", wofür Namen wie Johann Gottfried Herder, oder Jakob und Wilhelm Grimm stehen. Das Wort "Volkskunde" selbst erscheint erstmals 1787; der Begriff der "Folklore" als "Summe volkstümlicher Überlieferungen" wurde 1846 in England geprägt, wo man den Vorstellungen der Brüder Grimm folgte. Im Mittelpunkt stand nämlich zunächst die sprachliche Überlieferung von Mythen, Märchen, Sage, Sprichwort und Volkslied; gleichzeitig ließ die "schon bei den Brüdern Grimm angelegte Tendenz" der Bevorzugung des Bauernstandes die Volkskunde immer mehr zur Bauernkunde werden. Erst gegen Ende des vorigen Jahrhunderts wurde neben der sprachlichen Überlieferung auch die materielle Kultur einbezogen, und in den ersten Dezennien dieses Jahrhunderts begannen schließlich "Diskussionen um das Verhältnis von Individuum und Gemeinschaft, das Verhältnis von Ober- und Unterschicht" eine Rolle zu spielen; der Begriff vom "gesunkenen Kulturgut" taucht auf. Die Bestrebungen der Volkskunde Ende der siebziger Jahre werden schließlich beschrieben als diejenigen einer Kulturwissenschaft, die "auf die Analyse des historischen Wandels der Volkskultur und Fragen nach Innovations- und Diffusionsvorgängen" abzielt (a.a.O. 675f.).

Richten wir nun unseren Blick auf Japan. Volkstümliche Überlieferung und Lokalsitten nahm man dort schon im Altertum zur Kenntnis. Als im achten Jahrhundert auf kaiserlichen Befehl in den einzelnen Provinzen die *Fudoki* 風土記 ("Landesbeschreibungen") aufzuzeichnen waren, sollte auch aufgeschrieben werden, was alte Leute über lokale Ereignisse und Überlieferungen zu berichten wußten. Große Teile dieser Aufzeichnungen sind erhalten. Aus dem Mittelalter sind Aufzeichnungen über das Brauchtum am Kaiserhof, bei Hof- und Kriegeradel überliefert. In der Edo-Zeit veranlaßten mehrere Daimyô die Aufzeichnung von Sitten und Bräuchen in den Dörfern ihrer Ländereien, und manches dieser Art findet man auch in Tagebüchern und persönlichen Aufzeichnungen der Zeit. Derartige Berichte und Notizen sind zum Teil in die großen Sammlungen der *zuihitsu* 随筆 ("Miszellen") aufgenommen, anderes schlummert unbemerkt als Manuskript in irgendeiner Bibliothek. Zu diesen kostbaren Materialien und teilweise noch ungehobenen Schätzen traten in der Meiji-Zeit die Schriften von Dilettanten, die sich für die eigenartigen Feste und Bräuche in diesem oder jenem Dorf interessierten, da sie in ihnen Relikte aus ältesten Zeiten sahen – eine Beschäftigung, die teilweise zu einer Art Pseudo-Altertumswissenschaft ausartete. Dem Zufall solcher Aufzeichnungen verdanken wir jedoch gar manches Wissen, das sonst der Vergessenheit anheimgefallen wäre, da bereits mit Beginn der Meiji-Zeit nicht Weniges an altem Brauchtum verschwand. Die Gesetzgebung der Meiji-Zeit leistete durchaus ihren Beitrag zu dieser Entwicklung, so etwa durch die Trennung von Buddhismus und Shintô und – in Verbindung mit der Gebietsreform – durch die Zusammenlegung von Kultstätten. Glücklicherweise war man nicht überall gleich eifrig in der Befolgung dieser Gesetze und Verordnungen.

3. *Abriß der Forschungsgeschichte*

Zu denjenigen, die sich um die letzte Jahrhundertwende für die Volksüberlieferung zu interessieren begannen, gehört auch der Begründer der japanischen Volkskunde, Yanagita Kunio 柳田國男 (1875–1962), gleichzeitig ihr fruchtbarster und bedeutendster Vertreter, dessen Einfluß bis heute bestimmend bleibt. So findet man in Band 13 des "Großen historischen Lexikons" (*Kokushi daijiten* 国史大辞典), erschienen 1992,[2] in dem eine volle Seite umfassenden Eintrag unter dem Stichwort *minzokugaku* ("Volkskunde" 民俗学) ausschließlich seinen Namen und als Literaturangabe nur den Hinweis auf seine gesammelten Werke. Yanagitas Interesse am Leben und Denken des einfachen Volkes wurde geweckt auf Reisen, die er als Beamter des Landwirtschaftsministeriums in alle Teile des Landes, und damals oft über weite Strecken zu Fuß, zu unternehmen hatte. Seine literarische Begabung hatte er schon in sehr jungen Jahren unter Beweis gestellt, nun veröffentlichte er Artikel, die sich mit agrarpolitischen und schließlich mit volkskundlichen Themen befaßten. Die weitere Richtung seiner Studien wird dann in seinen Monographien sichtbar, deren erste 1909 erschien: "Die spätere Aufzeichnung von Jagdworten" (*Nochi no karikotoba no ki* 後狩詞記), ein unverkäuflicher Privatdruck. Der Titel ist gewählt in Anlehnung an ein Werk des Taga Takatada 多賀高忠 (1425–86), das *Karikotoba no ki* 狩詞之記 von 1464. Takatada, der als Kriegsherr an den Ônin-Wirren teilgenommen hatte, widmete seine späteren Lebensjahre literarischer Tätigkeit. So zeichnete er Brauchtum des Kriegeradels auf, unter anderem dessen Jagdbräuche und -rituale. Der Untertitel zu Yanagitas "Jagdworten", "Die alten Sitten und Bräuche (*kojitsu* 故実) bei der Wildschweinjagd, wie man sie noch heute in einem Bergdorf in der Provinz Hyûga durchführt", verrät einerseits, daß es sich hier um die bäuerliche Wildschweinjagd und nicht um die Hirschjagd des Adels handelt, andererseits betont er durch Verwendung des Wortes *kojitsu*, mit dem üblicherweise die traditionellen Bräuche der Krieger bezeichnet werden, wie sehr es ihm auch im bäuerlichen Milieu um das althergebrachte, tradierte Brauchtum geht.

Ein Jahr später (1910) erschienen in rascher Folge zwei weitere Bücher, "Dialog über die Steingötter" (*Ishigami mondô* 石神問答) und "Tôno-Erzählungen" (*Tôno monogatari* 遠野物語). Ersteres ist ein Briefwechsel zwischen Yanagita und mehreren Gelehrten, zu denen beispielsweise auch der Historiker Shiratori Kurakichi 白鳥庫吉 zählt. Ein Überblick über die Einzelfragen, die in den Briefen berührt werden, erstreckt sich über zwölf Seiten; dialektale Bezeichnungen der durch einen Stein repräsentierten Götter, damit in Zusammenhang stehende Ortsnamen, Herkunft, Charakter, Wirkungsweise und Wirkungsbereich dieser verschiedenen Gottheiten, ihre Geschichte, Verbindungen und Überschneidungen mit anderen Göttern usw. seien als ein paar wenige, willkürlich herausgegriffene Bespiele genannt. Im *Tôno monogatari* gibt Yanagita

---

2 Sämtliche zitierten Werke in japanischer Sprache sind in Tokyo erschienen.

die Überlieferungen aus Tôno wieder, einem Bergdorf in der Präfektur Iwate, wie sie ihm der junge Bauer Sasaki Kizen 佐々木喜善 erzählt hatte, von dem übrigens auch zwei Briefe in *Ishigami mondô* stammen. In diesen Werken zeigt sich allenthalben, welche Bedeutung Yanagita neben dem überkommenen Brauchtum gerade der mündlichen Überlieferung beimißt, wobei auch der Dialekt als die Sprache des Volkes eine wichtige Rolle spielt.

Wenig später, 1913, gründete Yanagita zusammen mit Takagi Toshio 高木敏雄 die Zeitschrift "Heimatforschung" (*Kyôdo kenkyû* 郷土研究). Takagi Toshio (1876–1922) beschäftigte sich hauptsächlich mit der Mythologie, legte aber auch eine Sagensammlung an, die allerdings erst rund fünfzig Jahre nach seinem Tod veröffentlicht wurde. Takagi gab die Mitarbeit an der Zeitschrift bald wieder auf, und so verfaßte Yanagita fast alle Artikel selbst, und zwar unter den verschiedensten Pseudonymen. 1917 stellte sie ihr Erscheinen ein. Maßgeblich beteiligt war Yanagita dann wiederum bei der Gründung einer Zeitschrift mit dem Titel "Volk" (*Minzoku* 民族), die sich rund fünf Jahre, 1925–29, halten konnte. Ebenso kurzlebig erwies sich die Zeitschrift "Volkskunde" (*Minzokugaku* 民俗学), die anschließend, von 1929 bis 1934, erschien. Beide Zeitschriften wiesen ein breites Spektrum von Beiträgen zur Volks- und Völkerkunde, zu Soziologie, Archäologie und Linguistik auf. Die Zeitschrift "Reisen und Überlieferungen" (*Tabi to densetsu* 旅と伝説) hingegen konnte sich von 1928 bis 1944 halten und bildet damit eine ansehnliche Sammlung volkskundlichen Quellenmaterials. Hier ist die japanische Volkskunde fast in ihrer ganzen Fülle vertreten, denn inzwischen bemühte sich ein größerer Kreis von Interessierten um das Sammeln und Aufzeichnen von Sitten und Bräuchen, die den einzelnen Menschen auf seinem Lebensweg von der Geburt bis zum Tode begleiten, von Jahresbrauchtum und dörflichen Festen; traditionelle Fischerei und Jagd, das alte Handwerk und seine Bräuche, Ackerbau und Seidenraupenzucht, Haus und Gehöft samt Haustieren, Volksglaube, Aberglaube, Ahnenkult, dörfliche und individuelle Verbände und Gemeinschaften, Kinderspiele, Märchen, Sage, Sprichwort, Rätsel, Volkslied und Tanz fanden Beachtung.

Inzwischen hatte man die Überzeugung gewonnen, eine Wissenschaft zu betreiben, die der europäischen "Folklore" oder "Volkskunde" gleichkam. Das Übersetzungswort *minzokugaku* 民俗学, die "Kunde" oder "Wissenschaft von den Volkssitten und -bräuchen", entspricht inhaltlich durchaus dem europäischen Begriff. Es taucht erstmals 1927 in Akutagawa Ryûnosukes 芥川龍之介 Novelle *Kappa* 河童 auf und erscheint dann als Titel der eben erwähnten Zeitschrift, ehe es 1935 zur offiziellen Bezeichnung der von Yanagita Kunio nunmehr fest begründeten neuen Wissenschaft wird. Yanagita, der 1919 vom Landwirtschaftsministerium an die Tageszeitung *Asahi shinbun* 朝日新聞 übergewechselt war, hatte 1930 auch diese Stellung verlassen, um sich ganz seinen volkskundlichen Studien zu widmen, die er zunächst als "Heimatforschung" (*kyôdo kenkyû* 郷土研究), dann als "Erforschung der Volksüberlieferung" (*minkan denshô kenkyû* 民間伝承研究) bezeichnet hatte. So nannte er nämlich seine wöchentlichen Seminare, aus denen 1935 die "Gesellschaft für Volksüberlieferung" (Minkan Denshô no Kai 民間伝承の会) mit der Zeitschrift *Minkan denshô* 民間伝承 hervorging. Trotz der nachfolgenden Umbenennung in *minzokugaku* ist *minkan denshô* bis heute ein gängiger Begriff geblieben, insbesondere in bezug auf die mündliche Überlieferung.

Ebenfalls 1935 wurden Referate zu Aufgaben und Methoden der Volkskunde aus dem erwähnten Seminar unter dem Titel "Studien zur japanischen Volkskunde" (*Nihon minzokugaku kenkyû* 日本民俗学研究) veröffentlicht. Yanagita hatte mittlerweile einen Fragenkatalog ausgearbeitet, der seine Schüler bei der Feldforschung leiten sollte. Hieraus gingen im Laufe der Jahre mehrere wichtige Forschungsberichte hervor: 1938 "Studien zum Leben in den Bergdörfern" (*Sanson seikatsu no kenkyû* 山村生活の研究), 1949 "Studien zum Leben in den Küstendörfern" (*Kaison seikatsu no kenkyû* 海村生活の研究). Mit der dreizehnbändigen Serie *Zenkoku mukashibanashi kiroku* 全国昔話記録 erschienen 1942–44 die ersten regionalen Märchensammlungen.

Yanagita gliederte das reiche Material, das inzwischen gesammelt worden war, nach drei Gesichtspunkten: 1. sichtbare Erscheinungen der materiellen Kultur; 2. hörbare Erscheinungen der mündlichen Überlieferung; 3. erfühlbare Erscheinungen der geistigen Kultur. Dieses letztere und wichtigste Gebiet ist nach Yanagitas Meinung demjenigen verschlossen, der nicht Japanisch als Muttersprache spricht. In dieser Auffassung spiegelt sich seine von der Kokugaku 国学, der "Völkischen Schule" des 18. und 19. Jahrhunderts, herkommende Denkweise, die von der Idee der Einzigartigkeit der japanischen Kultur durchdrungen ist, eine Denkweise, die dann vor allem in seinen während des Krieges entstandenen Arbeiten zum Ausdruck kam. So bezeichnete er schließlich seine Wissenschaft geradezu als "Neue Völkische Schule" (Shin Kokugaku 新国学). Darin liegt ein Hinweis sowohl auf die Wiederaufnahme und Erneuerung der von der alten Kokugaku vertretenen völkisch orientierten Denkweise, wie auch auf die Neuheit des Forschungsobjekts, nämlich die 'kleine Tradition" des Volkes anstelle der "großen Tradition" der Gelehrten. Der ausgesprochen erzieherische Ton vieler seiner Schriften zeigt zudem, daß seine "Neue Völkische Schule" konkret den Anspruch erhob, gleichzeitig auch "Schule des Volkes" zu sein.

Spricht man von der japanischen Volkskunde, ihrem Gegenstand, ihrer Entwicklung und wichtigen Vertretern des Faches, so dürfen neben Yanagita und seinen Schülern, von denen noch die Rede sein wird, auch diejenigen nicht vergessen werden, deren Ideen oder Arbeitsweise nicht unbedingt denjenigen Yanagitas entsprachen. Nicht jeder nämlich, der sich für die völkische Überlieferung interessierte, sah sein Heil zuallererst und ausschließlich in der Feldforschung. Nakayama Tarô 中山太郎 (1876–1947) suchte und fand es in den schriftlichen Hinterlassenschaften. Er durchforstete alle ihm erreichbaren Bibliotheken, um sein Material zu sammeln, das er systematisch ordnete; sein Zettelkatalog soll mehr als 30.000 Karten enthalten haben. Seine Hauptwerke, "Dreitausend Jahre Geschichte der Prostitution" (*Baishô sanzennen shi* 売笑三千年史, 1927); "Geschichte der japanischen Schamaninnen" (*Nihon fujo shi* 日本巫女史, 1930) und "Geschichte der japanischen Blinden" (*Nihon môjin shi* 日本盲人史, 1934), mit einer Fortsetzung 1936, sind, wie schon die Titel verraten, historisch orientiert. Sein "Wörterbuch der japanischen Volkskunde" (*Nihon minzokugaku jiten* 日本民俗学辞典, 1933), mit einer Fortsetzung 1935, enthält, alphabetisch geordnet, Exzerpte aus allen volkskundlich relevanten Lebensbereichen. Das Material wird durch einen umfangreichen Index erschlossen, der nach Kategorien gegliedert ist, die auf das breite Spektrum des Gesammelten hinweisen: Himmelserscheinungen, Geographie, Jahresbrauchtum, Gottheiten, Buddhismus, menschliche Angelegenheiten, Ackerbau, Handel, Volksglauben, Tiere, Pflanzen, Metall und Steine, Essen und Trinken, Bauwerke, Kleidung, Tanz, Sage, Varia. Vier Bände mit seinen gesammelten Aufsätzen erschienen 1930/31. Postum wurde 1957 unter dem Titel "Volkskundliche Studien zum Man'yôshû" (*Man'yôshû no minzokugakuteki kenkyû* 万葉集の民俗学的研究) ein Teil seiner diesbezüglichen Studien veröffentlicht. Alle diese Arbeiten bieten eine Fülle an wertvollen Materialien, die ihren Wert behalten, auch wenn man Nakayamas Schlußfolgerungen keineswegs immer zustimmen kann. Aufgrund der von Nakayama verwendeten Quellen beziehen sich seine Studien, im Gegensatz zu Yanagitas Volkskunde, nicht ausschließlich auf das einfache Volk.

Ähnliches ist in bezug auf Orikuchi Shinobu 折口信夫 (1887–1953) zu sagen, der 1916 mit Yanagita bekannt geworden war. Der Literaturwissenschaftler Orikuchi, der sich vorwiegend mit der alten Literatur befaßte, sah in der Beschäftigung mit der Volkskunde die Möglichkeit, "intuitiv" auch das Leben und Denken der Menschen im Altertum zu erfassen. So enthalten seine 1929/30 erschienenen "Altertumsstudien" (*Kodai kenkyû* 古代研究) eine eigene Abteilung "Volkskunde". Orikuchi befaßte sich vor allem mit religiösen Vorstellungen, dann aber richtete er sein Augenmerk auf die darstellenden Künste, auf die im Volk überlieferten Tänze und Kultspiele, in deren Aufspüren er wegweisend war. Auf diesem Gebiet wirkte er ebenso schulebildend wie auf dem der volkskundlichen Altertumsforschung, die beide an der Kokugakuin-Universität eine besondere Pflegestätte gefunden haben. Der Sammeltätigkeit von Honda Yasuji 本田安次, einem seiner Schüler und auf die darstellenden Künste spezialisiert, verdanken wir mittlerweile eine große Zahl von Bänden mit sorgfältigen Aufzeichnungen der volkstümlichen Tänze und Kultspiele, während Nishitsunoi Masayoshi 西角井正慶 sich den volkskundlichen Aspekten der alten Literatur verschrieben hat – um wenigstens zwei bedeutende Namen zu nennen.

Intuition gehört zum schöpferischen Inventar des Dichters, und sie mag auch für den Wissenschaftler gelegentlich als zündender Funke wirken, wenn ihm plötzlich Zusammenhänge offenbar werden, die er bis dahin übersehen hatte. Als wissenschaftliches Rüstzeug reicht sie allerdings nicht aus, und so ist außerordentliche Skepsis angebracht, vor allem wenn rein intuitiv gewonnene, subjektive Ansichten als Fakten ausgegeben werden. Zumindest teilweise begegnet man daher Orikuchis genialer Methode des intuitiven Erfassens auch von japanischer Seite mit einem gewissen Mißtrauen. Seine ausdrückliche Idealisierung des japanischen Altertums entspricht indessen ganz und gar der Idealisierung der japanischen Volkskultur durch Yanagita, in dessen Werk schließlich jedermann irgendwo ein Stück jenes idealen Japan finden wird, mit dem er sich identifizieren kann.

Yanagitas Forschungen, ahistorisch in ihrer Tendenz, hatten zum Ziel, den Wesenskern der japanischen Kultur zu erfassen. Diese Kultur sah er vom Volke geschaffen, nicht von der Oberschicht, und folglich bot ihm die Volkskunde, die "kleine Tradition" des Volkes, den Schlüssel zu diesem Vorhaben. Die Suche nach dem Wesenskern der japanischen Kultur war für Yanagita gleichzeitig die Suche nach der Identität des japanischen Volkes, und die Bewußtheit dieser Identität schien ihm für ein integres Weiterleben Japans unentbehrlich. Geflissentlich übersah er die regionalen wie auch andere kulturelle Unterschiede, da er von der Homogenität der japanischen Kultur auf der Grundlage des Reisbaus sowie von ihrer geradlinigen Entwicklung seit der prähistorischen Yayoi-Zeit, das heißt also etwa seit dem dritten vorchristlichen Jahrhundert, überzeugt war. Das Problem der Herkunft des japanischen Volkes glaubte er in seinem 1961 erschienenen Werk "Der Weg übers Meer" (*Kaijô no michi* 海上の道) gelöst zu haben. Dieser Weg sollte, mit Südchina als Ausgangspunkt, über Okinawa geführt haben, das er als die "Heimat" der japanischen Kultur ansah – eine Vorstellung, die durch die archäologischen Fakten vollständig ad absurdum geführt wird. Die ausschließlich auf volkskundlichem Material basierende Arbeit zeigt, daß Yanagita mittlerweile jeden, für eine solche Arbeit jedoch unerläßlichen Kontakt zu den Nachbarwissenschaften verloren hatte. Wie in anderen Punkten ist ihm die japanische Volkskunde allerdings zu einem Teil auch hierin gefolgt.

Zwei Jahre nach Kriegsende gründete Yanagita in Tokyo das "Volkskunde-Institut" (Minzokugaku Kenkyûjo 民俗学研究所) für das er seine gesamte Bibliothek und entsprechende Räume in seinem Haus zur Verfügung stellte. Die Förderung und Durchführung vieler wichtiger Projekte nahmen hier ihren Ausgang, so die Herausgabe eines "Wörterbuchs der Volkskunde" (*Minzokugaku jiten* 民俗学辞典, 1951), die Zusammenfassung der zu einem großen Teil von Yanagita selbst verfaßten Vokabulare zu Einzelgebieten der Volkskunde in einem fünfbändigen "Vokabular der japanischen Volkskunde" (*Sôgô Nihon minzoku goi* 綜合日本民俗語彙, 1955/56), Bildbände zu Volkskunde und Jahresbrauchtum, mit "Studien zum Leben auf den entfernten Inseln" (*Ritô seikatsu no kenkyû* 離島生活の研究, 1961) ein Band, der sich den Studien zum Leben in den Berg- bzw. Küstendörfern anschloß. 1950 wurde die Zeitschrift *Minzokugaku kenkyû* 民俗学研究 begründet, jedoch schon nach drei Jahren durch die Zeitschrift der Gesellschaft für Volkskunde, *Nihon Minzokugaku* 日本民俗学, abgelöst. Sie besteht – neben zahlreichen Zeitschriften regionaler Verbände – bis heute weiter. Yanagitas Institut wurde 1957 mangels staatlicher Unterstützung aufgelöst. Seine Bibliothek steht jedoch in der Universität Seijô 成城 der Öffentlichkeit zur Verfügung.

Dies wirft ein Schlaglicht auf die Situation einer Volkskunde, die bis dahin ausschließlich auf privater Basis betrieben worden war. Doch die junge Wissenschaft rückte mit Werken wie dem 13-bändigen "Kompendium der japanischen Volkskunde" (*Nihon minzokugaku taikei* 日本民俗学大系, 1958–60) immer stärker in das Blickfeld einer breiteren Öffentlichkeit. Aufgaben und Methoden wie auch die Geschichte des Faches außerhalb Japans werden hier vorgestellt, um dann das ganze reiche, bis dahin erarbeitete Material auszubreiten, gegliedert nach den Gebieten Gesellschaft, Arbeit, Alltagsleben, Glauben, darstellende Künste und Unterhaltung, mündlich tradierte Literatur. Auch der Stand der Forschung in den einzelnen Präfekturen wird aufgezeigt, wobei Amami und Okinawa eine gesonderte Behandlung erfahren. Das Verzeichnis der Verfasser liest sich fast wie eine Liste der Schüler Yanagitas. 1952–59 erschien das vierbändige "Wörterbuch der japanischen Gesellschaft und des Volksbrauchtums" (*Nihon shakai minzoku jiten* 日本社会民俗辞典), an dessen Herausgabe Shibusawa Keizô 渋沢敬三 (1896–1963) maßgeblich beteiligt war, ein erfolgreicher Finanzmann, der sich früh für die Wirtschaftsgeschichte des einfachen Volkes interessierte und 1921 das "Attic Museum" in Tokyo begründet hatte. Unter seiner Leitung verwandelte sich dieses ab 1925 in ein Museum und Forschungsinstitut für die von der Yanagita-Schule weniger beachtete materielle Volkskultur. Die reiche Sammlung an Geräten des traditionellen Handwerks, der Fischerei, des Ackerbaus, Spielzeug usw. wurde 1938 der Japanischen Gesellschaft für Völkerkunde vermacht und gelangte schließlich in die Sammlung des Kultusministeriums. Bei dieser Gelegenheit möchte ich auch auf zwei staatliche Museen hinweisen: das Museum für Geschichte und Volkskunde in Sakura shi in Chiba, das 1983 eröffnet wurde, sowie das große Völkerkunde-Museum in Osaka, eröffnet 1977, mit einer eigenen Abteilung für japanische Volkskunde. Wer immer sich für die japanische Volkskultur interessiert, sollte nicht versäumen, die geradezu überwältigende Sammlung dieses Museums, die sämtliche Aspekte des japanischen Volkslebens umfaßt, zu besuchen.

Shibusawa Keizô ist die Anregung und Unterstützung vieler wichtiger Werke zu danken. Ein unerschöpflicher Fundus für den historisch orientierten Volkskundler liegt vor in dem erst nach seinem Tod (ab 1966) veröffentlichten fünfbändigen "Bilderlexikon zum Leben des einfachen japanischen Volkes, den Bildrollen entnommen" (*Emakimono ni yoru Nihon jômin seikatsu ebiki* 絵巻物による日本常民生活絵引). Das Werk steht in einer Neuausgabe von 1984 zur Verfügung. Von den zahlreichen Veröffentlichungen des von Shibusawa begründeten Instituts, das nunmehr in "Forschungsinstitut für japanische Volkskultur" (Nihon Jômin Bunka Kenkyûjo 日本常民文化研究所) umbenannt ist, seien wenigstens die vier Bände "Japanisches Volksgerät" (*Nihon no mingu* 日本の民具, 1958) sowie das 24 Bände umfassende "Sammelwerk von Materialien zum Leben des einfachen japanischen Volkes" (*Nihon jômin seikatsu shiryô sôsho* 日本常民生活資料叢書, 1972–73) erwähnt.

Durch eine Revision des Gesetzes zum Schutz von Kulturgütern wurde 1954 auch ein Schutzsystem für volkskundliche Gegenstände festgelegt, wobei ein 1969 vom Kultusministerium herausgegebenes "Wörterbuch zu den Materialien der japanischen Volkskunde" (*Nihon minzoku shiryô jiten* 日本民俗資料事典) als Wegweiser dienen soll. Die Abteilung zum Schutz von Kulturgütern dieses Ministeriums hat zudem seit Ende der fünfziger Jahre mehrere Serien mit volkskundlichen Materialien herausgegeben, so die Serien *Minzoku shiryô sôsho* 民俗資料叢書 und *Minzoku shiryô senshû* 民俗資料選集. Hier werden Themen wie "Neujahrsbrauchtum", "Reispflanzbräuche", "Jagdbrauchtum", "Spinnen und Weben", usw., jeweils eine oder mehrere Präfekturen übergreifend, abgehandelt.

Die Yanagita von seinen Schülern zum 70. Geburtstag 1945 gewidmete Festschrift war 1947–51 unter dem Titel *Nihon minzokugaku no tame ni* 日本民俗学のために in zehn Faszikeln veröffentlicht worden, und noch im Todesjahr Yanagitas wurde mit dem Druck seiner gesammelten Werke in 35 Bänden begonnen (*Teihon Yanagita Kunio shû* 定本柳田國男集 1962–64, Indexband 1971).

Mittlerweile hatte die Volkskunde in den Universitäten eine Pflegestätte gefunden und auch hierdurch kamen größere Vorhaben, wie die Herausgabe eines Volkskunde-Atlas in Gang. 1971 erschien ein "Sachwörterbuch des japanischen Volksbrauchtums" (*Nihon minzoku jiten* 日本民俗事典) herausgegeben von der Ôtsuka Volkskunde-Gesellschaft unter deren Vorstand Wakamori Tarô 和歌森太郎. Sein Name steht für eine stärker historisch orientierte Volkskunde; seiner Herausgeber- und Autorentätigkeit verdanken wir unter anderem eine Reihe ausgezeichneter regionaler Beschreibungen. Serien wie die 47 Bände "Volkskunde Japans" (*Nihon no minzoku* 日本の民俗, 1971–75) welche das volkstümliche Brauchtum jeweils einer Präfektur beschreiben und mit guten Fotos illustrieren, förderten die Popularisierung. Die 80 Bändchen der ebenfalls in den siebziger Jahren erschienenen Reihe "Serie Volkskunde und Volkskunst" (*Minzoku mingei sôsho* 民俗民芸叢書) behandeln in populärer Weise alle erdenklichen Einzelgebiete der Volkskunde in Form von Monographien, wobei auch der Volkskunde Chinas, Koreas, Sibiriens, Taiwans, Deutschlands, den Festen Rußlands, den koreanischen, europäischen, spanischen und russischen Märchen je ein Bändchen gewidmet ist. Auch ein "Sachwörterbuch des Volksbrauchtums" (*Minzoku no jiten* 民俗の事典) erschien in der Reihe (1972).

Den 100. Geburtstag Yanagitas 1975 nahm die Japanische Volkskunde-Gesellschaft im Verein mit anderen Institutionen zum Anlaß, unter dem Motto "Universales und Individuelles in der japanischen Kultur" erstmals ein internationales Symposium zu veranstalten, in dessen Rahmen auch der seit 1962 für die jeweils beste volkskundliche Arbeit jährlich vorgesehene Yanagita-Preis verliehen wurde.

Die Internationalität, die hier angestrebt wurde, ist auch heute noch mehr Fiktion als Realität, und zwar vorwiegend aufgrund der Sprachbarrieren. Wenige führende japanische Volkskundler sind in der Lage oder fühlen sich angetrieben, wichtige Arbeiten auf dem Feld der europäischen Volkskunde zur Kenntnis zu nehmen. Ihre *splendid isolation* bildet aber durchaus ein Hindernis, das wirklich Einmalige in der japanischen Volkskultur wahrzunehmen, da man mit dem Universalen viel zu wenig vertraut ist. Dazu kommt, daß Yanagita inzwischen zur Legende geworden ist, daß man sich scheut, seine Thesen und Hypothesen erneut aufzugreifen und einer kritischen Betrachtung zu unterziehen, obwohl Yanagitas Arbeiten weitgehend auf ein Wiederaufgreifen und Weiterführen hin angelegt sind, ja er selbst am Ende mancher Arbeit dazu auffordert.

Daß die japanische Volkskunde in den mehr als drei Jahrzehnten seit Yanagitas Tod indessen gewaltige Fortschritte gemacht hat, steht außer Zweifel, davon zeugen hunderte von Monographien zu allen wichtigen Bereichen der Volkskunde – ausgezeichnete wissenschaftliche Arbeiten neben viel populärem Schrifttum. Einen Querschnitt durch die auch historisch orientierte Forschung, die zudem über das eigene, eng gezogene Fach hinausblickt, gibt etwa das 14-bändige, 1983–86 erschienene neue "Kompendium der japanischen Volkskultur" (*Nihon minzoku bunka taikei* 日本民俗文化大系, Indexband 1987). Hier zeichnen als Herausgeber und Verfasser der Beiträge nicht nur führende Volkskundler wie Miyata Noboru 宮田登; sondern auch führende Ethnologen und Archäologen wie Ôbayashi Taryô 大林太良 und Mori Kôichi 森浩一, um nur einige Namen zu nennen. Titel einzelner Bände, wie etwa "Sonne und Mond. Welt- und Lebensanschauung der Menschen des Altertums", "Götter und Buddhas. Die Phasen der Volksreligion", "Kalender und Feste. Das Jahreszeitengefühl der Japaner", "Großstadt und Land. Die Lebenskultur der Stadt", mögen einen Eindruck vermitteln, wie hier Volkskultur aufgefaßt wird: Die einzelnen Elemente erscheinen nicht isoliert, sondern im Ablauf der Geschichte und aufeinander bezogen.

Orikuchis Schüler hatten sich auf die alte Literatur und auf die darstellenden Künste spezialisiert; für Shibusawa stand die materielle Kultur im Mittelpunkt. Doch auch unter Yanagitas Freunden und Schülern wählten einige ein spezielles Arbeitsgebiet. Einen – wenn auch begrenzten – Einblick gewährt ein auch dem Nichtjapanologen zugänglicher, 1963 unter dem Titel *Studies in Japanese Folklore* von Richard M. Dorson in Bloomington herausgegebener Band. Er enthält Artikel renommierter japanischer Volkskundler der Yanagita-Schule, die ins Englische übersetzt wurden. Sie sind nach Teilgebieten zusammengefaßt: Rice Farmers, Fishermen, Ironworkers, Worshipers, Housewives, Youths. Ich nenne hier nur einige der Autoren: Ôtô Tokihiko 大藤時彦, Sakurada Katsunori 桜田勝徳, Mogami Takayoshi 最上孝敬, Ômachi Tokuzô 大間知篤三 – Volkskundler, die, um die Jahrhundertwende geboren, sowohl ganz allgemein wie auf Einzelgebieten zur Entwicklung des Faches beitrugen. Zur selben Generation gehört auch Matsumoto Nobuhiro 松本信広, der sich mehr noch einen Namen als Linguist und Völkerkundler gemacht hat. Gleichzeitig Völkerkundler und Spezialist für Formosa war auch Mabuchi Tôichi 馬淵東一. Segawa Kiyoko 瀬川清子, Jahrgang 1895, die einzige bedeutende Frau unter den Volkskundlern dieser Generation, beschäftigte sich naturgemäß vorwiegend, jedoch nicht ausschließlich, mit weiblich orientierten Themen. Wakamori Tarô wurde bereits erwähnt; historisch und soziologisch orientiert, widmete er auch dem Verhältnis von Göttern und Buddhas ein Werk, *Kami to hotoke no aida* 神と仏の間 (1975). Neben dem 1893 geborenen Religionshistoriker Harada Toshiaki 原田敏明 sind gleich mehrere etwas jüngere Volkskundler zu nennen, die sich mit religiösen Erscheinungen befaßten: Hagiwara

Tatsuo 萩原龍夫, Naoe Hiroji 直江広治 und Hori Ichirô 堀一郎. Vor allem die beiden letzteren haben sich intensiv mit der japanischen Volksreligion befaßt. Am bekanntesten und unverzichtbar, wenn man ein entsprechendes Thema behandelt, ist Horis "Untersuchung zur Geschichte der japanischen Volksreligion" (*Waga kuni minkanshinkôshi no kenkyû* 我が国民間信仰史の研究, 2 Bände, 1953–55). Als Frucht einer Gastprofessur an der Chicago University von 1956–58 erschien eine Art Zusammenfassung in englischer Sprache, *Folk Religion in Japan*, Chicago 1968 (mit mehreren Neuauflagen). Auf Seki Keigo 関敬吾, Spezialist für das japanische Märchen, werden wir zurückkommen.

Richard Dorson, amerikanischer Volkskundler und Herausgeber des Bandes, hat den Übersetzungen eine umfassende Einführung in die japanische Volkskunde vorangestellt, soweit sie ihm, der des Japanischen nicht mächtig war, über die westliche Literatur bzw. seine Kontakte während eines längeren Japan-Aufenthaltes zugänglich war. Diese Einleitung weist auch auf Publikationen in westlichen Sprachen hin, die mir persönlich nie zu Gesicht kamen, so die in den fünfziger Jahren angefertigten englischen Übersetzungen von drei wichtigen, hier bereits erwähnten Werken, nämlich des Volkskunde-Wörterbuchs und der "Studien zum Leben in den Berg- bzw. Küstendörfern", die als "microcards" der Kentucky University existieren sollen. Hier sei auch auf die von René Sieffert unter dem Titel "Etudes d'ethnographie Japonaise" im *Bulletin de la Maison Franco-Japonaise* (Tokyo, Nouvelle Série, T. II) 1952 veröffentlichte Bibliographie hingewiesen sowie auf den 1961 erschienenen Band VIII, *Manners and Customs, & Folklore*, der Serie "K.B.S. Bibliography of Standard Reference Books for Japanese Studies with descriptive notes".

Spezielle Aufmerksamkeit widmet Dorson zu Recht der wichtigsten nichtjapanischen Zeitschrift, die sich mit japanischer Volkskunde befaßt, den seit 1942 erscheinenden *Folklore Studies*, 1963 umbenannt in *Asian Folklore Studies*, mit Matthias Eder als Herausgeber bis zu dessen Tod 1980, seither unter seinem Nachfolger Peter Knecht. Die Zeitschrift erschien zunächst in Peking; als die Kommunisten 1949 Peking in Besitz nahmen, entkam Eder mit knapper Not und führte seine Arbeit in Tokyo weiter. Später wechselten er und die Zeitschrift nach Nagoya an die Nanzan Universität, an deren Anthropological Institute sie bis heute erscheint. Leider sind die ersten neun Bände nur selten in einer Bibliothek zu finden, da längst vergriffen. So ist die von Dorson gegebene Zusammenfassung des Inhalts dieser frühen Bände wie auch die Hervorhebung späterer wichtiger Beiträge recht nützlich. Dennoch ist jedem an volkskundlichen Themen Interessierten zu empfehlen, die zahlreichen Jahrgänge, die sich inzwischen angesammelt haben, durchzusehen, da sie neben Übersetzungen wichtiger japanischer Publikationen zahlreiche originale Beiträge zur japanischen Volkskunde enthalten, weiterhin solche zur chinesischen wie auch zur Volkskunde der übrigen asiatischen Völker. Ursprünglich dreisprachig, deutsch, englisch, französisch, sind die Beiträge seit den siebziger Jahren alle in englischer Sprache gehalten. Wichtig sind vor allem auch die Buchbesprechungen, die Publikationen aus allen Sprachen gelten.

4. *Beispiele: Märchen und Schamanismus*

Im Rahmen dieses Vortrags auf alle Teilgebiete der japanischen Volkskunde einzugehen, ist nicht möglich – hierfür sei auf die Abteilung Volkskunde in dem von Horst Hammitzsch herausgegebenen *Japan-Handbuch* verwiesen (1. Aufl. 1981, verschiedene Neuauflagen). Wenigstens zwei Spezialgebiete sollen jedoch etwas näher betrachtet werden.

Nachdem 1942–44 die erste Serie regionaler Märchensammlungen, *Zenkoku mukashibanashi kiroku* 全国昔話記録, erschienen war, gab 1948 die japanische Rundfunk-Gesellschaft einen Band mit dem Titel "Namensliste der japanischen Märchen" (*Nihon mukashibanashi meii* 日本昔話名彙) heraus, der unter Yanagitas Aufsicht entstanden war. Dies ist der erste Versuch einer systematischen Erfassung der im Laufe von dreißig Jahren gesammelten Märchen. Dem Katalog stellte Yanagita einen Essay über das Märchen voran, der indes mehr Fragen aufwirft denn löst. Yanagita unterschied lediglich zwischen "vollständigen" und "abgeleiteten" Märchen; noch schien es ihm zu früh, eine weitergehende Systematik mit speziellen Typennummern einzurichten. Das seinerzeit wichtige Werk, das aber gerade wegen dieser Zweiteilung vielfach kritisiert wurde, erschien 1986 in englischer Übersetzung unter dem Titel *The Yanagita Guide to the Japanese Folktale*. Fanny Hagin Mayer, die hochbetagte Übersetzerin, hatte schon 1954 mit *Japanese Folktales*, der Übersetzung von Yanagitas *Nihon no mukashibanashi* 日本の昔話 (revidierte Fassung von 1942), Pionierarbeit geleistet. Da Yanagita im *Meii* 名彙, von Mayer mit "Guide" übertragen, auf zahlreiche Märchen in den verschiedensten Sammlungen lediglich verwies ohne jedoch deren Text aufzunehmen, hatte Frau Mayer schon zwei Jahre zuvor unter dem Titel *Ancient Tales in Modern Japan* eine Übersetzung all dieser Märchen vorgelegt, die sie über zwei Jahrzehnte hinweg mühselig zusammengesucht hatte – ein wahrhaft verdienstvolles Werk, während der *Yanagita Guide to the Japanese Folktale* eigentlich nur noch wissenschaftshistorisch interessant ist.

Inzwischen sind mehrfach Versuche unternommen worden, die japanischen Märchen in einem Typenkatalog zu ordnen. Innerhalb der europäischen Märchenforschung ist der von Hiroko Ikeda erstellte, den Typennummern von Aarne Thompson (*The Types of the Folktale,* Helsinki 1961) folgende *A Type and Motif Index of Japanese Folk-Literature,* Helsinki 1971, wohlbekannt. Es gibt indessen gute Gründe, diesem Index skeptisch gegenüberzustehen. Seki Keigo, der mehrere Anläufe benötigte, um sein System in eine endgültige Form zu bringen, folgt zwar der üblichen Gruppierung in Tiermärchen, eigentliche Märchen, Schwänke, paßt aber seine Typennummern den Eigenheiten der japanischen Märchen an. Gewissermaßen als die Krönung seines Lebenswerks erschienen 1978–80 die zwölf Bände seines "Kompendium der japanischen Märchen" (*Nihon mukashibanashi taisei* 日本昔話大成). Ob damit das letzte Wort gesprochen ist, muß dahingestellt bleiben – noch 1985, anläßlich eines Symposiums, versicherte mir Ozawa Toshio 小沢俊夫, hierzulande bekannt als Autor des Fischer-Taschenbuchs *Japanische Märchen* (1974), es sei noch manche knifflige Frage zu lösen.

Mit Sekis großem Kompendium läßt sich indessen vortrefflich arbeiten. Wem das nicht genügt, der kann sich sowohl auf das große "Sachwörterbuch der japanischen Märchen" (*Nihon mukashibanashi jiten* 日本昔話事典, 1977) wie auf eine kaum überblickbare Vielzahl von Märchensammlungen stützen, die in den letzten Jahrzehnten aus der mündlichen Überlieferung gesammelt worden sind. Man hat alle möglichen Aspekte bedacht und untersucht, die Erzähler, ihr Umfeld, wann und wo man erzählte usw.; auch die literarisch fixierten Märchen, angefangen von der ältesten Literatur, werden ins Auge gefaßt. Das Material ist indessen so umfangreich, und vielerlei Fragen, welche vor allem auch die einzelnen Märchen betreffen, Motive, religiöser und sozialer Hintergrund, Abhängigkeiten, Herkunft usw. harren der Bearbeitung. Dieses weite Feld zu beackern, müßte gerade auch für die westliche Japanologie äußerst reizvoll und lohnend sein – Voraussetzung ist allerdings, man besitzt neben den erforderlichen japanologischen auch beste Kenntnisse in der europäischen Erzählforschung.

Ein Fundus an Wissen, das nicht ausschließlich japanbezogen ist, dazu die Kenntnis der speziellen Forschungsmethoden, das sind die Voraussetzungen, die es uns ermöglichen, uns neben unseren japanischen Kollegen zu behaupten. Diese sind uns ja zunächst weit voraus in der Kenntnis der Quellen wie auch der Sekundärliteratur. Doch nur ein kleiner Teil der japanischen Volkskundler vermag über die engen Grenzen des Fachs in Japan hinauszublicken. Hier liegt demnach unsere Stärke.

Material ist für jedes volkskundliche Teilgebiet im Überfluß vorhanden. Man darf zudem überzeugt sein, daß trotz vieler Bücher überall noch genug zu erforschen ist. Die Überfülle an Material, ob materielle oder geistige Kultur, nötigt eher zur Beschränkung auf ein kleineres Gebiet. Ob man im Hinblick auf volkskundliche Studien auch an Feldforschung denkt, hängt naturgemäß vom Studienobjekt selbst ab. Gewiß gibt es immer noch einzelne Forschungsvorhaben, wo Feldforschung weiterhelfen könnte; es ist allerdings die Frage, ob es dem ausländischen Studenten gelingt, den Zugang zu den Menschen zu finden, deren Wissen er abfragen möchte. In meinem Referat beim letzten Deutschen Japanologentag in München habe ich auf ein solches Forschungsgebiet hingewiesen: Heiler und Heilerinnen oder Schamanen und Schamaninnen, wie sie in abgeschiedenen, kleinen Regionen Nordjapans weiterleben, der religiöse und historische Hintergrund ihres Wirkens. Schamanismus ist unter Völkerkundlern eine Art Modethema, dennoch stehen gerade in Japan noch manche Fragen offen. In diesem Zusammenhang ist erneut auf die Arbeiten von Hori Ichirô hinzuweisen, jedoch auch auf einen Forscher der etwas jüngeren Generation, Sakurai Tokutarô 桜井徳太郎, der dem Schamanismus in Japan mehrere Bücher gewidmet hat; zu erwähnen ist unter anderem sein Standardwerk *Nihon no shamanizumu* 日本のシャマニズム. Mit dem Thema beschäftigt sich nunmehr eine größere Zahl von Forschern, wie etwa die Teilnehmerliste eines Symposiums zum Schamanismus im Museum für Völkerkunde in Osaka zeigt. Der Band mit den Beiträgen des Symposiums ist 1984 unter dem Titel *Nihon no shamanizumu to sono shûhen* 日本のシャマニズムとその周辺 erschienen. Es versteht sich von selbst, daß eine fruchtbare Beschäftigung mit einem solchen Thema auch völkerkundliche und religionswissenschaftliche Vorkenntnisse erfordert.

Das Interesse an japanischer Volkskunde ist zwar außerhalb Japans unverständlicherweise nicht sehr groß, dennoch ist im Lauf der Jahre auch in der westlichen Japanologie Wesentliches erarbeitet worden. Die Erstellung einer Bibliographie aller volkskundlichen Beiträge in Zeitschriften und Festschriften, der Monographien einschließlich unveröffentlichter Magisterarbeiten in westlichen Sprachen, wäre für jeden, der sich mit einem volkskundlichen Thema befassen möchte, eine nützliche und hilfreiche Arbeit, die ich hiermit anregen möchte.

Literaturverzeichnis

SIEFFERT, René
1952 "Études d'ethnographie Japonaise", in: *Bulletin de la Maison Franco-Japonaise*: Nouvelle Série, T.II.

AARNE, Antti; THOMPSON, Stith
1961 *The Types of the Folktale: A Classification and Bibliography*. Übers. u. erw. v. Stith Thompson. Helsinki: Suomalainen Tiedeakatemia.

DORSON, Richard M. et al. (Hg.)
1963 *Studies in Japanese Folklore* (Indiana University Folklore Series, Bd. 17). Bloomington: Indiana University Press.

HAFURI Miyashizu 祝宮静 et al. (Hg.)
1969 *Nihon minzoku shiryô jiten*. Daiichi Hôki Shuppan. 『日本民俗資料事典』第一法規出版.

HAMMITZSCH, Horst (Hg.)
¹1981 *Japan-Handbuch*. Wiesbaden: F. Steiner.

HORI Ichirô 堀一郎.
1953–55 *Waga kuni minkanshinkôshi no kenkyû*. 2 Bde. Sôgensha. 『我が国民間信仰史の研究』創元社.
1968 *Folk Religion in Japan: Continuity and Change* (Haskell Lectures on History of Religions, New Series, Bd. 1). Chicago: Chicago University Press. (Übers. v. HORI 1953–55.)

IKEDA, Hiroko
1971 *A Type and Motif Index of Japanese Folk-Literature*. (FF communications, Bd. 1). Helsinki: Suomalainen Tiedeakatemia.

KATÔ Kyûzô 加藤九祚 (Hg.)
1984 *Nihon no shamanizumu to sono shûhen* (Nihon bunka no genshô wo motomete, Bd. 2). Nihon Hôsô Shuppan Kyôkai. 『日本のシャマニズムとその周辺』(日本文化の原像を求めて 2) 日本放送出版協会.

Kokushi daijiten 『国史大辞典』
1979–97 Yoshikawa Kôbunkan 吉川弘文館.

Manners and Customs, & Folklore
1961 K.B.S. Bibliography of Standard Reference Books for Japanese Studies with descriptive notes, Bd. 8.

Meyers Enzyklopädisches Lexikon
1979 25 Bde. Mannheim, Wien, Zürich: Bibliographisches Institut.

Minkan Denshô no Kai 民間傳承の會
    1947–51   *Nihon minzokugaku no tame ni* [in zehn Faszikeln].『日本民俗学のために ― 柳田國男先生古稀記念文集』.

MIYATA Noboru 宮田登; MORI Kôichi 森浩一; ÔBAYASHI Taryô 大林太良 et al.
    1983–86   *Nihon minzoku bunka taikei*. 14 Bde. Shôgakukan [Indexband 1987].『日本民俗文化大系』小学館.

Minzoku mingei sôsho『民俗民芸叢書』
    1966–73   Iwasaki Bijutsusha 岩崎美術社.

Minzokugaku kenkyûjo 民俗學研究所 (Hg.)
    1951   *Minzokugaku jiten*. Tôkyôdô Shuppan.『民俗學辭典』東京堂出版.
    1955–56   *Sôgô Nihon minzoku goi*. 5 Bde. Heibonsha.『綜合日本民俗語彙』平凡社.

NAKAYAMA Tarô 中山太郎
    1927   *Baishô sanzennen shi*『売笑三千年史』
    1930   *Nihon fujo shi*. Ôokayama Shoten.『日本巫女史』大岡山書店.
    1933   *Nihon minzokugaku jiten*. Gotô Shoin [Fortsetzung 1935].『日本民俗學辭典』梧桐書院.
    1934   *Nihon môjin shi*. Shôwa Shobô [Fortsetzung 1936].『日本盲人史』昭和書房.
    1962   *Man'yôshû no minzokugakuteki kenkyû*. 4 Bde. Azekura Shobô.『万葉集の民俗学的研究』校倉書房.

Nihon Hôsô Kyôkai 日本放送協会編 (Hg.)
    1971   *Nihon mukashibanashi meii*. Nihon Hôsô Shuppan Kyôkai ([1]1948).『日本昔話名彙』日本放送出版協会.

Nihon Jômin Bunka Kenkyûjo 日本常民文化研究所
    1958   *Nihon no mingu*. Kadokawa Shoten.『日本の民具』角川書店.
    1972–73   *Nihon jômin seikatsu shiryô sôsho*. 24 Bde. San'ichi Shobô.『日本常民生活資料叢書』三一書房.

Nihon Minzoku Gakkai 日本民俗学会 (Hg.)
    1966   *Ritô seikatsu no kenkyû*. Shûeisha.『離島生活の研究』集英社. Auch Kokusho Kankôkai 国書刊行会 1975.

Nihon Minzokugaku Kyôkai 日本民族学協会 (Hg.)
    1952–60   *Nihon shakai minzoku jiten*. 4 Bde. Seibundô Shinkôsha.『日本社會民俗辭典』誠文堂新光社.

Nihon mukashibanashi jiten『日本昔話事典』
    1977   Kôbundô 弘文堂. Im Kleindruck daselbst 1994.

Nihon no minzoku『日本の民俗』
    1971–75   47 Bde. Daiichi Hôki Shuppan 第一法規出版.

ÔMACHI Tokuzô 大間知篤三 et al. (Hg.)
    1958–60   *Nihon minzokugaku taikei.* Heibonsha.『日本民俗学大系』平凡社.
    1972   *Minzoku no jiten.* Iwasaki Bijutsusha.『民俗の事典』岩崎美術社.

ORIKUCHI Shinobu 折口信夫
    1929/30   *Kodai kenkyû.* Ôokayama Shoten.『古代研究』大岡山書店.

OZAWA Toshio 小沢俊夫
    1974   *Japanische Märchen.* Frankfurt a.M.: Fischer.

SAKURAI Tokutarô 桜井德太郎
    1974–77   *Nihon no shamanizumu.* 2 Bde. Yoshikawa Kôbunkan.『日本のシャマニズム』吉川弘文館.

SEKI Keigo 関敬吾
    1978–80   *Nihon mukashibanashi taisei.* 12 Bde. Kadokawa Shoten.『日本昔話大成』角川書店.

SHIBUSAWA Keizô 渋沢敬三
    1965–68   *Emakimono ni yoru Nihon jômin seikatsu ebiki.* 5 Bde. Kadokawa Shoten.『絵巻物による日本常民生活絵引』角川書店. [Neuausgabe v. Heibonsha 1990.]

WAKAMORI Tarô 和歌森太郎
    1971   (Hg.): *Nihon minzoku jiten*『日本民俗事典』.
    1975   *Kami to hotoke no aida: Nihonjin no shûkyô ishiki.* Kôbundô.『神と仏の間 — 日本人の宗教意識』弘文堂.

YANAGITA Kunio 柳田國男
    1909   *Nochi no karikotoba no ki*『後狩詞記』[unverkäuflicher Privatdruck].
    1910   *Ishigami mondô.* Shûseidô.『石神問答』聚精堂.
                Tôno monogatari『遠野物語』[Privatdruck].
    1938   (Hg.): *Sanson seikatsu no kenkyû.* Minkan Denshô no Kai.『山村生活の研究』民間伝承の会.
    1941   *Nihon no mukashibanashi.* Sankoku Shobô [revidierte Fassung].『日本の昔話』三國書房. Diese Fassung auch neu bei Kadokawa Shoten 角川書店 1960. Alte Fassung Shun'yôdô 春陽堂 1934.
    1942–44   (Hg.): *Zenkoku mukashibanashi kiroku.* 13 Bde. Sanseidô.『全國昔話記録』三省堂.

1949	*Kaison seikatsu no kenkyû*. Nihon Minzoku Gakkai. 『海村生活の研究』日本民俗学会. Auch Kokusho Kankôkai 国書刊行会 1975.
1954	*Japanese Folk Tales*. Übers. Fanny Hagin Mayer. Tokyo: Tokyo News Service.
1961	*Kaijô no michi* (Nihon gendai bungaku zenshû, Bd. 36). Kôdansha. 『海上の道』(日本現代文學全集) 講談社.
1962–64	*Teihon Yanagita Kunio shû*. 36 Bde. Chikuma Shobô [Indexband 1971]. 『定本柳田國男集』筑摩書房.
1985	*Ancient Tales in Modern Japan: An Anthology of Japanese Folk tales*. Übers. u. ausgew. v. Fanny Hagin Mayer. Bloomington, Indiana: Indiana University Press.
1986	*The Yanagita Guide to the Japanese Folk Tale*. Übers. u. Hg. Fanny Hagin Mayer. Bloomington, Indiana: Indiana University Press.

Okinawa und Ainu

Josef Kreiner

Vorbemerkung

Den beiden im folgenden zu behandelnden Themenbereichen ist gemeinsam, daß es sich bei Volk und Kultur der Ainu ebenso wie im Falle Okinawas (Ryûkyûs) um auf den japanischen Inseln selbst entstandene, also autochthone ethnische bzw. kulturelle Minderheiten handelt. Das europäisch / amerikanische Japanbild wie das japanische Selbstverständnis (Auto-Stereotyp) tendieren immer noch sehr stark dazu, Japan, seine Kultur und Gesellschaft als jeweils in sich geschlossene, monolithische Einheit zu sehen, die mittels eines einzigen monokausalen Erklärungsprinzips hinreichend erfaßt werden kann. Solche Erklärungsansätze können dabei sehr verschieden sein, sei es der einer gruppenorientierten Reisbauernkultur, der einer feudalen, auf der Ideologie des Bushidô aufbauenden Samurai-Gesellschaft, der einer (neo-)konfuzianischen "Harmonie-Gesellschaft" oder aber jener der heute mehr oder weniger alle bisher genannten umfassenden, "geschlossenen" und "andersartigen" (als die moderne westliche Gesellschaft) "Japan Incorporated".[1] Es soll hier nicht die Berechtigung aller dieser Theoreme untersucht werden (wenn ich auch betonen möchte, daß nur ein multidimensionaler Ansatz unter Einbeziehung aller genannter und auch noch anderer methodischen Ansätze eine einigermaßen richtige Annäherungen an die komplexe japanische Wirklichkeit verspricht), doch ist die Beschäftigung mit Randgruppen und Minderheiten essentiell wichtig für das erst aus dem Vergleich sich ergebende Verständnis des "Hauptstromes" japanischer Kultur und Gesellschaft. Darüber hinaus werden auch durch die Einbeziehung dieses Aspektes die Prämissen der Japanforschung / Japanologie deutlich. Im Falle von Okinawa haben wir es schließlich mit einem im Verlauf einer mehr-hundertjährigen unabhängigen

---

1 Zur Problematik der Erklärungsansätze japanischer Kultur und Gesellschaft verweise ich auf KREINER u. ÖLSCHLEGER (Hg.) 1996.

Geschichte (Königreich Ryûkyû, 12. Jh. bis 1879) entstandenen Wertesystem zu tun, das gleichberechtigt neben das von uns meist ohne tieferes Nachdenken als "japanisch" bezeichnete Wertesystem des Yamato-Staates seit der Nara-Periode in Kernjapan zu stellen ist. Mit anderen Worten, erst durch Beachtung von Ryûkyû-Okinawa als einer Hälfte des ganzen Japan kann die gesamte Spannbreite japanischer Kultur, Geschichte und Gesellschaft im weiteren Sinne richtig erfaßt werden. Die Tatsache schließlich, daß – wie eingangs bemerkt – sowohl Ainu wie Okinawa auf den japanischen Inseln autochthone Kulturen bzw. Gesellschaften sind, hat dazu geführt, daß beide von Prähistorie, Völkerkunde, Volkskunde und Sprachwissenschaft immer wieder im Zusammenhang mit Fragen nach der Herkunft des japanischen Volkes (Ethnogenese) und der Entstehung der japanischen Kultur Beachtung gefunden haben und noch immer finden. Insofern ist ihre Bedeutung für die Japanforschung anders gelagert und von größerem Einfluß als es Fragestellungen im Zusammenhang mit anderen rezenten Minderheiten sind.

Mit diesen grundlegenden Fakten erschöpfen sich allerdings die Gemeinsamkeiten beider Themenbereiche. Im folgenden werden sie daher getrennt abgehandelt. Begonnen werden soll dabei mit der für die Gegenwart wie Zukunft Japans entscheidend wichtigen Frage nach Kultur und Geschichte Okinawas.

1. *Okinawa*

1.1 *Historischer Überblick zum Königreich Ryûkyû*

Die Inselkette zwischen der südlichen Hauptinsel Japans, Kyûshû, im Norden und Taiwan im Süden wird in Japan selbst als Südwest-Inselkette (Nansei Shotô 南西諸島) bezeichnet. Sie umfaßt von Norden beginnend die Ôsumi-Gruppe (Ôsumi Guntô 大隅群島), die Tokara-Kette (Tokara Rettô トカラ列島) sowie die seit den Annalen der Sui-Dynastie (*Suishu* 隋書) als Ryûkyû 琉球 (auch andere verschiedene Schriftzeichen) zusammengefaßten Archipele von Amami Ôshima 奄美大島, Okinawa 沖縄, Miyako 宮古 und Yaeyama 八重山.

Den Arabern waren die Inseln ab dem Mittelalter als al-Ghur bekannt. Einige arabische Segelhandbücher fügen hinzu, die Inseln würden auch Likīwā bzw. Likyu genannt. Die Portugiesen übernahmen diese Bezeichnung als Lequeo, Lequio (mit dem Zusatz grande oder maior zur Unterscheidung von

Taiwan als Lequio peceo oder minor), später im Englischen Loochoo, deutsch Riukiu u.a.[2]

Auf der Hauptinsel Okinawa bilden sich nach dem 10. Jahrhundert n. Chr. kleinere Herrschaften unter lokalen Machthabern *aji* oder *anji* 按司 ("Fürsten") heraus. Im 12. Jahrhundert gelingt es einem dieser, die ganze Insel unter seiner Herrschaft zu vereinen. Eine spätere Geschichtsschreibung nennt ihn Shunten 舜天 und sieht in ihm den Sohn des japanischen Helden Minamoto no Tametomo 源為朝, der in der Verbannung eine einheimische Prinzessin kennen und lieben lernte. Eine Verbindung zur "japanischen" Geschichte der Zeit kann jedoch sehr wohl angenommen werden. Die Südwanderung der stets Meer-orientiert gewesenen, nunmehr geschlagenen Heike-Krieger läßt sich bis in die Sprachentwicklung hinein verfolgen. (Die Ryûkyû-Sprache hat sich nach bisherigen Erkenntnissen zwischen dem 8. und 12. Jahrhundert von der Entwicklung des Kyôto-Dialektes getrennt.)

Als unter Shuntens Enkel Unglück das Land heimsucht, gibt er die Herrschaft an den Herrn von Urasoe ab, der als König Eiso 英祖 (1260–99) die Herrschaft antritt. Hier wie bei anderen Herrschaftswechseln zeigt sich klar eine von der japanischen Ideologie des Blutcharismas (ungebrochene Herrschaftslinie der Tennô-Familie) deutlich verschiedene, essentiell konfuzianische Auffassung von einer Verantwortung des Herrschers gegenüber dem Himmel ("Mandat" der chinesischen Kaiser). Nach neuerlichen Unruhen bricht das Reich 1314 in drei kleinere Herrschaften auseinander: Periode der 三山 Sanzan (Drei Reiche), Hokuzan 北山 mit der Burg von Nakijin 今帰仁 im Norden, Chûzan 中山 mit Sitz in Urasoe 浦添 in der Mitte und Nanzan 南山 mit Ôzato 大里 im Süden der Hauptinsel. Als Satto 察度, Herrscher des mittleren Reiches, auf Aufforderung durch die Ming-Dynastie 1372 in Tributbeziehung zu China tritt, vermag er daraus wirtschaftlich wie politisch so viel Gewinn zu ziehen, daß er bzw. sein Nachfolger König Shô Hashi 尚巴志 1429 erneut das Reich einigen können (siehe Karte 1). Sitz der durch Hashi begründeten ersten Shô-Dynastie wird die Burg von Shuri 首里 im Hinterland des Handelshafens Naha 那覇. Diese auf zwei getrennten Zentren aufbauende Struktur des Reiches ist sehr ähnlich jener vieler kleiner Stadtstaaten in Südostasien. Das Reich nennt sich nun offiziell Königreich Ryûkyû oder kurz Chûzan. Die enge Verbindung mit China durch das "Tributsystem" *sappô seido* 冊封制度 (Investitur des jeweiligen Königs durch kaiserliche Gesandte aus China; Übernahme der chinesischen Jahresdevisen; Etablierung einer Siedlung von "36 Familien" aus China im Dorf Kume 久米 bei Naha als Schriftgelehrte und Beamte;

---

2   Zur frühen Kenntnis von Ryûkyû in Europa vergleiche KREINER 1993a.

Erlaubnis zu regelmäßigen Gesandtschaften an den chinesischen Hof; Einrichtung einer "ständigen Vertretung" – Ryûkyûkan 琉球館 – im Hafen von Foochou, Provinz Fujian; sowie regelmäßige Stipendiaten an chinesischen hohen Schulen in Beijing) wird beibehalten. Durch die Einbeziehung des Netzes von Übersee-Chinesen in Südostasien gelingt es dem Königreich äußerst profitable Handelsbeziehungen zu Siam (ab 1420), Java (ab 1430), Malakka (ab 1463) und anderen Reichen anzuknüpfen (siehe Karte 2 und Tabelle 1).

Tabelle 1: Handelsbeziehungen zwischen Ryûkyû und Südostasien[3]

Länder	Zeitperiode	Dauer (Jahre)	Anzahl von Schiffen
Siam	1425–1570	146	59
Malakka	1463–1511	49	20
Patani	1490–1543	54	11
Java	1430–1442	13	6
Palembang	1428–1440	13	4
Sumatra	1463–1468	6	3
Sunda	1513–1518	6	2
Annam	1509	1	1

Um die Schiffahrtswege zu sichern, werden die Außeninseln im Westen und Süden angeschlossen (1500 der Yaeyama-Archipel nach Niederwerfung eines lokalen Aufstandes). Nach Norden gegenüber Japan agiert man vorsichtiger (1531 und nochmals 1571 Truppenentsendung nach Amami Ôshima). Ende des 15. / Anfang des 16. Jahrhunderts erlebt das Königreich unter König Shô Shin 尚真 (1477–1526) der zweiten Shô-Dynastie (1470–1879) seine Blütezeit und kontrolliert den gesamten Überseehandel zwischen Südostasien, China, Korea und Japan.

Wertvollstes historisches Dokument über diese Zeit ist der "Schatz der [königlichen] Generationen" (*Rekidai hôan* 歴代宝案). Es handelt sich um ein Annalenwerk, das alle offiziellen Dokumente im Zusammenhang mit den auswärtigen Beziehungen ab 1424 zusammenfaßt. Nach einer Neu-Kompilierung 1697 wurde es bis 1867 unter Leitung der "36 Familien" von Kume weitergeführt. Von der Meiji-Regierung beschlagnahmt und nach Tokyo weggebracht, wurde es 1923 im Kantô-Erdbeben vernichtet. Eine Abschrift wurde 1932 in Kume entdeckt, im Zweiten Weltkrieg jedoch ebenfalls ein Raub der Flammen. Verschiedene weitere Kopien neuerer Zeit (vor allem

---

3 Nach TAKARA 1996: 49.

auch in der Universität Taipeh) werden seit 1992 von der Präfektur Okinawa in einer kommentierten Ausgabe vorgelegt.[4]

Die Sammlung von insgesamt 1554 sakralen wie weltlichen Gesängen und Gedichten in 22 Bänden *Omorosôshi* おもろさうし wurde 1531 begonnen (Bd. 1) und 1613 (Bd. 2) bzw. 1623 (Bde. 3–22) abgeschlossen. Die mündliche Überlieferung vor allem des ersten Bandes reicht jedoch bis in frühere Jahrhunderte zurück. Die bis heute erhaltende Niederschrift in Kana-Silbenschrift stammt aus 1710 (zwei Versionen im Besitz der Familien Shô bzw. Aniya 阿仁屋). Nach Diebstahl durch US-Soldaten 1945 wurde die Shô-Fassung durch Präsident Eisenhower 1953 an Okinawa zurückgegeben.

Der durch Handel angehäufte Reichtum Ryûkyûs erweckte früh das Interesse der Europäer. Bereits Vasco da Gama erhielt 1492 durch seinen Lotsen Ahmad ibn Mâjid Kunde von dem Königreich. In der Folge häuften sich die Erwähnungen in portugiesischen Quellen, so z.B. sehr ausführlich in Duarte Barbosas *Descriptio de los reinos, costas, puertos y islas que hay desde el Cabo de Bueno Esperanza hasta los Leyquios* aus 1519 oder in der *Suma Oriental* von Tomé Pires, um 1515. Der erste Kontakt mit Portugiesen fand in Ayuthaya 1542 statt und resultierte im Folgejahr in der Handelsfahrt dreier Kaufleute Antonio da Mota, Francisco Zeimoto und Antonio Pexoto nach dem an Gold, Silber, Waffen, Seide und Porzellan reichen Okinawa.

Die "Entdeckung" Japans für Europa 1543 angeblich durch Mendez Pinto ist also eher ein unbeabsichtigtes "Nebenprodukt" des großen Interesses an Ryûkyû, dessen strategische und geo-politische Lage als Zugang zu China und Japan bereits damals Aufmerksamkeit erregte: Um 1545, spätestens 1547, wird Karl V. = Carlo I ein Memorandum vorgelegt, in dem die Inseln als zum Herrschaftsgebiet des Habsburgers gehörig und daher als zu eroberndes und vor den Portugiesen zu sicherndes Territorium bezeichnet werden.[5]

Das Eindringen der Portugiesen und Spanier sowie der mit ihnen rivalisierenden Holländer und Engländer in den südostasiatischen Raum, die Blütezeit der *wakô* 倭寇 (Piraten) im Chinesischen Meer, schließlich der langsame Niedergang der Ming-Dynastie und die japanische Reichseinigung mit Ausgriffsplänen nach außen (Hideyoshi > Korea, China; Iemitsu > Philippinen) zerstörten in der zweiten Hälfte des 16. Jahrhunderts das Handelsnetz Ryûkyûs.

Das Tokugawa-Regime ergriff die nächste sich bietende Gelegenheit, um die durch die Schwäche Ryûkyûs verwundbare Südflanke Japans zu sichern. Die verweigerte Heeresfolge und Stellung von Schiffs- bzw. Transportraum

---

4 Okinawa Kenritsu Toshokan 1992ff.
5 Zu den frühen portugiesischen Quellen siehe kompetent SCHURHAMMER 1963.

anläßlich der Korea-Feldzüge Hideyoshis wurde zum Vorwand für eine Invasion des Königreiches genommen. Dadurch konnte die Rechtsnachfolge von Hideyoshi auf Ieyasu vor aller Welt dokumentiert und dem mit seinen zahlreichen Samurai-Soldaten auf das südliche Kyûshû eingeschränkten Herren von Satsuma 薩摩, Shimazu Iehisa 島津家久, ein Ventil geschaffen werden. 1609 wurde in einem kurzen Feldzug der Shimazu-Truppen das Königreich unterworfen, zur Abtretung des Amami-Archipels sowie zur Abgabenleistung an Satsuma (etwa ein Drittel der Steuereinnahmen) gezwungen und König Shô Nei 尚寧 gefangen nach Kagoshima geführt. Damit war die wirtschaftliche wie politische Unabhängigkeit Ryûkyûs *de facto* beendet. *De iure* wurde das Königreich weiter bestehen lassen, vor allem um Satsuma Gelegenheit zu einem Außenhandel mit China zu geben. Diese Spekulation ging jedoch nicht auf, da dem Fürstentum die wirtschaftliche Kraft fehlte, den Handel auszubauen und das Shogunat durch das Verbot des Weiterverkaufs von Luxuswaren wie Seide die Schaffung eines potenten Marktes verhinderte.

Die innere Wirtschaft des Königreiches konnte durch die Einfuhr der Süßkartoffel sowie des Zuckerrohrs um 1600 auf niedrigem Niveau stabilisiert werden. Das Kunsthandwerk erhielt große Förderung. 1612 wurde ein eigenes Büro für Lack und Perlmuttschliff eingerichtet, 1616 ein koreanischer Töpfer in Naha angesiedelt. Während jedoch Ryûkyû-Lackarbeiten höchstes Niveau erreichen (vor allem Rotlacke sowie Schwarzlack mit Perlmutteinlage), blieb die Keramik von Tsuboya 壺屋 auf Ebene von Gebrauchskeramik und ist erst in den 1930er Jahren in Zusammenhang mit der Volkskunstbewegung von Yanagi Muneyoshi (oder Sôetsu) 柳宗悦 neu bewertet worden.

Für die geistige Kultur Okinawas haben vor allem zwei Regenten Wichtiges geleistet. Shô Jôken 尚象覽 (auch Shô Shôken) (1666–73) und Sai On 蔡温 (1728–54) förderten den Neo-Konfuzianismus als Staatsideologie[6] (Senkung des Ranges der obersten Priesterin Kikoe Ôgimi 聞得大君 = Schwester des Königs unter den Rang des Königs, Einschränkung von Wallfahrten und Festen) und ordneten die Staatsfinanzen (Neurodungen, Einschränkung der Ausgaben). Die Suche nach der neuen eigenen Stellung resultierte in der Kompilation der offiziellen Reichsgeschichte in zwei verschiedenen Versionen: 1650 kompilierte der schon erwähnte Shô Jôken den "Spiegel der Zeitalter des Reiches Chûzan" (*Chûzan seikan* 中山世鑑) in japanischer Sprache und nach Vorbild der japanischen "Spiegel"-Geschichtswerke (*kagami* 鑑). 1697 bis 1701 wurde als Gegenstück dazu die "Genealogie des Reiches Chûzan"

---

6 Diese eminent wichtigen geistigen Bewegungen hat erst vor kurzem ausgezeichnet analysiert SMITS 1999.

(*Chûzan seifu* 中山世譜) als Annalenwerk in chinesischer Sprache verfaßt. Das letztere wurde bis zum Ende des Königreiches fortgeschrieben.

Europa hatte Anfang des 17. Jahrhunderts zunächst noch starkes Interesse an Ryûkyû gezeigt. Die englische East India Company bemühte sich, von Ieyasu die Genehmigung zur Errichtung einer Faktorei in Naha zu erhalten, die Holländer versuchten von Nagasaki aus über Kagoshima in Handelsbeziehung zu treten. In der Zeit danach konzentrierte sich jedoch das europäische Interesse auf Japan selbst. Erst Mitte des 18. Jahrhunderts trat Ryûkyû wieder in den Gesichtskreis der Europäer. Auslösendes Moment war die beste unter den Landesbeschreibungen Okinawas, die von chinesischen Investiturgesandtschaften regelmäßig kompiliert wurden, der "Bericht von Überlieferungen des Reiches Chûzan" (*Zhongshan zhuanxin lu* 中山伝信録, jap. *Chûzan denshin roku*) des kaiserlichen Vize-Gesandten Xu Baoguang 徐葆光, japanisch Jo Hôkô aus dem Jahre 1721. Der in Beijing tätige Jesuit Antoine Gaubil verfertigte eine Übersetzung, die unter dem Titel *Memoirs sur les îles que les Chinois appellent îles de Lieou-kieou* in den *Lettres édifiantes et curieuses*, Bd. XXVIII, Paris 1758 erstmals veröffentlicht wurde. Eine japanische Fassung derselben Quelle in Hayashi Shiheis 林子平 "Illustrierter Beschreibung der drei Reiche" (*Sangoku tsûran zusetsu* 三国通覧図説), Edo 1785, gelangte in Irkutsk in die Hände von Julius Klaproth und wurde später von ihm 1832 als *San Kokf Tsou Ran To Sets, ou Aperçu général des Trois Royaumes* in Paris herausgegeben. Eine populäre japanische Fassung des Werkes ließ Philipp Franz von Siebold von seinem Schüler Takano Chôei übersetzen.[7] Siebold verwendete das Material für eine deutsche Übersetzung in seinem Werk *Nippon. Archiv zur Beschreibung von Japan und seinen Neben- und Schutzländern*, Leiden: beim Verfasser 1832–52.

Um die Wende vom 18. zum 19. Jahrhundert erschienen nach langer Zeit wieder europäische Schiffe vor den Inseln der Ryûkyû selbst und begannen zur geographischen und landeskundlichen Kenntnis beizutragen. Hinter dem neu erwachenden Interesse Europas standen wiederum Machtinteressen, vor allem Versuche, sich Zugang zu den verschlossenen Ländern und Märkten China, Koreas und Japans zu verschaffen. Die China-Gesandtschaft Lord Amhersts – sofort nachdem die Napoleonischen Kriege in Europa beendet waren – ist ein gutes Beispiel dafür. Kapitän Basil Hall erhielt den Auftrag, nach Absetzung der Delegation die Küsten Koreas und Ryûkyûs zu erkunden. Dabei erlitt sein Flaggschiff "Lyra" 1816 Schiffbruch vor Okinawa und Hall

---

[7] Manuskript unter dem Titel "Beschryving der Liu-kiu-Eilanden vertaald door T.Tsjo-se" in der Siebold-Bibliothek der Ostasienabteilung der Ruhr-Universität Bochum.

war bis zur Instandsetzung Gast in Naha. Halls *Account of a Voyage of Discovery to the West Coast of Korea and the Great Loo-Choo Island,* London 1818, beginnt eine Reihe von Reiseberichten, die bis zu der wissenschaftlichen Beschreibung in Commodore Matthew Calbraith Perrys *Narrative of the Expedition of an American Squadron to the China Seas and Japan, Performed in the Years 1852, 1853 and 1854,* ed. Francis L. Hawks, Washington 1856, sowie zu einer romantischen Schilderung im Reisebericht der russischen Expedition unter Admiral Efim Vasiljevič Putâtin, *Fregat Pallada* von Ivan Aleksandrovič Gončarov, St. Petersburg 1858, reicht. Diese Berichte lassen Ryûkyû als ein tropisches Paradies mit freundlichen, friedfertigen und liebenswerten Menschen erscheinen. Als solches wird es populär durch Jules-Sébastien-César Dumont d'Urvilles fiktive Reisebeschreibung *Voyage pittoresque autour du monde,* Paris 1834–35 (vgl. Abb.1). Gleichzeitig erweckt Halls Bemerkung, als er Napoleon auf St. Helena von der Waffenlosigkeit des Königreiches erzählte, hätte dieser zornig ausgerufen, so etwas sei unmöglich, mit was würden denn dort Schlachten ausgetragen, die Aufmerksamkeit der Friedensbewegung in England und Amerika. Diese geht bis zur Abfassung mehrerer fiktiver Artikel und Bücher, etwa den *Letters of Lillian Ching, a Native of the Island of Loo Choo, to his Brethren upon that Island, while a Resident in the United States,* Portland 1838.

Die Wirklichkeit des unter dem Diktat der Satsuma-Fürsten stehenden, tatsächlich entwaffneten und politisch wehrlosen Königreiches wird von den Europäern vor Ort sehr wohl gesehen. Gerade diese Schwäche soll für einen Druck auf Japan zur Landesöffnung ausgenützt werden. Der französische Admiral Jean-Baptiste Cécille, der 1846 von Okinawa aus Verhandlungen Shimazu Nariakira 島津斉彬 führt, verliert die Geduld und fährt ab, bevor ihn die zustimmende Antwort des Shogunats erreichte. Commodore Perrys Vorschlag, Okinawa als Kohle- und Walfang-Station zu besetzen, wurde vom Senat der Vereinigten Staaten abgelehnt. Napoleons III. Versuch, über Okinawa mit Satsuma bzw. dem Shogunat in Verbindung zu treten, schlug infolge des Strategiewechsels im Fürstentum Satsuma fehl (aber noch 1867 nahm Satsuma unter der Bezeichnung "Königreich Satsuma-Ryûkyû" an der Weltausstellung in Paris teil).[8] Alle diese Bestrebungen resultierten in Abschlüssen von Handels- und Freundschaftsverträgen mit den USA, Rußland, Frankreich, Großbritannien und den Niederlanden noch vor 1860.

---

8   Über die französischen Kontakte zu Ryûkyû informiert detailliert BEILLEVAIRE 1996a u. 1996b.

Verspätet meldete sich auch Deutschland: Bereits die Preußische Expedition von 1860 hatte vom Marinekommandeur Prinz Adalbert den Auftrag, sich nach einem Flottenstützpunkt für Preußen umzusehen. Eine Order von 1868 nennt ausdrücklich die nördlichen Ryûkyû als Zielobjekt. Vor allem Hamburg, das in der zweiten Hälfte des 19. Jahrhunderts einen großen Teil des Handels im Chinesischen Meer kontrollierte, verlangte immer wieder die Errichtung einer Flottenstation. 1873 versank der Schoner "R. J. Robertson" der Firma Hernsheim & Co., Hamburg, auf einer Fahrt von China nach Australien in einem Taifun vor Miyako. Die Rettung der Besatzung durch Einheimische wurde von Hernsheim in deutschen Zeitungen so stark aufgebauscht, daß sich schließlich auch Bismarck mit einer "Dankesmission" einverstanden erklären mußte. 1876 setzte das Kanonenboot "Zyklop" ein Steindenkmal mit Inschrift Kaiser Wilhelms II. im Hafen Hirara auf Miyako. Die gleichzeitig durchgeführte Erkundung des Hafens ergab zahlreiche Korallenriffe, jedoch keine Kohlevorkommen, weshalb die Idee eines deutschen Stützpunktes auf Miyako aufgegeben wurde.[9] Die Steinsetzung war und ist bis heute jedoch immer wieder Anlaß zu freundschaftlichen Erinnerungen vor allem auf seiten Okinawas, wo der Hintergrund des Ereignisses allerdings kaum bekannt ist.

Diese immer wieder erneuerten Versuche von seiten europäischer Mächte, sich auf den Ryûkyû festzusetzen, alarmierten selbstverständlich die Meiji-Regierung. 1872 wurde per Dekret der Name des Reiches von *ôkoku* 王国 ("Königreich") auf *han* 藩 ("Lehenstum") herabgestuft (gleichzeitig mit der Auflösung der Lehensfürstentümer in Japan selbst), 1879 nach Landung von Truppen der letzte König Shô Tai 尚泰 (1848–79) nach Tokyo weggeführt und Ryûkyû als Präfektur dem modernen japanischen Nationalstaat angeschlossen. Proteste der schwachen Qing-Dynastie blieben zunächst unbeachtet. Dann erwog Japan jedoch 1880 die Aufgabe der südlichen Inselgruppen Miyako und Yaeyama im Gegenzug gegen einen internationalen Vertrag mit China, der Japan Anerkennung als meistbegünstigte Macht einbringen sollte. Der ganze als "Verfügung über Ryûkyû" (*Ryûkyû shobun* 琉球処分) bekannte Vorgang von 1872 bis 1880 belastet bis heute das Verhältnis zwischen Kernjapan und Okinawa.

Die Präfektur Okinawa wurde bis 1920 teilweise auf Grund von Sonderverordnungen verwaltet, die sie gegenüber anderen Präfekturen in Nachteil setzten. Daraus ergab sich eine mehr oder weniger stark fühlbare Diskriminierung der Bevölkerung, die auf Grund ihres abweichenden Wertesystems und darauf

---

9 Eine Übersetzung des schwer zugänglichen Berichtes der deutschen Schiffbrüchigen ist UENO 1995; die Affäre wird kurz behandelt bei KREINER 1984: 43–46.

beruhenden Verhaltens (z.B. Fehlen einer Samurai-Schicht, keine Bushidô-Ideologie, dagegen starke Stellung der Frau in Religion und Gesellschaft; kein Shintô, kaum Buddhismus, dagegen starker Daoismus) als nicht zielorientiert, nicht arbeitsam und nicht ganz glaubwürdig angesehen wurde.[10] Noch während der Schlacht von Okinawa (1. April bis 22. Juni 1945) wurde die Zivilbevölkerung von der japanischen Armee als im Grunde unzuverlässig, ja möglicherweise mit dem Feind zusammenarbeitend gebrandmarkt. Die Kämpfe kosteten einem Drittel der Bevölkerung Okinawas das Leben.

1.2 *Okinawa-Studien*

Sieht man von den auf Sekundärquellen beruhenden Berichten Gaubils, Klaproths und Siebolds ab, so sind es in erster Linie Missionare, die die Grundlagen zu einer wissenschaftlichen Beschäftigung mit Ryûkyû legten. Von 1846 bis 1854 lebte der in Preßburg / Bratislawa geborene Bernard Jean Bettelheim im Auftrage der englischen Seemannsmission in Naha. Seine Sprachstudien wurden leider nicht veröffentlicht.[11] Bettelheims Übersetzung des Neuen Testaments (nach Johannes und Lukas), teilweise in Ryûkyû-Sprache, teilweise in Japanisch, erschien 1855 in Hongkong und wurde 1873 durch August Pfizmaier in Wien nachgedruckt. Der Bericht eines der französischen Missionare, Louis Furet (1853–55 in Ameku bei Naha), über Sitten und Gebräuche dieses Landes ist vor kurzem von Patrick Beillevaire herausgegeben worden.[12]

Die Sprachstudien wurden durch Basil Hall Chamberlains *Essay in Aid of a Grammar and Dictionary of the Luchuan Language* (TASJ XXIII, Suppl., Yokohama 1895) auf eine verläßliche Grundlage gestellt. Als Wörterbücher für die Ryûkyû-Sprache liegen heute vor das vom National Institute for Japanese Language (Kokuritsu Kokugo Kenkyûjo 国立国語研究所) kompilierte "Lexikon der Okinawa-Sprache" (*Okinawago jiten* 沖縄語辞典), 1963, sowie das umfangreiche, von Hokama Shuzen 外間守善 und anderen zusammengestellte "Große Lexikon der alten Sprache Okinawas" (*Okinawa kogo*

---

10 1926 löste die Veröffentlichung des Romans *Samayoeru Ryûkyû jin* さまよえる琉球人 ("Der fliegende Ryûkyûaner") – in Anklang an den *Fliegenden Holländer* – von Hirotsu Kazuo 広津和郎 einen Skandal aus. Die Beschreibung der Hauptfigur dieser Erzählung als völlig unzuverlässig, da man dem Unterdrücker gegenüber nicht ehrlich zu sein brauchte, wurde von der staatlichen Jugendorganisation Japans heftig angegriffen.

11 Zwei umfangreiche Manuskripte "Elements or Contributions toward a Loochooan & Japanese Grammar" sowie "English-Loochooan Dictionary", letzteres aus 1851, liegen heute in der British Library, Oriental and India Office Collections.

12 BEILLEVAIRE 1999.

daijiten 沖縄古語大辞典), Kadokawa 1995. Das von Nakamoto Masachie 中本正智 bearbeitete "Illustrierte Lexikon der Ryûkyû-Sprache" (*Zusetsu Ryûkyûgo jiten* 図説流球語辞典), Kinseisha 1981, bringt alle Dialektvarianten des Grundwortschatzes mit detaillierten Verbreitungskarten. In Deutschland bezieht Jens Rickmeyer (Ruhr-Universität Bochum) die Ryûkyû-Sprache in seine Forschungen mit ein.

Auf dem Gebiete der Geschichtswissenschaft (einschließlich Volks- und Völkerkunde) wurden zunächst einheimische Forscher tätig. Sie bemühten sich um eine Klärung der Geschichte Okinawas im Rahmen der gesamtjapanischen, wobei einerseits die Bedeutung der eigenen Tradition betont, andererseits die engen Beziehungen zu Japan herausgestellt wurden. Philologische Arbeiten zu den Quellen, etwa *Omorosôshi*, und die Sammlung von Material sind bis heute wertvoll geblieben. Als ein Name unter vielen sei stellvertretend der des Sprach- und Literaturwissenschaftlers, Philologen und Historikers Iha Fuyû 伊波普猷 (1876–1947) genannt (Gesamtausgabe in 11 Bänden, *Iha Fuyû zenshû* 伊波普猷全集, Heibonsha 1974–76).

Iha und die anderen Lokalforscher (im besten Sinne des Wortes) standen in Tokyo wie vor Ort in enger Verbindung mit Wissenschaftlern aus Kernjapan. Unter diesen sind vor allem die Begründer der japanischen Volkskunde Yanagita Kunio柳田国男 (1875–1962) und Orikuchi Shinobu 折口信夫 (1887–1953) zu nennen. Beide sind durch ihre Okinawa-Reisen (Yanagita 1920/21, Orikuchi 1921 und 1923) entscheidend geprägt worden. Yanagita hat seine Eindrücke in "Kurze Berichte von südlich des Meeres" (*Kainan shôki* 海南小記), Ôokayama Shoten 1925, zusammengefaßt. Darin vertritt er – oftmals romantisch angehaucht – zum erstenmal die Theorie, die Vorfahren der Japaner seien aus Südchina über das Meer nach Ryûkyû und von hier über den Kuroshio-Meeresstrom nach Japan gekommen und hätten auf diesem Weg den Reisbau mitgebracht (also Anfang der Yayoi-Periode, ca. 3. Jh. v. Chr). Diese grandiose Schau hat ihn zeitlebens nicht losgelassen. Noch im Jahres seines Todes versuchte er sie nochmals zu ordnen in "Der Weg über das Meer" (*Kaijô no michi* 海上の道), Chikuma Shobô 1962.[13] Orikuchi wiederum wird durch seine Aufnahmen von Maskenbrauchtum (vor allem auf Inseln des Yaeyama Archipels) zur Formulierung seiner Theorie des Besuches von Gottheiten in der Welt der Menschen zu bestimmten Jahreszeiten um zu segnen und den

---

13 Beide Werke Yanagitas sind enthalten in *Teihon Yanagita Kunio shû* 定本柳田国男集 ("Werkausgabe der Gesammelten Werke von Yanagita Kunio", Bd. 1, Chikuma Shobô 1963).

Weiterbestand der Welt zu garantieren als Basis japanischer Religion überhaupt gebracht.[14]

Mit diesen richtungsweisenden Arbeiten hatte die Hypothese, die japanische Kultur sei über die Ryûkyû-Inseln nach Japan gelangt, große Überzeugungskraft gewonnen. Da damit auch die Meinung verknüpft wurde, auf Okinawa hätte sich ein älteres, reineres, echteres Stadium der Kultur Japans erhalten, mit anderen Worten, die Einwohner Okinawas seien die "besseren Japaner", hat diese Richtung in der Bevölkerung Okinawas und unter den mit ihr sympathisierenden Japanern bis heute viele Anhänger, obwohl sie wissenschaftlich in dieser Form so nicht vertreten werden kann. Auch die Kultur Okinawas hat sich im Laufe der Geschichte gewandelt.

Auf europäischer Seite brachten die Jahre um und nach 1879 wiederum eine gewisse Zunahme von Abhandlungen zu Okinawa. Das deutsche Interesse an den Inseln klingt noch nach in der sehr systematisch angelegten umfangreichen Sammlung des Ethnologischen Museums, Berlin, aus dem Jahre 1884.[15] Auch Edmund Simons *Beiträge zur Kenntnis der Riukiu-Inseln*, Leipzig: Voigtländer 1913, sind heute noch durch die Originalphotos aus der Zeit wichtig.

Nach dem Weltkrieg ließ zunächst die US-Militärverwaltung eine Reihe von soziologischen und völkerkundlichen Studien anfertigen, die meist nur in mimeographierter Form in der Serie *SIRI = Sientific Investigations of the Ryûkyû Islands* des Pacific Science Board of the National Research Council vorliegen. Wichtig darunter sind zwei Werke: Douglas Harings Studie über die Kultur des Amami-Archipels *The Island of Amami Oshima in the Northern Ryûkyûs* (*SIRI* No.2), Washington 1952. Haring vertritt dabei – wider besseres Wissen – die These, die Kultur Amamis gehöre eindeutig zum Kulturkreis Kernjapans. Dies hat, wie von Haring erhofft, zur Rückgabe der nördlichen Teile der Inselkette an Japan 1953 geführt.

Den für das US-Militär wichtigeren, südlichen Teil der Inselkette sollte eine Studie des Historikers George H. Kerr in seiner kulturellen, möglicherweise aber auch politischen Unabhängigkeit von Japan stärken. Die vom Civil Administrator for the Ryûkyû Islands in Auftrag gegebene Arbeit wurde

---

14 Vgl. ORIKUCHI Shinobu, "Tokoyo oyobi marebito" 常世及びまれびと ("Das Paradies und die Besuchergottheiten"), *Minzoku* 民族 4/2 (1928): 1–62. Dieser Essay wurde mit dem Untertitel "Kokubungaku no hassei" 国文学の発生 ("Der Ursprung der japanischen Literatur") an den Anfang von Band I seiner *Orikuchi Shinobu zenshû* 折口信夫全集 ("Gesammelte Werke", Chûô Kôron 1965) gestellt.

15 Insgesamt 453 Objekte, von denen leider nur 182 den Krieg überdauerten; dennoch sehr wertvolle Sammlung vor allem von Kleidung und Gewändern; die zweite Hälfte der Sammlung ist im Nationalmuseum Tôkyô verblieben.

zunächst in der Reihe *SIRI*, dann als unabhängige Buchpublikation unter dem Titel *Okinawa. The History of an Island People*, Rutland, Vermont–Tokyo: Tuttle 1958, veröffentlicht. Es ist bis heute die einzige Darstellung der Geschichte Ryûkyûs in einer westlichen Sprache, aber auch gut recherchiert und zuverlässig. Eine japanische Übersetzung erschien 1956 und wurde für den Schulunterricht in Okinawa vorgeschrieben.

Die völkerkundliche Okinawa-Forschung wurde interessanterweise auf europäischer Seite vorangetrieben: Der Autor dieses Beitrages führte 1962/63, 1965 sowie 1973 mehrmals Feldforschungen vom Standpunkt der historischen Völkerkunde zur Gesellschaft auf Dorfebene durch (*Beiträge zur Religion und Gesellschaft auf den nördlichen Ryûkyû. Der Noro-Kult von Amami-Ôshima*, Phil. Diss. Wien 1964). Cornelius Ouwehand brachte auf Grundlage seiner intensiven Feldforschung 1965/66 auf der Insel Hateruma die strukturalistische Analyse *Hateruma. Socio-religious Aspects of a South-Ryûkyûan Island Culture*, Leiden: Brill 1989, heraus. Zuletzt legte Arne Røkkum von Oslo die Ergebnisse seiner Feldstudien über Religion und Weltbild vor allem der Insel Yonakuni zwischen 1976 und 1993 in Form seines Buches *Goddesses, Priestesses and Sisters. Mind, Gender and Power in the Monarchic Tradition of the Ryûkyûs*, Toyen: Scandinavian University Press 1998, vor. Alle drei Forscher haben auch umfangreiche volkskundliche Sammlungen für die Völkerkundemuseen in Wien, Leiden und Oslo angelegt. Diese wiederum waren Ausgangspunkt für ein mehrjähriges Forschungsprojekt der Universität Bonn über Ryûkyû-Sammlungen in europäischen (und amerikanischen) Museen.[16]

Die größten Fortschritte innerhalb der Ryûkyû-Forschung wurden in den letzten zwanzig Jahren von der Geschichtswissenschaft gemacht.

Von der frühen und sicherlich notwendigen Beschränkung auf die Geschichte Ryûkyûs ausgehend wurde zunächst die Rolle Okinawas in der japanischen Geschichte überhaupt in den Mittelpunkt der Betrachtungen gestellt. Stark beachtet werden muß die Tatsache, daß die historischen Abläufe in beiden Regionen, also Okinawa und Kernjapan, gerade an den Wendepunkten japanischer Geschichte zusammenstoßen: Die Entstehung des Königreiches Ryûkyû (Legende von König Shunten) ist zeitgleich mit der Errichtung des Kamakura-Shogunates; die *de-facto*-Beendigung der Unabhängigkeit Ryûkyûs 1609 geht parallel zur Einrichtung des Tokugawa-Shogunates bzw. des sog. zentralisierten Feudalsystems der Edo-Periode; das Ende des Königreiches

---

16 Vgl. KREINER (Hg.) 1996. Diese Veröffentlichung stellt die Ergebnisse der genannten Untersuchung in den Zusammenhang der europäischen Kontakte mit dem Königreich Ryûkyû. Eine weitere Stufe dieser Betrachtungslinie wird mit dem Band Josef KREINER (Hg.) *Ryûkyû in World History* (in Arbeit) erreicht.

(*Ryûkyû shobun* 1872–80) fällt mit der Einrichtung des japanischen Nationalstaates der Meiji-Periode zusammen; und schließlich markiert die Schlacht von Okinawa mit nachfolgender US-amerikanischer Besatzung den Zusammenbruch des japanischen Militarismus / Faschismus[17] (vgl. Tab. 2).

Tabelle 2: Korrelation der Geschichte Ryûkyûs mit Japan, China und Europa

	Ryûkyû	Japan	China	Europa / Amerika
12. Jh.	Enstehung Königreich, Shunten 1187, Eiso 1260	1185 Niederlage der Heike, 1192 Kamakura-Shogunat	1209 Chingis-Chan, 1271 Yuan-Dynastie	—
15.–16. Jh.	1372 Tribut an China, 1420 Beginn Handel mit Südostasien, 1477–1526 Shô Shin-Blütezeit	1331–92 Nord-Süd-Hof-Schisma, 1467–77 Ônin-Wirren	1338 Ming-Dynastie, Admiral Zheng He 1405–33	Entdeckungszeitalter
2. Hälfte 16. Jh.	Zusammenbruch des Handelsnetzes	1573 Muromachi-Shogunat endet, Bürgerkriege, Reichseinigung	*wakô*-Piraten	1543 Portugiesen auf Ryûkyû, Weltreich Philipp II.

---

17 ARAKI 1980.

Anfang 17. Jh.	1609 Satsuma-Invasion, doppelte Abhängigkeit	1600/03 Tokugawa-Shogunat = zentralisierter Feudalismus, Abschluß des Landes	Niedergang der Ming (1644), 1661 Qing-Dynastie, Taiwan unabhängig	Vormacht kämpfe Spanien/ Habsburg-Niederlande auch in Ost- und Südostasien, 1609 VOC in Japan
2. Hälfte 19. Jh.	1853 Öffnung, 1872/79/80 *Ryûkyû shobun* Eingliederung in japan. Nationalstaat	1853 Öffnung 1868 Meiji-Restauration	Niedergang Qing-Dynastie, 1840 Opium-Krieg, 1894/5 Japan.-chines. Krieg, 1912 Republik	Kampf um Einflußzonen in Ostasien: England (Basil Hall), Frankreich (Cécile) USA (Perry 1853/4), Deutschland (1876)
2. Hälfte 20. Jh.	1945–72 US-Besatzung, 1972 Rückgabe (mit US-Stützpunkten)	1945 Niederlage, 1951 Friedensvertrag und Sicherheitspakt USA-Japan	1949 Volksrepublik, bis 1972 isoliert, Taiwan-Frage	Kalter Krieg; USA in Korea-, Vietnam-, Golf-Krieg verwickelt

Gegen diese wiederum, und zu Recht, auf die Bedeutung Okinawas für ein besseres Verständnis der japanischen Geschichte abhebende Betrachtungsweise muß eingewendet werden, daß an allen diesen Wendepunkten natürlich auch die chinesische Entwicklung eine entscheidende Rolle spielt: Um 1200 ist China schwach; die Einigung des Königreiches Ryûkyû wird durch Aufnahme des Tributsystems der Ming-Dynastie eingeleitet; der Aufstieg zur Handelsgroßmacht wird durch den Rückzug Chinas von den Meeren nach den Seereisen Admirals Zheng He 鄭和, jap. Tei Wa, zwischen 1405 und 1433 ermöglicht; der Zusammenbruch Ryûkyûs ist nur aus der Schwäche der sich auflösenden Ming-Herrschaft zu erklären (noch zehn Jahre davor hatte China in Korea gegen Hideyoshi interveniert); ebenso signalisierte die Auflösung Qing-Chinas nach dem Opium-Krieg bis hin zur Niederlage im Japanisch-Chinesischen Krieg das Ende des Königreiches; und die Errichtung der Volksrepublik China 1949, der Korea-Krieg und die Periode des Kalten Krieges waren Anlaß für die Abtrennung Okinawas von Japan als "key stone" der Verteidigungslinie der USA im westlichen Pazifik.

Folgerichtig ist die Geschichtswissenschaft gegenwärtig mit der Aufarbeitung der Kontakte Okinawas mit China und der Erforschung der Rolle Ryûkyûs innerhalb der Geschichte Ost- und Südostasiens beschäftigt. Eine führende Stellung nimmt hier Takara Kurayoshi 高良倉吉 von der Ryûkyû Universität ein.[18]

Als weitere Forderung an die Geschichtswissenschaft ist die Beachtung auch der westlichen Kontakte im 16., 19., und 20. Jahrhundert zu erheben. Dieser Themenbereich wird von den bereits erwähnten Veröffentlichungen des Verfassers aufgegriffen (vgl. Anm.16).

Für die wissenschaftliche Beschäftigung mit Ryûkyû stehen heute in erster Linie natürlich Einrichtungen in Okinawa selbst zur Verfügung. Das Government of the Ryûkyû Islands (Ryûkyû Seifu 琉球政府) bzw. die Präfektur Okinawa haben zwischen 1965 und 1977 eine 24-bändige "Geschichte der Präfektur Okinawa" (*Okinawaken shi* 沖縄県史) herausgebracht, von der eine Neuauflage 1989 existiert. An der Ryûkyû Universität bestehen mehrere auf Vereinsbasis organisierte Arbeitsgemeinschaften (für Geschichte, Ur- und Frühgeschichte, Volkskunde u.s.w.), die allen Interessierten offenstehen. Ähnliches gilt für mehrere private Universitäten auf Okinawa. Auch das Präfektur-Museum (seit 1953/55), das Museum der Stadt Urasoe (seit 1990; wertvolle Lacksammlung) sowie die Stadt Naha (1997 Schenkung der Kunstsammlung der ehemaligen Königsfamilie; Museum im Bau) und das 1995 eröffnete Okinawa Prefectural Archives (Okinawaken Kôbunshokan 沖縄県公文書館) erforschen und publizieren wertvolles Material.

---

18 Unter den zahlreichen Veröffentlichungen Takaras hebe ich hervor: TAKARA 1987 u. 1998.

Die beiden führenden Lokalzeitungen *Ryûkyû shinpô* 琉球新報 und *Okinawa taimusu* 沖縄タイムス veröffentlichen auch auf wissenschaftlichem Gebiet.[19]

In Tokyo befinden sich weitere Schwerpunkte für Okinawa-Studien. Bereits 1947/48 war in Tokyo eine Arbeitsgemeinschaft von Forschern aus Okinawa ins Leben gerufen worden. Diese Japanese Society for the Okinawan Studies (Okinawa Bunka Kyôkai 沖縄文化協会), konzentrierte sich um Forscher wie Iha Fuyû (s.o.), den Historiker Higa Shunchô 比嘉春潮 und andere. Sie ist bis heute äußerst aktiv. Publikationsorgan ist die bedeutende, alle Wissenschaftsgebiete umfassende Zeitschrift "Kultur Okinawas" (*Okinawa bunka* 沖縄文化) (gegenwärtig bis Nr. 90, 1999 erschienen).

Anläßlich der Rückgabe Okinawas errichtete die private Hôsei Universität 法政大学 in Tokyo ein "Institut für die Kultur Okinawas" (Okinawa Bunka Kenkyûjo 沖縄文化研究所) mit hervorragender Bibliothek. Initiator war Hokama Shuzen 外間守善, heute der Doyen der sprach-, literatur- und kulturhistorisch ausgerichteten Okinawa-Forschung. Nach seiner Emeritierung schuf er mit Unterstützung des Verlags Kadokawa 角川 das private "Okinawa-Forschungsinstitut" (Okinawagaku Kenkyûjo 沖縄学研究所). Beide Institutionen veranstalten Seminare, Vorträge, Symposien und publizieren wichtige Serien.[20]

In den USA ist in erster Linie die University of Hawaii mit einem Schwerpunkt auf Okinawa-Studien zu nennen: Am East-West-Center war der Historiker Shunzo Sakamaki tätig, der 1963 *Ryukyu: A Bibliographical Guide to Okinawan Studies, Surveying Important Primary Sources and Writings in Ryûkyûan, Japanese, Chinese and Korean* (Honolulu: University of Hawaii Press) herausbrachte. Sakamaki ist auch ein anderes unentbehrliches Hilfsmittel zu verdanken: *Ryukyuan Names. Monographs on and Lists of Personal and Place Names in the Ryukyus* (University of Hawaii, East-West Center Press, 1964). Neueren Datums ist die von Masato Matsui, Tomoyoshi Kurokawa und Minako Song herausgegebene *Ryukyu: An Annotated Bibliography* (Honolulu: University of Hawaii 1981). Gestützt werden diese und andere Arbeiten

---

19 Unbedingt nennenswert sind die sechsbändige Prachtausgabe *Okinawa bijutsu zenshû* 沖縄美術全集 ("Gesamtausgabe der Kunst Okinawas") (zweisprachig Japanisch und Englisch), Naha 1989 sowie das als Nachschlagewerk unentbehrliche dreibändige *Okinawa dai hyakka jiten* 沖縄大百科事典 ("Großes Okinawa-Universallexikon", Naha 1983), beides von *Okinawa Times* herausgegeben. Von *Ryûkyû Shinpô* wurde eine ausgezeichnete vierbändige *Shin Ryûkyû shi* 新琉球史 ("Neue Geschichte Ryûkyûs", Naha 1989–91) publiziert, zu deren Hg. u.a. Takara Kurayoshi gehört.

20 An der Hôsei-Universität erscheint jährlich eine Folge das Journals *Okinawa bunka kenkyû* 沖縄文化研究 ("Studien zur Kultur Okinawas", derzeit Nr. 25, 1999); das Okinawagaku Kenkyûjo begann 1997 mit der Serie "Okinawagaku" 沖縄学 ("Wissenschaft von Okinawa").

durch die Erwerbung der umfangreichen Bibliothek des englischen Journalisten Frank Hawley, die den Schwerpunkt der gegenwärtig etwa 5000 Bände umfassenden Sammlung zu Okinawa an der University of Hawaii bildet (Hawley-Library).

Der Wirtschaftswissenschaftler Koji Taira von der University of Illinois gibt seit 1988 ein Nachrichtenblatt *The Ryukyuanist* für die International Society for Ryukyuan Studies heraus, das über Ereignisse und Forschungen berichtet. Ebenso wie Chalmer Johnson von der University of California ist Koji Taira ein vehementer Vertreter der Ansicht, die US-Truppen sollten vollständig abgezogen und Okinawa von Japan in die Unabhängigkeit entlassen werden.

In Australien ist Hugh Clark von der University of Sydney auf dem Gebiet der Sprachwissenschaft Okinawas tätig. Clark hat 1997 den 3. Internationalen Kongreß für Okinawa-Studien ausgerichtet. Die beiden vorhergehenden Veranstaltungen fanden jeweils in Naha und Tokyo statt und wurden von Hokama Shuzen geleitet.

In Europa selbst sind es nur einzelne Wissenschaftler, die die Probleme Okinawas in ihre Arbeit mit einbeziehen. Die meisten Namen sind im Vorhergehenden bereits genannt worden.

1.3 *Die Gegenwart: Okinawa, Japan und die USA*

Die äußerst komplizierten Fragen, die gegenwärtig das Verhältnis zwischen Okinawa und Kernjapan belasten, sind nur vor dem Hintergrund der im Vorhergehenden beschriebenen historischen Entwicklungen verständlich. Ausgelöst wurden die derzeit auch das Verhältnis zwischen Japan und den USA belastenden Schwierigkeiten jedoch durch die Nachkriegsentwicklung.

Auf Okinawa fanden die einzigen Bodenkämpfe auf japanischem Territorium während des Zweiten Weltkrieges statt (Operation Iceberg, 1.4. bis 22.6.1945). In der Folge verwaltete die US-Marine die gesamte Inselkette (einschließlich der Tokara), die am 29.1.1946 offiziell von Japan abgetrennt und unter Militärverwaltung der USA gestellt wurde. Am 1.12.1949 trat dazu eine Civil Administration. Erst am 5.12.1950 wurde Ryûkyû dem GHQ unter General Douglas MacArthur in Tokyo unterstellt, dem die USCAR (United States Civil Administration of the Ryûkyû Islands) zugeteilt wurde. Seit 29.2.1952 ist die letztere zum Government of the Ryûkyû Islands umgewandelt. In dem am 28.4.1952 in Kraft getretenen Friedensvertrag von San Francisco verzichtete Japan auf die Ausübung aller seiner Rechte auf den Inseln südlich des 29. Breitengrades (Artikel 3). Von der Bevölkerung Okinawas, die damals zu

72,1% für die Rückkehr nach Japan plädierte (Wahlen im Juli 1951), wurde dies als "Verkauf" an die USA im Gegenzug für die "Unabhängigkeit" Japans (also als ein neuer *Ryûkyû shobun*) verstanden.

In der Folge versuchten die USA, eine eigene Identität eines "unabhängigen" Ryûkyû aufzubauen (1951 Gründung der University of the Ryûkyûs, 1952 Studien von Douglas Haring und George Kerr, s.o., 1953 zumindest teilweise Rückgabe der geraubten Kunstschätze, s.o., 1955 Übernahme des vormaligen Shuri-Museums als Museum der Zivilregierung). Die Inseln gewannen durch die Verschärfung des Kalten Krieges und die militärischen Auseinandersetzungen in der Region (Korea-, Vietnam-, Golf-Krieg) große Bedeutung für das US-Militär, da die weitläufigen auf Okinawa installierten Basen (75% aller Stützpunkte in Japan; bedecken 20% der Fläche der Hauptinsel; vgl. Karte 3) keinerlei vertragsmäßigen oder rechtlichen Einschränkungen z.B. bzgl. Lagerung von Atomwaffen, biologischen und chemischen Kampfstoffen unterlagen.

Das Satô-Nixon-Abkommen vom November 1969 über die Rückgabe der Inseln an Japan am 15.5.1972 traf daher das Pentagon unvorbereitet. In einem lange Zeit geheimgehaltenen Zusatzabkommen mußte Japan den Weiterbestand der Stützpunkte zu den früher geltenden Bedingungen garantieren. Dies schloß die Weiterführung der "Zwangspacht" von Land mit ein, wobei der Gouverneur stellvertretend Pachtverträge unterzeichnen kann und muß.

Die sozialen Probleme, die eine Stationierung von 27.000 Mann (mit Familien und Angehörigen ca. 52.000 Menschen) auf engem Raum sowie die Belastung durch Umweltverschmutzung und Lärm mit sich bringen, haben sich seit Ende des Kalten Krieges noch stärker bemerkbar gemacht. Gleichzeitig kam es um 1992 (20. Jahrestag der Rückgabe an Japan) zu einer Welle neu erstarkenden Selbstbewußtseins (unter anderem Rekonstruktion des Königspalastes von Shuri; TV-Geschichtsdrama "Der Wind von Ryûkyû" (*Ryûkyû no kaze* 琉球の風) im NHK; Ryûkyû-Pop-Musik).

Als die Vergewaltigung eines Schulmädchens durch amerikanische GI 1995 zu riesigen Protesten führte, verweigerte Gouverneur Ôta Masahide 太田昌秀 erstmals die Unterschrift unter zu verlängernde Pachtverträge und forderte die Rückgabe aller Basen bis 2005, darunter die des mitten im dicht besiedelten Gebiet liegenden Flughafens Futenma 普天間 sofort. Die Regierung unter Ministerpräsident Hashimoto machte sich die letztere Forderung zu eigen und entwickelte den Plan zum Bau eines schwimmenden Heliports im Meer vor Camp Schwab, Stadt Nago 名護. Als die einheimische Bevölkerung dies aus Umweltschutzgründen in einer Volksabstimmung ablehnte und Gouverneur Ôta dies übernahm, fror die Regierung alle Unterstützungsmittel für Okinawa ein. Die vorher bereits hohe Arbeitslosenrate stieg daraufhin auf die doppelte Höhe des gesamtjapanischen Durchschnitts (9,2% im August 1998). Ôta verlor infolgedessen die Wahl im November 1998 knapp gegen einen Kandidaten der LDP aus der Wirtschaft. Dennoch bleiben die Forderungen nach Abbau der Militärbasen bestehen. Angesichts der sog. New Guidelines des neu verhandelten Sicherheitspaktes zwischen den USA und Japan sowie der unsicheren Lage auf der koreanischen Halbinsel stellt dies für die japanische Regierung ein nahezu unlösbares Problem dar. Hinzu kommt, daß in den USA selbst Meinungen vertreten werden, ein vollständiger Abzug aus Okinawa und Japan überhaupt wäre das Gebot der Stunde[21] bzw. Okinawa solle selbständig werden (Koji Taira) und sich wirtschaftlich in Art des früheren Hongkong durch eine Freihandelszone profilieren.

Aus diesen Fakten ist deutlich ersichtlich, daß Okinawa für die Japanforschung nicht nur als die eine "andere" Hälfte traditioneller japanischer Kultur grundlegend wichtig ist, sondern weit über seine tatsächliche Größe (ca. 0,6% der Fläche, 1% der Bevölkerung Gesamt-Japans, eine von 47 Präfekturen) hinaus Bedeutung für das heutige Japan besitzt. Entsprechend groß sollte seine Beachtung innerhalb der Japanologie sein.

---

21 Japan Policy Research Institute; JOHNSON (Hg.) 1999.

Merkdaten zur Geschichte Ryûkyûs

753	Kibi no Makibi strandet in Okinawa; erste Erwähnung des Namens Okinawa
ca. 800–1200	Lokale Häuptlinge *aji* in befestigten Orten (*gusuku*)
1187–1237	König Shunten (?), Sohn Tametomos (?)
1260–99	König Eiso
1314	Zerfall in drei Teilbereiche
1372	Satto von Chûzan sendet Tribut an China
1420	Handelsbeziehungen mit Siam (1430 Java, 1463 Malakka)
1429	Reichseinigung; 1. Shô-Dynastie in Shuri
1470	2. Shô-Dynastie,
1477–1526	König Shô Shin: Blütezeit des Reiches
1542/43	Portugiesen auf Okinawa und Tanega
um 1600	Süßkartoffel und Zuckerrohr angebaut
1609	Satsuma (Shimazu Iehisa) erobert Okinawa: Übertragung der Loyalität auf Shimazu; doppelte Abhängigkeit
1614/15	William Adams in Okinawa
1616	Korean. Töpfer in Tsuboya (1612 Amt für Lack / Perlmutt)
1666–73	Shô Jôken Kanzler: Neokonfuzianismus, Wirtschaftsreformen
1728–54	Sai On Kanzler
1816	Basil Hall in Okinawa
ab 1844	franz. Missionare in Okinawa
1846–54	Bernard Jean Bettelheim in Naha
1853/54	Commodore Perry, Admiral Putâtin in Naha: Verträge mit USA, Rußland; 1855 mit Frankreich
1867	"Königreich Satsuma-Ryûkyû" auf Weltausstellung Paris
1872	Königreich in "Fürstentum" *han* umgewandelt
1876	Denkmal Wilhelms II. auf Miyako
1879	Annexion an Japan: Präfektur Okinawa
1920	Ende der Sonderverordnungen in der Präfektur
1945	Schlacht auf Okinawa; US-Militärverwaltung
1952	Einsetzung einer Ryûkyû-Zivilregierung unter US-Hochkommissar
1972	Rückgabe an Japan
1992	Wiederaufbau des Schlosses von Shuri
1996	US-japan. Kommission beschließt teilweise Rückgabe von Militärbasen
2000	G-8 Summit auf Okinawa (Nago)

2. Ainu

2.1 Volk und Kultur

Ainu-Studien nehmen seit jeher eine wichtige Stellung innerhalb der Erforschung Japans ein.

Die Ainu = "Menschen" sind eine ethnisch, sprachlich und kulturell von den Japanern (in der Ainu-Sprache: *shamo*) völlig verschiedene Minderheit. Ihr heutiges Verbreitungsgebiet (*moshiri*) ist Hokkaidô, doch große Ainu-Gruppen sind modern auch im Kantô-Raum anzutreffen. Tokyo ist überhaupt das größte *kotan* "Dorf, Siedlung" von Ainu.

Historisch waren Ainu auch in den nördlichen Gebieten der Tôhoku-Region (Lehensfürstentum Nanbu; sog. Tsugaru-Ainu), auf Sachalin, den Kurilen-Inseln (sog. Chishima-Ainu; um 1900 ausgestorben) sowie möglicherweise auf der Südspitze von Kamtschatka ansässig (s. Karte 4). Um die Mitte der Edo-Periode betrug die Gesamtbevölkerung der Ainu geschätzte 40.000 Menschen. Anfang des 19. Jahrhunderts sollen es noch etwa 24.000 gewesen sein, von denen in der Folge ein Drittel eingeschleppten Krankheiten wie Masern, Pocken, Syphilis und Tuberkulose sowie dem Alkohol zum Opfer fiel. Bis 1945 lag dann die Bevölkerungszahl ziemlich konstant bei etwa 17.000. Heute schwanken die Angaben, da japanische Volkszählungen und Statistiken nicht nach Muttersprache oder Volkszugehörigkeit fragen. Die 1946 gegründete Interessenvereinigung der Ainu, seit 1960 unter der Bezeichnung "Vereinigung von Volksgenossen" (Utari Kyôkai ウタリ協会) aktiv, zählt nach eigenen Angaben rund 16.000 Mitglieder und repräsentiert die Mehrheit (60%) aller Ainu. Nach einer Umfrage der Präfektur Hokkaidô bekannten sich 1994 noch 23.830 Einwohner zu ihrem Ainutum. Davon lebten etwa 70% in den Bezirken Hidaka 日高 und Iburi 胆振. In Tokyo wohnten 1988 etwa 2000 Ainu. Andere Schätzungen geben jedoch bis zu 150.000 Ainu an, von denen die meisten eine Akkulturation und ein Aufgehen in der modernen japanischen Gesellschaft gewählt hätten um einer Diskriminierung zu entgehen.

Die Ainu sind ursprünglich ein Volk von Jägern, Fischern und Sammlern, die regional und jahreszeitlich bedingt jeweils verschiedene Ressourcen ihres reichen natürlichen Lebensraumes an der Grenze von gemäßigter und subarktischer Zone ausbeuten. Im Inland Hokkaidôs jagten sie im Herbst und Frühjahr Hirsche und – rituell bedeutend – Braunbären mit Bogen und Pfeil, Lanzen und Schußfallen. Entlang der Flüsse fingen sie zur Laichzeit mit Haken vor allem Lachse, die für Wintervorräte getrocknet wurden. In Sachalin war auch die Hochsee-Jagd auf Seesäuger (Seehund, Seelöwe, Seeotter) mit

Harpunen bedeutend. Vor allem Frauen sammelten im Bergland. Nur im südlichen Teil Hokkaidôs war Gartenanbau von Hirse vorhanden.

Die an der Küste und vor allem an Flußläufen liegenden *kotan* ("Dörfer") bestanden aus Gruppen abstammungsmäßig miteinander verwandter Männer und deren Familien. Auch Frauen waren abstammungsmäßig in Gruppen zusammengefaßt, die sich durch den Gebrauch gleicher Untergürtel (*upshor*) auszeichneten. Die größeren *kotan* standen unter der Leitung eines "mächtigen Mannes" (*nishpa*). Nur in Gebieten im Südosten Hokkaidôs wie Hidaka und Tokachi gab es größere Organisationen mehrerer Dörfer in Art von Stämmen (s. Karte 4), die im Laufe der Geschichte mehrmals von charismatischen Führern zu Koalitionen im Kampf gegen die Japaner zusammengefaßt worden sind.

Weltanschaulich kannten die Ainu eine Trennung von Diesseits, der Welt der Menschen, und Jenseits. Das letzte wiederum ist in allem und jedem ein Abbild dieser Welt und hatte folglich wiederum eine Andere Welt. Alle Dinge und Wesen dieser Welt sind beseelt, wobei die Seelen ihre "Befreiung" aus ihrer diesseitigen Hülle erstreben, um mit Dankesopfern der Menschen für ihre Hilfe im Diesseits reich versehen in ihre eigentliche Welt, das Jenseits zurückkehren zu können. Das bekannteste diesem Vorstellungskreis zugehörende Ritual ist das sog. "Bärenfest" (*iomante*). Der jung gefangene und im Dorf aufgezogene Bär wird in einer Zeremonie bedankt, erhält Opfer und wird schließlich getötet. Auch die Seelen anderer Jagdtiere bzw. der einzelnen Gruppen heiligen Tiere werden in solchen Festen "freigesetzt", etwa Eule, Fuchs u.a. Die Schädel solcher Tiere werden ebenso wie andere unbrauchbar gewordene Gegenstände an einem sakralen Ort bzw. Zaun (*nusa*) deponiert. Dieser ist wie alle anderen heiligen Stätten (z.B. die Feuerstelle, das heilige Fenster usw.) durch Holzstäbe mit Abspanungen *inao* gekennzeichnet. Alle Opfer, ebenso wie die *inao*-Stäbe, aber auch die *ikupasuy* Libationsstäbe (fälschlich als "Bartheber" bezeichnet) tragen die eingekerbte "Eigentumsmarke" (*itokpa*) des Besitzers bzw. seiner Abstammungsgruppe (s. Abb.3). Neben den Seelen gibt es im Glauben der Ainu auch Gottheiten (*kamuy*), deren genaue Stellung und Bedeutung nicht genügend erforscht ist. Als Mittler zwischen den Menschen und den Wesen der Anderen Welt fungiert der Schamane. Bei der Zeremonie bedient dieser sich seiner Hilfsgeister, die im Trancezustand in seinen Körper eindringen und durch seinen Mund die Botschaft der Gottheiten verkünden (Besessenheits-Schamanismus, vor allem auf Sachalin).

Die Herkunft des Ainu-Volkes, seine physische Beschaffenheit sowie die Zugehörigkeit der Ainu-Sprache zu größeren Sprachgruppen oder -familien sind umstritten. Ebenso ist die Verbindung zu ethnischen und / oder kulturellen

Gruppen / Völkern, die in der älteren japanischen Literatur genannt werden (Emishi 蝦夷, Ebisu 夷, Ezo 蝦夷) unklar. Urgeschichtlich zeichnet sich eine Verbindungslinie über den Komplex der Satsumon 擦文-Kultur (8.–14. Jh. n. Chr.) zu der in Hokkaidô bis in das 8. Jh.n. Chr. reichenden Spät-Kofun-Kultur ab.

Die "Reichs-Japaner" des Yamato-Staates drängten in immer wieder erneuerten Feldzügen die Vorbevölkerung zurück: 658–60 Abe no Hirafu 阿倍比羅夫 am Japanischen Meer bis Tsugaru, 794–808 Sakanoue no Tamuramaro 坂上田村麻呂 im nördlichen Tôhoku. Die reichen Fischfanggründe, der Handel mit *konbu*-Riementang sowie Goldfunde brachten im Mittelalter die ersten japanischen Siedler nach Hokkaidô. 1456 trieb jedoch der Aufstand des Koshamain alle Japaner ins Meer zurück. Erst 1551 konnte Kakizaki Suehiro 蠣崎季広 mit den Ainu ein Stillhalteabkommen abschließen. Die Familie Kakizaki, später mit Sitz in Matsumae 松前, galt seither als Führer der neu zuwandernden Kolonisten und wurde vom Tokugawa-Shogunat sogar als Lehensfürst anerkannt. Um Auseinandersetzungen mit den Ainu zu vermeiden, wurde in der Edo-Periode ein Verbot der Niederlassung von Japanern jenseits einer Linie im Norden der Halbinsel Oshima 渡島 erlassen. Entlang der Küsten Hokkaidôs durften jedoch zugelassene Händler Fangstationen *basho* 場所 ("Orte") einrichten, in denen sie zur Sommerzeit mit angeheuerten Ainu Fischfang und Algensammeln betrieben. Dieses System führte zu einer völlig unkontrollierten Ausbeutung der Ainu, zu Niedergang ihrer Vorratswirtschaft, Zerstörung ihrer traditionellen Gesellschaft und Bevölkerungsrückgang. 1669 erhob sich in Hidaka nochmals ein großer Aufstand der Ainu unter Führung von Shakushain gegen dieses System.

Das Vordringen der Russen über die Kurilen nach Süden führte zu japanischen Bestrebungen, auch diese Inselkette zu sichern. Dies wiederum hatte 1789 den letzten Ainu-Aufstand von Kunashiri 国尻 zur Folge.

Das Shogunat enthob daraufhin den Fürsten von Matsumae seines Amtes und unterstellte den gesamten Norden der Zentralverwaltung. In den Jahren um 1800 wurden in deren Auftrag ausgedehnte Forschungsreisen in Hokkaidô, auf den südlichen Kurilen und auf Sachalin bis zum Amur-Land durchgeführt (Mogami Tokunai 最上徳内, Mamiya Rinzô 間宮林蔵 und andere). Die Kenntnis über Land, Sprache und Volk der Ainu wurde dadurch enorm gefördert, ohne daß sich an ihrer Lage allgemein etwas gebessert hätte. Lokale "Häuptlinge" konnten allerdings durch den Zwischenhandel zwischen dem China der Qing-Dynastie (das die Mandschurei bis zum Amur-Land und Sachalin beanspruchte), der Russisch-Amerikanischen Gesellschaft und Japan, dem sog. Santan-Handel, Reichtümer anhäufen. Sehr schön bringen dies zum Ausdruck die Porträts von zwölf Ainu-Häuptlingen des Malers Kakizaki Hakyô

蠣崎波響 um 1790, heute in den Museen von Hakodate und Besançon. Der Gebrauch von Eisengeräten wie Messerklingen, chinesisches Kulturgut (Eßstäbchen, Löffel) bzw. russischer (Gabel) und japanischer Kultureinfluß (Lackgeräte und -behälter, Schwerter) zeugen von einem tiefgehenden Kulturwandel.

Nach der Meiji-Restauration wurde der Name der Nordinsel von Ezo in Hokkaidô 北海道 geändert. Ein zentral gelenktes Kolonisierungsbüro brachte vermehrt japanische Siedler ins Land. Im Vertrag mit Rußland 1875 wurde das Kondominium Sachalin von Japan zugunsten der Anerkennung seines Besitzes auf den Kurilen aufgegeben. Dies hatte Umsiedlungen der Ainu von Sachalin nach Tsuishikari 対雁 in Hokkaidô sowie der Kurilen-Ainu auf die Insel Shikotan 色丹 zur Folge.

Das japanische Parlament beschloß am 3.2.1899 ein "Gesetz zum Schutz der ehemaligen Eingeborenen von Hokkaidô" (*Hokkaidô kyûdojin hô* 北海道旧土人法), um die Ainu vor dem wirtschaftlichen Ruin zu bewahren. *De facto* entmündigte dieses Gesetz die Ainu und machte sie zu Staatsbürgern zweiten Ranges. Zwar wurde ihnen zunächst Land zugeteilt, doch war damit die Auflage zur landwirtschaftlichen Nutzung verbunden und ein Verkauf an die Zustimmung des Gouverneurs gebunden. Die Ainu-Sprache war zwar nicht verboten, doch wurde sie in den Grundschulen nicht unterrichtet. 1962 schätzten Sprachwissenschaftler, daß nur mehr knapp 3% aller Ainu über 20 Jahre die eigene Sprache im Alltag verwendeten, dagegen 30,5% diese überhaupt nicht mehr verstanden.

Nach dem Weltkrieg nahm sich die bereits erwähnte Utari Kyôkai vor allem der sozialen Lage der Ainu an. Die Zentralregierung stellte jährlich hohe Summen bereit, um durch Niedrig-Zins-Kredite das Ausbildungsniveau und die Wohnsituation der Ainu zu verbessern. Auch eine Neu-Besinnung auf die eigene Sprache und Kultur wurde um 1970 verstärkt fühlbar. Nach mehreren Terror-Anschlägen, u.a. auf das Gebäude der Präfektur in Sapporo, begann auch in Japan ein Umdenken. Gleichzeitig versuchten die Ainu, über den Congress of Indigenous People internationale Kontakte u.a. mit Aborigines, Samen und Indianern der amerikanischen Nordwestküste zu suchen. Führend war in vieler Hinsicht Kayano Shigeru 萱野茂 aus der Ainu-Siedlung Niputani in Piratori am Saru-Fluß. Kayano richtete ein Ainu-Museum ein, begann in Kindergärten und Arbeitsgemeinschaften die Ainu-Sprache zu unterrichten und publizierte u.a. das "Lexikon der Ainu-Sprache von Kayano Shigeru" (*Kayano Shigeru no Ainugo jiten* 萱野茂のアイヌ語辞典, Sanseidô 1996). Kayano war auch treibende Kraft in der Utari-Kyôkai zu einer Revision des alten Ainu-Gesetzes von 1899. Zwischen August 1994 und Juli 1998 war Kayano auf der Nachrückliste der Sozialistischen Partei (ab 1995 Übertritt zur Democratic Party of Japan) der erste Abgeordnete mit Ainu-Abstammung im japanischen Oberhaus bzw. im Parlament überhaupt.

Auf Grund dieser Entwicklung konnte die japanische Regierung ihren noch 1980 vor der Menschenrechtskommission der UN vertretenen Standpunkt, in Japan gäbe es keine ethnischen Minoritäten, nicht weiter aufrechterhalten. Am 9.5.1997 wurde der Regierungsentwurf eines neuen "Gesetzes über die Stärkung der Ainu-Kultur sowie über die Aufklärung und Verbreitung von Kenntnissen zur Tradition der Ainu" (*Ainu bunka no shinkô narabi ni Ainu no dentô tô ni kansuru chishiki no fukyû oyobi keihatsu ni kansuru hôritsu* アイヌ文化の振興並びにアイヌの伝統等に関する知識の普及及び啓発に関する法律) vom Parlament (Oberhaus) einstimmig verabschiedet. Auf der Basis dieses Gesetzes wurde eine Stiftung öffentlichen Rechtes mit Sitz in Sapporo eingerichtet: The Foundation for Research and Promotion of Ainu Culture (*Zaidan hôjin Ainu bunka shinkô kenkyû suishin kikô* 財団法人アイヌ文化振興・研究推進機構). Diese unterstützt die Ainu in der Bewahrung ihrer eigenen Sprache und Kultur (Revitalisierungs-Programm) u.a. durch Vergabe jährlicher Ainu-Kultur-Preise. Ebenso wird das bessere Verständnis der Ainu in Japan selbst durch Vorträge und Veranstaltungen gefördert. Ein weiterer Programmpunkt ist auch die Organisation von Ausstellungen mit Leihgaben aus europäischen und amerikanischen Museen.

2.2 *Das frühe Ainu-Bild Europas*

Schon in Goa erfuhren die Jesuitenmissionare von einem Volk furchtloser Krieger, stark behaart, mit langen Bärten, das nördlich von Japan leben sollte. Luis Frois berichtete dann in einem Brief vom 1. März 1565 aus Kyoto erstmals Genaueres über dieses Volk.[22]

Die ersten direkten Kontakte erfolgten Anfang des 17. Jahrhunderts durch den Jesuitenmissionar Girolamo de Angelis und den Niederländer Marten Gerriets de Vries. Nach längerer Unterbrechung gab es erneut Begegnungen mit Ainu durch die großen Entdecker des Nordpazifik um die Wende des 18. zum 19. Jahrhundert: Jean François de Galaup, Compte de la Pérouse war 1787 in Sachalin, William Robert Broughton 1796 und 1797 an den Küsten der Vulkan-Bucht sowie auf den Kurilen, und Adam Johann von Krusenstern 1805 in Sachalin. Alle drei beschrieben den Ainu als hervorragendes Beispiel

---

22 Die frühen europäischen Berichte sind ausgewertet in KREINER 1993b; Ein Nachdruck wichtiger älterer Ainu-Berichte wurde herausgegeben von REFSING 2000.

des "Edlen Wilden": klug und intelligent, friedfertig, freundlich, im Einklang mit sich, seiner Familie und der Natur lebend, das beste aller Völker, das sie jemals getroffen hätten.

Dieses Bild bestimmt die Beschreibung des Ainu-Volkes in den zahlreichen Weltgeschichten und Erdbeschreibungen des 19. Jahrhunderts (s. Abb.2). Ein 1853 nach Sachalin gelangter englischer Admiral, Paul Bernhard Whittingham, versteigt sich zu der Äußerung "he [der Ainu] was a far nobler creature than the Red Indian, who I had always fancied was the pride of wild man". Das gleiche Stereotyp kommt deutlich zum Ausdruck in dem Abenteuerroman von Otfrid von Hanstein *Von Tokyo zu den Waldmenschen von Yezo. Unter dem Sonnenbanner. Reise-Erzählungen aus dem fernen Osten* (Bd. 5, Leipzig: Fock, 1921). Die Geschichte schildert die Abenteuer eines Deutschen, der mit Hilfe seines Ainu-Freundes allen Gefährdungen durch Menschen und Natur entkommt (Old Shatterhand-Winnetou-Topos). Es verdient festgehalten zu werden, daß selbst sehr für Japan und seine Kultur schwärmende Europäer in Zusammenhang mit den Ainu plötzlich sehr Japan-kritisch reagieren.

2.3 *Ainuforschung*

Die Ainuforschung konnte sich lange nicht von diesen Grundlagen auf beiden Seiten, d.h. japanischer Diskriminierung und europäischer Verklärung freimachen.

Die ersten Schritte zu einer wissenschaftlichen Beschäftigung mit den Ainu wurden von Philipp Franz von Siebold unternommen. Anläßlich seiner Edo-Reise 1826 hatte er Kontakt zu den japanischen Erforschern des Nordraumes und erhielt vor allem von Mogami Tokunai Material über die Ainu-Sprache, das er in seinem *Nippon. Archiv zur Erforschung von Japan und seinen Neben- und Schutzländern* (Leiden 1832–52) verwertete. Im *Nippon* veröffentliche Siebold auch die Übersetzung des Berichtes von Mamiya Rinzô über dessen Amur-Expedition *Tôdatsu kikô* 東韃記行 unter dem Titel "Reise nach der östlichen Tartarei" (Abteilung VII / 1. "Nachrichten über Sachalin und das Amurland").

Durch eine Schenkung Siebolds gelangten japanische Materialien zur Ainu-Sprache nach Wien (heute Österreichische Nationalbibliothek), wo sie der Orientalist August Pfizmaier um die Mitte des 19. Jahrhunderts auszuwerten begann. Pfizmaiers Ainu-Wörterbücher[23] sind noch heute wichtige Quellen.

---

23 PFIZMAIER 1851 sowie 1854.

Später wurden sie allerdings durch Veröffentlichungen von Forschern vor Ort verdrängt. Als Meilensteine der sprachwissenschaftlichen Auseinandersetzungen mit dem Ainu sind zu nennen: *An Ainu-English-Japanese Dictionary and Grammar* des englischen, in Piratori wirkenden Missionars John Batchelor, Tokyo: Y. Kumata 1889 (Neudrucke 1905, 1926, 1938, 1975); die Forschungen von Kinda'ichi Kyôsuke 金田一京助, gemeinsam mit dem Ainu-Wissenschaftler Chiri Mashiho 知里真志保, "Kurzgefaßter Abriß der Ainu-Grammatik" (*Ainu gohô gaisetsu* アイヌ語法概説, Iwanami 1936; Neudruck 1974) sowie Kinda'ichis Alterswerk "Studien über die Ainu-Sprache" (*Ainugo kenkyû* アイヌ語研究), "Ausgewählte Werke von Kinda'ichi Kyôsuke" (*Kinda'ichi Kyôsuke senshû 1* 金田一京助選集, Sanseidô 1960) sowie das "Dialektlexikon der Ainu-Sprache" (*Ainugo hôgen jiten* アイヌ語方言辞典, hg. von Hattori Shirô 服部四郎, Iwanami 1964). Den neuesten Stand der Linguistik in bezug auf die Ainu-Sprache bieten die Arbeiten von Kirsten Refsing (*The Ainu Language. Morphology and Syntax of the Shizunai Dialect.* Aarhus: Aarhus University Press 1986) sowie Hans Adalbert Dettmer (*Ainu-Grammatik. Teil I, A–B, Teil II, A–B*. Veröffentlichungen des Ostasien-Instituts der Ruhr-Universität Bochum, Bd. 38 / 1–2, Wiesbaden: O. Harrassowitz 1989–97).

Die linguistischen Forschungen des von 1887 bis 1898 nach Sachalin verbannten Polen Bronislaw Piłsudski sind erst in den 1980er Jahren durch Alfred F. Majewicz Entdeckung und Auswertung der Wachszylinder-Tonaufnahmen erneut in den Mittelpunkt des Interesses gerückt; vgl. Katô Kyûzô und Kotani Yoshinobu 加藤九祚・小谷凱宣 (Hg.), "Bronislaw Piłsudski's Materials on Northern Peoples and Cultures" ("Piusutsuki shiryô to hoppô shominzoku bunka no kenkyû" ピウスツキ資料と北方諸民族文化の研究), *Bulletin of the National Museum of Ethnology*, Special Issue No.5, Ôsaka 1987. Diese Sprachaufzeichnungen sowie Piłsudskis äußerst wertvolle Aufnahmen der Kultur der Ainu werden derzeit von Alfred Majewicz neu herausgegeben als *The Collected Works of Bronislaw Piłsudski* (bisher zwei Bände erschienen, weitere vier Bände in Arbeit: Trends in Linguistics, Documentation 15.1,2, Berlin, New York: Mouton-De Gruyter 1998).

Siebolds Bemerkung von einer äußerst langen Geschichte der Ainu, die vom Kontinent auf die japanischen Inseln gelangt wären, erregte die Aufmerksamkeit der Völkerkunde. Die prähistorischen Funde am Muschelhaufen von Ômori, Tokyo, im Jahre 1877 wurden von den beiden Ausgräbern Heinrich von Siebold und Edward Sylvester Morse gegensätzlich interpretiert. Der Siebold-Sohn vertrat dabei die Ansicht, diese Funde seien den Ainu als "Urbevölkerung" Japans zuzuschreiben (vgl. seinen Aufsatz "Ethnologische Studien über die Ainos auf der Insel Yesso", in: *Zeitschrift für Ethnologie* 13. Jg., Supplement, Berlin 1881).

Die Hypothese von den Ainu als älterer Bevölkerungsschicht Japans ist um 1900 Allgemeingut geworden und bis heute aus populärwissenschaftlichen Darstellungen nicht zu verdrängen. Im Obigen ist bereits gezeigt worden, daß diese Hypothese nicht stimmt. Hinzu kam noch eine weitere, ungeheures Aufsehen erregende Theorie: Die Ainu machten auf westliche Forscher und Reisende den Eindruck von Europäern, russischen Bauern etwa, jedenfalls nicht Mongoliden. Physische Anthropologen begannen geradezu ein Wettrennen, um Ainu-Skelette für ihre Untersuchungen zu erhalten. Erwin Baelz stellte schließlich 1900 mit Autorität fest, die Ainu bildeten den Rest einer kaukasischen Rasse, die einst ganz Nordasien eingenommen hatte ("Über die Rassenelemente in Ostasien, speciell in Japan", in *MOAG* 8.2, Tokyo 1900: 227–35). Ohne weiteres wurde daraus von der Historischen Schule der Völkerkunde, insbesondere des deutschen Sprachraumes, auf ein immenses Alter der Ainu-Kultur geschlossen, die zu Vergleichen mit Funden des europäischen Paläolithikums berechtigte.

Auch diese Annahme einer kaukasoiden oder europiden, jedenfalls "weißen" Urbevölkerung Japans, die Kulturelemente europäischer Vorzeit bis heute lebendig bewahrt hat, ist wissenschaftlich haltlos, aber äußerst populär und trägt zu einer großen Sympathie von Europäern und Amerikanern gegenüber den Ainu bei, die von den Japanern selbst schwer verstanden wird. Sie resultierte in umfangreichen völkerkundlichen Sammlungen von den Ainu in europäischen und amerikanischen Museen, die wiederum häufig als Teil der Japan-Abteilung von Dauerausstellungen oder aber in Sonderausstellungen gezeigt werden.

Ein DFG-Projekt des Japanologischen Seminars der Universität Bonn konnte insgesamt 6.773 Objekte in 58 Museen Europas (ohne Rußland) mit Schwerpunkt in Mitteleuropa nachweisen; s. Josef Kreiner (Hg.), *European Studies on Ainu Language and Culture (*Monogaphien aus dem Deutschen Institut für Japanstudien, Bd. 6, München: iudicium 1993). Diese Arbeiten wurden von japanischer Seite (Kotani Yoshinobu u.a.) durch die Aufnahme nordamerikanischer Sammlungen (insgesamt 3.029 Objekte in 32 Museen) weitergeführt. Derzeit arbeitet ein weiteres Team unter Kotani und Sasaki Toshikazu 佐々木利和 vom Nationalmuseum Tokyo in St. Petersburg.[24]

---

24 Erste Ergebnisse sind vorgelegt worden in SPb Ainu Project Group (Hg.) 1998. Eine Zusammenschau aller Ergebnisse dieser Aufnahmen und Neu-Bewertung der materiellen Kultur der Ainu ist auf einem Symposium Ende des Jahres 2000 in Bonn geplant.

Bereits jetzt sind wichtige Ausstellungen auf Grund dieser Projekte durchgeführt worden, deren Kataloge wertvolles Material zur Kultur der Ainu enthalten.[25]

Eine wissenschaftliche Aufarbeitung der Aufnahme materieller Kultur in Museumssammlungen in Zusammenhang mit einer Rekonstruktion der Wirtschaft der Ainu bietet Hans Dieter Ölschleger (*Umwelt und Wirtschaft der Ainu. Bemerkungen zur Ökologie einer Wildbeutergesellschaft*. Berlin: Reimer 1987). Diese Arbeit erweitert die sehr gute ältere Studie von Hitoshi Watanabe (*The Ainu Ecosystem. Environment and Group Stucture*. Tokyo: University of Tokyo Press 1972) in ausgezeichneter Weise.

Studien zur geistigen Kultur, Religion und Gesellschaft der Ainu sind gegenwärtig etwas in den Hintergrund getreten. Japanischerseits liegen hervorragende Materialsammlungen vor allem der mündlichen Überlieferung der Ainu (*yukara*-Epen) vor.[26] Eine englische Ausgabe und Übersetzung der *yukara*-Epen veröffentlichte Donald L. Philippi (*Songs of Gods, Songs of Humans. The Epic Tradition of the Ainu*. Tokyo: University of Tokyo Press 1979). Eine ausgezeichnete Analyse von Weltbild und sozialer Organisation der Ainu stellt Alexander Slawiks *Die Eigentumsmarken der Ainu* (Berlin: Reimer 1992) dar. Auch der gegenwärtige Nestor der europäischen Ainu-Forschung, Fosco Maraini, hat in seinem Klassiker *Gli iku-bashui degli Ainu* (Pubblicazioni dell' Istituto Italiano di Cultura in Tokio, Bd. 1, Tokyo 1942) die Eigentumsmarken in den Mittelpunkt seiner Betrachtungen gestellt. Eine Neuausgabe der Arbeiten Marainis ist in Vorbereitung (*The Collected Writings of Modern Western Scholars on Japan: Fosco Maraini,* Richmond, Surrey: Curzon Press 2000). Die beste Monographie über die Sachalin-Ainu stellt Emiko Ohnuki-Tierney (*The Ainu of the Northwest Coast of Southern Sakhalin.* New York: Holt, Rinehart and Winston 1974; [2]Illinois: Waveland Press 1984) dar.

---

25 KREINER u. ÖLSCHLEGER 1987; übernommen im Rahmen der Europalia '89 Brüssel; London 1994: Birgit OHLSEN (Hg.): *Ainu Material Culture from the Notes of N.G. Munro in the Archive of the Royal Anthropological Institut.* (British Museum, Occasional Paper 96, 1994); Alberta 1995: Philipp H.R. STEPNEY (Hg.): *Art and Life of the Ainu. The Aboriginal People of Northern Japan.* The Provincial Museum of Alberta 1995; Washington, Smithsonian Institution, National Museum of Natural History 1999: William FITZHUGH u. Chisato DUBREUIL (Hg.): *Ainu: Spirit of a Northern People.* Arctic Studies Center, Washington: National Museum of Natural History and Univ. of Washington Press 1999. Die erwähnte Stiftung zur Förderung der Ainu-Kultur und ihres Studiums führt seit einigen Jahren regelmäßig Ausstellungen in Japan mit Leihgaben aus europäischen Museen mit jeweils sehr informativen Katalogen durch. Vor allem das Ainu-Museum in Shiraoi ist dabei äußerst aktiv.

26 Grundlegend wichtig sind CHIRI 1973–75 und KINDA'ICHI 1975.

Für die europäisch-sprachliche Ainuforschung des Zeitraumes von 1565 bis 1988 liegt eine umfangreiche Bibliographie mit 1122 Eintragungen von Norbert R. Adami vor (*Bibliography of Materials on the Ainu in European Languages*. Sapporo: Sapporodo 1991).

Schwerpunkte für Studien über die Ainu sind in erster Linie in Japan zu finden: Die Utari Kyôkai, Sapporo sowie das Büro der Foundation for Research and Promotion of Ainu Culture = Hokkaidô Ainu Culture Research Center, ebenfalls in Sapporo, das Präfektur-Museum der Erschließung Hokkaidôs (Hokkaidô Kaitaku Kinenkan 北海道開拓記念館), die Staatliche Hokkaidô-Universität sowie zahlreiche von den Ainu selbst betriebene und oft in heftigem Wettstreit miteinander stehende Museen (z.B. Piratori, Shiraoi) bieten umfangreiche Sammlungen und Bibliotheken, aber auch Material zur gegenwärtigen Lage der Ainu. Sehr aktiv ist die Forschung am Nationalmuseum in Tokyo sowie am National Museum of Ethnology in Ôsaka. Die Kultur der Ainu in den breiteren Zusammenhang der zircumpolaren Völker stellt das von der Präfektur Hokkaidô getragene Hokkaidô Museum of Northern Peoples (Hoppô Minzoku Hakubutsukan 北方民族博物館) in Abashiri 網走. Alle genannten Museen publizieren regelmäßig erscheinende Serien von Bulletins sowie Kataloge.

Auf Universitätsseite wurde bereits Nagoya genannt mit Schwerpunkt auf Aufnahme materieller Kultur (Kotani Yoshinobu); an der Waseda-Universität Tokyo wird sehr aktiv an der Erforschung der Ainu-Sprache gearbeitet (Tamura Suzuko 田村すずこ; auch Redewettbewerbe), ebenso an der Universität Chiba (Ogiwara Shinko 荻原眞子).

In den USA ist derzeit nur Emiko Ohnuki-Tierney an der University of Wisconsin zu nennen. In Europa arbeiten aktiv in der Ainu-Forschung Kirsten Refsing (Hongkong), Alfred Majewicz (Poznan) sowie die emeritierten Professoren Hans Adalbert Dettmer (Bochum) und Fosco Maraini (Florenz). Das Japanologische Seminar der Universität Bonn ist um die Einbeziehung der Ainuforschung in die Japanologie bemüht und sammelt einschlägige Literatur. Auf Museumsseite sind Claudius C. Müller (Museum für Völkerkunde Berlin) in Deutschland und Jane Wilkinson (Royal Museum of Scotland, Edinburgh; besonders über die Munro-Sammlung) an der Ainu-Forschung beteiligt.

Merkdaten zur Geschichte der Ainu

5./6. Jh. n. Chr.	Vorstöße des japan. Reiches über die Kantô-Ebene hinaus nach Nord-Honshû, Kämpfe gegen die "Ostbarbaren" = Emishi
658–60	Feldzug des Abe no Hirafu gegen Emishi entlang der Küste des Japan. Meeres bis nach Süd-Hokkaidô
794–803	Der Feldherr Sakanoue Tamuramaro bezwingt die Emishi in Nord-Honshû, Japan sichert eine Linie zwischen Akita und Morioka
14. Jh.	erste japan. Siedlungen an der Küste von Süd-Hokkaidô
1456–57	Aufstand des Ainu-Führers Koshamain
1551	Kakizaki Suehiro schließt Frieden mit den Ainu
1586	Renward Cysat, Luzern, berichtet in deutscher Sprache über die Ainu
1590	Kakizaki Yoshihiro wird von Hideyoshi als Herr von Ezo = Hokkaidô anerkannt
1599/1604	die Familie Kakizaki erhält unter dem Namen Matsumae den Südteil von Hokkaidô von Ieyasu als Lehen
1618–21	de Angelis missioniert in Süd-Hokkaidô
1643	de Vries erkundet die Pazifikküste Hokkaidôs
1669	Aufstand des Shakushain in Hidaka
1711	Russen erscheinen auf den nördlichen Kurilen
um 1716	das System der Pacht von *basho*-Handelsplätzen voll entwickelt
1754	Errichtung eines *basho*-Handelsplatzes auf Eturup
1767	Russen auf Eturup (= japan. Etorofu)
1787	La Perouse erkundet die Meeresstraße zwischen Hokkaidô und Sachalin
1789	Ainu-Aufstand in Kunashiri
1792/99–1821	das Shogunat in Edo übernimmt Hokkaidô als reichsunmittelbares Gebiet
um 1800	Forschungsreisen von Mogami Tokunai, Mamiya Rinzô u.a.
1823–29	Philipp Franz von Siebold in Nagasaki erhält Ainu-Objekte und eine genaue Karte von Hokkaidô

1855	Hakodate wird für den Handel mit dem Ausland geöffnet
1868	Meiji-Restauration; in Hakodate eine Republik ausgerufen
1869	Ezo in Hokkaidô umbenannt, Sapporo als Hauptstadt gegründet
1872	Errichtung eines Kolonisationsamtes Kaitakushi
1875	Tausch von Sachalin gegen die Kurilen, Umsiedlung von Sachalin-Ainu nach Hokkaidô (Tsuishikari)
1899	"Gesetz zum Schutz der Eingeborenen" (*Kyûdojin hô*) um 1900 letzte Kurilen-Ainu ausgestorben
1905	Japan erhält den Südteil von Sachalin bis zum 50. Breitengrad; die Tsuishikari-Ainu kehren nach Sachalin zurück
1945	die Sowjetunion besetzt Sachalin und die Kurilen; viele Sachalin-Ainu flüchten nach Hokkaidô
1960	Gründung der Utari Kyôkai als Vertretung der Ainu
1997	neues "Gesetz über die Stärkung der Ainu-Kultur sowie die Aufklärung und Verbreitung von Kenntnissen über die Tradition der Ainu"

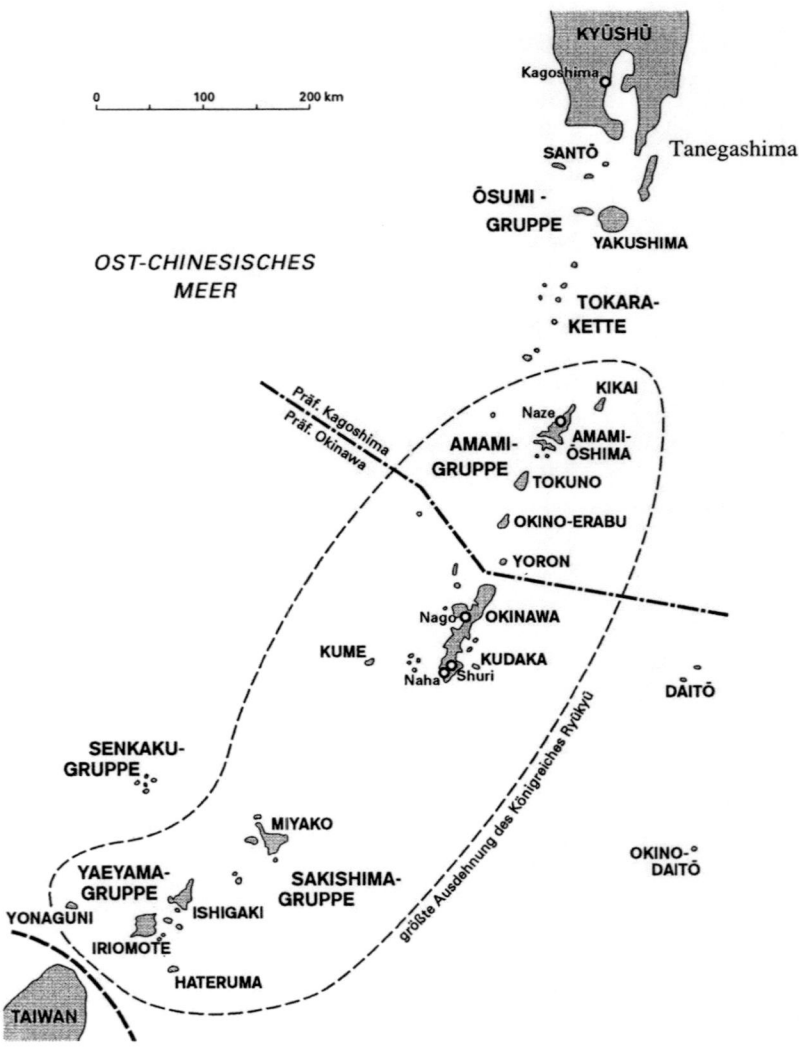

Karte 1: Königreich Ryûkyû

Okinawa und Ainu 467

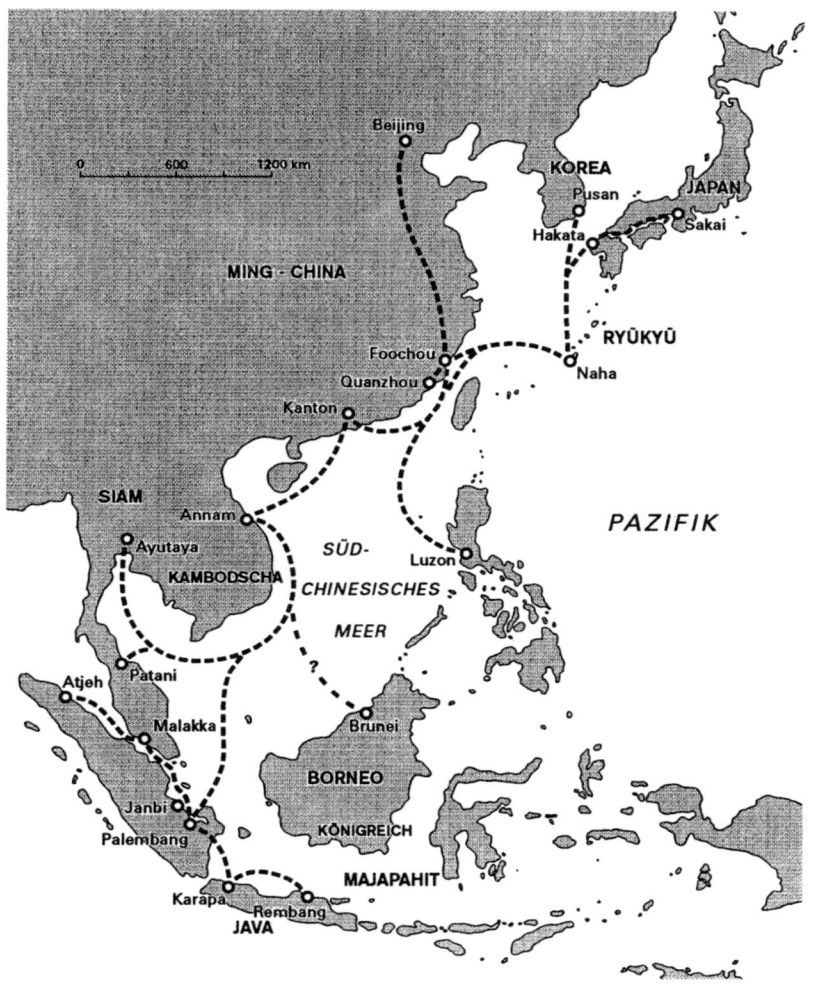

Karte 2: Handelsnetz des Königreiches Ryûkyû im 15. / 16. Jh.[27]

---

27 Nach TAKARA 1996: 50.

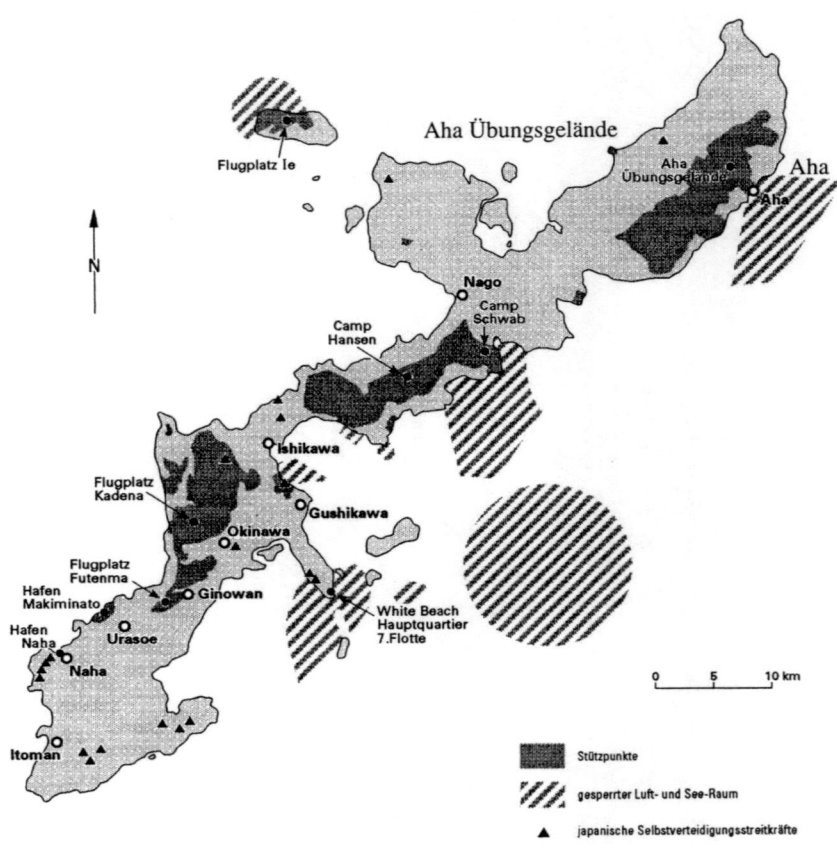

Karte 3: US-Militärstützpunkte auf Okinawa (Stand 31. 3. 1998)[28]

---

28 Nach ÔTA u. IKEZAWA 1998: 6–7.

Karte 4: Gruppierungen (Stämme) und Hauptsiedlungsgebiete der Ainu[29]

---

29 Nach KREINER u. ÖLSCHLEGER 1987: 13 u. 21.

Abb.1: Ryûkyû in den Augen Europas[30]

---

30 Oben: "Natives of Loochoo", nach BEECHEY 1831: nach 166; unten: zusammengesetzt zu einem Paar: "Komi, Häuptling von Liou-tscheu und seine Frau", in DUMONT D'URVILLE 1834: Tafel 43.

Abb.2: Die Ainu in den Augen Europas[31]

Abb.3: Eigentumsmarken *itokpa* der Ainu:
Variationen der Marke "Schwertwal"[32]

---

31 Links: "A Man and Woman of Vulcano Bay", in: BROUGHTON 1804: 96; rechts: Nachzeichnung in: LINDNER 1812: gegenüber 493.

32 Nach MARAINI 1942: 9.

Literaturverzeichnis

ARAKI Moriaki 安良城盛昭
1980 *Shin Okinawa shi ron* 新沖縄史論 ("Erörterungen zu einer neuen Geschichte Okinawas"). Naha: Okinawa Times.

BEECHEY, Frederic W.
1831 *Narrative of a Voyage to the Pacific and Beering's Strait[...] Performed in H.M.S. Blossom under the Command of Captain F.W. Beechey, R.N. in the Years 1825, 26, 27, 28.* London: Henry Colburn and Richard Bentley.

BEILLEVAIRE, Patrick
1996a "Scholars, Officers and Missionaries: A History of French Sources on Ryûkyû", in: KREINER (Hg.) 1996: 91–128.
1996b "General Bibliography of Ryûkyû-related Books and Articles Published in French," in: KREINER (Hg.) 1996: 239–268.
1999 *Un Missionaire aux îles Ryûkyû et au Japon à la veille de la restauration de Meiji. Louis Furet (1816–1900)* (Archives des Missions Etrangères, études et documents 7). Paris: Eglises d'Asie.

BROUGHTON, William R.
1804 *A Voyage of Discovery to the North Pacific Ocean[...].* London: T. Cadell & S.W. Davies.

CHIRI Mashiho 知里真志保
1973–75 *Chiri Mashiho chosakushû* 知里真志保著作集 ("Gesammelte Werke von Chiri Mashiho"). 6 Bde. Heibonsha (^{2}1993).

DUMONT D'URVILLE, Jules-Sébastien-César
1834–35 *Voyage pittoresque autour du Monde.* Paris: L. Tenré.

JOHNSON, Chalmers (Hg.)
1999 *Okinawa: Cold War Island.* Cardiff, CA.

KINDA'ICHI Kyôsuke 金田一京助
1975 *Kinda'ichi Kyôsuke zenshû* 金田一京助 ("Gesammelte Werke von Kinda'ichi Kyôsuke"). 15 Bde. Sanseidô (^{2}1992–93).

KREINER, Josef
1984 "Deutschland-Japan. Die frühen Jahrhunderte", in: ders. (Hg.): *Deutschland-Japan. Historische Kontakte.* Bonn: Bouvier 1984: 1–53.
1993a "Europäische Karten der Ryûkyû vom 16. bis zur Mitte des 19. Jahrhunderts", in: Lutz Walter (Hg.): *Japan mit den Augen des Westens gesehen. Gedruckte europäische*

	Landkarten vom frühen 16. bis zum 19. Jahrhundert. München: Prestel: 76–82.
1993b	"European Images of the Ainu and Ainu Studies in Europe", in: KREINER (Hg.) 1993: 13–60.

Ders. (Hg.)

1993	*European Studies on Ainu Language and Culture* (Monographien aus dem Deutschen Institut für Japanstudien, Bd. 6). München: iudicium.
1996	*Sources of Ryûkyûan History and Culture in European Collections* (Monographien aus dem Deutschen Institut für Japanstudien, Bd. 13). München: iudicium.

KREINER, Josef u. ÖLSCHLEGER, Hans Dieter

1987	*Ainu. Jäger, Fischer und Sammler in Japans Norden.* Ein Bestandskatalog der Sammlung des Rautenstrauch-Joest-Museums (Ethnologica, Neue Folge Bd. 12). Köln.

Dies. (Hg.)

1996	*Japanese Culture and Society. Models of Interpretation* (Monographien aus dem Deutschen Institut für Japanstudien, Bd. 12). München: iudicium.

LINDNER, Friedrich Ludwig

1812	*Neueste Kunde von Asien.* Bd. 3. Prag: Diesbachische Buchhandlung.

MARAINI, FOSCO

1942	*Gli iku-bashui degli Ainu.* (Pubblicazioni dell'Istituto Italiano di Cultura in Tokio 1). Tokyo: Istituto Italiano de Cultura.

ÔTA Masahide 太田昌秀 u. IKEZAWA Natsuki 池澤夏樹

1998	*Okinawa kara hajimaru* 沖縄からはじまる ("Es fängt mit Okinawa an"). Shûeisha.

Okinawa Kenritsu Toshokan 沖縄県立図書館 (Hg.)

1992ff.	*Rekidai hôan* 歴代宝案, Kôteibon 校定本 Bd. 1 ff. Naha: Okinawaken Kyôiku Iinkai.

PFIZMAIER, August

1851	*Kritische Durchsicht der von Dawidow verfassten Wörtersammlung aus der Sprache der Aino* (Sitzungsberichte der Kaiserl. Akademie der Wissenschaften, Phil.-Hist. Classe 7). Wien.
1854	"Vocabularium der Aino-Sprache", *Denkschriften der Kaiserl. Akademie der Wissenschaften* (Phil.-Hist. Classe 5/1). Wien: 137–230.

REFSING, Kirsten
   2000   *Early European Writings on Ainu Culture. Travelogues and Descriptions.* 5 Bde. (The Ainu Library, Collection 3). Richmond, Surrey: Curzon Press.

SCHURHAMMER, S.J., P. Georg
   1963   *Gesammelte Studien herausgegeben zum 80. Geburtstag des Verfassers*, Bd. 2 (Orientalia, Bibliotheca Instituti Historici S.I., Bd. XXI), Rom: Institutum Historicum S.I.

SMITS, Gregory
   1999   *Visions of Ryûkyû. Identity and Ideology in Early-Modern Thought and Politics.* Honolulu: University of Hawaii Press.

SPb Ainu Project Group (Hg.)
   1998   *Ainu Collections of Peter the Great Museum of Anthropology and Ethnography* (Russian Academy of Sciences, Catalogue). Tokyo: Sofukan.

TAKARA Kurayoshi 高良倉吉
   1987   *Ryûkyû ôkoku no kôzô* 琉球王国の構造 ("Die Struktur des Königreiches Ryûkyû"). Yoshikawa Kôbunkan.
   1996   "The Kingdom of Ryûkyû and its Overseas Trade", in: KREINER (Hg.) 1996: 43–52.
   1998   *Ajia no naka no Ryûkyû ôkoku* アジアの中の琉球王国 ("Das Königreich Ryûkyû und Asien"). Yoshikawa Kôbunkan.

UENO Son 上野村 (Hg.)
   1995   *R.J. Roberutoson go Miyakojima hyôchaku ki* ロベルトソン号宮古島漂着記("Bericht über den Schiffbruch der R.J. Robertson bei der Insel Miyako"). Miyako: Privatdruck.

Gesellschaft

Sepp Linhart

1. *Einleitung*

Obwohl es heutzutage eine Fülle von Publikationen in westlichen Sprachen über Japan gibt, ganz zu schweigen vom Internet, ist es nicht sehr leicht, sich über Japan zu informieren, und das gilt vor allem für die japanische Gesellschaft. Vor etwa fünfzig Jahren war es viel einfacher: damals gab es zwei akademische Bücher in englischer Sprache über die japanische Gesellschaft, beide geboren aus der Notwendigkeit für die Amerikaner, mit den besiegten Japanern kommunizieren zu müssen und somit schönste Beispiele für angewandte Sozialforschung.[1] Demgemäß trugen auch beide Autoren, eine davon die berühmte amerikanische Kulturanthropologin Ruth Benedict, ihre Thesen über die japanische Gesellschaft mit einer solchen Überzeugungskraft vor, daß man ihnen einfach glauben mußte. Heute wissen wir über eine Fülle von Einzeldaten Bescheid, aber die großen Fragen über die japanische Gesellschaft werden immer mehr zu Glaubensfragen und damit immer schwieriger zu beantworten.

Damit möchte ich sagen, daß man sehr einfach und rasch beantworten kann, ein wie hoher Prozentsatz der über 65jährigen Japaner in einem Altersheim lebt, wieviele Japaner an einem durchschnittlichen Wochentag um ein Uhr früh noch wach sind und was das durchschnittliche Heiratsalter bei Erst-Ehen von Männern und von Frauen ist. Hingegen ist es viel schwieriger zu ermitteln, ob sich die japanische Gesellschaft grundsätzlich von anderen industrialisierten oder postindustriellen Gesellschaften unterscheidet, welche Bedeutung Schichtunterschiede in Japan haben, ob es gesellschaftliche Konflikte von großer Bedeutung gibt oder nicht, oder noch einfacher: ob die japanische Gesellschaft eine lebenswerte Gesellschaft ist oder nicht,[2] ob die unbestrittenen wirtschaftlichen Erfolge Japans auch in positiver Weise Aus-

---

1 Bei diesen beiden Büchern handelt es sich um BENEDICT 1946 und EMBREE 1945.
2 Eine interessante Diskussion dieser Problematik aus japanischer Sicht in deutscher Übersetzung ist TERUOKA 1991.

wirkungen auf die japanische Gesellschaft hatten oder nicht. All diese Fragen sind meiner Meinung nach zu Glaubensfragen geworden, sie sind zum Teil sogar so tabuisiert, daß sie viele Forscher in Angriff zu nehmen vermeiden. Andererseits gibt es dazu eine Fülle von Aussagen, daß man umso verwirrter wird, je mehr man dazu liest.

Wenn man die Einstellung zu Japan, seiner Kultur und seiner Gesellschaft und die Zugangsweise beim Beschreiben oder Analysieren der relevanten Phänomene, also beim Aussagenmachen über Japan, in einer einfachen Sechsfeldertafel darstellt, so ergeben sich fünf Arten von Aussagen:

Abbildung 1: Fünf Arten von Aussagen über Japan

Einstellung	Zugangsweise	
	Verklären	Erklären
positiv	1 mystifizieren	2 anpreisen
neutral	–	3 wissenschaftliche Analyse
negativ	4 dämonisieren	5 demaskieren

Aussagen der ersten Art kommen oft von Personen, die sich für Zen-Buddhismus und auf diesem aufbauenden Kunst- oder Sportarten interessieren. Das bekannteste Beispiel in Buchform ist wohl des deutschen Philosophen Herrigels Buch über das Bogenschießen.[3] Aussagen der zweiten Art sind typisch für Regierungspropaganda, aber auch für viele japanische Wissenschaftler, wenn sie ihr Land im Ausland vorstellen, die der vierten und fünften Art hingegen finden sich häufig bei westlichen Journalisten, die gewisse Interessen vertreten. Das bekannteste Beispiel dafür ist in der letzten Zeit der holländische Journalist Karel van Wolferen.[4] Die wissenschaftliche Zugangsweise, hier als dritter Zugang eingeordnet, sollte möglichst neutral und wertfrei sein, auch wenn man damit unter Umständen ein sensationslüsternes Publikum enttäuscht.

2. Über die "Gesellschaft"

Gesellschaft ist ein schwieriger Begriff mit vielen verschiedenen Bedeutungsinhalten. Denken wir nur an Verwendungen dieses Ausdrucks wie etwa "eine schöne Gesellschaft!", "die bessere Gesellschaft", "eine Teegesellschaft",

---

3   HERRIGEL 1997.
4   VAN WOLFEREN 1989. Der Titel der deutschen Ausgabe lautet völlig unzutreffend *Vom Mythos der Unbesiegbaren. Anmerkungen zur Weltmacht Japan.*

"eine Aktiengesellschaft", "in schlechte Gesellschaft geraten" oder "Verantwortung gegenüber der Gesellschaft". Gesellschaft ist nicht greifbar, aber doch wird sehr viel von ihr gesprochen, wird ihr große Bedeutung beigemessen. Gehen wir von der Hypothese aus, daß es eine Gesellschaft gibt, dann stellt die "japanische Gesellschaft" eine Nationalgesellschaft dar, deren Abgrenzungen im Zeitalter der Globalisierung allerdings immer undeutlicher werden, während sie in der Edo 江戸-Periode relativ klar definiert waren, sieht man von den Ryûkyû 琉球-Inseln im Süden und der Insel Ezo 蝦夷 im Norden ab.

Der heutzutage gängige japanische Begriff für Gesellschaft, *shakai* 社会, ist modernen Ursprungs und wurde vom Journalisten, Dramatiker und Schriftsteller Fukuchi Gen'ichirô 福地源一郎 oder Ôchi 桜痴 (1841–1906) im Jahr Meiji 明治 8, also 1875, als Übersetzung für den englischen Ausdruck society geschaffen.[5] Laut *Nihon kokugo daijiten* 日本国語大辞典[6] hat er im wesentlichen vier Bedeutungen:

1. *Ningen ga kôsei suru shûdan seikatsu no sôshô* 人間が構成する集団生活の総称 (also etwa: "Überbegriff für das Zusammenleben der Menschen in Gruppen"),
2. *Katei ya gakkô o torimaku yo no naka* 家庭や学校をとりまく世の中 ("die Welt rund um die Familie oder die Schule"),
3. *Aru tokutei no nakama* ある特定の仲間 ("eine bestimmte Gruppe"),
4. *Shakaika ni onaji* しゃかいか(社会科)に同じ ("gleichverwendet wie das Fach Sozialkunde").

Der erste Begriff ist völlig abstrakt und daher für die Menschen, die Mitglieder einer Gesellschaft sind, nur schwer faßbar. Einfacher zu verstehen ist der zweite Begriff, und für diese Bedeutung gibt es auch eine herkömmliche japanische Vokabel: *seken* 世間 oder auch *sekentei* 世間体, mit deren Inhalt ich mich etwas eingehender befassen möchte.[7]

Der Begriff *seken*, auf einen buddhistischen Ausdruck zurückgehend, hat eine lange Geschichte und kann auch als das eigentliche japanische Wort für Gesellschaft interpretiert werden. Jeder, der Japanisch gelernt hat, wird einige Phrasen mit diesem Wort kennen, wie etwa *seken no me* 世間の目 ("die

---

5 COULMAS 1993: 13–15 gibt einige Beispiele für frühe Übersetzungsversuche des Begriffs Gesellschaft durch Fukuzawa Yukichi 福沢諭吉 (1834–1901) und Nakamura Masanao 中村正直 (1832–91), die sich nicht durchsetzen konnten: *kuni* 国, *majiwari* 交わり, *ningen kôsai* 人間交際, *nakama renchû* 仲間連中, *nakama kaisha* 仲間会社, *sezoku* 世俗, *sôtaijin* 総体人.

6 Nihon Daijiten Kankôkai (Hg.) 1974: 135.

7 Zum Begriff *seken* oder *sekentei* vgl. INOUE 1977 und ABE 1995.

Augen der Öffentlichkeit"), *seken shirazu* 世間知らず ("in Unkenntnis der Welt"), *sekenbanare* 世間離れ ("ungewöhnlich"), *sekennami* 世間並み ("durchschnittlich"). Die Bedeutung, die der Gesellschaft beigemessen wird, kommt am besten zum Ausdruck in Redewendungen wie *seken ni kaomuke ga dekinai* 世間に顔向けができない ("sein Gesicht in der Gesellschaft nicht mehr zeigen können"), *seken ni môshiwake nai* 世間に申し訳ない ("gegenüber der Gesellschaft nicht vertretbar") oder *seken ni warawareru* 世間に笑われる ("von der Gesellschaft ausgelacht werden"). Die letztgenannte Redewendung wird übrigens von japanischen Müttern ihren Kindern gegenüber oft als erzieherische Maßnahme ausgesprochen, und die Kinder lernen dadurch und durch ähnliche Aussprüche, daß es sehr wichtig ist, nicht von der Außenwelt ausgelacht zu werden, da man sich sonst schämen müsse. Auf das bereits genannte Buch von Benedict zurückgehend wird die japanische Kultur übrigens gerne auch als eine "Kultur der Scham" (*haji no bunka* 恥の文化) bezeichnet.

Wer stellt nun die Gesellschaft dar? (Siehe Schaubild 2) Vom Standpunkt des Individuums aus gibt es zunächst einen Kreis von Personen, der als *miuchi* 身内 oder *nakama* 仲間 definiert wird, und der aus Mitgliedern der Kernfamilie bzw. aus wirklich guten Freunden, sogenannten *shin'yû* 親友, besteht, in welchem die sonst üblichen Restriktionen und Obligationen keine Geltung haben.[8] In diesem Kreis gibt es keine Scham und keine Zurückhaltung, *enryo* 遠慮, ebenfalls ein wichtiger Begriff für das Funktionieren der Interaktionen. Wenn dieser Kreis verlassen wird, dann dringt man in die komplizierte Gesellschaft vor, die von detaillierten Verhaltensregeln beherrscht wird. Diese Außenwelt kann man wieder zweiteilen in *semai seken* 狭い世間 und *hiroi seken* 広い世間, die nähere und die weitere Umgebung, also in die Leute, die man beinahe täglich trifft, wie etwa die Kollegen vom gleichen Arbeitsplatz oder von der Universität, und die Leute, die man zwar noch kennt, aber nicht mehr sehr gut.

Was darüber hinausgeht, gehört zur Kategorie der "Anderen", der "Fremden", *tanin* 他人. Nun heißt es zwar in einem Sprichwort *Kyôdai wa tanin no hajimari* 兄弟は他人の始まり ("Die Fremden beginnen bei den eigenen Geschwistern"), aber die eigentlichen Fremden sind die jenseits von *seken*. Wenn man mit solchen Fremden zu tun hat, dann braucht man keine Zurückhaltung mehr an den Tag legen, man kann sich uneingeschränkt gehen lassen. In diesem Zusammenhang wird häufig das Sprichwort *Tabi no haji wa kakisute* 旅の恥は掻き捨て ("Auf einer Reise braucht man sich nicht schämen") zitiert.

---

8 Die folgenden Erklärungen orientieren sich stark an INOUE 1977: 82–92 und an YONEYAMA 1976: 37–41.

Abbildung 2: Modell für "soziale Sphären"

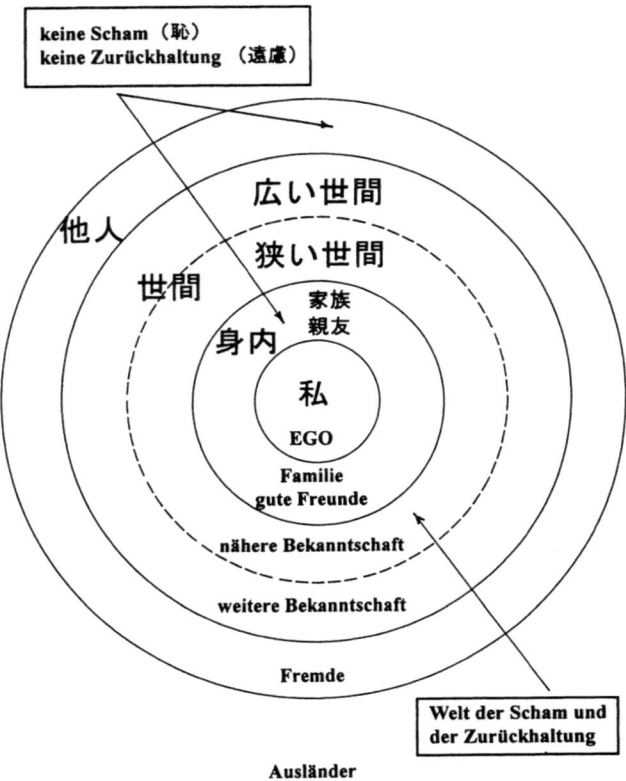

Da man nicht lange bleibt und da einen niemand kennt, hat die sonst so wichtige soziale Scham keine Gültigkeit mehr. Dieser unterschiedliche Kontext kann dazu führen, daß sich das Benehmen ein- und derselben Person hundertprozentig ändert. Ein Mann, der in der U-Bahn aufspringen würde, um seinen Sitzplatz seinem plötzlich auftauchenden Vorgesetzten anzubieten, wird eine hochschwangere Frau mit zwei Kleinkindern am Arm, die direkt vor ihm steht, vielleicht nicht zur Kenntnis nehmen, weil sie für ihn eben eine totale Fremde ist. Divergierende westliche Berichte über die Höflichkeit von Japanern haben wohl auch diesen unterschiedlichen Kontext als Hintergrund.

Auch die Fremden werden noch weiter unterteilt, und zwar danach, ob es Japaner sind oder nicht, ein ganz grundlegender Unterschied. Der volle Menschenstatus wird eigentlich nur Japanern zugestanden, und Japaner, die vor langer Zeit ausgewandert sind, oder Nachkommen japanischer Auswanderer, werden anders behandelt als Ausländer. So glauben beispielsweise viele Japaner, daß auch die Kinder japanischer Auswanderer, weil es eben Japaner sind, automatisch Japanisch sprechen könnten, während Ausländern diese Fähigkeit prinzipiell abgesprochen wird. Nachkommen japanischer Auswanderer nach Südamerika, natürlich von Geburt an Staatsbürger Perus, Brasiliens oder Paraguays, haben einen eigenen Status als Gastarbeiter, der allen anderen Ausländern verwehrt wird. Die bestehende große Distanz zwischen Japanern und Ausländern ist ein Haupthindernis bei der seit Ministerpräsident Nakasone 中曽根康弘 (1982–87) eifrig betriebenen Internationalisierungspolitik. Man muß aber zugestehen, daß sich während der letzten 15 Jahre in dieser Hinsicht bedeutende Veränderungen ergeben haben.

Es steht außer Zweifel, daß Japaner eine außerordentliche Sensibilität an den Tag legen, was soziale Interaktionen und soziale Beziehungen betrifft. Die amerikanische Sozialanthropologin japanischer Herkunft Takie Sugiyama Lebra spricht diesbezüglich von einer "social preoccupation", einer "Hauptbeschäftigung mit der Gesellschaft", und sie geht sogar so weit zu sagen, daß in Japan die Gesellschaft Objekt einer Deifizierung ist, daß Japan von einem Soziokult beherrscht würde.[9] Ähnlich äußert sich der Historiker und Nihonron-Vertreter Aida Yûji 会田雄次 (geb. 1917). Da es in Japan keine absolute Gottheit gebe, würden die Japaner diese Aufgabe in positiver Weise der Öffentlichkeit zugestehen.[10] In diesen beiden Aussagen ist mit Gesellschaft eindeutig *seken* gemeint.

Da die Öffentlichkeit, die Gesellschaft oder einfach die anderen Menschen solch einen bedeutenden Platz im Denken einer Person einnehmen, werden sie nicht selten in negativer Weise für das Individuum zum Problem. Ich verweise hier auf einen Zeitungsbericht[11], in dem über die neue Zeitkrankheit Schüchternheit berichtet wurde. Danach sind "die Japaner das schüchternste Volk aller zivilisierten Völker". 60% der Japaner haben nach einer Studie des Sozialpsychologen Philip Zimbardo Scheu vor Mitmenschen. Dieser Feststellung entspricht gut die in Japan weitverbreitete Schulbesuchsverweigerung sowie die Tatsache, daß es eigene Kliniken zur Behandlung jener Arbeitnehmer gibt, die sich am Montag nicht dazu entschließen können, sich nach dem Wochenende wieder in die Firma an den Arbeitsplatz zu begeben. Vielleicht

---

9 LEBRA 1976: 2, 9.
10 AIDA 1970: 127–45.
11 FRITSCH 1997: 21.

kann man auch einen Teil der nach der Arbeit in den Alkohol flüchtenden japanischen Männer als solche interpretieren, die der Begegnung mit ihrer Familie ausweichen wollen. Die Beliebtheit von *kapuseru* カプセル-Hotels und von *pachinko* パチンコ-Hallen, in welchen man sich inmitten von Gleichgesinnten der Gesellschaft entziehen kann, wäre eventuell als ein weiteres Indiz dafür zu werten, daß die Beziehungen zwischen Individuum und Gesellschaft keineswegs unproblematisch sind.

3. *Das Studium der japanischen Gesellschaft in Japan*

3.1 *Von den Anfängen bis 1945*[12]

Mit der Übernahme der westlichen Wissenschaften fand auch die Soziologie, damals selbst in Europa noch ein sehr junges Fach, bald Eingang in Japan. Ab 1893 wurden an der Kaiserlichen Universität Tôkyô (Tôkyô Teikoku Daigaku 東京帝国大学) Vorlesungen über Soziologie gehalten, bereits 1896 folgte die Gründung der ersten soziologischen Gesellschaft Japans,[13] und ein Jahr später erschien die erste soziologische Zeitschrift.[14] Die erste japanische Soziologengeneration beschäftigte sich vornehmlich mit den Theorien Herbert Spencers und Auguste Comtes und versuchte diese mit einer konfuzianischen Weltanschauung zu einer konservativ-nationalistischen Gesellschaftstheorie umzuformen. Als ersten originellen japanischen Soziologen kann man Takata Yasuma 高田保馬 (1883–1972) bezeichnen, von 1929 bis 1944 als Nachfolger des berühmten marxistischen Wirtschaftswissenschaftlers Kawakami Hajime 河上肇 (1879–1946), Professor für Wirtschaftswissenschaften an der Universität Kyôto, der eine für heutige Vorstellungen unvorstellbare Fruchtbarkeit an den Tag legte. Zwischen 1913 und 1971 veröffentlichte er nicht weniger als 39 Werke in 45 Bänden zu Wirtschaft und Gesellschaft. Zahlreiche Aufsätze

---

12 Zur Geschichte der japanischen Soziologie informieren in englischer Sprache FUKUTAKE 1969: 91–106 und KOYANO 1976.

13 Die Institutionalisierung der japanischen soziologischen Gesellschaften sieht folgendermaßen aus:
1896–1898 Shakai Gakkai 社会学会
1898–1903 Shakaigaku Kenkyûkai 社会学研究会
1907–1913 Nihon Shakaigaku Kenkyûsho 日本社会学研究所
1913–1923 Nihon Shakai Gakuin 日本社会学院
1924–heute Nihon Shakai Gakkai 日本社会学会

14 Die Entwicklung der soziologischen Zeitschriften von 1897 bis 1950 stellt sich folgendermaßen dar:

publizierte er auch in englischer und deutscher Sprache. Eines seiner soziologischen Hauptwerke, *Shakaigaku gairon* 社会学概論 (1922, rev. Aufl. 1950), liegt seit 1989 unter dem Titel *Principles of Sociology* in englischer Sprache vor,[15] so daß man sich darin bequem über seine soziologische Theorie informieren kann. Takatas Soziologie kann als "formale Soziologie" bezeichnet werden, wie sie in Deutschland von Georg Simmel, Ferdinand Tönnies und Leopold von Wiese betrieben wurde, und wie sie auch in Japan zahlreiche Anhänger fand. Er versuchte eine Reihe von soziologischen Gesetzen zu formulieren, die letztlich alle auf individuelle Einstellungen zurückgehen, nämlich den "Wunsch nach Macht" und den "Instinkt der Unterordnung".

Die akademische Soziologie war in der Vorkriegszeit eindeutig theoretisch orientiert. Trotzdem gab es auch bereits vor 1945 eine Reihe von empirischen Sozialforschungen, die sich einfach aus gesellschaftlichen und politischen Notwendigkeiten oder aus journalistischen Interessen ergaben,[16] doch waren die Initiatoren und die Durchführer dieser Arbeiten nicht die berühmten Professoren für Soziologie an den Universitäten. Es begann mit einer amtlichen gesamtjapanischen Untersuchung des Brauchtums, durchgeführt durch das Justizministerium zwischen 1876 und 1880, deren Ergebnisse die Grundlage für ein künftiges Bürgerliches Gesetzbuch liefern sollten. Wichtige Untersuchungen von Soziologen und Sozialhistorikern der Kriegs- und Nachkriegszeit bis zur Gegenwart wie Aruga Kizaemon 有賀喜左衛門 (1897–1979), Oikawa Hiroshi 及川宏, Tamaki Hajime 玉城肇, Takeuchi Toshimi 竹内利美 und

---

(1) *Shakai zasshi* 社会雑誌 (The Sociologist) 1.1–15 (1897.4–98.8), darauf folgten
(2) *Shakai* 社会 (Shakuai, the Society; A Monthly Magazine Devoted to: Social and Sociological Subjects, under the Auspices of the Sociological Association in Japan) 1.1–3.12 (1889.1–1901.12);
(3) *Shakaigaku zasshi* 社会学雑誌 (The Journal of Sociology) 4.1–5.3 (1902.2–03.4), Nachfolgezeitschrift von (2);
(4) *Nihon shakaigakuin nenpô* 日本社会学院年報 1–10 (1914–23);
(5) *Shakaigaku kenkyû* 社会学研究 1.1–4 (1925.4–26.8), Nachfolgezeitschrift von (4);
(6) *Shakaigaku zasshi* 社会学雑誌 1–77 (1924–31);
(7) *Kikan shakaigaku* 季刊社会学 1–4 (1931.4–32.7), Nachfolgezeitschrift von (6);
(8) *(Nenpô) shakaigaku* (年報)社会学 1–9 (1933–43), Nachfolgezeitschrift von (7);
(9) *Shakaigaku kenkyû (nenpô)* 社会学研究(年報) 1 (1944), Nachfolgezeitschrift von (8);
(10) *Shakaigaku kenkyû* 社会学研究 1.1–2.2 (1947–48), Nachfolgezeitschrift von (9);
(11) *Shakaigaku hyôron* 社会学評論 (Japanese Sociological Review) 1– (1950.7–), Nachfolgezeitschrift von (10).

15 TAKATA 1989.

16 Einen guten Überblick über die Geschichte der empirischen Sozialforschung in Japan bis 1945 gibt KAWAI (Hg.) 1989–94. Einige der wichtigsten empirischen Untersuchungsberichte sind abgedruckt in der achtbändigen Serie *Seikatsu koten sôsho* 生活古典叢書 (Klassische Texte zur Erforschung des Lebens) 1970–71.

Yuzawa Yasuhiko 湯沢雍彦 basieren auf den Veröffentlichungen dieser Forschung. Später folgten Untersuchungen des Ministeriums für Landwirtschaft und Handel über die Auswirkungen der Industrialisierung und die Notwendigkeit einer Arbeitsgesetzgebung, deren bekannteste *Shokkô jijô* 職工事情 ("Die Lage der Industriearbeiter", 1903) ist. Journalisten entdeckten nach der Matsukata-Deflation 松方デフレ von 1881–86, die unzählige Menschen ins Elend stürzte, die Slums der Großstädte als ein neues Thema, von dem sie in anschaulichen Sozialreportagen berichteten. Matsubara Iwagorôs 松原岩五郎 (1866–1935) *Saiankoku no Tôkyô* 最暗黒之東京 ("Das schwärzeste Tokyo", 1893), Yokoyama Gennosukes 横山源之助 (1871–1915) *Nihon no kasô shakai* 日本之下層社会 ("Die Unterschichtsgesellschaft von Japan", 1899) sowie Hosoi Wakizôs 細井和喜蔵 (1897–1925) *Jokô aishi* 女工哀史 ("Die traurige Geschichte der Fabrikarbeiterinnen", 1925) sind Klassiker dieses Genres, die nicht zuletzt wegen des Interesses, das ihre Publikationen bei den Lesern fanden, die Manager der Fabriken und die Stadtverwaltungen zum Handeln zwangen. Tatsächlich waren bis etwa 1930 alle großen Slums in Tokyo, Yokohama, Osaka und Kobe im wesentlichen beseitigt, woran natürlich auch das Große Kantô-Erdbeben (*Kantô daijinsai* 関東大震災) vom 1. September 1923 seinen Anteil hatte.

Ein neuer Untersuchungsgegenstand der Taishô 大正-Zeit ist die Freizeit, einerseits zurückgehend auf das Entstehen neuer Formen der Massenunterhaltung, andererseits motiviert durch die Angst von Gemeindeverwaltungen, daß diese den Stadtbewohnern zum Schaden gereichen könnte. Außerdem stand Japan damals unter starkem Druck der 1919 gegründeten ILO, den 8-Stunden-Arbeitstag und die 48-Stunden-Woche einzuführen. Zwischen 1917 und 1923 wurden mindestens zehn empirische Forschungen zur Freizeitverwendung durchgeführt, wobei bei den meisten Gonda Yasunosuke 権田保之助 (1881–1951) führend beteiligt war.[17] Gonda war ab 1921 Forscher am Ôhara Shakai Mondai Kenkyûjo 大原社会問題研究所, am Ôhara-Forschungsinstitut für soziale Probleme, das kurz zuvor von dem aufgeklärten Textilunternehmer Ôhara Magosaburô 大原孫三郎 (1880–1943) aus Kurashiki 倉敷 gegründet worden war und heute an der Hôsei-Universität 法政大学 beheimatet ist. Die dort durchgeführten Untersuchungen unterschieden sich durch ihre Weltoffenheit und Wertfreiheit deutlich von denen der offiziellen Stellen.

Als bedeutende Neuerung der Taishô-Zeit muß auch erwähnt werden, daß ab 1920 alle fünf Jahre ein nationaler Zensus durchgeführt wurde. Wie sehr

---

17 Von den wesentlichen Werken Gondas gibt es eine moderne Ausgabe, GONDA 1974–75. Auch die Freizeitforschungen bis 1945 sind in einer dreißigbändigen Serie, ISHIKAWA (Hg.) 1989–90, sehr gut dokumentiert.

die Volkszählungen aus dem Fortschreiben der Familienregister und aus einer tatsächlichen Erhebung differieren können, wurde beim ersten Zensus deutlich: Japan hatte 1920 mit 55,5 Millionen Einwohnern um 1,8 Millionen oder rund 3 Prozent weniger Einwohner, als man auf Grund der Familienregister angenommen hatte. Die Ergebnisse des Zensus lieferten auch einem Pionier der akademischen empirischen Soziologie, Toda Teizô 戸田貞三 (1887–1955), Professor an der Kaiserlichen Universität Tôkyô, die nötigen Daten für seine Studien zur japanischen Familie.[18] Ein weiterer akademischer Soziologe, der sich nicht allein auf die Theorie beschränkte, war Suzuki Eitarô 鈴木榮太郎 (1894–1966), zunächst Professor an der Kaiserlichen Universität in Keijô (Keijô Teikoku Daigaku 京城帝国大学), heute besser bekannt als Seoul, und ab 1947 an der Universität Hokkaidô (Hokkaidô Daigaku 北海道大学), der sich bemühte, ein Klassifikationsschema der japanischen Dörfer zu erarbeiten.[19] Zwischen 1895 und 1945 umfaßte Japan ein wesentlich größeres Territorium als heute, wie wir aus der Nennung des Namens Keijô gesehen haben: die Kurilen, Taiwan (ab 1895), Südsachalin (ab 1905), Korea (ab 1910), die ehemals deutschen Kolonialgebiete im Südpazifik (ab 1919), die Mandschurei (ab 1931) und weite Teile Chinas (ab 1937) und die ab 1941 eroberten Gebiete in Asien. Es wird heute oft vergessen, daß das Studium der Völker unter japanischer Herrschaft ein wichtiges Betätigungsfeld der jungen japanischen Soziologen bis 1945 war, von welchen etliche nach 1945 akademische Karriere in Japan machten, wie etwa Fukutake Tadashi 福武直 (1917–89), der in China forschte, oder Okada Yuzuru 岡田譲 (1906–69), der in Taiwan tätig war.[20]

3.2 Nach 1945

Ich habe die beiden Namen Toda und Suzuki bewußt genannt, weniger wegen ihrer Verdienste, sondern weil sie die beiden Hauptrichtungen der japanischen Bindestrich-Soziologien nach dem Zweiten Weltkrieg verkörperten: Familiensoziologie[21] und Agrarsoziologie. Das kommt natürlich nicht von ungefähr.

---

18 *Toda Teizô chosaku shû* 1993.

19 Eine Ausgabe der Werke von Suzuki erschien als *Suzuki Eitarô chosaku shû* 鈴木栄太郎著作集 1968–77.

20 Eine kritische Auseinandersetzung mit der wissenschaftlichen Arbeit der Völkerkundler während des Pazifischen Krieges im Dienste des Vaterlandes liefert NAKAO 1997: 47–65.

21 Ein wichtiges Nachschlagewerk zur Familienforschung und gleichzeitig eine Dokumentation der großen Leistungen der transdisziplinären Familienforschung in Japan ist das Lexikon

Einerseits war trotz der Industrialisierung und der damit einhergehenden Urbanisierung Japans bis 1955 ein Großteil der Bevölkerung auf dem Lande ansässig und in der Landwirtschaft beschäftigt, andererseits hatten die Meiji-Politiker ganz bewußt eine konservative Familienstaatsideologie (*kazoku kokka ideorogî* 家族国家イデオロギー) geschaffen und die Familie als Keimzelle der Gesellschaft, beherrscht von einem durch das staatliche Rechtssystem gestützten Familienoberhaupt, zu stärken versucht. Die durch die Besatzungsmacht USA eingeleitete Demokratisierung Japans hatte denn auch vor allem die Befreiung der ländlichen Pächter aus halbfeudalen Beziehungen zu ihren Grundherren durch die Landreform (*nôchi kaikaku* 農地改革) von 1946 zum Ziel, sowie die Befreiung der Individuen aus halbfeudalen Beziehungen in den Familien (*ie* 家). Um die Auswirkungen der Landreform zu untersuchen, unternahm das SCAP ("Supreme Commander for the Allied Power") unter der Leitung des Agrarsoziologen Arthur F. Raper 1947–48 eine großangelegte Forschung in 14 Gemeinden,[22] an der auch bekannte Soziologen wie Kitano Seiichi 喜多野清一 (1900–82), Koyama Takashi 小山隆 (1900–83), Suzuki Eitarô und Takeuchi Toshimi als Helfer der des Japanischen unkundigen Amerikaner teilnahmen oder teilnehmen mußten, eine Arbeitsweise, die sich bei amerikanischen Anthropologen und Soziologen noch einige Zeit fortsetzte, auf die japanische Sozialforscher aber bald extrem abweisend und sensibel reagierten. Ich glaube aber, daß diese Forschung der empirischen und angewandten Sozialforschung auch in der akademischen Soziologie Japans zum Durchbruch verhalf, selbst wenn man bis heute den Eindruck hat, daß die theoretische Reflexion, heute natürlich à la Habermas und Luhmann, in der japanischen Soziologie den höchsten Stellenwert einnimmt.

Vor dem Hintergrund der Demokratisierung müssen die Arbeiten von drei auch im Westen relativ bekannten Soziologen nach 1945 verstanden werden, die man vielleicht als "Modernisierer" bezeichnen kann. Der aus Okayama 岡山県 stammende Fukutake Tadashi, ab 1948 außerordentlicher Professor für Agrarsoziologie an der Universität Tôkyô, bemühte sich, empirisch nachzuweisen, daß im Nordosten und im Südwesten unterschiedlich strukturierte Dorftypen existieren, ein von großen Familienverbänden (*dôzoku* 同族) beherrschter autoritärer Typ und ein von funktionalen Gruppierungen (*kogumi* 小組) geprägter demokratischer Typ. Damit die durch die Landreform geschaffenen zahlreichen Kleinbauern Japans mit einem durchschnittlichen Landbesitz von etwa einem Hektar überleben könnten, müßten sie sich aus den

---

Hikaku Kazoku Shi Gakkai (Hg.) 1996.

22 Zur Bedeutung der Studie von Raper (RAPER, TSUCHIYAMA, PASSIN, SILLS 1950) vgl. LINHART 1985: 51–70, bzw. in englischer Sprache LINHART 1996: 109–41.

halbfeudalen Fesseln, die ihnen von Familie (*ie*) und Gemeinde (*buraku* 部落) auferlegt würden, befreien und miteinander kooperieren. In englischer Sprache liegen von ihm ein Buch über die Struktur der japanischen Gesellschaft um 1970 vor, *Japanese Society Today*,[23] und ein weiteres über die Entwicklung der japanischen Gesellschaft von der Meiji-Zeit bis 1980, *The Japanese Social Structure. Its Evolution in the Modern Century*,[24] in japanischer Sprache eine Werkausgabe.[25]

Ebenfalls von der Universität Tôkyô stammt der Rechtssoziologe Kawashima Takeyoshi 川島武宜 (1909–92), der mit seinem 1948 veröffentlichten Buch *Nihon shakai no kazokuteki kôsei* 日本社会の家族的構成 ("Die familistische Zusammensetzung der japanischen Gesellschaft", Gakusei Shobô), das auf Aufsätzen aus dem Jahr 1947 beruht, ungeheures Aufsehen erregte, weil er darin die japanische Familie und ihre Normen, wie etwa die kindliche Pietät (*kô* 孝) mit zahlreichen Beispielen heftig kritisierte. Eine Teilübersetzung dieses Buches ins Deutsche liegt seit 1985 unter dem Titel *Die japanische Gesellschaft. Familismus als Organisationsprinzip* (Übersetzung von Kamiya Kunihiro und Gerd Reinhold. München: Minerva) vor.

Als dritten Modernisierer möchte ich den Sozialpsychologen Minami Hiroshi 南博 (geb. 1914) erwähnen, der 1940 zum Studium an die Cornell University in die USA gegangen war und 1947 nach Japan zurückkehrte und als Professor an der Hitotsubashi-Universität 一橋大学 (Hitotsubashi Daigaku) die japanische Sozialpsychologie begründete. In seinem 1953 erschienenen Taschenbuch *Nihonjin no shinri* 日本人の心理 (Iwanami Shoten), 1971 auch als *Psychology of the Japanese People* (Tokyo: University of Tokyo Press) in englischer Sprache veröffentlicht, zeigt er die vom Standpunkt eines amerikanischen Individualismus aus gesehenen Unzulänglichkeiten des japanischen Selbst auf, die einer echten Demokratisierung und der Entwicklung einer japanischen Zivilgesellschaft entgegenstünden. Minami greift in diesem und auch in anderen Werken viele Themen auf, die an Ruth Benedicts Klassiker *The Chrysanthemum and the Sword* anschließen. Da er die Besonderheiten der Japaner zu analysieren versucht, gilt er auch als einer der frühen *Nihonjinron* 日本人論 -Vertreter, also derjenigen, die versuchen, die Einzigartigkeit der Japaner oder der japanischen Kultur in bestimmter Hinsicht nachzuweisen, doch im Gegensatz zu späteren Verfechtern dieses Genres können ihm keineswegs nationalistische Motive unterschoben werden. In einem 1996 erschienen Buch

---

23 FUKUTAKE 1974.

24 FUKUTAKE 1982.

25 *Fukutake Tadashi chosaku shû* 福武直著作集 1975–76.

versucht er übrigens einen Überblick über das Genre *Nihonron* 日本論[26] zu geben.

Ein weiteres wichtiges Forschungsgebiet nach 1945 werden die industriellen Beziehungen und die Gewerkschaften, die ja zunächst im Sinne der Demokratisierung von den USA sehr gefördert wurden. Bei den Forschungen auf diesem Gebiet tritt ein Gegensatz besonders deutlich zutage, der die japanische Soziologie zumindest bis 1989 beherrscht, der zwischen nicht-marxistischer und marxistischer Soziologie. Die ersteren sind in der Regel an der amerikanischen Soziologie orientiert und empirisch ausgerichtet, die letzteren sind eher empiriefeindlich. Koyano Shôgo[27] 古谷野正伍 bezeichnet den Einfluß der marxistischen Soziologie in der ersten großen Leistungsschau der japanischen Soziologie, der Serie *Kôza shakaigaku* 講座社会学 ("Vorlesungen über Soziologie", 10 Bde., 1957–58) als beachtlich. Durch die Ereignisse im Zusammenhang mit der Verlängerung des Sicherheitsvertrages mit den USA 1959–60 und wegen der Entstehung einer marxistischen Soziologie in der nachstalinistischen Sowjetunion wurde die marxistische Soziologie in Japan noch gestärkt. Wie in der Soziologie überhaupt die Soziologen der Universität Tôkyô dominierten, so war das auch in der marxistischen Soziologie. Bekannt geworden ist besonders Hidaka Rokurô 日高六郎 (geb. 1917), der während der Studentenrevolte 1968–69 zu einem der intellektuellen Führer der sogenannten "Neuen Linken" hochstilisiert wurde und konsequenterweise seine Professur an der Tôdai aufgab. Da ihm Beziehungen zur japanischen Rote Armee Fraktion nachgesagt wurden, wurde ihm später das Visum für eine Vortragsreise nach Australien verweigert.[28] Ein anderer prominenter marxistischer Soziologe, der in englischer Übersetzung zugänglich ist, ist Kawamura Nozomu 河村望[29]. In Japan am einflußreichsten aber waren eher der Osipov-Übersetzer Tanaka Seisuke 田中清助 und Kitagawa Takayoshi 北川隆吉. Nach 1989 hat die marxistische Soziologie natürlich auch in Japan stark an Bedeutung eingebüßt.

Es ist unmöglich, im Rahmen einer solchen Einführung auch nur annähernd die heutige japanische Soziologie zu skizzieren. Ich möchte daher stellvertretend nur vier große Serien anführen, die in den letzten vierzig Jahren entstanden sind, und ein gutes Spiegelbild der japanischen Soziologie geben.[30] Drei

---

26 MINAMI 1995.
27 KOYANO 1957–58: 29.
28 Vgl. HIDAKA 1984.
29 KAWAMURA 1994.
30 Neben den vier genannten Serien gibt es noch eine Reihe anderer kleinerer Serien, die aus

dieser vier Serien sind bei der Tôkyô Daigaku Shuppankai 東京大学出版会 (University of Tokyo Press) erschienen, und bei allen vier Serien dominieren als Herausgeber Vertreter dieser Universität. Auch die japanische soziologische Gesellschaft 日本社会学会 (Nihon Shakai Gakkai) ist seit ihrer Neugründung nach 1945 ohne Unterbrechung an der Tôdai beheimatet und gibt dort viermal jährlich ihr Organ *Shakaigaku hyôron* 社会学評論 (*Japanese Sociological Review,* seit 1950) heraus, derzeit (1998–99) ihren 49. Band. Die Zeitschrift erhielt 1994 mit dem 45. Band ein neues Gesicht, und wird seither nicht mehr senkrecht sondern waagrecht gedruckt. Jeweils ein Heft pro Jahr enthält eine Auflistung der im Vorjahr erschienenen soziologischen Publikationen, ein wichtiges bibliographisches Hilfsmittel. Seit Oktober 1992 erscheint einmal jährlich mit dem Bemühen um mehr internationale Aufmerksamkeit, die eine der größten nationalen Soziologien sicherlich verdienen würde, das *International Journal of Japanese Sociology,* natürlich ebenfalls herausgegeben von der Japan Sociological Society.

Eine Darstellung der japanischen Soziologie wäre nicht komplett ohne die Erwähnung einer ganz großen Leistung. Seit 1955 führt sie alle zehn Jahre eine gesamtjapanische "Untersuchung über soziale Schichtung und Mobilität" (social stratification and mobility), die *SSM chôsa* (SSM調査) durch, über deren Ergebnis von 1985 auch ein Bericht in englischer Sprache[31] vorliegt. Mit den Ergebnissen dieser Untersuchungen verfügt Japan über einzigartige Longitudinal-Daten, die einen langfristigen Vergleich über Veränderungen in der sozialen Schichtung möglich machen.

Zurück zu den Serien. Es sind dies:
1. Fukutake Tadashi, Hidaka Rokurô und Takahashi Akira (Hg.): *Kôza shakaigaku* ("Vorlesungen zur Soziologie"). 9 Bde. und 1 Sonderbd. Tôkyô Daigaku Shuppankai 1957–58. 福武直, 日高六郎, 高橋徹『講座社会学』.
2. Fukutake Tadashi (Hg.): *Shakaigaku kôza* ("Soziologie-Vorlesungen"). 18 Bde. Tôkyô Daigaku Shuppankai 1972–76. 福武直監修『社会学講座』.
3. Kamiko Takeji, Kitagawa Takayoshi, Saitô Yoshio, Sakuta Keiichi, Suzuki Hiroshi, Takahashi Akira, Totoki Toshichika (Hg.): *Rîdingusu Nihon no shakaigaku* ("Reader japanische Soziologie"). 20 Bde. Tôkyô Daigaku Shuppankai, 1985–97. 上子武次, 北川隆吉, 斎藤吉雄, 作田啓一, 鈴木広, 高橋徹, 十時厳周企画『リーディングス日本の社会学』.

---

drei bis sechs Bänden bestehen, hier aber nicht behandelt werden können.
31 KOSAKA (Hg.) 1994.

4. Inoue Shun, Ueno Chizuko, Ôzawa Masachi, Mita Munesuke, Yoshimi Shunya (Hg.): *Iwanami kôza gendai shakaigaku* ("Contemporary Sociology"). 26 Bde. und 1 Sonderbd. Iwanami Shoten 1995–97. 井上俊, 上野千鶴子, 大沢真幸, 見田宗介, 吉見俊哉『岩波講座現代社会学』.

Während die Serien 1, 2 und 4 jeweils den Stand der Wissenschaft zu einem gewissen Zeitpunkt wiedergeben, ist die Serie 3 ein Versuch, die wichtigsten Arbeiten aus vierzig Jahren zumindest auszugsweise abzudrucken. Bei den Herausgebern der Serien dominieren seit jeher die Professoren der Tôdai. Von den fünf Herausgebern der neuesten Serie handelt es sich um drei Tôdai- und zwei Kyôdai 京大-Professoren und -Absolventen. Vergleicht man die Titel der Einzelbände der vier Serien miteinander, so zeigt sich bei der letzten Serie eine größere Vielfalt und Buntheit. Die bisher dominiert habenden Bindestrich-Soziologien scheinen zugunsten einer größeren Offenheit und Interdisziplinarität aufgegeben, die Postmoderne scheint auch in die japanische Soziologie Eingang gefunden zu haben.

4. *Das Studium der japanischen Gesellschaft im Westen*

Wie wir gesehen haben, wurde die Entwicklung der japanischen Soziologie nach dem Zweiten Weltkrieg in ihrer Themenwahl nicht zuletzt von der westlichen Japanforschung beeinflußt. Einerseits von Ruth Benedict, die zwar der Kulturanthropologie zugerechnet wird, deren Studie über den japanischen Nationalcharakter, basierend auf Interviews mit Japanern in amerikanischen Konzentrationslagern während des Krieges, sowie auf der Auswertung jeder erhältlichen Information über Japan, auch soziologisch genannt werden kann, weil sie sich sehr mit der Regelung der zwischenmenschlichen Beziehungen beschäftigt, andererseits von Raper mit seiner Untersuchung über die Auswirkung der Landreform in vierzehn Gemeinden, wobei natürlich weder Benedict noch Raper als Japanologen bezeichnet werden können. Japan, das einem raschen Demokratisierungsprozeß unterzogen werden sollte, stellte für amerikanische Sozialwissenschaftler quasi ein ideales Forschungsgebiet für die Untersuchung sozialen Wandels dar. Da amerikanische Forscher mit solchen Fragestellungen in der unmittelbaren Nachkriegszeit auch als einzige Ausländer direkten Zugang zu Japan hatten, ist es verständlich, daß die Erforschung der japanischen Gesellschaft zunächst von Amerikanern dominiert wurde. Im SCAP selbst waren als Soziologen John Pelzl und Herbert Passin in der Abteilung für Public Opinion tätig. Ansonsten arbeiteten Soziologen eher selten über Japan, während Anthropologen dominierten.

Ich habe 1994 in einem Aufsatz für den *Japan Foundation Newsletter* versucht, die wichtigsten Paradigmen der westlichen soziologischen Japanforschung von 1945 bis zur Gegenwart aufzuzeigen.[32] Dabei ist mir aufgefallen, daß zuerst quasi die Bühnen erforscht wurden, auf welchen sich die Japaner als Spieler gewisser Rollen aufhalten. Die wichtigste Bühne war dabei das Dorf, ein Zugang, der in der japanischen Soziologie seine Entsprechung hatte. Das bedeutendste Monument derartiger Forschung ist *Village Japan*[33] (1959), ein Bericht über ein kleines Dorf in Okayama, das von einer großen Zahl amerikanischer Forscher unter Zuhilfenahme zahlreicher japanischer Kollegen über einen längeren Zeitraum hinweg intensivst analysiert wurde. Mit ähnlichen Methoden wurden dann auch die japanischen Städte zu untersuchen versucht, wobei Ronald P. Dores *City Life in Japan: A Study of a Tokyo Ward*[34] (1958) besonders bekannt wurde. Weitere Bühnen, die nach und nach erforscht wurden, waren japanische Unternehmen, wobei James G. Abegglens *The Japanese Factory*[35] (1958), das lange Zeit in der soziologischen Fachliteratur das meistzitierte Werk über Japan war, eine Pionierstellung zukommt, oder japanische Schulen. Neben den Arbeiten des Briten Dore waren die Forschungen der Amerikaner Robert E. Cole und Thomas P. Rohlen besonders wichtig.[36]

Nachdem die wichtigsten Bühnen beschrieben und analysiert worden waren, merkte man, daß die Darsteller weitgehend vergessen worden waren. Bestenfalls waren sie unbelebte Marionetten, anonym und austauschbar. Das Vorherrschen des strukturellen Funktionalismus hatte dazu geführt, daß man wegen des Waldes die einzelnen Bäume und deren Entwicklung nicht mehr erkennen konnte. Der Amerikaner David W. Plath sorgte mit seinen Publikationen zum Lebensablauf in Japan ab Beginn der 70er Jahre für eine Änderung in der Forschungsausrichtung und ein neues Paradigma.[37] Weiter folgten nun auch eine Reihe von Forschungen, die sich mit einzelnen Stufen im Lebensablauf beschäftigten, von der Kindheit bis zum hohen Alter, ja bis zum Tod.[38]

---

32 LINHART 1994: 7–11, 13.
33 BEARDSLEY, HALL, WARD 1959.
34 DORE 1958. Eine vielgerühmte städtische Untersuchung aus der neueren Zeit ist BESTOR 1989.
35 ABEGGLEN 1958.
36 COLE 1971; DORE 1973; ROHLEN 1974 u. 1983.
37 PLATH (Hg.) 1975 u. 1983. Besonders hervorzuheben ist Plaths Monographie 1980.
38 Vgl. dazu FORMANEK u. LINHART (Hg.) 1992.

Ein weiteres neues Paradigma war die verstärkte Einbeziehung der Geschlechterdifferenz in die soziologische Forschung ab der zweiten Hälfte der siebziger Jahre. Obwohl mit Ruth Benedict eine Frau die soziologische und kulturanthropologische Japanforschung begründet hatte, gab es lange Zeit unter den Japan bearbeitenden westlichen Soziologen und Anthropologen kaum weibliche Forscher, und erst als sich immer mehr Frauen einen Studienplatz an den Universitäten erobert hatten, begannen diese auch mit der Erforschung des weiblichen Lebenszusammenhangs. 1976 erschien zum ersten Mal ein wissenschaftlich fundierter englischer Sammelband über Frauen in Japan,[39] und 1978 bei der ersten Tokyo Conference on Women, einer Konferenz, die westliche und japanische Frauenforscherinnen zusammenbringen wollte, herrschte eine heute unvorstellbare Aufbruchstimmung. Seither sind eine ganze Reihe beachtlicher Studien entstanden, die man dem Bereich der Geschlechterforschung zurechnen kann.

Vielleicht ist es auch dem strukturellen Funktionalismus zuzuschreiben, daß lange Zeit eine sehr harmonische Sicht von der japanischen Gesellschaft dominierte. Diese Sichtweise wurde noch von offiziöser japanischer Seite unterstützt, die der Welt ein möglichst ideales Bild von Japan präsentieren wollte. In der westlichen Japanforschung tauchten aber immer mehr Zweifel an dieser Darstellung auf, und in den achtziger Jahren entwickelte sich unter den soziologisch arbeitenden Japanologen so etwas wie ein Konflikt-Paradigma. Man versuchte nun nicht länger, Konflikt beinhaltende Themen zu vermeiden, sondern ganz bewußt Konflikt in der japanischen Gesellschaft nachzuspüren. Interessanterweise ging diese Forschungsrichtung nicht von den USA, sondern von Australien aus. Yoshio Sugimoto, der auch die Serie "Japanese Studies" für den Verlag Kegan Paul International herausgibt und in diese immer wieder kritische soziologische Werke, zum Teil aus dem Japanischen übersetzt, aufnimmt, Ross Mouer, Rob Steven und Gavan McCormack, letzterer allerdings eher ein Politologe, sind repräsentativ für diese Richtung. Der tschechische Linguist Jiří Neustupný, lange Zeit ebenfalls in Australien arbeitend, definierte in den achtziger Jahren das gegenwärtige Paradigma der Japanforschung, das auf das japanologische und das Japanese Studies Paradigm gefolgt wäre, unter anderem dadurch, daß es sich mit Konflikt und sozialen Problemen in der japanischen Gesellschaft auseinandersetze.[40]

---

39 LEBRA, PAULSON, POWERS (Hg.) 1976.
40 NEUSTUPNY 1980: 20–28.

Ein neues Paradigma zeichnet sich noch nicht ab. Vielleicht stimmt die immer wieder zu hörende Ansicht, daß das postmoderne Paradigma durch seine große Diversität und nur durch seine Nichtfaßbarkeit zu erfassen sei.

Die westlichen Soziologen, die über Japan arbeiten, sind innerhalb der Zunft der Japanwissenschaftler angesichts der großen Bedeutung, die der Gesellschaft in Japan beigemessen wird, sicherlich unterrepräsentiert. Sie haben weder eine eigene Fachorganisation noch eine Fachzeitschrift. In der European Association for Japanese Studies gab es seit der ersten internationalen Japan-Konferenz in Zürich 1976 eine eigene Sektion für Soziologie und Anthropologie, die bis 1988 bestand. Seit 1991 wurde diese in eine Sektion von JAWS umfunktioniert, und seither gibt es bei den EAJS-Tagungen praktisch keine soziologischen Vorträge mehr. JAWS ist eine Abkürzung für Japan Anthropological Workshop und eine Gründung der britischen Anthropologin Joy Hendry aus dem Jahr 1984, der sich die unterschiedlichsten Fachwissenschaftler anschlossen. Da die Soziologie in den siebziger Jahren international einen Höhenflug erlebte und seit den achtziger Jahren immer mehr an Bedeutung verliert, während die Anthropologie in den achtziger Jahren zu einem ausgesprochenen Modefach wurde, entspricht das vielleicht auch dem internationalen Trend. Man darf aber auch nicht vergessen, daß Anthropologen Spezialisten für fremde Gesellschaften sind, während die Soziologen zunächst einmal an der eigenen Gesellschaft interessiert sind, so daß man auch unter den Anthropologen etliche mit ausgesprochen soziologischen Interessen ausnehmen kann. JAWS veranstaltet seit 1984 alle eineinhalb Jahre eine Konferenz zu einem bestimmten Thema, wobei von den bisher zehn Konferenzen etliche Konferenzberichte in Buchform erschienen.[41]

5. *Die Situation im deutschen Sprachraum*

In Deutschland gibt es seit 1988 eine äußerst aktive Vereinigung für Sozialwissenschaftliche Japanforschung (VSWJF), innerhalb derer auch eine von Christoph Deutschmann geleitete Fachgruppe "Soziologie" existiert, interessanterweise aber entgegen dem internationalen Trend keine für "Anthropologie". Diese Vereinigung hält alljährlich eine Jahrestagung ab, deren Ergebnisse danach in verschiedenen Medien publiziert werden.[42] Dieser Tagung ist seit

---

41 Von den bisherigen zehn Konferenzen erschienen folgende Berichte: HENDRY u. WEBBER (Hg.) 1986; BEN-ARI, MOERAN, VALENTINE (Hg.) 1990; GOODMAN u. REFSING (Hg.) 1992; VAN BREMEN u. MARTINEZ (Hg.) 1995; ASQUITH u. KALLAND (Hg.) 1997.

42 Als soziologisch besonders relevant können die beiden Konferenzberichte: Japanisch-

1992 regelmäßig ein Workshop zur Geschlechterforschung vorangestellt, auf dem natürlich auch stets etliche soziologische Beiträge zu hören sind.[43] Daneben gibt es noch eine Deutsch-Japanische Gesellschaft für Sozialwissenschaften, die der regelmäßigen Abhaltung von deutsch-japanischen Symposien zu dienen scheint, an welchen ebenfalls Soziologen einen verhältnismäßig großen Anteil bilden. Auch diese Tagungen werden zumindest teilweise durch Publikationen dokumentiert.[44] Damit scheint hier zumindest die Organisation der soziologisch arbeitenden Japanforscher besser zu sein als sonst irgendwo. Es gibt an der Universität Bochum einen Lehrstuhl für Soziologie, der mit einer Japanologin, Ilse Lenz, die sich sehr stark in der Geschlechterforschung über Japan engagiert, besetzt ist, und an der Universität Duisburg gibt es eine C3-Professur "Soziologie mit dem Schwerpunkt Japan". Einige Soziologie-Professoren, allen voran der jetzt schon emeritierte Friedrich Fürstenberg und der bereits genannte Christoph Deutschmann, die selbst in Japan forschten und Monographien über soziale Erscheinungen in Japan verfaßten, zeigen großes Interesse für Japan. Auch der mit etlichen Publikationen zum japanischen Bildungswesen hervorgetretene Kasseler Erziehungswissenschaftler Ulrich Teichler ist eigentlich Soziologe. Daneben gibt es eine Reihe jüngerer Kollegen, die den verschiedensten soziologischen Fragestellungen nachgehen.

Nicht unerwähnt bleiben sollte noch das Deutsche Institut für Japanstudien, das unter seinem Gründungsdirektor Josef Kreiner eine großangelegte interdisziplinäre Untersuchung mit einer letztlich doch soziologischen Fragestellung durchführte, die 1994 unter dem Titel *Individualität und Egalität im gegenwärtigen Japan. Untersuchungen zu Wertemustern in bezug auf Familie und Arbeitswelt*[45] im Druck erschien. Ein von 1991 bis 1995 in Deutschland durchgeführtes Großprojekt "Beziehungen zwischen Bildungs- und Beschäftigungssystem in Japan in vergleichender Perspektive" ist ebenfalls soziologischer Natur, die Ergebnisse sind gerade im Erscheinen.[46] Versucht man eine Bilanz zu ziehen über die Tätigkeit von Soziologen, die sich für Japan interessieren, und von Japanologen, die soziologisch arbeiten, so meine ich, daß die Situation heute viel besser ist als vor zwanzig Jahren, als ich einen Überblick

---

Deutsches Zentrum Berlin und Vereinigung für sozialwissenschaftliche Japanforschung (Hg.) 1991 und 1992 genannt werden.

43 Ein repräsentativer Band als Ergebnis dieser Tagungen ist LENZ u. MAE (Hg.) 1997.

44 Vgl. KORNADT u. TROMMSDORFF (Hg.) 1993 u. 1996, sowie SCHEUCH u. HAYASHI (Hg.) 1996.

45 ÖLSCHLEGER et al. 1994.

46 Bisher erschienen in der Serie Bildungs- und Beschäftigungssystem in Japan die ersten drei Bände: FÜRSTENBERG u. RUTTKOWSKI 1997; ERNST 1998; WEBER 1998.

über die sozialwissenschaftliche Beschäftigung mit Japan zu schreiben versuchte und zu dem Schluß kam, daß die "Soziologie ... einschließlich der Sozialpsychologie vielleicht innerhalb der modernen Japanstudien in Deutschland das am wenigsten vertretene Gebiet ist".[47] Ich glaube es ist berechtigt zu behaupten, daß sich die soziologische Beschäftigung mit Japan im deutschen Sprachraum als ein "kleiner, aber feiner" Zweig der Japan-Forschung fest etabliert hat.

Zum Abschluß noch ein Wort in eigener Sache. Ich studierte in Wien in den sechziger Jahren Japanologie und Soziologie, sehr zur Freude meines japanologischen Lehrers Alexander Slawik, der von der Idee besessen war, daß alle seine Schüler – es waren nicht so viele – sich auf ein unterschiedliches Fach in der Japanologie spezialisieren sollten: Josef Kreiner auf Anthropologie, Peter Pantzer auf moderne Geschichte, Erich Pauer auf Wirtschaft, Dieter Jettmar auf Linguistik, Ruth Fischer auf Literatur, Erich Holubowsky auf Buddhismuskunde. Ich war in diesem Kreis der "Soziologe". Alle zusammen sollten wir multi-disziplinär, möglichst an einem großen Projekt, Japan studieren, und um diese Idee in die Tat umzusetzen, durften wir alle am sogenannten "Aso-Projekt", ca. von 1968–73, teilnehmen, bei dem die Aso-Region in Kumamoto von mehreren wissenschaftlichen Disziplinen ausgehend eingehend erforscht werden sollte.[48] Meine Dissertation *Sozialer Wandel in ländlichen Siedlungen auf Hokkaidô: Studien zur Einwanderung, Kolonisation und Entwicklung der modernen Agrargesellschaft* (1970)[49] stand noch stark unter dem Einfluß der japanischen Agrarsoziologie und der amerikanischen Gemeindestudienmethode. Nach meiner Habilitation *Arbeit, Freizeit und Familie in Japan. Eine Untersuchung der Lebensweise von Arbeitern und Angestellten in Großbetrieben* (1976)[50] wurde ich 1978 relativ rasch Professor für Japanologie und bemühte mich, in Wien die soziologische Japanforschung zu fördern, da sie zu diesem Zeitpunkt im deutschen Sprachraum ein eher vernachlässigbares Dasein führte. Von den seither graduierten Studierenden haben etwa 40% ihre Magisterabeit zu einem soziologischen Thema geschrieben.

Um die Forschungsarbeiten im Rahmen der Wiener Japanologie etwas zu bündeln, habe ich mich bemüht, große Forschungsbereiche, die auch eine gewisse gesellschaftliche Relevanz haben, vorzugeben, und auch aus diesen

---

47 LINHART 1979: 468–78, hier 477. In deutscher Übersetzung enthalten in LINHART 1993: 89–107.

48 Zwei der drei erschienenen Berichte über diese Forschung sind auch von soziologischem Interesse: SLAWIK, KREINER, LINHART, PAUER 1975 und KREINER, KANEKO 1982.

49 LINHART 1970.

50 LINHART 1976.

Bereichen gezielt Literatur anzukaufen, Symposien zu veranstalten, und Forschungsprojekte zu vergeben. In den achtziger Jahren wählten wir das Thema "Alterung der japanischen Gesellschaft" aus, da der gesellschaftliche Diskurs zu diesem Thema unüberhörbar geworden war. Dieser Forschungsschwerpunkt wurde in den neunziger Jahren, nicht zuletzt beeinflußt von den innerjapanischen Diskussionen über *shinjinrui* 新人類, "die neue Menschheit", aber auch wegen der massiven Investitionen des japanischen Großkapitals in Freizeitanlagen in ganz Japan, abgelöst von der Themenstellung Freizeit in Japan.[51] Auf Grund dieser fachlichen Spezialisierung wird der Wiener Japanologie dieser soziologische Schwerpunkt mittlerweile sowohl innerhalb der Universität Wien als auch international zugestanden.

6. Empfehlenswerte Einführungen

Wenn sich nun vielleicht jemand für den hier besprochenen Gegenstand interessiert und fragt, "Welches eine Buch über die japanische Gesellschaft soll ich lesen?", so fällt mir die Antwort nicht leicht. Es gibt eine ganze Reihe von einführenden Büchern, aber es gibt nicht das eine Buch. Beginnen wir mit dem deutschen Material. In der Taschenbuchreihe "edition suhrkamp" gibt es zwei interpretative Einführungen, eine von dem deutschen Soziologen und Nationalökonomen Kurt Singer auf seinen auf einem achtjährigen Japanaufenthalt in den dreißiger Jahren zurückgehenden Erfahrungen basierende, *Spiegel, Schwert und Edelstein. Strukturen des japanischen Lebens*,[52] die 1950 in Australien geschrieben erst 1973 in England erstmals veröffentlicht wurde. Das Buch ist interessant und lesenswert, hat aber mit den Realitäten der heutigen japanischen Gesellschaft wenig zu tun. Auch das zweite, von der Sozialanthropologin Nakane Chie verfaßte Buch *Die Struktur der japanischen Gesellschaft*[53] geht auf ein ursprünglich 1964 geschriebenes Manuskript zurück und muß als veraltet gelten. Außerdem beschränkt es sich auf die Gruppenbildung und die Interaktionen in der Gruppe. Als Klassiker der *Nihonjinron*-Literatur sollte man es aber doch auf jeden Fall lesen. Dem Vernehmen nach bereitet der Suhrkamp-Verlag nun auch eine deutsche Übersetzung von Ruth Benedicts Klassiker *The Chrysanthemum and the Sword. Patterns of Japanese Culture* aus dem Jahr 1946 vor. Ein neueres Buch

---

51 Ein 1995 zu diesem Forschungsschwerpunkt abgehaltenes internationales Symposium wurde publiziert: LINHART, FRÜHSTÜCK (Hg.) 1998.
52 SINGER 1991.
53 NAKANE 1985.

stammt von dem lange Zeit in Japan tätigen Sprachsoziologen Florian Coulmas, *Das Land der rituellen Harmonie. Japan: Gesellschaft mit beschränkter Haftung,*[54] doch leider rezipiert der Autor weder die japanische noch die westliche Fachliteratur in genügendem Ausmaß, so daß das flott geschriebene Buch über weite Strecken auf Alltagserfahrungen des Autors beruht. Es bleibt noch zu erwähnen der von mehreren Autoren verfaßte Abschnitt "Gesellschaft" im von Horst Hammitzsch herausgegebenen *Japan-Handbuch*[55], sicherlich das wissenschaftlich befriedigendste Buch, welches aber mit neunzehn Jahren auf dem Buckel und langer Vorlaufzeit heute natürlich auch schon sehr veraltet ist. Josef Kreiner arbeitet derzeit an einem Sammelband über die japanische Gesellschaft für das bei Brill erscheinende *Handbuch der Orientalistik*, doch soll dieser angeblich in englischer Sprache geschrieben werden.

Besser ist die Situation bei englischsprachigen Werken, wobei ich mich auf die seit 1980 erschienenen Werke beschränken möchte. Der bereits erwähnte Australo-Japaner Yoshio Sugimoto veröffentlichte 1997 *An Introduction to Japanese Society*[56], das einen guten Überblick über die meisten Bereiche der Gesellschaft bietet und davon profitiert, daß der Autor in zwei Kulturen zu Hause ist. Lediglich sein stetes Bemühen, gegen die in der Vergangenheit gerne postulierte Homogenität und gegen das Gruppenmodell der japanischen Gesellschaft anzukämpfen, das manchmal zu übertriebenen Formulierungen in die andere Richtung führt, stört ein wenig. *Understanding Japanese Society*[57] von der britischen Anthropologin Joy Hendry ist genau zehn Jahre älter. Darin wird leider die Forschung in japanischer Sprache überhaupt nicht rezipiert, und die Autorin orientiert sich für meinen Geschmack zu sehr an den veralteten Modellen von Nakane. 1983 veröffentlichte Robert J. Smith das auf vier Vorlesungen beruhende Büchlein *Japanese Society: Tradition, Self and the Social Order,*[58] das für den fortgeschrittenen Studenten vergnüglich zu lesen ist, den Anfänger aber vielleicht überfordert. Fukutake Tadashis *The Japanese Social Structure*[59] habe ich schon erwähnt. Es ist natürlich angesichts der raschen gesellschaftlichen Entwicklung ebenfalls bereits veraltet und müßte dringend um die Entwicklungen in den letzten zwanzig Jahren ergänzt werden.

---

54 Vgl. Anmerkung 5.
55 LINHART et al. 1981, Spalten 501–712.
56 SUGIMOTO 1997.
57 HENDRY 1987.
58 SMITH 1983.
59 Vgl. Anmerkung 24.

7. Epilog

Zum Abschluß möchte ich noch eine kurze Bemerkung anfügen. Die japanische Gesellschaft macht derzeit eine schwere Krise durch, die durch das sogenannte "Platzen der Seifenblasenwirtschaft" 1992 eingeleitet wurde, 1995 durch das große Erdbeben von Kôbe und den Giftgasanschlag der AUM-Sekte fortgesetzt wurde und die seit 1997 durch das Bekanntwerden immer neuer Fälle von Bestechung der Ministerialbürokratie sowie von Schweigegeldzahlungen an Firmenerpresser geschürt wird. Von den sensationsgierigen Medien wird diese Krisenstimmung durch übertriebene Berichte über Schulmädchenprostitution und Morde unter Kindern weiter angeheizt. Dadurch wurde eine Suche nach neuen sozialen und moralischen Orientierungen eingeleitet, die noch nicht abgeschlossen ist. Es scheint tatsächlich, als ob mit dem Ende des Jahrhunderts – und diese Denkweise ist in Japan weit verbreitet – sich ein altes Japan verabschiedet und ein neues Japan beginnt. Diesen Prozeß in seinen verschiedensten Ausprägungen aufmerksam zu verfolgen, eventuell zu studieren und zu analysieren, kann ich allen Lesern nur sehr empfehlen, ist er doch für die gesamte weitere Entwicklung Japans und seiner Kultur von entscheidender Bedeutung.

Anhang: Soziologische Nachschlagewerke

Die akademische Welt Japans hat eine Fülle von ausgezeichneten Nachschlagewerken produziert, und die japanischen Soziologen sind in dieser Hinsicht keine Ausnahme. Da natürlich für den Bereich Gesellschaft sehr viele spezialisierte Nachschlagewerke wie Lexika über die Familie, die Arbeiterbewegung, die Populärkultur etc. von Belang sind, seien hier nur diejenigen Lexika vorgestellt, die sich ausdrücklich als soziologische Lexika verstehen. Von 1944 bis 1993 erschienen neben einigen kleineren Nachschlagewerken für Studierende die folgenden fünf umfassenden Lexika zur Soziologie:

SHINMEI Masamichi 新明正道 (Hg.)
    1944   *Shakaigaku jiten.* Kawade Shobô.『社会学辞典』河出書房.

FUKUTAKE Tadashi 福武真; HIDAKA Rokurô 日高六郎; TAKAHASHI Akira 高橋徹 (Hg.)
    1958   *Shakaigaku jiten.* Yûhikaku.『社会学辞典』有斐閣.

KITAGAWA Takayoshi 北川隆吉 (Hg.)
    1984   *Gendai shakaigaku jiten.* Yûshindô『現代社会学辞典』有信堂.

MITA Munesuke 見田宗介; KURIHARA Akira 栗原彬; TANAKA Yoshihisa 田中義久 (Hg.)
    1988   *Shakaigaku jiten (Encyclopedia of Sociology).* Kôbundô.『社会学辞典』弘文堂.

MORIOKA Kiyomi 森岡清美; SHIOBARA Tsutomu 塩原勉; HONMA Yasuhei 本間康平 (Hg.)
    1993   *Shin shakaigaku jiten (New Ecyclopedia of Sociology).* Yûhikaku.『新社会学辞典』有斐閣.

Das neueste Werk ist ein Soziologenlexikon, das die Biographien und das Werk von insgesamt 127 japanischen Soziologen im weitesten Sinne sowie von 13 nichtjapanischen Soziologen, die über Japan geforscht haben, vorstellt und somit einen bequemen Zugang zu den wichtigsten älteren und verstorbenen japanischen Soziologen schafft. Der jüngste der berücksichtigten Wissenschaftler wurde in dem chronologisch nach Geburtsdaten geordneten Werk, das mit Nishi Amane beginnt, 1931 geboren.

KAWAI Takao 川合隆男 u. TAKEMURA Hideki 竹村秀樹 (Hg.)
    1998   *Kindai Nihon shakaigakusha shôden: Shoshiteki kôsatsu.* Keisô Shobô.『近代日本社会学者小伝』勁草書房.

Schließlich seien noch einige wichtige bibliographische Nachschlagewerke angeführt.

Nihon Gakujutsu Kaigi Daiichibu 日本学術会議第 1 部 (Hg.)
    1966   *Bunkakei bunken mokuroku XIX: Shakaigaku-hen.* Nihon Gakujutsu Kaigi Daiichibu.『文科系文献目録XIX社会学篇』日本学術会議第 1 部.

Beardsley, Richard K.; Nakano, Takashi (Hg.)
    1970   *Japanese Sociology and Social Anthropology. A Guide to Japanese Reference and Research Materials.* Ann Arbor: Center for Japanese Studies, The University of Michigan.

Sano Makoto 佐野眞 (Hg.)
    1977   *Shakaigaku kenkyû bunken yôran 1965–1974 (Shôwa 40-nendai)* (20-seiki bunken yôran taikei 5). Nichigai Asoshiêtsu.『社会学研究文献要覧 1965–1974 （昭和 40 年代）』日外アソシエーツ.

Kawai Takao 川合隆男 (Hg.)
    1997   *Kindai Nihon shakaigaku kankei zasshi kiji mokuroku.* Ryûkei Shosha.『近代日本社会学関係雑誌記事目録』龍溪書舎.

Mita Munesuke 見田宗介; Ueno Chizuko 上野千鶴子; Uchida Ryûzô 内田隆三; Satô Kenji 佐藤健二; Yoshimi Shun'ya 吉見俊哉; Ôzawa Masachi 大澤真幸 (Hg.)
    1998   *Shakaigaku bunken jiten (Encyclopedia of Basic Books in Sociology).* Kôbundô.『社会学文献辞典』弘文堂.

Literaturverzeichnis

Abe Kin'ya 阿部謹也
    1995   *'Seken' to wa nanika* (Kôdansha gendai shinsho, Bd. 1262). Kôdansha.『「世間」とは何か』講談社.

Abegglen, James G.
    1958   *The Japanese Factory.* Glencoe, Ill.: The Free Press.

Aida Yûji 会田雄次
    1970   *Nihonjin no ishiki kôzô. Fûdo, rekishi, shakai.* Kôdansha.『日本人の意識構造 — 風土、歴史、社会』講談社.

ASQUITH, Pamela u. KALLAND, Arne (Hg.)
1997   *Japanese Images of Nature: Cultural Perspectives.* Richmond: Curzon Press.

BEARDSLEY, Richard K.; HALL, John W.; WARD, Robert E.
1959   *Village Japan.* Chicago, London: The University of Chicago Press.

BEN-ARI, Eyal; MOERAN, Brian; VALENTINE, James (Hg.)
1990   *Unwrapping Japan.* Manchester: Manchester University Press.

BENEDICT, Ruth
1946   *The Chrysanthemum and the Sword. Patterns of Japanese Culture.* Boston: Houghton Mifflin.

BESTOR, Theodore C.
1989   *Neighborhood Tokyo.* Stanford: Stanford University Press.

COLE, Robert E.
1971   *Japanese Blue Collar: The Changing Tradition.* Berkeley et al.: University of California Press.

COULMAS, Florian
1993   *Das Land der rituellen Harmonie. Japan: Gesellschaft mit beschränkter Haftung.* Frankfurt a.M., New York: Campus Verlag.

DORE, Ronald P.
1958   *City Life in Japan: A Study of a Tokyo Ward.* London: Routledge and Kegan.
1973   *British Factory – Japanese Factory: The Origins of National Diversity in Industrial Relations.* London: George Allen & Unwin.

EMBREE, John F.
1945   *The Japanese Nation. A Social Survey.* New York: Farrar und Rinehart.

ERNST, Angelika
1998   *Aufstieg – Anreiz – Auslese. Karrieremuster und Karriereverläufe von Akademikern in Japan.* Opladen: Leske und Budrich.

FORMANEK, Susanne; LINHART, Sepp (Hg.)
1992   *Japanese Biographies: Life Histories, Life Cycles, Life Stages.* Wien: Verlag der Österreichischen Akademie der Wissenschaften.

FRITSCH, Sybille
1997 "Die neue Zeitkrankheit: Noch nie litten so viele an Schüchternheit", in: *Die Presse* (12. Juni): 21.

FUKUTAKE, Tadashi 福武真
1969 "Trends and Problems of Japanese Sociology", in: *Social Science Information* 7/6: 91–106.
1974 *Japanese Society Today.* Tokyo: University of Tokyo Press.
1982 *The Japanese Social Structure. Its Evolution in the Modern Century.* Tokyo: University of Tokyo Press.

FUKUTAKE, Tadashi 福武真 (Hg.)
1972–76 *Shakaigaku kôza.* 18 Bde. Tôkyô Daigaku Shuppankai 東京大学出版会.

FUKUTAKE Tadashi 福武真; HIDAKA Rokurô 日高六郎; TAKAHASHI Akira 高橋徹 (Hg.)
1957–58 *Kôza shakaigaku.* 9 Bde. und 1 Sonderbd. Tôkyô Daigaku Shuppankai.『講座社会学』東京大学出版会.

Fukutake Tadashi chosaku shû 福武直著作集
1975–76 10 Bde. und 1 Zusatzbd. Tôkyô Daigaku Shuppankai 東京大学出版会.

FÜRSTENBERG, Friedrich u. RUTTKOWSKI, Renate
1997 *Bildung und Beschäftigung in Japan. Steuerungs- und Abstimmungsaspekte.* Opladen: Leske und Budrich.

Gonda Yasunosuke shû 権田保之助集
1974–75 4 Bde. Bunwa Shobô 文和書房.

GOODMAN, Roger u. REFSING, Kirsten (Hg.)
1992 *Ideology and Practice.* London: Routledge.

HENDRY, Joy
1987 *Understanding Japanese Society.* London et al.: Croom Helm.

HENDRY, Joy u. WEBBER, Jonathan (Hg.)
1998 *Interpreting Japanese Society. Anthropological Approaches.* Oxford: JASO. (2. Aufl. London und New York: Routledge) (^{1}1986).

HERRIGEL, Eugen
1997 *Zen in der Kunst des Bogenschießens.* Einl. von Daisetz T. Suzuki. 37. Aufl. München: O.W. Barth (^{1}1936).

HIDAKA, Rokuro
1984 *The Price of Affluence: Dilemmas of Contemporary Japan.* Tokyo, New York: Kodansha International.

Hikaku Kazokushi Gakkai 比較家族史学会 (Hg.)
  1996   *Jiten kazoku.* Kôbundô.『事典家族』弘文堂.
Inoue Shun 井上俊; Ueno Chizuko 上野千鶴子; Ôzawa Masachi 大沢真幸;
        Mita Munesuke 見田宗介; Yoshimi Shunya 吉見俊哉 (Hg.)
  1995–97   *Iwanami kôza gendai shakaigaku.* 26 Bde. und 1 Sonderbd.
              Iwanami Shoten.『岩波講座現代社会学』岩波書店.
Inoue Tadashi 井上忠司
  1977   *'Sekentei' no kôzô. Shakai shinrishi e no kokoromi* (NHK
              bukkusu, Bd. 280).『「世間体」の構造 ― 社会心理史への試み』.
Ishikawa Hiroyoshi 石川弘義 (Hg.)
  1989–90   *Yoka gôraku kenkyû kiso bunken shû.* 29 Bde. und 1 Zusatzbd. Ôzorasha.『余暇娯楽研究基礎文献集』大空社.
Japanisch-Deutsches Zentrum Berlin, Vereinigung für sozialwissenschaftliche Japanforschung (Hg.)
  1991   *Harmonie als zentrale Wertvorstellung der japanischen Gesellschaft – Erklärung oder Verklärung?* (Veröffentlichungen des Japanisch-Deutschen Zentrums Berlin, Bd. 9). Berlin: Japanisch-Deutsches Zentrum Berlin.
  1992   *Individualisierung in der japanischen Gesellschaft* (Veröffentlichungen des Japanisch-Deutschen Zentrums Berlin, Bd. 14). Berlin: Japanisch-Deutsches Zentrum Berlin.
Kamiko Takeji 上子武次; Kitagawa Takayoshi 北川隆吉; Saitô Yoshio 斎藤吉雄; Sakuta Keiichi 作田啓一; Suzuki Hiroshi 鈴木広; Takahashi Akira 高橋徹; Totoki Toshichika 十時嚴周企画(Hg.)
  1985–97   *Riidingusu Nihon no shakaigaku.* 20 Bde. Tôkyô Daigaku Shuppankai.『リーディングス日本の社会学２０』東京大学出版会.
Kawai Takao 河合隆男 (Hg.)
  1989–94   *Kindai Nihon shakai chôsa shi.* 3 Bde. Keiô Tsûshin.『近代日本社会調査史』慶応通信.
Kawamura, Nozomu
  1994   *Sociology and Society of Japan.* London et al.: Kegan Paul International.
Kawashima, Takeyoshi 川島武宜
  1948   *Nihon shakai no kazokuteki kôsei.* Gakusei Shobô. Deutsch: *Die japanische Gesellschaft. Familismus als Organisationsprinzip.* Übers. Kamiya Kunihiro und Gerd Reinhold. München: Minerva.『日本社會の家族的構成』学生書房.

KORNADT, Hans-Joachim u. TROMMSDORFF, Gisela (Hg.)
1993   Deutsch-japanische Begegnungen in den Sozialwissenschaften. Konstanz: Universitätsverlag Konstanz.
1996   Gesellschaft und individuelle Entwicklung in Japan und Deutschland. Konstanz: Universitätsverlag Konstanz.

KOSAKA, Kenji (Hg.)
1994   Social Stratification in Contemporary Japan. London et al.: Kegan Paul.

KOYANO, Shôgo 古屋野正伍
1976   Sociological Studies in Japan. Prewar, Postwar and Contemporary Stages (Current Sociology, La Sociologie Contemporaine, Bd. 24.1). London, Beverly Hills: Sage Publications.

KREINER, Josef u. KANEKO, Martin
1982   Aso. Vergangenheit und Gegenwart eines ländlichen Raumes in Südjapan. Bd. 3 (Beiträge zur Japanologie, Bd. 18). Wien: Institut für Japanologie.

LEBRA, Joyce; PAULSON, Joy; POWERS, Elizabeth (Hg.)
1976   Women in Changing Japan. Boulder: Westview Press.

LEBRA, Takie (SUGIYAMA)
1976   Japanese Patterns of Behavior. Honolulu: The University Press of Hawaii.

LENZ, Ilse u. MAE, Michiko (Hg.)
1997   Getrennte Welten, gemeinsame Moderne? Geschlechterverhältnisse in Japan. Opladen: Leske und Budrich.

LINHART, Sepp; FRÜHSTÜCK, Sabine (Hg.)
1998   The Culture of Japan as Seen through its Leisure. Albany: State University of New York Press.

LINHART, Sepp
1970   Sozialer Wandel in ländlichen Siedlungen auf Hokkaidô: Studien zur Einwanderung, Kolonisation und Entwicklung der modernen Agrargesellschaft (Beiträge zur Japanologie, Bd. 7). Wien: Institut für Japanologie (Diss.).
1976   Arbeit, Freizeit und Familie in Japan. Eine Untersuchung der Lebensweise von Arbeitern und Angestellten in Großbetrieben (Schriften des Instituts für Asienkunde in Hamburg, Bd. 43). Wiesbaden: O. Harrassowitz (Habil.).
1979   "German Language Social Studies on Contemporary Japan: The State of the Field", in: Pacific Affairs 52.3: 468–478.

1985	"Gemeindestudien in Japan und das Aso-Projekt", in: Sepp LINHART (Hg.): *Japan: Sprache, Kultur, Gesellschaft*. Wien: Literas: 51–70.
1993	"Deutschsprachige sozialwissenschaftliche Forschungen über das gegenwärtige Japan: eine Bestandsaufnahme", in: *Japanologie heute. Zustände – Umstände* (Beiträge zur Japanologie, Bd. 31). Wien: Institut für Japanologie: 89–107 (Übers. v. LINHART 1979).
1994	"Paradigmatic Approaches to Japanese Society and Culture by Western Social Scientists", in: *The Japan Foundation Newsletter* 22.3: 7–11, 13.
1996	"Community Studies on Japan", in: Josef KREINER und Hans Dieter ÖLSCHLEGER (Hg.): *Japanese Culture and Society. Models of Interpretation* (Monographien aus dem Deutschen Institut für Japanstudien, Bd. 12). München: iudicium: 109–41.

LINHART, Sepp et al.

1981	"Gesellschaft", in: *Japan-Handbuch*. Hg. von Horst Hammitzsch in Zusammenarbeit mit Lydia Brüll unter Mitwirkung von Ulrich Goch. Wiesbaden: F. Steiner, Spalten 501–712.

MARTINEZ, D.P.; VAN BREMEN, Jan (Hg.)

1995	*Ceremony and Ritual in Japan: Religious Practices in an Industrialized Society*. London und New York: Routledge.

MINAMI Hiroshi 南博

1953	*Nihonjin no shinri*. Iwanami Shoten.『日本人の心理』岩波書店.
1971	*Psychology of the Japanese People*. Tokyo: University of Tokyo Press. (Übers. v. MINAMI 1953).
1995	*Nihonjinron: Meiji kara konnichi made*. Iwanami Shoten.『日本人論― 明治から今日まで』岩波書店.

NAKANE, Chie

1985	*Die Struktur der japanischen Gesellschaft*. Frankfurt a.M.: Suhrkamp.

NAKAO Katsumi 中生勝美

1997	"Minzoku kenkyûjo no soshiki to katsudô: sensôchû no Nihon minzokugaku", in: *Minzokugaku Kenkyû* 62.1: 47–65 「民族研究所の組織と活動・戦争中の日本民族学」『民族学研究』.

NEUSTUPNY, J.V.
1980 "On Paradigms in the Study of Japan", in: *Social Analysis* 5.6: 20–28.

Nihon Daijiten Kankôkai 日本大辞典刊行会 (Hg.)
1974 *Nihon kokugo daijiten.* 10 Bde. Shôgakukan.『日本国語大辞典』小学館.

Nihon Shakaigakkai 日本社会学会 (Hg.)
1950– *Shakaigaku hyôron.*
1992– *International Journal of Japanese Sociology.*

ÖLSCHLEGER, Hans Dieter et al.
1994 *Individualität und Egalität im gegenwärtigen Japan. Untersuchungen zu Wertemustern in bezug auf Familie und Arbeitswelt* (Monographien aus dem Deutschen Institut für Japanstudien, Bd. 7). München: iudicium.

PLATH, David W.
1975 (Hg.): *Adult Episodes in Japan.* Leiden: Brill.
1980 *Long Engagements: Maturity in Modern Japan.* Stanford: Stanford University Press.
1983 *Work and Lifecourse in Japan.* Albany: State University of New York.

RAPER, Arthur F.; TSUCHIYAMA, Tamie; PASSIN, Herbert; SILLS, David L.
1950 *The Japanese Village in Transition* (Natural Resources Section Report, Bd. 136). Tokyo: General Headquarters Supreme Commander for the Allied Powers.

ROHLEN, Thomas P.
1974 *For Harmony and Strength: Japanese White-Collar Organization in Anthropological Perspective.* Berkeley et al.: University of California Press.
1983 *Japan's High Schools.* Berkeley et al.: University of California Press.

SCHEUCH, Erwin K.; HAYASHI, Chikio (Hg.)
1996 *Quantitative Social Research in Germany and Japan.* Opladen: Leske und Budrich.

Seikatsu koten sôsho 生活古典叢書
1970–71 Kôseikan. 光生館.

SINGER, Kurt
1991 *Spiegel, Schwert und Edelstein. Strukturen des japanischen Lebens.* Frankfurt a.M.: Suhrkamp.

SLAWIK, Alexander; KREINER, Josef; LINHART, Sepp; PAUER, Erich
1975 *Aso. Vergangenheit und Gegenwart eines ländlichen Rau-*

mes in *Südjapan*. Bd. 1: *Einführung und Überblick* (Beiträge zur Japanologie 12). Wien: Institut für Japanologie.

SMITH, Robert J.
1983   *Japanese Society: Tradition, Self and the Social Order.* Cambridge et al.: Cambridge University Press.

SUGIMOTO, Yoshio
1997   *An Introduction to Japanese Society*. Cambridge et al.: Cambridge University Press.

Suzuki Eitarô chosaku shû 鈴木榮太郎著作集
1968–77   8 Bde. und 1 Zusatzbd. Miraisha 未来社.

TAKATA, Yasuma
1989   *Principles of Sociology*. Mit einer Einleitung von Tominaga Ken'ichi. Tokyo: University of Tokyo Press.

TERUOKA Itsuko
1991   *Armes Japan. Die Schattenseite des Wirtschaftsgiganten.* Hamburg: Rasch und Röhring.

Toda Teizô chosaku shû 戸田貞三著作集
1993   14 Bde. und 1 Zusatzbd. Ôzorasha. 大空社.

VAN WOLFEREN, Karel
1989   *The Enigma of Japanese Power. People and Politics in a Stateless Nation.* New York: Knopf, London: Macmillan 1989. Deutsch: *Vom Mythos der Unbesiegbaren. Anmerkungen zur Weltmacht Japan.* Aus dem Englischen übersetzt von Mara Huner. München: Droemer Knaur.

WEBER, Claudia
1998   *Chancengleichheit auf Japanisch. Frauenerwerbsarbeit in Japan.* Opladen: Leske und Budrich.

YONEYAMA Toshinao 米山俊直
1976   *Nihonjin no nakama ishiki* (Kôdansha gendai shinsho, Bd. 447). Kôdansha .『日本人の仲間意識』講談社.

Gender Studies

Michiko Mae

1. *Einleitung*

Gender Studies (im folgenden GS) sind eine noch junge, sich in den letzten Jahren aber rasch etablierende Wissenschaftsdisziplin. Ihr Forschungsgegenstand, das Geschlechterverhältnis in Gesellschaft und Kultur, in der historischen Entwicklung und in vergleichender Sicht, wird in einer Reihe von Fächern behandelt, von der Anthropologie und Sozialgeschichte über die Soziologie und Psychologie bis zur Sprach- und Literaturwissenschaft. Welche neue Aufgabe und Funktion im Wissenschaftsbetrieb haben also GS als eigenes und eigenständiges Fach? Wodurch unterscheiden sie sich von den Women's Studies (im folgenden WS), aus denen sie sich entwickelt haben? Tatsächlich gibt es eine enge Verbindung zwischen beiden, und man hat deshalb die Bezeichnung Frauen- und Geschlechterforschung für die entsprechende Fachdisziplin eingeführt. GS bauen zwar auf Forschungsergebnissen der WS auf, erheben aber den Anspruch, ein strukturell neuartiger, über die WS hinausgehender Ansatz zu sein. Man spricht sogar von einem Paradigmenwechsel und stellt die Frage, ob das Gender-Konzept ein neues Paradigma in der Wissenschaft ist, das bisher nicht bestehende Möglichkeiten für ein angemessenes Verständnis z.B. der japanischen Gesellschaft eröffnet.

Im folgenden soll es gerade darum gehen, dieses Neue, d.h. die neuen Erkenntnismöglichkeiten, die gegenüber den etablierten Wissenschaftsdisziplinen durch die Gender-Kategorie erschlossen werden können, herauszuarbeiten. Deshalb muß zuerst gezeigt werden, wie und warum sich die GS als neue Disziplin entwickelt haben, und worin ihr neuer Ansatz besteht. Dann sollen einige neue Ansätze und Perspektiven für die Japanforschung entwickelt werden, die sich aus der Anwendung der Gender-Kategorie ergeben. Die Darstellung des bisherigen Stellenwerts der sog. Frauenfrage und der Entwicklung der Frauenforschung in Japan und innerhalb der Japanologie soll dagegen eher in den Hintergrund treten. Man könnte hier als Begründung an eine ironische Äußerung der bedeutenden englischen Schriftstellerin Virginia Woolf erinnern, die in ihrem berühmten Buch "A Room of One's Own" schrieb: "Have you any notion how many books are written about women in the course of one year? Have you any notion how many are written by men? Are you aware that you are, perhaps, the most discussed animal in the universe?" So gesehen gibt es auch über Frauen in Japan mehr als genug Bücher und Artikel, aber die Frage ist, wer sie geschrieben hat und welche wissenschaftliche Relevanz das Geschriebene hat. Interessant ist, daß gerade für männliche Beobachter Japans seit dessen Öffnung Mitte des 19. Jahrhunderts die Situation der Frauen der wichtigste Indikator für den Entwicklungsstand der japanischen Gesellschaft war und daß auch heute noch – z.B. auf Titelbildern renommierter deutscher Zeitschriften – das moderne Japan durch das traditionelle Bild der Japanerin symbolisiert wird.

Seit den 70er Jahren bemüht sich die im Zusammenhang der Frauenbewegung entstandene Frauenforschung darum, solche falschen Bilder der Frauen, hier der Japanerinnen, zu korrigieren, indem sie zeigt, daß man ohne ein richtiges Verständnis der Frauen in Japan auch die japanische Gesellschaft nicht richtig verstehen kann. Ein solches richtiges Verständnis der japanischen Frauen mußte aber, so die Prämisse der Frauenforschung, von Frauen selbst auf einer soliden wissenschaftlichen Grundlage hervorgebracht werden. Durch den Übergang zu den GS seit den 80er Jahren erweiterte sich das Forschungsfeld und die Methodik, und die Forschungsarbeit konnte eine höhere wissenschaftliche Relevanz und größere gesellschaftspolitische Bedeutung und Wirkung gewinnen.

Auch in Japan hat sich dieser Übergang in der wissenschaftlichen Arbeit und in deren institutionellen Organisationsformen vollzogen. Seit 1975, dem Internationalen Jahr der Frau, auf das folgend die UNO-Dekade der Frau begann, wurden an einigen Hochschulen Zentren für Frauenforschung eingerichtet. Das bedeutendste davon, das Institute for Women's Studies, wurde 1975 an der staatlichen Ochanomizu-Frauenuniversität gegründet und 1996 zu einem Institute for Gender Studies erweitert. Dies zeigt eindrucksvoll den Paradigmenwechsel von der Frauenforschung zur Geschlechterforschung, der in den USA bereits in den 80er Jahren – teilweise sogar schon in den 70er Jahren – stattgefunden hatte. Aus den USA vor allem, wo WS als Fach bereits in den 70er Jahren begründet wurden, waren wichtige Impulse für die Entwicklung der japanischen wie auch der deutschen Frauenforschung gekommen, besonders durch Wissenschaftlerinnen, die Studienerfahrungen in den USA hatten. Seit 1974 wurden dann in Japan WS unter der Bezeichnung 女性学 (*joseigaku*) eingeführt. Aber statt WS wie in den USA als einen eigenständigen Studiengang zu etablieren, hat man sie in Japan in verschiedene bestehende wissenschaftliche Disziplinen integriert. Heute gibt es in Japan an fast allen staatlichen Universitäten und an vielen Privatuniversitäten zahlreiche Angebote von Kursen zur Frauen- und Geschlechterforschung.[1]

Wer GS als Hauptfach studiert,[2] belegt Lehrveranstaltungen in einer Reihe von Disziplinen: von den Sozial- und Kulturwissenschaften über Rechtswissenschaft und Medizin bis zu Philosophie und Theologie. GS sind also nicht nur interdisziplinär angelegt, sondern Interdisziplinarität ist geradezu ihr Strukturprinzip. Ihr Gegenstandsbereich durchdringt eine Reihe von Fachdisziplinen. Deshalb ist es wichtig, sie in einem traditionellen Fach zu verankern, sozusagen als "Heimdisziplin" und Methodenfach, dessen Inhalte und Methoden man beherrschen muß. Aber GS führen dazu, die Grenzen eines Fachs zu überschreiten und sich nach allen Seiten hin zu öffnen. Man sollte deshalb GS nicht nur als eine Grundlagendisziplin mit einem speziellen Gegenstandsbereich (auch innerhalb eines Fachs wie z.B. der Japanologie) und nicht nur als eine fächerübergreifende Disziplin verstehen, sondern vor allem auch ihren direkten Bezug auf die Wissenschaft selbst sehen. Dies hängt nicht nur mit ihren neuartigen Fragestellungen und Forschungsproblemen und mit ihrem speziellen Erkenntnisinteresse zusammen, sondern es ergibt sich auch aus den Entstehungsbedingungen, durch die die Frage nach dem Geschlechterverhältnis relevant wurde. Diesen Zusammenhang möchte ich im folgenden zeigen; er schließt die Japanologie mit ein, die Teil des Wissenschaftskanons und -betriebs ist.

2. Von der Frauenforschung zur Geschlechterforschung

2.1 Ein Paradigmenwechsel in den Wissenschaften

Die Wissenschaft hat in ihrer geschichtlichen Entwicklung von Anfang an eine Seite, die sie selbst nicht einmal wahrgenommen hat: die Abwesenheit der Frauen. Frauen waren aus der Wissenschaft und ihrer wichtigsten Institution, der Universität, bis zur Jahrhundertwende ausgeschlossen. Nur einzelnen ungewöhnlich begabten Frauen war es gelungen, als Wissenschaftlerinnen anerkannt und an der Universität zugelassen zu werden. Den Frauen insgesamt hat man einfach die Qualifikation für die Wissenschaft abgesprochen. Alle

---

1 Nach einer Statistik des japanischen Nationalen Frauenbildungszentrums von 1996 bieten 29% aller Universitäten in Japan WS- bzw. GS-bezogene Kurse an.

2 Als erste Universität in Deutschland bietet die Humboldt-Universität zusammen mit drei anderen Berliner Hochschulen seit Wintersemester 1997/98 Gender Studies als Haupt- oder Nebenfach im Magisterstudiengang an.

für die Wissenschaft notwendigen Fähigkeiten und Eigenschaften hat man nur in der Natur des männlichen Geschlechts verankert gesehen. Alle die Eigenschaften und Fähigkeiten wie Intuition, Gefühlsbezogenheit, Rezeptivität etc., die den Frauen zugesprochen wurden, galten dagegen als ungeeignet für die Wissenschaft. Man hat durch solche Zuordnungen, ohne sich über die Konsequenzen im klaren zu sein, die Wissenschaft in die bipolare Ordnung der Geschlechterdifferenz gebracht. Sie wurde ausschließlich der Männerwelt zugeordnet und kann deshalb zu Recht als eine Männerwissenschaft bezeichnet werden.[3]

Man kann also mit guten Gründen die behauptete Geschlechtsneutralität der Wissenschaft in Zweifel ziehen. Vielmehr ist die Wissenschaft im Ganzen, in ihren Zielsetzungen, Inhalten und Verfahrensweisen zur Erkenntnisgewinnung, und nicht nur in ihrer Organisationsstruktur, durch die Männerdominanz geprägt worden. Sie wurde von der Lebenssituation und von den Erfahrungen der Männer aus gedacht und war das Ergebnis der Berufsarbeit von Männern. Das konnte für ihre Inhalte und Methoden nicht ohne Folgen bleiben. Deshalb mußten die Frauen konsequenterweise eine 'andere' Wissenschaft anstreben als die bisherige männlich geprägte und dominierte Wissenschaft. Der erste Schritt zu einer solchen anderen Wissenschaft war die Frauenforschung. Sie ist hervorgegangen aus einer doppelten Spurensuche: einmal nach den Spuren der abwesenden, ausgeschlossenen, vergessenen, verleugneten und verdrängten Frauen; und dann nach den Spuren männlicher Sichtweisen, nach dem verdeckten Androzentrismus, der die wissenschaftliche Arbeit bisher geprägt hat. Es war kein leichtes Unterfangen für Frauen, die in einem von Männern geprägten wissenschaftlichen Umfeld lernen und arbeiten, ihr eigenes wissenschaftliches Arbeiten, ihr Forschen, Lehren und Schreiben zu entwickeln, weil sie die männlichen Sicht- und Erfahrungsweisen in einer Jahrhunderte langen Geschichte selbst internalisiert hatten. Sie mußten prüfen, welche der von Männern entwickelten Theorievorgaben, in denen sie selbst als Wissenschaftlerinnen ausgebildet wurden und in denen sie selbst zu denken gewohnt waren, sie für die Frauenforschung übernehmen konnten, und welche sie kritisch hinterfragen und überwinden mußten. Darüber hinaus mußten sie fragen, welche anderen Formen des Erkennens, die aus dem Lebenszusammenhang von Frauen stammen und sich auf ihre soziale und historische

---

3 Ein Rechtsprofessor formulierte es um die Jahrhundertwende so: "Unsere Universitäten sind Männeruniversitäten", sie sind "in ihrem ganzen inneren Leben dem männlichen Geiste angepaßt". Zit. bei Karin HAUSEN: "Warum Männer Frauen zur Wissenschaft nicht zulassen wollten", in: dies., Helga NOWOTNY (Hg.): *Wie männlich ist die Wissenschaft?* Frankfurt a.M.: Suhrkamp 1990: 34.

Wirklichkeit beziehen, ihr eigenes wissenschaftliches Arbeiten bestimmen sollten. Sie mußten ein alternatives Wissenschaftsverständnis und gleichzeitig ein neues kritisches Potential entwickeln, aber auch einen eigenen Anspruch auf Selbstdefinition erheben und diesen durch bestimmte Legitimationsstrategien in einer männlich dominierten Wissenschaftswelt durchsetzen.

Vor allem der Anspruch auf Selbstdefinition ist ein großes Problem, wenn der Forschungsgegenstand z.B. Frauen in Japan sind. Während sich bei Männern, wenn sie über japanische Frauen schreiben, die Frage nach ihrer androzentrischen Perspektive und nach dem männlichen westlichen Blick auf 'die Asiatin' bzw. 'die Japanerin' stellt, müssen sich westliche Japanologinnen die sehr schwierige Frage des Anspruchs auf Selbstdefinition der von ihnen analysierten und beschriebenen japanischen Frauen stellen. Bei dem Anspruch auf Selbstdefinition, wie ihn die Frauen gegen eine männlich dominierte Wissenschaft erhoben haben, wurde zunächst vorausgesetzt, es gäbe so etwas wie eine einheitliche und allgemeingültige Kategorie "Frau", d.h. eine homogene und universale weibliche Erfahrung und Perspektive. Deshalb meinte die Frauenforschung, sie könne im Namen von Frauen und für (alle) Frauen sprechen. Gegen diese Art von Vereinnahmung wandten sich in Amerika Frauen verschiedener Minoritätengruppen (vor allem afroamerikanische Frauen kritisierten die Frauenbewegung), die die Behauptung einer allgemeinen geschlechtsspezifischen Unterdrückung von Frauen in Frage stellten. Es gibt aufgrund der Zugehörigkeit zu verschiedenen ethnischen Gruppen und auch zu einer bestimmten Klasse so große Unterschiede zwischen den Frauen, daß die Postulierung universaler Gemeinsamkeiten von Frauen nicht möglich ist. Nicht nur für männliche Wissenschaftler, sondern auch für Wissenschaftlerinnen ist es deshalb schwierig, über die jeweils kulturell und sozial unterschiedlichen Erfahrungen und Lebenszusammenhänge von Frauen allgemeingültige Aussagen und Erklärungen zu machen.

Mit der Frage nach den Unterschieden zwischen den Frauen hängt eine andere Problematik zusammen, die sich ergab, als die Frauenforschung versuchte, die Bestimmung, was Frausein und Weiblichkeit ist, der Definitionsmacht der männlich geprägten Wissenschaft zu entziehen und vom Standpunkt der Frauen aus neu, vorurteilslos und authentisch zu fassen. Damit geriet sie aber wieder in die Falle der Weiblichkeitszuschreibungen und essentialistischen Bestimmungen des "Wesens der Frau", wie sie von männlicher Seite aus, wenn auch unter anderen Vorzeichen, seit jeher üblich waren. An die Stelle der männlich-patriarchalischen Zuschreibungspraxis und Definitionsmacht, was als Frausein und als Weiblichkeit gelten sollte, war eine ebenso einseitige weibliche "Selbstzuschreibungs- und Definitionspraxis" getreten, und die Frauenforschung war damit in eine Sackgasse geraten.

2.2 Das Gender-Konzept als Konstruktion

Der Schlüssel für die Bewußtmachung dieser Problematik liegt in dem Konzept der Differenz selbst.[4] Dem Diskurs über Frauen und das Weibliche liegt die binäre Oppositionsstruktur Mann-Frau zugrunde und sie bleibt auch durch eine Neubestimmung und Aufwertung des Weiblichen unangetastet. Das hat für die Frauenforschung vor allem zwei problematische Folgen: Solange sie versuchte, Frausein und Weiblichkeit innerhalb dieser grundlegenden Differenz Mann-Frau zu bestimmen, d.h. solange sie nicht diese Differenz selbst thematisierte und problematisierte, mußte sie erstens, wie schon erwähnt, eine homogene und universale weibliche Erfahrung und Perspektive als Grundlage und Legitimierung ihrer wissenschaftlichen Aussagen und Theorien voraussetzen und konnte deshalb die Differenzen zwischen den Frauen selbst nicht in den Blick bringen. Zweitens konnte sie die Komplexität der sozialen und kulturellen Ursachen für die Zuschreibung von männlicher Dominanz und weiblicher Unterlegenheit nicht adäquat erfassen.

So war die Frauenforschung zwar die notwendige Konsequenz der Frauenbewegung einerseits und der einseitig männlichen Ausrichtung der Wissenschaft andererseits; sie mußte aber bald mit ihren eigenen Fragestellungen und Antworten an ihre Grenzen stoßen. In dieser Situation erwies es sich für die Frauenforschung als ein Ausweg, daß in verschiedenen Wissenschaften, wie z.B. der Kulturanthropologie, der Sozial- und Kulturgeschichte, der Soziologie und der Sprachwissenschaft, das Geschlechterverhältnis als soziale Organisationsform und als kulturelles Wahrnehmungs- und Deutungsmuster thematisiert wurde. Dadurch, daß man das Geschlechterverhältnis in seiner gesellschaftlichen und kulturellen Bedeutung und Funktion zu erfassen versuchte, mußte man die Geschlechterdifferenz nicht mehr auf die biologischen Unterschiede zwischen Mann und Frau und auf die darauf bezogenen Geschlechterrollen zurückführen, sondern konnte sie als ein Regelsystem von sozial und kulturell konstruierten und damit variablen Geschlechtszuschreibungen mit einer Vielfalt von Deutungsmöglichkeiten erfassen.

Durch die neuen Fragestellungen und Forschungsaufgaben kann vermieden werden, pauschal und allgemein von männlicher Herrschaft und Definitionsmacht einerseits und Unterdrückung und Ausschließung der Frauen anderer-

---

4 Vgl. zum folgenden: Renate HOF: "Die Entwicklung der Gender Studies", in: Hadumod BUSSMANN; Renate HOF (Hg.): *Genus. Zur Geschlechterdifferenz in den Kulturwissenschaften*. Stuttgart: Kröner 1995: 2–25; Renate HOF: *Die Grammatik der Geschlechter. Gender als Analysekategorie der Literaturwissenschaft*. Frankfurt a.M., New York: Campus 1995.

seits zu sprechen. Vielmehr kommen jetzt die spezifischen und vielfältigen Differenzen zwischen den Frauen in den Blick, weil die Lebensbedingungen und die Art, wie Frauen wahrgenommen werden, in einen umfassenderen Kontext gestellt werden. Das Geschlechterverhältnis kann so in seiner sozialen, kulturellen und politischen Realität als "Mechanismus der Hierarchisierung" verstanden werden, ohne daß es von vornherein als ein universelles Unterdrückungsverhältnis, das von allen Frauen in gleicher Weise erfahren wird, gedeutet wird.

Man muß sich dabei aber klar machen, daß die Konstruktion des Geschlechts – was als männlich und was als weiblich gilt – nicht nur in sprachlichen und theoretischen Diskursen durch Definitionen, Deutungen und Zuschreibungen geschieht, die je nach sozialen, kulturellen und historischen Bedingungen veränderbar sind. Sie findet vor allem auch in der alltäglichen Praxis der einzelnen statt; durch ihr konkretes Sprechen, Kommunizieren und Handeln. Diesem Kommunizieren und Handeln liegen bestimmte kulturelle Wahrnehmungs- und Deutungsmuster zugrunde. Die geschlechtliche Dichotomisierung, also die Zuordnung zur Kategorie "männlich" oder "weiblich", spielt im japanischen Alltagsleben eine besonders große Rolle. Sie ist in einem so starken Maß Bestandteil des Denkens, Fühlens und Sprechens der Japaner und Japanerinnen, daß ihnen diese durchgehende geschlechtliche Dichotomisierung gar nicht mehr bewußt wird. Fast alles hat einen entweder "männlichen" oder "weiblichen" Charakter.[5] Solche geschlechtlichen Attribuierungen beziehen sich nicht unmittelbar auf die Realität und bilden diese auch nicht ab, sondern sie konstruieren sie als kulturelle und soziale Realität. Geschlechterstereotype, Frauenbilder und Männerbilder strukturieren als vorgegebene Muster unsere Wahrnehmungen, Vorstellungen, Wertungen, Erfahrungen und Erwartungen als eine Art Raster, durch das hindurch die Wirklichkeit wahrgenommen, beurteilt und bewertet wird. Sie bestimmen den Blick auf Frauen und Männer, das "Sehen" der Geschlechtsunterschiede, und steuern dadurch das konkrete Verhalten der Geschlechter zueinander.

Dieser hier nur angedeutete "Konstruktionsgedanke" war das Neue und der Hauptgrund für die Einführung des Gender-Konzepts in die Frauenforschung. GS repräsentieren damit in besonderer Weise den sogenannten "linguistic

---

5 Die Kategorisierung in "männlich" und "weiblich" und eine entsprechende Geschlechtermetaphorisierung durchdringt die japanische Kultur bis hin zu bipolaren Weltdeutungskonzepten auf der Grundlage der aus der chinesischen Kosmologie und Philosophie übernommenen Yin-Yang-Dialektik. Sogar die Unterschiede zwischen China und Japan hat man auf die Geschlechtsattribuierung "männlich" für China und "weiblich" für Japan zurückgeführt.

turn" der 80er Jahre in den Sozial- und Kulturwissenschaften und vor allem in der Geschichtswissenschaft. Nach dieser Position gibt es – zugespitzt formuliert – keine beschreibbare Realität außerhalb der Sprache: Soziale und kulturelle Wirklichkeit wird als historische Wirklichkeit durch Sprache konstruiert. Gender als historisches Phänomen zu betrachten, d.h. in seiner Bezogenheit auf Zeit und Situation als veränderbar und erneuerbar, heißt, es nicht als objektives Faktum mit bestimmter vorgegebener Bedeutung, sondern in dem Prozeß zu analysieren, in dem seine sozialen und kulturellen Bedeutungen entstehen, sich gegen Widerstände durchsetzen und etablieren. Dieser konstruktivistische Ansatz macht das Gender-Konzept zu einer Kategorie, die nicht nur für historische, sondern auch für vergleichende Untersuchungen, wie sie in der Japanologie von grundlegender Bedeutung sind, eine aufschlußreiche Erkenntnisfunktion hat. Auch deshalb war der soziale und kulturelle Konstruktivismus für die Entwicklung der GS von entscheidender Bedeutung. Sie konnten damit eine nicht nur kritische, sondern vor allem auch selbstkritische Methodik zu ihrer Grundlage machen und gerade darin ihre Stärke entwickeln.

Die Intention der Konstruktion kommt allerdings in dem deutschen Begriff "Geschlecht" nicht zum Ausdruck. Im Englischen dagegen kann man *gender* von *sex* unterscheiden: sex als das biologische Geschlecht und gender als das sozial und kulturell konstruierte Geschlecht.[6] Der in seiner Bedeutung erweiterte Gender-Begriff wurde von Frauenforscherinnen eingeführt, um die gesellschaftliche und kulturelle Klassifikation der Geschlechter von der biologischen zu unterscheiden und damit den direkten kausalen Zusammenhang zwischen biologischem und soziokulturellem Geschlecht außer Kraft setzen zu können. In den Diskussionen der letzten Jahre setzt die Kritik am Gender-Konzept gerade hier an. Sie stellt die Trennung zwischen sex und gender in Frage, weil durch sie vorausgesetzt werde, daß es einen natürlichen Körper und eine Sexualität vor der Konstruktion gäbe, in die dann die sozialen und kulturellen Bestimmungen "eingeschrieben" werden. Statt dessen müßten der Körper und die Sexualität selbst als gesellschaftlich und kulturell konstruiert begriffen werden.

Diesen Vorgang der sozialen und kulturellen Konstruktion des Körpers, vor allem des weiblichen Körpers und der Sexualität kann man besonders eindrucksvoll an der Entwicklung des Verständnisses und des Umgangs mit

---

6 Renate Hof schreibt allerdings: "Noch in den 60er Jahren unseres Jahrhunderts war der Begriff gender, wie er heute im Sinn von 'Geschlechterverhältnis' oder 'soziokultureller Konstruktion von Sexualität' gebraucht wird, auch im anglo-amerikanischen Sprachgebrauch nahezu unbekannt"; HOF 1995 (wie Anm. 4): 11.

Sexualität und Körperlichkeit in Japan seit dem Beginn der Modernisierung zeigen.[7] Zu dem allgemeinen Reformziel der "Verbesserung der japanischen Gesellschaft" (*shakai kairyô* 社会改良) gehörte ein Reformprogramm, durch das der individuelle Körper der Japaner und Japanerinnen im Sinne eines modernen (westlichen) Menschenbildes "zivilisiert" werden sollte. Treffend wurde dieser Vorgang als "remodelling of the Japanese body" bezeichnet. Die japanische Regierung versuchte, durch verschiedene Verbote das traditionelle japanische Körper- und Sexualverhalten zu überwinden und propagierte ein modernes Sexualverhalten auf der Grundlage eines wissenschaftlichen, sexologischen und medizinischen Wissens. Eine mächtige Verbindung aus staatlicher Sozial- und Gesundheitspolitik, der sich vor allem in den 20er Jahren auch in Japan rasch entwickelnden Sexualwissenschaft und der Sexualaufklärungs- und -reformbewegungen beherrschte den japanischen Diskurs über sexuelle Fragen. An Beispielen wie der Ideologisierung der "[vorehelichen] Keuschheit" (*shojo teisô* 処女・貞操) zeigt sich, welche Macht nicht nur der Staat und gesellschaftliche Institutionen, sondern auch die Sprache und wissenschaftliche Konzepte und Kategorien haben, auf den Körper und das Sexualverhalten einzuwirken. Durch eine bestimmte Bezeichnungs- und Bewertungspraxis durch Normen und Verbote entsteht ein soziales und kulturelles Feld für den Körper, durch das seine Wahrnehmung bestimmt wird und durch das festgelegt wird, was es heißt, ein weiblicher oder ein männlicher Körper zu sein. Körperlichkeit und Sexualität sind – wenn man sie nicht losgelöst von den sozialen und kulturellen Bedingungen sieht – auch für die Position des Konstruktivismus die entscheidenden Grundlagen für die Strukturierung und Begründung des Geschlechterverhältnisses.

Wichtig an der noch offenen Debatte über den Konstruktivismus und über eine Neubestimmung des Verhältnisses von Natur (sex) und Kultur (gender) scheint mir zu sein, daß man bei dem Versuch, herauszuarbeiten, wie in einer bestimmten Gesellschaft und Kultur Individuen zu Geschlechtswesen gemacht werden, einen Gesichtspunkt nicht vergißt: Die Individuen *leben* als Geschlechtswesen. Geschlecht, also Mannsein oder Frausein, ist zwar eine soziokulturelle und historische Konstruktion, es ist aber vor allem eine Art und Weise, wie konkrete Individuen in der Gesellschaft existieren. Es ist eine komplexe Verbindung von bestimmten Denk-, Gefühls-, Kommunikations- und Handlungsweisen, von Sprach- und Wissensformen und Körperpraxen. Diese Existenzweise ist jeweils männlich oder weiblich kodiert entsprechend

---

[7] Vgl. dazu Sabine FRÜHSTÜCK: *Die Politik der Sexualwissenschaft. Zur Produktion und Popularisierung sexologischen Wissens in Japan 1908–1941*. Wien: Institut für Japanologie, Universität Wien 1997.

den sozialen Normen und Regeln und den kulturellen Mustern des jeweils herrschenden Geschlechterdiskurses. Die einzelnen Individuen existieren als Frau oder Mann, indem sie jeweils als weiblich oder männlich bestimmte Denk, Gefühls-, Kommunikations- und Körperpraxen ausüben, d.h. sie als Realität, nicht als "Konstruktionen" und "Imaginationen" leben.[8]

3. Anwendung von Gender als analytische Kategorie in der Japanforschung

Seit Ende der 80er Jahre wird in Japan der Begriff Gender nicht nur in der Frauenforschung, sondern auch in anderen Wissenschaftsbereichen immer häufiger benutzt. Man übersetzt das Wort Gender als "soziale und kulturelle Geschlechterdifferenz" (*shakaiteki bunkateki seisa* 社会的文化的性差), gebraucht aber meistens das japanisierte Wort *jendâ* ジェンダー. Solche sprachlichen Feinheiten sind wichtig, wenn man verstehen will, warum in Japan die Kategorie Gender geradezu populär geworden ist und eine so starke Wirkung in einigen Wissenschaftsbereichen, vor allem in den Sozial-, Kultur- und Geschichtswissenschaften hat, daß man fast von einem Paradigmenwechsel auch außerhalb der Frauenforschung sprechen könnte.

Es hat sich gezeigt, daß die Gender-Kategorie sehr gut geeignet ist, die spezifischen Formen der japanischen Sozialisation, die gesellschaftliche Arbeitsteilung, Hierarchie- und Machtstrukturen, das Kommunikationsverhalten etc. in einer neuen aufschlußreichen Perspektive und mit großem Erkenntnisgewinn zu untersuchen. Die wissenschaftliche Relevanz der Frauenforschung hat deutlich zugenommen, seit nicht mehr nur die Frauen, sondern die Geschlechterverhältnisse ihr Forschungsgegenstand sind. Zuvor war die Leitfrage, welche Konsequenzen das Familiensystem, die Arbeitsteilung, die Machtstrukturen etc. für die Frauen hatten; jetzt kann man mit der Gender-Kategorie diese Strukturen selbst analysieren und Perspektiven und Interpretationen für ein neues Verständnis der japanischen Gesellschaft und Kultur entwickeln. Das hat natürlich auch eine große Bedeutung für die Japanologie, die die japanische Gesellschaft und Kultur in einem interkulturellen Kontext erforschen und vermitteln soll.

---

8   S. dazu Andrea MAIHOFER: "Geschlecht als hegemonialer Diskurs. Ansätze zu einer kritischen Theorie des 'Geschlechts'", in: Theresa WOBBE; Gesa LINDEMANN (Hg.): *Denkachsen: Zur theoretischen und institutionellen Rede vom Geschlecht*. Frankfurt a.M.: Suhrkamp 1994: 255ff.

4. *Ansätze zur Entwicklung von WS und GS in Japan*

Der Versuch, im folgenden ein in bestimmten Bereichen neues Verständnis der japanischen Kultur und Gesellschaft mit Hilfe der Gender-Kategorie zu entwickeln, wird sich im wesentlichen auf die Zeit seit den Meiji-Reformen bis heute beziehen, also auf den japanischen Modernisierungsprozeß. Aber die Gender-Kategorie ermöglicht auch ein in manchen Aspekten neues Verständnis der geschichtlichen Entwicklung der japanischen Gesellschaft und Kultur vor der Modernisierung.

Wenn man versucht herauszuarbeiten, was als Vorarbeiten für die spätere Entwicklung der WS und GS gelten kann, findet man bereits in der Meiji-Zeit (1868–1912) einige Ansätze: den Diskurs über die Emanzipation der Frauen bei den Meiji-Aufklärern, z.B. Fukuzawa Yukichi 福沢諭吉 (1835–1901), den Diskurs über die Rechte der Frauen im Zusammenhang mit der 'Bewegung für Freiheit und Volksrechte' (*jiyû minken undô* 自由民権運動), z.B. bei Kishida Toshiko 岸田俊子 (1863–1901), den sozialistischen Diskurs über Frauen und schließlich den feministischen Diskurs, der mit der Seitô-Bewegung (*Seitôsha* 青鞜社) begann. Der Begriff *jogaku* 女学 ("Frauenwissenschaft") im Sinne einer "Wissenschaft über alle möglichen Lebensbereiche von Frauen", wurde bereits um 1888 von dem christlichen Pädagogen Iwamoto Yoshiharu 巖本善治 (1863–1942) geschaffen. Er gab die Zeitschrift *Jogaku zasshi* 女学雑誌 heraus und führte in der von ihm gegründeten Meiji-Frauenoberschule *jogaku* als Fach ein.

Als die Frauen in Japan in den 70er Jahren begannen, die Wurzeln ihrer eigenen Geschichte zu suchen und die Ursachen für ihre Unterdrückung zu finden, und als in vielen Regionen Geschichtsforschungsgruppen von Frauen entstanden, konnten sie sich – anders als die Frauen im Westen – auf die große und verdienstvolle Arbeit einer ungewöhnlichen und bedeutenden, aber auch umstrittenen Historikerin, Takamure Itsue 高群逸枝 (1894–1964), beziehen. Abgesehen von den sehr problematischen Aspekten ihrer Rolle als Ideologin des japanischen Nationalismus während des Zweiten Weltkriegs schuf sie wichtige Grundlagen für die japanische Frauengeschichtsforschung und eröffnete neue Zugänge zur japanischen Geschichte insgesamt. Takamures Werke, vor allem ihre "Forschungen zur Matrilinearität" (*Bokeisei no kenkyû* 母系制の研究, 1937), in denen sie in den offiziell patrilinear geführten Stammbaumbüchern Spuren von Matrilinearität aufdeckte, und ihre "Geschichte der Frauen" (*Josei no rekishi* 女性の歴史, 1954–58), waren von einem für ihre Zeit neuen genderbezogenen Erkenntnisinteresse geleitet und vermittelten eine neue Sicht der japanischen Geschichte. Sie waren aber auch von einer starken Kritik und Relativierung der Moderne geprägt.

Bereits vor dem Zweiten Weltkrieg und auch danach, noch bevor die neue Frauenforschung im Zusammenhang mit der neuen Frauenbewegung in den 70er Jahren entstand, gab es in Japan zahlreiche wissenschaftliche Schriften und Aufsätze über frauenspezifische Themen und über die sog. "Frauenfrage" in verschiedenen wissenschaftlichen Disziplinen, vor allem in den Sozialwissenschaften, besonders in der Arbeitssoziologie, in den Rechtswissenschaften, Medizin, Geschichte, Pädagogik, Psychologie, Ethnologie[9] etc. Solche Ansätze wurden dann von der neuen Frauenforschung zwar kritisch behandelt, aber bis auf die Geschichtsforschung von Takamure Itsue nicht als Grundlagen aufgenommen, weil sie neue Ansätze verfolgte.

Über diese Ansätze der WS hinausgehend stellen die GS die Frage nach den Gründen für die hierarchisch strukturierten Beziehungen zwischen Männern und Frauen im Sinne einer Dynamik von Machtverhältnissen. Es geht darum herauszuarbeiten, durch welche Mechanismen den geschlechtlichen Unterschieden ein bestimmter Wert und bestimmte Bedeutungen zugeschrieben werden, und wer das Recht und die Macht hat, diese Unterschiede zu definieren.

Ausgehend von diesen Leitfragen soll im folgenden versucht werden, zwei für den japanischen Modernisierungsprozeß grundlegende Zusammenhänge mit Hilfe des Gender-Konzepts als Analysekategorie in neuer Weise zu interpretieren. Dabei wird sich zeigen, daß das Verhältnis von Familie, Staat und Nation einerseits und die Trennung von öffentlicher Sphäre und privater Lebenswelt andererseits, nicht nur zu den wichtigsten Grundlagen des Modernisierungsprozesses gehören, sondern in entscheidender Weise durch ihren Bezug auf das Geschlechterverhältnis bestimmt werden. Durch die genderbezogene Neuinterpretation dieser Grundlagen kann ein neues Verständnis des Modernisierungsprozesses in Japan gewonnen werden, und umgekehrt kann die Funktion und Bedeutung des Geschlechterverhältnisses im modernen Japan neu bestimmt werden.

---

9 Für Yanagita Kunio 柳田国男 (1875–1962) z.B. war die Erforschung des Alltagslebens von Frauen eine wichtige Grundlage der Ethnologie. Er forderte, daß die Lebensgeschichten von Frauen unbedingt von Frauen selbst erforscht werden sollten, weil sie nur aus der Sicht der Frauen angemessen verstanden werden können, und förderte deshalb viele Wissenschaftlerinnen. Daraus entstand die "Forschungsgruppe der Ethnologinnen" (Josei Minzokugaku Kenkyûkai 女性民族学研究会), aus der einige namhafte Ethnologinnen wie Segawa Kiyoko 瀬川清子 hervorgingen. Yanagita gab wichtige Impulse für die Erforschung des Alltagslebens von Frauen als einer Grundlage der Frauenforschung.

5. Neue Geschlechterordnung und Familienstaat

Für die Entwicklung der japanischen Gesellschaft und Kultur seit der Öffnung Japans zu Beginn der Meiji-Zeit ist die Auseinandersetzung mit der Modernisierung und Moderne ein entscheidender Faktor. Die Japaner haben die Modernisierung anders erfahren als die Europäer. Die Suche nach einer "anderen", einer "besseren" Moderne oder auch das Streben nach einer "Überwindung der Moderne" durch die Rückbesinnung auf die eigene Tradition hat den japanischen Modernisierungsprozeß von Anfang an begleitet. Eines wird dabei aber oft übersehen: Die Frauen in Japan haben den japanischen Modernisierungsprozeß anders erfahren als die Männer. Ihnen ist noch stärker die immanente Widersprüchlichkeit und Ambivalenz des Modernisierungskonzepts bewußt geworden. Denn von Anfang an hatte die Modernisierung für die Frauen nicht nur Emanzipationsgewinne, sondern auch Verluste und sogar eine Verschärfung ihrer Diskriminierung gebracht.

Es gibt die These, daß sich erst durch die Modernisierung eine stabile, die sozialen Grenzen überschreitende Geschlechterdifferenz herausgebildet hat, die zu einer zentralen und konstitutiven Kategorie für Gesellschaft und Staat wurde. Vor der Modernisierung in Japan, also in der Edo-Zeit (1603–1868), war nach dieser These für die Stellung einer Person in der Gesellschaft die Zuordnung zu einem Stand wichtiger als die Zuordnung zu einem Geschlecht. Es habe so etwas wie ein "weibliches Bewußtsein" von Frauen im Stand der Krieger (*samurai* 侍), von Bäuerinnen oder Städterinnen – d.h. Frauen von Handwerkern und Kaufleuten (*chônin* 町人) – gegeben, während ein allgemeines und einheitliches "weibliches (Selbst-)Bewußtsein und Selbstverständnis" und eine Solidarisierung von Frauen als Frauen erst als eine Folge des Wandels des Geschlechterverhältnisses durch die Modernisierung möglich geworden sei.[10] Statt diese These weiter zu erörtern, möchte ich versuchen herauszuarbeiten, welche funktionale Bedeutung die Neuordnung des Geschlechterverhältnisses und die Absolutsetzung der Geschlechtertrennung für die Modernisierungsziele des japanischen Staates seit der Meiji-Zeit hatte.

Der Modernisierungsprozeß führte auch in Japan zur Auflösung traditioneller gesellschaftlicher Ordnungen wie Großfamilie, Sippe, Stand etc. und zur Herausbildung einer funktionell ausdifferenzierten Industriegesellschaft. Damit stellte sich für die japanischen Modernisierer die Aufgabe, neue Formen der Identitätsbildung zu ermöglichen, d.h. die traditionalen Lebensformen, auf die sich ein Bewußtsein der Zugehörigkeit beziehen konnte, durch über-

---

10 S. dazu Ingrid GETREUER-KARGL: "Geschlechterverhältnis und Modernisierung", in: LENZ u. MAE (Hg.) 1997: 22.

greifende moderne Ordnungsmodelle zu ersetzen.[11] Zu einem solchen sozialen und politischen Ordnungsmodell und "integrativen Leitbegriff"[12] wurde die Geschlechterdifferenz.[13] Diese Kategorie der Geschlechterdifferenz könnte aber neben ihrer zugehörigkeits- und identitätsstiftenden Funktion für den japanischen Modernisierungsprozeß noch eine zweite grundlegende Funktion gehabt haben. Auch für die japanischen Modernisierer war es wichtig, die durch den Modernisierungsprozeß neu entstandenen Ungleichheitsverhältnisse zu begründen und zu legitimieren. Dadurch, daß man das moderne Geschlechterverhältnis als ein natürliches Ungleichheitsverhältnis verstand, konnte man den Unterschied der Geschlechter zu einer unabänderlichen Grundlage auch anderer Ungleichheits- und Ausgrenzungsverhältnisse erklären. Das könnte ein Grund dafür sein, warum die Neubestimmung des Geschlechterverhältnisses durch die Absolutsetzung der Geschlechterdifferenz und durch die spezifisch japanische Geschlechterideologie zu einer entscheidenden Grundlage für die Modernisierungspolitik des japanischen Staates wurde.

Zunächst aber war eine Ausgangsfrage der Meiji-Modernisierer, wie das Ziel, eine moderne Nation und einen starken Staat zu schaffen, durch eine Veränderung der Stellung der Frauen erreicht werden konnte. Nach einigen emanzipatorischen Ansätzen während der kurzen liberalen Phase der Meiji-Reformpolitik – vor allem in der Mädchen- und Frauenbildung und auch bei den partizipatorischen Rechten der Frauen – kam es zu einem Umschwung für die Frauen in ihren Bildungschancen und in ihren politischen Rechten. Frauen hatten z.B. in einigen Gemeinden noch bis etwa 1880 das aktive und passive Wahlrecht und konnten auch aktiv an politischen Veranstaltungen und an der "Bewegung für Freiheit und Volksrechte" teilnehmen. Aber solche Ansätze konnten sich nicht durchsetzen. Statt dessen blieben Frauen vom Wahlrecht ausgeschlossen, durften keine politischen Funktionen wahrnehmen, und es wurden ihnen alle politischen Aktivitäten untersagt. Auch ihre rechtliche Stellung verschlechterte sich in manchen Bereichen im Vergleich zur Edo-Zeit. Noch die ersten Entwürfe für das neue Familienrecht waren deutlich liberaler und gestanden Frauen mehr Rechte zu als die endgültige Fassung von 1898.

Was hat im japanischen Modernisierungsprozeß zu diesem Umschwung für die Frauen geführt, die in ihren Bildungschancen, in ihren politischen und

---

11 S. dazu und zum folgenden: Sidonia BLÄTTLER: *Nation und Geschlecht. Zur Verschränkung zweier zentraler Selbstbeschreibungskategorien der Moderne.* 1997 (unveröffentlichtes Typoskript).

12 BLÄTTLER, ebenda: 4.

13 Ein weiteres Beispiel wäre das Konzept "Nation"; über die strukturelle Beziehung beider Konzepte siehe den folgenden Abschnitt "Gender und Nation".

partizipatorischen Rechten und in ihrer allgemeinen Rechtsstellung so eingeschränkt wurden, daß man sogar von einer teilweisen Verschlimmerung ihrer Diskriminierung sprechen kann?[14] Im Prozeß der Industrialisierung hatte sich die wechselseitige ökonomische Abhängigkeit der Geschlechter in eine einseitige Abhängigkeit gewandelt. Abgesehen von dem Krieger-Stand war in der Edo-Zeit die produktive Arbeit beider Geschlechter für den Fortbestand der Familie und des Hauses unverzichtbar. Durch die Industrialisierung in der Meiji-Zeit konnten nur noch Männer durch ihre Arbeit den Lebensunterhalt sichern, Frauen dagegen konnten nur als Hilfsarbeiterinnen ein Zusatzeinkommen verdienen. Sie wurden damit, wie die ganze Familie, vom Einkommen aus produktiver Arbeit des Mannes abhängig.[15]

Diese und andere für die Frauen nachteiligen und repressiven Veränderungen im Geschlechterverhältnis gingen mit dem wachsenden ökonomischen Erfolg im Industrialisierungsprozeß einher. Das konnte als Bestätigung dafür gesehen werden, daß die neue Geschlechterordnung sich sehr vorteilhaft auf den wirtschaftlichen und technologischen Entwicklungsprozeß auswirkte und auch die autoritären Machtstrukturen des Staates stärkte. Die neue Geschlechterordnung ermöglichte es dem Staat, seine Modernisierungs- und Industrialisierungspläne mit Hilfe der Frauen zu realisieren, indem er sie gerade für die Bereiche, Aufgaben und Funktionen einsetzte, für die er sie brauchte. Diese Instrumentalisierung der Frauen war durch die neue Geschlechterordnung möglich geworden, genauer: durch die rigide Geschlechtertrennung und eine darauf basierende hierarchische Arbeitsteilung der Geschlechter. Während den Frauen einerseits immer mehr die wirtschaftlichen Grundlagen für eine eigenständige Existenz entzogen wurden – z.B. waren Frauen durch ihre rechtliche Stellung und durch das Erbrecht von dem Erwerb und von der Verwaltung von (auch eigenem) Vermögen ausgeschlossen –, hat man sie immer ausschließlicher auf den reproduktiven Bereich festgelegt, der zur

---

14 Damit soll aber nicht gesagt werden, daß die Diskriminierung der Frauen als Frauen mit der Modernisierung entstanden ist. Ganz im Gegenteil haben erst die modernen Ideen wie die Menschenrechte, Freiheit und Gleichheit die Grundlagen für die Unrechtserfahrungen der Frauen und deshalb auch für die Frauenemanzipationsbewegung geschaffen. Der Modernisierungsprozeß brachte aber zugleich durch die funktionale Differenzierung bestimmte strukturelle Diskriminierungen mit sich.

15 Seit Beginn der Modernisierung hat Japan auch im Vergleich zu anderen Industrieländern eine hohe Erwerbstätigkeitsrate von Frauen. Obwohl in der ersten Industrialisierungsphase Frauen als Fabrikarbeiterinnen in der Textilindustrie Japan zur Kapitalakkumulation und damit zur Grundlegung der späteren wirtschaftlichen Entwicklung verhalfen, und obwohl seit den zwanziger Jahren ihre Berufsmöglichkeiten erweitert wurden, wurde bis auf wenige Bereiche ihre Arbeit als Hilfsarbeit eingestuft und niedrig bezahlt, weil ihre eigentliche Aufgabe in der Reproduktionsarbeit gesehen wurde.

weiblichen Domäne erklärt wurde und aus dem im Gegenzug die Männer ausgeschlossen wurden.

Auf die sich so herausbildende geschlechtliche Arbeitsteilung als grundlegendes Strukturprinzip der modernen Gesellschaft werde ich noch eingehen, denn sie ist ein besonders wichtiger Anwendungsbereich für Gender als analytische Kategorie. Zunächst aber soll hervorgehoben werden, daß der moderne Staat in Japan eigenmächtig die weibliche Geschlechterrolle festlegte. Die Legitimierung durch eine angebliche japanische Tradition war nur ein Vorwand. Zum Erziehungs- und Rollenleitbild für Mädchen und Frauen wurde die "gute Ehefrau und weise Mutter" (*ryôsai kenbo* 良妻賢母) erklärt. Dieses Schlagwort tauchte erst seit den 80er Jahren des 19. Jahrhunderts auf, ist also ein Produkt des modernen Japan. Das Neue daran ist, daß die Rolle der Frau zwar auf die Privatsphäre festgelegt wurde, gleichzeitig aber direkt mit der Entwicklung von Staat und Gesellschaft verbunden wurde. Von der weisen Mutter wurde die Unterstützung des öffentlichen Erziehungssystems und von der guten Ehefrau die Unterstützung des Ehemannes bei der Erfüllung seiner Aufgaben für Gesellschaft und Staat erwartet. Auf diese Weise sollte sie dem Staat dienen, eine quasi staatspolitische Funktion übernehmen. Ihr Aufgabenbereich war die Verwaltung von Haus und Familie und die Erziehung der Kinder, und damit schuf sie die Grundlagen für ein nützliches Staatsbürgertum als Fundament eines starken Staates.

Die Meiji-Regierung propagierte das Familiensystem (*ie seido* 家制度), das ein modernes Konstrukt mit bewußt ausgewählten traditionalen japanischen Elementen, aber auch mit starken westlichen Einflüssen war.[16] Diese westlichen Elemente waren vor allem das moderne Mütterlichkeitsprinzip mit der spezifischen Mutter-Kind-Beziehung, das neuzeitliche Konzept der Kindheit, aber auch die moderne Vorstellung der Väterlichkeit. Dieses Familiensystem, das man als moderne Familie japanischen Typs bezeichnen könnte, ist ein Hauptelement der modernen Geschlechterordnung, wie sie für den japanischen Modernisierungsprozeß konstituiert wurde. Es wurde zur Grundlage und kleinsten Einheit des modernen japanischen Staatssystems gemacht, dessen Idee als Familienstaat (*kazoku kokka* 家族国家) bezeichnet wurde. Das soll heißen, daß man den Staat selbst nach dem Vorbild der Familie gedacht hat. Die Familie wurde als kleiner Staat, und der Staat als große Familie bezeichnet – mit dem Kaiser als Vater, der sein Volk als sein Kind liebt. In diesem

---

16 Das *ie* taucht im Meiji-BGB nicht als Rechtssubjekt auf, weil es gegen das moderne Rechtssystem verstoßen hätte. Deshalb mußte das patriarchale *ie*-Konzept durch verschiedene Erziehungsmaßnahmen, wie durch das kaiserliche Erziehungsedikt (*Kyôiku chokugo* 教育勅語) und durch die Moralerziehung (*shûshin* 修身) dem Volk eingeprägt werden.

Verhältnis, der Staat als große Familie und die Familie als kleinste Einheit des Staates, ist die grundlegende Unterscheidung und Trennung zwischen der öffentlichen Sphäre und der privaten Sphäre aufgehoben. Das aber bedeutet: Es gibt für die Individuen keinen privaten Ort, der vor dem Staat geschützt ist. Im Gegenteil: Wenn die Frauen für den privaten Raum der Familie verantwortlich waren, erfüllten sie damit eine "staatstragende" Funktion. Obwohl das *ie* eine patriarchale Struktur hatte, und obwohl die Frauen eine rechtlich und ökonomisch abhängige Stellung hatten, hatten sie in Wirklichkeit eine den Staat tragende Funktion, indem sie zum eigentlichen Mittelpunkt des *ie* gemacht wurden – vor allem als Mutter des Sohnes der Familie.

Durch die enge Wechselbeziehung zwischen Familiensystem und Staatssystem haben die moderne japanische Familie und die für sie konstitutiven Elemente wie vor allem das Mütterlichkeitsprinzip nicht nur eine quasi "staatstragende" Funktion bekommen, sondern auch eine besonders wichtige moralische und ideologische Bedeutung. Allerdings kam die Verherrlichung und Ideologisierung der Mutterschaft weniger aus der japanischen Tradition, sondern eher aus westlichen Einflüssen, und war, wie das *ie*, eine "erfundene Tradition"[17]. Sogar kritische Feministinnen wie Hiratsuka Raichô 平塚らいてう (1886–1971), die Gründerin der ersten Frauenzeitschrift *Seitô* 青鞜 ("Blaustrumpf"), betrachteten die Mutterschaft und Kindererziehung nicht als private und persönliche Verantwortung, sondern als gesellschaftliche Aufgabe, durch die Frauen erst eine soziale Existenz gewinnen und einen wesentlichen Beitrag für die Nation und die Menschheit leisten. Durch ein ähnliches Verständnis der Mutterschaft konnten viele Frauen später für den japanischen Nationalstaat und seine verhängnisvolle Politik vereinnahmt und instrumentalisiert werden und das durchaus freiwillig.

6. *Gender und Nation*

Die historische Geschlechterforschung hat gezeigt, daß die Nationalisierung der Politik auch durch die Geschlechterdifferenz bestimmt war, und daß die theoretischen Konzeptualisierungen von Nation und Geschlechterdifferenz eine strukturelle Übereinstimmung aufweisen.[18] Diese Übereinstimmung liegt

---

17 Vgl. dazu: Klaus ANTONI: "Tradition und 'Traditionalismus' im modernen Japan. Ein kulturanthropologischer Versuch", in: *Japanstudien. Jahrbuch des Deutschen Instituts für Japanstudien der Philipp-Franz-von-Siebold-Stiftung*. Bd.3. München: iudicium 1992: 105–128.

18 Vgl. dazu: BLÄTTLER (wie Anm. 11) und UENO 1998.

vor allem darin, daß beide Konzepte, Nation und Geschlecht, im Modernisierungsprozeß zu Ordnungsmodellen und "integrativen Leitbegriffen" gemacht wurden, die in der ausdifferenzierten Industriegesellschaft eine zugehörigkeits- und identitätsstiftende Funktion haben sollten. Entscheidend ist dabei, wie beide Konzepte aufeinander bezogen sind und welche Auswirkungen dies für die Frauen hat.

Auffallend ist zunächst, daß in Japan die Gender-Norm bzw. die Zugehörigkeit zum weiblichen Geschlecht bezogen auf die staatsbürgerlichen Rechte eine stärkere Wirkung hatte als die Zugehörigkeit zu einer Klasse oder ethnischen Gruppe. So hat z.B. Tachi Kaoru 舘かおる zur Einführung des allgemeinen Wahlrechts im Jahr 1925 festgestellt, daß zu den stimmrechtsberechtigten männlichen Staatsbürgern auch die auf japanischem Territorium lebenden Koreaner und Taiwanesen zählten, während Frauen nicht wahlberechtigt waren.[19] Da das Staatsbürgertum nur auf Männer bezogen definiert wurde, waren Frauen davon ausgeschlossen. Gleichzeitig aber gab es im Modernisierungsprozeß das Projekt "Frauen werden Staatsbürgerinnen" (*josei no kokuminka* 女性の国民化).[20] Ein Beispiel wären die zwei Typen des Einsatzes von Frauen im totalen Mobilisierungssystem während des Zweiten Weltkriegs: das Integrationsmodell bei den alliierten Mächten und das Differenzmodell in Japan und Deutschland.[21] Sogar in der extremen Situation der totalen Mobilisierung blieb in Japan die Geschlechtertrennung stabil: Frauen wurden nicht als Soldatinnen eingesetzt. Männer, wenn sie im Krieg gefallen waren, konnten im Yasukuni-Schrein 靖国神社 als Kriegsgötter (*gunshin* 軍神) gefeiert werden; Frauen dagegen konnten nur die Mütter der Kriegsgötter werden.[22]

Allerdings wurde auch in Japan das Partizipations- bzw. Integrationsmodell vertreten. Die Frauenrechtlerin und spätere Parlamentarierin Ichikawa Fusae 市川房枝 (1893–1981) z.B. hatte konsequent das Ziel der Erreichung des Frauenstimmrechts verfolgt und forderte deshalb während des Zweiten Weltkriegs sogar einen verstärkten Arbeitseinsatz der Frauen. Dagegen blieb Hiratsuka Raichô, die aus der Kritik an der Moderne die Differenzposition vertrat, während des Zweiten Weltkriegs zurückgezogen und machte wenig öffentliche Äußerungen. Durch ihre Betonung der sozialen Aufgabe der Frauen als Mütter konnte sie aber, wie schon erwähnt, für die staatliche Ideologie

---

19 TACHI Kaoru 舘かおる: "Josei no sanseiken to jendâ" (「女性の参政権とジェンダー」 "Das Frauenstimmrecht und Gender"), in: HARA u. ÔSAWA (Hg.) 1994: 126.

20 S. dazu UENO 1998: 24.

21 S. dazu UENO 1998: 32ff.

22 WAKAKUWA Midori 若桑みどり: *Sensô ga tsukuru joseizô* ("Das vom Krieg geschaffene Frauenbild"). Chikuma Shobô. 『戦争がつくる女性像』筑摩書房 1995.

der Mütterlichkeit vereinnahmt werden, als der Staat die Frauen als Mütter zur Unterstützung seiner Kriegspolitik aufforderte.[23] Durch das Projekt "Frauen werden Staatsbürgerinnen" wurden die Frauen sowohl in bezug auf die Integrations- wie auch auf die Differenzposition in den Prozeß der Bildung des Nationalstaats einbezogen. Dies geschah aber nicht durch Zwang, sondern durchaus aus ihrem eigenen Willen, Staatsbürgerinnen zu sein. Gerade durch ihren Wunsch, politische Subjekte zu werden, wurden die Frauen in das Kriegsgeschehen hineingezogen und daran mitschuldig. In dieser neuen Betrachtungsweise einer Kriegs(mit)verantwortung der Frauen zeigt sich der Paradigmenwechsel von WS zu GS: Man sieht Frauen nicht mehr nur als passive Opfer der Geschichte, sondern als Subjekte und Handelnde, auch im Krieg.

Das Projekt "Frauen werden Staatsbürgerinnen" war für die japanischen Frauen durchaus widersprüchlich. Während sie als Staatsbürgerinnen im engeren Sinn des Wortes ausgeschlossen blieben, weil sie nicht die gleichen politischen Rechte wie die Männer hatten, wurden sie über ihre "frauenspezifischen Verantwortlichkeiten" vor allem als Mütter in die Nation (re)integriert. In diesem Zusammenspiel von Ausschluß und Integration wurde den Frauen ein "Identifikationsangebot" im modernen Nationalstaat gemacht, ohne daß ihnen die vollen politischen Rechte zugesprochen werden mußten. Es war deshalb für die Entwicklung moderner Nationalstaaten wie Japan und Deutschland wichtig, daß durch die Idee der Nation nach dem (Vor-)Bild der Familie die Zugehörigkeit nicht über Rechte, sondern über spezifische Abhängigkeiten, Verantwortungen und Pflichten bestimmt werden konnte. Die "Expandierung der Familie zur nationalen Familie"[24] ermöglichte zwar den Frauen bestimmte Partizipationsforderungen, diese wurden jedoch nicht "im Paradigma der bürgerlichen Freiheitsrechte"[25] formuliert, sondern geschlechtsspezifisch "in bezug auf ihre Qualität und ihren kulturellen Nutzen für die Gemeinschaft" und das hieß für die Frauen vor allem: nach dem "Programm der Mütterlichkeit".[26] Das patriotische Selbstverständnis der Frauen in Deutsch-

---

23 S. dazu: SUZUKI 1990: 19–46.

24 BLÄTTLER (wie Anm. 11): 8.

25 Ebenda.

26 Eine deutsche Autorin, Thea von Harbou, drückte im Jahr 1915 dieses Selbstverständnis der Frauen so aus: "Das Volk, dessen Mütter ihre Söhne zum höchsten Pflichtbewußtsein gegen das Vaterland erziehen, dessen Frauen zu jeder Stunde bereit sind, ihm das Liebste, das sie haben zum Opfer zu bringen, das darf der Zukunft stark und getrost entgegenschauen." Thea von HARBOU: *[Der] Krieg und die Frauen. Novellen.* Stuttgart, Berlin: Cotta 1915: 15; zit. bei BLÄTTLER (wie Anm. 11): 11.

land wie auch in Japan war Ausdruck und Folge einer in sich widersprüchlichen Identitätsbildung als Staatsbürgerinnen und machte die Frauen zu (Mit-)Täterinnen.

Die Verschränkung zwischen der öffentlichen Sphäre des Staates und der Nation und der privaten Sphäre der Familie in der Idee des Familienstaats oder der Nation als erweiterter Familie kann durch den Gender-Ansatz in ihrer spezifischen Funktion und Bedeutung erfaßt werden. Es kann darüber hinaus gezeigt werden, daß sie zwar für den japanischen Modernisierungsprozeß besonders wichtig und charakteristisch war, aber keineswegs ein spezifisch japanisches Phänomen ist.

7. Geschlechterverhältnis und gesellschaftliche Arbeitsteilung

Wir haben gesehen, daß seit Beginn des Modernisierungsprozesses das Geschlechterverhältnis und die spezifisch japanische Gender-Ideologie ein grundlegendes und konstitutives Strukturprinzip dieses Prozesses sind. Sie haben ganz wesentlich zum Erfolg der japanischen Wirtschaft beigetragen. Deshalb kann man den japanischen Modernisierungsprozeß und die moderne japanische Gesellschaft nur angemessen verstehen mit dem Gender-Konzept als analytischer Kategorie. Das gilt natürlich auch für die heutige Gesellschaft. Auch hier kann man sagen, daß das Funktionieren der japanischen Wirtschaft entscheidend auf der Geschlechterordnung, vor allem auf der geschlechtlichen Arbeitsteilung, beruht. Ähnlich grundlegend wie die Geschlechterdifferenz ist für die Moderne die Trennung zwischen der öffentlichen und der privaten Sphäre. So wie diese Trennung im modernen japanischen Staat bis zum Zweiten Weltkrieg durch die herrschende Gender-Ideologie in einem bestimmten Aspekt aufgehoben war, so fällt in der heutigen japanischen Gesellschaft die Trennung zwischen dem Raum des Öffentlichen und dem Raum des Privaten mit der Geschlechterdifferenz zusammen: Die Wirtschaft und die Politik sind die Domäne der Männer und das Haus und die Familie sind die Domäne der Frauen.

Diese Trennung ist charakteristisch für moderne Gesellschaften und keineswegs nur für Japan typisch. Das Besondere in Japan scheint aber zu sein, daß einerseits die Trennung durch die geschlechtliche Arbeitsteilung sehr strikt ist, die getrennten Geschlechterwelten andererseits aber als komplementär verstanden werden. Mit dieser behaupteten Komplementarität wird nicht nur die Ungleichheit der Geschlechter, sondern auch das hierarchische Verhältnis zwischen ihnen legitimiert. Hier wird wieder der unterschiedliche Ansatz der Frauenforschung und der Geschlechterforschung deutlich. Die Frauenforschung entlarvt und kritisiert die Ungleichheit und das hierarchische Verhältnis als Ausdruck der Herrschaft der Männer über die Frauen. Der Gender-Ansatz zeigt darüber hinaus den Zusammenhang zwischen diesem spezifischen Geschlechterverhältnis und der Struktur der japanischen Wirtschaft. Er führt zu einem differenzierteren Verständnis der Gleichheits- bzw. Ungleichheits- und der Machtstrukturen im Geschlechterverhältnis.

Wie die Wissenschaft insgesamt früher ohne die Beteiligung und ohne Berücksichtigung der Frauen betrieben wurde, sind im Mainstream der Arbeitssoziologie und auch in der Forschung zur Sozialpolitik in Japan bis in die 1990er Jahre die Frauen überhaupt nicht berücksichtigt worden. Wenn man vom Arbeiter sprach, war tatsächlich nur der männliche Arbeiter gemeint; Arbeit bedeutete nur die Erwerbsarbeit von Männern, und der Lohn war für den Unterhalt der Familie durch den Mann gedacht. Frauenarbeit wurde dadurch als ein Sonderfall betrachtet, und die Forschung darüber wurde entsprechend marginalisiert und gettoisiert. Lange wurde nicht gefragt, warum eine Theorie der Arbeit, die sich nur auf die Männerarbeit bezieht, als eine allgemeingültige Theorie gelten konnte. Ôsawa Mari 大沢真理 kritisiert die Tendenz der japanischen Arbeitsforschung, nur die männlichen Familienernährer als eigentliche Arbeiter zu betrachten und die Haushaltsarbeit der Frauen gänzlich zu ignorieren, und sie kritisiert auch die Versäumnisse der Sozialpolitik, die die soziale Sicherung und Wohlfahrt als etwas außerhalb der Wirtschaft liegendes betrachtet.[27] Ôsawa hat durch die Einführung der Gender-Kategorie in die Forschung zur Sozialpolitik herausgearbeitet, daß die Geschlechterdifferenz der japanischen Arbeitspolitik und dem sozialen Sicherungssystem strukturell zugrunde liegt.[28] Auch die andere Seite der Medaille, das Problem der Haushaltsarbeit, die durch die einseitig männerdominierte Definition der Arbeit lange Zeit nicht als Arbeit betrachtet wurde, kommt nun allmählich in den Blick. Ueno Chizuko 上野千鶴子 vermutet, daß die Haushaltsarbeit immer stärker zu einer Herausforderung gegenüber dem patriarchalen Staat, dem Markt, den Unternehmen und der Arbeitswelt der Männer insgesamt wird.

---

27 Diese Position wurde von der Koryphäe der japanischen Sozialpolitik, ÔKÔCHI Kazuo 大河内一男 (1905–84), vertreten, der als Wirtschaftswissenschaftler in den Jahren 1973–84 das Amt des Vorsitzenden des Regierungsausschusses für das Sozialversicherungssystem in Japan innehatte. Bereits in den 50er Jahren wurde Ôkôchis Theorie kritisiert, aber diese Kritik führte zu keiner grundsätzlichen Änderung seiner Position. Vgl. dazu: ÔSAWA Mari 大沢真理: "Nihon no shakaikagaku to jendâ" (「日本の社会科学とジェンダー」"Die japanischen Sozialwissenschaften und Gender"), in: HARA u. ÔSAWA (Hg.) 1994: 9ff.
28 ÔSAWA 1993 u. Ôsawa Mari 大沢真理: "Kaisha ningen sayônara"「会社人間さようなら」, in: HARA u. ÔSAWA (Hg.) 1997: 188–226.

Zum Verständnis des Geschlechterverhältnisses in Japan gibt es zwei Interpretationsansätze: Genderpolarität und Genderparallelität. Der Genderpolaritätsansatz zeigt, wie die für die japanische Gesellschaft grundlegenden sozialen Institutionen Familie und Betrieb durch die polarisierte geschlechtliche Arbeitsteilung strukturiert sind. Polarisiert heißt: wechselseitig aufeinander bezogen sein und sich wechselseitig ermöglichen. Ein solches Verhältnis kann, muß aber nicht, symmetrisch sein und auf Gleichheit beruhen. Die Verfügung über Ressourcen, die Machtpositionen und der soziale Status können durchaus verschieden sein. Dies macht ein Blick in die Arbeitswelt schnell deutlich. Das spezifisch japanische Beschäftigungsverhältnis, das auf lebenslanger Anstellung und dem Senioritätsprinzip bei Einkommen und beruflichem Aufstieg beruht, kann nur funktionieren, weil die niedrigen Positionen mit schlechter Bezahlung, ohne Anstellungsgarantie und ohne Aufstiegschancen überwiegend mit Frauen besetzt sind. Diese Frauen können sehr flexibel eingesetzt werden und arbeiten in großer Zahl auf Teilzeitstellen. Da sie nach der Gender-Ideologie auf ihre Verantwortung für die Familie bezogen sind, akzeptieren sie ihre untergeordnete Stellung in der Arbeitswelt. Diese asymmetrische Arbeitsteilung in den japanischen Unternehmen hat aber auch für die Männer Nachteile: Fast ihr ganzes Leben ist zentriert auf die Arbeit und auf den Betrieb. Diese sogenannten "Betriebsmenschen" (*kaisha ningen* 会社人間) können nur existieren durch die Unterstützung ihrer Ehefrau, die zuständig ist für den ganzen Bereich der Reproduktion. Der Genderpolaritätsansatz ist ganzheitlich orientiert und analysiert deshalb nicht einseitig die Arbeitswelt der Männer oder die der Frauen, sondern erfaßt die innere strukturelle Bezogenheit, z.B. der männlichen Stammbelegschaft auf die periphere weibliche Arbeitskraft – man spricht hier von dem japanischen "genderdifferenzierten Managementsystem".[29] Er erfaßt die strukturelle Bezogenheit der Arbeitswelt auf die Familienwelt.

Die Familienwelt wird als die Domäne der Frauen betrachtet. So wie die Stellung der Frauen als Hausfrau und Mutter im japanischen Familienstaatssystem vor dem Zweiten Weltkrieg durch die direkte Wechselbezogenheit von Familie und Staat – trotz ihrer rechtlichen Ungleichheit – stark war, haben die Frauen im Nachkriegsjapan als Hausfrauen und Mütter eine starke Stellung durch ihre Verantwortung für die Familienwelt. Diese Stellung beruht auch auf ihrem hohen Bildungsniveau und auf einem wachsenden Bewußtsein weiblicher Autonomie und Handlungsmöglichkeiten. Aus den "weisen Müt-

---

29 S. dazu: Ilse LENZ: "Neue Wege, neue Barrieren? Veränderungen für Frauen in der japanischen Betriebsgesellschaft", in: dies. u. MAE (Hg.) 1997: 179–209.

tern" wurden so die gefürchteten "Erziehungsmütter" (*kyôiku mama* 教育ママ) und aus tüchtigen Hausfrauen wurden "voll in der Sozialbewegung engagierte Hausfrauen" (*katsudô sengyô shufu* 活動専業主婦). Sie überschritten die engen Grenzen der Familienwelt und erschlossen sich neue soziale und kulturelle Handlungsräume, indem sie von kleinen Netzwerkaktivitäten z.B. für gesunde Ernährung, Altenpflege und Umweltfragen ausgehend eine politische Graswurzelbewegung entwickelt haben. Sie schufen so eine eigene "Frauenkultur", um einen etwas veralteten und mißverständlichen Begriff zu benutzen, die gleichwertig neben der "Männerwelt" der Arbeit und Politik stehen soll. Auch hier sind die weibliche und die männliche Sphäre getrennt, aber gleichrangig, d.h. ohne hierarchische Asymmetrie. Diese Struktur scheint zwar dem Konzept der Geschlechterparallelität zu entsprechen; in Wirklichkeit aber streben viele Netzwerkgruppen die Überwindung der geschlechtlichen Arbeitsteilung und der Geschlechterdifferenzierung in der Gesellschaft an. Die Grundlage dafür ist ein neues Verständnis von Alltagsleben und Arbeit. Aus ihrer umfassenden Kompetenz für das Alltagsleben entwickeln viele japanische Frauen neue Formen der Arbeit, die zu einer Neubestimmung und -bewertung der Arbeit in der einseitig produktions- und erwerbsorientierten Gesellschaft führen sollen.

Auch die Besonderheiten der politischen Partizipation und des politischen Verhaltens japanischer Frauen können mit dem Gender-Ansatz herausgearbeitet werden. Durch eine zu enge und zu wenig genderbezogene Definition der Politik wird leicht übersehen, daß Frauen ihre politischen Interessen und Ziele in anderen Bereichen und Formen des politischen Handelns besser realisieren können als in den konventionellen institutionellen Bereichen der Politik. Da hier die Männer dominieren und Frauen eher geringe Mitwirkungsmöglichkeiten haben – z.B. in den Parteien –, bevorzugen viele Frauen andere politische Partizipations- und Organisationsformen, die ihrer politischen Motivation, ihrem politischen Problembewußtsein und ihren Interessen eher angemessen sind.

Ein Beispiel für solche neuen Partizipations- und Organisationsformen sind wiederum viele Netzwerkgruppen und -aktivitäten japanischer Frauen, die zu einer "Politisierung des Alltagslebens" führen und eine "Veralltäglichung der Politik" bewirken. Das politische Partizipationsverhalten der Netzwerkfrauen ist problemorientiert und auf eine unmittelbare Einflußnahme auf den politischen Prozeß gerichtet, vor allem auf lokaler und regionaler Ebene. Für diese Frauen ist gerade der geringe Institutionalisierungs- und Hierarchisierungsgrad der unkonventionellen Organisationsformen ihrer Netzwerkaktivitäten wichtig. Sie bevorzugen kleine, wenig strukturierte, überschaubare Einheiten, die eine spontane Teilnahme und unmittelbaren Einfluß ermöglichen. Solche kleinen, nicht-hierarchisch strukturierten Gruppen kommen den Lebensformen, der Motivation und den Interessen der Frauen entgegen, besonders wenn die Inhalte und Ziele der Gruppenaktivitäten auf Probleme gerichtet sind, die für diese Frauen eine hohe Relevanz haben. Hier deutet sich ein neuer erweiterter Begriff von Politik an, der deutlich macht, daß man das politische Partizipationsverhalten nur genderbezogen angemessen analysieren und interpretieren kann. Der Typus eines weiblichen politischen Verhaltens, wie er sich gerade in der japanischen Frauennetzwerkbewegung herausbildet, könnte zu einer grundlegenden Veränderung der herkömmlichen, männlich geprägten Politik in Japan führen.[30] Inhalt und Ziel eines solchen Wandels der Politik wie auch der Arbeitsformen ist vor allem die Überwindung der geschlechtlichen Arbeitsteilung und der Trennung von privater Lebenssphäre und öffentlicher Welt der Arbeit, Politik und Kultur.

8. Schluß

Da GS eine noch junge Wissenschaftsdisziplin sind, ist es schwierig, die Geschichte ihrer Entwicklung und den Stand der Forschung in allen Bereichen angemessen darzustellen. Ebenso wäre es noch zu früh, in einem Gesamtüberblick systematisch und auch kritisch zusammenzufassen, was GS inhaltlich sind, welche Methoden zur Anwendung kommen, welche Erkenntnismöglichkeiten durch die neuen Fragestellungen erschlossen werden.

Auch der vorliegende Versuch, einen Überblick über die GS in der Japanforschung zu geben, ist nicht vollständig: Aus Gründen der notwendigen Kürze, aber auch, weil ein bestimmter thematischer Zusammenhang in seiner Struktur und Entwicklung herausgearbeitet werden sollte, mußte auf die kulturwissenschaftlichen Disziplinen gänzlich verzichtet werden. Wichtige Anwendungsbereiche, die die Gender-Kategorie gerade durch ihre interdisziplinäre Verschränkung von Perspektiven über Fachgrenzen hinweg auf neue Weise zu analysieren und zu beschreiben ermöglicht, konnten nicht behandelt werden.

Als Grundlagendisziplin sind GS der eigenen Methodik gegenüber selbstkritisch eingestellt; sie lehnen jede dogmatische Position und jede Totalisierung ab und stellen ihren eigenen Ansatz immer wieder in Frage. Auch die Gender-Kategorie selbst sehen sie nicht als die für ihre Forschungsarbeit einzig gültige

---

30 S. dazu MAE Michiko: "Frauenbewegung und neue Formen der politischen Partizipation von Frauen in Japan", in: HEBERER u. VOGEL (Hg.) 1997: 172–84.

analytische Kategorie, sondern sie soll mit anderen Kategorien wie Ethnizität und Klasse zusammen zur Analyse und Enthierarchisierung der sozialen und kulturellen Bedeutungen und Phänomene beitragen. Diese Haltung, die scheinbar die eigene Position zu schwächen scheint, ist durch eine lange Geschichte der Verdrängung und Diskriminierung begründet und ist eine wesentliche Stärke der GS.

Durch den von ihnen bewirkten Paradigmenwechsel können sie noch stärker als die WS den Androzentrismus in den Wissenschaften abbauen. Sie stellen die der bestehenden Wissenschaft zugrunde liegende Subjekt-Objekt-Beziehung in Frage und versuchen, "Forschungsobjekte" als Subjekte zu verstehen und sprechen zu lassen und das "Forschungssubjekt" nicht absolut zu setzen, sondern zu öffnen und zu entgrenzen. Dieses andere Forschungsverhalten läßt eine neue Dynamik im Umgang mit Vielheit und Differenzen zu.

Gerade dadurch sind die japanbezogenen GS eine wichtige Grundlagendisziplin nicht nur für die Japanforschung, sondern auch für die allgemeinen GS. Sie können im Zusammenhang mit dem für die heutige Welt entscheidend wichtigen Ost-West-Verhältnis eine dreifache Differenz ins Spiel bringen: die Verschiedenheit der Gesellschaft und Kultur, der Erfahrung der Moderne und der Situation der Frauen. Die Art, wie sie dies tun, ermöglicht die Überwindung sowohl einer androzentrischen, wie einer eurozentrischen und auch einer japanzentrischen Perspektive. Die japanbezogenen GS leisten damit einen wichtigen Beitrag zu einer Japanforschung, die sich als eine Sozial- und Kulturwissenschaft versteht, für die Grenzen und Differenzen etwas Produktives sind, weil sie Grenzüberschreitungen und Entgrenzungen und damit Öffnung, Dialog und Verstehen ermöglichen.

Literaturauswahl

1. *Bibliographien*

Women in Japanese Society
    1992   Hg. v. Kristina Ruth Huber. An Annotated Bibliography of Selected English Language Materials. Westport, Conn.: Greenwood Press.

2. *Jahrbücher, Zeitschriften und Sammlungen*

Fujin hakusho 婦人白書 ("Weißbuch der Frau")
        Nihon Fujin Dantai Rengôkai 日本婦人団体連合会.
Feminizumu korekushon フェミニズム・コレクション ("Sammlung feministischer Theorien"), 3Bde.
    1993   Hg. v. KATÔ Shûichi et al. Keisô Shobô. 加藤秀一. 勁草書房.
Gekkan josei jôhô 月刊女性情報 ("Monatliche Informationen zur Frau").
    1989ff.   Pado Uimenzu Ofisu パド・ウィメンズ・オフィス.
Hataraku josei no jitsujô 働く女性の実情 ("Daten über die erwerbstätige Frau").
        Rôdôshô Fujinkyoku 労働省婦人局 (jährlich).
Joseigaku kenkyû 女性学研究 ("Studien zur Frauenforschung").
        Joseigaku Kenkyûkai 女性学研究会 (Hg.).
Joseigaku nenpô 女性学年報 ("Jahreszeitschrift der Frauenforschung").
        Nihon Joseigaku Kenkyûkai 日本女性学研究会 (jährlich).
Josei jôhô nenkan 女性情報年鑑 ("Jahrbuch für Informationen zur Frau")
        Pado Uimenzu Ofisu パド・ウィメンズ・オフィス (jährlich).
Josei no genjô to shisaku 女性の現状と施策 ("Maßnahmen und gegenwärtige Situation der Frauen").
        Sôrifu 総理府 (jährlich).
Nichibei josei jânaru 日米女性ジャーナル ("U.S.-Japan Women's Journal").
        The U.S.-Japan Women's Center (Hg.) California, U.S.A.
Nihon no feminizumu 日本のフェミニズム ("Der japanische Feminismus")
    1994, 1995   7 Bde. + 1 Sonderband. Hg. v. Inoue Teruko. Iwanami Shoten. 井上輝子. 岩波書店.

3. Literatur in deutschsprachigen Sammelbänden

GÖSSMANN, Elisabeth (Hg.)
1991	*Japan – ein Land der Frauen?* München: iudicium.
HEBERER, Thomas u. VOGEL, Kerstin Katharina (Hg.)
1997	*Frauen-Los!?: Politische Partizipation von Frauen in Ostasien* (Ostasien-Pazifik: Trierer Studien zu Politik, Wirtschaft, Gesellschaft, Kultur, Bd. 4). Hamburg: LIT.
LENZ, Ilse u. MAE, Michiko (Hg.)
1997	*Getrennte Welten, gemeinsame Moderne? Geschlechterverhältnisse in Japan.* Opladen: Leske + Budrich.
LINHART, Ruth u. WÖSS, Fleur (Hg.)
1990	*Nippons neue Frauen.* Reinbek bei Hamburg: Rowohlt.

4. Literatur in japanischer Sprache

AKIBA Katsue 秋葉かつえ
1993	*Onna to Nihongo* ("Frauen und Japanisch"). Yûshindô Kôbunsha.『女と日本語』有信堂高文社.
AOKI, Yayoi 青木やよひ
1986	*Feminizumu to ekorojî* ("Feminismus und Ökologie"). Shinhyôron.『フェミニズムとエコロジー』新評論.
EHARA Yumiko 江原由美子
1990	*Feminizumu ronsô* ("Feminismus-Debatte"). Keisô Shobô.『フェミニズム論争』勁草書房.
HARA Hiroko 原ひろ子 u. ÔSAWA Mari 大沢真理 (Hg.)
1994	*Jendâ* ("Gender"). Shinseisha.『ジェンダー』新世社.
HARA Hiroko 原ひろ子 u. ÔSAWA Mari 大沢真理 (Hg.)
1997	*Henyô suru dansei shakai. Rôdô, jendâ no nichi doku hikaku* ("Die sich wandelnde Männergesellschaft. Arbeit und Gender im deutsch-japanischen Vergleich"). Shin'yôsha.『変容する男性社会 労働、ジェンダーの日独比較』新曜社.
INOUE Teruko 井上輝子
1993	*Joseigaku e no shôtai* ("Einladung zur Frauenforschung"). Yûhikaku.『女性学への招待』有斐閣.
INOUE Teruko 井上輝子
1989	*Joseigaku to sono shûhen* ("Die Frauenforschung und ihr Umfeld"). Keisô Shobô.『女性学とその周辺』勁草書房.

Iwao Sumiko 岩男寿美子 u. Hara Hiroko 原ひろ子
- 1989 *Joseigaku koto hajime* ("Anfangen mit Frauenforschung"). Kôdansha.『女性学ことはじめ』講談社.

Kinjô Kiyoko 金城清子
- 1991 *Hôjoseigaku – sono kôchiku to kadai* ("Juristische Frauenforschung – Aufbau und Aufgaben"). Yûhikaku.『法女性学ーその構築と課題』有斐閣.

Minamoto Junko 源淳子 u. Yamashita Akiko 山下明子
- 1991 *Seisabetsu o suru bukkyô* ("Geschlechterdiskriminierung im Buddhismus"). Hôzôkan.『性差別をする仏教』法蔵館.

Mizuta Noriko 水田宗子
- 1991 *Feminizumu no kanata* ("Jenseits des Feminismus"). Kôdansha.『フェミニズムの彼方』講談社.

Ochiai Emiko 落合恵美子
- 1989 *Kindaikazoku to Feminizumu* ("Die moderne Familie und der Feminismus"). Keisô Shobô.『近代家族とフェミニズム』勁草書房.

Ôgoshi Aiko 大越愛子
- 1997 *Kindai nihon no jendâ* ("Gender im modernen Japan"). San'ichi Shobô.『近代日本のジェンダー』三一書房.

Ôsawa Mari 大沢真理
- 1993 *Kigyô chûshin shakai o koete* ("Die Überwindung der Betriebsgesellschaft"). Jiji Tsûshinsha.『企業中心社会を超えて』時事通信社.

Suzuki Yûko 鈴木裕子
- 1990 *Joseishi o hiraku* ("Die Frauengeschichte anbahnen"). 2 Bde. Miraisha.『女性史を拓く』未来社.

Ueno Chizuko 上野千鶴子
- 1990 *Kafuchôsei to shihonshugi* ("Der Kapitalismus und das patriachalische System"). Iwanami Shoten.『家父長制と資本主義』岩波書店.
- 1994 *Kindaikazoku no seiritsu to shûen* ("Entstehung und Ende der modernen Familie"). Iwanami Shoten.『近代家族の成立と終焉』岩波書店.
- 1998 *Nashonarizumu to jendâ* ("Nationalismus und Gender"). Seidosha 1998.『ナショナリズムとジェンダー』青土社.

Politische Kultur *

Manfred Pohl

1. *Entstehung und formale Struktur des politischen Systems*

Zu Beginn der wirtschaftlichen Modernisierung des Landes, in der zweiten Hälfte des 19. Jahrhunderts, umfaßte die Bevölkerung Japans 34 Mio. Menschen; hundert Jahre später hat sich die Einwohnerzahl auf 124,76 Mio. mehr als vervierfacht, mit einer durchschnittlichen Bevölkerungsdichte von 334 / qkm (1993); für 2035 rechnet die japanische Regierung mit einer Einwohnerzahl von 133,2 Mio. Nur ca 15% der gesamten Landfläche kann als Ackerland, für Industrieansiedlung und die Ausbreitung städtischer Wohngebiete genutzt werden; 42% der japanischen Bevölkerung leben in hochverdichteten Gebieten. So erreicht die Zusammenballung der Bevölkerung in Tokyo 11.544 Einwohner / qkm und in Osaka 9.861 Einwohner / qkm.

In den wenigen Jahrzehnten nach dem Pazifischen Krieg, seit 1945, hat sich die japanische Wirtschaftsstruktur radikal verändert: Noch 1950 waren 48% aller Arbeitnehmer in der Landwirtschaft beschäftigt; heute hat sich in Japan eine Wirtschaftsstruktur mit Zügen einer "postindustriellen" Dienstleistungsgesellschaft entwickelt: 1994 waren nur noch 5,8% der Arbeitsbevölkerung in der Landwirtschaft tätig (meist in Neben- oder Zuerwerbsbetrieben von durchschnittlich 1 ha Größe), dagegen 33,5% in der verarbeitenden Industrie und 60,7% im Dienstleistungsbereich.

Die Japanische Verfassung (JV, *Nihon koku kenpô* 日本国憲法) wurde 1947 unter maßgeblicher Beteiligung der US-Besatzungsbehörden erarbeitet und ist in vielen formaldemokratischen Grundsätzen durch amerikanisches Rechtsempfinden geprägt, das sich nicht mit den traditionellen japanischen Normvorstellungen deckt (Beispiel: Verpflichtungsdenken und persönliche Beziehungen / Gruppenloyalität überwiegen formale Rechtsnormen). Wichtigste Veränderungen der neuen JV gegenüber der Vorkriegsverfassung – abgesehen von der grundsätzlichen Demokratisierung – waren das aktive und passive

---

* Der Vortragsstil wurde beibehalten.

Wahlrecht für die Frauen und die politische Entmachtung des Kaisers. Die Vorkriegsverfassung (*Dai Nihon teikoku kenpô* 大日本帝国憲法) hatte dem Kaiser (heute eingedeutscht Tenno < jap. Tennô 天皇, "Himmlischer Souverän") eine gottähnliche Position zugewiesen, die neue JV bezeichnet ihn nur noch als "Symbol Japans und der Einheit des japanischen Volkes". Seine Funktion ist nach der JV auf formale Aufgaben beschränkt; so eröffnet er die Parlamentssitzungen, ernennt nach Wahl durch das Parlament den Regierungschef sowie die Minister und zeichnet Gesetze gegen, die er jedoch nicht stoppen kann.

Die JV entstand in einer Zeit, als viele Stadtbewohner wegen schwerer Luftangriffe in ländliche Gebiete ausgewichen waren, und die Verfassungsrechtler konnten von ausgewogener Bevölkerungsverteilung ausgehen, als sie die neuen Wahlkreise festlegten. In den siebziger und achtziger Jahren zeigte sich jedoch, daß sich die Bevölkerungsverteilung durch zunehmende Landflucht völlig verändert hatte: Jetzt besaßen die "ländlichen" Stimmen ein erheblich höheres Gewicht als die "städtischen" Stimmen; in den vorwiegend dörflich strukturierten Wahlkreisen waren sehr viel weniger Stimmen für ein Mandat nötig als in den Großstädten. Diese Diskrepanz – neben dem wachsenden Zorn über die allmächtige Bürokratie (s.u.) – war der wichtigste Antrieb für die Reformen von 1994.

Das japanische Parlament (*kokkai* 国会) besteht aus zwei Kammern, dem politisch entscheidenden Unterhaus (*shûgiin* 衆議院) und dem Oberhaus (*sangiin* 参議院), der "Kammer der Berater". Die Legislaturperiode des Unterhauses läuft theoretisch über vier Jahre, aber der Regierungschef (Ministerpräsident, *[naikaku] sôridaijin* [内閣]総理大臣) hat nach englischem Vorbild das Recht, vorzeitig das Unterhaus aufzulösen und Neuwahlen anzusetzen; er allein bestimmt den Zeitpunkt der Neuwahlen und verfügt damit über eine scharfe Waffe gegen die Opposition – und die eigenen "Parteifreunde". Die früher 512 Unterhaus-Abgeordneten wurden bis 1994 in Mehrerwahlkreisen nach einem reinen k.o.-System (d.h. ohne Element der Verhältniswahl) bestimmt; dabei strebten alle Parteien eine gleichmäßige Verteilung ihres Stimmenpotentials auf möglichst viele Bewerber an: Stimmenzersplitterung durch zu viele Bewerber und Stimmenhäufung auf populäre Einzelkandidaten sollten vermieden werden, sonst zogen Gegenkandidaten vorbei. Der Wahlerfolg einzelner Kandidaten stützte sich auf die sogenannten *sanban*, die "drei *ban*": Eine "eigene Hochburg" (*jiban* 地盤) – meist in der Heimatprovinz –, ein bekanntes Gesicht ("Aushängeschild", *kanban* 看板) und eine wohlgefüllte Börse für substantielle Wohltaten ("Aktentasche", *kaban* 鞄); Unterstützung durch eine Partei war bis 1994, als grundlegende politische Reformen in Kraft traten (s.u.), weniger wichtig. Fast stets hatten Japans Regierungschefs (mit einer Ausnahme 1972–76) vorzeitig das Unterhaus aufgelöst. Diese Auflösung ist häufig der letzte Rettungsversuch eines gescheiterten Regierungschefs, er "flüchtet" sich dann sozusagen zu den Wählern, um ihr unterstützendes Votum gegen seine politischen Gegner im Parlament (und in der eigenen Partei...) anzurufen.

1.1 *Die Reformen von 1994*

Diesen Schritt wagte im Juli 1993 auch der damalige Regierungschef Miyazawa Kiichi 宮沢喜一, nachdem er in einem Mißtrauensvotum unterlegen war. Da es in Japan kein konstruktives Mißtrauensvotum gibt, blieb ihm dieser "Fluchtweg" offen. Es war ein Weg in die politische Katastrophe: Miyazawa erlitt eine verheerende Niederlage, während eine Reihe "neuer" Parteien, die aus Abspaltungen von der Regierungspartei LDP hervorgegangen waren, unter dem charismatischen Reformer Hosokawa Morihiro 細川護熙 hervorragende Ergebnisse erzielten. Die LDP (Liberal-Demokratische Partei, Jiyû Minshutô 自由民主党) mußte erstmals seit ihrem Bestehen in die Opposition. Diese Partei hatte von 1955 bis 1993 unangefochten das Regierungsmonopol besetzt, und erst innere Spaltungen verursachten ihren Sturz aus der Macht. Von 1993 bis 1994 regierten wechselnde Koalitionen, zuletzt auch wieder eine absurde Koalition aus der LDP und ihren erbitterten Gegnern über mehrere Jahrzehnte: die Sozialisten, zusammen mit einer kleinen Splitterpartei (die auch aus der LDP hervorgegangen war).

Nach den grundlegenden Wahlrechtsreformen von 1994 werden heute 480 Unterhausabgeordnete in 300 Einer-Wahlkreisen (Direktmandate) und 180 Listenplätzen gewählt. Diese Listenplätze verteilen sich auf 11 Regionallisten, die geographisch so festgelegt wurden, daß ein ungefähres Stimmengleichgewicht zwischen "ländlichen" und "städtischen" Stimmen entstand. Zum erstenmal wurde im Oktober 1996 nach diesem System gewählt; vielen japanischen Wählern aber war dieses neue System nicht geheuer: Die Tatsache, daß ein Politiker, der als Direktkandidat durchgefallen war, über einen Listenplatz doch ins Parlament einziehen konnte, galt vielen als Betrug am Wähler.

Die 252 Oberhaus-Mitglieder werden in festen Wahlperioden bestimmt, je eine Hälfte alle drei Jahre. Diese zweite Kammer hatte ursprünglich keine rechte Funktion, weder war sie "Adelshaus" noch "Länderkammer" (vgl. Bundesrat). Das Oberhaus ist zustimmungspflichtig bei allen Gesetzen, außer bei dem Haushaltsgesetz und internationalen Verträgen. Ein Widerspruch des Oberhauses gegen ein Gesetz kann jedoch durch das Unterhaus überstimmt werden. Nach Möglichkeit aber sucht die Regierungspartei den Kompromiß;

dieser Ausgleichsprozeß ist seit Juli 1989 sehr schwierig geworden: Volkszorn über Steuergesetze und tiefsitzende Korruption in der Regierungspartei verschafften der vereinigten Opposition erstmals eine Mehrheit im Oberhaus. Jetzt hatte diese Kammer ein deutlich größeres parlamentarisches Gewicht bekommen, denn sie konnte nun "normale" Gesetzgebungsverfahren blockieren. Damit war der "Anfang vom Ende der LDP-Herrschaft" gekommen; in den Unterhauswahlen von 1993 wurde sie geschlagen.

1.2 *Soziale und politische Hintergründe der "Einparteien-Demokratie"*

Fast vierzig Jahre lang stellte die konservative LDP ununterbrochen die Regierung, während die Opposition – die Shakai Minshutô 社会民主党 (SDP) oder "Sozialisten", die Kômeitô 公明党 ("Partei für saubere Regierung")[1] oder organisierte Buddhisten, die inzwischen nicht mehr existierende Minshu Shakaitô 民主社会党 (DSP) oder "Sozialdemokraten" und die Nihon Kyôsantô 日本共産党 (KPJ) oder "Kommunisten" – vergeblich versuchte, das Machtmonopol der LDP zu brechen. Zwei Hindernisse erwiesen sich bisher für die Oppositionsparteien als fast unüberwindlich: Die Einteilung der Wahlkreise (*senkyoku* 選挙区) und die eigenen politischen Programme. In der hochentwickelten Industriegesellschaft Japans bevorzugte das System der Wahlkreise bei den Unterhauswahlen noch immer einseitig ländliche Gebiete. Rasche Industrialisierung, hoher Arbeitskräftebedarf und Landflucht hatten riesige städtische Ballungszentren entstehen lassen, aber die dicht bevölkerten Großstadt-Wahlkreise entsandten nicht mehr Abgeordnete als die dünn besiedelten ländlichen Stimmbezirke: Im vorwiegend agrarischen Hyôgo 兵庫 z.B. brachten 80.000 Stimmen einen Unterhaussitz, dagegen waren in Tokyo 280.000 Stimmen nötig. Trotz höchstrichterlicher Urteile und wachsenden Unmuts in der städtischen Wahlbevölkerung war bis 1993 keine grundlegende Wahlkreis-Reform verwirklicht worden. Der Grund lag auf der Hand: In den ländlichen Gebieten hatte die LDP ihre Hochburgen.

Die alten Oppositionsparteien stützten sich dagegen auf städtische Wähler, die mehrheitlich gegen die LDP stimmten. Entscheidende Einbrüche in neue Wählerschichten konnte die Opposition bis 1993 selten erzielen, weil ihre Programme entweder wirklichkeitsfremd waren (SDP) oder zu sehr auf bestimmte Wählergruppen zielten (Buddhisten). Seit die Sozialisten (stärkste

---

1   Sie wurde, nach einer sehr kurzen Phase der Auflösung, als ihr größter Teil in der "Neuen Fortschrittspartei" (Shinshintô 新進党) aufging, wiedergegründet.

Oppositionspartei) von ihrem marxistisch-leninistischen Grundsatzprogramm (u.a. auch Neutralisierung Japans, Verstaatlichungen usw.) abgerückt waren, gelangen ihnen erste Erfolge auch "auf dem Lande"; schließlich konnte die SDP unter Führung einer Frau, der Parteichefin Doi Takako 土井たか子, viele Wählerinnen ansprechen. Die so erreichten eindrucksvollen Zugewinne bei den Oberhauswahlen 1989 wurden in den folgenden Unterhauswahlen 1990 zwar nicht ganz gehalten, aber die SDP konnte ihre Fraktionsstärke kräftig erhöhen; es folgten dann aber Rückschläge für die SDP in den Unterhauswahlen von 1993, als sie gegen eine tief gespaltene LDP antreten mußte. In den Unterhauswahlen 1996 schließlich endete die "Sozial[istisch]e Partei Japans" (SPJ; Nihon Shakaitô 日本社会党) in der Bedeutungslosigkeit, die Ergebnisse waren so katastrophal, daß nur noch ein Weg offen schien: Es wurde an Auflösung gedacht, einzelne Parteigruppierungen wollten sich neu entstandenen Parteien anschließen – die Veränderung in der Parteienlandschaft begann. Aus der Nihon Shakaitô ging neben anderen die oben bereits genannte Shakai Minshutô hervor.

Die bisherige japanische Opposition mußte stets gegen mächtige, fest etablierte Interessen antreten: Die Regierungspartei unterhielt einerseits engste Beziehungen zu den Wirtschaftskreisen, deren Spendenaufkommen die LDP und ihre konservativen Bosse finanzierten (es gab bis 1994 kein Parteienfinanzierungsgesetz, nur ein "Spendengesetz"); andererseits bestanden enge Kontakte zwischen den Elite-Beamten der zentralen Ministerien[2] (insbesondere des als MITI oder Ministry of International Trade and Industry weltweit bekannten Tsûsanshô 通産省, der Wirtschaftsplanungsbehörde Keizai Kikakuchô 経済企画庁 und des Finanzministeriums Ôkurashô 大蔵省) und konservativen Parteipolitikern. Viele hochrangige Beamte z.B. finden nach ihrer Pensionierung (meist mit 55 Jahren) den Weg in die Politik: Mit einer Ausnahme waren alle Regierungschefs von 1970–91 ehemalige Spitzenbeamte verschiedener Ministerien. Andere Spitzenbeamte "steigen vom Himmel herab" (*amakudari* 天下り) und erhielten hochdotierte Positionen in der Wirtschaft. Der Beziehungskreis schließt sich auf diese Weise.

Seit 1989 gewann aber auch die "Provinz" zunehmend an Einfluß: Zwar haben die Gebietskörperschaften (47 Provinzen)[3] weit weniger politische Gestaltungsmöglichkeiten als z.B. die deutschen Bundesländer, aber die Provinzparlamente sind für viele Politiker zum ersten Karrieresprung geworden.

---

2 Einen hilfreichen Überblick über japanische Institutionen gibt KRAFT 1972.

3 Neben den "Präfekturen" (*ken* 県) sind dies die gleichrangigen Verwaltungseinheiten der Großstadtgebiete (*fu* 府) von Kyoto und Osaka, der Hauptstadtbezirk (*to* 都) und die "Landstraße [der Nordsee]" *dô*, also [Hokkai]dô [北海]道.

Hier sind die drei Grundelemente erfolgreicher Politik in Japan von entscheidender Bedeutung: Ein bekanntes Gesicht, eine lokale Hochburg und finanzielle Großzügigkeit, die *sanban* (s.o.). Über den schier grenzenlosen Geldbedarf konservativer Politiker liefen die Verbindungen zur Wirtschaft: Diese spendete, aber nicht so sehr an die Parteizentrale der LDP, sondern an die Faktionen, also jene innerparteilichen Gefolgschaften mächtiger Parteibarone, deren Bündnis die LDP bildete. Die Faktionsbosse schoben untereinander den Posten des Parteichefs – und damit das höchste Regierungsamt des Ministerpräsidenten – hin und her; das brachte häufige Ablösungen an der Partei- und Regierungsspitze mit sich, Ministerpräsidenten blieben selten länger als drei Jahre im Amt, die "Verweildauer" von Ministern war durchschnittlich 15 Monate. Der Zugriff auf die innerparteiliche Macht entschied sich nach Faktionsstärke (d.h. Unterhaus- und Oberhausabgeordnete), und die war wiederum an finanzielle Leistungsfähigkeit eines Faktionsbosses gebunden. Die Oppositionsparteien konnten bei dem Spendensegen aus der Wirtschaft nicht mithalten: Sie waren auf Mitgliedsbeiträge (KPJ), Spenden von Gewerkschaften (SPJ) und Beiträge religiöser Massenorganisationen (Kômeitô) angewiesen.

2. Kollektive Stukturen

2.1 *Traditionelle Werte in der japanischen Politik: Verpflichtungssdenken und "Gefolgschaftstreue"*

Für den hohen Geldbedarf in der japanischen Politik sind diese Traditionen zugleich Auslöser und Zweck; gegenseitige Verpflichtungen zwischen Politikern, aber auch zwischen Politikern und ihren Wählern lassen sich stets auch in finanzielle Abhängigkeiten übersetzen. Die Parteibarone in der LDP stützten ihre Machtansprüche auf die Zahl ihrer Gefolgsleute in beiden Kammern des Parlaments; diese wiederum wurden durch finanzielle Großzügigkeit zur Gefolgschaftstreue bewogen. Es ist keineswegs so, daß die Loyalität zwischen den Parteibossen und ihren Gefolgschaften auf einem in die moderne Politik übersetzten Lehnsherr-Lehnsmann-Verhältnis aufbaute, also "feudalistisch" war, sondern die innerparteilichen Machtgruppen (*habatsu* 派閥, "Faktionen") verband primär der gruppeninterne Informationsfluß – und das Finanzaufkommen. Bis 1994 konnte die Parteizentrale der LDP ihren offiziell nominierten Kandidaten keine ausreichenden Mittel für den Wahlkampf und die "Wahlkreispflege" zur Verfügung stellen, diese Mittel mußten von den Faktionsbossen kommen. Auch eine staatliche Parteienfinanzierung gab es nicht, so daß auch von dieser Seite die Gefolgschaften einzelner, einflußreicher

Politiker aus finanziellem Interesse zusammengezwungen wurden. Das Einsammeln politischer Spenden aus der Wirtschaft, die Hauptfinanzierungsquelle für politische Arbeit, war die wichtigste Aufgabe eines LDP-Parteibarons; deshalb waren für jeden Spitzenpolitiker der LDP engste Kontakte zu Unternehmen und Wirtschaftsverbänden lebenswichtig. Denn die angeblich auf Loyalität aufgebauten Faktionen zerfielen stets in dem Moment, in dem der Faktionschef z.B. durch Korruptionsvorwürfe "insolvent" wurde; Japans Unternehmen zogen sich sofort von jenen Politikern zurück, die negativ in die Schlagzeilen geraten waren, sie erhielten keine Spenden mehr. Auch der einzelne Politiker steht persönlich unter dem Druck der Erwartungshaltung seiner Klientel im eigenen Wahlkreis: Die *kaban*, also die weit geöffnete Tasche mit den substantiellen Wohltaten, war immer sprichwörtliche Voraussetzung für einen Wahlerfolg. Funktionierte diese Freigiebigkeit, konnten auch Skandale in Tokyo die Wiederwahl prominenter Politiker in ihrer Heimat nicht verhindern: Der korruptionsbelastete ehemalige Regierungschef Takeshita Noboru 竹下登 wurde als Unabhängiger 1993 in seiner Heimat wiedergewählt, und der mehrfach verurteilte frühere Ministerpräsident Tanaka wurde nach jeder Verurteilung unbeirrt von seinen Landsleuten wiedergewählt. 1993 trat seine Tochter für ihn an – und auch sie wurde prompt gewählt.

Hier wird das Phänomen des Verpflichtungsdenkens erkennbar. Tanaka Kakuei 田中角栄 hatte für seine Heimatpräfektur Niigata ken 新潟県 substantielle Vergünstigungen erwirkt: Straßen, Brücken, Schulen, eine Schnellbahnlinie usw. – jetzt fühlten sich die Wähler verpflichtet, diese Leistungen zu vergelten. So lange zu erwarten ist, daß die Unterstützung für die Familie Tanaka materielle Vorteile bringt, wird man zu den Tanakas stehen. Gleiches galt für Takeshita, der seine Heimat ebenfalls mit großzügigen öffentlichen Bauaufträgen versorgte. Diese Verpflichtungsbindungen aber halten nur so lange, wie sie finanziell abgesichert sind; das gilt für die Beziehungen einzelner Parlamentarier zu ihren Parteibaronen in den Faktionen wie auch für den einzelnen Politiker zu seiner Wählerschaft. Die Bedeutung des Gruppendenkens, das ja auch auf diesem Verpflichtungssystem gründet, sollte also nicht überschätzt werden, finzielle (materielle) Werte prägen den "Gruppismus" in Japan weit stärker als die Rezeption der Gruppentheorie in Europa es wahrhaben möchte. Es gibt daneben aber Gruppenphänomene, die ihre emotionale, soziale und materielle Grundlage vielleicht in spezifisch japanischen Voraussetzungen haben.

Die Spaltungen in der LDP, die prominente und weniger bekannte Politiker aus der ehemaligen Regierungspartei 1993/94 in neue Parteien wie die "Partei der Neugeburt" (Shinseitô 新生党), die "Neue Partei Japans" (Nihon Shintô 日本新党) oder die "Pioniere" (Sakigake 魁) führte – diese existieren bereits nicht mehr –, hatte tiefgreifende Auswirkungen auf die früher festgefügten Machtbasen dieser Politiker. In Erwartung der Kämpfe um Direktmandate begannen sich schon lange vor Inkrafttreten der Neuerungen geänderte Basisgruppen einzelner Politiker herauszubilden. Stets waren "ein bekanntes Gesicht" (*kanban*) und die lokale Machtbasis (*jiban*) ausschlaggebend für einen Wahlerfolg, daran wird sich auch unter einem geänderten Wahlrecht bei den Direktmandaten nicht viel ändern.

Deswegen war also die Neuformierung der Machtbasen von entscheidender Bedeutung. Ein Beispiel soll das illustrieren: die Stadt Kanazawa 金沢 in der Präfektur Ishikawa 石川 (400 km, NW von Tokyo). Dort wollte Okuda Keiwa 奥田敬和 mit seiner Shinseitô eine regionale Unterstützerorganisation (*kôenkai* 後援会) organisieren. Gegen diesen Schritt opponierten sofort örtliche Politiker wie die Stadtverordneten von Kanazawa, die Okuda nahestanden, aber auch nicht den Draht zu LDP-Politikern abreißen lassen wollen – ein echter Loyalitätskonflikt. In Ishikawa wurden bis 1993 fünf Unterhaus-Mandate vergeben, vier der Sitze für Ishikawa wurden seit 1955 von LDP-Politikern gehalten; einer davon war Okuda, ein weiterer der damalige LDP-Generalsekretär und spätere Ministerpräsident Mori Yoshirô 森喜朗. Jetzt suchte Okuda gegen seine alte Partei (und seinen früheren Parteifreund Mori) eine eigene Basisorganisation aufzubauen und stieß auf enorme Schwierigkeiten, obwohl sein Einfluß in Kanazawa beachtlich war. Zwar folgten seinem Schritt, die LDP zu verlassen, 667 Mitglieder der regionalen LDP-Frauenorganisation und 116 Mitglieder der Jugendsektion, es folgten 46 der Stadtbezirksorganisationen der LDP von Kanazawa, die sich zu Shinseitô-Organisationen erklärten, 27 LDP-Politiker aus dem Stadtrat bekannten sich zu Okuda; aber letztlich orientierten sich alle Organisationen und Politiker, die früher fest zur LDP standen, zu einer Seite (d.h. letztlich einem Politiker) und ergriffen damit Partei. Die Regionalorganisation der LDP begrüßte den Vorstoß Okudas, eben weil sich jetzt die Fronten klären müßten. Schwierig war es für die Geschäftsleute Kanazawas, die plötzlich sorgfältig abwägen mußten, welchen der beiden Spitzenpolitiker – Okuda oder Mori – sie nun finanziell fördern sollten.

Für die neuen Parteien lagen die Probleme einer Basisorganisation (Unterstützergruppen) nicht so sehr in den Städten, sondern in den ländlichen Gebieten: Zum einen verfügte die Alt-LDP dort noch über starke Stützpunkte, zum anderen war es für konservative Newcomer schwierig, in die jahrelang gewachsenen persönlichen Beziehungsgeflechte einzudringen – und diese waren natürlich auch für die Besetzung von Direktmandaten ausschlaggebend.

2.2 *Familismus, Regionalismus und Universitätscliquen*

Die Finanzkraft der Faktionsbosse hält (oder: hielt?) die Machtgruppen der LDP zusammen, Verpflichtungen waren also finanziell abgesichert. Die gleiche finanzielle Bindung gibt es auch zwischen dem einzelnen Politiker und seinem Wahlkreis, aber hier kommt ein weiteres Element hinzu: Japans Politiker sind in ihrer großen Mehrheit regional verwurzelt und stammen zu einem erstaunlich hohen Prozentsatz aus Politiker-"Dynastien". Hier wirken sich die beiden anderen Voraussetzungen für einen erfolgreichen Politiker in Japan aus: Das bekannte Gesicht, also die Zugehörigkeit zu einer örtlich angesehenen Familie (= *kanban*) und die regionale Machtbasis (= *jiban*). Der Familismus ist der Grund dafür daß Wahlkreise regelrecht vererbt werden. Der politische Regionalismus stärkt im Regierungszentrum Tokyo zugleich ein parlamentarisches Phänomen, das im politischen Entscheidungsprozeß stets eine entscheidende Rolle spielte und auch nach den Wahlen von 1993 und 1996 von zentraler Bedeutung bleiben wird, die sog. "Stammesabgeordneten" (*zoku giin* 族議員). Diese *zoku giin* bilden die "innere Lobby" für Partikularinteressen und sind faktionsübergreifend organisiert. Parlamentarier verschiedener LDP-Machtgruppen vertreten dabei in der Partei und im Parlament gemeinsam z.B. die Interessen von Bauern oder einzelnen Industriesektoren (Bauwirtschaft, Kommunikationsindustrie). Die *zoku* sind deswegen die wirkungsvollsten Vermittler für die äußere Lobby – aber auch für die Ministerialbürokratie, die auf diesem Wege die Interessen ihrer "Häuser" gegenüber der Politik wahrnimmt; so ist z.B. ohne Zusammenarbeit mit den *zoku giin* die alljährliche Aufstellung des Staatshaushalts undenkbar; während der Beratungen des Entwurfs gibt es einen ständigen Austausch zwischen Parlamentariern, Lobby-Gruppen und den Bürokraten des Finanzministeriums. Das verbindende Element zwischen Bürokratie und Politik ist dabei sehr oft im gemeinsam erlebten Studium der wichtigsten Repräsentanten zu sehen: Die sogenannten *gakubatsu* 学閥 (etwa "Studien- oder Universitätscliquen") finden sich in den Jahrgängen der Spitzenuniversitäten zusammen und halten ein Leben lang, auch nachdem ganz unterschiedliche Lebenswege beschritten wurden. Besonders auffällig ist dieses bei der Rolle der ehemaligen kaiserlichen Universität von Tokyo (Tôkyô Daigaku 東京大学, kurz Tôdai) und den Bürokratieapparaten; hier wird das vielleicht "japanischste" Phänomen erkennbar.

2.3 *Facherfahrung und Beziehungsgeflechte: Verwaltete Politik*

Als Beispiel kann die Zusammensetzung des Miyazawa-Kabinetts von 1991 dienen: Bildungshintergrund der Minister, ihr Karriereverlauf und der Weg in die Politik sind typisch: Sieben Minister und der Regierungschef entstammten der Ministerialbürokratie und sind meist von mittleren Führungspositionen in die Politik übergewechselt. Ministerpräsident Miyazawa trat nach seinem Studium 1941 in das Finanzministerium ein. Der Justizminister (*hômudaijin* 法務大臣) war früher im Bauministerium (Kensetsushô 建設省) als Abteilungsleiter für die Region Kyûshû 九州 zuständig, der Arbeitsminister (*rôdô daijin* 労働大臣) war vorher Abteilungsleiter in der Steuerabteilung des Finanzministeriums, der Kabinettsprecher leitete einige Zeit die China-Abteilung im Außenministerium (Gaimushô 外務省); der Chef der üblicherweise in Personlunion geführten Entwicklungsbehörden für Hokkaidô und Okinawa (Hokkaidô Kaihatsuchô 北海道開発庁, Okinawa Kaihatsuchô 沖縄開発庁) war im Verkehrsministerium (Un'yushô 運輸省) früher für die Staatsbahnen verantwortlich, der Chef der Verteidigungsbehörde (Bôeichô 防衛庁, *de facto* ein Verteidigungsministerium) war im Finanzministerium Leiter der Steuerbehörde für Tokyo, der Chef der Economic Planning Agency entstammte ebenfalls dem Finanzministerium wie auch der Chef der Behörde für Forschung und Technologie (Kagaku Gijutsuchô 科学技術庁). Mit fünf ehemaligen Bürokraten war das Finanzministerium also besonders stark vertreten.

Von den 21 Ministern des Miyazawa-Kabinetts waren sechs Absolventen der oben erwähnten Elite-Universität Tôkyô Daigaku, drei Kabinettsmitglieder studierten an der Universität Waseda 早稲田大学, je einer war an den Universitäten Keiô 慶応大学 und Hitotsubashi 一橋大学 ausgebildet worden, sämtlich hoch angesehene Privatuniversitäten. Dennoch dominierte – wie immer – die Tôdai-Elite, angeführt von Regierungschef Miyazawa. Die beiden traditionellen Karrieremerkmale von Spitzenpolitikern, Tôdai-Ausbildung und Bürokratenlaufbahn, waren zwar im Miyazawa-Kabinett noch immer deutlich, aber noch ein anderes Merkmal war auffällig: Sechs Minister begannen ihre politische Karriere in einem der Provinzparlamente (*ken kaigi* 県会議), nicht zuletzt der Außenminister, der eine zentrale Rolle im Kabinett spielt: ein Beispiel für den wachsenden Einfluß des Regionalismus auf die nationale Politik?

Die Initiativen einiger japanischer Spitzenpolitiker zu Beginn der 90er Jahre zeigten zumindest Bemühungen, das Übergewicht von Absolventen der Tôdai zurückzudrängen. So schlug der damalige Kabinettsekretär (*kanbô chôkan* 官房長官) Katô Kôichi 加藤紘一 (1991) ein Pogramm vor, das für die kommenden fünf Jahre eine Reduzierung des Anteils von Nachwuchsbürokraten für alle Ministerien aus Tôdai-Absolventen auf unter 50% drücken soll. Anfang 1992 waren zwar unter den erfolgreichen Kandidaten der Aufnahmeprüfungen des höheren Dienstes für Ministerien und Zentralbehörden ca. 50% keine Tôdai-Absolventen, aber bei den Übernahmen nach den Prüfungen lag die Tôdai mit ihren Zöglingen bei über 70%. Das Kabinett strebte deshalb ein Verfahren an, das die Übernahmequote von Absolventen anderer Universitäten erhöhen sollte. Diese Politik war angeblich auf die persönliche Intervention Miyazawas zurückzuführen: Der damalige Ministerpräsident selbst versuchte, durch eine Anweisung an die Ministerien die überstarke Bedeutung von Tôdai-Absolventen bei der Nachwuchsrekrutierung zurückzuschrauben. Er sah offenbar in dieser Fixierung auf die Tôdai einen wesentlichen Hinderungsgrund für die Umsetzung seines Zieles, Japan innerhalb von fünf Jahren zu einer "Großmacht der Lebensqualität" zu machen. Ein neuer Wertepluralismus sei erforderlich, forderte er; deshalb solle das bestehende Übergewicht von Tôdai-Absolventen abgebaut werden. Alle Kabinettsmitglieder, auch die Tôdai-Absolventen, unterstützten Miyazawas Pläne, vor allem die Provinzuniversitäten sollten mit ihren Absolventen bessere Chancen erhalten.

Als ersten Schritt gab die Zentrale Personalbehörde bekannt, daß in Zukunft (mit Wirkung 1992) verstärkt Bewerber mit einer anderen als juristischen Vorbildung zu den Prüfungen zweiten Ranges (i.e. gehobene Laufbahn) zugelassen werden sollten; bevorzugt werden Bewerber mit Diploma in Englisch oder Betriebswirtschaft. Für die Prüfungen zum mittleren Dienst sollten jetzt auch verstärkt Absolventen von Oberschulen und Colleges zugelassen werden, wobei die Altersgrenze auf bis zu 25 Jahren angehoben wurde.

Aber es ist zweifelhaft, ob die überproportionale Repräsentanz von Tôdai-Studenten in der eng verflochtenen, clubartigen Kleingruppe der höchstrangigen Bürokraten abgebaut werden kann. Das ganze Auswahlsystem rekrutierte seinen Nachwuchs aus der Bürokratengruppe I, den Karriere-"Beamten", aus deren Kreis allein später einmal z.B. die beamteten Staatssekretäre und Ressortchefs hervorgehen werden. Mitte 1991 unterzogen sich 14.836 Bewerber den Bürokratenprüfungen, nur 508 bestanden – und von ihnen wurden schließlich 310 für den Ministerialdienst übernommen. Obwohl erfolgreiche Bewerber in den rigorosen Prüfungen nur zu 50% von der Tôdai kommen, stellt z.B. das MITI grundsätzlich über 70% seines Spitzennachwuchses nur von der Tôdai ein, im Schnitt sind bei allen Neueinstellungen der Ministerien 60% Tôdai-Absolventen. 1991 bestanden 24 Kandidaten die harten Prüfungen für das Finanzministerium – 22 kamen von der Tôdai.

Die Pläne Miyazawas, daß Ministerien in fünf Jahren die Übernahme von Tôdai-Absolventen unter 50% drücken sollten, wurden von den japanischen Medien mit zynischen Kommentaren begleitet: Um das durchzusetzen, müßten die Spitzenbeamten selbst mitarbeiten, und sie sind gerade an der Aufrechterhaltung ihrer Tôdai-Stammesgemeinschaft interessiert, hieß es. Nicht wenige Elitebürokraten taten Miyazawas Plan als plump populistischen Akt ab: Der Regierungschef wollte um Sympathie unter der riesigen Bevölkerungsmehrheit – den Wählern – werben, die ihre Kinder eben nicht auf die Tôdai schicken können. Die "International Herald Tribune" zitierte den Chef der Personalabteilung im Amt des Ministerpräsidenten – selbst (natürlich) Tôdai-Mann: Können Sie sich vorstellen, auf die Waseda(-Uni) zu gehen, wenn Sie Spitzenbeamter werden wollen? Selbst diese exklusive Privatuniversität gilt eben nicht als Kaderschmiede für Elitebeamte, sondern für dynamische Wirtschaftsführer.[4] Auch das Koalitionskabinett Hosokawa, das die LDP-Regierung 1993 ablöste, zählte acht Tôdai-Absolventen, darunter die Minister der Schlüsselressorts Justiz, Finanzen und Wissenschaft.[5]

Postkonfuzianische Gesellschaften müssen wohl noch immer mit einem Erbe leben, das anfangs positive Entwicklungsschübe erzeugen konnte, in einer hochentwickelten Industriegesellschaft aber tendenziell blockierend wirkt: Mächtige Bürokratieapparate akkumulieren Information (Herrschaftswissen), initiieren Gesetzesentwürfe und steuern deren Umsetzung. Auch in anderen Industrienationen kommen solche Gesetzesinitiativen natürlich mehrheitlich aus den Fachbürokratien, die ihr gebündeltes Wissen einsetzen können, es scheint jedoch so zu sein, daß die Politik dort oft die Ministerialbürokratie kontrolliert. Mit Blick auf Japan wird darüber gestritten, ob die einstmals gegebene Übermacht der Bürokratien im politischen Entscheidungsprozeß fortdauert.[6] Eine letzte Antwort ist gegenwärtig wohl unmöglich, aber es sei – ohne Schlußfolgerungen zu ziehen – darauf verwiesen, daß immer wieder Schlüsselressorts in japanischen Kabinetten an ehemalige Spitzenbürokraten gingen, die später als (LDP-) Politiker hervortraten. Ihr Weg in die Politik verlief meist über den Kontakt zu *zoku*-Politikern der LDP; schließlich sei noch darauf hingewiesen, daß die weitaus meisten japanischen Ministerpräsidenten, also die Regierungschefs, aus der Ministerialbürokratie stammen.

---

4 Rund 70% der Bürokraten im Finanzministerium, MITI sowie in den Ministerien für Bauwesen, Verkehr, Inneres, Landwirtschaft, Wirtschaftsplanungsamt und sogar in der Nationalen Polizeibehörde stammen von der Tôdai. "Todai Grads Maintain Grip on Bureaucracy", in: *Tokyo Business Today* 7/1992: 58f.
5 *Nihon keizai shinbun* 日本経済新聞 12.5.93; *Asian Wall Street Journal* 15.5.93.
6 Autoren wie der beamtete Staatssekretär im Finanzministerium Sakamoto bestreiten die anhaltende Dominanz der Bürokraten; in einem Interview in: *Newsweek* 16.8.93: 34.

3. Reformen der politischen Finanzen

Politische Parteien haben sich aus lockeren Ideenverbänden (oder intentionalen Verbänden im Dienst einer politischen Idee) zu komplexen, kostenfressenden Apparaten gewandelt, die nicht nur dem "Wettkampf der Systeme", sondern auch dem Parteien-Wettbewerb ausgesetzt sind. Der Kampf um Wähler wird dabei stets – analog zu kommerziellen Werbekampagnen – in den Medien zu einem Wettbewerb um "Zielgruppen". Ausgaben für die unvermeidliche Darstellung politischer Einzelziele und Programme steigen unaufhaltsam in anspruchsvollen Kommunikationsgesellschaften, weil der gezielte Einsatz von Medien immer höhere Kosten verschlingt. Schließlich wird auch gern übersehen, daß in den meisten demokratischen Gesellschaften "westlicher Prägung" an die Stelle des Typus eines idealverpflichteten, vielleicht sogar charismatischen Politikers, der Typ des machtorientierten Parteitechnokraten getreten ist. Die Entscheidung dieses Politikertypus für die politische Arbeit fällt häufig nicht primär aus Idealismus, sondern unter Einbeziehung der persönlichen Karriereplanung – um es milde auszudrücken. Mit Auftreten dieses Politikertyps als Regelerscheinung in "westlichen" Demokratien konkurrieren politische Parteien – und das heißt letztlich die Parlamente – mit Wirtschaftsunternehmen um qualifizierten Führungsnachwuchs, also müßte der "Politikerberuf" auch finanziell attraktiv sein.

Es wird gern abgestritten, daß westliche Demokratien längst von Berufspolitikern geprägt sind, denn irgendwie ist diese "politische Klasse" der professionellen Politiker anrüchig. In den meisten parlamentarischen Systemen Europas wird die Fiktion aufrecht erhalten, daß Parlamentarier nach Verlust ihres Mandats reibungslos in ihre früheren Berufe zurückwechseln könnten – das ist jedoch fast nur bei Beschäftigungsgarantie in bestimmten Berufsgruppen möglich, vor allem also z.B. bei Berufsbeamten im deutschen parlamentarischen System.

In Japan dagegen hat die Öffentlichkeit grundsätzlich akzeptiert, daß die Politik von Berufspolitikern umgesetzt wird, die ihre Mandate in vielen Fällen "erben", und dann bis zum Ruhestand Politiker bleiben. Die Öffentlichkeit hat diese Entwicklung zwar akzeptiert, aber mit erheblichem Zynismus; das Ansehen der politischen Klasse ist auch in Japan recht gering. Diese Tatsache ist zu berücksichtigen, wenn man die Verknüpfung von Geld und Politik in Japan – und die Reformen dieser Beziehung – betrachtet.

Die gesamte Nachkriegsgeschichte Japans ist durchzogen von Bestechungsskandalen, in die fast immer führende LDP-Politiker verwickelt waren; nicht immer allerdings flossen die Gelder, die diese Politiker erhielten, in die eigenen Taschen. In den meisten Fällen lief eine Art "finanzielles Recycling" ab, durch das politische Spenden bis hin zu echten Bestechungsgeldern in die Wahlkreise zurückgeleitet wurden. Hauptproblem bei politischen Spenden in Japan war lange die unklare Rechtslage, die es Politikern ermöglichte, hohe Spendensummen durch Aufteilung in Einzelraten an der Offenlegungspflicht vorbei (und natürlich auch an den Steuerbehörden...) einzunehmen. Erst energische Recherchen der Steuerfahndung konnte solchen Mißbrauch aufdecken.

Mit den Reformen von 1994 wurde auch das System der Finanzierung von Politik und Politikern grundlegend überarbeitet. Schon nach Maßgabe eines Gesetzes, das 1992 verabschiedet worden ist, müssen Japans Parlamentarier beider Häuser regelmäßig ihre Vermögensverhältnisse offenlegen; dazu gehören Diäten, Einnahmen aus Privat- und Geschäftsvermögen, Dividenden sowie Einnahmen aus Grundbesitz (letzteres in der Öffentlichkeit besonders beachtet). 687 Abgeordnete hatten z.B. 1993 nach den veröffentlichten Zahlen im Durchschnitt 30 Millionen Yen (ca. DM 420.000) Einnahmen pro Jahr. Die höchsten Einnahmen hatten Parlamentarier der Shinseitô aus ehemaligen LDP-Politikern mit durchschnittlich 50,4 Mio.Yen (ca. DM 705.600) jährlich. Auf Platz 2 folgte die Rest-LDP mit 34,8 Mio.Yen jährlich, Kômeitô mit 25,5 Mio.Yen / Jahr, DSP mit 24,1 Mio.Yen und zuletzt die KPJ-Abgeordneten mit noch 21,4 Mio.Yen. Ministerpräsident Miyazawa bezog 44 Mio.Yen, darunter Einnahmen aus Grundbesitz und Dividendeneinnahmen. Das Durchschnittseinkommen von Parlamentariern entspricht damit in etwa der Vergütung eines stellvertretenden Vorstandsvorsitzenden eines Unternehmens mit 3.000 Beschäftigten und einem Unternehmenskapital von 10 Mrd.Yen. Die Einnahmen entsprechen weiter in etwa dem Vierfachen der Jahresvergütung eines abhängig beschäftigten Arbeitnehmers. In der LDP stand 1993 der frühere Außenminister Watanabe mit Jahreseinkünften von 110,96 Mio.Yen an der Spitze; die meisten dieser Einkünfte stammen aus seiner Tätigkeit als Steuerberater.[7]

Seit 1994 müssen japanische Politiker alle Spenden, die an Einzelpersönlichkeiten fließen und mehr als umgerechnet DM 100,- betragen, den zentralen Wahlbehörden und dem Finanzamt melden; der Spendenbetrag für Parteien und Spendensammel-Organisationen, die Mittel an mehrere Politiker ausschütten, liegen deutlich höher. Zuwiderhandlungen werden mit Verlust des Mandats und Verbot zur Kandidatur auf fünf Jahre geahndet. In Zukunft erhalten die Parteien eine staatliche Parteienfinanzierung, die an die Zentralen – und nicht an einzelne Politiker – fließt. Aber auch diese Regelung erwies sich als problematisch:

---

7   *Asahi shinbun* 朝日新聞 2.7.93; *Japan Times* 3.7.93.

Anfang Dezember 1995 hatte das Parlament eine Bestimmung im neuen Parteienfinanzierungsgesetz aufgehoben, nach der in einem Jahr Parteien nur zwei Drittel der Einnahmen aus dem Vorjahr (Kalenderjahr) an öffentlichen Subventionen erhalten dürfen. Nach dem ursprünglichen Gesetzentwurf hatten alle Parteien sich verzweifelt bemüht, das 1,5fache an Spenden hereinzubekommen, um nach der Zwei-Drittel-Regelung immer noch ohne Einbußen an Zuwendungen herauszukommen. Schärfste Kritiker der Obergrenzen-Regelung waren kleinere Parteien, aber auch die SDP. Beobachter der jüngsten Entwicklung zeigen sich besorgt, wie schnell die Abgeordneten mit der Obergrenzen-Regelung Schluß gemacht hatten: Die Gefahr sei groß, daß durch die wachsende Abhängigkeit der Parteien von staatlicher Finanzierung die Druckmöglichkeit der Regierung auf die Parteien zunehmen könnte – Wohlverhalten gegen Finanzen. Die KPJ wies darauf hin, daß durch das neue System Steuerzahler gezwungen seien, indirekt – durch die Steuer – Parteien zu finanzieren, die sie nicht stützen wollten.

Aber die japanischen Politiker haben auch sehr hohe feste Ausgaben: Im Mai 1992 wurden z.B. die jährlichen Ausgaben von 29 LDP-Abgeordneten veröffentlicht, die einen Blick auf die enormen Kostenbelastungen bei dem jetzigen System erlauben: Im Durchschnitt hatten die Abgeordneten Ausgaben von 13,3 Mio.Yen (ca. 160.000 DM) pro Jahr; davon 36% für Personal (Sekretäre, Wahlhelfer, Materialsammler), 10% Bürokosten (in Tokyo, im Wahlkreis), 14% für Unterstützergruppen (*kôenkai*) im eigenen Wahlkreis, 6% für Geschenke bei Feiern wichtiger Persönlichkeiten im Wahlkreis – nur 9% waren Ausgaben für echte politische Arbeit;[8] auch in jüngster Zeit sind diese Ausgaben nicht gesunken, sondern eher gestiegen.

4. *Versuch eines Fazits: Die politische Kultur an der Wende? Politikverdrossenheit auch in Japan*

Die wertende Beobachtung der politischen Kultur Japans bewegt sich hierzulande – überspitzt ausgedrückt – zwischen zwei ebenso extremen wie widersprüchlichen Grundauffassungen, die sich auch in der Betrachtung anderer Teilbereiche des "Gesamtphänomens Japan" wiederfinden: Die erste Betrachtungsweise will entschlossen in Japans Gesellschaft, Wirtschaft und Politik grundsätzlich die gleichen Gesetzmäßigkeiten wirksam sehen, die auch "westliche" Staaten prägen; die zweite Grundauffassung betont die angeblich ab-

---

8 MORI, Hideki: "Greasing the Wheels of Power", in: *JQ* 1992 (July–September): 303–310.

weichenden Elemente im japanischen Staatswesen, das "Anderssein" Japans. Wirtschaftliche Erfolge und soziale Stabilität Japans unterscheiden sich auffallend von den Problemen, mit denen andere industrialisierte Staaten in den neunziger Jahren zu kämpfen haben. In Europa und den USA taumeln die Regierungen scheinbar von Wahlgang zu Wahlgang und suchen mit politischer Atemlosigkeit immer von neuem organisierte Partikularinteressen zu befriedigen, stets den nächsten Wahltermin in vier Jahren vor Augen; Konflikte prägen ihre Gesellschaften und Regierungssysteme.

In Japan dagegen, so schien es zumindest bis 1993, herrschten gesellschaftlicher Konsens, politische und wirtschaftliche Stabilität, "Harmonie" also; die Vertreter der ersten Grundauffassung geben sich überzeugt, daß auch in "westlichen" Staatswesen dieser (vermeintlich herrschende) Zustand erreicht werden könne – sobald nur die Normalität nach Überwindung der Krisen in den neunziger Jahren wiederhergestellt wäre. Wie das zu erreichen sei, ließe sich am "Modell Japan" studieren, denn die grundsätzliche Vergleichbarkeit Japans weise den dortigen Konfliktlösungsmechanismen, den wirtschaftspolitischen Strategien (nach innen wie nach außen) und nicht zuletzt dann wohl auch der politischen Kultur Japans eben doch Modellcharakter zu: "Japan – just another country", nur eben erfolgreicher?

Die Revisionisten – und jetzt muß dieser Begriff fallen – sehen das ganz anders: Die gesellschaftliche, politische und wirtschaftliche Matrix in Japan sei nur von außen gesehen mit den "westlichen" Vorbildern vergleichbar, im Inneren funktionierten die Teilelemente des japanischen Staatswesens nach gänzlich anderen Gesetzmäßigkeiten, eben nach ureigenen japanischen Traditionen. Der Autor neigt dieser zweiten Auffassung zu, wenn er auch nicht den Erklärungsversuch des führenden "Revisionisten" van Wolferen unterstützt.[9] Dennoch hat van Wolferen recht, wenn er eine Erforschung des "Gesamtphänomens Japans" unter Einbeziehung seiner spezifischen konstitutiven Elemente fordert. Die wissenschaftliche Beschäftigung mit Japan ist gerade in der allgemeinen Politikwissenschaft "modern" geworden; dabei verführt in manchen Fällen die Kenntnis von europäischen "Gesetzmäßigkeiten" der politischen Kultur bei Unkenntnis der japanischen Sprache – und damit der Besonderheiten japanischer Kulturtraditionen – zu der in der ersten Grundauffassung postulierten globalen Gültigkeit demokratischer Gesetzmäßigkeiten. Dabei müssen zwangsläufig alle Besonderheiten der politischen Kultur Japans unberücksichtigt bleiben bzw. als solche bestritten werden, die mit dem Ana-

---

9 In deutscher Fassung: Karel VAN WOLFEREN: *Vom Mythos der Unbesiegbaren. Anmerkungen zur Weltmacht Japan.* München 1989.

lyseinstrumentarium westlicher Politikwissenschaft nicht erfaßt werden können. Aber auch in Japan selbst und unter westlichen Beobachtern der politischen Kultur Japans – der japanischen Demokratie – ist diese Haltung verbreitet, wobei japanische Politikwissenschaftler gern den Maßstab europäischer oder amerikanischer Demokratieelemente einsetzen, um die korrupte Deformierung ihrer japanischen Ausprägung zu geißeln.

Krisen und Skandale haben auch in Japan eine bedenkliche Welle der Politikverdrossenheit ausgelöst; waren die Unzufriedenheit und der Zynismus japanischer Wähler (und Nichtwähler!) gegenüber nationalen Wahlen in den vergangenen Wahlen schon sehr ausgeprägt, so hat sich dieser Trend jetzt auch auf die Kommunal- und Regionalwahlen ausgedehnt: Der Trend zum sogenannten *kiken* 棄権 (Stimmenthaltung) weitet sich aus. In den Kommunal- und Regionalwahlen waren die Beteiligungsraten stets deutlich höher als bei Unterhaus- oder Oberhauswahlen, weil es um greifbare, gemeinhin nachvollziehbare Entscheidungen in der Politik ging, die sich im unmittelbaren Umfeld des täglichen Lebens ausdrücken. Aber seit 1992 begann eine erkennbare Verweigerung der Wähler und fand mit den Gouverneurswahlen (*chijisenkyo* 知事選挙) von Miyagi 宮城 (Februar 93, s.u.) ihre Fortsetzung; in den Unterhauswahlen von 1996 erreichte die Verweigerung einen traurigen Höhepunkt: Nur ca. 50% der Wähler machten von ihrem Wahlrecht Gebrauch. In den Regionalwahlen von 1993 hatte sich der Trend herauskristallisiert: Bei insgesamt 22 Wahlgängen der Wahlen für Gouverneure, für Bürgermeister in Großstädten mit Sonderstatus bzw. in mittleren und kleinen Städten wurden in 14 Wahlgängen Minusrekorde der Wahlbeteiligung verzeichnet; in nicht wenigen Fällen blieben zwei von drei Wählern zu Haus.

Von 13 Gouverneurswahlen seit 1992 schlossen acht mit Rekordminus bei der Beteiligung ab, daran änderten breite Parteienbündnisse nichts: In sechs Wahlgängen bildeten vier Parteien (ohne die KPJ) ein Bündnis, dabei wurde in fünf Fällen der amtierende Gouverneur wiedergewählt. Nach Untersuchungen der Zeitung *Asahi shinbun* wurden auch von 162 städtischen Bürgermeistern bzw. Bezirksbürgermeistern (Metropolen) 43 (25%) ohne Wahlgang in ihren Ämtern bestätigt.

Die Wahlbeteiligung bei Bürgermeisterwahlen zeigte ebenfalls eine enttäuschende Entwicklung, obwohl sie sonst Wähler anzog: In 119 Wahlgängen lag bei 22 Wahlen die Beteiligung unter 40%, in 39 Fällen zwischen 40% und 60%, es gab historische Minusrekorde in mehr als 30% aller Fälle.

Besonders die SDP erklärte den Trend zur Stimmenthaltung mit den häufigen Beispielen breiter Wahlbündnisse zwischen LDP, SDP, Kômeitô und DSP; andererseits wird auf die hohe Wahlbeteiligung (74,98%) in den Gouverneurswahlen von Yamagata 山形 (14.2.93) verwiesen, wo die SDP mit einem

Teil der regionalen LDP paktierte. Zwar hatte ein Streit innerhalb der LDP den konservativen Block geschwächt, aber nach eigener Auffassung kann die SDPJ in allen Präfekturen eine "bestimmende Rolle" spielen, auch ohne Zwist in den regionalen LDP-Organisationen.

Das Absinken der Wahlbeteiligung spiegelt aber auch Einflüsse veränderten Wahlverhaltens wieder: Es zeigt sich ein Wechselverhältnis zwischen Grad der Verstädterung und Stimmabgabe-Prozentsatz. In Städten mit mehr als 100.000 Einwohnern (incl. die 23 Bezirke Tokyos) zeigte sich bei 46 gleichzeitig abgehaltenen Kommunalwahlen in 40% der Fälle (16 Fälle) eine Wahlbeteiligung unter 40%, nur in einem Falle überstieg die Beteiligung 80%. Anders sah das Bild bei Kommunalwahlen in Städten unter 100.000 Einwohnern aus: In 73 Wahlgängen lag in 16 Fällen die Beteiligung über 80%, nur in sechs Fällen unter 40% Es heißt üblicherweise, daß in Großstädten das Bewußtsein der Bürger gegenüber regionalpolitischen Fragen schwach ausgeprägt sei, die Fluktuation der Bevölkerung recht hoch ist und damit die Wahlbeteiligungsrate nach unten gedrückt würde. Aber auch in Klein- und Mittelstädten, wo man allgemein von einer stabilen Beteiligungsrate sprechen konnte, hat sich gegenüber früheren Wahlgängen die Rate deutlich verringert. So lag bei Städten unter 100.000 Einwohnern in vielen Fällen die Rate stetig unter der jeweils vorangegangenen Wahl.

Die Wahlbeteiligung in kleinen und mittleren Städten steigt aber wieder mit dem Aufbrechen kommunaler Streitigkeiten: So waren in allen Städten dieser Größenordnung die Beteiligungen über 80%, wenn es sich um Konfliktwahlen handelte; Beispiele sind die Bürgermeisterwahlen von Kushima 櫛間 (Präfektur Miyazaki 宮崎, Streit um Atomanlagen) oder Shimabara 島原 (Präfektur Nagasaki 長崎, konservatives Zerwürfnis um Hilfe für Opfer von Vulkanausbrüchen) bzw. Shirone 白根 (Präfektur Niigata, Streit in der LDP, Sieg des alleinigen Kandidaten der Nihon Shintô). Themenlosigkeit und Desinteresse scheinen Hauptgründe für sinkende Wahlbeteiligung auch hier zu sein. Es gibt aber noch eine weitere Tendenz, die auf Wahlverhalten und Wahlbeteiligung in Zukunft großen Einfluß haben dürfte: Der Wunsch nach einem Generationswechsel, durchaus auch im Rahmen konservativer Politik; der "Generationskonflikt" kann dabei in direkter Konsequenz zu Spaltungserscheinungen im konservativen Lager führen.[10]

---

10 *Asahi shinbun* 2.3.93.

Literaturverzeichnis

Das Jahrbuch *Japan – Politik und Wirtschaft* (Institut für Asienkunde, Hamburg), eignet sich, um einen Überblick über die politischen Entwicklungen eines Jahres zu gewinnen.

ABE Hitoshi et al. (Hg.) 阿部斉
- 1990   *Gaisetsu gendai Nihon no seiji.* Tôkyô Daigaku Shuppankai. 『概説現代日本の政治』東京大学出版会.

APTER, David E. u. SAWA, Nagayo
- 1984   *Against the State: Politics and Social Protest in Japan.* Cambridge, Mass.: Harvard University Press.

BEER, Lawrence Ward
- 1984   *Freedom of Expression in Japan: a Study in Comparative Law, Politics, and Society.* Tokyo, New York: Kodansha International.

CURTIS, Gerald L.
- 1999   *The Logic of Japanese Politics. Leaders, Institutions, and the Limits of Change.* New York: Columbia University Press.

DERICHS, Claudia u. OSIANDER, Anja
- 1998   *Soziale Bewegungen in Japan* (MOAG, Bd. 128). Hamburg: OAG.

HAYES, Louis D.
- 1992   *Introduction to Japanese Politics.* New York: Paragon House.

Japan – Politik, Wirtschaft, Gesellschaft (1945-1975): Auswahlbibliographie = Japan – Politics, Economy, Society (1945–1975): a Select Bibliography
- 1977   Bearb v. Günter Siemers. Hamburg: Institut für Asienkunde, Dokumentations-Leitstelle Asien (Dokumentationsdienst Asien; Reihe A, 8).

KESAVAN, K.V. (Hg.)
- 1989   *Contemporary Japanese Politics and Foreign Policy.* New York: Advent Book.

KEVENHÖRSTER, Paul
- 1993   *Politik und Gesellschaft in Japan* (Meyers Forum, Bd. 16). Mannheim: B.I.-Taschenbuchverlag.

KRAFT, Eva
1972 *Japanische Institutionen: Lexikon der japanischen Behörden, Hochschulen, wissenschaftlichen Institute und Verbände.* Berlin: Staatsbibliothek Preußischer Kulturbesitz.

MCCARGO, Duncan
2000 *Contemporary Japan.* New York: Macmillan Press.

MCKEAN, Margaret A.
1981 *Environmental Protest and Citizen Politics in Japan.* Berkeley: University of California Press.

MENZEL, Ulrich (Hg.)
1989 *Im Schatten des Siegers: Japan.* 4 Bde. (Bd. 1: Kultur und Gesellschaft; Bd. 2: Staat und Gesellschaft; Bd. 3: Ökonomie und Politik; Bd. 4: Weltwirtschaft und Weltpolitik) (Edition Suhrkamp, Bde. 1495–98 = n.F. Bde. 495–98). Frankfurt a.M.: Suhrkamp.

MURAMATSU Michio 村松岐夫 et al. (Hg.)
1992 *Nihon no seiji.* Yûhikaku.『日本の政治』有斐閣.

NAJITA, Tetsuo
1980 *Japan: The Intellectual Foundations of Modern Japanese Politics.* Chicago: University of Chicago Press.

POHL, Manfred (Hg.)
1986 *Japan. Geographie, Geschichte, Kultur, Religion, Staat, Gesellschaft, Bildungswesen, Politik, Wirtschaft* (Buchreihe Ländermonographien, Bd. 15). Stuttgart: Thienemann.

Ders. u. MAYER, Hans Jürgen (Hg.)
1998 *Länderbericht Japan: Geographie, Geschichte, Politik, Wirtschaft, Gesellschaft, Kultur.* 2, akt. und erw. Aufl. (Schriftenreihe der Bundeszentrale für politische Bildung, Nr. 355) Bonn: Bundeszentrale für politische Bildung.

RIESMAN, David u. THOMPSON, Evelyn
1967 *Conversations in Japan: Modernization, Politics and Culture.* London: Penguin Press.

RIX, Alan
1980 *Japan's Economic Aid: Policy-Making and Politics.* London: Croom Helm.

SCALAPINO, Robert A. u. MASUMI, Junnosuke
1962 *Parties and Politics in Contemporary Japan.* Berkeley, Los Angeles: University of California Press.

Medien und Populärkultur

Hilaria Gössmann

1. *Einleitung: Zur Rolle von Medien und Populärkultur*

Was wir über unsere Gesellschaft, ja über die Welt, in der wir leben, wissen, wissen wir durch die Massenmedien. [...] Andererseits wissen wir so viel über die Massenmedien, daß wir diesen Quellen nicht trauen können. Wir wehren uns mit einem Manipulationsverdacht, der aber nicht zu nennenswerten Konsequenzen führt, da das den Massenmedien entnommene Wissen sich wie von selbst zu einem selbstverstärkenden Gefüge zusammenschließt. Man wird alles Wissen mit dem Vorzeichen des Bezweifelbaren versehen – und trotzdem darauf aufbauen, daran anschließen müssen.[1]

Diese grundlegenden Bemerkungen zum Stellenwert der Medien[2] verweisen auf deren große Bedeutung für die Wahrnehmung von Menschen und damit für die Meinungsbildung innerhalb einer Gesellschaft. Die Medien erfüllen selbstverständlich nicht nur die Funktion, die gesellschaftliche Realität "abzubilden", sondern sie tragen durch die Vermittlung von "Wissen, Werten und Weltbildern"[3] selbst entscheidend zur Wirklichkeitskonstruktion bei.[4] Wie Luhmann im Eingangszitat aufzeigt, kann auch eine kritische Haltung gegenüber den Medien – der "Manipulationsverdacht" – diesen Prozeß nicht grundsätzlich durchbrechen.

In einer Zeit, in der Wissen immer weniger auf Primärerfahrungen beruht und zunehmend medial vermittelt wird, sind die Massenmedien zu dem Ort geworden, an dem sich "in der Gesellschaft vorherrschende Bilder formieren, wo die Ideologien 'greifbar' werden und sich in einem komplexen osmotischen Prozeß in soziale Wirklichkeit verwandeln, indem sie gleichsam in beiderlei

---

1 LUHMANN 1996: 9.

2 Unter den Begriff "Massenmedien" faßt Luhmann "alle Einrichtungen der Gesellschaft", die sich "zur Verbreitung von Kommunikation technischer Mittel der Vervielfältigung bedienen" (LUHMANN 1996: 10). Entscheidend ist dabei, daß keine Interaktion "zwischen Sendern und Empfängern stattfinden kann" (LUHMANN 1996: 11). Der Begriff "Medien" wird im vorliegenden Artikel in diesem Sinne verwendet.

3 SCHUHMANN 1996: 8.

4 SCHMIDT 1994: 14.

Richtungen die durchlässig und unklar gewordene Scheidelinie zwischen imaginierter und 'realer Welt' durchstoßen."[5] Dies gilt nicht nur für die Medien, sondern vor allem auch für populärkulturelle Genres wie etwa die Fernsehserie. Sie kann "ein Psychometer sein", "das Auskunft gibt über gesellschaftliche Befindlichkeiten".[6] Eine Analyse von Medien und Populärkultur[7] verspricht somit interessante Einblicke in das jeweils herrschende "gesellschaftliche Klima" eines Landes.

Medien und Populärkultur sind Bereiche, die nicht streng voneinander zu trennen sind; sie haben vielmehr eine gemeinsame Schnittmenge (vgl. hierzu Abb. 1). Die Welt der Medien teilt sich in den Bereich der Berichterstattung im Sinne von Informationsvermittlung und den der Unterhaltung, wobei letzterer auch der Populärkultur zuzurechnen ist. Darüber hinaus findet der Begriff Populärkultur jedoch auch für Bereiche Anwendung, die nicht – oder zumindest nicht ausschließlich – über die Medien verbreitet werden wie etwa Freizeitparks oder Spielautomaten.

Abb. 1: Die Schnittmenge von Medien und Populärkultur

```
         MEDIEN           POPULÄRKULTUR

     "Informationen"   "Fiktion"    "Spiel"

         z.B.            z.B.         z.B.

     Nachrichten-    Fernsehserien  Themenparks
     sendungen

     Zeitungs-       Zeichentrickfilme  Spielautomaten
     berichterstattung
```

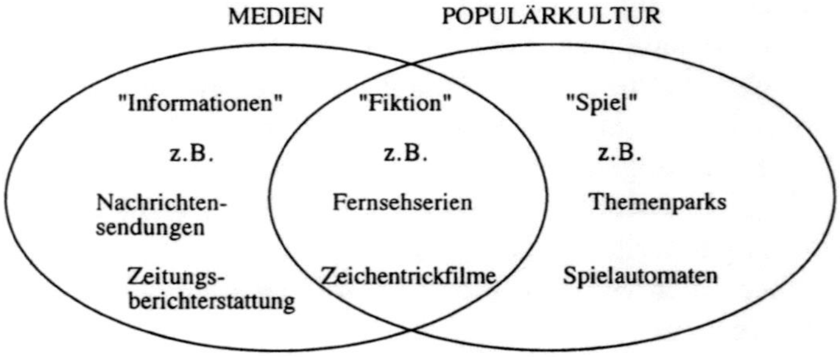

Wie verschiedene Umfrageergebnisse verdeutlichen, kommt den Medien – und damit auch einem Teil der Populärkultur – in Japan eine besonders große Bedeutung zu. So antworteten bei einer Untersuchung unter Jugendlichen auf

---

5   HIJIYA-KIRSCHNEREIT 1998: 10.
6   ROGGE 1986: 202.
7   Im Gegensatz zu den Begriffen "Massenkultur" und "Trivialkultur" mit eher wertender, pejorativer Konnotation wird hier bewußt entsprechend den Genre-Bezeichnungen wie z.B. "Popmusik" der Ausdruck "Populärkultur" verwendet. Dieser wird jedoch im wissenschaftlichen Kontext recht unterschiedlich definiert, je nachdem, ob auch Bereiche der "Alltagskultur" etwa im Sinne von Eß- und Wohnkultur eingeschlossen sind. Als Pendant zur "Hochkultur" ist Populärkultur ebenfalls nicht eindeutig festzulegen, da die Grenzen zwischen diesen beiden Bereichen vor allem in Japan zunehmend verwischen.

die Frage, was ihre Denkweise am meisten beeinflusse, 43% "Fernsehen und Radio"[8] und lediglich 14% "Freunde und Kollegen"; an dritter Stelle standen "Zeitungen und Zeitschriften", gefolgt von "Eltern und Geschwister".[9]

Dem Fernsehdrama (terebi dorama テレビドラマ), einem beliebten Genre der japanischen Populärkultur, bei dem es vor allem um die Auseinandersetzung mit unterschiedlichen Lebensentwürfen geht, wird ein besonders großer Einfluß zugeschrieben. Einer Studie zur weiblichen Medienrezeption in Japan zufolge – Daten zur männlichen Rezeptionsweise liegen leider nicht vor – betrachten viele Frauen Fernsehdramen nicht nur als reine Unterhaltung, sondern als eine Möglichkeit, "Anregungen für die eigene Lebensweise und den Alltag zu erhalten"[10]. So liegt auch die Annahme nicht fern, daß Teile des Fernsehpublikums die Lebensweise der angebotenen Rollenmodelle als eine Norm betrachten, nach der es zu leben gilt.[11] Fernsehserien bergen somit – nicht nur in Japan – das Potential in sich, gesellschaftliche Entwicklungen zu beeinflussen:

> The dual force of televisual melodramatic serials as a (mythical) storyteller and as an (mass) entertainer endows it with a special ability to provide a ground for educational learning. Such learnings can inhibit or facilate social change; that is, it could reaffirm traditional social structures, or legitimize social change.[12]

Medien und Populärkultur sind jedoch keineswegs nur für die Wirklichkeitskonstruktion innerhalb einer Gesellschaft von Bedeutung. Im Zuge der Internationalisierung bzw. Globalisierung prägen sie vor allem auch das Image eines Landes im Ausland. So wird etwa das Bild von den USA in der ganzen Welt durch Hollywood-Filme und amerikanische Serien mitbestimmt. Dasselbe gilt für Japan, das in zunehmendem Maße populärkulturelle Produkte wie Zeichentrickserien (anime アニメ) und Fernsehdramen ins Ausland exportiert. Untersuchungen zufolge hat die Ausstrahlung des Fernsehdramas Oshin おしん[13], das in vielen asiatischen Ländern hohe Popularität errang, dazu beigetragen, die durch den Zweiten Weltkrieg geprägte negative Einstellung

---

8 Fernsehen und Radio werden hier zwar zusammengefaßt; ersteres hat jedoch letzteres als Meinungsmacher inzwischen weitgehend verdrängt.
9 Sômuchô Seishônen Taisaku Honbu (Hg.) 1992: 313.
10 Masumedia Bunka to Josei ni Kansuru Chôsa Kenkyûkai (Hg.) 1986: 109.
11 Vgl. hierzu SHIOYA 1993: 57.
12 LOZANO u. SINGHAL 1993: 118.
13 Zu Inhalt und politischer Dimension dieses Fernsehdramas, das vom NHK-Fernsehen von 1983 bis 1984 an jedem Werktag ausgestrahlt wurde, s. HARVEY 1995.

der Bevölkerung gegenüber Japan schrittweise zu verändern.[14] Offenbar kann gerade auch die fiktionale Darstellung in der Populärkultur als ein Mittel zur Selbstdarstellung eines Landes dienen.

Um den Stellenwert der Auseinandersetzung mit Medien und Populärkultur in der Japanforschung zu ermitteln, werden im folgenden zunächst überblicksartig die Entwicklungen im deutsch- und englischsprachigen Raum skizziert. Im Anschluß daran sind exemplarisch Methodik und Ergebnisse der Forschung zu zwei Themenbereichen vorzustellen, denen im internationalen Kontext eine besondere Bedeutung zukommt: die Darstellung der Geschlechterrollen und die Bilder des Fremden. Diese beiden internationalen Forschungsschwerpunkte, in denen auch Projekte mit deutsch-japanischer Zusammenarbeit durchgeführt werden, erscheinen für die Japanforschung von besonderem Interesse.

2. Medien und Populärkultur als Thema der Japanforschung im deutsch- und englischsprachigen Raum

Japanese culture at the end of the twentieth century is hardly recognizable from the perspective of traditional aesthetics.[15]

Bis zu den achtziger Jahren galt das japanologische Forschungsinteresse im deutschsprachigen Raum fast ausschließlich den Genres mit hohem Kunstanspruch wie Literatur und Theater. Dies änderte sich erst, als in der Japanforschung der Gegenwartsbezug zunehmend in den Mittelpunkt rückte.[16] Mit dem Fokus auf dem Gegenwartsjapan entwickelten sich Medien und Populärkultur, ein wichtiger Bestandteil der Gegenwartskultur, zu einem neuen Bereich der japanbezogenen Forschung. Wie im obigen Zitat eines amerikanischen Japanologen zum Ausdruck kommt, steht dahinter die Erkenntnis, daß allein anhand der Auseinandersetzung mit den traditionellen japanischen Künsten kein Zugang zur Gegenwartskultur zu finden ist. Hervorzuheben ist jedoch, daß sich die Auseinandersetzung mit Medien und Populärkultur keineswegs auf die Gegenwart beschränken sollte.[17]

---

14 Vgl. hierzu HOHMANN 1995: 68.
15 TREAT 1996: 1.
16 Dieser Paradigmenwechsel im Fach Japanologie führte auch zur Neueinrichtung japanologischer Professuren an deutschen Universitäten. An der Universität Trier erhielt das Fach sogar offiziell die Bezeichnung "Gegenwartsbezogene Japanologie".
17 Interessante Aspekte auch für die Beschäftigung mit der Gegenwartskultur liefert etwa die Dokumentation der Tagung "Rethinking Urban and Mass Culture in 1920s' and 1930s'

Seit Ende der achtziger Jahre werden im deutschsprachigen Raum zunehmend Magisterarbeiten und Dissertationen zu Themen aus dem Bereich der Medien und Populärkultur angefertigt und Monographien publiziert.[18] Was den Informationsbereich der Medien betrifft, reichen die Themen von der Darstellung des Mediensystems in Japan,[19] der Arbeitsweise regionaler Zeitungen[20] über Untersuchungen historischer japanischer Frauenzeitschriften[21] und die Präsentationsformen und Inszenierungsstrategien von Fernsehnachrichten[22] bis hin zur Werbung.[23] In der Populärkultur erfuhr bisher das Manga 漫画 (japanischer Comic) die größte Aufmerksamkeit,[24] es erschien aber auch eine Untersuchung zu den beliebten Spielautomaten[25] (pachinko パチンコ); dem gesamten Bereich des "Spiels" widmet sich ein Sammelband.[26]

Im englischsprachigen Raum zeugt vor allem auch die Gründung einer speziellen Reihe der University of Hawaii Press mit dem Titel "Consum Asia Book Series" von der zunehmenden Bedeutung der Forschung im Bereich Medien, Konsum- und Populärkultur. Neben Monographien wie etwa einer Studie zu japanischen Werbeagenturen[27] erschienen seit Mitte der neunziger Jahre mehrere Sammelbände mit Beiträgen zu einem breit gefächerten Spektrum an Themen.[28] Einführende Werke mit Titeln wie *Handbook of Japanese Popular Culture*[29] und *Encyclopedia of Japanese Culture*[30] kamen ebenfalls auf den Markt.

Die steigende Relevanz dieses Forschungszweiges spiegelt sich auch in den Programmen der japanbezogenen Tagungen im deutsch- und englischsprachigen Raum wider. Von besonderer Bedeutung für das deutsche Sprachgebiet ist dabei der alle drei Jahre stattfindende "Deutschsprachige Japanolo-

---

Japan"; SCHULZ u. KLOPFENSTEIN (Hg.) 1999.

18 Die im folgenden genannten Titel erheben keinen Anspruch auf Vollständigkeit; Ziel ist es vielmehr, eine gewisse Bandbreite der Thematik, zu der geforscht wird, vorzustellen.
19 PLITSCH-KUSSMAUL 1995.
20 LÖHR 1991.
21 WÖHR 1997.
22 GATZEN 1998.
23 HAELING VON LANZENAUER 1999.
24 Vgl. hierzu die Titel zu Manga in der Auswahlbibliographie im Anhang.
25 MANZENREITER 1998.
26 SCHOLZ-CIONCA (Hg.) 1998.
27 MOERAN 1996.
28 SKOV u. MOERAN 1995, TREAT 1996, HIJIYA-KIRSCHNEREIT 2000.
29 POWERS u. KATO 1989.
30 SCHILLING 1997.

gentag", bei dem Referate in verschiedenen Sektionen wie etwa Literatur oder Geschichte gehalten werden. Auf dem Japanologentag in Zürich 1993 gab es erstmals eine Sektion "Sozialwissenschaften / Medien"; seither ist ein stetiges Anwachsen von Beiträgen zu Medien und Populärkultur zu verzeichnen. Bei der Tagung in München 1996 fanden Vorträge zu diesen Bereichen in den Sektionen "Medien / Kommunikation" und "Kunst / Manga" statt; auf dem Japanologentag 1999 in Trier wurde eine eigene Sektion "Medien und Populärkultur" eingerichtet.

Auch im Rahmen der Jahrestagungen der Vereinigung für sozialwissenschaftliche Japanforschung kommen zunehmend Themen aus dem Bereich Medien und Populärkultur zur Sprache. Für die Jahrestagung 2001 wurde "Medien" sogar zum Oberthema gewählt. Um der wachsenden Bedeutung der Auseinandersetzung mit den Medien gerecht zu werden, gründeten Marie-Luise Goerke und Natascha Haehling von Lanzenauer (beide FU Berlin) 1995 innerhalb dieser Vereinigung eine "Fachgruppe Medien", die 1997 in "Medien / Populärkultur" umbenannt wurde. Die Treffen dieser Fachgruppe stehen meist unter einem Schwerpunktthema wie etwa "Werbung".

Ein wichtiges Forum zur Diskussion von Forschungprojekten zu Medien und Populärkultur bietet auch der von Ilse Lenz (Ruhr-Universität Bochum) und Michiko Mae (Heinrich-Heine-Universität Düsseldorf) organisierte "Geschlechterworkshop zu Japan", der jährlich in Zusammenhang mit der Jahrestagung der Vereinigung für sozialwissenschaftliche Japanforschung stattfindet. Überdurchschnittlich viele Forschungsvorhaben im Bereich von Medien und Populärkultur – nicht nur im deutschsprachigen Raum – sind der Frauen- und Geschlechterforschung zuzuordnen,[31] der in der Japanforschung mittlerweile eine große Bedeutung zukommt.

Was die Japanforschung im europäischen Raum betrifft, so finden sich auf den Tagungen der "European Association of Japanese Studies" (EAJS) Beiträge zu Medien und Populärkultur bisher eher vereinzelt in den Sektionen "Visual and Performing Art" und "Anthropology". In ersterer Sektion wurden auf der Tagung in Kopenhagen 1994 zwei Referate zum Genre Fernsehdrama gehalten, in Budapest 1997 ging es neben dem Manga um Themen wie "Japanese Neo Pop – Questioning the Institution of Art?" (Jaqueline Berndt) und "Creativity

---

31 Während die Frauenforschung ihr Ziel vor allem in der Auseinandersetzung mit der Rolle der Frau in den verschiedensten Bereichen sieht, geht es der Geschlechterforschung (*gender studies*) um die Analyse der sozialen und kulturellen Konstruktionen der Kategorie "Geschlecht", d.h. die Konstruktionen des "Weiblichen" und des "Männlichen". Zu den theoretischen Grundlagen der Frauen- und Geschlechterforschung in den Kultur- und Sozialwissenschaften vgl. etwa BUSSMANN u. HOF (Hg.) 1995 sowie Senatskommission für Frauenforschung (Hg.) 1994.

and Context: Performing Arts in Japanese Theme Parks" (Joy Hendry); Beiträge zu den traditionellen Künsten überwogen jedoch. In der Sektion "Anthropology" beschäftigten sich zwei Referate mit dem Einfluß japanischer Populärkultur in anderen asiatischen Ländern.

Dieser Aspekt wurde auf den Jahrestagungen der Association of Asian Studies (AAS) in den USA mehrfach diskutiert. Die Panels mit mehreren Referaten zu einem übergeordneten Thema bieten auch die Möglichkeit zu einer länderübergreifenden Diskussion. Auf der Tagung in Chicago 1997 standen Panels mit Titeln wie "Crossing Boundaries in Japanese Popular Culture" und "Comic Art of Asia: An Inter-area, Multi-genre Perspective" auf dem Programm.

Eine spezifische Tagung zum Thema "Japanese Popular Culture" fand im Frühjahr 1997 an der University of Victoria in Kanada statt. In den Sektionen "Manga and Animation", "Television Commercials", "Popular Music", "Prewar Popular Culture", "Manzai", "Japanese Animation and Fandom", "Pop-Culture Reflections of Changing Japanese Society" und "Gender in Popular Culture", "Japanese Films", "Japanese Television" wurden über vierzig Referate gehalten. Bei einem so umfangreichen Programm ist es wohl nicht verwunderlich, daß neben wissenschaftlich sehr anspruchsvollen Beiträgen auch Vorträge von "Fans" gehalten wurden, die sich auf ein begeistertes Vorführen von Videoszenen mit den Worten "this is my favourite scene" beschränkten. Hier offenbarte sich die Gefahr eines unwissenschaftlichen Umgangs mit Populärkultur, die allein auf einer Faszination des Gegenstands basiert und damit eine kritische Auseinandersetzung unmöglich macht.[32]

Diese Problematik trat bei einem Workshop des Arbeitskreises "Japanische Populärkultur" im August 1997 an der Universität Trier weniger zutage, da es sich bei den Referaten vornehmlich um die Präsentation geplanter Magister- und Dissertationsvorhaben handelte. Fünfzig Personen aus den deutschsprachigen Ländern wie auch aus Japan nahmen daran teil; die Hälfte von ihnen hielt ein Referat. Dieser Arbeitskreis war angesichts der Zunahme an Forschungsaktivitäten zum Bereich der Populärkultur im deutschsprachigen Raum anläßlich des 10. Deutschsprachigen Japanologentages in München gegründet worden.[33]

---

32 Für eine Publikation wurden deshalb unter den präsentierten Beiträgen lediglich 14 ausgewählt (CRAIG 2000). Ein Bericht über diese Tagung findet sich auf der Homepage der Japanologie Trier <http://www.uni-trier.de/uni/japanologie/AkPop.html>.

33 Ein Bericht über diesen Workshop sowie die Mitglieder und Aktivitäten des Arbeitskreises findet sich auf der Homepage der Japanologie Trier.

Wie sowohl die Publikationen als auch die Beiträge auf den verschiedenen Tagungen offenbaren, ist die Beschäftigung mit Themen aus dem Bereich Medien und Populärkultur in den verschiedensten Disziplinen angesiedelt. Sie reichen von Anthropologie, Kunst und Linguistik über Literatur-, Medien- und Filmwissenschaft bis hin zu den Sozialwissenschaften. Entsprechend unterschiedlich sind auch die Methoden, die angewandt werden, wie etwa Feldforschung und Interviewstudien.

Als die beiden methodologisch entgegengesetzten Pole sind die hermeneutische Textinterpretation der Literaturwissenschaft und die sozialwissenschaftliche quantitative Inhaltsanalyse zu nennen. Bei ersterer geht es vornehmlich um die Erschließung des Bedeutungsgehalts eines Textes, während bei letzterer nicht alle, sondern "nur die im Hinblick auf die jeweilige Problemstellung relevanten Kommunikationsinhalte"[34] erfaßt werden sollen, und zwar meist anhand von Prozentzahlen. Die quantitative Inhaltsanalyse wurde deshalb zuweilen als "Fliegenbeinzählerei" belächelt, kann jedoch gerade im Bereich von Medien und Populärkultur interessante Ergebnisse erzielen. So erweist sich zum Beispiel die Ermittlung der sechs häufigsten Worte in den Texten des japanischen Schlagers *enka* 演歌 für die Charakterisierung dieses Genres als recht aufschlußreich: Sie lauten, in der Reihe der Häufigkeit: "Traum" (*yume* 夢), "Herz" (*kokoro* 心), "Träne(n)" (*namida* 涙), "Sake" 酒, "Liebe" (*koi* 恋) und "Frau(en)" (*onna* 女).[35] Selbstverständlich ist eine umfassende Erschließung eines jeglichen Genres mit solchen Zahlen allein unmöglich, da der Kontext meist außer acht bleibt. Weitere Forschungsergebnisse sowie die unterschiedlichen methodischen Herangehensweisen bei der Analyse medialer und populärkultureller Genres sollen im folgenden am Beispiel der Forschung zu zwei internationalen Schwerpunkten vorgeführt werden.

---

34 FRÜHWALD 1991: 71.
35 YANO 2000.

3. Internationale Forschungsschwerpunkte

3.1 *Die Darstellung der Geschlechterrollen*

Medien wirken mit an der Konstruktion von Geschlechterrollen. Sie sind gleichzeitig Symptom und Agens, sie sind Ausdruck und treibende Kraft der Geschlechterverhältnisse.[36]

Angesichts dieser Erkenntnisse erscheint es nicht verwunderlich, daß sich die Auseinandersetzung mit dem Bild der Geschlechter in den Medien zu einem internationalen Forschungsschwerpunkt entwickelt hat. In Japan übernahm die Frauenbewegung eine Art Vorreiterfunktion für die wissenschaftliche Beschäftigung mit dem Thema. Im "Internationalen Jahr der Frau" 1975 protestierte eine "Frauen-Aktionsgruppe anläßlich des 'Internationalen Jahres der Frau'" (Kokusai Fujinnen o Kikkake toshite Kôdô suru Onnatachi no Kai 国際婦人年をきっかけとして行動する女たちの会) gegen einen Werbespot, in dem die geschlechtsspezifische Rollenverteilung nicht nur visuell zum Ausdruck kommt – eine Frau kocht, und ein Mann ißt – sondern auch expressis verbis: Die Frau erklärt: "Watashi tsukuru hito"「私作る人」("Ich bin diejenige, die kocht"), und der Mann entgegnet: "Boku taberu hito"「僕食べる人」("Ich bin derjenige, der ißt"). Mit der Androhung, eine Boykottkampagne des Produkts zu initiieren, erreichte die Gruppe, daß der Werbespot abgestellt wurde.

Unter den verschiedenen Mediengenres schreibt man den Fernseh-Werbespots aufgrund ihrer ständigen Wiederholung – alle Sendungen der Privatsender werden jede Viertelstunde durch Werbepausen unterbrochen – einen besonders großen Einfluß auf die Geschlechterrollen in der Gesellschaft zu. Die Erkenntnis, daß sich auch zu Ende der UNO-Dekade wenig an der Darstellung der Frau in Werbespots geändert hatte, führte zur Gründung der "Gruppe, die die Geschlechterrollen in der Werbung hinterfragt" (Komâsharu no Naka no Danjo Yakuwari o toinaosu Kai コマーシャルの中の男女役割を問い直す会), die zweimal im Jahr eine Umfrage zu Werbespots unter dem Aspekt der Geschlechterrollen durchführt. Anhand des Ergebnisses erstellt sie eine Liste der besten und schlechtesten zehn Spots, die sie in ihrer Mitgliederzeitschrift publiziert. Diese wird Werbeagenturen und den Firmen der Produkte zugesandt, um deren Reaktionen abzudrucken. Die Dokumentation der Auseinandersetzung mit den Werbespots seit Mitte der achtziger Jahre bildet eine Fundgrube zur Erforschung des Frauen- und Männerbildes in der Werbung. Wie einer der Initiatoren des Projekts in einem Vortrag deutlich

---

36 NEVERLA 1998: 298.

machte, hat sich die Darstellung der Geschlechter in den letzten Jahren durchaus verändert, wozu seines Erachtens die Arbeit seiner Gruppe entscheidend beigetragen hat. So treten inzwischen in den Werbespots nicht mehr nur Hausfrauen, sondern auch Karrierefrauen auf, und der Mann wird zunehmend bei Tätigkeiten im Haushalt gezeigt.[37]

Neben den Werbespots sind für die Diskussion um die Darstellung der Geschlechterrollen in Medien und Populärkultur vor allem die beliebten Fernsehdramen von Bedeutung; auf den Einfluß, den man ihnen zuschreibt, wurde bereits eingangs verwiesen. Der ersten, 1979 publizierten Monographie zum Frauenbild der Fernsehdramen zufolge zeigten sie Mitte der siebziger Jahre die Geschlechter auf folgende stereotype Weise:

> During the years of Japan's rapid economic growth, which ended in the mid-1970s, the man's place was in the company, working hard, and the woman's place was in the home. In its two contrasting images of women, the strong mother figure standing guard over the family and the tragic heroine living completely outside of the family, television dramas of the 1970s made it very clear that for women, at least, happiness was to be found inside the house.[38]

Die Fernsehdramen vermittelten also die Botschaft, daß Frauen zwar innerhalb der Familie Einfluß und Macht haben, jedoch schreckliche Erfahrungen machen müssen, sobald sie den sicheren Bereich von Heim und Familie verlassen und sich in die "feindliche" Welt hinausbegeben.[39]

Als besonders positiv an dieser ersten, bahnbrechenden Studie zum Frauenbild in den Fernsehdramen von Muramatsu Yasuko, die sich vornehmlich auf quantitative Daten stützt, ist hervorzuheben, daß sie sich im Gegensatz zu deutschsprachigen sozialwissenschaftlichen Publikationen zum Bild der Geschlechter im Fernsehen[40] nicht ausschließlich auf die Ermittlung von Prozentzahlen beschränkt, sondern auch den Handlungsverlauf einiger Fernsehdramen exemplarisch vorstellt und bei der Interpretation der Daten mit berücksichtigt. Dies gilt auch für die Darstellung der Ergebnisse einer von Muramatsu durchgeführten Folgeuntersuchung nach Ablauf von zehn Jahren, die auf die eklatanten Veränderungen im Frauenbild dieses Genres verweist:

> There has been a sharp increase in dissatisfied women on television. Between 1974 and 1984 the number of women satisfied with their lot dropped from 46 percent to 13 percent. [...] Strong and rebellious women, women who refuse to submit, are now the preferred image and have increased significantly since 10 years ago.[41]

---

37 Vgl. hierzu YOSHIDA 1998.
38 MURAMATSU 1986: 161.
39 MURAMATSU 1979: 127.
40 Z.B. WEIDERER 1993.
41 MURAMATSU 1986: 162–163.

Die Diskussion zum Thema Medien und Geschlecht blieb anfangs in Japan wie auch in den englisch- und deutschsprachigen Ländern eher auf die Frauen- und Geschlechterforschung beschränkt. Beiträge hierzu wurden in erster Linie in Zeitschriften und Sammelbänden aus dem Bereich der Frauenforschung publiziert. Mitte der neunziger Jahre kam es jedoch zu einem regelrechten Boom an Monographien und Sammelbänden zu diesem Thema, nicht nur in Japan, sondern auch im englisch- und deutschsprachigen Raum.[42]

Seither ist dieses Thema auch auf vielen internationalen japanbezogenen Konferenzen präsent. Die zweimal im Jahr in Japan stattfindenden Tagungen der Nihon Masukomyunikêshon Gakkai 日本マスコミュニケーション学会 ("Japanische Gesellschaft für Massenkommunikation") verschließen sich dieser Thematik nicht länger, und es erscheinen zunehmend Beiträge hierzu in allgemeinen medienwissenschaftlichen Zeitschriften – ein Indiz dafür, daß das Thema wissenschaftlich "salonfähig" geworden ist. Neben den Analysen zur Darstellung der Geschlechter in verschiedenen Genres wird auch die Situation weiblicher Beschäftigter im Medienbereich untersucht,[43] angesichts der eklatanten Unterrepräsentation von Frauen ebenfalls ein wichtiges Thema der Medienforschung. In Fernsehanstalten beträgt der Anteil weiblicher Beschäftigter lediglich 9%, in Zeitungsverlagen 6,8%. Damit steht Japan in einem internationalen Vergleich von 25 Ländern nahezu an letzter Stelle.[44]

Zu einer japanisch-deutschen Zusammenarbeit in bezug auf das Thema Medien und Geschlechterrollen kam es Mitte der neunziger Jahre anläßlich von zwei Symposien, die in Tokyo stattfanden. 1993 veranstaltete das Goethe-Institut Tokyo zusammen mit dem "Forschungsinstitut für Frauenkultur" (Josei Bunka Kenkyûjo 女性文化研究所) der Universität Ochanomizu ein deutsch-japanisches Symposium zum Thema "Das Bild der Frau in den Medien", bei dem es um einen Vergleich der Situation in beiden Ländern ging. Deutlich wurde, daß der Prozentsatz von Frauen in Medienberufen in Deutschland wesentlich höher ist; mit den dargestellten Frauenbildern zeigten sich japanische wie deutsche Referentinnen allerdings gleichermaßen unzufrieden. Bei diesem Symposium kamen nicht nur Wissenschaftlerinnen zusammen, sondern auch Beschäftigte im Medienbereich wie auch Mitglieder von Gruppen, die Protestaktionen gegen mediale Darstellungen der Frau initiierten. Auf diese

---

42 Vgl. hierzu die Titel zur Darstellung der Geschlechterrollen in der Auswahlbibliographie. Eine Sammelrezension von sechs japanischsprachigen Publikationen, die zwischen 1991 und 1994 erschienen, bietet GÖSSMANN 1995a.
43 Vgl. hierzu MURAMATSU 1998.
44 Vgl. hierzu MURAMATSU 1998: 25.

Weise konnte eine Auseinandersetzung mit den drei für die Medienkritik wichtigen Bereichen Produktion, Inhalt und Rezeption stattfinden.

Eine Einbeziehung der Positionen verschiedener Personenkreise lag auch dem Konzept eines japanischsprachigen Symposiums zum Bild der Familie in den japanischen Medien zugrunde, das 1995 am Deutschen Institut für Japanstudien in Tokyo stattfand.[45] Vertreten waren nicht nur die Medien-, Literatur- und Sozialwissenschaften, sondern auch Mitglieder von Aktionsgruppen zum Thema "Medien und Geschlecht" sowie ein Drehbuchautor und eine Schriftstellerin.

Nachdem das UNO-Jahr der Familie 1994 zuende gegangen war, galt es, auf dieser Tagung Bilanz zu ziehen, wie sich die Darstellung der Familie in den verschiedenen medialen Genres zu der Situation der Familie in der japanischen Gesellschaft verhält. Ausgangspunkt war die Frage, inwieweit sich die Pluralisierung der Lebensformen, die sich in der gesellschaftlichen Realität abzeichnet, in den Medien widerspiegeln. Die Darstellung der Geschlechterrollen stand deshalb bei der Auseinandersetzung mit den Familienbildern im Vordergrund. Einen Schwerpunkt des Symposiums bildete das Fernsehdrama als ein Genre, das für die Konstruktion der Bilder von Familie eine besondere Rolle spielt. Aufgrund der bereits vorgestellten Studien zum Frauenbild dieses Genres aus den Jahren 1974 und 1984 bestanden nun die besten Voraussetzungen dafür, nach den Veränderungen in diesem Genre Mitte der neunziger Jahre zu fragen. Die methodische Herangehensweise erwies sich im Fall des Genres Fernsehdrama als besonders vielfältig, worauf im folgenden detailliert einzugehen ist.

Wie eine der Referentinnen zu Beginn ihres Beitrags verdeutlichte, stützt sich die japanische Forschung zum Genre Fernsehdrama auf zwei verschiedene Methoden, die in etwa der interpretativ-hermeneutischen Herangehensweise der Geisteswissenschaften und der sozialwissenschaftlichen quantitativen Inhaltsanalyse entsprechen. Nach der ersten Methode beschäftigt man sich detailliert mit einzelnen repräsentativen Fernsehdramen, die während eines längeren Zeitraums gesendet wurden, um so Tendenzen und Entwicklungen in dem Genre herauszuarbeiten. Auf diese Weise verfuhr Hirahara Hideo 平原 日出男, Mitautor einer Geschichte der japanischen Fernsehdramen.[46] Anhand besonders populärer Fernsehdramen zeichnete er die Veränderungen in der

---

45 Eine Dokumentation aller Beiträge, Kommentare und Diskussionen dieser Tagung wurde in deutscher Übersetzung publiziert; GÖSSMANN (Hg.) 1998. Ein Teil der Originalbeiträge in japanischer Sprache ist enthalten in MURAMATSU u. GÖSSMANN (Hg.) 1998.

46 SATA u. HIRAHARA (Hg.) 1991.

Rolle des Familienoberhauptes von den Anfängen des Genres bis zur Gegenwart nach.[47]

Bei der zweiten Methode bilden *alle* während des Untersuchungszeitraums ausgestrahlten Fernsehdramen die Analyseobjekte, und es werden in erster Linie quantitative Daten ermittelt. Dieser Methode bediente sich Shioya Chieko, die eine Untersuchung aller 47 im Oktober 1994 zur abendlichen Hauptsendezeit ausgestrahlten Fernsehdramen vorstellte. Ermittelt wurde zunächst, wie häufig unterschiedliche Familienformen, z.B. die Mehrgenerationen- und die Kernfamilie, jeweils in den Fernsehdramen des Untersuchungszeitraums dargestellt wurden, um dieses Ergebnis dann den entsprechenden Daten einer Volkszählung gegenüberzustellen. Eine tabellarische Darstellung dieser Daten (vgl. Tab. 1) verdeutlicht die Diskrepanz zwischen der Familienzusammensetzung in der fiktionalen Welt der Fernsehdramen und der gesellschaftlichen Realität. Während in ersterer nur 30% Kernfamilien im Sinne von Eltern und Kind(ern) auftreten, sind dies in letzterer fast die Hälfte.

Tab. 1: Vergleich der Familienzusammensetzung im Genre Familiendrama und in der japanischen Gesellschaft (Einheit: Prozent)[48]

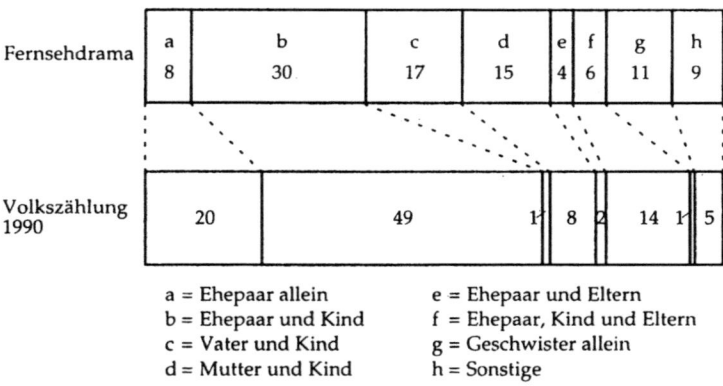

Die Analyse aller dargestellten zwischenmenschlichen Beziehungen offenbarte, daß die "Familienbande" in fast allen Fällen, so auch in Krimiserien, den Angelpunkt des Geschehens bilden. Eine genaue Betrachtung der Beziehungsmuster innerhalb der Familie führte schließlich zu dem Ergebnis, daß

---

47 HIRAHARA 1998.
48 Quelle: SHIOYA 1998: 132.

nicht der Beziehung von Ehepartnern zueinander, sondern dem Verhältnis von Eltern und Kindern mit Abstand die größte Bedeutung zukommt.[49]

Auch wenn diese Analyse *aller* Fernsehdramen während eines Monats den Eindruck vermitteln könnte, daß das Thema Ehe so gut wie keine Rolle in den Fernsehdramen spielt, gibt es durchaus Fälle, in denen die Beziehung von Ehemann und -frau im Mittelpunkt steht. Diese waren Gegenstand meines eigenen Beitrags zum Bild der Ehe, bei dem ich mich einer anderen methodischen Herangehensweise bediente. Untersuchungsmaterial waren die besonders populären Fortsetzungsdramen (*renzoku dorama* 連続ドラマ) mit durchschnittlich zwölf wöchentlich gesendeten Folgen. Im Vergleich zu den einmalig ausgestrahlten, zweistündigen Fernsehdramen (*tanpatsu dorama* 単発ドラマ) sind diese Fortsetzungsdramen, bei denen man über einen Zeitraum von drei Monaten die Entwicklung verfolgt, von besonderer Bedeutung für den öffentlichen Diskurs, wie das häufige Aufgreifen ihrer Themen in allgemeinen Zeitschriften und Fernsehshows offenbart. Unter den verschiedenen Arten von Fortsetzungsdramen wurden 15 Fernsehdramen aus dem Zeitraum 1992 bis 1995 ausgewählt, in denen es um das Leben eines Ehepaares ging. Der nächste Schritt war die Kategorisierung je nach der Art der zu Beginn der Handlung innerhalb der Ehe praktizierten Rollenverteilung in die folgenden vier Modelle:

A Ehemann: Beruf; Ehefrau: Familie und Haushalt
B Ehemann: Beruf; Ehefrau: Familie und Haushalt und Teilzeitarbeit bzw. ehrenamtliche Tätigkeit
C Beide Ehepartner berufstätig, Doppelbelastung der Ehefrau durch Haushalt und Beruf
D Beide Ehepartner berufstätig, partnerschaftliche Aufteilung der Hausarbeit

Dieser Ausgangssituation galt es nun, in einer tabellarischen Darstellung jeweils die Veränderungen im Laufe der Fortsetzungen gegenüberzustellen.[50] Ziel dieser Analyse war es, den Entwicklungen nachzugehen, die sich von Beginn bis Ende der durchschnittlich zwölf Folgen vollziehen, und die bei einer Inhaltsanalyse, die nur einen kürzeren Untersuchungszeitraum umfaßt, naturgemäß nicht berücksichtigt werden können.

Ein Ergebnis dieser Untersuchung war, daß den Fernsehdramen der unterschiedlichen Modelle jeweils bestimmte Handlungsmuster zugrunde liegen. Als charakteristisch für Modell A erwies sich die Unzufriedenheit der Frau

---

49 Vgl. hierzu SHIOYA 1998: 141.
50 Vgl. hierzu GÖSSMANN 1998: 147–166.

mit ihrer Lebenssituation, ein Aspekt, der bereits in der Untersuchung von Muramatsu aus dem Jahr 1984 zutage trat. Der gesellschaftliche Hintergrund hierfür ist wohl darin zu sehen, daß in der japanischen Gesellschaft zunehmend Scheidungen von seiten der Frau eingereicht werden. Was die Fortsetzungsdramen Mitte der neunziger Jahre, in denen ein Ehepaar im Mittelpunkt steht, betrifft, kann der Ausbruch einer Hausfrau aus Ehe und Familie sogar als ein Topos bezeichnet werden. Dies bedeutet jedoch nicht, daß die Fernsehdramen überhaupt nicht mehr die Botschaft vermitteln, die wahre Bestimmung der Frau sei Haus und Familie. Zum einen gibt es auch den Fall einer älteren Frau, die nach einem Ausflug in den harten Berufsalltag reumütig zu ihrem Mann zurückkehrt, zum anderen zeigt ein Blick auf die Entwicklungen in den Fernsehdramen, in denen beide Ehepartner berufstätig sind (Modell C), daß Ehefrauen häufig ihren Beruf wieder aufgeben, wenn die Familie sie braucht.

Betrachtet man die Tendenzen in den Fortsetzungsdramen des Untersuchungszeitraum als Ganzes, so läßt sich festhalten, daß es zwar einige vom Standpunkt der Frau aus gesehen "fortschrittliche" Serien gibt, die zeigen, wie eine Frau aus einer für sie unbefriedigenden Beziehung ausbrechen und sich ein eigenes Leben aufbauen kann; auf der anderen Seite opfern berufstätige Ehefrauen, die offensichtlich Freude an ihrer Arbeit haben, anscheinend ohne Bedauern ihre Karriere, wenn dies erforderlich erscheint. Die folgende Aussage eines kanadischen Medienwissenschaftlers trifft somit auch auf diese japanischen Serien zu:

> While popular culture can be progressive, it is not radical, it follows trends and rarely starts them.[51]

Auch wenn eine gewisse Pluralisierung der Lebensformen, wie sie besonders plakativ in einer Zeichnung der Tageszeitung *Asahi shinbun* 朝日新聞 zutage tritt,[52] auf dem Symposium für fast alle Genres festgestellt werden konnte, herrscht in vielen Bereichen jedoch nach wie vor die Tendenz zur Idealisierung der Mehrgenerationenfamilie. So schmückten zum Auftakt des "Internationalen Jahres der Familie" zahlreiche Fotos solcher Großfamilien die Neujahrsausgaben der Tageszeitungen. Die Aufopferung der Frau für die Familie erscheint hier in einem positiven Licht, eine Erwähnung der Möglichkeit staatlicher Unterstützungsmaßnahmen wurde in allen Genres der Medien und Populärkultur konsequent vermieden. Der Grundtenor lag in der Aufforderung,

---

51 DUNCAN 1994: 1.
52 Vgl. hierzu HORIE u. SAITÔ 1998: 236.

Probleme der Familie intern zu lösen, was in der Regel als ein Appell an die Frau zu verstehen ist. Anhand dieses Symposiums konnte somit deutlich gemacht werden, daß das Familienbild verschiedener Genres durchaus ähnliche Muster aufweist.

Trotz der inzwischen relativ zahlreichen Studien zum Thema Medien und Geschlecht ist in diesem Bereich, der lange von der Forschung vernachlässigt wurde, noch viel Material zu bearbeiten, zum einen in historischer Sicht und zum anderen aufgrund der Veränderungen, die sich alltäglich in den verschiedenen Genres der Medien und Populärkultur vollziehen. Wie anhand des Beispiels Fernsehdrama aufzuzeigen versucht wurde, erweist sich dabei gerade eine Methodenvielfalt als besonders fruchtbar, um die unterschiedlichen Facetten eines Genres herauszuarbeiten.

3.2 *Das Bild des "Fremden"*

Das Bild des Auslands und seiner Bevölkerung, ihrer Lebensweise und Kultur in Fernsehsendungen und Werbespots spiegelt das internationale Bewußtsein Japans wider und hat zugleich einen entscheidenden Einfluß darauf.[53]

Die These, daß die Medien an der Konstruktion von Geschlechterrollen mitwirken und somit gleichzeitig Symptom und Agens sind, läßt sich, wie in diesem Zitat anklingt, auch auf die Darstellung des "Fremden" übertragen. Der Umgang einer Gesellschaft mit dem "Fremden" ist somit nicht allein anhand der Untersuchung der Lebenssituation von Ausländern und Ausländerinnen zu erforschen, sondern es gilt zu analysieren, welche Bilder Medien, Populärkultur und Literatur entwerfen. In der deutschsprachigen Forschung führten die fremdenfeindlichen Ausschreitungen in Deutschland zu Beginn der neunziger Jahre zu zahlreichen Studien über die Berichterstattung in den Medien, denen unterschwellig oder sogar explizit eine Mitverantwortung an einer zunehmenden Fremdenfeindlichkeit in der Gesellschaft unterstellt wird.[54]

Im Vergleich zur Darstellung der Geschlechterrollen ist die Auseinandersetzung mit Fremdheitsbildern in den japanischen Medien zwar noch relativ gering; das Thema gewann jedoch vor allem in Zusammenhang mit dem in den achtziger Jahren ausgerufenen Motto der "Internationalisierung Japans" (*Nihon no kokusaika* 日本の国際化) zunehmend an Bedeutung. 1979 wurde in Japan eine regionale Gruppe des länderübergreifenden International Televi-

---

53 FCT 1991: 1.
54 Vgl. hierzu SCHEFFER 1997.

sion Flow Project (ITFP) gegründet. Seither führt das ITFP-JAPAN interkulturell vergleichende Medienforschung durch, u.a. in deutsch-japanischer Zusammenarbeit.[55] Zunächst widmete sich die Forschergruppe vornehmlich dem Bild Japans in den Medien anderer asiatischer Länder;[56] ein 1996 erschienener Band[57] stellt hingegen neben Untersuchungen zum Anteil ausländischer Beiträge im japanischen Fernsehen sowie des Exports japanischer Sendungen ins Ausland auch Analysen zum Fernsehprogramm vor wie etwa ein Vergleich der Fernsehsendungen zum Thema "Fünfzig Jahre Kriegsende" in Deutschland und Japan.[58] Darüber hinaus wird dem Bild des Auslands in verschiedenen Sendeformen nachgegangen, darunter den Werbespots, ein Genre, das bisher in bezug auf die Darstellung des Fremden am meisten analysiert wurde. Für die Untersuchung der in Japan herrschenden Stereotypen von anderen Ländern gelten die Fernsehwerbespots als besonders aufschlußreich.[59]

Einen wichtigen Beitrag zur Erforschung des Bildes vom Ausland leistete auch das FCT, das unter der englischen Bezeichnung firmierende "Forum for Citizens' Television" (Shimin to Media no Kai 市民とメディアの会), das sich seit den siebziger Jahren intensiv der Medienbeobachtung und -kritik widmet. Unter der Prämisse, daß die Einstellung zu anderen Ländern entscheidend vom Fernsehen mitgeprägt wird, unternahm diese Gruppe 1989 eine Analyse aller Programme und Werbespots während der abendlichen Hauptsendezeit einer Woche und legte eine umfassende Dokumentation vor. Neben zahlreichen Tabellen zur Anzahl der Darstellung ausländischer Figuren und Länder, der beworbenen Produkte und Firmen sowie der Verwendung unterschiedlicher Sprachen werden auch anhand einiger Beispiele die Inhalte der Werbespots vorgestellt.

Der Kategorie "Geschlecht" kommt bei dieser Untersuchung eine besondere Bedeutung zu. Anhand der Analyse, welche Körperteile ausländischer Frauen in Großaufnahme erscheinen, offenbart sich ihre Funktion als "Blickfang" (ai kyatchâ アイキャッチャー). Während in dieser Untersuchung aus dem Jahr 1989 die Anzahl an männlichen und weiblichen Figuren unterschiedlicher Länder sich etwa die Waage hält, kommt eine 1995 durchgeführte Analyse zu dem Schluß, daß in fast allen Fällen die Männer überwiegen; lediglich bei

---

55 Beteiligt ist von deutscher Seite u.a. Michael Niemann, Pressesprecher des Japanisch-Deutschen Zentrums in Berlin.
56 KAWATAKE 1991.
57 KAWATAKE u. SUGIYAMA (Hg.) 1996.
58 MIWA u. HARA 1996.
59 HAGIWARA 1996: 117.

asiatischen Figuren sind die weiblichen in der Überzahl[60] (vgl. hierzu Tab. 2).

Tab. 2: Ausländische Personen in der Fernsehwerbung[61]

	MÄNNER	FRAUEN	GRUPPEN	GESAMT
„Weiße"	1414 (61.1)	784 (33.9)	116 (5.0)	2314 (100)
„Schwarze"	282 (78.1)	73 (20.2.)	6 (1.7)	361 (100)
„Asiaten"	292 (29.3)	563 (56.6)	140 (14.1)	995 (100)
„Sonstige"	124 (53.2)	81 (34.8)	28 (12.0)	233 (100)
„Gemischte Gruppen"	—	—	101 (100)	101 (100)
GESAMT	2112 (52.7)	1501 (37.5)	391 (9.8)	4004 (100)

Eine Begründung hierfür kann in dieser sozialwissenschaftlichen, ausschließlich auf die Präsentation von Daten beschränkten Studie nicht geboten werden; hierzu wären neben einer detaillierten Analyse der Inhalte der Werbespots auch Interviewstudien etwa in Werbeagenturen vonnöten.

Ein weiterer wichtiger Aspekt der Forschung zum Bild des Fremden in der Werbung ist die Auseinandersetzung mit der Dominanz des Amerikanischen und Europäischen, ein Phänomen, das vor allem in Zusammenhang mit der seit Ende der achtziger Jahre virulenten Diskussion um die Hin- bzw. Rückwendung Japans nach Asien zunehmend in die Kritik geriet. Der oben zitierten Studie von FCT zufolge waren 1987 in den Fernseh-Werbespots 84% der ausländischen Figuren "weiß" und nur jeweils 7% "schwarz" oder "asiatischer Herkunft".[62] Da auch in den Nachrichten während des Untersuchungszeitraums von einer Woche im Jahr 1989 lediglich ein einziger Beitrag zu Asien gesendet wurde,[63] heißt es im Kommentar der Studie, diese Ergebnisse liefen der in den Medien verbreiteten Forderung, "Japan solle sich als Mitglied Asiens

---

60 HIYOSHI 1997.
61 Die Zahlen in Klammern bezeichnen den prozentualen Anteil an der jeweiligen Personengruppe. Quelle: HIYOSHI 1997: 187.
62 FCT 1991: 58.
63 FCT 1991: 93.

begreifen",⁶⁴ diametral entgegen. Auch eine Untersuchung aus dem Jahr 1993 zu ausländischen Elementen im japanischen Fernsehprogramm führte zu dem Ergebnis, daß der Anteil an Asiatinnen und Asiaten unter den dargestellten ausländischen Figuren zwar ein wenig zugenommen hat, jedoch immer noch unter 10% liegt.⁶⁵ Einen weiteren Anstieg verzeichnet die oben erwähnte Studie zu Werbespots aus dem Jahr 1995. Der Autor verweist jedoch auf einen qualitativen Unterschied in der Darstellung asiatischer und europäischer bzw. amerikanischer Figuren: Erstere werden meist in Gruppen gezeigt, während letztere in Großaufnahmen wesentlich stärker als Individuen erscheinen.⁶⁶

Was das Bild ausländischer Figuren im Bereich der Unterhaltung bzw. fiktionalen Darstellung in Medien und Populärkultur betrifft, liegen bisher nur wenige Studien vor, etwa zu der diskriminierenden Darstellung von Afrikanern und Afroamerikanern in Manga und anderen populärkulturellen Genres wie auch in der Literatur.⁶⁷ Studien erschienen zwar zur Darstellung Japans bzw. Asiens in Hollywood-Filmen,⁶⁸ bisher jedoch nicht zum Bild des Auslands in japanischen Filmen, obwohl die Begegnung mit einer anderen Kultur seit Beginn der neunziger Jahre in mehreren, zum Teil preisgekrönten Kinofilmen thematisiert wird.

In den japanischen Fernsehdramen, die den Anschein vermitteln, die Alltagsrealität widerzuspiegeln, treten ausländische Figuren trotz der zahlreichen in Japan lebenden Koreaner und Chinesen kaum auf. Auf diese Weise wird in diesem Genre der Mythos von der Homogenität der japanischen Bevölkerung aufrecht erhalten. Ein Grund für das Zögern in der Auseinandersetzung mit dem "Fremden" in den japanischen Medien mag auch die in Japan virulente Diskussion zur *political correctness* sein, die vor allem im Zusammenhang mit diskriminierenden Begriffen (*sabetsu yôgo* 差別用語) geführt wird.⁶⁹ Die Angst vor Protesten aus dem Publikum hat häufig die Aussparung und damit Tabuisierung der Thematik zur Folge. So kritisierte z.B. eine in Japan lebende Frau aus den Philippinen die Darstellungsweise in dem 1992 vom Sender Fuji Terebi ausgestrahlten Fernsehdrama "Der Mann, der eine Filipina liebte" (*Firipîna o aishita otoko* フィリピーナを愛した男), da sie zur Manifestierung

---

64 FCT 1991: 58.
65 HAGIWARA 1994: 29.
66 HIYOSHI 1997: 193.
67 RUSSEL 1991 u. 1996 sowie PHILLIPPS 2000.
68 MURAKAMI 1993.
69 Eine Zusammenfassung dieser Diskussion bietet GÖSSMANN 1995b.

von Vorurteilen gegenüber ihren Landsleuten führen könnte.[70] Da ausländische Figuren in den japanischen Fernsehdramen äußerst selten sind, erhalten die wenigen Beispiele zwangsläufig ein großes Gewicht, und die Gefahr, zu einer weiteren Stereotypisierung beizutragen, ist deshalb besonders stark gegeben.

Genres wie Literatur, Fernseh- und Kinofilm sowie der Fernsehserie kommen zweifellos eine wichtige Funktion bei der Konstruktion von Bildern des Fremden zu, denn gerade die fiktionale Darstellung birgt die Möglichkeiten in sich, entweder zur Zementierung von Vorurteilen beizutragen oder andererseits sogar interkulturelle Kompetenz zu vermitteln. Vor dem Hintergrund der noch geringen Forschungsaktivitäten im Bereich der fiktionalen Auseinandersetzung mit dem "Fremden" führe ich ein Forschungsprojekt mit dem Titel "Interkulturelle Begegnungen mit dem Fremden in Literatur und (Fernseh)film. Ein japanisch-deutscher Vergleich" durch.[71]

Das Untersuchungsmaterial besteht aus japanischen und deutschen literarischen Werken, Fernsehfilmen und -serien der neunziger Jahre. Da es sich häufig um Literaturverfilmungen handelt, erweist es sich als sinnvoll, die beiden Medien gemeinsam zu untersuchen, um auf diese Weise auch den unterschiedlichen Möglichkeiten der verschiedenen Genres nachzugehen. Ziel ist hierbei weniger die Analyse des Bildes von Ausländerinnen und Ausländern als die Art des Umgangs mit ihnen. Dabei ist zu fragen, inwieweit Literatur und Film dazu beitragen können, interkulturelle Kompetenz zu vermitteln. Die komparatistische Vorgehensweise in Form eines japanisch-deutschen Vergleichs wurde gewählt, um über kulturspezifische Komponenten hinaus allgemeine Muster des Umgangs mit dem Fremden herauszuarbeiten.

Im folgenden soll abschließend als ein Beispiel für die hermeneutisch-interpretative Herangehensweise die von den Projektmitgliedern durchgeführte Pilotstudie vorgestellt werden, eine Analyse des 1996 ausgestrahlten zehnteiligen Fortsetzungsdramas "Doku" ドク, das nach einem Vietnamesen benannt ist. Es schildert die Situation von Menschen aus verschiedenen asiatischen Ländern, die zum Studium nach Japan kommen, und ist deshalb vor allem im Kontext der Beziehungen zwischen Japan und anderen asiatischen Ländern von Interesse. Das Motto, mit dem für diese Serie geworben wurde, lautete:

---

70 YUASA 1993: 55–56.

71 Dieses Forschungsprojekt im Fach Japanologie der Universität Trier wird von der Volkswagen-Stiftung im Rahmen des Schwerpunktthemas "Das Fremde und das Eigene – Probleme und Möglichkeiten interkulturellen Verstehens" gefördert. Informationen hierzu finden sich auf der Homepage der Japanologie der Universität Trier.

Asiens Traum wird sich bestimmt erfüllen (*Ajia no yume wa kanarazu kanau* アジアの夢
は必ず叶う).

In der ersten Folge unternimmt die weibliche Hauptfigur, eine 29jährige
Japanerin, eine Reise nach Vietnam und lernt dort den etwa zehn Jahre
jüngeren Vietnamesen Doku kennen. Sie ist fasziniert von Vietnam, denn sie
hat das Gefühl, hier eine Form von Ursprünglichkeit und Vitalität wiederzu-
finden, die ihr selbst und ihrem Land verloren gegangen ist. Nach Japan
zurückgekehrt, beginnt die Protagonistin eine Ausbildung zur Japanischlehre-
rin, um Studierende aus anderen asiatischen Ländern zu unterrichten. Wie es
der Zufall in solch populärkulturellen Produkten will, gehört Doku zu ihren
Schülern in der Sprachenschule, in der sie unterrichtet. Er will Japanisch
lernen, um Architektur zu studieren und damit seinen Traum, in seiner Heimat
Hochhäuser und Brücken zu bauen, verwirklichen.

Vor dem Hintergrund der Thesen des Filmwissenschaftlers Werner Faulstich,
der die drei Fremdheitskonzepte populärer Filme als "Exotik, Heil und Horror"[72] bezeichnet, wurde bei der Analyse der Frage nachgegangen, welche
Muster des Umgangs der japanischen Figuren mit den anderen asiatischen
vorliegen. Dabei zeigte sich, daß dieses Fernsehdrama eine erstaunlich große
Bandbreite unterschiedlicher Verhaltensweisen thematisiert, die von Begeisterung bis hin zu offener Feindseligkeit reichen.

Was das Bild der asiatischen Figuren betrifft, so ist im Fall des Titelhelden
eine recht starke Idealisierung zu verzeichnen; bei der Darstellung der koreanischen Nebenfiguren sind auch diskriminierende Elemente festzustellen.
Um diesen nachzugehen, wurde von einer Schlüsselszene – einer von der
Klasse für die Lehrerin organisierten Geburtstagsparty – ein ausführliches
Einstellungsprotokoll angefertigt, eine tabellarische Auflistung der Bildinhalte,
Kameraführung sowie des Tons.[73] Diese schriftliche Fixierung der schnell
geschnittenen Einstellungen ermöglicht eine bessere Beurteilung der Darstellungsweise. Deutlich wird, auf welch bedrohliche Weise die beiden Koreaner
dargestellt werden – der eine aus dem Süden des Landes, der andere aus dem
Norden –, als sie sich vehement gegen eine Einmischung ihrer Lehrerin in
ihre politischen Auseinandersetzungen wehren.

Der Schwerpunkt des Fernsehdramas liegt nun auf den Bemühungen der
Lehrerin Yuki, zu ihrer Klasse, die sich aus den Angehörigen verschiedener
asiatischer Länder zusammensetzt, ein wirkliches Vertrauensverhältnis aufzubauen. Mit Hilfe des Vietnamesen Doku gelingt es ihr schließlich, die Klasse

---

72 FAULSTICH 1996: 413.
73 Vgl. hierzu GÖSSMANN, JASCHKE, MRUGALLA 1998: 349–352.

zu einer Gemeinschaft zusammenzuschließen. Auf diese Weise leistet das Fernsehdrama einen Beitrag zur Diskussion um das Verhältnis Japans zu anderen asiatischen Ländern. Durch das Motto, Asiens Traum werde sich bestimmt erfüllen, erhält der Wunsch des Vietnamesen, sich in Japan technologische Kenntnisse anzueignen und sie für sein eigenes Land zu nutzen, stellvertretende Funktion für die Bevölkerung anderer asiatischer Länder. Wenn es in einer Tiefenschicht des Dramas "Doku" um die Auseinandersetzung mit der Frage geht, wie eine Einheit und ein Zusammenhalt Asiens unter Einbeziehung von Japan verwirklicht werden kann, läßt es sich als eine Art Parabel für Japans Rolle in Asien interpretieren.[74]

Auch wenn dieses Fernsehdrama wohl nicht von der breiten Bevölkerung in dieser Form rezipiert wurde, da sich eine solche Interpretation nur bei einer intensiveren Beschäftigung erschließt, erscheint diese Darstellungsweise doch symptomatisch für die Auseinandersetzung mit dem Thema Asien in Japan und offenbart, welche Dimensionen gerade die fiktionale Gestaltung in sich bergen kann.[75] Die Entschlüsselung der Botschaften solch populärkultureller Produkte ist der Beitrag, der von literaturwissenschaftlicher Seite zu der Auseinandersetzung mit dem Fremden in Medien und Populärkultur geleistet werden kann.

4. *Resümee*

Wie anhand der zwei internationalen Forschungsschwerpunkte, der Darstellung der Geschlechterrollen und dem Bild des Fremden, aufzuzeigen versucht wurde, ermöglicht die wissenschaftliche Beschäftigung mit den Bereichen Medien und Populärkultur Einblicke in Facetten des jeweils herrschenden "geistigen Klimas" eines Landes. Für ein umfassendes Verständnis des Gegenwartsjapan darf deshalb die Analyse dieser Bereiche nicht ausgespart bleiben, zumal ihnen in Japan ein besonders hoher Stellenwert zuzukommt. Abschließend gilt es, einige Punkte festzuhalten, die für eine adäquate Auseinandersetzung mit Medien und Populärkultur in Japan von Bedeutung erscheinen.

Zunächst bedarf es nicht nur sehr guter sprachlicher Fähigkeiten, sondern auch umfassender Kenntnisse zu Japan. Diese sollten sich keineswegs auf

---

74 Vgl. hierzu GÖSSMANN, JASCHKE, MRUGALLA 1998: 358–361.

75 Der Frage, inwieweit sich in der Medien- und Populärkultur Japans eine gewisse Hin- bzw. Rückwendung nach Asien offenbart, wird sich ein DFG-Projekt an der Japanologie Trier widmen.

die Gegenwart beschränken, damit auch historische Anspielungen erkannt und in die Analyse einbezogen werden können. Gerade hier eröffnen sich höchst interessante Themen für die japanologische Forschung.

Ein Austausch unter denjenigen, die sich mit den Medien und den verschiedenen Facetten der Populärkultur beschäftigen, ist wichtig und vielversprechend, zum einen in bezug auf methodische Fragen, zum anderen aber auch aus thematischen Gründen, da es zahlreiche Verflechtungen zwischen den unterschiedlichen Genres gibt. So basieren etwa Fernsehdramen auf literarischen Werken oder Manga, aus einem Manga wird wiederum ein Zeichentrickfilm oder Videospiel. Aus diesem Grund ist im Bereich von Medien und Populärkultur eine wissenschaftliche Zusammenarbeit von besonderer Bedeutung.

Auch wenn Abschlußarbeiten eine Beschränkung auf einen eng umrissenen Themenkreis erforderlich machen, sollte man sich bei der Analyse medialer und populärkultureller Produkte nicht nur auf das ausgewählte Untersuchungsmaterial selbst konzentrieren, sondern stets den Gesamtzusammenhang der Entwicklungen im jeweiligen Genre wie auch benachbarter Gattungen im Auge behalten. Anderenfalls besteht die Gefahr, daß gängige Darstellungsmuster als Einzelphänomene gewertet werden.

Aus der Gesamtperspektive des Faches Japanologie gesehen, erweist es sich als besonders wichtig, daß die Beschäftigung mit Medien und Populärkultur in den verschiedensten Disziplinen angesiedelt ist, damit die unterschiedlichen Methoden der Sozial- und Kulturwissenschaften fruchtbar gemacht werden können. Vermieden werden sollte die sinnlose Kontroverse "zwischen 'qualitativ' orientierten Hermeneutikern und 'quantifizierend' vorgehenden Inhaltsanalytikern".[76] Wünschenswert ist vielmehr eine interdisziplinäre Zusammenarbeit, die auf einer Achtung vor Methodik und Erkenntnisinteresse unterschiedlicher Fachrichtungen basiert. Hierzu bestehen im Fach Japanologie aufgrund seiner Methodenvielfalt die besten Voraussetzungen.

---

76 FRÜHWALD 1991: 9.

Auswahlbibliographie

Allgemeine Darstellungen und Sammelbände

HIJIYA-KIRSCHNEREIT, Irmela (Hg.)
2000 *Japan. Der andere Kulturführer.* Frankfurt a.M.: Insel Verlag.
PLITSCH-KUSSMAUL, Kirsten
1995 *Die Entstehung und Ausprägung der Mediensysteme in Japan und der Bundesrepublik Deutschland. Ein Strukturvergleich 1945 bis 1990.* Neuried: Ars una.
POWERS, Richard u. KATÔ, Hidetoshi
1989 *Handbook of Japanese Popular Culture.* Westport: Greenwood Press.
SCHILLING, Mark
1997 *The Encyclopedia of Japanese Pop Culture.* New York: Weatherhill.
TREAT, John Whittier (Hg.)
1996 *Contemporary Japan and Popular Culture.* Honolulu: University of Hawaii Press.

Fernsehdramen

SATA, Masanori u. HIRAHARA, Hideo (Hg.)
1991 *A History of Japanese Television Drama.* Kaibunsha.

Manga

BERNDT, Jaqueline
1995 *Phänomen Manga. Comic-Kultur in Japan.* Berlin: edition q.
BACHMEYER, Eva u. MADERDONNER, Megumi
1986 *Aspekte japanischer Comics.* Wien: Institut für Japanologie der Universität Wien.
PHILLIPS, Susanne
1996 *Erzählform Manga. Eine Analyse der Zeitstrukturen in Tezuka Osamus "Hi no tori" ("Phönix").* Wiesbaden: O. Harrossowitz.

2000 *Die Figurenwelt des Tezuka Osamu. Wechselwirkung zwischen Erzählmustern und Figurenkonzeptionen im Story-Manga.* München: iudicium.

SCHODT, Frederik
1983 *Manga! Manga! The World of Japanese Comics.* Tokyo: Kodansha International.
1996 *Dreamland Japan. Writings on Modern Japanese Manga.* Berkeley: Stone Bridge Press.

Darstellung der Geschlechterrollen

GOERKE, Marie-Luise
1998 "Der ignorierte Mann. Zur Darstellung der Geschlechterrollen im NHK-Fernsehdrama", in: *NOAG* 163 / 164: 67–75.

GÖSSMANN, Hilaria
1995a "Frauen und Medien. Neue Publikationen aus den Jahren 1991 bis 1994", in: *Japanstudien. Jahrbuch des Deutschen Instituts für Japanstudien der Philipp-Franz-von-Siebold-Stiftung* 6: 335–368 [Sammelrezension].
1996 "Von der Kernfamilie zu alternativen Lebensmodellen. Ein Vergleich der Lebensentwürfe in japanischen und deutschen Fernsehserien", in: *Japanstudien. Jahrbuch des Deutschen Instituts für Japanforschung der Philipp-Franz-von-Siebold-Stiftung* 8: 241–264.

GÖSSMANN, Hilaria (Hg.)
1998 *Das Bild der Familie in den Medien* (Monographienreihe des Deutschen Instituts für Japanstudien, Bd.20). München: iudicium.

SKOV, Lise u. MOERAN, Brian (Hg.)
1995 *Women, Media and Consumption in Japan.* Honolulu: University of Hawaii Press.

VALASKIVI, Katja
1995 *Wataru seken wa oni bakari. Mothers-in-law and Daughters-in-law in a Japanese Television Drama.* Jyväskylä: University of Jyväskylä.

WÖHR, Ulrike
  1997   *Frauen zwischen Rollenerwartung und Selbstdeutung. Ehe, Mutterschaft und Liebe im Spiegel der japanischen Zeitschrift Shin shin fujin von 1913 bis 1916*. Wiesbaden: O. Harrassowitz.
WÖHR, Ulrike; SATO HAMILL, Barbara; SUZUKI, Sadami (Hg.)
  2000   *Gender and Modernity. Rereading Japanese Women's Magazines*. Kyoto: International Research Center for Japanese Studies.

Das Bild des Fremden

GÖSSMANN, Hilaria; JASCHKE, Renate; MRUGALLA, Andreas
  1998   "Fremdheit oder Vertrautheit? Japan und seine asiatischen Nachbarn im Spiegel des Fernsehdramas Doku", in: *Japanstudien. Jahrbuch des Deutschen Instituts für Japanstudien der Philipp-Franz-von-Siebold-Stiftung* 10: 337–368.
RUSSELL, John G.
  1996   "Race and Reflexivity. The Black Other in Contemporary Japanese Mass Culture", in: TREAT (Hg.) 1996: 17–40.

Zitierte Literatur

BUSSMANN, Hadumod u. HOF, Renate (Hg.)
  1995   *Genus. Zur Geschlechterdifferenz in den Kulturwissenschaften*. Stuttgart: Kröner.
CRAIG, Tim
  2000   *Japan Pop! Inside the World of Japanese Popular Culture*. New York: M. E. Sharp.
DUNCAN, Barry
  1994   "American vs. Canadian Television Families", in: *Mediacry* 16.2: 1, 10–11.
FAULSTICH, Werner
  1996   "Zwischen Exotik, Heil und Horror. Das Fremdartige als Dramaturgie der Kultur", in: HESS-LÜTTICH, Ernest W.B.; SIEGRIST, Christoph; WÜRFFEL, Stefan Bodo (Hg.): *Fremdverstehen in Sprache, Literatur und Medien*. Frankfurt a.M.: Peter Lang: 413–428.

FCT (Forum for Citizen's Television) (Hg.)
1991　　　　　*Terebi ga uchidasu "gaikoku" to Nihon no kokusaika.* FCT. 『テレビがうちだす「外国」と日本の国際化』.

FRÜHWALD, Werner
1991　　　　　*Inhaltsanalyse. Theorie und Praxis.* München: Ölschleger.

GATZEN, Barbara
1998　　　　　*Die Entwicklung des Mediums Nachrichten am Beispiel Japan. Unter besonderer Berücksichtigung der Präsentationsformen und Inszenierungsstrategien in den Spätabendnachrichten der fünf marktführenden japanischen Fernsehanstalten.* FU Berlin (Diss.; erscheint 2000 im Verlag Gunter Narr).

GÖSSMANN, Hilaria
1995a　　　　"Frauen und Medien." S.o.
1995b　　　　"Zwischen Fremdeinfluß und Selbstzensur. Literatur und Massenmedien im Japan der Gegenwart", in: SCHAUMANN, Werner (Hg.): *Gewollt oder Geworden? Planung, Zufall, natürliche Entwicklung in Japan. Referate des 4. Japanologentages der OAG in Tôkyô.* München: iudicium: 67–82.
1998　　　　　"Realitätsspiegelung oder Idealisierung? Das Bild der Ehe in Fernsehserien der Jahre 1992–1994", in: GÖSSMANN (Hg.) 1998: 147–165.

GÖSSMANN, Hilaria (Hg.)
1998　　　　　*Das Bild der Familie in den japanischen Medien* (Monographien-Reihe des Deutschen Instituts für Japanstudien der Philipp-Franz-von-Siebold-Stiftung, Bd.20). München: iudicium.

GÖSSMANN, Hilaria; JASCHKE, Renate; MRUGALLA, Andreas
1998　　　　　"Fremdheit oder Vertrautheit?" S.o.

HAGIWARA Shigeru 荻原 滋
1994　　　　　"Nihon no terebi CM ni okeru gaikoku yôso no yakuwari", in: *Shinbun kenkyûjo nenpô* 43: 19–36.「日本のテレビCMにおける外国要素の役割」『新聞研究所年報』.
1996　　　　　"Nihon no terebi CM ni okeru gaikoku yôso no yakuwari", in: KAWATAKE Kazuo u. SUGIYAMA Meiko (Hg.): *Media no tsutaeru gaikoku imêji.* Keibunsha: 113–131. 川竹和夫, 杉山明子:「日本のテレビCMにおける外国要素の役割」『メディアの伝える外国イメージ』圭文社.

HAEHLING VON LANZENAUER, Natascha
1999 *Werbung in Japan. Eine Untersuchung der Werbewirtschaft und Werbegestaltung mit besonderer Berücksichtigung von Unternehmenswerbung.* FU Berlin (Diss.) (im Internet als Volltext abrufbar: http://www.diss.fu-berlin/1999/40).

HARVEY, Paul A. S.
1995 "Interpreting Oshin. War, History and Women in Modern Japan", in: SKOV, Lise u. MOERAN, Brian (Hg.): *Women, Media And Consumption in Japan.* Honolulu: University of Hawaii Press: 75–110.

HIJIYA-KIRSCHNEREIT, Irmela
1998 "Vorwort", in: GÖSSMANN (Hg.) 1998: 9–11.

HIJIYA-KIRSCHNEREIT, Irmela (Hg.)
2000 *Japan. Der andere Kulturführer.* Frankfurt am Main: Insel Verlag.

HIRAHARA, Hideo
1998 "Macht und Ohnmacht des Familienoberhaupts. Entwicklungen im Genre Fernsehdrama von den Anfängen bis zur Gegenwart", in: GÖSSMANN (Hg.) 1998: 109–118.

HIYOSHI Akihiko 日吉明彦
1997 "Terebi kôkoku ni okeru 'gaikokujin' tôjô jinbutsu ni kansuru jisshôteki kenkyû. Terebi kôkoku no naiyô bunseki chôsa", in: *Masukomyunikêshon kenkyû* 51: 182–195.「テレビ広告における外国人登場人物に関する実証的研究。テレビ広告の内容分析調査」『マスコミュニケーション研究』.

HOHMANN, Uwe
1995 "Japans Einfluß in Ost- und Südostasien am Beispiel populärkultureller Elemente", in: *Pax Nipponica? Die Japanisierung der Welt 50 Jahre nach dem Untergang des Japanischen Reiches.* Beiträge der Tagung und des Workshops "Japan – eine andere Moderne? Bedeutung der Modernisierung für die Frauen in der Männergesellschaft". Protokolldienst 13 / 95, Bad Boll: Evangelische Akademie: 62–72.

HORIE, Setsuko 堀江節子 u. SAITÔ, Masami 斉藤正美
1998 "Die Zeitungsberichterstattung zum 'Internationalen Jahr der Familie' aus der Sicht der Geschlechterforschung", in: GÖSSMANN (Hg.) 1998: 235–263.

KAWATAKE Kazuo 川竹和夫
1991 *Ibunka no naka no Nippon. Ajia no media wa nihon o dô utsushite iruka*. Niki Shuppan.『異文化のなかのニッポン：アジアのメディアは日本をどう映しているのか』二期出版.

KAWATAKE Kazuo 川竹和夫 u. SUGIYAMA Meiko 杉山明子 (Hg.)
1996 *Media no tsutaeru gaikoku imêji*. Keibunsha.『メディアの伝える外国イメージ』圭文社.

LÖHR, Marc
1991 *Entwicklung, Organisation und Arbeitsweise regionaler Tageszeitungen in Japan*. Bochum: Dr. N. Brockmeyer (Berliner Beiträge zur sozial- und wirtschaftswissenschaftlichen Japan-Forschung).

LOZANO, Elisabeth u. SINGHAL, Arvind
1993 "Melodramatic Television Serials: Mythical Narratives for Education", in: *Communications. The European Journal of Communication* 18: 115–125.

LUHMANN, Niklas
1996 *Die Realität der Medien*. Opladen: Westdeutscher Verlag.

MANZENREITER, Wolfram
1998 *Pachinko Monogatari. Soziokulturelle Exploration der japanischen Glücksspielindustrie*. München: iudicium.

Masumedia Bunka to Josei ni kansuru Chôsa Kenkyûkai マスメディア文化と女性に関する調査研究会
1986 *Masumedia bunka to josei ni kansuru chôsa kenkyû*. Tôkyôto Seikatsu Bunka Kyoku.『マスメディア文化と女性に関する調査研究』東京都生活文化局.

MIWA Haruhiko 三輪晴啓 u. HARA Yumiko 原由美子
1996 "Nihon to doitsu no tsutaeta 'Sengo gojûnen'" 日本とドイツの伝えた戦後５０年, in: KAWATAKE Kazuo u. SUGIYAMA Meiko (Hg.): *Media no tsutaeru gaikoku imêji*. Keibunsha: 257–278. 川竹和夫，杉山明子：『メディアの伝える外国イメージ』圭文社.

MOERAN, Brian
1996 *A Japanese Advertising Agency: An Anthropology of Media and Markets*. Richmond: Curzon.

MURAKAMI Yumiko 村上由見子
1993 *Ierô feisu. Hariuddo eiga ni miru ajiajin no shôzô*. Asahi Shinbunsha.『イエロー・フェイス：ハリウッド映画にみるアジア人の肖像』朝日新聞社.

MURAMATSU Yasuko 村松泰子
1979 *Terebi dorama no joseigaku.* Sôtakusha.『テレビドラマの女性学』創拓社.
1986 "For Wives on Friday. Women's Roles in TV Dramas", in: *JQ* 33.2: 159–163.
1998 "Masumedia de katatte iru no wa dareka", in: MURAMATSU u. GÖSSMANN (Hg.) 1998: 9–40.「マスメデイアで語っているのはだれか」.

MURAMATSU Yasuko 村松泰子 u. GÖSSMANN, Hilaria ゴスマン・ヒラリア (Hg.)
1998 *Media ga tsukuru gendâ. Nichidoku no danjo kazokuzô.* Shin'yôsha.『メディアがつくるジェンダー：日独の男女・家族像』新曜社.

NEVERLA, Irene
1998 "TeleVisionen. Zur Dekonstruktion der Geschlechterrollen", in: HALL, Christian u. SKOPALIK, Dagmar: *WeibsBilder und TeleVisionen. Frauen und Fernsehen.* Mainz: ZDF: 297–311.

PHILLIPPS, Susanne
2000 S.o. s.v. "Manga".

PLITSCH-KUSSMAUL, Kirsten
1995 S.o. s.v. "Allgemeine Darstellungen und Sammelbände".

POWERS, Richard u. KATÔ, Hidetoshi (Hg.)
1989 *Handbook of Japanese Popular Culture.* Westport: Greenwood Press.

ROGGE, Jan-Uwe
1986 "Tagträume oder warum Familienserien so beliebt sind. Zur Geschichte, Machart und psychosozialen Funktion von Familienserien im deutschen Fernsehen", in: *Der Bürger im Staat* 36.3: 201–206.

RUSSELL, John G.
1991 *Nihonjin no kokujinkan.* Shinhyôron.『日本人の黒人観』新評論.
1996 "Race and Reflexivity. The Black Other in Contemporary Japanese Mass Culture", in: TREAT (Hg.) 1996: 17–40.

SATA, Masanori u. HIRAHARA, Hideo (Hg.)
1991 *A History of Japanese Television Drama.* Tokyo: Kaibunsha.

SCHEFFER, Bernd (Hg.)
1997 *Medien und Fremdenfeindlichkeit. Alltägliche Paradoxien, Dilemmata, Absurditäten und Zynismen.* Opladen: Leske und Budrich.

SCHILLING, Mark
1997 S.o. s.v. "Allgemeine Darstellungen".

SCHMIDT, J. Siegfried
1994 "Die Wirklichkeit des Beobachters", in: MERTEN, Klaus; SCHMIDT, J. Siegfried; WEISCHENBERG, Siegfried (Hg.): *Die Wirklichkeit der Medien. Eine Einführung in die Kommunikationswissenschaft.* Opladen: Westdeutscher Verlag: 3–19.

SCHOLZ-CIONCA, Stanca (Hg.)
1998 *Japan. Reich der Spiele.* München: iudicium.

SCHUHMANN, Gernot
1996 "Einführung", in: Unabhängige Landesanstalten für das Rundfunkwesen (Hg.): *Bad Girls. Good Girls. Das Frauenbild im Fernsehen: Klischee oder Realität?* Kiel: Unabhängige Landesanstalten für das Rundfunkwesen: 7–8.

SCHULZ, Evelyn u. KLOPFENSTEIN, Eduard
1999 *Rethinking Urban and Mass Culture in 1920' and 1930' Japan: Representations, Politics, Identities, and Subject Formations.* Asiatische Studien. Zeitschrift der Schweizerischen Asiengesellschaft LIII.2.

Senatskommission für Frauenforschung (Hg.)
1994 *Sozialwissenschaftliche Frauenforschung in der Bundesrepublik Deutschland. Bestandsaufnahme und forschungspolitische Konsequenzen.* Berlin: Akademie Verlag.

SHIOYA Chieko 塩谷千恵子
1993 "Terebi dorama no joseizô. Rikon o meguru bunseki to kôsatsu", in: *Shôwa joshi daigaku josei bunka kenkyûsho kiyô* 11: 57–68.「テレビドラマの女性像：離婚をめぐる分析と考察」『昭和女子大学女性文化研究所紀要』.
1998 "Die Familienbeziehungen in den Fernsehdramen. Eine Analyse der Sendungen vom Oktober 1994", in: GÖSSMANN, (Hg.) 1998: 129–146.

SKOV, Lise u. MOERAN, Brian (Hg.)
1995 *Women, Media and Consumption in Japan.* Honolulu: University of Hawaii Press.

Sômuchô Seishônen Taisaku Honbu 総務庁青少年対策本部 (Hg.)
 1992 *Gendai no seishônen. Dai gokai seishônen no rentaikan ni kansuru chôsa hôkokusho.* Ôkurashô.『現代の青少年. 第5回青少年の連帯感に関する調査報告書』大蔵省.

TREAT, John Whittier
 1996 "Introduction. Japanese Studies into Cultural Studies", in: TREAT (Hg.) 1996: 1–14.

TREAT, John Whittier (Hg.)
 1996 S.o. s.v. "Allgemeine Darstellungen".

WEIDERER, Monika
 1993 *Das Frauen- und Männerbild im deutschen Fernsehen. Eine inhaltsanalytische Untersuchung der Programme von ARD, ZDF und RTL plus.* Regensburg: S. Roderer.

WÖHR, Ulrike
 1997 S.o. s.v. "Darstellung der Geschlechterrollen".

YANO, Christine R.
 2000 "The Marketing of Tears: Consuming Emotions in Japanese Popular Song", in: CRAIG (Hg.) 2000.

YOSHIDA, Kiyohiko 吉田清彦
 1998 "Veränderungen im Familienbild von Werbespots der Jahre 1984–1994", in: GÖSSMANN (Hg.) 1998: 209–231.

YUASA Toshihiko 湯浅俊彦
 1993 *"Kotoba kari" to shuppan no jiyû.* Akashi Shoten.『「言葉狩り」と出版の自由』明石書店.

Der bibliothekarische Hintergrund

Hartmut Walravens

Die Japanologie, ursprünglich eine philologisch-historische Disziplin, hat sich inzwischen in zahlreiche Einzelzweige aufgefächert – von der Archäologie bis zur Wissenschaftsgeschichte –, ist aber in ihren wesentlichen Teilen nach wie vor mit Quellenmaterial befaßt, das meist in schriftlicher, zunehmend aber auch magnetischer, audiovisueller, generell häufig elektronischer Form vorliegt.[1] Insofern stehen bei den folgenden Darstellungen Sammlungen und der Zugang dazu, Recherchetechnik und Bibliographie im Vordergrund. Der Schwerpunkt liegt dabei auf Deutschland. Eine ganze Reihe der allgemeineren Feststellungen gilt auch für andere, besonders geisteswissenschaftliche Disziplinen.[2]

1. Sammlungen

Die wichtigsten Repositorien für Publikationen sind Bibliotheken, bei denen man in Deutschland neben einem nationalbibliothekarischen "Komplex" über Staats- und Landesbibliotheken und auf lokaler Ebene über Universitäts- und Institutsbibliotheken verfügt. Öffentliche Bibliotheken haben für den Wissenschaftsbetrieb eine mehr periphere Bedeutung, obwohl es eine Reihe von Stadtbibliotheken mit interessanten historischen Beständen gibt, so in Lübeck und Wuppertal.

In Deutschland besteht eine Nationalbibliothek erst seit 1912, die vom Börsenverein des deutschen Buchhandels gegründete Deutsche Bücherei in Leipzig, der sich 1946 die Deutsche Bibliothek in Frankfurt zugesellte, da die Polarisation zwischen Ost und West die Kooperation über Zonengrenzen

---

[1] Vgl. *Databases in Japan* 1998. Dazu: "List of Japanese databases accessible overseas in 1998 / 99" (URL: http://www.dpc.or.jp).

[2] Da die Ringvorlesung sich an Anfangssemester wendete, wurde japanischspachiges Material nur am Rande behandelt.

stark einschränkte. Beide, inzwischen unter dem Namen "Die Deutsche Bibliothek" fusionierte Bibliotheken haben als wesentliche Aufgabe die Archivierung deutscher und Deutschland-bezogener Veröffentlichungen und ihre Bekanntmachung in der *Deutschen Nationalbibliographie* (früher teils u.d.T.: *Deutsche Bibliographie*). Es handelt sich um eine Präsenzbibliothek, die den deutschen Leihverkehr normalerweise nicht beliefert. Sie verfügt nicht, wie viele andere Nationalbibliotheken, über umfangreiche historische und fremdsprachige Bestände. Hier treten die Staatsbibliothek zu Berlin und die Bayerische Staatsbibliothek ein, die daher gewöhnlich mit zu dem Komplex Nationalbibliothek gezählt werden. Für die Betreuung der Parlamentsabgeordneten ist die Bundestagsbibliothek zuständig, die mit den vorgenannten Institutionen aber keinerlei direkte Verbindung hat. Für einzelne historische Perioden vor 1912 ist mit dem von der VW-Stiftung initiierten Projekt "Sammlung Deutscher Drucke" unter Beteiligung der Staatsbibliotheken in München und Berlin sowie der Herzog August Bibliothek in Wolfenbüttel und der Universitäts- und Stadtbibliothek in Frankfurt die Möglichkeit gegeben, Lücken in den historischen Beständen auf kooperativer Basis zu ergänzen. Im Zusammenhang damit steht ein Handbuch historischer Buchbestände, das die bibliothekarischen Sammlungen im deutschen Sprachraum bis zum Jahre 1850 beschreibt.[3]

Für die unmittelbare Betreuung der meisten Forschungseinrichtungen sind die Universitätsbibliotheken wichtig, verfügen aber entsprechend traditioneller Erwerbungskoordination mehr über die allgemeine und fachübergreifende Literatur, während es die Aufgabe der Instituts- bzw. Fachbereichsbibliotheken ist, spezielle Forschungsliteratur zu sammeln und vielfach als Präsenzbestand zu halten.

Die besten Buchbestände bezüglich Japan, insbesondere japanischsprachige Literatur, haben die Staatsbibliotheken in Berlin[4] und München[5] sowie die Fakultät für Ostasienwissenschaften der Universität Bochum. Von den Seminar- und Institutsbibliotheken seien hier ansonsten nur Hamburg und Bonn genannt, und in Wien das Institut für Japanologie, aber jeder Lehrstuhl verfügt inzwischen über einen einschlägigen Bücherbestand.

Wörterbücher, Grammatiken, Lehrbücher sind in allen Bibliotheken in unterschiedlicher Menge und Aktualität vorhanden; die meisten Studierenden

---

3 *Handbuch der historischen Buchbestände in Deutschland* 1995–98. Dazu fünf Ergänzungsbände für Österreich, die Tschechische Republik und Ungarn.

4 KREMPIEN 1983–86. Ein Gesamtkatalog älteren europäischsprachigen Japanschrifttums in Deutschland, aber mit Aktualisierung der Bestände der Staatsbibliothek ist: Japaninstitut in Berlin und Deutsches Forschungsinstitut in Kyôto (Hg.) 1940.

5 Der Katalog der Münchener Bestände ist bisher nicht publiziert.

werden sich indes aus praktischen Gründen die häufigst gebrauchten Werke selbst anschaffen wollen. Westliche Literatur über Japan findet sich in allen genannten Bibliothekstypen, japanischsprachige am reichhaltigsten in den Bibliotheken in Berlin, Bochum und München. Die Berliner Staatsbibliothek erhält von der Deutschen Forschungsgemeinschaft Sondermittel zur Beschaffung aktueller japanischer Literatur. Sollte also ein gewünschter Titel nicht vorhanden sein, wird sich diese Bibliothek bemühen, ihn anzuschaffen. Auch Quellensammlungen sowie größere Mikroformsammlungen fallen unter dieses Beschaffungsprogramm.

Von besonderer Bedeutung auch für die japanologische Forschung sind Zeitschriften. In Deutschland gibt es einen nationalen Gesamtkatalog, der von der Staatsbibliothek zu Berlin bearbeitet wird: die Zeitschriftendatenbank. Er ist in Bibliotheken auf CD-ROM und Online, ansonsten auch direkt über das Internet zu benutzen (Adresse: http://zdb-opac.de). Darin sind auch einige tausend japanischsprachiger Zeitschriften mit genauen Standorten in deutschen Bibliotheken nachgewiesen. Wenn ein Titel nicht enthalten ist, bedeutet dies, daß die Zeitschrift entweder nicht vorhanden oder (im Falle mancher kleinen Seminarbibliothek) noch nicht erfaßt ist. Gute Dienste tut immer noch ein älteres Verzeichnis von Zeitschriften in Seminarbibliotheken.[6]

Gute Bestände im Ausland haben die School of Oriental and African Studies,[7] die British Library in London,[8] die Universitätsbibliothek Cambridge,[9] die Königliche Bibliothek in Stockholm,[10] die Universität Leiden[11] sowie die Library of Congress[12] und eine Reihe großer amerikanischer Universitätsbibliotheken, wie die Harvard-Universität.[13] In den USA weist *New Serial Titles* in gedruckter Form Zeitschriftenbestände nach,[14] während beim Online-Zugriff die Verbundsysteme OCLS (Ohio College Library System) und RLIN empfehlenswert sind.

---

6 HÖFFKEN, MENDE, WALRAVENS 1974.

7 School of Oriental and African Studies, University of London 1963. Zu diesem Grundwerk gibt es fünf Supplemente, das fünfte in Mikrofiche-Form; CHIBBETT, HICKMAN, MATSUDAIRA 1975.

8 DOUGLAS 1898; ders. 1904; GARDNER 1993.

9 HAYASHI, KORNICKI 1991; CEADEL 1961.

10 EDGREN 1980.

11 Vgl. KERLEN 1996.

12 Library of Congress 1972.

13 *Catalogues of the Harvard-Yenching Library. Japanese catalogue* 1985.

14 Library of Congress 1953ff.

2. Erschließung und Zugang

In vielen deutschen Bibliotheken haben elektronische Kataloge (OPAC: Online Public Access Catalogue) Einzug gehalten. Sie geben meist in einem Menü Katalogteile oder Datenbanken zur Auswahl, in der man dann frei (*browsing*) oder gezielt (*expert search*, in einzelnen Kategorien, die mit Boole'schen Operatoren verknüpft werden können) suchen kann. Daneben existieren vielfach für Alt- oder Sonderbestände traditionelle Zettelkataloge, die nach unterschiedlichen Regelwerken aufgebaut sind, meist nach RAK (Regeln für die alphabetische Katalogisierung) oder nach PI (Preußische Instruktionen [hier ordnen die Hauptwörter zuerst, Adjektive stehen nach, z.B. *Kleine Geschichte des japanischen Reichs*; Ordnungswörter: Geschichte kleine Reichs japanischen]). Sachkataloge sind oft nach hauseigenen Systematiken geführt (demgegenüber in den USA nur zwei Systematiken: Library of Congress sowie Dewey Dezimalsystem). Verschiedentlich existieren noch Schlagwortkataloge, in denen man nach engeren und weiteren Einzelbegriffen suchen kann. Zahlreiche Bibliothekskataloge des In- und Auslandes liegen inzwischen im Internet und können meist gebührenfrei recherchiert werden.

Wenngleich viel aktuelles Material in elektronischer Form, besonders auch aus Japan, zugreifbar ist, so sind die traditionellen Bibliographien nicht zu verachten. Sie haben den Vorteil, daß sie für viele Gebiete existieren und nicht nur die allerneueste Literatur abdecken, auch meist nicht die einseitige Ausrichtung etwa auf den angelsächsischen oder japanischen Sprachraum haben. Eine recht nützliche Übersicht der wichtigsten Nachschlagewerke zur Japanologie ist *A guide to reference books for Japanese studies*. Tokyo: The International House of Japan Library 1989 (XII,156 S.).[15] Für die laufende aktuelle Information über Neuerscheinungen seien empfohlen:

– *Orientalistische Literaturzeitung*. Berlin: Akademie-Verlag – der Welt einziges orientalistisches Referateorgan.
– *Bibliography of Asian Studies*. Ann Arbor: Association of Asian Studies – eine bisher jährlich erschienene, selektive, stark auf das englischsprachige Schrifttum ausgerichtete Bibliographie, die jetzt auf reinen Online-Betrieb umgestellt werden soll.
– *Annual Bibliography of Oriental Studies / Tôyôgaku bunken ruimoku*. Kyôto: Research Institute for Humanistic Studies, Kyôto University – verzeichnet Material in allen Sprachen.

---

15 Vgl. auch ÖLSCHLEGEL u. STALPH 1990, Kokusai Bunka Shinkôkai 1965–72. Grundlegende deutschsprachige Japanliteratur nennt ADAMI 1990.

– *Books and Articles on Oriental Subjects Published in Japan.* Tokyo: Toho Gakkai – fast ausschließlich Material in japanischer Sprache, aber mit Transkription der Namen und Übersetzung der Titel.

Instituts- und neuere Universitätsbibliotheken haben gewöhnlich Freihandaufstellung in systematischer Form: Man tritt selbst ans Regal und geht das gewünschte Fachgebiet durch. Demgegenüber haben ältere Bibliotheken und die meisten Nationalbibliotheken eine Magazinaufstellung, so daß man im Katalog das Gewünschte ermitteln muß, das man dann per Leihschein oder elektronisch (so z.B. im Lesesaal der British Library) bestellt. In vielen Bibliotheken kann man Bücher und Zeitschriften ausleihen, während National- und Institutsbibliotheken häufig Präsenzbibliotheken sind, in denen man das Material nur am Ort benutzen kann. Soweit keine Münzkopierer zur Verfügung stehen, können Kopieraufträge erteilt werden. Es existieren dabei oft Mindestgebühren!

Die deutschen Bibliotheken sind gewöhnlich ohne weiteres zugänglich; im Einzelfall mag eine sofort erhältliche Benutzerkarte erforderlich sein. In ausländischen Bibliotheken bestehen unterschiedliche Bedingungen; insbesondere in den USA sind die großen Universitätsbibliotheken oft nur für Angehörige der Universität da; bei kurzen Besuchen von Ausländern wird vielfach (auf Antrag) gratis Zutritt gewährt. In den Nationalbibliotheken von London und Paris müssen Leserkarten beantragt werden, bei denen die Arbeitsvorhaben zu erklären sind. Verschiedentlich werden Referenzen gefordert.

3. *Recherche*

Eine umfassende Dokumentation nach Themen existiert auch in den größten Bibliotheken und Datenbanken nicht. Immer findet sich nur ein Ausschnitt des existierenden Materials. Es empfiehlt sich der Weg über die lokale Spezialbibliothek (z.B. Japanologisches Seminar), dann Universitätsbibliothek, Bibliographien und Datenbanken. Was vor Ort nicht vorhanden ist, kann teils aus Deutschland (Zeitschriftendatenbank, Verbundkatalog [VK, d.i. der deutsche Zentralkatalog für Monographien]), regionale Verbundsysteme, Staatsbibliotheken) beschafft bzw. bestellt werden. Aktuell und wichtig sind Aufsatzdatenbanken wie *First Search* und *Uncover*, die in wachsendem Umfang originalsprachliche Artikel aus Ostasien nachweisen.

Bibliotheksbenutzung und Bibliographie sind recht vielfältige und nicht eigentlich schwierige, aber detailreiche Arbeitsgebiete. Insofern bieten Bibliotheken gelegentlich Einführungen in die Benutzung an, und im Lehrprogramm bei den Lehrstühlen gibt es teils Veranstaltungen wie "Hilfsmittel der Japanologie" oder "Einführung in die Japanologie".

Bei der Beschaffung von Dokumenten (d.h. Publikationen jeder Art) liegt es auf der Hand, daß es am einfachsten und günstigsten ist, die Bibliotheken am Ort zu benutzen. Hier kann oft selbst zu niedrigem Preis kopiert oder ausgeliehen werden. Die traditionelle Fernleihe ist gleichfalls kostengünstig, dauert aber oft lange. Zeitschriftenaufsätze können schnell geschickt werden, wenn in der Zeitschriftendatenbank ermittelt. Hier wird von mehreren Bibliotheken bereits elektronisch geliefert.

Lieferungen aus dem Ausland sind demgegenüber meist wesentlich teurer. Beschaffungen über die British Library kosten z. Zt. DM 13,50 pro Dokument (bis 10 Seiten), über *First Search* usw. meist zwischen $ 12 und $ 15 pro Dokument. Bei den letzteren Diensten ist zu bedenken, daß auf Grund der unterschiedlichen Copyright-Situation für jeden Aufsatz eine Tantieme an den Verlag eingeschlossen ist. Diese Angabe wird bei der Online-Bestellung auf dem Bildschirm ausgewiesen (Beispiel: Dokument $ 5, Tantieme $ 5, Versand $ 2–5).

Kopien und Filme werden gemäß den Gebührenordnungen der jeweiligen Bibliotheken berechnet. Hier sind die Großbibliotheken häufig die teuersten und langsamsten, da sie zahlreiche Aufträge bekommen.

4. *Medien, Nicht-Buch-Materialien*

In vielen Ländern werden Unterschiede bei der Verwaltung von Büchern (Publikationen aus dem Verlagsbereich) und anderen Medien gemacht. Bibliotheken sind in Deutschland und in vielen anderen Ländern in erster Linie für Gedrucktes und Manuskripte von Autoren und Gelehrten, dazu Karten, Musikalien und orientalische Handschriften zuständig. Aktenmaterial findet sich demgegenüber gewöhnlich in Archiven; ebenso liegen dort vielfach Nachlässe und auch Zeitungen sowie Lokal- und Regionalliteratur. Archive gibt es auf den unterschiedlichsten Ebenen: Das Bundesarchiv dürfte für die japanologische Forschung das meiste Interesse beanspruchen, aber auch das Militärarchiv (Potsdam) ist wichtig; daneben gibt es Landes- bzw. Staatsarchive auf Landesebene sowie Kreis- und Stadtarchive. Es gibt keine überregionalen Zentralregister für die Archive, lediglich einige Fundhilfen wie:

– Ernst Ritter: ***Quellen zur Geschichte Nordafrikas, Asiens und Ozeaniens in der Bundesrepublik Deutschland*** (Internationaler Archivrat. Quellenführer

zur Geschichte der Nationen. 3. Reihe: Nordafrika, Asien und Ozeanien, Bd. 6). München: K. G. Saur 1984.
– Als Band 8 erschien: *Quellen zur Geschichte Afrikas, Asiens und Ozeaniens im Österreichischen Staatsarchiv bis 1918.* München: K. G. Saur 1986.

Weitere Bände der Reihe behandeln andere Länder. Für Großbritannien sei auf Noel Matthews und M. Doreen Wainwright: *A Guide to Manuscripts and Documents in the British Isles Relating to the Far East.* Oxford: Oxford University Press 1977 hingewiesen.

Im Zweifelsfall sind Recherchen bei den möglicherweise in Frage kommenden Archiven direkt anzustellen. In den USA gibt es ein exzellentes von Raymund Nunn bearbeitetes Verzeichnis, das auch dem Japanologen wertvolle Hinweise gibt: *Asia and Oceania. A Guide to Archival & Manuscript Sources in the United States.* Bd. 1–5. London, New York: Mansell 1985.

Darüber hinaus gibt es als allgemeines Hilfsmittel einen *National Union Catalog. Manuscript Collections.* 1959–61ff. Washington, D.C.: Library of Congress.

Filme und audiovisuelles Material werden in Deutschland häufig in speziellen Institutionen (Bildstellen) archiviert. Daneben existieren Schallarchive für Tonaufnahmen und Rundfunkarchive, besonders das Deutsche Rundfunkarchiv in Frankfurt und Berlin. Demgegenüber ist das Deutsche Musikarchiv in Berlin kein eigentliches Archiv, sondern die Abteilung der Deutschen Bibliothek, also der Nationalbibliothek, für Musikalien. Interesse dürfte auch die Musikethnologische Abteilung des Museums für Völkerkunde in Berlin beanspruchen, die Tonaufnahmen aus aller Welt (in völkerkundlicher und folkloristischer Hinsicht) sammelt und archiviert. Es handelt sich um die Nachfolgeeinrichtung des früheren Phonogramm-Archivs. Ähnliche Archive gibt es bei der British Library sowie in Bloomington, IN (Archives of Traditional Music).

Museen bemühen sich meist in erster Linie um die Sammlung und Bewahrung von Zeugnissen der materiellen Kultur; sie führen dabei oft exzellente Spezialbibliotheken, die vielfach auch sogenannte "graue Literatur" nachweisen.

Einige Museen haben gute Spezialsammlungen japanischer Kunst. Hier sind in erster Linie die Ostasiatischen Museen in Berlin und Köln zu nennen, aber auch das Museum für Kunst und Gewerbe in Hamburg und die Völkerkundemuseen in Berlin, Hamburg und München. In Heidelberg besteht Deutschlands einziger Lehrstuhl für ostasiatische Kunst mit einer guten Seminarbibliothek.[16] Einige Hinweise auf Museen und Sammlungen gibt die *Bonner Zeitschrift für Japanologie* in Band 3 (1981).[17]

Als Spezialinstitution für die Politikwissenschaft sei auf das Otto Suhr-Institut in Berlin hingewiesen.

5. Bibliographien

Unter dieser Überschrift verbergen sich in Studienprogrammen gelegentlich zwei Themen: Die Kenntnis der bibliographischen Hilfsmittel sowie eine Einführung in die technisch-praktischen Aspekte des wissenschaftlichen Arbeitens.

Inzwischen liegt eine Anleitung, die wichtigsten Wörterbücher, Biographien und geographischen Kompendia im Bereich Japanologie zu benutzen, in gedruckter Form vor: Ortrud Kerde und Silke-Susann Otto: *Einführung in die Hilfsmittel der Japanologie*. Bd 1. 3. neubearb. u. erw. Aufl. Marburg: Japan-Zentrum der Philipps-Universität 1996.

Insofern soll dieses Thema hier nicht weiter behandelt werden. Andere Aspekte sind: Zitieren, Anfertigung von Literaturverzeichnissen, Sortierung von Einträgen, Anfertigung von Manuskripten, Herstellung von Registern. Hierfür sind jeweils mehrere verschiedene Anleitungen im Buchhandel erhältlich, die keineswegs dieselbe Information enthalten. In der Tat lassen sich verschiedene Wege einschlagen, wichtig ist jedenfalls, daß man konsequent bleibt:

– Angegeben werden sollte möglichst vollständige bibliographische Information (Autor, Titel, Erscheinungsort, Jahr, Schriftenreihe, bei Artikeln genaue Fundstelle, bei elektronischen Publikationen URN und URL).
– Beim Zitieren können dann abgekürzte Angaben benutzt werden, z.B. Name und Kurztitel, oder nur Name (im Falle mehrerer Arbeiten des Autors mit Numerierung 1, 2, 3) oder Name mit Angabe des Erscheinungsjahres, z.B. Nakayama 1995.
– Von der Verwendung gewisser traditioneller Abkürzungen wie Ders. (Derselbe) ist abzuraten.
– Da die Verarbeitung von Schriftzeichen bei den Computern kein Problem mehr ist, sollten sie in allen Fällen zugesetzt werden, wo auf Grund der

---

16 Vgl. auch das jährlich erscheinende Mitteilungsblatt: *Die Kunstgeschichte Ostasiens im deutschsprachigen Raum;* zuletzt Nr. 29 (1999).
17 Darin z.B. der Beitrag von Eva KRAFT.

Lautung und des Zusammenhangs keine Eindeutigkeit besteht, also auf jeden Fall bei Namen. In einem Literaturverzeichnis können in den jeweiligen Kategorien die Kanji jeweils auf die Umschrift folgen, z.B. Name – Kanji, Titel – japanische Schrift, Zeitschriftentitel – Kanji, usw. oder die Zeichen werden en bloc unter die Transkription gesetzt.

– Transkription erscheint in manchen Fällen unnötig; man sollte indes daran denken, daß Publikationen für einen möglichst weiten Kreis von Interessenten lesbar sein sollten – wer nicht so gut Japanisch kann, für den sind die Kanji gegebenenfalls bedeutungslos. Insofern empfiehlt sich bei einem westlichen Leserkreis durchweg Beigabe der Lesung. Aber auch in japanischen Registern wird vielfach nach dem (*iroha*-) Alphabet sortiert; also ist auch da die Transkription für die Recherche oft nützlich, zumal unterschiedliche Möglichkeiten der Namenslesung bestehen.

– Als Umschriftsystem hat sich Hepburn weitgehend international durchgesetzt, während das japanische System (*kunreishiki* 訓令式) mit seiner größeren Konsequenz zwar logischer ist, aber der heutigen Aussprache weniger entspricht.

Dies sind nur einige allgemeine Hinweise; bei allen Literaturangaben ist die Grundregel: Sie sollen so vollständig sein, daß das zitierte Dokument ohne Schwierigkeiten auch von anderen gefunden werden kann.

Bibliographie bezeichnet aber auch die Methode, Publikationen oder Manuskripte zu beschreiben und zu erschließen. Besonders im angelsächsischen Bereich werden große Teile der Buchforschung und -geschichte mit diesem Terminus erfaßt. In diesem Kontext ist nur Platz für einige kurze Bemerkungen:

– Während die Titelaufnahme bzw. Erfassung und Beschreibung von modernen Publikationen und Zeitschriftenartikeln sich gewöhnlich an der Praxis der Bibliotheken und Regeln orientiert, ist dies für ältere Veröffentlichungen, besonders vor-Meiji, nicht immer ausreichend. Genauere Information zu Herausgeber, Illustrator, Verleger mögen notwendig sein, wie auch eine Beschreibung des physischen Zustandes des Exemplars. Erst recht gilt dies für Handschriften.

– Dabei kommt Daten wie auch der Schreibung von Namen größte Bedeutung zu.

– Einen Eindruck vermitteln z.B. die Kataloge von Eva Kraft[18], Petrova / Goregljad[19] und Sorimachi[20].

---

18 KRAFT 1982–94.
19 PETROVA, GOREGLJAD 1963–71.

Buch- und Druckgeschichte wie auch Medienforschung dürfen als japanologische Einzeldisziplinen gelten und rechnen damit nicht zum Grundlagenwissen. Allerdings gibt es da zahlreiche Aspekte, die für die historische japanologische Forschung, z.B. bei der Behandlung eines bestimmten Literaturgenres, eines bestimmten Einzelwerkes oder der Arbeit mit älterem Quellenmaterial eine große Bedeutung haben.

Die Japanologie hat, im Gegensatz zu mancher anderen Disziplin, das Glück gehabt, früh gute Nachweisinstrumente zu entwickeln: Es sei hier nur auf die grundlegenden Bibliographien der Japanliteratur von Cordier[21], Wenckstern[22] und Nachod / Haenisch / Praesent[23] sowie für den deutschsprachigen Bereich neuerdings auf Formanek / Getreuer[24] und Hadamitzky / Kocks[25] verwiesen. Von japanischer Seite sind gleichfalls exzellente Hilfsmittel erarbeitet worden; es sei hier nur an das *Kokusho sômokuroku* 国書総目録[26] erinnert. Daneben gibt es eine größere Anzahl von Bibliographien, Nachweisinstrumenten und Fundhilfen für die meisten Teildisziplinen.[27]

Zusammen mit der Flut elektronischer Informationen ergibt sich nun eine Situation ähnlich der in anderen Fachgebieten: Das Problem ist weniger der Mangel an Information, sondern die Fülle an Information. Man braucht fünf Hinweise für eine Semesterarbeit, aber findet auf Anhieb fünfzig; man findet 800 Nachweise für das Thema einer Magisterarbeit – und das mag nur die Spitze des Eisbergs sein! Insofern wird es zunehmend wichtig, Publikationen zu bewerten und zuverlässige Navigationshilfen zu geben. Damit bekommt die bibliothekarische Arbeit einen neuen Schwerpunkt – neben dem Sammeln, Bewahren und Zugänglichmachen von Informationen.

---

20 SORIMACHI 1979; ders. 1978.

21 CORDIER 1912.

22 VON WENCKSTERN 1907.

23 NACHOD 1928.

24 FORMANEK, GETREUER 1989 und Fortsetzungen [Österreichische Akademie der Wissenschaften. Philosophisch-historische Klasse. Forschungsstelle für Kultur- und Geistesgeschichte Asiens].

25 HADAMITZKY u. KOCKS 1990ff.

26 *Kokusho sômokuroku* 1963–76. Ca. 500.000 Titel in 426 Bibliotheken sind nachgewiesen.

27 Als Beispiel seien nur genannt: LAURES 1957 – für ältere japanische christliche Literatur; ESCHBACH-SZABO u. KNEIDER 1986 – zum Japanforscher Philipp Franz von Siebold; BARTLETT 1961.

Literaturverzeichnis

A Guide to Reference Books for Japanese Studies
1989 Tokyo: The International House of Japan Library.
ADAMI, Norbert R.
1990 "Eine bibliographische Handreichung", in: *Buch und Bibliothek* 42: 462–471.
Annual Bibliography of Oriental Studies / Tôyôgaku bunken ruimoku
Kyoto: Research Institute for Humanistic Studies, Kyôto University.
BENNA, Anna H. [Bearb.]
1986 *Quellen zur Geschichte Afrikas, Asiens und Ozeaniens im Österreichischen Staatsarchiv bis 1918* (Internationaler Archivrat. Quellenführer zur Geschichte der Nationen. 3. Reihe: Nordafrika, Asien und Ozeanien, Bd. 8). München u.a.: K.G. Saur.
BARTLETT, Harley Harris u. SHOHARA, Hide
1961 *Japanese Botany During the Period of Wood-block Printing.* Los Angeles: Dawson's.
Bibliography of Asian Studies
1956ff. Ann Arbor: Association for Asian Studies.
Books and Articles on Oriental Subjects Published in Japan
Tokyo: Toho Gakkai.
Catalogues of the Harvard-Yenching Library, Japanese Catalogue
1985 Bde. 1–33. New York, London: Garland.
CEADEL, Eric B.
1961 *Classified Catalogue of Modern Japanese Books in Cambridge University Library.* Cambridge: Heffer.
CHIBBETT, D. G.; HICKMAN, B. F.; MATSUDAIRA, S.
1975 *A Descriptive Catalogue of Pre-1868 Japanese Books, Maps and Prints in the Library of the School of Oriental and African Studies* (London Oriental Bibliographies, Bd. 45). London, New York: Oxford University Press.
CORDIER, Henri
1912 *Bibliotheca japonica. Dictionnaire bibliographique des ouvrages relatifs à l'empire japonais rangés par ordre chronologique jusqu'à 1870* (Publications de l'Ecole des langues orientales vivantes, Bd. V.8). Paris: Imprimerie nationale.

Database Promotion Center (Hg.)
 1998 "List of Japanese databases accessible overseas in 1998 / 99", in: *Databases in Japan*. Tokyo: Database Promotion Center. (URL: http://www.dpc.or.jp)

Die Kunstgeschichte Ostasiens im deutschsprachigen Raum
 1999 Heidelberg: Universität Heidelberg, Abteilung Ostasien. (Erscheint jährlich, zuletzt 29, 1999.)

DOUGLAS, Robert K.
 1898 *Catalogue of Japanese Printed Books and Manuscripts in the Library of the British Museum*. London: Longmans.
 1904 *Catalogue of Japanese Printed Books and Manuscripts in the British Museum Acquired During the Years 1899–1903*. London.

EDGREN, J. S.
 1980 *Catalogue of the Nordenskiöld Collection of Japanese Books in the Royal Library* (Acta Bibliothecae Regiae Stockholmiensis, Bd. 33). Stockholm: Norstedts Tryckeri.

ESCHBACH-SZABO, Viktoria u. KNEIDER, Hans-Alexander
 1986 *Siebold-Bibliographie. Schriften über Philipp Franz von Siebold, 1824–1984* (Acta Sieboldiana, Bd. 2; Veröffentlichungen des Ostasien-Instituts der Ruhr-Universität Bochum, Bd. 33.2). Wiesbaden: O. Harrassowitz.

FORMANEK, Susanne u. GETREUER, Peter
 1989 *Verzeichnis des deutschsprachigen Japan-Schrifttums 1980–1987* (Österreichische Akademie der Wissenschaften. Philosophisch-historische Klasse. Forschungsstelle für Kultur- und Geistesgeschichte Asiens). Wien: Österreichische Akademie der Wissenschaften.

GARDNER, Kenneth B.
 1993 *Descriptive Catalogue of Japanese Books in the British Library Printed Before 1700*. London: The British Library/ Tenri: Tenri Central Library.

GOREGLJAD, V. N. u. PETROVA, O. P.
 1963–71 *Opisanie japonskich rukopisej, ksilografov i staropečatnych knig*. 6 Bde. Moskva: Izd. vost. lit-ry [Akademija nauk, Institut narodov Azii; später: Institut Vostokovedenija].

HADAMITZKY, Wolfgang u. KOCKS, Marianne
 1990ff. *Japan-Bibliografie. Reihe A: Monografien, Zeitschriften, Karten*. Bd. 1: 1477–1920; Bd. 2: 1921–50; Bd. 3,1: 1951–70; Bd. 3,2: 1971–85. München, London, Paris, New

Handbuch der historischen Buchbestände in Deutschland
1995–98   Bde. 1–18. Hildesheim: Olms-Weidmann. (Dazu fünf Ergänzungsbände für Österreich, die Tschechische Republik und Ungarn.)

HAYASHI, Nozomu u. KORNICKI, Peter
1991   *Early Japanese Books in Cambridge University Library. A Catalogue of the Aston, Satow and von Siebold Collections* (University of Cambridge Oriental Publications, Bd. 40). Cambridge, New York: Cambridge University Press.

HÖFFKEN, Christoph; VON MENDE, Erling; WALRAVENS, Hartmut
1974   *Verzeichnis ostasienkundlicher Zeitschriften in Institutsbibliotheken in Bonn, Heidelberg und Köln: Stand Juli 1973* (Miscellanea, Ostasiatisches Seminar, Bd. 1). Köln: Photostelle der Universitäts- und Stadtbibliothek Köln.

Japaninstitut in Berlin und Deutsches Forschungsinstitut in Kyôto (Hg.)
1940   *Bibliographischer Alt-Japan-Katalog 1642–1853*. Kyôto: Deutsches Forschungsinstitut. (Nachdruck: München: Verlag Dokumentation 1977, mit einem Nachwort versehen von Eva S. Kraft).

KERDE, Ortrud u. OTTO, Silke-Susann
³1996   *Einführung in die Hilfsmittel der Japanologie*. 3. Neubearb. u. erw. Aufl. Marburg: Japan-Zentrum der Philipps-Universität.

KERLEN, H.
1996   *Catalogue of Pre-Meiji Japanese Books and Maps in Public Collections in the Netherlands* (Japonica neerlandica, Bd. 6). Amsterdam: Gieben.

Kokusai Bunka Shinkôkai (Hg.)
1965–72   *K. B. S. Bibliography of Standard Reference Books for Japanese Studies with Descriptive Notes*. Tokyo: University of Tokyo Press.

Kokusho sômokuroku 国書総目録
1963–76   9 Bde. Iwanami Shoten 岩波書店.

KRAFT, Eva
1981   "Die Japansammlung der Staatsbibliothek Preußischer Kulturbesitz", in: *Bonner Zeitschrift für Japanologie* 3: 111–120.

1982–94　　　*Japanische Handschriften und traditionelle Drucke aus der Zeit vor 1868* (Verzeichnis der orientalischen Handschriften in Deutschland, Bd. 27). 5 Bde. Wiesbaden: F. Steiner.

KREMPIEN, Rainer (Hg.)
1983–86　　　*Katalog der Ostasienabteilung* [Staatsbibliothek Preussischer Kulturbesitz]. Bde. 1–19. Osnabrück: Biblio Verlag.

LAURES, Johannes
³1957　　　*Kirishitan Bunko. A Manual of Books and Documents on the Early Christian Missions in Japan, with Special Reference to the Principal Libraries in Japan and more Particularly to the Collection at Sophia University, Tokyo* (Monumenta Nipponica Monograph, Bd. 5). Third, revised and enlarged, edition. Tokyo: Sophia University.

Library of Congress (Hg.)
1972　　　(Washington, D.C.): *Far Eastern Languages Catalog.* 22 Bde. Boston: Hall.

MATTHEWS, Noel u. WAINWRIGHT, M. Doreen
1977　　　*A Guide to Manuscripts and Documents in the British Isles Relating to the Far East.* Oxford: Oxford University Press.

NACHOD, Oskar
1928　　　*Bibliographie von Japan 1906–1926.* Bd. 1: Nummer 1–4019, Bd. 2: 4020–9575. Leipzig: Karl W. Hiersemann. (Mit Supplementen bis 1945, insg. 7 Bde.)

National Union Catalog, Manuscript Collections
1959ff.　　　Washington, D.C.: Library of Congress.

New Serial Titles
1953ff.　　　Washington, D.C.: Library of Congress.

NUNN, Raymund
1985　　　*Asia and Oceania. A Guide to Archival & Manuscript Sources in the United States.* Bde. 1–5. London, New York: Mansell.

ÖLSCHLEGEL, Hans Dieter u. STALPH, Jürgen
1990　　　*Japanbezogene Bibliographien in europäischen Sprachen: eine Bibliographie* (Bibliographische Arbeiten aus dem Deutschen Institut für Japanstudien der Philipp-Franz-von-Siebold-Stiftung. Bd. 1). München: iudicium.

Orientalistische Literaturzeitung
1898ff.　　　Berlin: Wolf Peiser (ab 71. Jahrgang, 1976: Berlin: Akademie-Verlag).

Ritter, Ernst
1984   *Quellen zur Geschichte Nordafrikas, Asiens und Ozeaniens in der Bundesrepublik Deutschland* (Internationaler Archivrat. Quellenführer zur Geschichte der Nationen. 3. Reihe: Nordafrika, Asien und Ozeanien, Bd. 6). München: K.G. Saur.

School of Oriental and African Studies, University of London (Hg.)
1963   *Library Catalogue.* Boston: Hall.

Sorimachi Shigeo 反町茂雄 (Hg.)
1978   *Nihon'e iri hon oyobi ehon mokuroku. Supensâ korekushon zô.* [Engl. Titel:] *Catalogue of Japanese Illustrated Books and Manuscripts in the Spencer Collection of the New York Public Library.* Rev. ed. Tôkyô: Kôbunsô.『日本繪入本及繪本目録: スペンサー コレクション藏』弘文荘.

1979   *Airankoku Dabulin Chestâbîtei raiburarî zô nihon'e iri hon oyobi ehon mokuroku.* [Engl. Titel:] *Japanese Illustrated Books and Manuscripts in the Chester Beatty Library.* Dublin, Ireland. Tokyo: Kôbunsô.『愛蘭国ダブリン・チェスター　ビーテイーライブラリー蔵日本絵入り本及絵本目録』弘文荘.

Wenckstern, Friedrich von
1895   *A Bibliography of the Japanese Empire, Being a Classified List of the Literature in European Languages Relating to Dai Nihon.* 2 Bde. Leiden: E.J. Brill (Tokyo: Maruzen 1907).

Perspektiven der Japanologie

Michael Kinski

Einer Einführung in die Japanologie einen Ausblick auf ihre zukünftige Entwicklung folgen zu lassen mag verwegen anmuten. Hier die Erkenntnisse vergangener Forschergenerationen, hinter die zurückzugehen nicht mehr möglich sein wird, dort eine subjektive Einschätzung, die nur allzu bald schon vom Gang der Ereignisse überholt werden wird. Trotz dieses ephemeren Charakters mag dem Leser indes dieser Ausblick als Momentaufnahme nützlich sein, um die Selbstverständnisse seines Fachs zu einem bestimmten Zeitpunkt nachzuvollziehen und die tatsächliche Entwicklung der Japanologie an dem zu messen, was an der Jahrtausendwende erhofft bzw. in Ansätzen vorausgeahnt werden konnte. Dieser Ausblick will daher keineswegs das Soll der zukünftigen Entfaltung des Faches festlegen, sondern lediglich Perspektiven in fragender Form anklingen lassen.

I. Ausgangslage

Als Olof Lidin 1991 über die "Zukunft der Japanforschung in Europa" schrieb, hob er zwei Momente hervor: zum einen die Gründung regionaler und überregionaler Zusammenschlüsse unter japaninteressierten Forschern als Beitrag, die nationalen Grenzen der japanbezogenen Forschung zu überwinden (z.B. die European Association for Japanese Studies, kurz EAJS), ...

> Harumi Befu betont, wie stark sich in den amerikanischen Japanstudien "nationalistische" Grenzen bemerkbar machen. Während in japanbezogenen Studien in den Vereinigten Staaten Artikel aus wenig bekannten amerikanischen Zeitschriften oder gar unveröffentlichte Aufsätze zitiert würden, finde Material aus der Feder von "Nicht-Amerikanern" – sofern

nicht in Englisch publiziert – kaum Beachtung.[1] Während in Europa Vereinigungen Gelehrter eines gemeinsamen Sprachgebiets oder auf gesamteuropäischer Ebene einen Gedankenaustausch über Grenzen hinweg ermöglichten, gebe es in Nordamerika keine vergleichbare Vereinigung.[2]

... zum anderen, auf der nationalen Ebene, den Vorbildcharakter Deutschlands.[3] Die für Japanforschung günstigen Bedingungen dort machte er daran fest, daß (1) die Universitätsetats in diesem Land im Unterschied zu anderen noch nicht durch Kürzungen bedroht seien und daß (2) die Akzeptanz der Universitäten und ihrer Arbeit in der Öffentlichkeit größer sei als anderswo.[4]

Zehn Jahre später dürften beide Seiten dieser positiven Einschätzung der Gegebenheiten, unter denen Japanologie in Deutschland betrieben wird, nicht ohne Abstriche haltbar sein. Engpässe im Finanzhaushalt der Universitäten – bedingt durch ein überproportionales Ansteigen der festen Ausgaben für Pensionszahlungen etc. – und Umstrukturierungen haben und werden auch weiterhin an den japanologischen Instituten Spuren hinterlassen, wenngleich auch im vergangenen Jahrzehnt ein bemerkenswerter Ausbau der Japanstudien festzustellen ist.

2. Begriffsbestimmung

Mit der gesamtuniversitären Lage mag es zusammenhängen, daß sich während der letzten Dekade eine Diskussion um die Begriffsbestimmung von "Japanologie" und die Wesensbestimmung japanbezogener Forschung verstärkt hat. Diese Diskussion hat zunächst fachimmanente Gründe, die methodologischen Überlegungen entnommen wurden.

---

1 BEFU Harumi: "Amerika ni okeru Nihon kenkyû no tokushitsu" アメリカにおける日本研究の特質 (Charakteristika der Japanforschung in Amerika), in: UMEHARA Takeshi 梅原猛 (Hg.): *Nihon to wa nan na no ka. Kokusai ka no tadanaka de* 日本とは何なのか. 国際化のただなかで ("Japan – Was ist das? Mittendrin in der Internationalisierung"). NHK bukkusu 600, Nihon Hôsô Shuppan Kyôkai 1989: 38–39.

2 Ebenda: 39-40.

3 Orofu G. RIDIN (Olof G. LIDIN): "Yôroppa ni okeru Nihon kenkyû no shôrai" ヨーロッパにおける日本研究の将来 ("Die Zukunft der Japanforschung in Europa"), in: UMEHARA 1989: 46–65.

4 Ebenda: 59.

Ein Auslöser für die Intensität, mit der die Diskussion während des letzten Jahrzehnts geführt wurde, mag die Veröffentlichung *Japanologie an deutschsprachigen Universitäten* gewesen sein.[5] Klaus Kracht hatte darin versucht, zwischen den verschiedenen Genres der Rede über Japan – *Japan-Kunde* als "Gesamtheit der Informationen über Japan", *Japan-Studien* als die "Japan betreffende akademische Forschung und Lehre", *Japanologie* als "Name eines Studienfachs und einer ihm als Grundlage dienenden Disziplin der Japan-Studien" – unterschieden und eine Konstellation von Merkmalen beschrieben, die Japanologie im engeren ausmachen.[6] Wiewohl Kracht selbst zu bedenken gab, daß die von ihm "genannten definitorischen Zugriffe auf die *Disziplin*" "nicht alle in gleicher Weise als Meßlatten an das Fach in seiner heutigen Form gelegt werden [können], um ihm und seinen Vertretern, einschließlich des Verfassers, zu bescheinigen, daß sie, da nicht deckungsgleich mit diesen Vorstellungen operierend, nicht 'Japanologe' genannt werden dürften",[7] wurde er (1) dahingehend mißverstanden, als müßten alle Japanologen in gleichem Umfang die Merkmale japanologischer Forschung erfüllen, (2) dafür kritisiert, Japanologie als eine Disziplin *sui generis* begriffen zu haben.

Doch ist es nicht von der Hand zu weisen, daß diese Diskussion leicht instrumentalisiert werden kann, wenn sie gegenüber der Öffentlichkeit in Zusammenhang mit der Frage der Verantwortlichkeit von Forschung, ihrer Verwertbarkeit und Rentabilität gebracht wird. Bislang noch ist das Bemühen festzustellen, seit langem bestehende Lehrstühle im Sinn ihres überkommenen Auftrags zu besetzen. Trotzdem ist ein Wandel in der Erwartungshaltung der öffentlichen Geldgeber an den Nutzen japanbezogener Forschung und damit in der Bewertung der universitären Arbeit in der Öffentlichkeit zu beobachten. Er läßt sich ablesen an der Definition neu eingerichteter Lehrstühle mit Japan-Bezug – eine Konzentration auf das "moderne" Japan unter sozial-, politik- und wirtschaftswissenschaftlichen Ansätzen ist auffällig. Hier tritt unmißverständlich der Anspruch zu Tage, daß Institutionen der Japanforschung neben genuiner Forschungsarbeit eine beratende Funktion für Politik und Wirtschaft wahrnehmen bzw. ihre Ergebnisse in einen gesellschaftlichen Dienst gestellt werden sollten. Eine vergleichbare Erwartung wird – wenn schon nicht immer explizit formuliert – auch gegenüber den älteren japanologischen Lehrstühlen gehegt.[8]

---

5 Wiesbaden: Otto Harrassowitz, 1990.
6 Ebenda: 8.
7 Ebenda: 12.
8 Vgl. z.B. Hanns W. MAULL unter Mitarbeit von Volker FUHRT (Hg.): *Japan und Europa:*

Parallel zu dieser Entwicklung in der öffentlichen Wahrnehmung von Japanforschung und einhergehend mit der zunehmenden Einschätzung Japans als ein politisch und wirtschaftlich wichtiger Faktor nahm in der wissenschaftlichen Beschäftigung mit Japan eine Richtung Gestalt an, die den Anspruch vertrat, sich unter einem sozialwissenschaftlichen Ansatz Japan zu widmen – darunter auch dem "modernen", wirtschaftlich und politisch relevanten Japan der unmittelbaren Vergangenheit und der Gegenwart –, und die sich von einem "älteren", hauptsächlich "philologisch" dem "historischen" Japan zugewandten Forschungsansatz abzusetzen versuchte. Inwieweit sich diese Ausformung wissenschaftsimmanenten Momenten verdankte, oder inwieweit die Wahrnehmung Japans als wirtschaftspolitischer Faktor und die damit einhergehende veränderte Erwartungshaltung an die institutionalisierten Japanstudien eine Rolle bei der Wahl des wissenschaftlichen Standpunkts spielte, kann mangels empirischer Daten nicht erörtert werden. Vielmehr gilt es festzuhalten, daß diese Strategien in der Positionsbestimmung japanbezogener Forschung legitim sind und nur das nachholen, was in der nordamerikanischen Wissenschaft längst vollzogen worden war. Problematisch wird diese Ausdifferenzierung innerhalb des Fachs erst in dem Moment, wo sie zum Anlaß polemischer Gegenüberstellungen genommen wird, die (1) den Blick auf gemeinsame Grundlagen der unterschiedlichen Richtungen versperren, (2) Entwicklungen innerhalb des Ansatzes der als Gegner wahrgenommenen Richtung nicht zur Kenntnis nehmen, (3) den Blick für den Einbezug des eigenen Fachbereichs in den größeren Bezugsrahmen epistemologischer Trends verstellen, (4) den nur heuristischen Wert einer jeden Methode hypostasieren. Die Zukunft der Japanologie als akademisches Fach wird davon abhängen, inwieweit es ihr gelingt, auf der Basis eines soliden Minimalkonsenses eine breite Anzahl verschiedener Zugangsmöglichkeiten zuzulassen.

> Hilfreich könnte die von Wolfgang Schamoni gegebene Charakterisierung sein: Bei der Frage nach einer Definition von "Japanologie" muß zwischen "Disziplin" – gekennzeichnet durch einen intrinsischen wissenschaftlichen Gegenstand wie Literatur oder Gesellschaft und eine rigide Auswahl von Methoden, die auf den Gegenstand angewandt werden – und "Fach" – durch eine Verquickung kontingenter Zufälle und aktueller Bedürfnisse entstanden – unterschieden und der Charakter der "Japanologie" als Fach wahrgenommen werden. "Japan" sei kein wissenschaftlicher sondern ein Erfahrungsgegenstand, anhand dessen sich unterschiedliche wissenschaftliche Gegenstände gebildet haben, auf die japanologische Forschung Zugriff

---

Getrennte Welten? Frankfurt a.M.: Campus-Verlag, 1993: 29.

nehme. Während so innerhalb der Japanologie unterschiedliche Ansatzpunkte denkbar seien, die sich den methodischen Ansätzen verschiedener Disziplinen verdanken, liege der Berührungspunkt der jeweiligen Herangehensweisen in der Beschäftigung mit Japan im Moment der japanischen Sprache in ihren schriftlich fixierten Formen. Japanologische Forschung trage daher immer den Charakter einer Textwissenschaft – wenngleich das Medium Text nicht für alle auf Japan bezogenen Disziplinen gleichermaßen einen ausschließlichen Stellenwert besitzt, sondern mit anderen Methoden der Datenerhebung verbunden sein kann. Diese Beschreibung schließt ein, daß japanologische Forschung sich mit Japan in der vollen Bandbreite seiner Erscheinungsformen über alle Regionen und Epochen hinweg beschäftigt und sich dabei auf die Kenntnis der historischen wie gegenwärtigen Sprach- und Schriftformen gründet. Gleichzeitig impliziert diese Charakterisierung, daß es keine spezifische Methodik gibt, die japanologische Forschung in allen Aspekten begründen könnte. Dem Verzicht auf diesen Umfassenheitsanspruch entspricht, daß Schamoni die Schwierigkeit der Integration japanologischer Forschungsergebnisse in den unterschiedlichen Segmenten betonte.

Die gegenwärtig gängigen Etikettierungen, sei es im deutschen Sprachgebiet, sei es im englischsprachigen Raum ("Japanology", "Japanese studies", "problem-oriented studies") ...

"Japanology" bezeichnet die "philologisch orientierte" Japanforschung wie sie nach allgemeinem Verständnis schwerpunktmäßig in Europa betrieben wird.[9] Jiří Neustupný hält für diesen Forschungstyp fest, daß er keine eigentliche Methode und auch keine spezifische Theorie besitze. Im Unterschied dazu verdankten sich die "Japanese studies" einer "amerikanischen" Herangehensweise. Bezeichnend für diesen Typ sei die Verbindung mit anderen Disziplinen, aus deren Problembewußtsein und methodischer Orientierung heraus Fragen formuliert und an japanische Kontexte herangetragen werden (die "sozialwissenschaftliche" Japanologie in Deutschland läßt sich in diesen Zusammenhang einordnen). Als drittem und erst seit kurzer Zeit wahrnehmbarem Typ spricht Neustupný von "contemporary paradigm". Bei diesem Forschungsansatz geht es um spezielle Themen (z.B. "Obdachlosigkeit" oder "Altersversorgung"), die mit-

---

9 Vgl. Jiří NEUSTUPNÝ: "On paradigms in the study of Japan", in: Yoshio SUGIMOTO and Ross MOUER (Hg.): *Japanese Society. Reappraisals and new directions, Social Analysis* 5/6, 1980: 20-28. Ders.: "Japanology and beyond", in: *Japan Foundation Newsletter* XXI/1 (1993): 9-12. SONODA Hidehiro: "Japanese Studies in the world today", in: *Japan Foundation Newsletter* XX/1: 8–10.

unter von außerhalb der universitären Forschung an diese herangetragen werden. In seiner Einschätzung des "problemorientierten" Ansatzes als geradezu "paradigmatisch" für die japanbezogene Forschung hebt Neustupný hervor, daß er es erlaube, die methodologischen Schwierigkeiten zu überwinden, die sich durch den disziplingebundenen Ansatz der "Japanese studies" (bzw. "sozialwissenschaftlichen" Japanologie) ergeben hätten: d.h. die Schwierigkeit, Forschungsthemen gerecht zu werden, die sich über die Grenzen einer einzigen Disziplin (z.B. Politikwissenschaft) hinaus erstrecken. Durch die Fokussierung auf punktuelle, in sich abgeschlossene Probleme werde ein variabler disziplinübergreifender Zugang möglich. Neustupný hält die Zeit der "alten" Japanologie "europäischen" Stils für abgelaufen und sieht das nahe Ende des disziplingebundenen Ansatzes der "Japanese studies" voraus. Befu warnt hingegen davor, aus dem früheren Auftreten auf ein früheres Verschwinden zu schließen. Weder die auf Texte ausgerichtete "Japanologie" noch die disziplingebundenen "Japanese studies" seien "theoretisch, methodologisch oder epistemologisch" am Ende. Er sieht eine Parallelentwicklung der drei Typen voraus.[10]

... dürften über kurz oder lang außer Gebrauch geraten oder ihre momentanen Bedeutungskonnotationen verlieren, da sie sich zu sehr einer Abhängigkeit vom "Aufstieg" des sozialwissenschaftlich / wirtschaftswissenschaftlichen bzw. disziplinorientierten Ansatzes verdanken. Zwar vermittelt die Japanologie den Eindruck, daß sie akademische Trenderscheinungen erst mit einiger Verspätung in ihre eigenen Ansätze aufnimmt, doch wird es ihr nicht entgehen, daß die Sozialwissenschaften gewissermaßen ihre Leitfunktion eingebüßt haben. Vielleicht wird es dann auch in japanologischen Forschungseinrichtungen einen *cultural turn* auf breiter Linie geben (kulturwissenschaftliche Herangehensweisen sind durch die Vergangenheit der Japanstudien vorbereitet und werden auch in der Gegenwart an nicht wenigen Orten praktiziert). Gelingt es der Japanologie stärker als bisher, sich der Diskussion der Themen anzuschließen, die in den Methodenfächern erörtert werden, wird sie auch eher in der Lage sein, den gesellschaftlichen Aufgaben, die Forschung wahrzunehmen hat, gerecht zu werden.

---

10 Harumi BEFU: "Japan as Other. Merits and Demerits of Overseas Japanese Studies", in: Josef KREINER (Hg.): *Japan in Global Context. Papers presented on Occasion of the Fifth Anniversary of the German Institute for Japanese Studies*. Tokyo, München: iudicium verlag 1994: 37.

Mit diesen Bemerkungen sind die Überlegungen zur methodischen Entwicklung der Japanologie nicht erschöpft. Sie sollen hier trotzdem auf dieses Niveau eingeschränkt werden, als sie abhängig sind von Vorgängen in und Vorgaben aus dem politisch-institutionellen (welt- wie bildungspolitischen) und technologischen Rahmen, innerhalb dessen Japanforschung angesiedelt ist.

3. Lehre als Brücke zwischen den Zeiten

Studenten der Japanologie entscheiden sich für ihr Fach aus einer Vielzahl von Beweggründen. Pragmatische berufliche Erwägungen spielen heute ebenso eine Rolle wie das mehr oder weniger bestimmte Interesse an einem fremden Land. In fast allen Fällen aber treffen die Studenten ihre Wahl ohne genauere Kenntnis dessen, was sie erwartet. Dem entspricht die weitere Beobachtung, daß es vielen Kommilitonen nur um das praktische Erlernen der Sprache geht und daß sie überrascht sind, wenn von ihnen Interesse für eines der wissenschaftlichen Segmente innerhalb der Japanologie erwartet wird.[11]

Immerhin hat die japanologische Lehrpraxis, wiewohl sie es als ihre Aufgabe betrachtet, wissenschaftliches Interesse zu wecken, der studentischen Erwartungshaltung Rechnung getragen und die Qualität der Sprachausbildung in den vergangenen zwei Jahrzehnten merklich verbessert. Doch sind die Verbesserungsmöglichkeiten keinesfalls ausgeschöpft. Das läßt sich leicht daran festmachen, daß den meisten Absolventen der Japanologie auch nach einem mehrjährigen Japanologiestudium die Befähigung fehlt, sich auf Japanisch idiomatisch versiert – geschweige denn in der Fachsprache ihres Spezialisierungsgebiets – zu unterhalten, Fachvorträgen, Unterrichtsveranstaltungen, Fernsehsendungen mit annähernd vollständigem Verständnis zu folgen bzw. Fachliteratur / Belletristik / Zeitungen so flüssig zu lesen, daß tatsächlich von Lesen und nicht einem mühsamen Übersetzungsvorgang gesprochen werden kann. Technische und institutionelle Entwicklungen könnten in den nächsten Jahren die Möglichkeit bieten, weitere Fortschritte auf dem Gebiet der aktiven und passiven Sprachbeherrschung zu erzielen.

---

11 KRACHT 1990: 50.

Eine mögliche Reaktion auf den Ausbildungszustand vieler Absolventen der Japanologie könnte die Entwicklung einheitlicher Aufnahmekriterien sein, nach denen nur Anfänger zugelassen werden, die von vornherein ein erfolgreiches Studium erwarten lassen. Die Einführung eines Numerus clausus dürfte nur eine Notlösung sein, da er lediglich zu einer mechanischen Begrenzung der Aufnahmezahlen führt, nicht aber die Auswahl solcher Studenten sicherstellt, die Qualitäten erkennen lassen, die den Anforderungen des Fachs genügen. In diesem Zusammenhang könnte die Förderung des Japanischunterrichts an Schulen und des Schüleraustauschs mit Japan dem Fach ein wichtiges Rekrutierungsfeld sichern. Eine im Zusammenhang mit der europäischen Integration eintretende Konkurrenz unter den Universitäten um den qualifiziertesten Nachwuchs sowie schärfer konturierte Kritierien des Universitäts-Rankings werden wohl dazu führen, daß die "besten" Studenten ohnehin zu den "besten" Universitäten gehen. In einem vereinten Europa werden die deutschen Universitäten sich weniger als bisher der Evaluation von Forschung und Lehre entziehen können.

1. Die inländische Sprachdidaktik dürfte weiterhin von der Diskussion über Lehrmethoden profitieren ebenso wie von der Anstellung sprachdidaktisch geschulter Lehrkräfte. Angesichts der großen Zahl der in Japan für den Unterricht in "Japanisch als Fremdsprache" ausgebildeten japanischen Sprachlehrer gehört der Lektor, der in Deutschland eine Tätigkeit im Japanischlehrbetrieb als Ausweichmöglichkeit aufnimmt, um germanistischen, philosophischen usw. Studien nachzugehen, vielleicht bald der Vergangenheit an. Mit Hilfe des didaktisch besser geschulten Personals könnte die Entwicklung einer Datenbank, die einen Überblick über das auf dem Markt zahlreich vorhandene Lehrmaterial für den Sprachunterricht gibt, sowie von professionell erstelltem, sich speziell an den Bedürfnissen der deutschen, englischen, französischen usw. Lernenden orientierendem Unterrichtsmaterial möglich werden.

2. Der verstärkte Einsatz technischer Hilfsmittel bietet ein unterstützendes Moment bei den Bemühungen um eine qualitative Verbesserung des Sprachunterrichts. Dazu müßte gewährleistet sein, daß alle japanologischen Einrichtungen über Zugang zu einem audiovisuellen Sprachlabor verfügen, das in das Kurrikulum der Sprachausbildung einbezogen wird. Die Möglichkeiten des computergestützten Sprachunterrichts könnten in den kommenden Jahren ebenfalls ausgeschöpft werden. Mit dem Sprachmaterial, das von Seikô-Epson bzw. der Staatlichen Universität Tsukuba bereits zu Beginn der 90er Jahre entwickelt wurde, steht ein umfangreiches Lehrwerk zur Verfügung, das durch Erfahrungen in der Anwendung an möglichst vielen Einrichtungen qualitativ aufgebessert und preisgünstiger gestaltet werden könnte. Daneben werden eine ganze Reihe weniger aufwendiger Computerprogramme angebo-

ten, die sowohl in der Unterrichtssituation wie auch im autodidaktischen Training angewendet werden könnten. Der zunehmende Umgang mit ihnen wird in der Zukunft einen Erfahrungsschatz im Umgang mit computergestütztem Sprachunterricht liefern, der die Entwicklung von Lernsoftware vorantreiben wird.

3. Ein institutionelles Mittel zur Verbesserung des Sprachunterrichts ist die Einführung sprachlicher Propädeutika, wie es sie in den Berliner Japanologien gibt, oder die Intensivierung des Sprachunterrichts im ersten Grundstudiumsjahr wie in Tübingen. Ob alle japanologischen Seminare diesen Schritt tun werden ist nicht vorhersehbar, da auch die Alternative der Verlagerung eines Teils der Sprachausbildung nach Japan in Zukunft verstärkt genutzt werden dürfte.

4. Das Jahr 1993 stellt in dieser Beziehung einen Einschnitt dar. Die Universität Tübingen vollzog damals einen Schritt, der sich zum Vorbild nahm, was nordamerikanische Universitäten bereits seit den 60er Jahren in Form des Associated Kyoto Program (AKP) an der Dôshisha Universität, des Inter-University Center for Japanese Language Studies in Yokohama oder des Stanford Japan Center in Kyoto (Kyoto Center for Japanese Studies) praktizierten. Auf die Verlegung der Sprachausbildung für Tübinger Studenten während des dritten Grundstudiumssemesters an das zu diesem Zweck gegründete Zentrum für japanische Sprache in Kyoto (mit der Dôshisha Universität als Gastgeberin) folgte in der zweiten Phase die Zusammenarbeit zwischen Hochschulen auf der Ebene des Landes Baden-Württemberg. Für die Zukunft bleibt zu hoffen, daß auf dem Weg der Kooperation zwischen Hochschulen verschiedener Bundesländer und Mitgliedsstaaten der europäischen Gemeinschaft der Nutzen solcher Zentren breit gestreut wird.

5. Im selben Zusammenhang sind die Austauschbeziehungen zu japanischen Universitäten zu sehen. Die meisten Hochschulen können auf ein Abkommen mit zumindest einer japanischen Partnereinrichtung zurückgreifen, das Studentenaustausch zu Zwecken der Sprachausbildung in begrenzter Zahl (zwei Studenten pro Jahr) vorsieht – teils auf studiengebührfreien Plätzen, teils mit Stipendien. Eine Einflußnahme seitens der entsendenden Institution auf das Sprachlehrangebot der aufnehmenden Seite ist meist nicht gegeben. Es dürfte in Zukunft beiden Seiten gedient sein, wenn Abkommen so getroffen werden, daß größeren Studentenzahlen ein Studium auf der Partnerseite ermöglicht und zu diesem Zweck das Ausbildungsprogramm inhaltlich abgestimmt wird. Es ist denkbar, daß sich ähnlich wie bei der Kooperation verschiedener Landesuniversitäten am Tübinger Zentrum japanologische Seminare aus ver-

schiedenen Universitäten in bestehende Abkommen einklinken und mit ihren Studenten das mit der japanischen Seite vereinbarte Austauschkontingent auffüllen.

6. Eine weitere Möglichkeit, das Studium attraktiver zu gestalten, könnte – im Sinn einer institutionellen Rahmenvorleistung – sein, eine Angleichung der Studienorganisation an international verbreitete Organisationsformen anzustreben. Dieser Weg wird seitens der Japanologie bereits beschritten, seitdem 1993 in Tübingen ein Baccalaureus-Studiengang eingerichtet wurde. Inzwischen ist in verschiedenen Bundesländern die Aufforderung an die Universitäten ergangen, die Einrichtung von B.A.- und M.A.-Studiengängen voranzutreiben, gerade auch, um Studienangebote international kompatibel, Studienleistungen unter den verschiedenen nationalen Bildungssystemen anrechenbar und den Ausbildungsweg für die Studierenden transparenter zu machen.

7. Auch für die Japanologie wird diese bildungspolitische Entwicklung die Möglichkeit bieten, stärker zwischen einem eher auf den frühen Berufseinstieg gerichteten praktischen Studienabschluß (B.A.) mit einem größeren Schwergewicht auf der Sprachausbildung einerseits, und andererseits einem weiterführenden, das wissenschaftliche Arbeiten in den Mittelpunkt stellenden Studienabschluß (M.A.) zu unterscheiden, wie es im internationalen Vergleich eher die Regel ist. Gleichzeitig wird damit den vielen Studenten, die aus einem ganz überwiegend an der Sprache und allgemeinen Landeskunde der Gegenwart orientierten Interesse zur Japanologie gekommen sind und in der Vergangenheit aus unterschiedlichen Gründen ihr Studium vor dem Magister abgebrochen haben, ein Weg eröffnet, die Universität mit einem anerkannten Abschluß zu verlassen, der ihren Bedürfnissen gerechter wird.

> Die Universitäten werden der Erwartung nach mehr Praxisbezug des Studiums in Zukunft stärker Rechnung tragen. Wie für die Japanologie ein Konzept aussehen könnte, in der die praktische Ausbildung die akademische Bildung in viel besserer Weise, als es in der Vergangenheit der Fall war, mitstützt, ist noch offen. Möglichkeiten könnten in der Förderung solcher Fähigkeiten liegen, die bislang in der Sprachausbildung vernachlässigt wurden. Dazu würde das Verfassen japanischer Texte ebenso zählen wie Dolmetschen oder das Anfertigen und Vortragen von Reportagen, um so reale Situationen des Sich-Bewähren-Müssens einzuführen, auf die das Japanologiestudium bislang fast völlig verzichtete. Ein anderer Weg, für den es ebenfalls nur wenige Vorläufer gibt, wäre die Betreuung studentischer Übersetzungsarbeiten bis zur Publikationsreife.

8. Das Japanische wird den Status als exotische Sprache, den es gegenwärtig noch besitzt, verlieren. Instrumentell dafür ist seine Einführung als Unterrichtsfach in Gymnasien. In mehreren Bundesländern beschäftigen sich Kommissionen mit der Erstellung von Lehrplänen für das Japanische, und die Zahl der Schulen, an denen es angeboten wird, dürfte weiter zunehmen. Dabei wird die Entwicklung zu einem höheren Status als Unterrichtsfach gehen. Gegenwärtig wird Japanisch nicht mehr nur als Wahlfach (dritte Fremdsprache) oder in Form freiwilliger Arbeitsgemeinschaften gelehrt, sondern es gibt bereits Gymnasien, an denen die Sprache als drittes Abiturfach anerkannt ist. In Berlin wird daran gearbeitet, Japanisch als zweite Fremdsprache einzuführen. Diesen Bestrebungen entspricht es, daß daran gedacht ist, einen Lehramtsstudiengang für Japanisch einzurichten, um qualifiziertes Personal im Inland heranzubilden. Noch ist es so, daß japanische Lehrkräfte oder inländische Absolventen des Magisterstudiengangs Japanologie – beide Gruppen ohne erstes und zweites Staatsexamen und die mit ihnen einhergehende pädagogische Ausbildung – bzw. Lehrer aus anderen Fächern, die ein notdürftiges Training im Japanischen erhalten haben, den Unterricht tragen.

9. Die Bemühungen seitens Studenten und Absolventen aus anderen Fachbereichen als der Japanologie, sich Japanischkenntnisse anzueignen, haben in den letzten Jahren zugenommen und werden so lange anhalten, wie Japan als Wirtschaftsfaktor mit eigener Sprache und kulturell bedingten regionalspezifischen Strukturen eine Rolle spielt. Daß eine Abhängigkeit zwischen der japanischen Wirtschaftskraft und dem Interesse an Japan außerhalb der Japanologie besteht (aber auch bei den Immatrikulationszahlen für japanologische Studiengänge), läßt sich einerseits an der Gründung wirtschaftswissenschaftlich ausgerichteter Studiengänge seit den 80er Jahren ablesen, die entweder selbständig konzipiert wurden (Bremen, Düsseldorf, Duisburg) oder in Zusammenarbeit einer japanologischen und einer wirtschaftswissenschaftlichen Einrichtung angeboten werden, wie der Studiengang "VWL-Regional" mit dem Schwerpunkt Japan in Tübingen. In diesem Zusammenhang ist auch das Postgraduiertenprogramm für Studienabsolventen aus anderen Fächern als der Japanologie zu sehen, das die Universität Tübingen seit 1993 für ein Jahr je zur Hälfte am Seminar für Japanologie und am Zentrum in Kyoto anbietet. Seitdem die Wirtschaftsdaten Japans auf eine Phase der Rezession deuten, hat das Interesse an japanbezogenen Aufbaustudienprogrammen nachgelassen. Die Verbindung zwischen der öffentlichen Wahrnehmung Japans und der Entscheidung, seine Sprache zu lernen und sich ggf. wissenschaftlich mit ihm auseinanderzusetzen, wird auch in Zukunft die Geschicke des Fachs Japanologie mitbestimmen.

Mit den beschriebenen Maßnahmen dürfte realistischerweise nur eine graduelle Verbesserung der eingangs beschriebenen Ergebnisse der Japanischausbildung zu erzielen sein. Selbst bei einer guten Ausstattung werden die Möglichkeiten, an einer europäischen Hochschule Japanisch zu lernen, beschränkt bleiben. Die Atmosphäre des Lebens in Japan und der für den Spracherwerb elementare Prozeß der Sozialisation im Land selbst, wie ihn jemand durchläuft, der dort aufwächst, können nicht ersetzt werden. Problematisch ist auch die Frage nach der zweckmäßigen Länge des Sprachstudiums in Japan. Der im vergangenen Jahrzehnt zur Regel gewordene einjährige Aufenthalt ist noch zu kurz, um das für Berufspraxis oder akademische Forschung vorauszusetzende Niveau der Sprachbeherrschung zu erreichen. Erfahrungsgemäß spüren viele Studenten, die in Japan an Ein-Jahres-Programmen teilnehmen, daß ihre Erwartungen an den Aufenthalt sich nicht mit den Ergebnissen decken. Unter dem Eindruck der verrinnenden Zeit setzt oft bald ein Motivationsverlust ein, der das realistisch zu erwartende Ergebnis noch einmal schmälert. Um die erforderliche Sprachkompetenz zu erwerben, ist ein Studium von zwei Jahren in Japan das Minimum. Dies könnte zu folgendem Modell führen: Der Japanologiestudent der Zukunft hat idealerweise bereits im Verlauf der Schulausbildung Japanisch gelernt oder aber im Rahmen eines Schüleraustauschprogramms für ein Jahr eine Schule in Japan besucht. Während des Baccalaureusstudiums wird er zunächst an seiner Heimatuniversität eine einjährige Grundausbildung erhalten. Die nächsten beiden Studienjahre absolviert er in Japan. Das erste Jahr dient der Sprachausbildung, und dieses Jahr wird der Student entweder in dem Sprachprogramm einer japanischen Universität verbringen, das von der japanischen Hochschule mit ihren europäischen Partnern gemeinsam gestaltet wurde, oder aber an einem eigens für Forschung und Lehre eingerichteten europäischen Zentrum. – Es wird möglicherweise mehrere europäische Zentren geben, an denen sich Universitäten eines Sprachgebiets nach dem Vorbild der amerikanischen Gemeinschaftszentren beteiligen. Das hätte nicht nur den Vorteil, daß sich Ressourcen bündeln lassen, sondern auch, daß die entsendenden Hochschulen die Möglichkeit haben, unter einer größeren Bewerberzahl die qualifiziertesten Studenten auszuwählen. – Das zweite Japanjahr wird der Modellstudent zu fachlichen Studien an einer japanischen Universität verbringen. Danach kehrt er nach Europa zurück und schließt nach einem weiteren Jahr das Baccalaureusstudium ab. Während des anschließenden Magisterstudiums wird er noch einmal Gelegenheit haben, für ein weiteres Jahr zum Fachstudium nach Japan zu gehen.

10. In den Zusammenhang der Sprachausbildung gehört auch die Frage nach dem Stellenwert der Ausbildung in den historischen Sprach- und Schriftformen des Japanischen. Seit geraumer Zeit wird an vielen japanologischen Einrichtungen diskutiert, ob eine solche Ausbildung weiterhin Bestandteil des Kurrikulums sein, bzw. zu welchem Zeitpunkt sie stattfinden soll. Die Antwort auf diese Fragen dürfte auch in Zukunft vom japanologischen Selbstverständnis der jeweiligen Einrichtung abhängen. Sie wird aber auch mitbestimmt durch die Sorge um das öffentliche Erscheinungsbild japanologischer Forschung und die zunehmende Erwartung an ihre gesellschaftliche Verwertbarkeit. Entscheidend könnte in der Zukunft jedoch die Organisation des Studiums nach dem Modell des B.A.-Studiengangs und des auf diesen aufbauenden M.A.-Studiums sein. Es ließe sich ein Trend vorhersehen, nach dem der zeitlich ohnehin knapp bemessene B.A.-Studiengang ganz im Zeichen der Sprachausbildung im modernen Japanisch steht und die Beschäftigung mit den historischen Sprach- und Schriftformen – zumindest aber ihre Vertiefung – erst während des eher auf akademische Inhalte zugeschnittenen M.A.-Studiengangs erfolgt.

4. Zukünftige Rahmenbedingungen

Die obigen Bemerkungen gehen von zwei Annahmen aus: 1. Die Steigerung der sprachlichen Kompetenz kommt der wissenschaftlichen Auseinandersetzung mit sprachlichen Informationsträgern und Forschungsgegenständen sowie der Kommunikation mit japanischen Fachkollegen zugute. 2. Der Großteil der Studentenschaft sieht das Lehrangebot der Japanologie als Möglichkeit der praktischen Sprachschulung an. Einher damit gehen berufspraktische Erwägungen, denen Universitätsausbildung zwar nicht dem Eigenverständnis aber der öffentlichen Erwartungshaltung nach dient. Diese Interessenlage erfordertmacht auf seiten des Fachs ein entsprechendes Dienstleistungsangebot. Die erste Erwägung wird solange Gültigkeit besitzen, wie es überhaupt japanologische Forschung im Sinn einer Forschungsarbeit geben wird, die auf japanischsprachiges Material Bezug nimmt. Doch wie verhält es sich mit der Relevanz der zweiten Annahme? Verschiedene Faktoren kommen zum Tragen:

1. Die gegenwärtige Finanzlage der Universitäten läßt einen weiteren Ausbau der japanologischen Infrastruktur in der nächsten Zeit nicht erwarten. Ebenso wenig kann Hoffnung in eine Ausweitung der dünnen Personaldecke der Seminare gesetzt werden, obwohl der Anstieg der Studienanfängerzahl in

den meisten Einrichtungen im Sprachunterricht zu Bedingungen geführt hat, unter denen eine effektive Lehre nicht mehr möglich ist. Daß auf einen Sprachkurs in den ersten beiden Studiensemestern fünfzig Studenten kommen, ist keine Seltenheit. Es ist abzusehen, daß sich in den meisten japanologischen Seminaren ein Verfahren der Zulassungsbeschränkung oder der Studentenauswahl etablieren wird, sofern es nicht schon der Fall ist.

2. Welche Auswirkungen für die Wahl der Japanologie als Möglichkeit der praktischen Sprachschulung wird die weltweite Zunahme der Japanischlernenden haben? Die Homepage der Japan Foundation gibt Auskunft über die Zahl der Anmeldungen zu den jährlich durchgeführten *proficiency tests.* Für 1999 lagen weltweit 196.000 Meldungen vor.[12] Allein in China nahmen mehr als 12.000 Personen in der schwierigsten Kategorie teil, während es in den USA 128 und in Deutschland gerade einmal 58 waren.[13] In China, Korea und auch anderen Ländern Asiens entsteht ein Pool junger Menschen, der seiner Größe und Sprachkompetenz nach den europäischen oder gar deutschen Pool weit überflügelt. Wird in einem Zeitalter des weltweiten Zusammenwachsens überhaupt noch die Notwendigkeit bestehen, in überlasteten Universitäten Studenten zu einem – nach dem gegenwärtigen Stand – nicht befriedigenden Niveau der Sprachbeherrschung zu führen? Oder werden sich angesichts der Konkurrenz kompetenter Sprecher der japanischen Sprache in China oder Korea in der Zukunft überhaupt noch junge Europäer, Amerikaner usw. für ein Erlernen des Japanischen unter der Zielvorgabe, dereinst einen praktischen Beruf in einer internationalen Institution oder einem weltweit tätigen Unternehmen zu ergreifen, entscheiden? Was die Kontinuität der Japanologie als wissenschaftliches Unterfangen anbelangt, wird sich kein Rekrutierungsproblem einstellen, da das Fach zwar guten, aber eben nur wenig wissenschaftlichen Nachwuchs benötigt.

> In diesem Zusammenhang sollte bedacht werden, daß durch wachsende Mobilität auch in Europa die Zahl derjenigen, die außerhalb des universitären Rahmens Japanisch in Japan gelernt haben, zugenommen hat und in

---

12 Vgl. Homepage der Japan Foundation.
13 Den Angaben der Japan Foundation zufolge stieg die Zahl der Teilnehmer in allen Stufen in China 1999 gegenüber 1998 (34.000) um mehr als neuntausend. Noch größer war der Anstieg in Korea: 43.293 Teilnehmer 1999 (davon ca. 9.900 in der schwierigsten Stufe) gegenüber 28.282 im Vorjahr. In den USA war ein leichter Anstieg von 538 Personen auf 573 Personen zu beobachten, in Deutschland dagegen ein Abfall von 451 auf 434. Weltweit (unter Einbezug der in Japan selbst durchgeführten Prüfungen) nahm die Teilnehmerzahl von 130.385 auf 166.575 zu.

Zukunft noch größeres Gewicht erlangen wird. Im Bereich der Sprachausbildung darf der Beitrag der Universitäten nicht zu hoch veranschlagt und sollte zukünftig eher geringer eingeschätzt werden. Wenn der Erwerb "interkultureller Kompetenz" zu einem Kriterium gemacht wird, das zu vermitteln den Universitäten obliegt, muß wohl zugestanden werden, daß diese Kompetenz bereits von vielen mitgebracht wird, die einen Teil ihrer Biographie entweder als Europäer, Amerikaner usw. in Japan oder als Japaner im Ausland verbracht haben und dort geprägt wurden.

3. Die Frage kann erweitert werden, um auch den Bereich der japanologischen Forschung im eigentlichen Sinn zu umreißen. Was heißt es für die Zukunft der Japanologie, wenn der Trend bei den Zahlen der Japanischlernenden sich mit einer wissenschaftlichen Entwicklung in Ländern wie China und Korea verbindet? Wissenschaftliche Standards lassen sich nicht abonnieren. Angesichts der finanziellen Notsituation vieler Universitäten einerseits, der Gefahr eines naiven Germanozentrismus / Eurozentrismus bzw. Amerikazentrismus andererseits, der japanologischer Forschung mitunter anzuhängen droht, ...

> Eurozentrisch ist bereits die Prämisse, auf der die Einrichtung ostasienwissenschaftlicher Studiengänge basiert: daß diese zuständig seien, diese Weltgegend in all ihren Aspekten abzudecken, während sich die übrigen Fächer ("Methodenfächer") ganz frei von einem Bezug zu Ostasien halten und weiterhin ihrer Beschäftigung mit deutschen, maximal europäisch-amerikanischen Belangen nachgehen können. Das führt zu einer Situation, in der das Urteil, "daß im deutschen Sprachgebiet, ähnlich wie in den anderen europäischen Regionen, [...] die sozial-, wirtschafts-, rechts*wissenschaftliche* usw. Erforschung Japans bis auf den heutigen Tag trotz vielfältiger Bemühungen ein beklagenswertes Bild abgibt"[14], immer noch angemessen ist.

... könnte ein Szenario vorstellbar sein, in dem die japanologische Forschung in Deutschland / Europa / Amerika / Australien / Neuseeland in Zukunft nur noch eine provinzielle Bedeutung besitzt, wenn nicht ständig ein Überdenken der eigenen Wissenschaftsprinzipien vorgenommen wird.

Tatsächlich haben in den letzten Jahren die Länder Asiens, Afrikas und Lateinamerikas in den verschiedensten Disziplinen wissenschaftlich "aufgeholt". Je stärker unter den Bedingungen der Globalisierung / Internationalisie-

---

14 KRACHT 1990: 9.

rung der Wissenschaftsstandard in diesen Ländern auf ein "internationales" Niveau ansteigt, desto mehr wird der westliche Überlegenheitsanspruch bezüglich kritischer Wissenschaft hinfällig werden bis schließlich diese Insistenz selbst exotisch-provinzielle Züge annimmt.

Positiv gewendet könnte sich die Entwicklung des Wissenschaftsstandards in anderen Erdteilen für die Japanologie in neuen Sichtweisen auswirken und überholte Muster der Selbst- und Fremdwahrnehmung aufbrechen. Lange Zeit wurde das Augenmerk auf Unterschiede zwischen der europäischen / amerikanischen und der japanischen Kultur gelegt. Während die eigene Kultur naiv als "normal" und als "Standard" wahrgenommen wurde, trat an der japanischen Kultur das "Andere", das "Abweichende", die "Ausnahme" in den Vordergrund, das / die aus Sicht des "Normalen" erklärungsbedürftig war.[15] Japanologie als Kulturwissenschaft neigt zur Exotisierung anderer (japanischer) Kulturerscheinungen und läßt unberücksichtigt, was die eigene Kultur mit der fremden verbindet. Wer einem Japanologen Fragen stellt, möchte im allgemeinen wissen, was denn "anders" sei, "das Besondere" sei. Ein Erstarken der wissenschaftlichen Beschäftigung mit Japan in China, Korea, Indonesien usw. und eine Auseinandersetzung mit den dortigen Herangehensweisen, könnte der amerikanischen und europäischen Japanologie andere Perspektiven vermitteln, wie Japan als fremde Kultur wahrgenommen werden kann. Das beinhaltet die Chance, daß nationale Forschungstraditionen eine Reorientierung erfahren und die Frage nach universalen Gemeinsamkeiten zumindest eine gleiche Berechtigung erhält wie die nach den Unterschieden.

Welche Aufgaben könnte eine Japanologie künftig wahrnehmen, die einem hohen Wissenschaftsanspruch gerecht werden will? Eine Möglichkeit wäre die Verstärkung des Elements der Grundlagenforschung. Bislang war die Japanforschung fast ausschließlich eine reproduzierende Wissenschaft, die ohne die Forschungsergebnisse japanischer Wissenschaftler nicht denkbar wäre. Das gilt auch für die disziplingebundenen Japanstudien, und zwar trotz des Anspruchs, "Japan nicht den Japanern überlassen zu können", und trotz der weiterhin anzutreffenden Selbsteinschätzung, im methodischen Ansatz japanischen Forschungsbemühungen überlegen zu sein. Es ist eine Ausnahme, wenn Carl Steenstrup bekennt, daß die japanologische Forschung in seinem Gebiet "Derivatives" produziere.[16] Grundlagenforschung hieße demgegenüber z.B. die Aufarbeitung von Material, das bislang in Japan selbst noch keine Aufmerksamkeit erlangt hat. Beispiele gibt es dafür in der deutschen Japano-

---

15 Vgl. BEFU 1994: 40–41.
16 Vgl. Carl STEENSTRUP in diesem Band.

logie in Form der Frankfurter Literaturstudien, die sich um die Edierung und Kommentierung bislang in Japan selbst nicht edierten Materials kümmert. Angesichts der geringen personellen Ausstattung solcher Forschungsvorhaben, könnten institutionell isolierte Bemühungen um eigenständige Grundlagenforschung allerdings nur ein kurzes Zwischenstadium der Japanologie darstellen. Die ungleich größere Zahl japanischer Forscher und ihre besseren Arbeitsbedingungen werden möglicherweise dafür sorgen, daß Grundlagenforschung zunehmend in Kooperation mit der japanischen Academia erfolgen wird. Dadurch könnten die Unterschiede zwischen der außerhalb Japans stattfindenden Japanologie und der in Japan hoch arbeitsteilig praktizierten Forschung an Relevanz verlieren, da die Japanologie, soweit sie Grundlagenforschung betreibt, eine Teilmenge der von Japan aus operierenden Academia wird. Zugleich dürfte sich die Rolle der Japanologie als einer vermittelnden Wissenschaft verfestigen. Hier wird nach wie vor die Chance japanbezogener Forschung außerhalb Japans liegen.

Japanologie beschäftigt sich mit japanischen "Produkten", besonders aber Texten, materiellen Objekten, kollektiven "Entitäten" wie Kunst, Stil, Design, Lebensformen, Wirtschaftsformen, Architektur etc. Sie stellt die Frage nach der einzelnen Leistung ("Wie und warum ist etwas zustandegekommen?") und setzt diese gegen die vorherrschenden Stereotypen ("Wie läßt sich dieses oder jenes Phänomen in eine bereits bestehende Rubrik / Form / Kategorie einordnen?") ab, die allzu schnell auf die Außenwelt, auf fremde Entitäten projiziert werden. Aufgabe ist das Bewußt-Machen (nicht das vorgefertigte Bewußtsein) von Unterschieden, die Anerkennung von kultureller Individualität wie auch das Aufdecken univeraler Gemeinsamkeiten. Im Weg steht die Projektion eigener Vorstellungen (Vorurteile), die dem Forscher durch die eigene Kultur eingeprägt sind, auf den Untersuchungsgegenstand. Daraus leitet sich die Grundeinstellung der Japanologie her, die komparatistisch-reflektierend sein muß, um die Differenzen wie auch die Parallelen zur eigenen Kulturhaltung herauszudestillieren, durch die Beschäftigung mit fremden Materialien die eigenen Voraussetzungen in den Blick zu bekommen und aufzulösen. Um dem komparatistisch-reflektierenden Anspruch gerecht werden zu können, wird die Japanologie in Zukunft mehr als bisher die Diskussionen in den Methodenfächern wahrnehmen müssen, um ihre Erkenntnisse in den thematischen Kontext ihrer Umgebung transponieren zu können.

Doch ist zu fragen, in welchem Rahmen Japanologie heute dieser Aufgabe gerecht zu werden vermag. In kleinen Instituten dürfte das nicht zu leisten sein. Nicht selten verhindert die Überlastung des wissenschaftlichen Personals mit administrativen Arbeiten, daß über die unmittelbaren Grenzen des persönlichen Interesses hinaus eine Auseinandersetzung mit Themen und Methoden anderer Fächern und Disziplinen stattfindet, die Rückwirkungen auf die eigene Ausrichtung haben könnte. Die Anforderung, so weit allgemein zu sein, daß ein Tunnelblick vermieden werden kann, überfrachtet vielleicht das Fach, zumindest aber kleine Institute und auf jeden Fall den einzelnen Forscher. Um Offenheit für neue Herangehensweisen und Themenstellungen zu erhalten bzw. einem Wissenschaftler die Möglichkeit zu geben, neue Interessenschwerpunkte zu verfolgen, bieten sich in Zukunft vielleicht zwei Möglichkeiten an. Die eine wäre die Einrichtung großer überregionaler Zentren der Japanforschung, die personell verschiedene Segmente der Japanologie abdecken und in speziellen Projekten segmentübergreifend zusammenarbeiten. Die zweite Möglichkeit bestünde darin, daß die japanologischen Institute / Zentren ihre Mitarbeiter an andere Einrichtungen (sowohl japanologische wie fachfremde) für bestimmte Seminare und Projekte kontinuierlich entsenden. Dies würde die Mitarbeiter zu ständiger Erneuerung (methodisch und thematisch) auffordern und darüber hinaus die Qualität des Unterrichts sichern. Nicht zuletzt böte eine solche Erneuerung einen zusätzlichen Anreiz, Japanologie als akademisches Studienfach zu wählen.

4. Andererseits könnte es sich bei den Zahlen der Japanischlernenden weltweit nur um einen vorübergehenden Trend ohne Auswirkungen auf die Wissenschaftspraxis handeln, der durch andere Faktoren wieder zum Erliegen kommt. Ein solcher Faktor könnte in einem proportionalen Bedeutungsverlust Japans als Wirtschaftsfaktor liegen. In dem Maß, wie andere Länder eine wirtschaftliche Dynamik entfalten, die Japans Rolle als Wirtschaftsstandort relativieren, dürfte auch das Interesse an einem Erlernen der japanischen Sprache abnehmen. Einen ähnlichen Effekt könnte die künftig wachsende Ausgestaltung wirtschaftlicher Unternehmen zu internationalen Konglomeraten bedeuten, die sich von ihren nationalen Wurzeln lösen. Dies hätte Auswirkungen auf das Bild Japans als Berufsfeld, für das Studenten sich durch den Spracherwerb und die Aneignung regionalspezifischer Kenntnisse vorzubereiten suchen.

5. Auch wenn Japan seine heutige Bedeutung als Wirtschaftsstandort in den nächsten Jahrzehnten nicht verlieren sollte, bleibt die Frage nach der künftigen Bedeutung von Regionalsprachen. Der Prozeß der Internationalisierung Japans wie der jedes anderen Landes und die Tendenzen der Globalisierung könnten zu einem wirtschaftlichen und politischen Bedeutungsverlust des Japanischen als Regionalsprache zugunsten der weltweiten *lingua franca* "Englisch" führen und somit die Ausbildung von Experten, die in dieser Sprache geschult wurden, überflüssig machen.

Im Resultat dieselben Folgen dürften die Weiterentwicklung technischer Formen der Spracherkennung und verbesserte Möglichkeiten des automatischen Übersetzens und Dolmetschens, zuerst in den Naturwissenschaften und technischen Wissenschaften, haben. Die Forschung, wie etwa am Advanced Telecommunications Research Institute International (ATR) in der Keihanna-Wissenschaftsstadt im Kansai-Gebiet, kann auf ansehnliche Erfolge verweisen. Im praktischen Einsatz sind bereits Telefon-Dolmetschsysteme, die bei der Hotelreservierung oder der Wegbeschreibung helfen. Die Wahrscheinlichkeit ist groß, daß im Japanischen ausgebildete Übersetzer und Dolmetscher für komplexe sprachliche Situationen weiterhin unentbehrlich sein werden, daß sie aber ihre Aufgabe im Umgang mit stark standardisierten Sprachformen schon bald verlieren werden.

6. Schließlich ist an die Folgen des politischen Zusammenwachsens der Erdteile zu denken. Ist die Vorstellung wirlich utopisch, daß Japan im Verlauf des 21. Jahrhunderts wie andere Nationalstaaten seine nationale Eigenständigkeit in einem größeren internationalen Verband aufgeben wird? Wird diese Preisgabe dann nicht auch zu der Angleichung gesellschaftlicher, wirtschaftlicher und politischer Organisationsformen führen? Welche Rolle könnte japanologische Forschung spielen und wie würde sie ihre Ziele definieren angesichts des Bedeutungsverlusts der Nationalsprachen und des Zurücktretens staatlicher Eigenständigkeit? Wird diese Entwicklung die japanologische Forschung zu ihren "Ursprüngen" als einer philologisch begründeten historisch orientierten Kulturwissenschaft zurückführen? Diese Fragen mögen zu weit in die Zukunft ausgreifend gestellt sein, als daß eine für die Organisation unserer heutigen Verhältnisse relevante Antwort zu erwarten sei. Doch weisen sie auf Aspekte, die in einigen Jahrzehnten in den Vordergrund treten können.

5. Konkrete Perspektiven

Für das Studium der Japanologie in Deutschland / Europa / Amerika usw. in den nächsten zwei Jahrzehnten könnten die angesprochenen Verhältnisse folgende Auswirkungen haben:

1. Bisher war Japanologie eine Wissenschaft, die zu einem nicht geringen Teil aus nationalen Traditionen und nationalstaatlichen Bedürfnissen auf Japan zuging. Was aber, wenn das Ende dieser nationalen Japanologien eintritt? Bietet nicht eine Phase der Integration die Gelegenheit, daß Japanologie, wie es auch von anderen Regionalwissenschaften zu erwarten wäre, sich über die

Suche nach universalen Kategorien und Theorien als eine Humanwissenschaft konstituiert, der es besser als in der Vergangenheit gelingt, Paradigmen der Forschung frei von Orientalismus und Eurozentrismus zu entwickeln?

> Das bedeutet ein Überdenken der eigenen Leistungsfähigkeit in Relation zur japanbezogenen Forschung in Japan selbst. Der Philosoph Umehara Takeshi betonte, daß die Einschätzung vieler japanischer Forscher, Nicht-Japaner seien unmöglich in der Lage, japanische Zusammenhänge richtig einzuordnen und unter kompetenter Quellenverwertung zu bearbeiten, der Vergangenheit angehöre.[17] Es ist sicherlich richtig, daß die weltweite Academia japanbezogene Fragen nicht der japanischen Wissenschaft allein überlassen darf. Wie die deutsche Germanistik eines Korrektivs in Form der amerikanischen, französischen oder japanischen Germanistik bedarf, gilt gleiches auch für die wissenschaftliche Beschäftigung mit japanischen Phänomenen. Und in der Tat werden die Forschungsarbeiten nichtjapanischer Wissenschaftler zu japanbezogenen Themen in Japan in den letzten Jahrzehnten immer stärker wahrgenommen. In dem Maß, wie die Kompetenz der Japanologie wächst, wird sich diese Tendenz verstärken. Bislang gilt aber nach wie vor, daß japanische Wissenschaftler eine Detailkenntnis und Kompetenz in der Auswertung sprachlicher / schriftlicher Zeugnisse besitzen, die ein nichtjapanischer Wissenschaftler, schon wegen der Ferne zu den Archiven und Bibliotheken, kaum zu erreichen vermag. Japan-Forschung außerhalb Japans wird ihren eurozentrischen / amerikazentrischen Beigeschmack nur dann verlieren, wenn sie dieses Kompetenzgefälle ebenso wie ihre unverminderte Abhängigkeit von den Vorarbeiten japanischer Wissenschaftler auf den meisten Gebieten japanbezogener Forschung souverän anerkennt. Das immer noch zu findende Argument, daß in methodologischer Hinsicht die nicht-japanische Forschung der japanischen überlegen sei, zeugt von einem verstaubten parochialen Kulturalismus.

2. In welchem institutionellen Zusammenhang werden Studenten in der Zukunft japanologische Kompetenz erwerben? Eine strukturelle Reform der Universitäten deutet sich bereits an, sowohl in Schlagworten wie "Interdisziplinarität" und "Synergieeffekte", wie auch in konkreten Reformprojekten: sei es die "Modularisierung" des Studiums bei gleichzeitiger Einführung einer Organisation des Studiengangs, die sich am Modell der Bachelor- und Master-Studiengänge orientiert, sei es die Forderung nach einer Reduzierung eines

---

17 UMEHARA 1989: 6.

"Fächerüberangebots", wo eine Konzentrierung den tatsächlichen Bedarf nach Einschätzung der verantwortlich handelnden bildungspolitischen Gremien abdecken könnte.

3. Dies gibt Anlaß zu der Erwartung, daß im Fach Japanologie eine Konzentration eintreten wird. Nicht alle Universitäten, die bislang eine japanologische Forschungseinrichtung besitzen, werden diese ausbauen wollen oder können. Es ist zu erwarten, daß die Richtung hin zu überregionalen Zentren geht. Was bei Gründung des Ostasien-Instituts der Ruhr-Universität Bochum 1965 nach dem Vorbild amerikanischer Zentren der Ostasienforschung anvisiert wurde, die Verbindung von Methodenfach und regionaler Schwerpunktsetzung, könnte in größerem Maßstab das Modell einer zukünftigen Japanologie werden.

Zu hoffen ist allerdings, daß aus den Erfahrungen gelernt und die verschiedenen Begleiterscheinungen, zu denen eine Zentrenbildung führen kann, durch strukturelle Maßnahmen vermieden werden. In erster Linie ist dabei an das Abstecken von *claims* zu denken, den Rückzug der Forscher auf ihre individuellen Segmente unter Ausgrenzung integrierender Fragestellungen. Durch die Auflage der Modularisierung des Studiums und die Schaffung größerer Freiräume bei der Lehrplanzusammensetzung, innerhalb derer eine Auswahl von Lehrveranstaltungen möglich ist, wurde vielleicht die Voraussetzung geschaffen für eine auf Kohärenz zielende Abstimmung unter den Forschenden und Lehrenden.

Die Zahl der Zentren in Europa dürfte auf wenige Einrichtungen begrenzt sein. In den großen Mitgliedsstaaten der Europäischen Gemeinschaft sollte es nicht mehr als eine oder zwei Einrichtungen geben, die gleichzeitig Studenten und Forscher aus den umliegenden kleineren Ländern einbeziehen. M.a.W. wäre für Europa an eine kleine Zahl von Einrichtungen zu denken, die nicht über fünf bis sechs veritable Zentren hinausginge.

4. Die zukünftige japanologische Arbeit wird von der technischen Entwicklung, etwa im Bereich des Informationswesens, profitieren. Bereits zum gegenwärtigen Zeitpunkt bedeutet es eine noch bis vor kurzem ungeahnte Erleichterung des bibliographischen Arbeitens, daß eine Buchrecherche über das National Institute of Information (NII) möglich ist. Es dürfte nur noch eine Frage weniger Jahre sein, bis japanologische Institute die arbeitsintensive Aufnahme bibliographischer Angaben zwecks Katalogerstellung einstellen und ihre Daten aus den Datenbanken des NII oder der Parlamentsbibliothek beziehen.

An diese Entwicklung schließt sich die Frage nach dem zukünftigen Erscheinungsbild japanologischer Bibliotheken überhaupt an. Wie andere Fachbereiche auch werden diese von der Digitalisierung und Computerisierung nicht nur der bibliographischen Angaben, sondern der Bücher und Zeitschriften selbst ergriffen. Die virtuelle Bibliothek wird die physische immer stärker ersetzen. Einerseits wird zunehmend Quellenmaterial in digitalisierter Form auf CD-Rom kommerziell angeboten. Andererseits werden im Internet immer mehr Datenbanken zugänglich gemacht werden. Urheberrechtliche Bedenken verhindern noch den Zugriff auf Veröffentlichungen der jüngeren Vergangenheit, aber in dem Maß, wie das Internet selbst als Publikationsforum genutzt werden wird, kann auch eine Digitalisierung und Netzwerkeinspeisung bislang nur in gedruckter Form vorliegender Literatur vorausgeahnt werden. Diese Entwicklung muß nicht bedeuten, daß große Sammlungen wie die Berliner Staatsbibliothek oder die British Library ihre Rolle für die Japanologie verlieren werden. Es ist sogar vorstellbar, daß die großen Ostasiensammlungen in enger institutioneller wie auch räumlicher Verbindung mit den zukünftigen überregionalen Zentren der Japan- bzw. Ostasienforschung stehen werden.

5. Solange das Interesse an einem Studium der japanischen Sprache unvermindert anhält, werden viele Universitäten ein japanbezogenes Basisangebot – bestehend aus einer teils mehr teils weniger intensiven Sprachausbildung und einigen landeskundlichen Veranstaltungen bzw. Veranstaltungen im *studium generale* – aufrechterhalten. Von dort werden Studenten, die an genuiner japanologischer Forschung interessiert sind, an eines der überregionalen Forschungszentren bzw. an eine japanische Universität wechseln.

Andere Studenten, die einen Japanbezug weiterhin verfolgen möchten, aber eine Spezialisierung in einer überregionalen Disziplin anstreben, werden in einen solchen Fachbereich wechseln und dort auch Forschung zu Japan leisten. Auf diese Weise wird die Zahl der Japan-Experten mit Kenntnissen der japanischen Sprache in den nicht-japanologischen Fächern weiter zunehmen. Eine Steigerung der Japan-Kompetenz in diesen Fächern wird vielleicht durch die Einführung des "Bachelor-Master"-Studienmodells gefördert werden.

6. Die bisherigen Bemerkungen setzen voraus, daß ein universitärer Betrieb nach dem gegenwärtigen Muster in den nächsten beiden Jahrzehnten überleben wird. Davon kann aber nicht ohne weiteres ausgegangen werden. Eine Auswirkung, die das Internet auf den Wissenschafts- und Lehrbetrieb haben wird, ist seine Nutzbarmachung für das Fernstudium. Mit der technischen Ausrüstung, wie sie heute schon besteht, können Personen an verschiedenen Stellen der Welt am selben Unterricht teilnehmen, sich gegenseitig hören,

sehen und Texte austauschen. Denkbar ist, daß es anstelle der bisherigen Fernuniversitäten Internetuniversitäten geben wird. Das Überwinden räumlicher und zeitlicher Grenzen durch das Internet wird auch zu einer Beschleunigung führen und die globale Konkurrenz verschärfen. Wenn Informationen dank Internet und Computertechnik schneller gesammelt, ausgewertet und auch neu bereitgestellt / publiziert werden können, bedeutet das für die Wissenschaft bzw. die Produktivität der Wissenschaftler, daß sie immer schneller werden muß, um der Konkurrenz nicht zu erliegen. Damit wird die Gefahr steigender Oberflächlichkeit, die bereits jetzt durch den steigenden Veröffentlichungsdruck nicht zu übersehen ist, weiter zunehmen. Gleichzeitig werden nationale Japanologien, die sich nicht des Englischen bedienen, das die Sprache des Internets ist, noch stärker als bereits heute der Fall ihre Bedeutung verlieren. Diese nationalen Japanologien werden spätestens dann ihr Dasein aufgeben, wenn Internetuniversitäten die herkömmlichen Universitäten verdrängt haben werden. Die virtuellen Universitäten und virtuellen Bibliotheken werden es, zumindest in den kulturwissenschaftlich ausgerichteten Fächern, die keine Forschungslaboratorien benötigen, möglich machen, daß Wissenschaftler weiterhin gemeinsam forschen und ein Lehrangebot zusammenstellen, ohne daß dafür eine Unterbringung in Instituten und Zentren notwendig ist, die mit hohem finanziellem Aufwand für sie eingerichtet wurden.

Durch ihre weltweite Zugänglichkeit wird sich diese Form der Universität, und damit auch der Japanologie, möglicherweise rasch der Konkurrenz der örtlich gebundenen "realen" Universität entledigen. Positiv gewendet stellt die Internetuniversität die Lösung für einen weltweiten Bildungsbedarf unter den Bedingungen der wirtschaftlichen Armut dar, die auch im 21. Jahrhundert das politische Handeln bestimmen wird.

7. Die Beschäftigung mit Japan oder mit japanischen Kulturformen ist in wissenschaftlicher Hinsicht nicht bedeutungsvoller als die Untersuchung jedes beliebigen anderen Landes oder beliebig anderer Kulturformen. Gegenwärtig mag es so scheinen, als statte die wirtschaftliche und politische Bedeutung des "modernen" Japan die japanbezogene Forschung mit einer Legitimität aus, die in der anwenderbezogenen Verwertbarkeit ihrer Ergebnisse liegt und die sich über den unmittelbaren Bereich der Wirtschafts- und Gesellschaftsformen des gegenwärtigen Japan hinaus auch auf andere Themenkreise eher historischer Natur erstreckt. In dem Moment aber, wo der wirtschaftliche und politische Bedeutungsfaktor Japans verloren geht, wird sich wieder die öffentliche Frage nach dem Sinn japanbezogener Forschung stellen. Sollte dieser allein in enzyklopädischen oder positivistischen Motiven bestehen, wäre allerdings weder der personelle noch der materielle Ausstattungsstand

notwendig, den japanologische Forschungseinrichtungen in der Gegenwart erreicht haben. Japanologie wird auf längere Sicht ihre Stellung im Wissenschaftsbetrieb nur dann entwickeln können, wenn es gelingt, dieses Fach für aktuelle Fragestellungen, die in anderen kulturwissenschaftlichen Fächern einschließlich Jura, Wirtschaftswissenschaften usw. die Forschungsarbeit anleiten, zu öffnen und in die Diskussionen dieser Fächer einzubinden.

8. Am Ende steht die Frage: Wird das Fach fortbestehen, was wird von ihm bleiben? Diese Problematik besitzt nur vom Selbsterhaltungsanspruch des Faches her betrachtet Relevanz. Wird dieser Anspruch akzeptiert, stellt sich die Frage allerdings umso dringlicher, als der Mangel an einem gemeinsamen Grundverständnis, was Japanologie sei, zu einer Auflösung des Fachs führen mag, zunächst aber zu einer so weitgehenden Aufsplitterung seiner Arbeitsbereiche und -methoden, daß außer einer Auseinandersetzung mit "Japan" selbst keine weiteren Gemeinsamkeiten mehr zu finden sein mögen.

> Ausgehend von der Beobachtung, daß auf akademischen Tagungen Aspekte des gegenwärtigen Japan zunehmend großes Publikumsinteresse finden, verweist Kumakura Isao auf universelle Tendenzen in den vergleichenden Kulturwissenschaften. Es gebe sehr viel mehr Examenskandidaten, die sich in ihren Abschlußarbeiten mit der modernen Kultur beschäftigen, als Studenten, die sich für eine historische Perspektive entscheiden, und er legt nahe, daß diese Wahl mit dem Arbeitsaufwand in Zusammenhang stehe. Diese Tendenz sei im Fall ausländischer Japanologen nachvollziehbar, für die es bereits eine harte Aufgabe bedeute, zunächst die moderne japanische Sprache zu meistern. Kumakura verbindet mit seiner Beobachtung ein Gefühl der Frustration. Dieses resultiert aus dem Eindruck, daß selbst gewissenhafte und in ihren Schlußfolgerungen aufschlußreiche Forschungsarbeit infolge einer ausufernden Segmentierung immer mehr den Charakter eines Hobbys annehme und selten über die Ebene des persönlichen Commitments hinausführe. In der Landschaft, als die sich ein Forschungsthema vorstellen läßt, leuchteten nur noch punktuelle Einzelbeiträge auf, ohne daß in den meisten Fällen Verbindungen zu kongruenten Forschungsleistungen hergestellt werden könnten, um so in der Landschaft zusammenhängende Ebenen sichtbar zu machen.[18]

---

18 KUMAKURA Isao: "Some Observations on Japanese Studies Abroad", in: *Minpaku Anthropology Newsletter*, Nr. 6, Juni 1998.

Bedenkt man, daß noch vor wenig mehr als vier Jahrzehnten die wichtige Forschungsliteratur in Englisch, Französisch und Deutsch einer 270seitigen Bibliographie entnommen werden konnte[19], während heute eine Bibliographie zu einem begrenzten Einzelgebiet einen für den einzelnen Forscher nicht mehr zu bewältigenden Umfang annimmt, wird verständlich, daß eine Integration der zur Japanforschung zählenden Segmente in Zukunft eine immer größere Herausforderung darstellen wird. Wolfgang Schamoni hat das mit dem Bild des sumpfigen Geländes, "in das einzelne kleine, notdürftig befestigte Wege führen, von welchen Teile des Sumpfes überblickt werden können" zum Ausdruck gebracht.[20]

Die Frage nach den Konstanten der Japanologie geht also von einer Situation aus, in der sich in Folge der voranschreitenden Segmentierung und der Ausuferung der Forschungsliteratur in den nächsten Jahren die Grenzen des Fachs noch mehr als bislang verwischen und die Übergänge zu anderen Fächern und Disziplinen, in denen eine forschende Beschäftigung mit Japan stattfindet, fließend werden. Diese Tendenz wird in dem Maß beschleunigt, wie die sprachliche Kompetenz unter japaninteressierten Forschern außerhalb der Japanologie zunimmt. Damit könnte erstmals die stillschweigende und langjährige Auslagerung der auf Japan bezogenen Forschung aus den regionunspezifischen Fächern und die Zuständigkeit der Japanologie für einen Japan in all seinen Aspekten abdeckenden Aufgabenbereich entscheidend aufgehoben werden. Die Besetzung "traditionell" japanologischer Lehrstühle mit Vertretern aus region-unspezifischen Fächern einerseits, die Schaffung von Lehrstühlen mit japan- oder ostasienbezogenen Schwerpunkten innerhalb von region-unspezifischen Fakultäten andererseits könnte in den kommenden Jahren zur Regel werden. Doch wird mit dieser Entwicklung nicht zwangsläufig die Auflösung der Japanologie als eigenständiges Fach verbunden sein. In Bereichen mit literatur- und kulturwissenschaftlicher Ausrichtung wird japanologische Forschung ihren Anspruch auf Deutungshoheit – begründet durch eine sprachliche Kompetenz, die auch die historischen Formen des Japanischen umfaßt – weiterhin vertreten können. Hier wird die Suche nach Konstanten der Japanologie anzusetzen haben. Faßt man einen zukünftigen Zeitraum von mehr als zwanzig Jahren ins Auge, mag Japan seine Attraktivität als Fallbeispiel zur Untersuchung gegenwartsbezogener Problemstellungen in der Folge des Ausgleichs regionaler Spezifika verlieren; seine klassische Literatur und seine

---

19 BORTON, Hugh; ELISSEEFF, Serge; REISCHAUER, Edwin O. (Hg.): *A Selected List of Books and Articles on Japan in English, French and German.* Cambridge, Mass.: Harvard University Press 1954.
20 Vgl. Wolfgang SCHAMONI in diesem Band.

Geschichte werden weiterhin als Gegenstand einer literatur- und kulturwissenschaftlichen Erforschung dienen. Ob diese Forschungsbereiche tatsächlich ein Ghettodasein führen werden, wie es Masao Miyoshi für die gegenwärtigen "Japanese studies departments" an nordamerikanischen Hochschulen beschreibt[21], wird wesentlich davon abhängen, wie zukünftige Fachvertreter gerade in diesen traditionellen Arbeitsgebieten der Japanologie ihre Rolle im Zusammenhang der Academia bestimmen werden. War der Schwerpunkt der literatur- und kulturwissenschaftlichen Japanforschung bis heute in Teilen Europas, in Amerika und Australien / Neuseeland zu finden, bin ich optimistisch genug zu glauben, daß diese Segmente in Zukunft unter Einschluß Chinas, Indiens, Südamerikas, der arabischen Länder und in enger Kooperation mit japanischen Forschern sich fortentwickeln können. In dem Maß, wie sich die literatur- / kulturwissenschaftliche Japanologie anderen Methodenfächern und ihren Themen öffnet, wird ihr das historische Japan als Fallbeispiel im Konzert der Kulturwissenschaft einen Platz sichern.

Insofern gibt die japanische Vergangenheit eine Konstante ab, an der sich die historisch orientierten Segmente der Japanforschung auch in Zukunft werden artikulieren können. Je mehr diese Vergangenheit – gerade auch durch die Bemühungen japanischer Wissenschaftler – aufgearbeitet wird, desto mehr wächst die Notwendigkeit, interpretative Fragestellungen an sie heranzutragen, die nun bereits bekannte Daten in neuen Zusammenhängen erscheinen bzw. im Licht gegenwartsorientierter Problemstellungen bedeutsam werden lassen.

Es ist zu erwarten, daß die zu beobachtenden Tendenzen zur interdisziplinären Öffnung und Teilnahme an (Methoden)diskussionen, die weite Teile der Academia betreffen, an Dynamik gewinnen werden. Andererseits werden die Kernbereiche des Instrumentariums japanologischen Arbeitens für diese Segemente der Japanforschung konstant bleiben: Kenntnisse der historischen und aktuellen Formen der japanischen Sprache und die Frage ihres Erlernens werden auch in Zukunft eine elementare Rolle spielen.

---

21 Masao MIYOSHI: *Off Center*. Harvard University Press 1991: 11–12.

Index

Abe no Hirafu 456, 464
Abegglen, James G. 490
Aberglaube 417
Ackerbau 417
Action 187
action – faith 200
action – intuition 200
Adams, William 453
Agrarschriften 306
Agrarsoziologie 484, 494
Ahnenkult 417
Aida Yûji 480
Aikawa Haruki 281
Ainu 100, 219, 394, 433, 434, 454
Aizawa Seishisai 134
Aizu nôsho 306
Akita 464
Akutagawa Ryûnosuke 90
Akutagawa-Preis 90
Al-Idrīsī 3
Allen, George Cyril 265
Alltagskultur 333
Ama-no-Uzume 380-381
amakudari 539
Amami Ôshima 434, 436, 444
Amida 329
Amino Yoshihiko 242
Amur 456, 459
Androzentrismus 510
angura 378, 393, 398
Anschauung 200, 201
Anthropologie 184
apperceptio 201
Ara Masahito 96
Arai Hakuseki 158, 180, 186
Araki, James T. 186
Arbeitsteilung, gesellschaftliche .. 526
Aristoteles 203
Armstrong, Robert Cornell 155
Arte da lingoa de Iapam 46
Aruga Kizaemon 482
Asakawa Kan'ichi 20
Asian Folklore Studies 425

Asiatic Society of Japan 19
Asiatische Studien 26
Aso-Region 494
Astronomie 186
Aufklärung 180, 192
Australien 495
Autonomie des
  individuellen Subjekts 191
autopoietisches System 202

Bachofen, Johann Jakob 210
Bairi Sensei Hiin 182
Bälz, Erwin 8, 461
Bankei Eitaku 188
basho 203
Batchelor, John 460
Bauer, Erich 181
Beginning of Heaven and Earth ... 189
Beijing 436
Beiträge zur Japanologie 25
Bellah, Robert N. 172
Bendô 184
Benedict, Ruth
  .... 475, 486, 489, 491, 495
Benl, Oscar 23, 173
Bergson, Henri 198
Berlin 18
*Berliner Beiträge zur sozial-
  und wirtschaftswissenschaftlichen
  Japan-Forschung* 24
Berndt, Jürgen 24
Betriebsmenschen
  .... *Siehe kaisha ningen*
Bettelheim, Bernard Jean 442, 453
Bewegung für Freiheit und
  Volksrechte. *Siehe jiyû minken undô*
Bewußtsein 200
*Bibliography, Introductory
  for Japanese Studies* 175, 183
Bibliography of Christianity 182
bijutsu 319
Bilderrollen 333

Biographie 180, 182
Biondo, Flavio 149
Bisson, T[homas] A[rthur] 266
*Bochumer Jahrbuch
  zur Ostasienforschung* 23
Bohner, Hermann 22
Bokeisei no kenkyû 517
bokuseki 331
Boller, Anton 17
bon odori 381
*Bonner Japanforschungen
  auch Bonner Zeitschrift
  für Japanologie* 24
Borton, Hugh 266
Brauchtum am Kaiserhof 415
Brauchtum des Kriegeradels 416
Broughton, William Robert 458
Brown, Delmer M. 186
"Buch der Wandlungen". *Siehe Ekikyô*
Buddhismus 122, 181, 185, 188, 196, 197, 198, 199, 200, 329
*Bulletin de la Maison
  franco-japonaise* 27
bunkengaku 73
buraku 486
Burr, Ronald 186
butô 376, 393, 398
byôbu 323

Cécille, Jean-Baptiste 440
Century, christian 180
Chamberlain, Basil H.
  .... 7, 19, 150, 439, 442, 447, 453
China 186, 194, 198, 484
Chiri Mashiho 460
chokkan 200
chônin 519
Christentum 121, 152, 185
  siehe auch Hidden Christians u.
  kirishitan mono
Chu Hsi 155

Chûzan 435, 453
Chûzan seifu 439
Chûzan seikan 438
Cohen, Jerome B. 266
coincidentia oppositorum 204
Cole, Robert E. 490
Commodore Perry
  ...... *Siehe* Perry, Matthew Calbraith
Comte, Auguste 196, 481
Conder, Josiah 328
Cornell University 486
Coulmas, Florian 496
Crawcour, E. Sidney 269

Da Gama, Vasco 437
daidô .... *Siehe taidô*
daimyô 335
Dao 196
  Siehe auch Taoismus
De Angelis, Girolamo 458, 464
De Galaup, Jean François Compte de
  la Pérouse 458, 464
De Rosny, Léon 17
De Vries, Gerriets M. 458, 464
Delank, Claudia 331
Denkweisen, viele 194
Deus 181
  Siehe auch Gott
Deutsche Morgenländische
  Gesellschaft 17
Deutscher Idealismus 192
Deutsches Institut für
  Japanstudien (Tokyo) 26, 493
Deutsch-Japanische Gesellschaft
  Berlin 22
Deutsch-Japanische Gesellschaft
  für Sozialwissenschaften 493
Deutschmann, Christoph 492, 493
Dharma-Pluralismus 199
Dharma-Welt. .... *Siehe hokkai*
Dialog 195, 202, 205
Dilthey, Wilhelm 192

Dohm, Christian W. 1, 170
Doi Takako 539
Donat, Walter 22
Dore, Ronald P. 490
Dorf 92, 247, 259, 276, 392, 416,
    435, 455, 455, 485, 490, 536
dôri 235, 249
Dorson, Richard M. 424
dôzoku. 485
Drei *ban* 536
Dumoulin, Heinrich 22
Dutch 182

Ebisu 456
Eckardt, Hans 22
Ecole des Langues Orientales 17
Ecole française d'Extrême-Orient.. 17
Eder, Matthias 425
Edo 477
Edo-Periode 445, 454, 519
Eggert, Jochen 188
Ehmcke, Franziska 188, 327
Ein Denken 194
Eisenhower, Dwight David 437
Eiso 435, 446
Ekikyô 196
Eliséev, Sergej Grigorjevič (oft
    Elisseeff, Serge Grigorievich) 18
emakimono 329
Emishi 456, 464
engeki 375
England 495
enryo 478
Erbrecht 521
Erdbeben
    Kantô-Erdbeben 483
    von Kôbe 497
Erzählformen 414
Erzählforschung 427
Erziehung (education) 181, 187
Erziehungsmütter. Siehe *kyôiku mama*
Ethnologie 195

European Association for Japanese
    Studies (EAJS) 27, 492
Existentialismus 197
Ezo 456, 457, 465, 477
Siehe auch Hokkaidô

Familie 485, 486, 567
Familienrecht 520
Familiensoziologie 484
Familienstaat .... Siehe *kazoku kokka*
Familienstaatsideologie
    .... Siehe *kazoku kokka ideorogî*
Familienverbände. .... Siehe *dôzoku*
Familismus 124, 135
Farbholzschnitte 336
Feldforschung 427
Fenollosa, Ernest 320
Fernsehdramen 568
Ferreira, Christovão 308
Feste 414
Film 573
Fischer, Jakob 181
Fischer, Ruth 494
Fischerei 417
Florenz, Karl 18, 48, 394
Folklore 414
Francks, Penelope 272
Frank, Bernard 25
Frauen werden Staatsbürgerinnen
    .... Siehe *josei no kokuminka*
Frauen- und Geschlechterforschung
    507
    Siehe auch Gender
Frauenbewegung 508
Frauennetzwerkbewegung 530
Frauenwissenschaft .... Siehe *jogaku*
Freizeit 495
Fremdbeschreibung 14
Fremde 570
Friedensvertrag von San Francisco
    450
Frühgeschichte 210

Fudoki 415
Fujian 436
Fujita Tôko 183
Fujita Yûkoku 164
Fujiwara Seika.............................. 131
Fukuchi Gen'ichirô 477
Fukuda Tokuzô 20, 273
Fukutake Tadashi 484, 485, 496
Fukuzawa Yukichi 17, 167, 180, 517
Furet, Louis 442
Fürstenberg, Friedrich................. 493
fûryû 330
fushû 221
Futabatei Shimei 88
Futenma....................................... 451

Gartenkunst 331
Gaubil, Antoine.................... 439, 442
Gegenstandslogik 203
geijutsu 319
Geist-Theologie............................ 192
Geistesgeschichte 192
Geisteswissenschaft 192, 193
Geistiger Kolonialismus............... 194
Geldsetzer, Lutz 192
Gemeinde 486
Gemeindestudienmethode............ 494
Gender.................................. 514, 516
    Parallelität 528
    Polarität 528
"Geschichte der Frauen"
    .... *Siehe josei no rekishi*
Geschlechter
    Differenz 516
    Rollen 563
    Stereotype............................... 513
    Verhältnis 507
Gesellschaft................................. 475
Gesellschaft für Japanforschung
    (GJF)... 27
Gesellschaft für Natur-
    und Völkerkunde Ostasiens 20

Gesellschaft für Unternehmens-
    geschichte............................... 280
Gesellschaft zum Studium des
Materialismus
    .... *Siehe* Yuibutsuron Kenkyûkai
Gesetz zum Schutz von Kulturgütern
    422
Giftgasanschlag der AUM-Sekte
    497
Go seibai shikimoku 248
Goepper, Roger 323, 329, 334
Gončarov, Ivan Aleksandrovič..... 440
Gonda Yasunosuke 483
gongen.. 122
Gott.................................... 119, 199
    Siehe auch Deus
Goškevič, Iozif Antonovič 6
Graefe, Ayako 328
Gräfe, Ursula................................ 185
Graswurzelbewegung................... 529
Grimm, Jacob und Wihelm 414
Großer Weg (Great Way)
    .... *Siehe taidô*
Großostasien................................. 196
Gruppenmodell (Gesellschaft) 496
Gruppierungen .... *Siehe kogumi*
Guardini, Romano....................... 191
Gundert, Wilhelm.......................... 21
gunshin 524
Gute Ehefrau und weise Mutter
    .... *Siehe ryôsai kenbo*

Haas, Hans 20
habatsu 540
Habermas, Jürgen........................ 485
Haenisch, Wolf............................... 25
Haga Kôshirô 328
Haga Ya'ichi 48, 74
Hagiwara Tatsuo 424
Haguenauer, Charles 25
Hai-Yaso 185
haiku 67

haji no bunka 478
Hakodate 465
Hakuin Ekaku 188, 189
Hammitzsch, Horst
.... 23, 172, 173, 496
Handwerk 417
Hane, Mikiso 185
Hanley, Susan B. 271
Harada Toshiaki 424
Häretiker 183
Harich-Schneider, Eta 25
Harmonie, prästabilierte 201
Harvard Journal of Asiatic Studies 26
Harvard-Yenching Institute............ 18
Hashimoto Ryûtarô 451
Hawaii 449
Haym, Rudolf 193
Hayashi Razan 131, 156, 158
Hayashi Shihei 439
Hayashiya Tatsusaburô 326
Hearn, Lafcadio 7
Hefte für Ostasiatische Literatur ... 26
Hegel, Georg Friedrich Wilhelm
.... 192, 198, 200
Hegelianismus 197
Heidegger, Martin 196
Heike 435, 446
Heiler und Heilerinnen 428
Helden, tragische 185
Hempel, Rose 323
Hendry, Joy 492, 496
Hennemann, Horst Siegfried 327
Hennig, Karl 330
Hermeneutik der Distanz 117
Hermeneutik der Fremde 117
Hermeneutische Philosophie 197
Herrigel, Eugen 476
Hidaka 454
Hidaka Rokurô 487
Hidden Christians 182, 189
Hilfswissenschaften 214
Himpuku godô no chikamichi 189
Hintergrundwelt 205

Hiraga Gennai 306
Hirahara Hideo 566
Hiraizumi Kiyoshi 172
Hirano Ken 96
Hiraoka Toshio 97
Hirata Atsutane 132, 162, 182, 187
Hiratsuka Raichô 523
Hiromatsu Wataru 200
Hisamatsu Sen'ichi 48, 74
Hisamatsu Shin'ichi 327, 332
Historiographie 180
Historisch-soziologische Schule 95
Hoffmann, Johann Joseph 16
Hohreiter, Michael 4
hokkai 202
Hokkaidô 454, 457, 465
Holländische Schule 165
Holländische Wissenschaft
.... *Siehe* Rangaku
Holubowsky, Erich 494
Holzschnitte 333
Homogenität (Gesellschaft) 496
Honda Toshiaki 313
Honda Yasuji 419
honji suijaku 123
Honjô Eijirô 275
honne 248
Honzôgaku 305
Hori Ichirô 424
Hôsei-Universität.*Siehe* Universitäten
Hôseishi Gakkai 244
Hôseishi kenkyû 244
Hosoi Wakizô 483
Hosokawa Junjirô 321
Hosokawa Morihiro 537
Hunter, Janet 272
Husserl, Edmund 199, 204

Ibn Khordādhbeh 3
Iburi 454
Ichikawa Fusae 524
Ichikawa Hiroshi 200

Idealismus 198
Identität 420
Ideengeschichte (history of ideas) 193
Ideologie (ideology) 182
ie 485, 486
ie seido 522
Iha Fuyû 443
Ihara Saikaku 297
Ihara Toshirô 390
Ikebana 325, 326, 327, 328, 332
Ikeda Hiroko 426
Il Giappone 27
ILO (International Labour
    Organization) 483
Indien 186
Individuum 203
Inoue Mitsusada 242
Inoue Tetsujirô 18, 136, 155
Institut für Asienkunde (Hamburg)
    26
Internationalisierung. *Siehe kokusaika*
Intuition 200
Ippitsuan shujin 189
Ise, Äußerer Schrein 188
Ishida Baigan 159
Ishii Ryôsuke 242
Ishii Shirô 243, 244
Isoda Koryûsai 330
Itô Jinsai 159, 184, 187, 189
Itô Sei 96
Iwaki Juntarô 93
Iwamoto Yoshiharu 517

Jagd 417
Jahresbrauchtum 417
James, William 201, 202
Jansen, Marius 172
Japan Anthropological Workshop
    (JAWS) 492
Japan Forum 27
Japanerdiskurse ..... *Siehe Nihonjinron*
Japanisch-Deutsches Kultur-Institut
    (Tokyo) 21
Japanische Philosophie 194
Japanische Schule 160
    Siehe auch Kokugaku
Japanische soziologische
    Gesellschaft 488
Japanisches Kulturinstitut (Köln) ... 26
Japanische Mathematik. *Siehe wasan*
Japanistik 12
Japanologie 12
Japanologien 15–27
    Siehe auch unter Universitäten
Japan Society 21
Japanstudien 26
Java 436, 453
jendâ .... *Siehe* Gender
Jesuiten 458
Jettmar, Dieter 494
jihi 203
jitsugaku 305
jiyû minken undô 517
jogaku 517
Jogaku zasshi 517
Johnson, Chalmers 269
Jôruri 70, 376, 380
Josei Bunka Kenkyûjo 565
josei no kokuminka 524
josei no rekishi 517
joseigaku 508
Journal asiatique 15
Journal of Asian Studies 26
Journal of Japanese Studies 27
juka shintô 131
junsui keiken 201

Kabuki 70, 333, 375–401
Kada no Azumamaro 181
Kaempfer, Engelbert 170, 313
Kagoshima 439
Kagura 379
Kaibara Ekiken / Ekken
    .... 158, 182, 188, 305

kaisha ningen 528
Kaitai shinsho 309
Kakizaki Hakyô 456
Kakizaki Suehiro 456
Kakizaki Yoshihiro 464
kakubutsu kyûri 196
Kamakura-Shogunat 445, 446
kami 119
Kamo no Mabuchi 162, 181
Kamochi Masazumi 49
Kamtschatka 454
Kanagaki Robun 65
kanbun 219
Kant, Immanuel 191, 198, 200
Kantianismus 197
   "Vernunft" und "Verstand" 194
Kantô-Raum 454
kapuseru-Hotel 481
Kara Jûrô 387
Karl V. (Spanien) 437
Karow, Otto 25
karuna 203
Kasamatsu Hiroshi 242
kata 382
Kataoka Yoshikazu 95
Katô Shûichi 75, 98
katsudô sengyô shufu 529
Katsumata Shizuo 243
Kawakami Hajime 481
Kawamura Nozomu 487
Kawashima Takeyoshi 242, 486
Kayano Shigeru 457
kazoku kokka 519, 522
kazoku kokka ideorogî 485
Keene, Donald 25, 102
Kegon 199, 202
Keichû 41
Keijô 484
Keijô Teikoku Daigaku
   .... *Siehe* Universitäten
Kenkon bensetsu 308
Kenosis 204
Kerr, George H. 444

Keuschheit .... *Siehe shojo teisô*
ki 196
Kibi no Makibi 453
kindai 191
Kinda'ichi Kyôsuke 460
Kinderspiele 417
Kindliche Pietät .... *Siehe kô*
Kinmonth, Earl H. 271
kirishitan mono 45, 56
Kishida Toshiko 517
Kitagawa Takayoshi 487
Kitamura Kigin 73
Kitamura Tôkoku 88, 91, 93
Kitano Seiichi 485
kitetsugaku 193
Klaproth, Heinrich Julius 15, 439, 442
Kleine Tradition 418
Kluge, Inge-Lore 24
kô 486
kogumi 485
Kôan 183
Kobe 483
kôdan 92
kofun 456
kôi 200
kôiteki chokkan 201
Kojiki 126
Kokubungaku 72, 97
Kokubungaku nenkan 93
Kokugaku
   .... 72, 89, 118, 132, 181, 313, 418
   Siehe auch Japanische Schule
kokusaika 570
kokutai 125, 128, 134
Kokutai no hongi 136
Kolonialinstitut (Hamburg) 21
Kômeitô 538
Kommunikation 329
Konakamura Kiyonori 240
Kondô Tadayoshi 95
Konflikt (Soziologie) 491
Konfuzianismus
   .... 124, 154, 197, 198, 200

Philosophie 202
Konstruktivismus 514
Korea 198, 437, 448, 484
Korea-Krieg 448
Koshamain 456, 464
kotengaku 74
Koyama Takashi 485
Koyano Shôgo 487
Kracht, Klaus 193
Krauss, Friedrich Salomon 20
Kreiner, Josef 493, 494, 496
Krusenstern, Adam Johann von ... 458
Kudô Masanobu 328
Kukita Kazuko 243
Kultspiele 419
Kultur 10, 117, 118
 Einzigartigkeit 116
 geistige 427
 materielle 414
Kultur der Scham. *Siehe haji no bunka*
Kulturanthropologie 117
Kumamoto 494
Kumazawa Banzan 159, 181
Kunashiri 456, 464
Kunst (art) 185
Kurashiki 483
Kurilen 454, 464, 484
Kuwata Tadachika 326
Kyôgen 70, 379, 386, 392
Kyôiku chokugo 135
kyôiku mama 529
Kyoto 458
Kyôto-Philosophie 200
Kyôto-Schule 197, 198, 199, 204
Kyûshû 434

Landreform .... *Siehe nôchi kaikaku*
Lange, Rudolf 18
Laures, Johannes 153
Lebensphilosophie 192, 197, 198
Lebra, Takie Sugiyama 480
Leib-Geist 199, 200

Leibniz, Gottfried Wilhelm .. 199, 201
Lewin, Bruno 23, 50
Liberal-Demokratische Partei 537
linguistic turn 513, 514
Literatur 188
 avantgardistische 87
 populäre 86, 90
 reine 86, 90
Lockwood, William W. 267
Lokalsitten 415
Ludwig, Gunther 185
Luhmann, Niklas 485
Lüthe, Rudolf 193

Mabuchi Tôichi 424
MacArthur, Douglas 450
Maeda Ai 98
Maeno Ryôtaku 166
Mahāyāna-Buddhismus
 .... 196, 198, 202
maitri .... *Siehe jihi*
Malakka 436, 453
Mamiya Rinzô 456, 459, 464
Mandschurei 484
Man'yôshû *41, 419*
Märchen 414
Märchenforschung 426
Märchensammlungen 426
Märtyrer (martyrs) 183
Maruyama Masao 96, 162
Marxismus 197
Marxistische Soziologie 487
Mass, Jeffrey 246
Massen-Literatur 91
Mathematik 304
 Siehe auch wasan
Mathias, Regine 272
Matrilinearität 517
Matsubara Iwagorô 483
Matsuda Fukumatsu 188
Matsukata-Deflation 483
Matsumae 456, 464

Matsumoto Nobuhiro 424
Matsumoto Seichô....................... 100
Matsumoto Shigeru 162
Matsuo Bashô................................ 67
matsuri 125
Mayer, Fanny Hagin 426
McCormack, Gavan 491
Medizin 185, 187
  westliche.................................. 180
Meiji Bungaku Danwakai 94
Meiji Bungakukai........................... 94
Meiji Bunka Kenkyûkai 94
Meiji-Regierung 441
Meiji-Restauration 447, 457, 465
Meiji-Zeit 191, 446, 517
Menschenrechte 194
Menschheitlicher "Geist" 192
michi.. 382
Mikami Sanji.................................. 74
Miki Kiyoshi 281
Minami Hiroshi............................ 486
Minamoto no Tametomo...... 435, 453
Minamoto Ryôen.......................... 173
Ming-Dynastie 437, 447, 448
mingei 321
mingei undô 321
Mingeikan.................................... 321
Ministry of International Trade and
  Industry 539
Minshu Shakaitô 538
Mishima Yukio 91, 102
mitate'e....................................... 330
Mito.. 181
Mitogaku 163, 182
Mitteilungen des Seminars
  für Orientalische Sprachen
  an der Friedrich Wilhelms-
  Universität zu Berlin 18
Mitt[h]eilungen der [Deutschen]
  Gesellschaft für Natur-
  und Völkerkunde Ostasiens 20
miuchi 478
Miura Hiroyuki 240

Miyako 434, 441, 453
Miyata Noboru 424
Miyazaki Michisaburô 240
Miyazawa Kenji 100
Moderne 86, 181, 186, 188, 191
Modernisierung 187, 268
Modernisierungsdebatte 268
Modernismus................................. 95
Modernität.................................... 191
Mogami Takayoshi 424
Mogami Tokunai......... 456, 459, 464
mokkan 217
Monadologie 199, 201
Monumenta Nipponica 22
Mori Kôichi................................. 424
Mori Ôgai 88, 102, 375
Morioka....................................... 464
Morohashi Tetsuji 176
Morris, Charles............................ 186
Morris-Suzuki, Tessa 272
Morse, Edward Sylvester 460
Motoki Ryôi 310
Motoori Norinaga.. 41, 160, 161, 162,
  185, 186, 187, 189
Mouer, Ross 491
Müller, Klaus 272
Mukai Genshô.............................. 308
Münchner Ostasiatische Studien.... 24
Murai Yasuhiko........................... 328
Murakami Haruki 92
Muraoka Tsunetsugu.................... 162
Muromachi-Shogunat................... 446
Mutsu-Fujiwara............................ 221
Mütterlichkeitsprinzip.................. 522
Mythen 210

Nachod, Oskar............................... 22
Nachrichten der [Deutschen]
  Gesellschaft für Natur-
  und Völkerkunde Ostasiens 20
Nagahara Keiji 280
Nagai Kafû 102

Nagasaki 439, 464
Nago 451, 453
Naha 435, 439, 442, 448, 453
Nakae Chômin............................ 196
Nakae Tôju 159
Nakahama Manjirô.......................... 6
nakama 478
Nakane Chie 495, 496
Nakano Shigeharu 103
Nakasone Yasuhiro 480
Nakayama Tarô 419
Nanbu 454
naniwabushi 92
Nansei Shotô 434
Naobi no mitama 187
Naoe Hiroji 424
Naoki Sanjûgo 90
Napoleon I. 440
Napoleon III. 440
Nation 124, 134, 191, 523
Nationalliteratur 85, 97
Nationalreligion 115, 116
Nationalsprache............................ 85
Nativismus (nativism).......... 182, 186
Natsume Sôseki...................... 83, 100
Natur 191
  menschliche (*jinsei*) 184
Naturkunde .... *Siehe* Honzôgaku
Naturwissenschaft 192
Naumann, Nelly 248
Neoclassical School 184
Neokonfuzianismus....... 155, 188, 196
Neoshintoismus............................ 160
Netto, Curt Adolf 20
Netz der wechselseitigen
  Abhängigkeit aller Einzelnen..... 202
Netzwerkaktivitäten 529
Neue Menschheit....... *Siehe shinjinrui*
Neue Linke 487
Neustupný, Jiří 491, 607, 608
Neuzeit 149, 191
Nicht-Selbst................................ 204
Nichts 200, 202

  absolutes............................ 202, 204
Nihon Kyôsantô 538
Nihon Masukomyunikêshon
  Gakkai.................................... 565
Nihon no tetsugaku.................... 194
Nihon Shakai Gakkai 488
Nihon Shakaitô 539
Nihon shisô taikei........................ 246
Nihongi...................................... 126
Nihonjinron 13, 486, 495
Nippon (Siebold) 459
*Nippon – Zeitschrift für
  Japanologie*............................... 22
  Siehe auch Yamato
Niputani...................................... 457
Nishi Amane 193
Nishida Kitarô 198, 199, 200, 201,
  202, 203, 204, 205
Nishida Masaru 97
Nishida Masayoshi 322
Nishikawa Issôtei 321
Nishitsunoi Masayoshi 420
Nishiyama Matsunosuke............... 326
Nitta Yoshihiro............................ 204
Nô 379, 390, 391, 393
Nobelpreis 92
nôchi kaikaku 485
Noda Hideki 387
Noema 200
Noesis.. 200
Norman, E. Herbert 266
Noro Eitarô................................. 276
Nosongdang 2
Noumenon.................................. 200
Numata Jirô................................ 168

Ôbayashi Taryô........................... 424
Ochanomizu-Frauenuniversität
  ....*Siehe* Universitäten
Ôchi... 477
Oda Nobunaga............................ 325
Ôe Kenzaburô 91

Ogyû Sorai 159, 184, 189
Ôhara Magosaburô 483
Ôhara Shakai Mondai Kenkyûjo .. 483
Oikawa Hiroshi 482
Oka Kunio 281
Okada Yuzuru 484
Okakura Tenshin [oder Kakuzô]
.... 83, 320, 326
Okayama 485, 490
Okinawa 394, 433, 434, 435
Okuno Hikoroku 242
Ômachi Tokuzô........................... 424
Omorosôshi................................. 437
Ontologie..................................... 196
    negative / positive 199
Oriens Extremus............................ 23
Orikuchi Shinobu 392, 419, 443
Orlik, Emil 7
Osaka.. 483
Ôsawa Mari 527
Ôshio Heihachirô 159, 187
Östliches Denken 197
Ôta Masahide 451
Ôta Shôgo 387
Ôtô Tokihiko............................... 424
Ôtsuki Gentaku 167, 182
Ozaki Hotsuki 97
Ozawa Toshio 427

pachinko-Halle 481
Pantzer, Peter 494
Paradies (paradise) 186
Paradigmenwechsel............. 507, 509
Paris.................................. 440, 453
Parlament 536
Partizipation, politische............. 529
Partizipatorische Rechte.............. 520
Passin, Herbert 489
Patrick, Hugh 269
Pauer, Erich......................... 272, 494
Pelzl, John 489
Penrose, E[rnest] F[rancis]........... 265

perceptio.. 201
Péri, Noël 17, 395, 396, 408
Perry, Matthew Calbraith
.... 440, 447, 453
Person................................ 203, 204
Person- bzw. Subjekt-Philosophie 202
Personalismus, amerikanischer 202
Personalität................................. 202
Personalität als Relationalität....... 202
Pfizmaier, August... 16, 394, 442, 459
Phänomen-Pluralismus................. 199
Phaenomenon 200
Phänomenologie 199
Phänomenologische Philosophie.. 197
Phänomenologische Reduktion.... 204
Philipp II. (Spanien / Portugal) 446
Philippinen 437
Philosoph................... 182, 184, 187
Philosophie 193, 202
    analytische................................ 197
    brahmanische 202
    ethnische........................ 194, 195
    interkulturelle 194, 195, 205
    komparative 194
Philosophie als Wissenschafts-
    theorie................................... 197
Philosophie des absoluten Nichts 199
Philosophie des absoluten Seins .. 199
Philosophie in Japan
    ....Siehe Nihon no tetsugaku
Philosophiegeschichte................. 193
Piłsudski, Bronislaw 460
Pinto, Fernão Mendes [= Mendez]
.... 3, 437
Piper, Annelotte 269
Plath, David W. 490
Pluralistische Erscheinungswelt... 202
Pluralistisches System.................. 201
Pneumatologie............................. 192
Poet.. 189
political correctness..................... 573
Polo, Marco................................... 2
Polylog 195

Polytheismus 125
Popular Zen 187
Positivismus 196
Postmoderne 194, 195
Pragmatismus 198
pratitya sammutpāda 203
Praxis 200
Protestantismus 182
Putâtin, Efim Vasiljevič ... 6, 440, 453

Qing-Dynastie 441, 447, 448, 456
Quellenkunde 215

Rahn, Guntram 245
rakugo 376
Ramming, Martin 22
Rangaku 302
Rangaku kotohajime 185
Ranke, Leopold von 211
Ransetsu benwaku 182
Raper, Arthur F. 485, 489
Rätsel 417
Rebellion 187
Rechtspositivismus 234
Rechtssoziologie 486
Reine Erfahrung ...*Siehe junsui keiken*
Rekidai hôan 436
Relationalität 201, 204
  System der 202
Religion 180, 181, 183, 186
renga 396
Revon, Michel 17
Rieß, Ludwig 19
rigaku 196
ritsuryô 238, 240, 245, 248
Roberts, John G. 271
Rodrigues João [= Rodríguez, Ioão]
  .... 4, 46
Rohlen, Thomas P. 490
Rosovsky, Henry 269
Rote Armee Fraktion 487

Royce, Josiah 202
Rudorff, Otto 19
Rumpf, Fritz 8
Russel, Oland D. 271
Ryôkan 189
ryôsai kenbo 522
Ryûkyû 100, 433, 434, 435, 445, 477
Ryûkyû shobun 441, 446, 447
Ryûkyû-Okinawa 434
Ryûsaku Tsunoda 172
Ryûtei Tanehiko 16, 65

Sachalin 454, 484
Saegusa Hiroto 281
Sage 414
Sai On 438, 453
Sakanoue no Tamuramaro ... 456, 464
Sakurada Katsunori 424
Sakurai Tokutarô 428
Samurai 181, 185, 519
Samurai-Zen 183
Sapporo 457, 463, 465
Satô Tamio 20
Satô-Nixon-Abkommen 451
Satow, Ernest Mason 19
Satsuma 438, 440, 447
Satsumon 456
Satzsubjekt-Logik 203
Schamanismus 428
Scharschmidt, Clemens 22
Scheitern (failure) 185
Schintoismus 196, 197, 200
Schlegel, Friedrich 192
Schliemann, Heinrich 7
School of Oriental and African
  Studies 21
Schrein 125, 188
Schwert (sword) 189
Seckel, Dietrich 25
Segawa Kiyoko 424
Seidenraupenzucht 417
Seidensticker, Edward 25

Seikyô yôroku 184	Shintô ... 115, 130, 182, 186, 323, 329
Seiendes, topisches 204	Shioda Ryôhei 94
Sein 199, 200	Shiratori Kurakichi 416
absolutes 199, 204	*shisô* 193
des Seienden 196	*shisô shi* 193
selbst 196	Shively, Donald H. 172, 187
Seitô 523	Shô Hashi 435
Seitôsha 517	Shô Jôken 438, 453
seken 477, 480	Shô Nei 438
Seki Keigo 425	Shô Shin 436, 446, 453
Sekimon Shingaku 187	Shô Tai 441
Selbst 204	Shô-Dynastie 435
Selbstdefinition 511	Shogun 186
Seminar für Orientalische Sprachen (Berlin) 18	*shojo teisô* 515
Sen no Rikyû 325	Shôno-Sládek, Masako 333
sex 514	Shunten 435, 445, 446, 453
shakai 477	Shuri 435, 453
shakai kairyô 515	Siam 436, 453
Shakai Minshutô 538	Sicherheitsvertrag 487
shakaiteki bunkateki seisa 516	Siebold, Heinrich von 460
Shakushain 456, 464	Siebold, Philipp Franz von 6, 313, 439, 442, 459, 464
Sheldon, Charles David 270	Simmel, Georg 482
Shiba Kôkan 166, 181, 185, 313	Sin Sukchu 2
shibai 375	Singer, Kurt 8, 495
Shibusawa Keizô 421	Slawik, Alexander 25, 494
shigajiku 332	Smith, Robert J. 496
Shikotan 457	Smith, Thomas C. 270
Shimazu Iehisa 438, 453	Société Asiatique 15
Shimazu Nariakira 440	Soga Gorô 387
shimenawa 125	Sorbonne 17
Shimin to Media no Kai 571	Sozialforschung, angewandte 475
Shimomisse Eiichi 204	Sozialpsychologie 486
Shin Kokugaku 418	Sozialreportage 483
Siehe auch Kokugaku	Soziologie 481, 482, 484, 485, 487, 488
shin'yû 478	Spencer, Herbert 481
shinbutsu bunri 120, 123	Spinoza, Benedictus de 204
shinbutsu shûgô 124	Sprichwort 414
Shingon 323, 334	SSM *chôsa* (social stratification and mobility) 488
shinjinrui 495	Staat 182
shinkoku 130	Staatsbürgertum 524
Shinoda Tarô 95	
shinseki 331	

Stadt 92, 245, 303, 305, 360, 424, 435, 483, 490, 519, 536, 538, 551–552
Steenstrup, Carl............................ 245
Steven, Rob................................... 491
Subjekt 200, 202, 203
   absolutes..................................... 199
   personales.................................. 203
   phänomenolgisches 199
Substanzen-Pluralismus 199
Substantialität................................ 204
Substanz 200, 201, 202, 203
Südsachalin ....*Siehe* Sachlin
Sugita Genpaku 166, 185
Supreme Commander for the Allied Power (SCAP).................. 485, 489
Suzuki Eitarô........................ 484, 485
Suzuki Sadami................................ 99
Suzuki Shôsan..................... 183, 188
Synkretismus........................ 120, 197
System-Zentrum........................... 201
Systemtheorie................................ 202

Tachi Kaoru.................................. 524
Tachibana Kôsai.............................. 6
taidô 187
Taihô / Yôrô-Kodex..................... 223
Taishû Bungaku Kenkyûkai........... 97
Taiwan................................. 434, 484
Takagi Toshio 417
Takamure Itsue............................. 517
Takano Chôei 439
Takarazuka................................... 384
Takata Yasuma............................. 481
Takatsu Kuwasaburô...................... 74
Takekoshi Yosaburô 274
Takemori Ten'yû............................ 97
Taketani Mitsuo 282
Takeuchi Toshimi 482, 485
Takeuchi Yoshimi.......................... 96
Takeuchi Yoshinori...................... 199
Takikawa Masajirô....................... 240
Takimoto Seiichi.......................... 274

Takizawa Bakin............................. 65
Tamaki Hajime............................ 482
Tanaka Kakuei 541
Tanaka Seisuke 487
Tanegashima 3, 453
tanin 478
Tanz.. 417
Taoismus 196, 197, 198, 200
Tat ....*Siehe kôi*
Tatanschauung. *Siehe kôiteki chokkan*
tatemae 248
Taut, Bruno 8
Tawada Yôko 84
Tee-Kunst..... 322, 325, 326, 327, 332
Tei Wa... 448
Teichler, Ulrich 493
Tempel 123
Tenchi hajimari no koto 189
Tendai... 323
Tennô 129, 137
Tennôsei 244
tetsugaku 193
tetsugakushi................................. 193
Tetsugen Dôkô 187
Textedition 78
Theravāda-Buddhismus 198, 202
Thunberg, Carl Peter 5, 313
Tibet 186
Titsingh, Isaac 5
Tod 183
Toda Teizô 484
Tôhoku-Region 454
Tokugawa
   Iemitsu...................................... 437
   Ieyasu 438, 464
   Mitsukuni................................. 163
Tokugawa-Shogunat 445, 447
Tôkyô Daigaku
   ....*Siehe* Universitäten
Toleranz 181
Tominaga Nakamoto................... 309
Tönnies, Ferdinand 482
Topos... 203

torii 125
Tosaka Jun 281
Tôdatsu kikô 459
Toyotomi Hideyoshi
.... 326, 388, 437, 448, 464
Tradition 118
*Transactions of the Asiatic
  Society of Japan* 19
Tsubouchi Shôyô 88, 91
Tsuda Mamichi 193
Tsuda Seifû 321
tsuitate 323
Tsutsui Yasutaka 99

Überschaar, Hans 22
Übersetzung 77
Uchida Ginzô 274
Ueno Chizuko 527
Umkehr des Absoluten 204
Ungleichzeitigkeit 191
Universalität 194
Universitäten
  Berlin 18, 24
  Bochum 23, 493
  Bonn 24
  Duisburg 493
  Hamburg 21, 23
  Hitotsubashi 486
  Hokkaidô 484
  Hôsei 483
  Keijô Teikoku 484
  Leipzig 22
  München 24
  Ochanomizu 508
  Tôkyô 485, 487, 543
  Wien 17, 25
UNO-Dekade der Frau 508
Untersuchung über soziale Schichtung
  und Mobilität .... *Siehe* SSM *chôsa*
Urgeschichte 210
Urkunden 216
Utagawa Sadakage 330

Utari Kyôkai 454, 457, 463, 465
Varen, Bernhard 5, 170
Verbesserung der japanischen
  Gesellschaft ...... *Siehe shakai kairyô*
Vereinigung für Sozialwissen-
  schaftliche Japanforschung
  (VSWJF) 27, 492
Verfassung 535
Verfolgung des Buddhismus
  (persecution) 183
Vernunft 194
Verstehen 117
Verwestlichung (westernization) . 181
Vocabulario da lingoa de Iapam ... 46
Voegelin, Eric 150
Vogel, Ezra F. 269
Volksgeist 195
Volksgeister 192, 195
Volksglaube 417
Volkskultur 415
Volkslied 414
Volkstümliche Überlieferung 415
Voll in der Sozialbewegung
  engagierte Hausfrauen
  .... *Siehe katsudô sengyô shufu*
Voltaire, François Marie Arouet 192
Vordergrundwelt 205
Vorgeschichte 210
Vorurteil (predjudice) 181

Wagener, Gottfried 20
Wahlrecht 520
Waji shôranshô 42
Wakamori Tarô 422-423
wakô 437, 446
Waley, Arthur 20, 395
Wang Yang-ming 158
wasan 307
Waswo, Ann 272
Watarai Shintô 188
Wedemeyer, André 22
Weg (way) 184

Weisheit der Völker 195
Weltgeschichtlicher Auftrag 196
Wenck, Günther 23, 50
Werbung...................................... 563
Werte (values)...................... 180, 187
Westen..................................181, 185
Western Learning 188
    Medizin 180
Westliches Denken...................... 197
Westliche Wissenschaft 299
Westliches Wissen 165
Wiener, Philip P. 186
Wiese, Leopold von 482
Wilhelm II. 441, 453
Wissenschaft (science).................. 186
Wolferen, Karel van 476
Women's Studies 507
Woolf, Virginia............................. 507
Wray, William D. 271
Würde (nobility)........................... 185

Yaeyama...................... 434, 436, 441
yakusha'e 332
Yamada Yûsaku 99
Yamaga Sokô 159, 184
Yamagata Bantô 309
Yamaguchi Ichirô......................... 200
Yamaji Aizan 93
Yamamura, Kozo [= Kôzô].......... 271
Yamashita, Samuel Hideo............ 155
Yamato 22
    *Siehe auch Nippon – Zeitschrift
    für Japanologie*
Yamato 434, 456
Yamawaki Tôyô 311
Yanagi Muneyoshi 321, 438
Yanagi Sôetsu 321, 438
Yanagida Izumi.............................. 94

Yanagita Kunio 392, 415, 443
Yanagita-Preis............................... 423
Yasuda Ayao................................. 322
Yijing ....*Siehe Ekikyô*
Yôgaku 186, 299
    Siehe auch Western Learning
Yokohama 483
Yokoyama Gennosuke 483
Yômeigaku................................... 187
    Siehe auch Wang Yang-ming
Yosano Akiko 101
Yoshida Kanetomo....................... 131
Yoshida Seiichi 94, 96
Yoshida-Shintô............................. 131
Yoshikawa Eiji 100
Yoshikawa Kôjirô 162
Yoshimoto Banana......................... 92
Yoshimura Teiji 328
Yoshino Sakuzô 94
Yoshinori Takeuchi............. 199, 200
Yoshio Sugimoto.................. 491, 496
Yuasa Yasuo 200
Yuibutsuron Kenkyûkai 281
yukara-Epen................................ 462
Yuzawa Yasuhiko 483
Yûzô Kikuchi 189

Zachert, Herbert 24
Zeami 389, 397
*Zeitschrift der Deutschen Morgen-
    ländischen Gesellschaft*............... 17
Zen 188, 189, 199, 327, 330, 331
Zen-Buddhismus 197, 199, 200
Zenker, Ernst V. 18
Zensus 483, 484
Zheng He...................... *Siehe* Tei Wa
Zivilgesellschaft 486
Zweiter Weltkrieg 191, 196

Liste allgemein üblicher Abkürzungen

AA	Acta Asiatica
AS	Asiatische Studien
BJOAF	Bochumer Jahrbuch zur Ostasienforschung
BSOAS	Bulletin of the School of Oriental and African Studies
GR	Gunsho ruijû
HJAS	Harvard Journal of Asiatic Studies
JA	Journal asiatique
JAS	Journal of Asian Studies
JH	Japonica Humboldtiana
JJS	Journal of Japanese Studies
KT	Kokushi taikei
MN	Monumenta Nipponica
MOAG	Mitteilungen der (Deutschen) Gesellschaft für Natur- und Völkerkunde Ostasiens (OAG)
MOS	Münchener Ostasiatische Studien
MSOS	Mitteilungen des Seminars für Orientalische Sprachen: Ostasiatische Studien
NKBT	Nihon koten bungaku taikei
NKT	Nihon keizai taiten
NOAG	Nachrichten der Gesellschaft für Natur- und Völkerkunde Ostasiens (OAG)
NST	Nihon shisô taikei
OE	Oriens Extremus
SNKBT	Shin Nihon koten bungaku taikei
TASJ	Transactions of the Asiatic Society of Japan
ZDMG	Zeitschrift der Deutschen Morgenländischen Gesellschaft
ZGR	Zoku Gunsho ruijû

Liste der Autoren

Ackermann, Peter, Prof., Dr. phil., Universität Erlangen, Japanologie, Bismarckstraße 1, 91054 Erlangen

Antoni, Klaus, Prof., Dr. phil., Universität Tübingen, Seminar für Japanologie, Wilhelmstraße 90, 72074 Tübingen

Dettmer, Hans Adalbert, Prof., Dr. phil., Waldring 51, 44789 Bochum

Ehmcke, Franziska, Prof., Dr. phil., Universität Köln, Ostasiatisches Seminar, Japanologie, Dürener Straße 56–60, 50931 Köln

Gössmann, Hilaria, Prof., Dr. phil., Universität Trier, Fachbereich II, Japanologie, Universitätsring 15, 54286 Trier

Kinski, Michael, Dr. phil., Zentrum für japanische Sprache und Kultur, Humboldt Universität, Unter den Linden 6, 10099 Berlin

Kracht, Klaus, Prof., Dr. phil, Zentrum für japanische Sprache und Kultur, Humboldt Universität, Unter den Linden 6, 10099 Berlin

Kreiner, Josef, Prof., Dr. phil., Dr. h.c., Japanologisches Seminar, Universität Bonn, Regina-Pacis-Weg 7, 53113 Bonn

Laube, Johannes, Prof., Dr. phil., Ludwig-Maximilians-Universität München, Institut für Ostasienkunde, Japanologie, Oettingenstraße 67, 80538 München

Linhart, Sepp, Prof., Dr. phil., Institut für Ostasienwissenschaften, Universität Wien, Spitalgasse 2, A-1090 Wien

Mae, Michiko, Prof., Dr. phil., Heinrich-Heine-Universität Düsseldorf, Japanologie, Universitätsstraße 1, Geb. 23.02 / Ebene 02, 40225 Düsseldorf

May, Ekkehard, Prof., Dr. phil., Franziskanerweg 2, 63571 Gelnhausen

Müller, Klaus, Prof., Dr. phil., Paradiesstraße 19, 44289 Dortmund

Naumann, Nelly, Prof., Dr. phil. †

Pauer, Erich, Prof., Dr. phil., Japan-Zentrum der Philipps-Universität Marburg, 35032 Marburg

Pohl, Manfred, Prof., Dr. phil., Seminar für Sprache und Kultur Japans, Universität Hamburg, Von-Melle-Park 6, 20146 Hamburg

Rüttermann, Markus, Dr. phil., Zentrum für japanische Sprache und Kultur, Humboldt Universität, Unter den Linden 6, 10099 Berlin

Schamoni, Wolfgang, Prof., Dr. phil., Japanologisches Seminar der Universität Heidelberg, Akademiestraße 4–8, 69117 Heidelberg

Schneider, Roland, Prof., Dr. phil., Dr. h.c., Seminar für Sprache und Kultur Japans Universität Hamburg, Von-Melle-Park 6, 20146 Hamburg

Scholz-Cionca, Stanca, Prof., Dr. phil., Universität Trier, Fachbereich II, Japanologie, Universitätsring 15, 54286 Trier

Steenstrup, Carl, Prof., Dr. phil., Spandauer Straße 2, 10178 Berlin

Walravens, Hartmut, Dr. phil., Staatsbibliothek zu Berlin – Preußischer Kulturbesitz, Potsdamer Straße 33, 10785 Berlin